Node.js, MongoDB와
Angular를 이용한 **웹 개발** 2/e

Node.js, MongoDB와 Angular를 이용한 웹 개발 2/e

웹 개발자들이 반드시 알아야 할
웹 개발 필수 학습서

브래드 데일리 · 브렌든 데일리 · 칼렙 데일리 지음
테크 트랜스 그룹 T4 옮김

i!i
에이콘

│ 지은이 소개 │

브래드 데일리^{Brad Dayley}

20년 이상 엔터프라이즈 애플리케이션과 웹 인터페이스를 개발해온 중견 소프트웨어 엔지니어다. 수년 동안 자바스크립트와 제이쿼리를 사용하고 있고 『러닝! Angular 4』(위키북스, 2017), 『jQuery and JavaScript Phrasebook』(Addison-Wesley Professional, 2013) 및 『AngularJS, JavaScript, and jQuery All in One, Sams Teach Yourself』(Sams Publishing, 2015)을 저술했으며 애플리케이션 서버부터 다수의 애플리케이션과 서비스를 디자인하고 구현했다.

브렌든 데일리^{Brenden Dayley}

최신의 멋진 기술을 배우고 구현하는 것을 좋아하는 웹 애플리케이션 개발자다. 『러닝! Angular 4』, 『AngularJS, JavaScript, and jQuery All in One, Sams Teach Yourself』의 공동 저자다. 자바스크립트, 타입스크립트 및 앵귤러^{Angular}를 사용해 여러 웹 애플리케이션을 개발했으며 증강 현실과 같은 새로운 웹과 모바일 기술을 탐구하고 혁신적인 솔루션에 적용하는 방법을 모색 중이다.

칼렙 데일리^{Caleb Dayley}

컴퓨터 과학을 전공하는 대학생이다. 자신이 할 수 있는 모든 것을 배우려고 노력하며 프로그래밍에 대한 많은 지식을 갖고 있다. 자바스크립트, C#뿐 아니라 이 책의 초판(『Node.js, MongoDB와 AngularJS를 이용한 웹 개발』(에이콘, 2014))을 사용해 여러 언어를 가르쳤다. 미래에 대해 많은 기대를 하면서 살고, 일하고 즐기는 방식을 지속적으로 개선할 수 있는 차세대 혁신 소프트웨어를 설계하고 개발하는 것을 즐긴다.

| 감사의 글 |

이 책을 출간하는 데 도움을 준 많은 사람에게 감사의 마음을 전하고 싶다. 가장 먼저 영감과 사랑을 주고 정신적 지주가 돼준 아내에게 감사한다. 아내가 없었다면 여기까지 오지 못했을 것이다. 또한 책을 쓸 때마다 도움을 주고 바쁜 와중에도 즐거운 시간을 보낼 수 있도록 만들어준 아들들에게도 감사를 전한다. 이 책이 올바른 방향으로 나아갈 수 있도록 도와준 마크 테이버Mark Taber에게도 감사드린다.

브래드 데일리

이 책을 가능하게 한 모든 사람에게 감사드린다. 가장 먼저 나에게 꾸준한 지원을 해주고 모든 사랑을 준 아내에게 감사드린다. 또한 아버지는 글쓰기와 프로그래밍뿐 아니라 인생에서 멘토였다. 어머니는 필요할 때마다 도와주셨다. 마지막으로 이 책의 집필에 참여할 기회를 제공해준 마크 테이버Mark Taber에게도 감사의 마음을 전한다.

칼렙 데일리

| 옮긴이 소개 |

테크 트랜스 그룹 T4(greg_kim1002@naver.com)

최신 IT 테크놀로지에 대한 리서치를 목적으로 하는 스터디 그룹이다. 엔터프라이즈 환경에서 오픈 소스를 활용한 프레임워크 구축에 관심이 많으며 Spring, React.js, Node.js, OpenCV, ML 등의 기술에 주목하고 있다. 또한 다양한 오픈 소스 기반의 플랫폼 개발 활용에 많은 관심을 갖고 있다. 저서로는 에이콘출판사에서 출간한『OpenCV를 위한 머신 러닝』(2017),『추천 엔진을 구축하기 위한 기본서』(2017),『Node.js, MongoDB와 AngularJS를 이용한 웹 개발』(2014) 등이 있다.

│ 옮긴이의 말 │

최근 개발자들의 주된 관심사는 단연 자바스크립트를 기반으로 한 기술들이다. 이 책에서 다루고 있는 MEAN 스택은 몽고DB, 익스프레스^{Express}, 앵귤러, Node.js로 이뤄진 토탈 솔루션이며 자바스크립트 언어로 웹 애플리케이션을 제작하기 위한 모든 것을 제공한다. MEAN 스택이 갖고 있는 이러한 특징은 개발자에게 큰 장점으로 작용할 수 있으며 이제는 자바스크립트로 서버부터 클라이언트에 이르기까지 전부 구현할 수 있게 됐다. 이 책은 MEAN 스택이 갖고 있는 장점을 잘 활용할 수 있도록 스택의 핵심 내용을 제공한다.

MEAN 스택 중에서도 Node.js는 생산성 향상에 기여하며 많은 관심을 받고 있다. Node.js를 사용하면 간단한 서버는 수분 내에 만들 수 있고 브라우저에 의존하지 않는 자바스크립트 프로그램도 만들 수 있다. 익스프레스는 Node.js에서 동작하는 웹 개발 프레임워크 모듈로, 유연한 구조를 갖고 있으며 미들웨어를 통한 확장이 가능하다는 장점을 제공한다. Node.js, 익스프레스와 더불어 유연한 스키마를 제공할 수 있는 몽고DB, 앵귤러라는 자바스크립트 프레임워크를 사용하면 웹 앱 개발 속도를 가속화할 수 있다. 이 책에서는 이러한 각 요소의 주요 내용을 다루고 있다.

MEAN 스택은 더 이상 새로운 기술이 아니다. 물론 여전히 많은 부분에서 업데이트가 이뤄지고 있지만 기본적인 구조와 동작 원리에 큰 변화는 없다. MEAN 스택을 이용하면 개발자의 아이디어를 빠르게 프로토타이핑으로 구현해 서비스에 활용할 수 있고 큰 규모의 서비스 데이터를 구축 및 처리할 수도 있다.

이번 버전은 기존 1판에 비해 앵귤러 부분(특히 4, 5부)의 내용이 많이 업데이트됐다. 앵귤러는 타입스크립트 기반 오픈 소스 프론트엔드 웹 애플리케이션 프레임워크다. 따라서 이 책을 읽는 사용자들은 새롭게 업데이트된 내용을 쉽게 접할 수 있을 것이다.

이 책에서는 MEAN 스택을 구성하는 각각의 기술에 대해 소개하고 있다. 이 책을 통해 많은 개발자들이 MEAN 스택 기반의 웹 애플리케이션을 효과적으로 만들어낼 수 있길 기대한다. 그리고 모든 독자가 Node.js, 몽고DB와 앵귤러에 대한 기본 이론을 이해하고 실제로 구현하는 데 많은 도움이 되길 바란다.

이 책이 나오기까지 주변에서 많은 도움을 주신 멤버 및 가족들과 진행하는 데 있어서 든든한 버팀목이 돼준 에이콘출판사 관계자 분들께도 감사드린다.

| 차례 |

1부　시작하기　　　　　　　　　　　　　　　　　　　　　　31

1장　Node.js-to-Angular Stack 소개 33

기본 웹 개발 프레임워크 이해 33

Node.js-to-Angular Stack 컴포넌트 이해 38

요약 42

2장에서 다룰 내용 43

2장　자바스크립트 기본 학습 45

변수 정의하기 45

자바스크립트 데이터 형식 이해 46

연산자 사용하기 48

이 책은 여러분을 웹 개발 프로젝트의 서버와 서비스부터 브라우저에서 작동하는 클라이언트에 이르기까지 자바스크립트를 사용하는 세상으로 인도할 것이다. 이 책에서는 웹 개발 세상에서 최근 부각되고 있는 흥미진진하고 혁신적인 기술인 Node.js, 몽고DB, 앵귤러를 통합한 구현 방식을 다룬다.

이 책의 대상 독자

HTML을 기본적으로 이해하고 있으며 최근에 많이 사용되는 프로그래밍 언어로 프로그래밍을 해본 경험이 있는 사람들을 대상으로 한다. 자바스크립트를 이미 알고 있다면 좀 더 쉽게 이해할 수 있겠지만 이 책에서는 자바스크립트의 기초도 다루므로 반드시 미리 알고 시작할 필요는 없다.

이 책을 읽어야 하는 이유

이 책은 웹 서버 자체와 웹 서버에 대한 서비스부터 브라우저 기반의 웹 애플리케이션에 이르기까지 강력하고 상호 작용 가능한 웹 사이트와 웹 애플리케이션을 개발하는 방법을 가르쳐줄 것이다. 여기서 다루고 있는 기술들은 모두 오픈 소스를 기반으로 하고 있으며 서버와 브라우저 양쪽에서 자바스크립트를 구성 요소로 사용한다.

독자들은 웹 사이트를 쉽게 확장하고 높은 성능을 갖도록 하기 위한 Node.js와 몽고DB를 완전히 익힐 수 있다. 또한 앵귤러의 혁신적인 MVC^{Model-View-Controller/Model-View-View-Model} 패턴을 이용해 애플리케이션을 설계하고 구조화된 웹 페이지와 웹 애플리케이션을 구현할 수 있다. Node.js, 몽고DB, 앵귤러를 사용하면 애플리케이션을 쉽게 구현할 수 있고 완전히 통합된 웹 개발 스택을 사용해 굉장한 웹 애플리케이션을 구현할 수 있다.

이 책에서 다루는 내용

이 책을 통해 실제로 사용할 수 있는 역동적인 웹 사이트와 웹 애플리케이션을 구축할 수 있다. 웹 사이트는 더 이상 HTML 페이지에 서식이 있는 텍스트와 이미지가 통합된 정적 콘텐츠만으로 간단히 구성되지 않는다. 웹 사이트는 훨씬 더 동적으로 변했으며 전체 웹 사이트나 전체 애플리케이션이 페이지 하나로만 구현돼 있는 경우도 있다. 웹 페이지 로직에서 앵귤러 기술을 사용해 Node.js 서버와 통신할 수 있고 몽고DB 데이터베이스로부터 필요한 데이터를 얻을 수 있다. 또한 Node.js, 몽고DB, 앵귤러를 결합해 상호 작용이 가능하고 역동적인 웹 페이지를 구현할 수도 있다. 이 책을 통해 다음과 같은 내용들을 배울 수 있다.

- Node.js와 익스프레스를 이용해 확장성scalability이 뛰어나고 역동적인 웹 서버 구현하기
- 자바스크립트로 서버 측 웹 서비스 구축하기
- 몽고DB를 사용해 웹 애플리케이션 데이터 저장하기
- Node.js 자바스크립트 코드를 사용해 몽고DB에 접근하고 사용하기
- 정적 웹 route와 동적 웹 route를 선언하고 이를 지원하기 위한 서버 측 스크립트 구현하기
- HTML 언어를 확장하기 위한 개별 사용자용 앵귤러 컴포넌트 정의하기
- Node.js 웹 서버와 상호 작용할 수 있는 클라이언트 측 서비스 구현하기
- 풍부한 UIUser Interaction를 제공하는 동적 브라우저 뷰 구축하기
- 웹 페이지에 중첩된 컴포넌트 추가하기
- 클라이언트 애플리케이션 뷰 간의 탐색을 관리하기 위한 앵귤러 라우팅 구현하기

Node.js란?

Node.js는 노드라고도 하며 구글의 V8 자바스크립트 엔진을 바탕으로 한 개발 프레임워크다. 자바스크립트로 Node.js 코드를 작성하고 나면 이 코드가 실행될 수 있도록 V8이 기계어로 컴파일한다. Node.js를 사용하면 웹 서버, 서버 측 스크립트 및 지원 가능한 모든 웹 애플리케이션 기능을 개발할 수 있다. 웹 서버와 이를 지원하는 웹 애플리케이션 스크립트

가 동일한 서버 측 애플리케이션 내에서 함께 실행되므로 웹 서버와 스크립트를 훨씬 견고하게 통합할 수 있다.

다음은 Node.js의 장점이다.

- **단대단 자바스크립트**^{Javascript end-to-end} **개발**: Node.js의 가장 큰 장점은 서버 측 스크립트와 클라이언트 측 스크립트를 둘 다 개발할 수 있다는 것이다. 코드 로직을 클라이언트 측 스크립트에 저장할지, 서버 측 스크립트에 저장할지를 정하는 일이 늘 문제였는데 Node.js를 사용할 경우에는 자바스크립트 코드를 클라이언트용으로 개발할 수 있을 뿐 아니라 서버에 맞게 다시 적용할 수도 있다. 또한 그 반대 방향으로도 가능하다. 또 다른 장점은 클라이언트 개발자와 서버 개발자가 동일한 언어를 사용할 수 있다는 것이다.

- **이벤트 기반 확장성**^{Event-driven scalability} **지원**: Node.js는 웹 요청을 처리할 때 고유 로직을 사용한다. Node.js는 웹에서의 요청을 처리하기 위해 여러 스레드가 기다리게 하는 대신 기본 이벤트 모델을 이용해 요청 사항을 동일한 스레드에서 처리할 수 있다. Node.js 웹 서버가 기존 웹 서버들보다 효율적인 방식으로 동작할 수 있도록 해준다.

- **기능 확장성**^{Extensibility} **지원**: Node.js는 많은 개발자가 관심을 갖고 있으며 매우 활동적인 개발 커뮤니티를 갖고 있다. 개발자들은 Node.js 기능을 확장시키기 위해 새로운 모듈을 제공하고 있다. Node.js에 새로운 모듈을 설치하고 추가하는 방법도 간단하다. Node.js 프로젝트에 새로운 기능을 추가하는 작업은 짧은 시간 동안에도 가능하다.

- **빠른 구현**^{Fast Implementation}: Node.js를 설치한 후 이 환경에서 개발하기가 매우 쉽다. 몇 분 안에 Node.js를 설치할 수 있으며 바로 웹 서버가 동작하도록 만들 수도 있다.

몽고DB란?

몽고DB는 가볍고 빠르며 확장성이 뛰어난 NoSQL 데이터베이스다. 몽고라는 이름은 'humongous(거대한)'라는 단어에서 유래했는데 몽고DB가 제공하는 확장성과 성능을 강조한다. 몽고DB는 사용자의 코멘트나 블로그 또는 그 외 항목과 같은 데이터를 저장해야 하는 트래픽이 많은 웹 사이트용 백엔드 저장소를 제공한다. 신속하게 확장할 수 있고 쉽게 구현할 수 있기 때문이다.

다음은 몽고DB가 Node.js 스택에 적합한 이유다.

- **문서지향적**documnet orientation: 몽고DB는 문서지향적이기 때문에 데이터는 서버 측과 클라이언트 측 스크립트에서 다루고 있는 포맷과 매우 유사한 형태로 데이터베이스에 저장된다. 그렇기 때문에 데이터를 레코드에서 객체, 객체에서 레코드로 바꿀 필요가 없다.

- **고성능**high performance **지원**: 몽고DB는 성능이 뛰어난 데이터베이스 중 하나다. 특히 최근 들어 웹 사이트를 이용하는 사용자들이 많아지면서 많은 트래픽을 지원할 수 있는 백엔드가 매우 중요해졌다.

- **고가용성**high availability **지원**: 몽고DB의 복제 모델은 고성능을 유지하면서도 높은 확장성을 유지할 수 있다.

- **뛰어난 확장성**high scalability: 몽고DB의 구조에서는 데이터가 여러 서버에 샤딩sharding되므로 규모를 수평적으로 조절하기가 쉽다.

- **SQL 비주입**No SQL injection: 객체는 SQL 문자열을 사용하지 않으며 객체 그 자체로 저장되기 때문에 몽고DB는 SQL 주입(즉 SQL문을 웹에서의 형식 또는 브라우저의 다른 입력 형식으로 넣음으로 인해 데이터베이스 보안을 위험하게 하는 것)을 허용하지 않는다.

앵귤러란?

앵귤러는 구글이 개발한 클라이언트 측 자바스크립트 프레임워크다. 앵귤러는 MVC/MVVM 프레임워크를 사용해 잘 설계된 구조의 웹 페이지와 애플리케이션을 구현할 수 있도록 프레임워크를 제공하고자 한다.

앵귤러는 브라우저에서 사용자 입력을 처리하는 기능, 클라이언트 측 데이터를 조작하는 기능 그리고 브라우저 뷰에 요소를 출력하는 방식을 제어하는 기능들을 제공한다.

다음은 앵귤러가 제공하는 장점들이다.

- **결합성**data binding : 강력한 범위scope 구조를 활용해 데이터를 HTML 요소와 완벽하게 결합binding할 수 있다.
- **확장성**extensibility : 앵귤러 아키텍처는 사용자 정의 구현이 가능하도록 언어와 관련된 거의 모든 것을 쉽게 확장할 수 있다.
- **명료성**clean : 깔끔하고 논리적인 코드를 작성할 수 있다.
- **재사용성**reusable code : 앵귤러의 확장성과 명료성을 조합하면 재사용할 수 있는 코드를 쉽게 개발할 수 있다. 때때로 앵귤러는 코드를 재사용해 사용자 맞춤형 서비스를 만들 수 있다.
- **지원성**support : 구글이 이 프로젝트에 많은 투자를 하고 있으므로 이미 실패한 기존의 초기 프레임워크들보다 유리한 위치를 점하고 있다.
- **호환성**compatibility : 앵귤러는 자바스크립트 언어를 바탕으로 하고 있으며 자바스크립트 표준과 밀접한 관계가 있다. 그러므로 개발 환경에 앵귤러를 통합하거나 앵귤러 프레임워크 구조 내의 기존 코드 일부를 재사용하기 쉽다.

이 책의 구성

이 책은 크게 6부로 나뉜다.

- **1부, '시작하기'**에서는 Node.js, 몽고DB 및 앵귤러 간의 상호 작용에 대한 개요와 이들 3개를 사용해 웹 개발 스택 전체를 구성하는 방법에 대해 설명한다. 2장, '자바스크립트 기본 학습'에서는 Node.js 및 앵귤러 코드를 구현할 때 필요한 자바스크립트 언어의 기초를 제공하며 자바스크립트 입문서로 활용할 수 있다.
- **2부, 'Node.js 학습하기'**에서는 Node.js 모듈의 설치에서 구현에 이르는 Node.js 언어 플랫폼에 대해 설명한다. 2부에서는 웹 서버 및 서버 측 스크립트뿐 아니라 사용자 정의 Node.js 모듈을 구현하는 데 필요한 기본 프레임워크를 제공한다.
- **3부, '몽고DB 학습하기'**에서는 몽고DB 데이터베이스 설치에서 Node.js 애플리케이션과의 통합까지 설명한다. 애플리케이션의 요구에 맞게 데이터 모델을 계획하는

방법과 Node.js 애플리케이션에서 몽고DB에 액세스해 상호 작용하는 방법에 대해 설명한다.

- **4부, '익스프레스 학습하기'**에서는 Node.js용 익스프레스 모듈과 이를 애플리케이션의 웹 서버로 활용하는 방법에 대해 설명한다. 데이터에 동적 route와 고정 route를 설정하는 방법과 보안, 캐싱 및 기타 웹 서버 기본 사항을 구현하는 방법을 배운다.

- **5부, '앵귤러 학습하기'**에서는 앵귤러 프레임워크 아키텍처와 Node.js 스택에 통합하는 방법에 대해 설명한다. 또한 브라우저에서 활용할 수 있는 사용자 맞춤 HTML 구성 요소 및 클라이언트 측 서비스를 만드는 방법에 대해서도 설명한다.

- **6부, '고급 앵귤러 학습하기'**에서는 사용자 맞춤 지시자^{directive} 및 사용자 맞춤 서비스 작성과 같은 보다 향상된 앵귤러 개발 방법에 대해 설명한다. 또한 앵귤러에 내장된 HTTP 및 라우팅 서비스를 사용하는 방법에 대해 배운다. 드래그 앤 드롭 구성 요소를 작성하고 애니메이션을 구현하는 등 풍부한 UI 예제를 이용해 추가로 마무리한다.

예제 코드 다운로드

이 책 전체에서 사용된 예제 코드는 에이콘출판사의 도서정보 페이지인 http://www.acornpub.co.kr/book/node-mongodb-angularjs_2e에서 다운로드할 수 있다. 각 코드 목록의 제목에는 소스 코드의 파일명이 들어 있다.

마치면서

Node.js, 몽고DB, 앵귤러를 즐겁게 학습할 수 있었으면 한다. 정말 재미있게 사용할 수 있는 훌륭하고 혁신적인 기술들이다. 독자분들은 곧 상호 작용할 수 있는 웹 사이트와 웹 애플리케이션을 개발하기 위해 Node.js, 몽고DB, 앵귤러 웹 스택을 사용하는 수많은 웹 개발자 대열에 합류하게 될 것이다. 이 책이 재미있었으면 한다!

시작하기

Node.js-to-Angular Stack 소개

1장에서는 학습을 순조롭게 시작할 수 있도록 하기 위해 웹 개발 프레임워크의 기본 컴포넌트에 먼저 초점을 맞춘 후 이 책의 기본인 Node.js-to-Angular Stack의 컴포넌트를 설명한다. 가장 먼저 일반적인 웹 사이트/웹 애플리케이션 개발 프레임워크를 사용자 측면부터 백엔드 서비스 측면까지 다양한 측면에서 설명한다. 웹 개발 프레임워크 컴포넌트를 먼저 다루는 이유는 Node.js-to-Angular Stack의 컴포넌트가 일반적인 프레임워크의 어떤 부분에 해당하는지 좀 더 쉽게 이해할 수 있도록 도와주기 위해서다. 기존 기술을 사용하는 대신 Node.js-to-Angular Stack 컴포넌트를 사용했을 때 얻을 수 있는 이점들을 더 잘 이해할 수 있게 될 것이다.

기본 웹 개발 프레임워크 이해

1장에서는 웹 프레임워크로 Node.js, 몽고DB, 앵귤러JS를 이용할 때의 장점을 이해할 수 있도록 하기 위해 대다수 웹 사이트의 기본 컴포넌트에 대한 개요를 제공한다. 이미 전체 웹 프레임워크에 대해 잘 알고 있다면 이 절은 진부한 이야기가 될 수 있다. 하지만 웹 프레임워크의 서버 측 또는 클라이언트 측 중 한쪽만 알고 있다면 이 절을 통해 좀 더 완성된 형태의 그림을 볼 수 있게 될 것이다.

웹 프레임워크의 주요 컴포넌트로는 사용자, 브라우저, 웹 서버 그리고 백엔드 서비스가 있다. 웹 사이트들의 형태나 동작 방식이 매우 다양할지 몰라도 모두 어떤 형태로든 이러한 기본 컴포넌트들은 갖고 있다.

이번 절에서는 실제 웹 사이트에 포함된 부분들을 상세하게, 종합적이고 기술적으로 정확하게 다루기보다는 다소 고차원적인 시각으로 살펴볼 예정이다. 사용자부터 백엔드 서비스에 이르기까지 컴포넌트들을 톱다운^{top-down} 방식으로 설명한다. 그 후 다음 절에서는 Node.js 에서 앵귤러까지의 스택을 아래부터 차례로 설명해 각 스택이 어느 부분에 해당하고 왜 그러한지를 이해할 수 있게 한다. 그림 1.1은 웹 사이트/웹 애플리케이션의 컴포넌트들을 시각화한 기본 다이어그램이다.

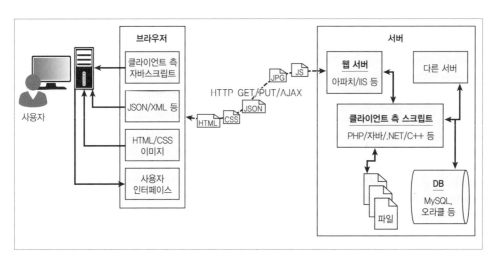

그림 1.1 기본 웹 사이트/웹 애플리케이션의 구성 요소를 보여주는 다이어그램

사용자

사용자는 모든 웹 사이트의 필수적인 부분이다. 애초에 사용자가 있었기 때문에 웹 사이트가 존재할 수 있었다. 사용자의 기대 사항들이 좋은 웹 사이트를 개발하기 위한 필요 요건이 됐다. 사용자들의 기대 사항들은 오랜 기간에 걸쳐 많이 바뀌었다. 과거에는 웹 사이트가 느리고 무겁더라도 기다려줬지만 지금은 그렇지 않다. 사용자는 웹 사이트가 컴퓨터와 모바일 장치에 설치된 애플리케이션들처럼 더 빠르게 동작하길 바란다.

웹 프레임워크에서 사용자들은 웹 페이지의 시각적인 출력부와 상호 작용 입력부를 사용하는 역할을 한다. 즉 사용자는 웹 프레임워크 처리 결과를 보고 난 후에 마우스 클릭, 키보드 입력, 모바일 기기에서 터치나 화면 넘기기 등의 동작을 이용해 웹 프레임워크와 상호 작용을 할 수 있다.

브라우저

웹 프레임워크에서는 세 가지 역할을 수행한다. 첫째, 웹 서버에 정보를 제공하고 웹 서버로부터 정보를 제공받는다. 둘째, 서버의 데이터를 해석하고 이를 사용자가 실제로 볼 수 있도록 처리한다. 셋째, 키보드, 마우스, 터치스크린 또는 기타 입력 장치를 거쳐 전달된 사용자 상호 작용을 처리한다.

브라우저와 웹 서버 간의 통신

브라우저와 웹 서버 간의 통신은 HTTP와 HTTPS 프로토콜을 이용한 일련의 요청들로 구성된다. 하이퍼텍스트 전송 규약HTTP, Hypertext Transfer Protocol은 브라우저와 웹 서버 사이의 통신을 정의하는 데 사용된다. HTTP는 발생할 수 있는 요청 형식뿐 아니라 해당 요청들과 HTTP 응답 형식을 정의한다.

HTTPS에는 보안 계층인 SSL/TLS도 추가돼 있는데 이는 웹 서버가 브라우저에게 인증서를 제공함으로써 보안성 있는 통신을 할 수 있도록 한다. 그리고 사용자는 접속을 허용하기 전에 인증서 수락 여부를 결정할 수 있다. 브라우저가 웹 서버로 보내는 요청에는 세 가지 종류가 있다.

- **GET**: GET 요청은 일반적으로 .html 파일이나 이미지 또는 JSON 데이터와 같은 데이터를 서버에서 가져오는 데 사용된다.
- **POST**: POST 요청은 장바구니에 아이템을 추가하거나 웹 폼을 보내는 것과 같이 데이터를 서버로 보낼 때 사용된다.
- **AJAX**: 비동기식 자바스크립트와 XML(AJAXAsynchronous JavaScript and XML)은 실제로 브라우저에서 실행 중인 자바스크립트에 의해 직접적으로 수행되는 GET 또는 POST 요청일 뿐이다. 이름이 '비동기식 자바스크립트와 XML'임에도 불구하고 AJAX 요청은 XML, JASON 또는 가공되지 않은 데이터를 수신할 수 있다.

브라우저 뷰 그리기(렌더링)

사용자가 실제로 보고 상호 작용할 화면은 보통 웹 서버로부터 받은 여러 종류의 데이터로 이뤄져 있다. 브라우저는 (요청/응답 내역 중) 앞부분에 있는 URL로부터 데이터를 읽어 들인 후 문서 객체 모델DOM, Document Object Model을 생성하기 위해 HTML 문서를 제공한다. DOM은

HTML 문서가 루트 노드인 트리 구조 객체다. 트리 구조는 기본적으로 HTML 문서 구조와 일치한다. 예를 들면 문서는 html을 자식 노드로 갖고 있을 것이고 html은 자식 노드로써 헤드^{head}와 보디^{body}를 갖고 있을 것이다. 그리고 보디는 자식 노드로써 다음과 같이 div, p 또는 다른 요소들을 갖고 있을 수 있다.

```
document
  + html
    + head
    + body
      + div
        + p
```

브라우저는 웹 페이지 뷰를 생성하기 위해 각각의 DOM 요소들을 해석하고 해석한 내용을 사용자의 화면에 표시한다.

보통 브라우저는 웹 페이지를 생성하기 위해 다중의 웹 서버 요청으로부터 다양한 종류의 데이터를 얻는다. 다음 형태는 최종적인 사용자 뷰^{user view}를 생성할 뿐 아니라 웹 페이지 동작을 정의하기 위해 브라우저가 가장 흔히 사용된다.

- **HTML 파일들**: DOM의 핵심 구조를 제공한다.

- **CSS 파일들**: 페이지의 각 요소가 폰트, 색상, 테두리, 간격 측면에서 어떤 스타일로 표현할지를 정의한다.

- **클라이언트 측 스크립트들**: 보통 자바스크립트 파일이다. 웹 페이지에 추가 기능 제공, DOM을 조작해 웹 페이지 변경, 페이지 보여주기, 추가 기능에 필요한 중요 로직 제공하기와 같은 작업들을 담당한다.

- **미디어 파일들**: 이미지 비디오 그리고 사운드 파일들이 웹 페이지의 일부로 제공된다.

- **데이터**: XML, JASON 또는 가공되지 않은 텍스트와 같은 데이터는 웹 서버에 의해 AJAX 요청에 대한 응답으로 제공될 수 있다. 웹 페이지를 다시 생성하기 위해 서버에 다시 요청하기보다는 AJAX를 통해 새로운 데이터를 얻어온 후 해당 데이터를 자바스크립트를 통해 웹 페이지에 입력한다.

- **HTTP 헤더들**: HTTP 프로토콜은 웹 페이지의 동작을 정의하기 위해 브라우저가 사용할 수 있는 여러 개의 헤더와 클라이언트 측 스크립트를 정의한다. 예를 들면 쿠키

들은 HTTP 헤더에 저장되고 HTTP 헤더는 요청 내 데이터 종류뿐 아니라 브라우저
로 되돌아올 데이터 종류로 정의된다.

사용자 상호 작용

사용자는 마우스, 키보드 그리고 터치스크린과 같은 입력 디바이스를 통해 브라우저와 상
호 작용한다. 브라우저는 사용자의 입력 이벤트를 포착하고 그에 따라 적절한 동작을 수행
하는 정교한 이벤트 시스템을 갖고 있다. 팝업 메뉴를 보여주는 것부터 실행 중인 클라이언
트 측 자바스크립트에 서버의 새로운 문서를 올리는 것에 이르기까지 매우 다양한 동작을
수행할 수 있다.

웹 서버

웹 서버는 브라우저의 요청 사항을 처리하는 일에 중점을 둔다. 앞서 언급했듯이 브라우저
는 문서를 요청할 수도 있고 데이터를 보낼 수 있으며 데이터를 얻기 위해 AJAX 요청을 수
행할 수도 있다. 웹 서버는 어떤 동작을 수행할지 결정하기 위해 HTTP 헤더뿐 아니라 URL
을 사용한다. 이때 사용되는 웹 서버, 설정 그리고 기술에 따라 수행할 동작이 달라진다.

아파치^{Apache}, IIS와 같이 대부분의 웹 서버들은 .html, .css 그리고 미디어 파일과 같이 정적
파일들을 제공한다. 웹 서버는 서버의 데이터를 변경하는 POST 요청과 백엔드 서비스와 통
신하는 AJAX 요청을 처리하기 위해 서버 측 스크립트를 사용해 확장돼야 한다.

서버 측 프로그램은 브라우저가 요청하는 작업을 수행하기 위해 웹 서버가 실행하는 것을
의미한다. 이러한 스크립트를 작성할 수 있는 언어로는 PHP, 파이썬, C, C++, C#, 자바 등
수없이 많다. 아파치, IIS와 같은 웹 서버들은 서버 측 스크립트를 포함하고 이를 브라우저
가 요청한 특정 URL 위치에 추가할 수 있는 구조를 제공한다.

안정된 웹 서버 프레임워크를 갖고 있을 경우 큰 차이점이 발생할 수 있다. 서버 측 스크립트
를 추가해 다양한 스크립트 언어를 활성화하기 위해서는 상당히 많은 설정을 해야 하며 웹
서버는 요청에 대해 적합한 스크립트로 연결할 수 있다.

서버 측 스크립트는 코드를 실행시켜 응답을 바로 생성하거나 중요한 정보를 얻기 위해 데
이터베이스와 같은 다른 백엔드 서버와 연결하고 해당 정보를 이용해 적절한 응답을 생성
한 후에 보낸다.

백엔드 서비스

백엔드 서비스^{Backend Services}는 웹 서버의 백그라운드에서 실행되는 서비스로, 브라우저에 대한 응답을 생성하기 위해 사용되는 데이터를 제공한다. 가장 흔히 사용되는 백엔드 서비스로는 정보를 저장하는 데 쓰이는 데이터베이스가 있다. 데이터베이스나 다른 백엔드 서비스의 정보를 필요로 하는 브라우저로부터 요청이 들어오면 서버 측 스크립트는 데이터베이스에 접속해 정보를 가져온 후 이 정보를 적당한 형식으로 바꿔 브라우저로 보낸다.

Node.js-to-Angular Stack 컴포넌트 이해 ▪▪▪▪▪▪▪▪▪▪

방금 웹 프레임워크의 기본 구조를 배웠으므로 Node.js-to-Angular Stack을 다뤄보자. 가장 흔히 사용되는 스택 버전은 몽고DB, 익스프레스, 앵귤러, Node.js로 구성된 스택이다.

Node.js-to-Angular Stack 중 Node.js는 개발을 위한 기본적인 플랫폼을 제공한다. 백엔드 서비스와 서버 측 스크립트는 모두 Node.js로 작성된다. 몽고DB는 웹 사이트를 위한 데이터를 저장할 수 있지만 Node.js 모듈의 몽고DB 드라이버를 통해 접근된다. 웹 서버는 익스프레스로 정의될 수 있는데 익스프레스 또한 Node.js 모듈이다.

브라우저의 뷰는 앵귤러 프레임워크를 이용해 정의되고 제어된다. 앵귤러는 MVC 프레임워크이며 모델은 JSON 또는 자바스크립트 객체로 구성되고 뷰는 HTML/CSS 그리고 컨트롤러는 앵귤러 자바스크립트 코드로 이뤄진다. 그림 1.2는 어떻게 Node.js-to-Angular Stack이 기본 웹 사이트/웹 애플리케이션 모델에 들어맞는지에 대해 기본적인 설명을 제공하기 위한 다이어그램을 보여준다. 다음 절에서는 이러한 각 기술들을 설명하고 왜 Node. js-to-Angular Stack의 구성 요소로서 이 기술들이 선택됐는지를 설명한다. 이후의 장들에서는 각 기술을 좀 더 자세히 다룰 것이다.

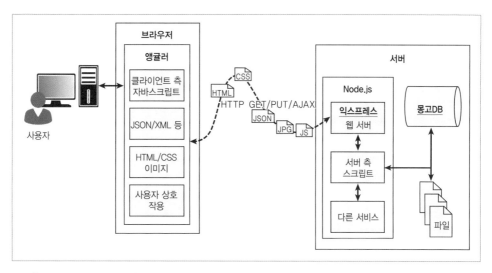

그림 1.2 Node.js, 익스프레스, 몽고DB, 앵귤러가 웹 패러다임 중 어디에 포함되는지를 나타내는 기본 다이어그램

Node.js

Node.js는 구글의 V8 자바스크립트 엔진을 기반으로 하는 개발 프레임워크다. 따라서 Node.js 코드는 자바스크립트로 개발된 후 V8에 의해 기계 코드로 컴파일돼 실행된다.

많은 백엔드 서비스는 서버 측 스크립트 및 지원되는 웹 애플리케이션 기능처럼 Node.js로 작성할 수 있다. Node.js에 대한 장점은 모두 자바스크립트를 사용해 클라이언트 측 스크립트에서 쉽게 기능을 가져와 서버 측 스크립트에 배치할 수 있다는 것이다. 또한 웹 서버는 Node.js 모듈로서 Node.js 플랫폼 내에서 직접 실행할 수 있으므로 새로운 서비스나 서버 측 스크립트를 연결할 때 아파치보다 훨씬 쉽게 사용할 수 있다.

Node.js가 시작하기 좋은 프레임워크인 이유는 다음과 같다.

- **단대단 자바스크립트**: 자바스크립트로 서버 측 스크립트와 클라이언트 측 스크립트를 둘 다 작성할 수 있다는 점이 Node.js의 가장 큰 장점 중 하나다. 스크립트 로직을 어디에 둘 것인지 결정하는 일은 항상 어려운 작업이다. 클라이언트 측이 너무 많으면 클라이언트가 복잡하고 다루기 힘들지만 서버 측이 너무 많으면 웹 애플리케이션이 느려지고 웹 서버에 많은 부담을 줄 수 있다. Node.js를 사용하면 클라이언트에서 작성된 자바스크립트를 가져와 서버에 쉽게 적용할 수 있으며 그 반대도 마찬가지가

될 수 있다. 또한 클라이언트 개발자와 서버 개발자가 동일한 언어를 사용할 수 있다.

- **이벤트 중심의 확장성**: Node.js는 웹 요청을 처리할 때 다른 로직을 사용한다. Node.js는 웹 요청을 처리하기 위해 여러 스레드가 기다리게 하는 대신 기본 이벤트 모델을 이용해 웹 요청을 동일한 스레드에서 처리되도록 한다. 이는 기존 웹 서버가 할 수 없었던 방식으로 Node.js 웹 서버의 규모를 조절할 수 있다. 자세한 내용은 2장, '자바스크립트 기본 학습'에서 다룬다.

- **기능 확장성**: Node.js는 많은 추종자가 있으며 매우 활동적인 개발 커뮤니티를 갖고 있다. 개발자들은 항상 Node.js 기능을 확장시키기 위해 새로운 모듈들을 개발한다. Node.js에 새로운 모듈을 설치하고 추가하는 방법도 간단하다. 짧은 시간 내에 Node.js 프로젝트에 새로운 기능을 추가할 수 있다.

- **신속 구현성**: 소중한 시간을 절약해준다. Node.js를 설치한 후 이 환경에서 개발하기는 매우 쉽다. 몇 분 안에 Node.js를 설치할 수 있으며 웹 서버가 동작하도록 만들 수 있다.

몽고DB

몽고DB는 가볍고 빠르며 확장성이 뛰어난 NoSQL 데이터베이스다. 몽고^{Mongo}라는 이름은 '거대하다'라는 뜻을 지닌 단어 'humongous'에서 유래했다. NoSQL 문서 저장 모델을 기초로 하고 있으며 이는 기본적으로 기존 관계형 데이터베이스의 칼럼과 레코드 형태가 아닌, JSON 객체 형태로 데이터를 데이터베이스에 저장한다는 것을 의미한다.

몽고DB는 사용자의 주석이나 블로그 내용 또는 그 외 항목과 같은 데이터를 저장하고 트래픽양이 많은 웹 사이트를 위한 백엔드 저장소^{storage}를 제공한다. 빠르게 확장 가능하고 구현하기가 쉽다. 이 책에서는 Node.js에서 몽고DB에 접근할 수 있도록 몽고DB 드라이버 라이브러리를 사용하는 방법을 다룬다. Node.js는 MySQL이나 그 밖의 데이터베이스에 데이터를 최대한 쉽게 저장할 수 있도록 다양한 데이터베이스 액세스 드라이버를 지원한다.

다음은 몽고DB가 Node.js 스택에 적합한 이유다.

- **문서지향적**: 몽고DB는 문서지향적이기 때문에 데이터는 서버 측과 클라이언트 측 스크립트에서 다루는 것과 아주 유사한 형태로 데이터베이스에 저장된다. 그렇기 때문에 데이터를 레코드에서 객체, 객체에서 레코드로 바꿀 필요도 없다.

- **고성능 자원**: 몽고DB는 성능이 뛰어난 데이터베이스 중 하나다. 특히 최근 들어 웹 사이트를 이용하는 사람들이 많아지면서 많은 트래픽을 지원할 수 있는 백엔드가 매우 중요해졌다.

- **고가용성 지원**: 몽고DB의 복제 모델은 고성능을 유지하면서도 높은 확장성을 유지할 수 있다.

- **뛰어난 확장성**: 몽고DB의 구조에서는 데이터가 여러 서버에 샤딩되므로 규모를 수평적으로 조절하기가 쉽다.

- **SQL 비주입**: 객체는 SQL 문자열을 사용하지 않으며 객체 그 자체로 저장되기 때문에 몽고DB는 SQL 주입(즉 SQL문을 웹에서의 형식 또는 브라우저의 다른 입력 형식으로 넣음으로 인해 데이터베이스 보안을 위험하게 하는 것)을 허용하지 않는다.

익스프레스

익스프레스 모듈은 Node.js-to-Angular Stack에서 웹 서버 역할을 한다. 익스프레스 모듈이 Node.js에서 실행되므로 해당 모듈을 설정하고 구현하고 제어하기가 쉽다. 익스프레스 모듈은 웹 요청을 처리하기 위한 몇 가지 주요 컴포넌트를 제공하기 위해 Node.js를 확장한다. 코드 몇 줄만 추가하면 Node.js에서 실행되는 웹 서버를 구현할 수 있다.

예를 들어 익스프레스 모듈은 사용자가 연결될 목적지 경로를[URLs] 쉽게 설정할 수 있다. 또한 HTTP 요청과 응답 객체로 작업하는 면에서 쿠키와 HTTP 헤더를 포함하는 훌륭한 기능을 제공한다.

다음은 익스프레스의 유용한 기능들 중 일부를 보여준다.

- **route 관리**: 익스프레스는 서버의 Node.js 스크립트 기능에 바로 연결되는 route(URL 엔드포인트)를 쉽게 정의할 수 있다.

- **에러 처리**: 익스프레스에는 'document not found(문서를 찾을 수 없습니다)' 에러와 그 외 다른 에러들을 처리하는 에러 핸들링 기능이 내장돼 있다.

- **쉬운 통합**: 익스프레스 서버는 엔지닉스[Nginx]나 바니시[Varnish]와 같은 기존 리버스 프락시 시스템 뒤에서 쉽게 구현될 수 있다. 기존의 보안 시스템에 쉽게 통합될 수 있다.

- **쿠키**: 익스프레스는 쿠키를 쉽게 관리할 수 있다.

- **세션 관리와 캐시 관리**: 세션 관리와 캐시 관리를 활성화할 수 있다.

앵귤러

앵귤러는 구글이 개발한 클라이언트 측 프레임워크다. 브라우저에서 사용자의 입력을 처리하고 클라이언트 측의 데이터를 조작 그리고 브라우저 뷰에 요소들을 어떻게 출력할지를 제어하는 데 필요한 모든 기능을 제공한다. 앵귤러는 타입스크립트로 작성됐다. 앵귤러는 MVC 프레임워크를 사용해 웹 애플리케이션을 구현하기 쉬운 프레임워크를 제공하고자 한다.

다른 자바스크립트 프레임워크는 백본Backbone, 엠버Ember 그리고 메테오르Meteor와 같은 Node.js 플랫폼과 함께 사용될 수 있다. 앵귤러는 현시점에서 가장 좋은 디자인과 기능 세트를 갖고 있으며 가장 좋은 방향으로 발전하고 있다.

다음은 앵귤러가 제공하는 장점들이다.

- **결합성**data binding: 강력한 범위scope 구조를 활용해 데이터를 HTML 요소와 완벽하게 결합binding할 수 있다.
- **확장성**extensibility: 앵귤러 아키텍처는 사용자 정의 구현이 가능하도록 언어와 관련된 거의 모든 것을 쉽게 확장할 수 있다.
- **명료성**clean: 깔끔하고 논리적인 코드를 작성할 수 있다.
- **재사용성**reusable code: 앵귤러의 확장성과 명료성을 조합하면 재사용할 수 있는 코드를 쉽게 개발할 수 있다. 때때로 앵귤러는 코드를 재사용해 사용자 맞춤형 서비스를 만들 수 있다.
- **지원성**support: 구글이 이 프로젝트에 많은 투자를 하고 있으므로 이미 실패한 기존의 초기 프레임워크들보다 유리한 위치를 점하고 있다.
- **호환성**compatibility: 앵귤러는 자바스크립트 언어를 바탕으로 하고 있으며 자바스크립트 표준과 밀접한 관계가 있다. 그러므로 개발 환경에 앵귤러를 통합하거나 앵귤러 프레임워크 구조 내의 기존 코드 일부를 재사용하기 쉽다.

요약

1장에서는 웹 개발 프레임워크의 기본 내용들을 다뤘다. 또한 웹 서버와 브라우저 사이에 이뤄지는 상호 작용에 대한 기초뿐 아니라 최신 웹 사이트 기능을 만드는 데 필요한 기능들도 다뤘다.

Node.js, 몽고DB, 익스프레스 그리고 앵귤러로 구성된 Node.js-to-Angular Stack을 설명했다. Node.js는 프레임워크를 위한 플랫폼, 몽고DB는 백엔드 데이터 저장소를 제공한다. 익스프레스는 웹 서버, 앵귤러는 최신 웹 애플리케이션을 위한 클라이언트 측 프레임워크를 제공한다.

2장에서 다룰 내용

2장, '자바스크립트 기본 학습'에서는 자바스크립트 언어에 대한 기초적인 내용을 간단히 소개한다. Node.js-to-Angular Stack이 자바스크립트를 기반으로 하고 있으므로 이 책 전체에 걸쳐 나올 예제들을 따라하려면 자바스크립트에 익숙해져야 한다.

2

자바스크립트 기본 학습

이 책에서 작업하게 될 각 컴포넌트인 Node.js, 익스프레스, 타입스크립트, 앵귤러는 모두 자바스크립트 언어를 기반으로 한다. 그러므로 웹 개발 스택의 모든 계층에서 코드를 구현하고 재사용하기 쉽다는 사실을 확인하게 될 것이다.

2장의 목적은 변수, 함수 그리고 객체와 같은 자바스크립트 언어의 기본 내용들과 익숙해질 수 있도록 하는 데 있다. 언어에 대한 모든 내용을 모두 안내하지는 않고 중요 문법과 특징들만 대략적으로 설명한다. 자바스크립트를 잘 모른다면 2장의 기본 내용을 통해 이 책의 나머지에 있는 예제들을 이해할 수 있게 될 것이다. 자바스크립트를 이미 잘 알고 있다면 건너뛰어도 되고 다시 한번 상기시킬 겸 복습해도 된다.

변수 정의하기

자바스크립트에서 처음으로 시작하는 부분은 변수를 정의하는 것이다. 변수는 해당 이름을 사용해 자바스크립트 파일의 데이터를 임시 저장하고 데이터에 액세스할 수 있도록 데이터의 이름을 지정하는 수단이다. 변수는 숫자나 문자열과 같은 간단한 데이터 형식^{data type}을 가리킬 수 있고 객체와 같은 보다 복잡한 데이터 형식을 가리킬 수도 있다.

자바스크립트에서 변수를 선언하려면 다음 예제와 같이 var 키워드를 쓰고 난 후 변수명을 써야 한다. 예를 들면 다음과 같다.

```
var myData;
```

변수를 선언함과 동시에 변수에 값을 대입할 수도 있다. 예를 들면 다음 코드는 변수 myString을 생성하고 바로 "Some Text"라는 값을 대입한다.

```
var myString = "Some Text";
```

이 코드 한 줄로 다음 두 줄과 동일한 작업을 할 수 있다. 예를 들어 다음 코드는 새로운 객체를 정의하고 값과 메서드 function을 할당한다.

```
var myString;
var myString = "Some Text";
```

변수를 선언한 후 변수에 값을 대입하고 변숫값에 접근하기 위해 변수명을 사용할 수 있다. 예를 들면 다음 코드는 변수 myString에 문자열을 저장한 후 변수 newString에 값을 대입하기 위해 변수 myString을 사용한다.

```
var myString = "Some Text";
var newString = myString + "Some More Text";
```

변수를 설명하는 이름을 변수명으로 정해줘야 나중에 저장된 데이터가 무엇인지 알고 프로그램을 좀 더 손쉽게 사용할 수 있다. 변수명은 반드시 문자, $ 또는 _로 시작해야 하며 공백이 없어야 한다. 추가로 변수명에서는 대소 문자를 구별하므로 myString과 MyString은 다르다.

자바스크립트 데이터 형식 이해

자바스크립트는 변수에 대입된 데이터를 어떻게 처리할지 결정하기 위해 데이터 형식을 사용한다. 변수 형식variable type은 해당 변수가 어떤 작업을 수행할지 결정한다. 다음 내용은 이 책에서 가장 자주 사용하게 될 변수 형식이다.

- **문자열**: 이 데이터 형식은 문자 데이터를 문자열로 저장한다. 문자 데이터는 작은따옴표 또는 큰따옴표로 명시된다. 따옴표 안에 있는 모든 데이터는 문자열 변수에 대입된다. 예를 들면 다음과 같다.

```
var myString = 'Some Text';
var anotherString = 'Some More Text';
```

- **숫자**: 이 데이터 형식은 숫자로 나타낸 값을 데이터로 저장한다. 숫자는 수를 세거나, 계산하거나, 비교하는 데 유용하다. 다음 예를 참고하기 바란다.

```
var myInteger = 1;
var cost = 1.33;
```

- **불린**Boolean: true 또는 false인 단일 비트를 저장한다. 불린은 종종 플래그로 사용된다. 예를 들어 일부 코드의 시작 부분에서 변수를 false로 설정한 후 완료 시 이 변숫값을 확인해 코드 실행이 특정 지점에 도달했는지 여부를 확인할 수 있다. 다음 예제에서는 true 및 false 변수를 정의한다.

```
var yes = true;
var no = false;
```

- **배열**: 인덱스 배열은 모두 하나의 변수명으로 저장된 일련의 개별 데이터 항목이다. 배열의 항목은 array [index]를 사용해 0부터 시작하는 인덱스를 통해 액세스할 수 있다. 다음 예제에서는 간단한 배열을 만든 후에 인덱스 0에 있는 첫 번째 요소에 액세스한다.

```
var arr = [ "one", "two", "three"];
var first = arr [0];
```

- **객체 리터럴**: 자바스크립트는 객체 리터럴을 생성하고 사용하는 기능을 지원한다. 객체 리터럴을 사용하면 object.property 구문을 사용해 객체의 값과 함수에 액세스할 수 있다. 다음 예제는 객체 리터럴의 속성을 만들고 액세스하는 방법을 보여준다.

```
var obj = { "name": "Brendan", "Hobbies": [ "Video Games", "camping"],
"age", "Unknown"};
var name = obj.name;
```

- Null: 변수가 생성되지 않았거나 더 이상 사용하지 않기 때문에 변수에 저장할 값이 없는 경우가 있다. 이때 변수를 null로 설정할 수 있다. null을 사용하는 것이 변수에 유효한 값을 할당하는 방법이므로 변수에 값 0 또는 빈 문자열 ""을 할당하는 것보다 낫다. 변수를 null에 할당하면 값을 할당하지 않고서도 코드에서 null을 검사할 수 있다.

```
var newVar = null;
```

노트

자바스크립트는 무형식(typeless) 언어다. 스크립트에 변수가 어떤 데이터 형식인지 명시할 필요가 없다. 인터프리터가 자동으로 변수의 데이터 형식을 알아낼 것이다. 어떤 특정 형식의 변수에 형식이 다른 값을 대입할 수도 있다. 예를 들면 다음 코드는 문자열 변수를 선언한 후 여기에 정숫값을 대입할 수 있다.

```
var id = "testID";
id = 1;
```

연산자 사용하기

자바스크립트 연산자를 사용하면 변숫값을 변경할 수 있다. 변수에 값을 할당하는 데 사용되는 연산자는 이미 익숙할 것이다. 자바스크립트는 산술과 대입의 두 가지 형식으로 그룹화할 수 있는 여러 연산자를 제공한다.

산술 연산자

변수와 다이렉트 값 사이에 연산을 수행하기 위해 산술 연산자를 사용한다. 표 2.1은 산술 연산자 목록을 결괏값과 함께 보여준다.

표 2.1 처음에 y = 4를 기반으로 자바스크립트의 산술 연산자를 사용한 결과

연산자	설명	예시	결과 x
+	덧셈	x=y+5 x=y+"5" x="4"+y+"4"	9 "45" "Four44"
−	빼기	x=y-2	2

++	증가	x=y++ x=++y	4 5
--	감소	x=y-- x=--y	4 3
*	곱셈	x=y*4	16
/	나눗셈	x=10/y	2.5
%	모듈러(나눗셈의 나머지)	x=y%3	1

노트

또한 + 연산자를 이용해 문자열들을 더하거나 문자열과 숫자를 더할 수 있다. 문자열들을 빠르게 연결할 수 있을 뿐 아니라 출력 문자열에 숫자 데이터를 추가할 수도 있다. 표 2.1은 숫자 값과 문자열 값을 더하면 숫자 값이 문자열로 변환된 후에 2개의 문자열이 연결되는 것을 보여준다.

대입 연산자

변수에 값을 대입하기 위해 대입 연산자를 사용한다. = 연산자 이외에도 값을 대입할 때 데이터를 조작할 수 있도록 하는 몇 가지 다른 종류가 있다. 표 2.2는 대입 연산자 목록을 결괏값과 함께 보여준다.

표 2.2 자바스크립트 대입 연산자(x = 10일 경우의 결괏값)

연산자	예제	동일한 산술 연산자	결괏값 x
=	x=5	x=5	5
+=	x+=5	x=x+5	15
-=	x-=5	x=x-5	5
*=	x*=5	x=x*5	50
/=	x/=5	x=x/5	2
%=	x%=5	x=x%5	0

비교 연산자와 조건 연산자 사용

조건을 사용하면 애플리케이션에 맞는 경우일 때만 특정 코드가 실행되도록 하는 논리를 적용할 수 있다. 이렇게 하려면 변숫값들을 대상으로 비교 논리를 적용하면 된다. 다음 절에서는 자바스크립트에서 사용 가능한 비교와 조건문에 어떻게 응용하는지를 설명한다.

비교 연산자

비교 연산자는 두 데이터를 비교 연산하고 그 결과가 옳을 경우 true, 틀릴 경우 false를 반환한다. 비교 연산자는 연산자의 왼쪽에 있는 값을 오른쪽에 있는 값과 비교한다.

자바스크립트 비교 구문을 쉽게 이해하기 위해 몇 가지 예를 든 목록을 살펴보자. 표 2.3은 비교 연산자 목록을 예제와 함께 보여준다.

표 2.3 자바스크립트 비교 연산자(x=10일 경우의 결괏값)

연산자	설명	예제	결과
==	같음 (값만)	x==8 x==10	false true
===	값과 형식 둘 다 같음	x===10 x==="10"	true false
!=	같지 않음	x!=5	true
!==	값과 형식 둘 다 같지 않음	x!=="10" x!==10	true false
>	~보다 큼	x>5	true
>=	~보다 크거나 같음	x>=10	true
<	~보다 작음	x<5	false
<=	~보다 작거나 같음	x<=10	true

논리 연산자와 괄호를 사용해 여러 개의 비교문을 함께 묶어 사용할 수도 있다. 표 2.4는 논리 연산자의 종류 및 비교 연산자와 어떻게 함께 사용하는지를 보여준다.

표 2.4 자바스크립트 비교 연산자(x=10, y=5일 경우의 결괏값)

연산자	설명	예제	결과
&&	논리곱	(x==10 && y==5) (x==10 && y>x)	true false
||	논리합	(x>=10 || y>x) (x<10 && y>x)	true false
!	논리 부정	!(x==y) !(x>y)	true false
	혼합	(x>=10 && y<x || x==y) ((x<y || x>=10) && y>=5) (!(x==y) && y>=10)	true true false

if문 사용

if문은 비교 연산 결과에 따라 실행될 코드를 나눌 수 있게 한다. 다음 코드는 ( ) 안의 조건 연산자와 { } 안의 조건문이 true일 경우에 실행할 코드를 보여준다.

```
if(x==5){
  do_something( );
}
```

if문 블록 내부의 실행 코드뿐 아니라 조건문 결과가 false일 경우에 실행시킬 else 블록도 명시할 수 있다. 그 예는 다음과 같다.

```
if(x==5){
  do_something( );
} else {
  do_something_else( );
}
```

또한 언제나 if문 여러 개를 함께 사용할 수도 있다. if문을 여러 개 사용하고 싶다면 다음 예제와 같이 else와 함께 조건문을 추가하면 된다.

```
if(x<5){
  do_something( );
} else if(x<10) {
  do_something_else( );
} else {
  do_nothing( );
}
```

switch문 구현

조건 논리의 또 다른 종류는 switch문이다. switch문은 수식을 한 번 계산한 후 계산 결괏값을 근거로 여러 개의 코드 중 하나를 실행한다.

switch문의 문법은 다음과 같다.

```
switch(수식){
  case value1:
    <실행할 코드>
    break;
  case value2:
    <실행할 코드>
    break;
  default:
    <value1도 아니고 value2도 아닐 경우에 실행할 코드>
}
```

switch문은 수식을 연산한 후에 얻은 값을 이용한다. 값은 문자열, 숫자, 불린 또는 객체일 수도 있다. 그런 후에 해당 수식 값을 case문에 명시된 각 값들과 비교한다. 값이 일치한다면 해당 case문의 코드가 실행된다. 일치하는 값이 없다면 default문의 코드가 실행된다.

> **노트**
>
> 일반적으로 각 case문에는 switch문을 빠져나오라는 의미로 마지막에 break문이 있다. break문이 없다면 다음 case문의 코드도 실행될 것이다.

루프 구현하기

루프looping를 사용한다는 것은 코드의 동일한 구역을 여러 번 실행한다는 것을 의미한다. 이는 배열 또는 객체에 동일한 작업을 반복적으로 수행해야 할 때 유용하다.

자바스크립트에는 for 루프와 while 루프가 있다. 다음 절에서는 자바스크립트의 루프를 구현하는 방법을 설명한다.

while 루프

자바스크립트 루프의 가장 기본적인 종류는 while 루프다. while 루프는 수식을 검사하고 수식의 결과가 false일 때까지 { } 모양으로 된 괄호 안의 코드를 계속 실행한다. 예를 들면 다음 while 루프는 i가 5가 될 때까지 실행된다.

```
var i = 1;
while (i<5){
  console.log("Iteration " + i);
  i++;
}
```

이 예제는 콘솔에 다음 값을 출력한다.

```
Iteration 1
Iteration 2
Iteration 3
Iteration 4
```

do / while 루프

또 다른 종류의 while 루프는 do/while 루프다. 이 루프는 루프 내의 코드를 적어도 한 번 이상 실행한다. 수식 결과가 맞지 않더라도 코드는 적어도 한 번 실행된다는 의미다.

예를 들면 다음 do/while 루프는 days가 Wednesday가 될 때까지 실행된다.

```
var days = ["Monday", "Tuesday", "Wednesday", "Thursday", "Friday"];
var i=0;
do{
  var day=days[i++];
  console.log("It's " + day + "<br>");
} while (day != "Wednesday");
```

콘솔에 출력되는 값은 다음과 같다.

```
It's Monday
It's Tuesday
It's Wednesday
```

for 루프

자바스크립트의 for 루프는 하나의 괄호 안에 3개의 문장을 포함하는 for문을 사용해 특정 횟수만큼 코드를 실행한다. 문법은 다음과 같다.

```
for (assignment, condition, update;) (
    실행할 코드;
}
```

for문은 루프를 실행시킬 때 다음과 같이 3개의 문장을 사용한다.

- **대입문**: 루프가 시작되기 전에 한 번만 실행된다. 루프의 조건문에 사용될 변수를 초기화하기 위해 사용한다.
- **조건문**: 이 수식은 루프가 반복되기 전에 계산된다. 수식이 'true'라면 루프는 실행되고 그렇지 않을 경우 for 루프는 종료된다.
- **갱신문**: 반복문이 수행될 때마다 루프 내의 코드가 실행된 후에 이 문장이 수행된다. 일반적으로 두 번째 수행문의 카운터를 증가시킬 때 사용된다.

다음 예제는 for 루프와 그 안에 또 다른 루프가 있는 중첩 for 루프를 보여준다.

```
for (var x=1; x<=3; x++){
  for (var y=1; y<=3; y++){
    console.log(x + " X " + y + " = " + (x*y) + "<br>");
  }
}
```

결과 웹 콘솔 출력은 다음과 같다.

```
1 X 1 = 1
1 X 2 = 2
1 X 3 = 3
2 X 1 = 2
2 X 2 = 4
2 X 3 = 6
3 X 1 = 3
```

```
3 X 2 = 6
3 X 3 = 9
```

for / in 루프

for 루프의 또 다른 종류는 for/in 루프다. for/in 루프는 반복될 수 있는 모든 데이터 형식을 대상으로 실행된다. 대부분의 경우 배열과 객체에 for/in 루프를 사용할 것이다. 다음 예제는 간단한 배열을 사용해 for/in 루프의 문법과 동작을 보여준다.

```
var days = ["Monday", "Tuesday", "Wednesday", "Thursday", "Friday"];
for (var idx in days){
  console.log("It's " + days[idx] + "<br>");
}
```

변수 idx는 루프가 실행됨에 따라 각 반복문에 맞게 배열 인덱스를 처음부터 마지막까지 변경한다. 출력 결과는 다음과 같다.

```
It's Monday
It's Tuesday
It's Wednesday
It's Thursday
It's Friday
```

루프 중단

루프를 사용할 때 다음 반복문이 실행될 때까지 기다리지 않고 코드 내부에서 코드의 실행을 중단시켜야 하는 경우가 있다. break 키워드와 continue 키워드를 사용하는 두 가지 방법으로 중단할 수 있다.

break 키워드는 for 루프 또는 while 루프의 실행을 완전히 중지시킨다. 반면 continue 키워드는 루프 내부 코드 실행을 중지시키고 다음 반복문으로 넘어간다. 다음 예제를 자세히 살펴보기 바란다.

이 예제는 day가 Wednesday일 경우 break를 사용한다.

```
var days = ["Monday", "Tuesday", "Wednesday", "Thursday", "Friday"];
for (var idx in days){
  if (days[idx] == "Wednesday")
    break;
  console.log("It's " + days[idx] + "<br>");
}
```

값이 Wednesday가 되고 나면 루프 실행은 완전히 종료된다.

```
It's Monday
It's Tuesday
```

다음 예제에서는 day가 Wednesday일 경우 continue를 사용한다.

```
var days = ["Monday", "Tuesday", "Wednesday", "Thursday", "Friday"];
for (var idx in days){
  if (days[idx] == "Wednesday")
    continue;
  console.log("It's " + days[idx] + "<br>");
}
```

continue문 때문에 Wednesday일 경우 로그가 출력되지 않았지만 루프 실행은 끝까지 수행됐다는 사실에 주목하기 바란다.

```
It's Monday
It's Tuesday
It's Thursday
It's Friday
```

함수 만들기

자바스크립트의 가장 중요한 부분 중 하나는 다른 코드에서 재사용할 수 있는 코드를 작성하는 것이다. 이를 위해 코드를 특정 작업을 수행하는 함수로 구성한다. 함수는 하나의 블록으로 결합되고 이름이 주어진 일련의 코드 문장들이다. 해당 이름을 참조해 블록의 코드를 실행할 수 있다.

함수 정의하기

function 키워드를 사용해 함수를 정의한다. function 키워드 뒤에는 함수의 역할을 설명하는 이름이 나오고 ( ) 안에는 0개 이상의 인수가 나오며 { } 안에는 한 줄 이상의 코드가 나온다. 다음 예제는 콘솔에 "Hello World"를 출력하는 함수를 정의한다.

```
function myFunction(){
  console.log("Hello World");
}
```

myFunction( )에서 코드를 실행하려면 기본 자바스크립트 또는 다른 함수에 다음 행을 추가하면 된다.

```
myFunction ();
```

함수에 변수 전달하기

함수에 특정 값들을 전달해 해당 함수가 코드를 실행할 때 그 값들을 사용할 일이 자주 발생한다. 콤마로 구분된 형태로 함수에 값을 전달한다. 함수를 정의할 때 변수명들을 ( ) 안에 써야 하며 변수명의 개수는 전달받는 값의 개수와 일치해야 한다. 다음 함수는 출력 문자열을 생성하기 위해 2개의 인수, 즉 name과 city를 전달받는다.

```
function greeting(name, city){
  console.log("Hello " + name);
  console.log("How is the weather in " + city);
}
```

함수 greeting( )을 호출하려면 name과 city 값을 전달해야 한다. 값은 다이렉트 값일 수도 있고 이미 정의된 변수일 수도 있다. 이를 보여주기 위해 다음 코드는 name 변수와 인수 city를 위해 다이렉트 문자열을 전달해 함수 greeting( )을 실행시킨다.

```
var name = "Brad";
greeting(name, "Florence");
```

함수에서 값 반환

종종 함수는 자신을 호출한 코드에 값을 반환해야 하는 경우도 있다. 변수 또는 값을 return 키워드 뒤에 추가하면 함수로부터 값을 반환받는다. 다음 예제 코드는 문자열을 구성하기 위해 함수를 호출하고 함수가 반환한 값을 변수에 대입한 후 콘솔에 값을 출력한다.

```
function formatGreeting(name, city){
  var retStr = "";
  retStr += "Hello <b>" + name +"<b>,<br>);
  retStr += "Welcome to " + city + "!";
  return retStr;
}
var greeting = formatGreeting("Brad", "Rome");
console.log(greeting);
```

함수에 return문을 1개 이상 사용할 수 있다. 함수가 return문을 만나면 함수 실행은 바로 중단된다. return문에 반환할 값이 있다면 그 값은 반환된다. 다음 예제는 입력 값을 검사하고 이 값이 0일 경우 바로 반환하는 함수다.

```
function myFunc(value){
  if (value == 0)
    return value;
  <if의 값이 0이 아닐 경우 처리될 코드>
  return value;
}
```

익명 함수 사용

지금까지 살펴봤던 예제들은 모두 이름이 있는 함수였다. 자바스크립트는 익명 함수anonymous function 또한 생성할 수 있다. 자바스크립트와 같은 함수 언어에서 익명 함수는 함수의 매개변수, 객체의 속성 또는 함수의 값을 반환하는 데 사용할 수 있다. 이런 함수들은 다른 함수를 호출할 때 매개변수 집합 안에 직접 정의할 수 있다는 장점이 있다. 따라서 함수를 형식적으로 정의하지 않아도 된다.

예를 들면 다음 코드는 3개의 매개변수를 받는 함수 doCalc( )를 정의한다. 처음 2개의 매개변수는 숫자여야 하고 세 번째 매개변수는 다른 함수를 호출해 앞에서 보여준 숫자 2개를 인수로 전달한다.

```
function doCalc(num1, num2, calcFunction){
  return calcFunction(num1, num2);
}
```

다음 예제와 같이 함수를 정의한 후 매개변수 없이 함수명을 doCalc( )에 전달할 수도 있다.

```
function addFunc(n1, n2){
  return n1 + n2;
}
doCalc(5, 10, addFunc);
```

하지만 다음 두 문장에서 볼 수 있는 것처럼 함수 doCalc( )을 호출할 때 바로 익명 함수를 사용할 수 있다.

```
console.log( doCalc(5, 10, function(n1, n2){ return n1 + n2; }) );
console.log( doCalc(5, 10, function(n1, n2){ return n1 * n2; }) );
```

익명 함수를 사용할 때의 장점은 해당 함수가 코드 내 다른 곳에서는 사용되지 않는다는 점이며 형식적인 정의가 필요 없음을 확인할 수 있다. 따라서 자바스크립트 코드는 좀 더 간결해지고 가독성이 좋아진다.

변수 범위

자바스크립트 애플리케이션에서 조건, 함수 그리고 루프를 추가로 사용할 때부터는 변수 범위variable scope를 잘 이해해야 한다. 변수 범위는 현재 실행되고 있는 코드 줄에서 특정 변숫값을 결정하는 데 사용되기 때문에 중요하다.

자바스크립트는 전역 변수와 지역 변수 둘 다 정의할 수 있다. 전역 변수는 메인 자바스크립트, 지역 변수는 함수 내부에서 정의된다. 함수 내부에 지역 변수를 정의하면 새로운 변수가 메모리에 생성된다. 해당 함수 내부에서는 지역 변수, 외부에서는 전역 변수를 참조할 수 있다.

변수 범위를 좀 더 잘 이해하려면 다음 코드를 자세히 살펴보기 바란다.

```
var myVar = 1;
function writeIt(){
  var myVar = 2;
  console.log("Variable = " + myVar);
  writeMore();
}
function writeMore(){
  console.log("Variable = " + myVar);
}
writeIt();
```

전역 변수 myVar은 1번 줄, 지역 변수는 함수 writeIt() 내부의 3번 줄에 정의됐다. 4번 줄에서는 콘솔에 "Variable = 2"를 출력한다. 5번 줄에서는 writeMore()이 호출된다. 함수 writeMore() 내부에는 정의된 지역 변수인 myVar가 없으므로 8번 줄에서는 전역 변수 myVar의 값이 출력된다.

자바스크립트 객체 사용

자바스크립트는 Number, Array, String, Date 그리고 Math와 같이 몇 가지 내장된 객체들이 있다. 각 내장 객체들은 멤버 속성과 메서드를 갖고 있다. 자바스크립트 객체뿐 아니라 Node.js, 몽고DB, 익스프레스 그리고 앵귤러 또한 자신만의 내장 객체들이 있음을 확인하게 될 것이다.

자바스크립트는 사용자 정의 객체를 생성할 수 있도록 상당히 좋은 객체지향 프로그래밍 구조도 제공한다. 깔끔하고 효율적이면서 재사용할 수 있는 자바스크립트 코드를 작성하기 위해서는 여러 개의 함수보다 객체를 사용해야 한다.

객체 문법 사용

자바스크립트 객체를 효율적으로 사용하려면 구조와 문법을 잘 이해해야 한다. 사실 객체는 여러 값과 (일부의 경우에는) 함수들을 함께 담아 놓는 곳일 뿐이다. 객체의 값을 프로퍼티property라 부르고 함수를 메서드라 부른다. 자바스크립트 객체를 사용하려면 먼저 객체의 인스턴스를 생성해야 한다. 객체 생성자명과 함께 new 키워드를 사용해 객체 인스턴스를 생성한다. 예를 들어 Number 객체를 생성하려면 자바스크립트에서 내장된 Number 객체의 인스턴스를 만드는 다음 코드를 사용하면 된다.

```
var x = new Number ("5");
```

객체 문법은 매우 간단하다. 객체명 다음에 점을 사용하고 그 뒤에 프로퍼티 또는 메서드명을 사용한다. 예를 들면 다음 코드에서 myObj라는 이름을 갖는 객체는 name 프로퍼티를 갖고 설정하는 동작을 수행한다.

```
var s = myObj.name;
myObj.name = "New Name";
```

또한 동일한 방식으로 객체의 메서드를 얻고 설정할 수 있다. 예를 들면 다음 코드는 myObj라는 객체의 메서드 getName( )을 호출한 후에 메서드 function을 사용하는 동작을 수행한다.

```
var name = myObj.getName();
myObj.getName = function() { return this.name; };
```

객체를 생성한 후 { } 문법을 사용해 직접 변수와 함수를 할당하고 객체를 생성할 수 있다.

```
var obj = {
  name: "My Object",
  value: 7,
  getValue: function() { return this.value; }
};
```

또한 object[propertyName] 문법을 이용해 자바스크립트 객체의 멤버에 접근할 수도 있다. 동적 프로퍼티명을 사용할 때와 프로퍼티명에 자바스크립트가 지원하지 않는 문자들을 반드시 포함해야 할 때 유용하다. 예를 들면 다음 예제는 myObj 객체의 프로퍼티 "User Name" 과 "Other Name"에 접근한다.

```
var propName = "User Name";
var val1 = myObj[propName];
var val2 = myObj["Other Name"];
```

사용자 정의 객체 생성

지금까지 살펴봤듯이 자바스크립트 내장 객체를 사용하는 데는 몇 가지 장점이 있다. 점점 더 많은 데이터를 사용하는 코드를 만들게 되면 특정 프로퍼티들과 메서드가 있는 사용자 정의 객체를 생성하고 싶어질 것이다.

자바스크립트에서는 두 가지 방법으로 객체를 정의할 수 있다. 가장 간단한 방법은 필요할 때마다 객체를 정의하는 것이고 일반적인 객체를 생성한 후 필요할 때마다 프로퍼티를 추가할 수도 있다.

예를 들어 사용자 객체를 생성하고 '성'과 '이름'을 할당할 뿐 아니라 이들을 반환할 함수를 정의하기 위해 다음 코드를 사용한다.

```
var user = new Object();
user.first="Brendan";
user.last="Dayley";
user.getName = function() { return this.first + " " + this.last; }
```

또한 다음 문법을 사용해 직접 할당해도 동일한 결과를 얻을 수 있다. 다음 코드에서 객체는 { }에 둘러싸여 있고 프로퍼티들은 property:value 문법을 이용해 정의될 수 있다.

```
var user = {
  first: Brendan,
  last: 'Dayley',
  getName: function() { return this.first + " " + this.last; }};
```

이 두 방법들은 나중에 재사용할 필요가 없는 간단한 객체에 쓰기에 좋은 방법이다. 재사용할 수 있는 객체를 위한 더 좋은 방법은 자기자신의 함수 블록 안에 객체를 넣는 것이다. 이 방법은 객체와 관련된 모든 코드를 객체 자신의 영역 안에 둘 수 있다는 장점이 있다. 그 예는 다음과 같다.

```
function User(first, last){
  this.first = first;
  this.last = last;
  this.getName = function( ) { return this.first + " " + this.last; }};
var user = new User("Brendan", "Dayley");
```

이러한 방법을 사용했을 때의 결과는 근본적으로 '점' 문법을 사용해 참조할 수 있는 프로퍼티들을 갖는 객체를 사용했을 때와 동일하다.

```
console.log(user.getName());
```

프로토타입 객체 패턴 사용

객체를 생성하는 훨씬 더 고급스러운 방법은 프로토타입 패턴을 사용하는 것이다. 함수를 객체 자신의 내부가 아니라 객체의 프로토타입 속성 내부에 정의함으로써 프로토타입 패턴을 구현한다. 프로토타입을 사용하면 프로토타입 내부에 정의된 함수는 새로운 객체가 생성될 때가 아닌 자바스크립트가 로드됐을 때 한 번만 생성되는 장점이 있다. 다음 예제는 프로토타이핑 패턴을 구현하는 데 필요한 코드를 보여준다.

객체 UserP를 정의한 후 함수 getFullName( )를 추가하기 위해 UserP.prototype을 설정한 다는 사실에 주목하기 바란다. 프로토타입에 원하는 만큼 많은 함수를 추가할 수 있다. 새로 운 객체가 생성될 때마다 해당 함수들을 사용할 수 있다.

```javascript
function UserP(first, last){
  this.first = first;
  this.last = last;
}
UserP.prototype = {
  getFullName: function(){
    return this.first + " " + this.last;
  }
};
```

문자열 조작

String 객체는 현재 자바스크립트에서 가장 흔히 사용된다. 자바스크립트는 문자열 데이 터 형식의 변수를 정의할 때마다 자동으로 String 객체를 생성한다. 그 예는 다음과 같다.

```javascript
var myStr = "Teach Yourself jQuery & JavaScript in 24 Hours";
```

문자열을 생성할 때는 문자열 내에서 바로 사용할 수 없는 몇 가지 특별한 문자들이 존재한다. 이런 문자들의 경우 자바스크립트는 표 2.5에 나열돼 있는 몇 가지 확장 문자escape code를 제 공한다.

표 2.5 String 객체 확장 문자

확장 문자	설명	예제	출력 문자열
\'	작은따옴표	"couldn\'t be"	couldn't be
\"	큰따옴표	"I \"think\" I \"am\""	I "think" I "am"
\\	역슬래시	"one\\two\\three"	one\two\three
\n	개행	"I am\nI said"	I am I said

\r	캐리지 반환	"to be\ror not"	to be or not
\t	탭	"one\ttwo\tthree"	one two three
\b	백스페이스	"correctoin\b\b\bion"	correction
\f	폼 피드	"Title A\fTitle B"	Title A then Title B

문자열의 길이를 정할 때는 다음 예제와 같이 String 객체의 프로퍼티 length를 사용할 수 있다.

```
var numOfChars = myStr.length;
```

String 객체에는 다양한 방법으로 문자열에 접근하고 조작할 수 있는 여러 가지 함수가 있다. 표 2.6에서 문자열을 조작하는 메서드들을 설명한다.

표 2.6 String 객체를 조작하는 메서드

메서드	설명
charAt(인덱스)	명시된 인덱스의 문자를 반환
charCodeAt(인덱스)	명시된 인덱스의 문자 유니코드 값을 반환
concat(str1, str2, ...)	2개 이상의 문자열을 합치고, 합쳐진 문자열을 반환
fromCharCode( )	유니코드 값을 실제 문자로 변환
indexOf(subString)	명시된 subString 값이 처음 나타난 위치를 반환, subString이 없을 경우 −1을 반환
lastIndexOf(subString)	명시된 subString 값이 마지막으로 나타난 위치를 반환, subString이 없을 경우 −1을 반환
match(regex)	문자열을 탐색해 정규 표현식과 일치하는 것을 모두 반환
replace(subString/ regex,replacementString)	subString 또는 정규 표현식과 일치하는 문자열을 탐색하고 일치한 subString을 새로운 subString으로 변경
serach(regex)	정규 표현식에 근거해 문자열을 탐색하고 처음 일치하는 위치를 반환
slice(start, end)	start 위치와 end 위치 사이의 문자열 부분이 제거된 새로운 문자열을 반환
split(sep, limit)	구분자 또는 표현 정규 표현식에 근거해 문자열을 부분 문자열의 배열로 분할. 옵션 인수(argument)인 limit는 맨 처음부터 부분 문자열이 갖는 최대 수를 정의
substr(start, length)	문자열 중 명시된 시작 위치부터 명시된 길이만큼 문자들을 추출

(이어짐)

substring(from, to)	from 인덱스부터 to 인덱스 사이 문자들의 부분 문자열을 반환
toLowerCase( )	문자열을 소문자로 변환
toUpperCase( )	문자열을 대문자로 변환
valueOf( )	문자열의 기본값을 반환

String 객체에서 제공된 기능을 사용하기 위해 다음 절에서는 String 객체 메서드로 할 수 있는 일부 작업들을 설명한다.

문자열 결합

+ 연산자를 사용하거나 첫 번째 문자열에 함수 concat( )를 사용하면 여러 개의 문자열을 합칠 수 있다. 예를 들어 다음 코드에서 sentence1과 sentence2의 결과는 동일하다.

```
var word1 = "Today ";
var word2 = "is ";
var word3 = "tomorrow\'s";
var word4 = "yesterday.";
var sentence1 = word1 + word2 + word3 + word4;
var sentence2 = word1.concat(word2, word3, word4);
```

부분 문자열 탐색

문자열이 다른 문자열의 부분 문자열인지 확인하려면 indexOf( ) 메서드를 사용하면 된다. 예를 들면 다음 코드는 단어 think를 포함하는 경우에만 콘솔에 문자열을 출력한다.

```
var myStr = "I think, therefore I am.";
if (myStr.indexOf("think") != -1){
  console.log (myStr);
}
```

문자열에서 단어 바꾸기

문자열 내 단어 치환이 흔히 이뤄지는 또 다른 String 객체 작업은 부분 문자열을 다른 것으로 바꾸는 것이다. 문자열 내의 단어 또는 구절을 치환하려면 replace() 메서드를 사용해야 한다. 다음 코드는 텍스트 "<username>"을 변수 username의 값으로 변경한다.

```
var username = "Brendan";
var output = "<username> please enter your password: ";
output.replace("<username>", username);
```

문자열을 배열로 쪼개기

매우 흔한 작업은 구분자를 이용해 문자열을 배열로 쪼개는 것이다. 예를 들면 다음 코드는 시간 문자열을 "." 구분자가 있는 split() 메서드를 이용해 기본적인 파트들의 배열로 나눈다.

```
var t = "12:10:36";
var tArr = t.split(":");
var hour = t[0];
var minute = t[1];
var second = t[2];
```

배열 작업

Array 객체는 다른 객체 집합을 저장하고 처리하는 방법을 제공한다. 배열은 숫자, 문자열 또는 다른 자바스크립트 객체들을 저장할 수 있다. 자바스크립트 배열을 생성할 수 있는 몇 가지 방법이 있다. 예를 들면 다음 문장은 동일한 배열을 세 가지 버전으로 생성한다.

```
var arr = ["one", "two", "three"];
var arr2 = new Array();
arr2[0] = "one";
arr2[1] = "two";
arr2[2] = "three";
```

```
var arr3 = new Array();
arr3.push("one");
arr3.push("two");
arr3.push("three");
```

첫 번째 방법은 arr을 정의하고 [ ]을 이용해 하나의 문장으로 배열 값들을 설정한다. 두 번째 방법은 arr2 객체를 생성한 후 다이렉트 인덱스 대입을 이용해 항목들을 추가한다. 세 번째 방법은 arr3 객체를 생성한 후 배열을 확장할 수 있는 가장 좋은 방법을 사용한다. 즉 push( ) 메서드를 이용해 배열에 항목들을 입력한다.

배열의 요소 수를 구하려면 다음 예제와 같이 Array 객체의 length 프로퍼티를 사용해야 한다.

```
var numOfItems = arr.length;
```

배열은 0부터 시작하는 인덱스를 사용한다. 즉 첫 번째 요소의 인덱스는 0다. 예를 들면 다음 코드에서 첫 번째 변숫값은 Monday, 마지막 변숫값은 Friday가 될 것이다.

```
var week = ["Monday", "Tuesday", "Wednesday", "Thursday", "Friday"];
var first = w [0];
var last = week[week.length-1];
```

Array 객체는 다양한 방법으로 배열에 접근하고 조작할 수 있는 몇 가지 내장 함수를 갖고 있다. 표 2.7은 배열의 값들을 조작하는 Array 객체에 있는 메서드를 설명한다.

표 2.7 Array 객체를 조작하는 메서드

메서드	설명
concat(arr1, arr2, ...)	인수로 전달된 배열들이 결합된 배열 반환
indexOf(value)	배열의 명시된 값을 찾아 첫 번째 인덱스 반환. 항목이 없다면 −1을 반환
join(구분자)	배열의 모든 요소를 명시된 구분자로 분리된 하나의 문자열로 결합. 구분자가 명시되지 않았다면 콤마 사용
lastIndexOf(value)	배열의 명시된 값을 찾아 마지막 인덱스 반환. 값이 없다면 −1을 반환
pop( )	배열로부터 마지막 요소를 제거하고 해당 요소 반환
push(item1, item2, ...)	배열의 끝에 하나 이상의 새로운 요소를 추가하고 새로운 길이를 반환

reverse( )	배열의 모든 요소의 순서를 반전
shift( )	배열의 첫 번째 요소를 제거하고 해당 요소를 반환
slice(start, end)	start와 end 인덱스 사이의 요소들을 반환
sort(sortFunction)	배열의 요소들을 정렬. sortFunction은 선택적으로 사용
splice(인덱스, count, item1, item2, ...)	명시된 인덱스에서 count 수만큼의 요소들을 삭제한 후 인수로 전달된, 선택 사용 가능한 item들을 해당 인덱스 위치에 삽입
toString( )	배열을 문자열 형태로 반환
unshift( )	배열의 시작 부분에 새로운 요소를 추가하고 새로운 길이를 반환
valueOf( )	Array 객체의 기본값 반환

Array 객체에서 제공한 기능을 사용하는 데 도움이 되도록 하기 위해 다음 절에서 Array 객체 메서드를 이용해 할 수 있는 작업들을 몇 가지 다룬다.

배열 결합

+문을 사용하거나 concat( ) 메서드를 사용해 String 객체를 결합하는 것과 같은 방식으로 배열을 결합할 수 있다. 다음 코드에서 arr3은 arr4와 동일하다.

```
var arr1 = [1,2,3];
var arr2 = ["three", "four", "five"]
var arr3 = arr1 + arr2;
var arr4 = arr1.concat(arr2);
```

> **노트**
>
> 숫자의 배열과 문자열의 배열을 결합할 수 있다. 배열의 각 항목들은 자기자신의 객체 형식을 유지한다. 하지만 배열 요소들을 사용할 때는 배열에 여러 개의 데이터 형식이 있다는 것을 알고, 사용 시 문제가 없도록 해야 한다.

배열을 이용한 반복문

for 또는 for/in 루프를 이용하면 배열 전체에 걸쳐 반복문을 수행할 수 있다. 다음 코드에서는 메서드를 이용해 배열 요소들을 대상으로 반복문을 수행한다.

```
var week = ["Monday", "Tuesday", "Wednesday", "Thursday", "Friday"];
for (var i=0; i<week.length; i++){
  console.log("<li>" + week[i] + "</li>");
}
for (dayIndex in week){
  console.log("<li>" + week[dayIndex] + "</li>");
}
```

배열을 문자열로 변환하기

Array 객체의 매우 유용한 기능은 문자열 요소들을 join( ) 메서드를 이용해 구분자로 분리된 하나의 String 객체를 생성할 수 있다는 점이다. 예를 들어 다음 코드는 시간의 구성 요소들을 12:10:36의 형태로 결합할 수 있다.

```
var timeArr = [12,10,36];
var timeStr = timeArray.join ( ":");
```

배열에 항목이 있는지 검사

때때로 배열에 특정 항목이 있는지 확인해야 할 경우가 있다. 이는 indexOf( ) 메서드를 이용해야 가능하며 배열에서 해당 아이템을 찾지 못할 경우에는 -1을 반환한다. 다음 함수는 week 배열에 해당 항목이 있을 경우 콘솔에 메시지를 출력한다.

```
function message(day){
  var week = ["Monday", "Tuesday", "Wednesday", "Thursday", "Friday"];
  if (week.indexOf(day) == -1){
    console.log("Happy " + day);
  }
}
```

배열에 항목을 추가 또는 삭제

Array 객체에는 다양한 내장 메서드를 이용해 항목을 추가하거나 삭제하는 다양한 방법이 있다. 표 2.8은 이 책에서 사용된 다양한 방법 중 몇 가지를 보여준다.

표 2.8 배열에 요소를 추가하고 삭제하기 위해 사용된 Array 객체 메서드

구문	x 값	arr 값
var arr = [1, 2, 3, 4, 5];	정의되지 않음	1, 2, 3, 4, 5
var x = 0;	0	1, 2, 3, 4, 5
x = arr.unshift("zero");	6(length)	zero, 1, 2, 3, 4, 5
x = arr.push(6, 7, 8);	9(length)	zero, 1, 2, 3, 4, 5, 6, 7, 8
x = arr.shift();	zero	1, 2, 3, 4, 5, 6, 7, 8
x = arr.pop();	8	1, 2, 3, 4, 5, 6, 7
x = arr.splice(3, 3, "four", "five", "six");	4,5,6	1, 2, 3, four, five, six, 7
x = arr.splice(3, 1);	four	1, 2, 3, five, six, 7
x = arr.splice(3);	five, six, 7	1, 2, 3

에러 처리 부분 추가

자바스크립트 코딩에서 중요한 부분은 문제가 발생할 경우에 대비해 에러 처리 부분을 추가하는 것이다. 기본적으로 코드 예외 사항이 자바스크립트 내의 문제 때문에 발생한다면 스크립트는 실행되지 않을 것이고 로딩은 끝나지 않을 것이다. 이는 대개 원치 않는 상황이며, 종종 큰 문제가 되기도 한다. 이런 종류의 큰 문제가 발생하는 것을 막으려면 코드를 try/catch 블록 안에 작성해 대비하는 것이 좋다.

try/catch 블록

코드가 완전히 자폭하는 것을 방지하고 싶다면 코드 내부의 문제를 처리할 수 있는 try/catch 블록을 사용해야 한다. try 블록 안의 코드를 실행하는 도중에 에러가 발생하면 전체 스크립트를 중단하는 대신 catch 부분을 실행할 것이다. 에러가 발생하지 않는다면 try 블록 전체가 실행될 것이고 catch 블록은 실행되지 않는다. 예를 들면 다음 try/catch 블록은 변수 x에 badVarNam이라는 미정의 변숫값을 대입하려고 하는 경우에 대한 처리 방법이다.

```
try{
  var x = badVarName;
```

```
} catch (err){
  console.log(err.name + ': "' + err.message + '" occurred when assigning x.');
}
```

catch문이 에러 객체인 err 매개변수를 전달받고 있음에 주목하기 바란다. 에러 객체는 message 프로퍼티를 제공하는 데 있어 왜 에러가 발생했는지 알려준다. 또한 에러 객체는 발생한 에러 형식의 이름인 name 프로퍼티도 제공한다. 위의 코드 결과에서는 예외가 발생하며 다음 메시지를 출력한다.

```
ReferenceError: "badVarName is not defined" occurred when assigning x.
```

사용자 정의 예외 처리

throw문을 사용해 예외 처리를 직접 정의할 수도 있다. 다음 코드는 스크립트에 에러가 발생하지 않은 경우에도 사용자가 정의한 추가 예외 처리를 할 수 있는 throw문을 추가하는 방법을 보여준다. 함수 sqrRoot( )는 x라는 인자 하나를 전달받는다. 그런 다음 x가 양수인지 확인하고 x의 제곱근 값이 있는 문자열을 반환한다. x가 양수가 아닐 경우 그에 알맞게 처리하고 catch 블록은 에러를 반환한다.

```
function sqrRoot(x) {
  try {
    if(x=="") throw {message:"Can't Square Root Nothing"};
    if(isNaN(x)) throw {message:"Can't Square Root Strings"};
    if(x<0) throw {message:"Sorry No Imagination"};
      return "sqrt("+x+") = " + Math.sqrt(x);
  } catch(err){
    return err.message;
  }
}
function writeIt(){
  console.log(sqrRoot("four"));
  console.log(sqrRoot(""));
  console.log(sqrRoot("4"));
  console.log(sqrRoot("-4"));
```

```
}
writeIt();
```

다음은 콘솔에 출력된 내용으로, 함수 sqrRoot( )의 입력값에 따라 발생한 에러들을 보여준다.

```
Can't Square Root Strings
Can't Square Root Nothing
sqrt(4) = 2
Sorry No Imagination
```

finally 사용

예외 처리에서 또 다른 유용한 방법은 finally 키워드다. finally 키워드를 try/catch 블록의 끝에 추가할 수 있다. try/catch 블록이 실행된 후 에러가 발생해 tray 블록이 실행되든 아니든 항상 finally 키워드는 실행된다. 다음은 웹 페이지 내부에 finally 블록을 사용한 예다.

```
function testTryCatch(value){
  try {
    if (value < 0){
      throw "too small";
    } else if (value > 10){
      throw "too big";
    }
    <실제 작동해야 할 코드를 넣을 부분>
    catch (err) {
      console.log("The number was " + err.message);
    } finally {
      console.log("This is always written.");
    }
  }
}
```

요약

자바스크립트를 이해하는 일은 Node.js, 몽고DB, 익스프레스 그리고 앵귤러 환경에서 작업하는 데 매우 중요하다. 2장에서는 이 책의 나머지 부분의 개념을 이해할 수 있도록 자바스크립트 언어의 기본 문법을 충분히 다뤘다. 객체와 함수를 생성하는 방법뿐 아니라 문자열과 배열을 이용하는 방법들을 배웠다. 또한 스크립트에 에러 핸들링을 적용하는 방법을 배웠는데 이는 Node.js 환경에서 매우 중요한 부분이다.

3장에서 다룰 내용

3장, 'Node.js 시작하기'에서는 Node.js를 다룬다. Node.js 프로젝트를 생성하는 기본 내용들을 학습하고 언어의 어법들 몇 가지를 살펴본다. 또한 간단한 실생활의 예제들도 확인한다.

2부

Node.js 학습하기

3

Node.js 시작하기

3장에서는 Node.js 환경 구성을 다룬다. Node.js는 높은 확장성을 고려해 디자인된 웹 사이트/애플리케이션 프레임워크다. 기존 자바스크립트 기술의 강점을 잘 활용해 웹 서버 백엔드backend 서비스 개발까지 진행할 수 있다는 큰 장점이 있다. Node.js는 구현하기가 쉽고 확장성도 높다.

Node.js는 많은 기능이 플랫폼에 종속돼 있지 않고 외부 모듈 형태로 사용하는 모듈화가 잘된 플랫폼이다. Node.js의 개발 문화는 사용자가 필요로 하는 기능들을 가진 모듈을 만들어 공유하는 것을 목표로 한다. 3장에서는 Node.js 툴을 사용해 자신의 애플리케이션 내에서 Node.js 모듈을 빌드하고 배포 및 사용하는 방법을 다룬다.

Node.js 이해

Node.js는 웹 서비스 개발 과정에서 겪게 되는 동시성 처리 문제를 해결하기 위한 방법으로, 2009년에 라이언 달Ryan Dahl이 개발했다. 구글은 이와 비슷한 시기에 웹 트래픽 처리에 최적화된 크롬 브라우저용 V8 자바스크립트 엔진을 출시했고 라이언은 웹 클라이언트단 개발에 사용되던 V8 엔진을 사용해 서버단server layer 개발을 가능하게 한 Node.js를 만들었다. Node.js는 자바스크립트로 작성돼 있기 때문에 개발자들이 쉽게 클라이언트와 서버단 코드를 확인할 수 있고 심지어 두 환경 사이에서 코드를 재활용할 수도 있었다. 이로 인해 Node.js는 클라이언트와 서버 간의 격차를 쉽게 줄이며 규모를 아주 쉽게 조절할 수 있는 서버단 개발 환경이 됐다.

Node.js의 개발 생태계도 잘 구축돼 새로운 확장 모듈이 지속적으로 나오고 있고 환경 설정 또한 매우 깔끔하고 설치, 구성, 배포하기 쉽다. 한 시간에서 두 시간 정도 걸리는 작업만으로도 Node.js로 구동하는 웹 서버를 만들 수 있다.

누가 Node.js를 사용하나?

Node.js는 확장성과 쉬운 운영, 빠른 개발 빠른 속도로 인해 다양한 업종의 회사에서 사용되고 있다. 다음 회사들이 Node.js 기술을 활용한다.

- 야후!
- 링크드인
- 이베이
- 뉴욕타임즈
- 다우존스
- 마이크로소프트

Node.js는 어떤 용도로 사용되나?

Node.js는 다양한 용도로 사용할 수 있다. V8에 기반해 HTTP 트래픽을 처리하는 데 최적화됐기 때문에 가장 일반적인 용도는 웹 서버 개발이지만 다음과 같이 다양한 웹 서비스를 만드는 데도 사용할 수 있다.

- REST와 같은 웹 서비스 API
- 실시간 멀티플레이 게임
- 도메인 교차cross-domain 기능이나 서버 측 요청server-side request과 같은 웹 서비스 백엔드
- 웹 기반 애플리케이션
- 대화방과 같이 여러 사람이 동시 접속해주는 소통 도구

Node.js는 무엇을 제공할까?

Node.js는 즉시 사용할 수 있는 많은 내장 모듈을 제공한다. 다음 모듈들이 전부는 아니지만 가능한 한 많은 부분을 다루고자 한다.

- **Assertion 테스트**: 코드 내에서 기능을 테스트할 수 있다.
- **버퍼**: TCP 스트림 및 파일 시스템 작업과의 상호 작용을 활성화한다(5장, 'Node.js의 데이터 입출력 처리하기' 참조).
- **C/C++ 애드온**: 다른 Node.js 모듈과 마찬가지로 C 또는 C++ 코드를 사용할 수 있다.
- **자식 프로세스**: 하위 프로세스를 생성할 수 있다(9장, 'Node.js에서 다중 프로세서를 사용해 애플리케이션 확장하기' 참조).
- **클러스터**: 멀티 코어 시스템을 사용할 수 있다(9장, 'Node.js에서 다중 프로세서를 사용해 애플리케이션 확장하기' 참조).
- **명령줄 옵션**: 터미널에서 사용할 Node.js 명령을 제공한다.
- **Console**: 사용자에게 디버깅 콘솔을 제공한다.
- **Crypto**: 사용자 맞춤 암호화를 만들 수 있다(10장, '추가 Node.js 모듈 사용하기' 참조).
- **디버거**: Node.js 파일의 디버깅을 허용한다.
- **DNS**: DNS 서버에 연결할 수 있다(10장, '추가 Node.js 모듈 사용하기' 참조).
- **에러**: 에러 처리를 허용한다.
- **이벤트**: 비동기 이벤트 처리를 가능하게 한다(4장, 'Node.js의 이벤트, 리스너, 타이머 및 콜백 사용하기' 참조).
- **파일 시스템**: 동기 및 비동기 방법으로 파일 입출력을 허용한다(6장, 'Node.js에서 파일 시스템 액세스하기' 참조).
- **전역**: 자주 사용되는 모듈을 먼저 포함시키지 않고 사용할 수 있게 한다(10장, '추가 Node.js 모듈 사용하기' 참조).
- **HTTP**: 많은 HTTP 기능을 지원한다(7장, 'Node.js에서 HTTP 서비스 구현하기' 참조).
- **HTTPS**: TLS / SSL을 통한 HTTP를 사용한다(7장, 'Node.js에서 HTTP 서비스 구현하기' 참조).
- **모듈**: Node.js용 모듈 로딩 시스템을 제공한다(3장, 'Node.js 시작하기' 참조)

- **Net**: 서버 및 클라이언트를 생성할 수 있다(8장, "Node.js에서 소켓 서비스 구현하기' 참조).
- **운영 체제**: Node.js가 실행 중인 운영 체제에 대한 액세스를 허용한다(10장, '추가 Node.js 모듈 사용하기' 참조).
- **경로**: 파일 및 디렉터리 라우트에 대한 액세스를 활성화한다(6장, 'Node.js에서 파일 시스템 액세스하기' 참조).
- **프로세스**: 정보를 제공하고 현재 Node.js 프로세스를 제어할 수 있다(9장, 'Node.js에서 다중 프로세서를 사용해 애플리케이션 확장하기' 참조).
- **쿼리 문자열**: URL 쿼리를 구문 분석하고 형식을 지정할 수 있다(7장, 'Node.js에서 HTTP 서비스 구현하기' 참조).
- **Readline**: 인터페이스가 데이터 스트림에서 읽을 수 있게 한다(5장, 'Node.js의 데이터 입출력 처리하기' 참조).
- **REPL**: 개발자가 명령 셸을 만들 수 있다.
- **스트림**: 스트림 인터페이스로 객체를 작성하는 API를 제공한다(5장, 'Node.js의 데이터 입출력 처리하기' 참조).
- **문자열 디코더**: 버퍼 객체를 문자열로 디코딩하는 API를 제공한다(5장, 'Node.js의 데이터 입출력 처리하기' 참조).
- **타이머**: 미래에 호출할 수 있는 스케줄 기능을 허용한다(4장, 'Node.js의 이벤트, 리스너, 타이머 및 콜백 사용하기' 참조).
- **TLS / SSL**: TLS 및 SSL 프로토콜을 구현한다(8장, 'Node.js에서 소켓 서비스 구현하기' 참조).
- **URL**: URL 분석 및 구문 분석을 사용한다(7장, 'Node.js에서 HTTP 서비스 구현하기' 참조).
- **유틸리티**: 다양한 앱과 모듈을 지원한다.
- **V8**: V8의 Node.js 버전에 대한 API를 제공한다(10장, '추가 Node.js 모듈 사용하기' 참조).
- **VM**: V8 가상 시스템을 실행하고 코드를 컴파일할 수 있다.
- **ZLIB**: Gzip 및 Deflate / Inflate를 사용해 압축을 활성화한다(5장, 'Node.js의 데이터 입출력 처리하기' 참조).

Node.js 설치

Node.js 웹 사이트(http://nodejs.org)에서 다운로드할 수 있는 인스톨러^{installer}를 사용하면 Node.js를 간편하게 설치할 수 있다. Node.js 인스톨러는 사용자 PC에 필요한 파일을 설치하고 수행하도록 한다. Node.js 애플리케이션을 만들고 실행하기 위한 추가 설정은 필요 없다.

Node.js 설치 위치 살펴보기

Node.js가 설치된 위치를 살펴보면 몇 개의 실행 파일과 node_modules 폴더가 있다. node 실행 파일은 Node.js 자바스크립트 VM에서 시작된다. 사용자가 시작해야 할 Node.js 설치 위치에서 볼 수 있는 실행 파일들의 내용은 다음과 같다.

- **node**: 이 파일은 Node.js 자바스크립트 VM에서 시작한다. 자바스크립트 파일 위치를 넘겨주면 Node.js는 해당 스크립트를 실행한다. 목표 자바스크립트 파일이 지정되지 않은 경우 자바스크립트 코드를 직접 작성하고 실행할 수 있는 콘솔이 실행된다.
- **npm**: Node.js 패키지를 관리하기 위해 사용되는 명령 프로그램으로 다음 절에서 자세히 다룬다.
- **node_modules**: 이 폴더는 설치된 Node.js 패키지를 포함한다. 여기에 설치된 패키지들은 Node.js의 기능을 확장시켜줄 라이브러리와 함께 사용된다.

Node.js 실행 파일 검증

Node.js가 제대로 설치됐고 동작하는지 확인하려면 명령 창에서 다음 명령을 수행해 Node.js VM을 구동시켜본다.

```
node
```

다음 단계로 "Hello World"가 화면에 출력되도록 Node.js 프롬프트상에서 다음 내용을 작성하고 실행해본다.

```
>console.log("Hello World");
```

콘솔 화면에 "Hello World" 출력이 확인된 후에는 윈도우에서는 **Ctrl+C**, 맥에서는 **Cmd+C**
를 사용해 콘솔에서 빠져나온다. 다음 단계로 OS 콘솔 프롬프트의 명령 프롬프트상에서 다
음과 같은 명령을 실행해 npm 명령이 제대로 동작하는지 확인한다.

```
npm version
```

다음과 유사한 결괏값이 출력될 것이다.[1]

```
{
  npm: '3.10.5',
  ares: '1.10.1-DEV',
  http_parser: '2.7.0',
  icu: '57.1',
  modules: '48',
  node: '6.5.0',
  openssl: '1.0.2h',
  uv: '1.9.1',
  v8: '5.1.281.81',
  zlib: '1.2.8'
}
```

---

1 이 책을 번역할 당시의 버전은 v11.6.0이며 이 경우에 npm version을 실행한 결과는 다음과 같다. - 옮긴이

```
{ npm: '6.5.0-next.0',
  ares: '1.15.0',
  cldr: '34.0',
  http_parser: '2.8.0',
  icu: '63.1',
  llhttp: '1.0.1',
  modules: '67',
  napi: '3',
  nghttp2: '1.34.0',
  node: '11.6.0',
  openssl: '1.1.0j',
  tz: '2018e',
  unicode: '11.0',
  uv: '1.24.1',
  v8: '7.0.276.38-node.13',
  zlib: '1.2.11' }
```

Node.js IDE 선택

Node.js 프로젝트를 진행하기 위해 IDE를 사용하기로 계획했다면 좀 더 시간을 들여 환경을 구성해보자. 대부분의 개발자들은 Node.js를 직접 지원하지 않고 자바스크립트만 지원하는 IDE라 하더라도 자신이 사용하던 IDE를 더 선호한다. 이클립스^{Eclipse}의 경우에 좋은 Node.js 플러그인이 제공되고 인텔리제이^{IntelliJ}의 웹스톰 IDE$^{WebStorm\ IDE}$는 Node.js를 위한 유용한 기능들을 갖고 있다. 어디서부터 시작해야 할지 잘 모를 경우 이 책의 뒷부분에서 필요한 내장형 타입스크립트^{TypeScript} 기능을 사용하기 위해 Visual Studio Code를 사용하면 된다.

즉 사용자가 원하는 Node.js 웹 애플리케이션을 생성할 수 있는 편집기를 사용하면 된다. 사실은 괜찮은 텍스트 에디터 정도만 필요할 뿐이다. 생성할 거의 대부분의 코드는 .js와 .json, .html, .css이기 때문에 이런 형식의 파일을 작성하는 데 편리한 에디터를 자유롭게 선택하면 된다.

Node.js 패키지 사용

Node.js 프레임워크의 가장 막강한 기능 중 하나는 노드 패키지 관리자$^{NPM,\ Node\ Package\ Manager}$를 통해 '패키지로 묶인 노드 모듈들$^{NPMs,\ Node\ Packaged\ Modules}$'을 설치해 간편하게 시스템 기능을 확장할 수 있다는 점이다. 용어의 혼동을 막기 위해 NPMs를 간단히 모듈^{modules}이라는 말로만 표기한다.

패키지로 묶인 노드 모듈이란?

패키지로 묶인 노드 모듈은 다른 프로젝트에서도 쉽게 공유하고 재사용, 설치가 가능한 패키지 라이브러리다. 몽고DB의 ODM$^{Operational\ Data\ Model}$을 위한 Mongoose 모듈, 노드의 HTTP 기능을 확장하기 위한 익스프레스 모듈 등 다양한 목적을 가진 여러 종류의 모듈이 있다.

Node.js 모듈은 유용한 기능을 Node.js에 추가할 목적으로 다양한 서드파티$^{third-party}$ 조직이 활발하게 만들고 있다. 개별 노드 패키지 모듈에는 패키지 정의 정보를 가진 `package.json` 파일이 들어 있다.

package.json 파일에는 이름, 버전, 작성자, 기여자 등의 메타데이터 정보가 들어 있다. 또한 종속 관계의 패키지 정보와 노드 패키지 관리자가 설치 및 배포 과정에 사용하는 추가 정보도 포함돼 있다.

노드 패키지 저장소 이해

등록된 노드 모듈들은 노드 패키지 저장소^{Node Package Registry}라 불리는 공간에서 관리된다. 이 공간을 통해 여러 사람이 다운로드할 수 있도록 패키지를 등록할 수 있다.

노드 패키지 저장소의 위치는 http://npmjs.com이다. 그림 3.1에서 볼 수 있듯이 이 위치에서 최신 및 인기 있는 모듈에 대한 정보를 얻을 수 있고 특정 패키지를 검색해 찾을 수도 있다.

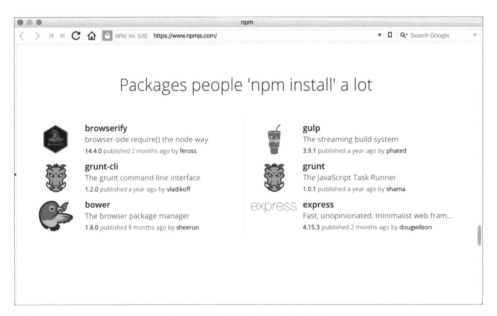

그림 3.1 노드 패키지 모듈의 공식 웹 사이트

노드 패키지 관리자 사용

앞에서 살펴본 노드 패키지 관리자는 명령행^{command line} 도구다. 이 도구를 통해 노드 패키지 모듈과 관련된 검색, 설치, 삭제, 발행 등 많은 작업을 할 수 있다. 노드 패키지 관리자는 노드 패키지 저장소와 개발 환경 사이에 연결고리 역할을 한다.

노드 패키지 관리자에 대해 좀 더 자세히 알고 싶다면 명령행 옵션과 그에 대한 설명을 살펴보면 된다. 표 3.1에 노드 패키지 관리자 명령어들이 나열돼 있다.

표 3.1 npm 명령행 옵션(패키지명이 필요한 경우 express를 예시로 사용)

옵션	설명	예제
search	저장소 내 모듈 패키지 검색	npm search express
instal	저장소 내 package.json 파일을 사용하거나 로컬 위치에서 패키지 설치	npm install npm install express npm install express@0.1.1 npm install ../tModule.tgz
install –g	전역적으로 패키지 설치	npm install express –g
remove	모듈 제거	npm remove express
pack	package.json 파일에 정의된 모듈을 .tgz 파일로 패키징	npm pack
view	모듈 상세 정보 표시	npm view express
publish	package.json에 정의된 모듈을 레지스트리에 배포	npm publish
unpublish	배포된 모듈 배포 취소	npm unpublish myModule
owner	저장소 내 패키지 사용자 정보를 추가하거나 삭제, 목록 표시	npm add bdayley myModule npm rm dayley myModule npm ls myModule

노드 패키지 모듈 찾기

노드 패키지 저장소에 등록된 모듈은 npm search <검색_문자열> 형식에 맞춘 명령을 통해 직접 찾을 수 있다. openssl 모듈을 찾는 명령을 예로 들면 그림 3.2와 같은 출력 결과를 볼 수 있다.

```
npm search openssl
```

```
NAME              DESCRIPTION
bignum            Arbitrary-precision integer arithmetic using OpenSSL

certgen           Certificate generation library that uses the openssl command l
cipherpipe        Thin wrapper around openssl for encryption/decryption
csr               Read csr file
csr-gen           Generates OpenSSL Certificate Signing Requests
dcrypt            extended openssl bindings
fixedentropy      ```js // V8 supports custom sources of entropy. // by default,

lockbox           Simple, strong encryption.

node-hardcoressl  HardcoreSSL is a package for obtaining low-level asynchronous
nrsa              OpenSSL's RSA encrypt/decrypt routines
openssl           openssl wrapper
openssl-wrapper   OpenSSL wrapper
rsa               OpenSSL's RSA encrypt/decrypt routines
rsautl            A wrapper for OpenSSL's rsautl
selfsigned        Generate self signed certificates private and public keys
ssh-key-decrypt   Decrypt encrypted ssh private keys

ssl               Verification of SSL certificates

ssl-keychain      OpenSSL Keychain and Key generation module
ssl-keygen        OpenSSL Key Generation module
ursa              RSA public/private key crypto

x509-keygen       node.js module to generate self-signed certificate via openssl
```

그림 3.2 명령 프롬프트에서 Node.js 모듈 검색

노드 패키지 모듈 설치

애플리케이션에서 노드^{Node} 모듈을 사용하려면 노드가 찾을 수 있는 위치에 해당 모듈이 설치돼야 한다. 노드 모듈을 설치하려면 npm install <모듈_이름> 형식에 맞는 명령을 수행하고 해당 모듈을 개발 환경 내에 다운로드해 install 명령이 실행된 곳의 node_modules 폴더에 위치시켜야 한다. 다음은 express 모듈을 설치하기 위한 명령이다.

```
npm install express
```

npm install 명령을 실행한 결과를 보면 의존성과 계층 구조를 갖고 모듈 파일이 설치되는 것을 볼 수 있다. 예를 들면 다음 코드 블록은 express 모듈을 설치하는 과정에 출력된 결과를 보여준다.[2]

---

2 이 책을 번역할 당시의 익스프레스 버전은 4.16.4다. – 옮긴이

```
C:/express/example
`-- express@4.14.0
  +-- accepts@1.3.3
  | +-- mime-types@2.1.11
  | | `-- mime-db@1.23.0
  | `-- negotiator@0.6.1
  +-- array-flatten@1.1.1
  +-- content-disposition@0.5.1
  +-- content-type@1.0.2
  +-- cookie@0.3.1
  +-- cookie-signature@1.0.6
  +-- debug@2.2.0
  | `-- ms@0.7.1 ...
```

위에서는 의존성을 갖는 계층 구조를 보여준다. 일부 메서드는 cookie-signature, range-parser, debug, fresh, cookie 및 send 모듈이 설치돼 있어야 한다는 것을 알 수 있다. 이렇게 필요한 모든 모듈이 설치 과정에서 다운로드됐다. 의존 모듈의 버전 정보도 함께 표시됐다는 점에 주목하자.

Node.js는 의존 관계로 인한 충돌 문제를 해결할 수 있다. 익스프레스 모듈에는 cookie 0.3.1이 필요하지만 그 밖의 모듈에는 cookie 0.3.0 버전이 필요할 수도 있다. 이런 문제를 해결하기 위해 각 모듈 폴더 내에 또 다른 node_modules 폴더가 만들어져 그곳에 별도 복사본이 저장된다.

모듈이 어떤 구조로 저장되는지 확인하기 위해 익스프레스가 디스크에 어떻게 저장되는지 살펴보자. cookie와 send 모듈의 경우 express 모듈 구조 아래에 위치한다. send 모듈의 경우 mime 모듈이 추가로 필요하다.

```
./
./node_modules
./node_modules/express
./node_modules/express/node_modules/cookie
./node_modules/express/node_modules/send
./node_modules/express/node_modules/send/node_modules/mime
```

package.json 사용하기

모든 노드 모듈의 최상위 디렉터리에는 반드시 package.json 파일이 존재한다. package.json은 해당 모듈 및 의존 모듈 정보가 들어 있는 JSON 형식으로 된 텍스트 파일이다. package.json 파일은 노드 패키지 관리자에서 모듈을 어떻게 사용하는지를 나타내는 다양한 지시자를 가진다.

다음 예제는 파일명과 버전, 설명, 의존 관계 정보를 포함하는 package.json 파일이다.

```
{
  "name":  "my_module",
  "version":  "0.1.0",
  "description":  "a simple node.js module",
  "dependencies":  {
    "express": "latest"
  }
}
```

package.json 파일의 내용 중 name과 version만이 필수 지시자고 다른 내용들은 필요에 따라 추가하면 된다. 표 3.2는 가장 많이 사용되는 지시자를 설명한다.

표 3.2 package.json 파일에 사용되는 지시자

지시자	설명	사례
name	패키지의 고유명	"name": "camelot"
preferGlobal	모듈의 전역 설치 선호 표시	"preferGlobal": true
version	모듈 버전 정보	"version": 0.0.1
author	프로젝트 작성자명	"author":"arthur@???.com"
description	모듈에 대한 설명	"description":"a silly place"
contributors	모듈 공헌 개발자	"contributors": [{ "name":"gwen", "email":"gwen@???.com"}]
bin	프로젝트와 같이 전역 설치될 바이너리	"bin: { "excalibur": "./bin/excalibur"}
scripts	node 런치 시 사용한 콘솔 앱 실행 매개변수 지정	"scripts" { "start": "node ./bin/excalibur", "test": "echo testing"}

main	바이너리나 .js 파일로 구성되는 애플리케이션 메인 진입점 지정	"main":"./bin/excalibur"
repository	저장소 형식과 패키지 위치 지정	"repository": { "type": "git", "location": "http://???.com/c.git"}
keywords	npm 검색 시 사용될 키워드 지정	"keywords": ["swallow", "unladen"]
dependencies	종속성이 있는 모듈과 버전 *와 x를 와일드 카드로 사용 가능	"dependencies": { "express": "latest", "connect": "2.x.x, "cookies": "*" }
engines	패키지에 사용된 node 버전	"engines": { "node": ">=6.5"}

package.json 파일을 사용하는 가장 좋은 방법은 Node.js 앱의 종속성을 자동으로 다운로드해 설치하는 것이다. 프로젝트 코드의 루트에 package.json 파일을 만들고 필요한 종속성을 추가해야 한다. 다음은 express를 종속 모듈로 갖는 package.json 파일이다.

```
{
  "name": "my_module",
  "version": "0.1.0",
  "dependencies": {
    "express": "latest"
  }
}
```

패키지의 루트 폴더에서 다음 명령을 수행하면 express 모듈이 자동으로 설치된다.

```
npm install
```

npm은 기본적으로 package.json 파일을 찾아서 그 안의 내용을 참조하기 때문에 npm install 명령어에서 모듈을 지정하지 않아도 된다. 설치 이후에 추가 모듈이 필요한 경우에는 dependencies에서 항목을 추가한 후 npm install을 재수행하면 된다.

Node.js 애플리케이션 작성

Node.js 프로젝트를 생성하기 위한 사전 내용을 충분히 익혔으므로 이제 Node.js 애플리케이션을 만들어보자. 이번 절에서는 노드 모듈 예제를 만들어보고 해당 모듈을 사용하는 Node.js 애플리케이션도 작성해본다. 이번 예제를 통해 패키지를 생성하고 배포하고 사용하는 방법을 파악할 수 있다.

Node.js 패키지 모듈 만들기

Node.js 패키지 모듈^{Node.js Packaged Module}을 생성하려면 자바스크립트로 필요한 기능을 만들고 package.json 파일에 패키지 정의를 추가해야 한다. 패키지는 레지스트리에 등록해 배포하거나 지역적 사용을 목적으로 패키지로 묶으면 된다.

다음은 censorify라는 예제이며 노드 패키지 모듈을 만드는 방법이다.

1. 프로젝트 root가 되는 .../sensorify 폴더를 생성한다.

2. 생성한 폴더 내에 censortext.js 파일을 만든다.

3. 목록 3.1의 코드를 복사해 censortext.js에 붙여넣는다. 대부분의 코드는 기본적인 자바스크립트로 작성됐고 18~20번 줄에서는 censor( ), addCensoredWord( ), getCensoredWords( ) 함수를 익스포트한다. 해당 모듈을 사용하는 Node.js 애플리케이션에서 해당 함수들을 사용하려면 exports.censor와 같은 형식으로 개별 익스포트해야 한다.

목록 3.1 censortext.js: 간단한 censor 함수를 구현하며 패키지를 사용하는 다른 모듈에게 해당 함수를 익스포트하는 코드

```
01 var censoredWords = ["sad", "bad", "mad"];
02 var customCensoredWords = [];
03 function censor(inStr) {
04     for (idx in censoredWords) {
05         inStr = inStr.replace(censoredWords[idx], "****");
06     }
07     for (idx in customCensoredWords) {
08         inStr = inStr.replace(customCensoredWords[idx], "****");
09     }
10     return inStr;
```

```
11 }
12 function addCensoredWord(word){
13   customCensoredWords.push(word);
14 }
15 function getCensoredWords(){
16   return censoredWords.concat(customCensoredWords);
17 }
18 exports.censor = censor;
19 exports.addCensoredWord = addCensoredWord;
20 exports.getCensoredWords = getCensoredWords;
```

4. 모듈 코드를 모두 만든 후에는 Node.js 패키지 모듈을 제작하기 위해 package.json 파일을 .../censorify 폴더 내에 생성하고 목록 3.2와 같이 각 내용을 추가한다. name, version 및 main 지시자의 내용은 최소한으로 추가해야 하는 항목이다. main 지시자는 메인 자바스크립트 모듈의 이름을 나타내며 여기서는 censortext가 된다. Node.js는 자동으로 .js 확장자를 포함해 검색하기 때문에 .js는 필요하지 않다.

목록 3.2 package.json: Node.js 모듈 정의

```
01 {
02   "author": "Brendan Dayley",
03   "name": "censorify",
04   "version": "0.1.1",
05   "description": "Censors words out of text",
06   "main": "censortext",
07   "dependencies": {},
08   "engines": {
09     "node": "*"
10   }
11 }
```

5. README.md 파일을 .../censorify 폴더에 생성하고 사용자에게 필요한 모든 내용을 추가한다.

6. 콘솔 창을 열어 .../censorify 폴더로 이동한 후 로컬 패키지 모듈을 빌드하기 위해 npm pack을 실행한다.

7. npm pack 명령을 사용해 .../censorify 폴더 내에 censorify-0.1.1.tgz 파일을 만든다.

Node.js 패키지 모듈을 NPM 레지스트리에 발행하기

이전 절에서 npm pack 명령을 수행해 로컬 Node.js 패키지 모듈 완성했다. 이번 절에서는 해당 모듈을 http://npmjs.com에 위치한 NPM 레지스트리에 발행하는 작업을 한다.

모듈을 NPM 레지스트리에 발행하면 npm 매니저를 통해 모든 사용자가 쉽게 접근해 사용할 수 있다.

다음 단계는 NPM 레지스트리에 모듈을 발행하는 절차다. 이전 절에서 다룬 1~5단계 작업은 이미 수행 완료한 상태라고 가정한다.

1. 모듈의 코드를 포함하는 공개 저장소를 생성한다. 다음으로 .../censorify 폴더의 내용을 생성된 저장소에 추가한다. 이 예제의 경우 깃허브^{GitHub} 저장소는 https://github.com/username/projectname/directoryName/ch03/censorify다.

2. https://npmjs.org/signup에서 계정을 만든다.

3. 명령 창에서 다음 명령을 사용해 환경 정보에 사용자를 추가한다.

```
npm adduser
```

4. 2단계 계정 등록 시 사용했던 사용자명, 패스워드, 이메일 정보를 입력한다.

5. 목록 3.3의 7~14줄 내용처럼 package.json 파일에 새로운 저장소 정보와 레지스트리 검색 시 사용할 키워드 정보를 수정한다.

목록 3.3 package.json: Node.js 모듈의 저장소와 키워드 정보를 포함하는 패키지 정의

```
01 {
02    "author": "Brad Dayley",
03    "name": "censorify",
04    "version": "0.1.1",
05    "description": "Censors words out of text",
06    "main": "censortext",
07    "repository": {
08      "type": "git",
```

```
09     //"url": "Enter your github url"
10   },
11   "keywords": [
12     "censor",
13     "words"
14   ],
15   "dependencies": {},
16   "engines": {
17     "node": "*"
18   }
19 }
```

6. 콘솔에서 .../censor 폴더로 이동한 후 다음 명령을 실행해 모듈을 배포한다.

```
npm publish
```

패키지가 배포된 후에는 NPM 레지스트리상의 검색을 통해 모듈을 찾을 수 있고 npm install 명령을 통해 자신의 환경에 모듈을 설치할 수 있다.

레지스트리에서 패키지를 제거하려면 npm adduser를 통해 해당 모듈에 권한을 가진 사용자 정보를 설정한 후 다음 명령을 수행해야 한다.

```
npm unpublish <project name>
```

예를 들어 censorify 모듈 배포를 취소하려면 다음과 같은 명령을 사용해야 한다.

```
npm unpublish censorify
```

일부 인스턴스의 경우 다음 예에서처럼 --force를 사용해 강제로 레지스트리상에서 모듈을 삭제해야만 배포를 취소할 수 있는 경우가 있다.

```
npm unpublish censorify --force
```

Node.js 애플리케이션에서 Node.js 패키지 모듈 사용

이전 절에서는 Node.js 모듈을 생성하고 배포하는 방법을 알아봤다. 이번 절에서는 자신의 Node.js 애플리케이션 내에서 Node.js 모듈을 사용하는 예를 다룬다. 간단히 애플리케이션 구조에 모듈을 설치하고 require() 함수를 사용해 모듈을 로딩loading하기만 하면 Node.js에서 해당 모듈을 사용할 수 있다.

require() 함수는 설치된 모듈명이나 .js 파일이 위치한 경로를 다음과 같이 사용한다.

```
require("censorify")
require("./lib/utils.js")
```

.js 파일 확장자는 선택적인 사항으로 생략할 수 있다.

단계별 절차는 다음과 같으며 방법을 쉽게 이해할 수 있다.

1. .../readwords라는 이름으로 프로젝트 폴더를 생성한다.

2. 명령 창 내의 .../readwords 폴더 위치에서 다음 명령을 사용해 이전에 생성한 censorify-0.1.1.tgz 패키지로부터 censorify 모듈을 설치한다.

   ```
   npm install .../censorify/censorify-0.1.1.tgz
   ```

3. censorify 모듈이 배포됐으면 다음 표준 명령을 통해 NPM 레지스트리로부터 모듈을 다운로드 및 설치할 수 있다.

   ```
   npm install censorify
   ```

4. node_modules 폴더 및 그 하위 폴더인 censorify가 만들어졌는지 확인한다.

5. .../readwords/readwords.js라는 이름의 파일을 생성한다.

6. 목록 3.4의 내용을 readwords.js에 추가한다. require() 함수를 사용해 cesorify 모듈을 로드하고 censor 변수에 할당한다. 그 후 censorify 모듈의 getCensored Words(), addCensoredWords(), censor() 함수를 사용할 수 있다.

목록 3.4 readwords.js: 화면에 텍스트 출력할 때 censorify 모듈 로드하기

```
1 var censor = require("censorify");
2 console.log(censor.getCensoredWords());
3 console.log(censor.censor("Some very sad, bad and mad text."));
4 censor.addCensoredWord("gloomy");
5 console.log(censor.getCensoredWords());
6 console.log(censor.censor("A very gloomy day."));
```

7. node readwords.js 명령을 사용해 readwords.js 애플리케이션을 실행하면 다음 코드 블록의 출력 결과를 확인할 수 있다. 검열된 문자는 ****로 대체됐고 새로운 검열 단어인 gloomy가 censorify 모듈의 censor 인스턴스로 추가된 것을 확인할 수 있다.

```
C:/nodeCode/ch03/readwords>node readwords
[ 'sad', 'bad', 'mad' ]
Some very *****, ***** and ***** text.
[ 'sad', 'bad', 'mad', 'gloomy' ]
A very *** day.
```

데이터를 콘솔에 쓰기

console 모듈은 개발 과정에서 가장 유용한 Node.js 모듈 중 하나다. 이 모듈은 디버그나 정보를 콘솔에 출력하기 위한 다양한 기능을 제공한다. console 모듈로 콘솔에 결괏값, 시간 변화 정보, traceback이나 assertion을 출력할 수 있다. 이번 절에서는 console 모듈을 사용하는 방법을 다룬다.

console 모듈은 폭넓게 사용되기 때문에 require()문을 통해 모듈 로딩을 진행하지 않아도 된다. 간단히 console.<function>(<parameters>) 형식으로 console 함수를 호출하면 된다.

표 3.3에서는 console 모듈에서 지원하는 함수 목록을 다룬다.

표 3.3 console 모듈의 멤버 함수

함수	설명
log([data],[...])	콘솔에 결괏값 출력. 데이터 변수로 문자열이나 문자열로 변환할 수 있는 객체를 사용. 다음 예시처럼 추가 매개변수도 사용 가능 console.log("There are %d items", 5); >>There are 5 items
info([data],[...])	console.log와 동일
error([data],[...])	console.log와 동일하지만 결괏값이 stderr로 출력
warn([data],[...])	console.error와 동일
dir(obj)	자바스크립트 객체의 문자열 표시 형식으로 콘솔에 출력 console.dir({name:"Brad", role:"Author"}); >> { name: 'Brad', role: 'Author' }
time(label)	문자열 label에 밀리초 단위의 현재 타임 스탬프를 할당

timeEnd(label)	현재 시간과 label에 타임 스탬프로 지정한 시간과의 차이를 결과로 출력
	console.time("FileWrite");
	f.write(data); // 500ms 정도 소모
	console.timeEnd("FileWrite");
	>> FileWrite: 500ms

trace(label)	코드 내 현재 위치에서의 스택 추적 정보를 stderr에 출력 module.trace("traceMark"); >>Trace: traceMark at Object.<anonymous> (C:/test.js:24:9) at Module._compile (module.js:456:26) at Object.Module._ext.js (module.js:474:10) at Module.load (module.js:356:32) at Function.Module._load (module.js:312:12) at Function.Module.runMain(module.js:497:10) at startup (node.js:119:16) at node.js:901:3
assert(expression, [message])	expression이 false인 경우 message와 스택 추적 정보를 콘솔에 출력

요약

3장에서는 Node.js 환경 구성에 초점을 맞춰 설명했다. Node.js 패키지 모듈은 Node.js가 기본으로 포함하지 않은 기능들을 제공한다. NPM 레지스트리에서 원하는 모듈을 다운로드하거나 직접 모듈을 만들어 배포할 수도 있다. package.json 파일은 Node.js 모듈의 설정과 정의를 제공한다.

3장의 예제는 자신의 Node.js 패키지 모듈을 생성하고 배포 및 설치하는 내용을 포함한다. NPM을 사용해 로컬 모듈 패키지를 만들거나 NPM 레지스트리상에 배포할 수 있다. Node. js 모듈을 설치하고 자신의 Node.js 애플리케이션 내에서 사용하는 방법도 다뤘다.

4장에서 다룰 내용

4장, 'Node.js에서 이벤트, 리스너, 타이머, 콜백 사용하기'에서는 Node.js의 이벤트 기반 속성을 다룬다. Node.js 환경에서 이벤트가 어떻게 처리되는지에 대한 내용과 애플리케이션 내에서 이벤트를 제어, 관리, 사용하는 내용을 살펴본다.

Node.js에서 이벤트, 리스너, 타이머, 콜백 사용하기

Node.js는 강력한 이벤트 기반 모델을 통해 좋은 확장성과 성능을 제공한다. 4장에서는 이벤트 기반 모델과 대부분의 웹 서버에서 사용하는 방식인 스레드 기반 모델의 차이점을 알아본다. 이벤트 모델을 이해하면 Node.js의 성능을 향상시킬 수 있는 애플리케이션을 디자인할 수 있다.

4장에서는 다양한 Node.js 이벤트 큐 작업 등록 방법도 다룰 예정이다. 이벤트 리스너, 타이머를 사용해 작업을 추가하거나 스케줄러에 작업을 직접 추가할 수도 있다. 또한 자신이 만든 사용자 맞춤^{custom} 모듈이나 오브젝트 내에 이벤트를 구현하는 방법도 다룬다.

Node.js 이벤트 모델 이해

Node.js 애플리케이션은 단일 스레드/이벤트 기반 모델로 실행된다. Node.js는 백그라운드에서 스레드 풀을 구성해 작업을 수행하지만 애플리케이션 자체에서는 멀티 스레드 개념을 지원하지 않는다. "그렇다면 성능과 확장성은 어떻게 지원하는가?"라는 질문을 할 수 있다. 아마도 처음에는 단일 스레드 기반으로 사용하는 것이 잘 이해되지 않을 수 있지만 Node.js 이벤트 모델의 처리 로직을 이해하고 나면 그 생각이 바뀔 것이다.

이벤트 콜백 방식과 스레드 방식 비교

전통적인 스레드 기반 웹 모델에서는 요청이 웹 서버로 도착하면 가능한 스레드에 작업이 할당된다. 해당 요청에 대한 처리는 완료 및 응답을 보낼 때까지 동일한 스레드에서 지속된다.

그림 4.1은 GetFile과 GetData라는 2개의 요청을 스레드 모델이 처리하는 방식을 보여준다. GetFile은 파일을 열고 그 내용을 읽어 그 응답으로 데이터를 보내는 요청으로, 동일한 스레드 내에서 순차적으로 수행된다. GetData는 데이터베이스에 접속해 필요한 데이터를 질의한 후 데이터를 응답 전송한다.

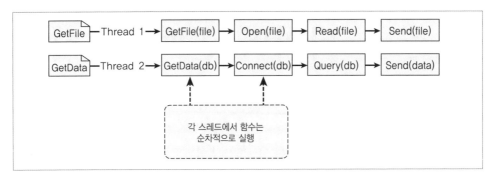

그림 4.1 스레드 모델을 사용해 2개의 요청을 별도의 스레드에서 처리

이제 Node.js 이벤트 모델은 작업을 각각 다르게 처리한다. Node.js는 각 요청의 모든 작업을 별도의 스레드에서 작업하는 대신 이벤트 큐에 작업을 추가한다. 단일 스레드가 이벤트 루프를 돌면서 최상위 이벤트를 골라내 수행한 후 다음 아이템을 선택한다. 수행 중인 코드가 오랫동안 지속되거나 블로킹 입출력을 갖고 있다면 이벤트 루프에서 직접 처리하지 않고 콜백 함수와 함께 이벤트 큐에 추가한다. Node.js 이벤트 큐에 모든 이벤트가 처리된 후에는 Node.js 애플리케이션이 종료된다.

그림 4.2는 Node.js가 GetFile과 GetData 요청을 어떻게 처리하는지 보여준다. Node.js는 해당 요청을 이벤트 큐에 추가하고 우선 GetFile 요청을 선택 및 실행한 후 Open() 콜백 함수를 이벤트 큐에 추가한다. 그런 다음 GetData 요청이 선택되고 실행되면 Connect() 콜백 함수를 이벤트 큐에 추가하고 완료한다. 이 작업들은 실행할 콜백 함수가 없을 때까지 계속된다. 그림 4.2에서 개별 스레드는 인터리빙된 순서에 따라 실제로 실행되지 않는다. 예를 들어 Connect 요청은 Read 요청에 비해 완료 시간이 길기 때문에 Send(file)가 Query(db)보다 먼저 호출된다.

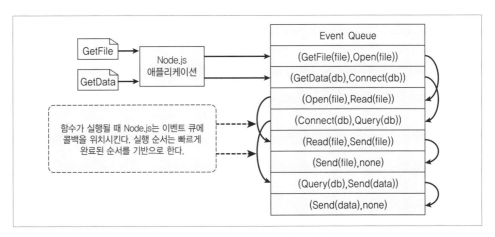

그림 4.2 Node.js 이벤트 모델을 사용해 단일 이벤트 기반 스레드에서 두 가지 요청 처리하기

Node.js의 블로킹 입출력

이벤트 콜백을 사용하는 Node.js의 이벤트 모델은 블로킹 입출력 함수를 만나기 전까지는 강력하다. 블로킹 입출력은 현재 스레드의 수행을 중단시키고 응답을 지속적으로 기다린다. 블로킹 입출력의 종류는 다음과 같다.

- 파일 읽기
- 데이터베이스 질의
- 소켓 요청
- 원격 서비스 접속

Node.js는 블로킹 입출력으로 인한 지연을 피하기 위해 이벤트 콜백을 사용한다. 따라서 블로킹 입출력을 수행한 어떤 요청이든 백그라운드의 다른 스레드에서 수행된다. Node.js는 백그라운드에서 스레드 풀을 구현했다. 이벤트 큐에서 이벤트나 블록 입출력 이벤트가 얻어지면 Node.js는 메인 이벤트 루프 스레드가 아닌 스레드 풀에서 스레드 1개를 꺼내 해당 함수를 수행한다. 이런 구조로 인해 이벤트 큐 내에 모든 잔여 이벤트의 입출력이 블로킹되는 것을 방지할 수 있다.

블로킹 스레드상에서 실행된 함수의 경우도 여전히 처리해야 할 작업에 대한 이벤트를 이벤트 큐에 추가할 수 있다. 데이터베이스 질의 요청의 경우 일반적으로 결과를 분석해 응답을 보내기 전 이벤트 큐를 통해 추가 작업을 하는 경우가 많다.

그림 4.3은 이벤트 큐, 이벤트 루프, 스레드 풀을 포함한 Node.js 이벤트 모델의 전체를 보여준다. 이벤트 루프는 작업을 이벤트 루프 내에서 직접 수행하거나 블로킹 입출력을 통해 별도의 스레드상의 함수로 실행한다.

대화 예제

Node.js와 전통적인 스레드 기반 웹 서버의 차이를 쉽게 설명하기 위해 파티에서 많은 그룹의 사람들과 대화하는 상황을 예로 들어보자. 자신이 웹 서버의 일부처럼 동작한다고 가정하고 대화는 다양한 웹 요청 처리를 위한 작업을 나타낸다고 가정한다. 대화할 때 한 사람과 이야기하고 그 후에 다른 사람과 이야기한다. 그런 다음 첫 번째 사람에게 돌아가고 세 번째 사람, 두 번째 사람에게 돌아가는 식으로 진행한다.

대화 예제는 웹 서버의 처리 방식과 유사한 부분이 많다. 빨리 끝나는 대화(예를 들어 간단한 메모리 내 일부 데이터 요청)도 있고 여러 부분으로 나눠지는 다양한 대화(복잡한 서버단 대화와 유사)도 있다. 또한 다른 사용자의 응답을 오랫동안 기다리는 경우(파일 시스템이나 데이터베이스, 원격 서비스에 블로킹 입출력 요청)도 있다.

각 스레드가 자신의 클론처럼 동작하는 전통적인 스레드 웹 서버 모델이 대화 예제에 적합해 보일 것이다. 스레드/클론은 사람들과 대화를 주고받을 수 있기 때문에 다중 대화의 동시 처리가 가능해 보인다. 하지만 이 모델에는 두 가지 문제가 있다.

첫 번째 문제는 작업을 처리할 수 있는 클론 수 제한이다. 5개의 클론이 있는 경우 여섯 번째 사람과 대화하려면 하나의 클론이 반드시 종료돼야 한다. 두 번째 문제는 CPU(또는 브레인)는 제한된 수를 갖기 때문에 스레드/클론이 공유해 사용해야 한다. 따라서 하나의 클론이 브레인을 사용하는 도중 다른 클론은 대기해야 한다. 즉 브레인의 작업을 기다리는 클론이 발생하면 이 구조는 큰 장점을 갖지 못한다.

Node.js 이벤트 모델은 전통적인 웹 서버 모델에 비해 좀 더 현실 세계에 가깝게 동작한다. 우선 Node.js 애플리케이션은 전통적인 웹 서버 모델이 사용하는 클론의 개념 없이 단일 스레드로 수행된다. 사람들의 질문에 최선을 다해 응답하고 상호 작용은 개별 사람들을 대상으로 이벤트 방식으로 처리된다. 동시에 진행되는 많은 대화에 대해 개별적인 대화를 하면서 처리할 수 있다. 다음으로 클론에서 브레인을 공유하지 않기 때문에 대화를 나누고 있는 사람에게만 집중할 수 있다.

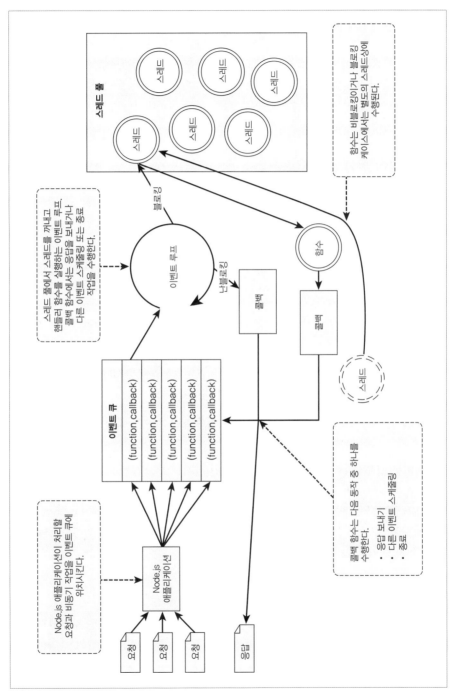

그림 4.3 Node.js 이벤트 모델 작업은 이벤트 큐에 콜백 함수를 추가한 후 이벤트 루프 스레드에서 함수를 선택한다. 함수는 비블로킹의 경우 이벤트 루프의 스레드에서 실행된다.

Node.js는 블록된 입출력 요청을 백그라운드 스레드 풀을 사용해 처리한다. Node.js는 블로킹 요청을 스레드 풀 내 스레드에 옮겨 처리하기 때문에 애플리케이션 처리 이벤트에 미치는 영향이 최소화된다. 사용자가 생각해야 할 질문들을 누군가가 문의하는 경우를 생각해보자. 질문에 대한 답변을 머릿속으로 생각하고 있는 동안에도 파티의 다른 사람과 대화를 할 수 있다. 비록 응답 시간이 느려질 수는 있지만 다른 사람과는 대화할 수 있다.

이벤트 큐에 작업 추가

Node.js 애플리케이션을 작성할 때는 이전 절에서 설명한 이벤트 모델을 고려해 코드 개발 시에 반영해야 한다. 이벤트 모델의 확장성과 성능을 향상시키려면 작업을 일련의 콜백으로 수행되는 단위로 나눠야 한다. 코드 개발이 제대로 수행되면 이벤트 모델을 사용해 이벤트 큐에서 작업을 스케줄링할 수 있다. Node.js 애플리케이션은 다음 함수들을 사용해 콜백 함수를 이벤트 큐의 작업으로 등록할 수 있다.

- 파일을 만들거나 데이터베이스에 연결하는 등의 블로킹 입출력 라이브러리 호출을 사용
- `http.request`나 `server.connection`과 같은 빌트인 이벤트에 이벤트 리스너를 추가
- 이벤트 이미터[emitter] 작성을 통해 고유한 리스너를 추가
- `process.nextTick` 옵션을 사용해 다음 이벤트 루프 사이클에 선택될 작업을 스케줄링
- 타이머를 사용해 특정 시간 이후나 주기적인 간격으로 작업을 스케줄링

다음 절에서는 타이머와 `nextTick`, 사용자 맞춤 이벤트를 구현하는 방법을 다룬다. 이를 통해 이벤트 발생 구조의 동작 방식을 파악할 수 있다. 블로킹 입출력 호출과 빌트인 이벤트는 5장, 'Node.js의 데이터 입출력 처리'에서 다룬다.

타이머 구현

Node.js와 자바스크립트의 유용한 기능으로 특정 시간 동안 코드의 실행을 지연시키는 기능이 있다. 이를 이용해 항상 실행되길 원치 않는 작업을 정리하거나 새로 고침을 위한 작업을 할 수 있다. Node.js에는 세 가지 형태(`timeout`, `interval`, `immediate`)의 타이머가 있다. 다음 절에서 각 타이머의 사용법을 다룬다.

타임아웃 타이머를 사용한 작업 지연

타임아웃timeout 타이머는 작업을 특정 시간 동안 지연시키는 데 사용한다. 타이머가 만료되면 콜백 함수가 실행되고 타이머는 종료된다.

한차례만 수행되길 원하는 작업의 경우에는 타임아웃을 사용하면 된다. Node.js에 내장된 setTimeout(callback, delayMilliSeconds, [args]) 함수를 사용해 타임아웃 타이머를 생성할 수 있다. setTimeout( )을 호출하면 delayMilliSeconds가 지난 후 콜백 함수가 실행된다. 1초 후에 myFunc( ) 함수를 수행하려면 다음과 같이 사용해야 한다.

```
setTimeout(myFunc, 1000);
```

setTimeout( ) 함수는 타이머 객체 ID를 반환한다. delayMilliSeconds가 지나기 전에 timeout 함수를 취소하려면 다음과 같이 타이머 객체 ID를 전달해 clearTimeout(timeoutId) 함수를 호출하면 된다.

```
myTimeout = setTimeout(myFunc, 100000);
...
clearTimeout(myTimeout);
```

목록 4.1은 지정된 타임아웃이 경과한 후 밀리초 단위의 결과를 출력하는 simpleTimeout( ) 함수를 호출하는 간단한 형태의 타임아웃 코드다. setTimeout( )이 호출된 순서와는 관계없이 지연 시간이 지난 순서에 따라 목록 4.1의 결과처럼 출력된다.

목록 4.1 simple_timer.js: 다양한 간격을 갖고 만료되는 타임아웃 타이머

```
01 function simpleTimeout(consoleTimer){
02   console.timeEnd(consoleTimer);
03 }
04 console.time("twoSecond");
05 setTimeout(simpleTimeout, 2000, "twoSecond");
06 console.time("oneSecond");
07 setTimeout(simpleTimeout, 1000, "oneSecond");
08 console.time("fiveSecond");
09 setTimeout(simpleTimeout, 5000, "fiveSecond");
10 console.time("50MilliSecond");
11 setTimeout(simpleTimeout, 50, "50MilliSecond");<Listing First>
```

목록 4.1의 결과 simple_timer.js: 다른 지연 시간을 갖고 실행되는 simpleTimeout 함수 수행 결과

```
C:/books/node/ch04> node simple_timer.js
50MilliSecond: 50.489ms
oneSecond: 1000.688ms
twoSecond: 2000.665ms
fiveSecond: 5000.186ms
```

인터벌 타이머로 주기적인 작업 수행

인터벌interval 타이머를 사용하면 지정된 지연 이후에 작업을 수행하도록 할 수 있다. 지연 시간이 지나면 콜백 함수가 수행된 후 다시 정해진 간격만큼 대기한다. 정기적인 수행 작업에는 인터벌 타이머가 적합하다.

Node.js에 내장된 setInterval(callback, delayMilliSeconds, [args]) 메서드를 사용해 인터벌 타이머를 생성할 수 있다. setInterval()을 호출하면 delayMilliSeconds가 지날 때마다 콜백 함수가 수행된다. 다음은 매초 단위로 myFunc()를 수행하는 예제다.

```
setInterval(myFunc, 1000);
```

setInterval() 함수는 타이머 객체 ID를 반환한다. 타임아웃을 취소하려면 delayMilli Seconds 이전에 이 ID를 clearInterval(intervalId)에 전달해야 한다. 작업 취소 예제는 다음과 같다.

```
myInterval = setInterval(myFunc, 100000);
...
clearInterval(myInterval);
```

목록 4.2에서는 변수 x, y 및 z 값을 각기 다른 간격으로 업데이트해 인터벌 콜백 함수를 수행한다. 인터벌 값은 다른 값을 가질 수 있기 때문에 x, y 및 z 값은 각기 다르게 변경된다. 목록 4.2의 결괏값에서 알 수 있듯이 x는 y보다 2배, y는 z보다 2배 빠르게 증가한다.

목록 4.2 simple_interval.js: 다른 간격으로 수행되는 콜백 함수 구현

```
01 var x=0, y=0, z=0;
02 function displayValues(){
03   console.log("X=%d; Y=%d; Z=%d", x, y, z);
04 }
05 function updateX(){
06   x += 1;
07 }
08 function updateY(){
09   y += 1;
10 }
11 function updateZ(){
12   z += 1;
13   displayValues();
14 }
15 setInterval(updateX, 500);
16 setInterval(updateY, 1000);
17 setInterval(updateY, 2000);
```

목록 4.2의 결과 simple_interval. js: 다른 간격으로 수행되는 인터벌 함수

```
C:/books/node/ch04> node simple_interval.js
x=3; y=1; z=1
x=7; y=3; z=2
x=11; y=5; z=3
x=15; y=7; z=4
x=19; y=9; z=5
x=23; y=11; z=6
```

이미디어트 타이머를 사용해 즉시 실행 작업 수행하기

이미디어트^{immediate}(즉시 실행) 타이머는 입출력 이벤트 콜백 함수의 수행 시작과 함께 다른 어떤 타이머보다 먼저 수행되길 원하는 작업을 처리하는 데 사용된다. 현재 처리되고 있는 이벤트 큐의 작업이 완료된 후 다른 작업에 우선적으로 요청 작업이 스케줄링된다. 긴 수행 시간을 가진 작업에 의해 입출력 이벤트가 오랫동안 수행되지 못하는 경우를 예방할 수 있다.

이미디어트 타이머는 Node.js의 내장 함수인 setImmediate(callback, [args])를 사용해 생성한다. setImmediate()가 호출되면 콜백 함수는 이벤트 큐에 위치하고 입출력 이벤트가 호출된 이후 이벤트 큐 루프에 의해 매 루프에 수행된다. 이벤트 큐를 통해 myFunc() 함수를 다음 사이클에서 실행되도록 하려면 다음과 같이 사용해야 한다.

```
setImmediate(myFunc(), 1000);
```

setImmediate() 함수는 타이머 객체 ID를 반환한다. 다음과 같이 타이머 객체 ID를 clear Immediate(immediateId) 함수에 전달해 이벤트 큐에서 처리하기 전에 해당 작업을 취소할 수 있다.

```
myImmediate = setImmediate(myFunc);
...
clearImmediate(myImmediate);
```

이벤트 루프의 참조 해제 타이머

이벤트 큐에 남아 있는 다른 이벤트가 없는 경우 타이머 이벤트 콜백 함수를 사용하고 싶지 않은 경우가 있는데 Node.js는 이를 위한 유용한 유틸리티를 제공한다. unref() 함수는 setInterval과 setTimeout의 호출 결과로 받은 객체를 사용해 해당 이벤트가 큐에 유일하게 남아 있을 경우 이를 중단시킬 수 있다.

다음 코드는 myInterval이라는 인터벌 타이머를 참조 해제한다.

```
myInterval = setInterval(myFunc);
myInterval.unref();
```

인터벌 함수가 큐에 남은 유일한 이벤트라도 사용자가 어떠한 이유로 인해 프로그램을 종료하지 않으려면 참조 해제한 함수를 재참조하기 위해 ref() 함수를 사용한다.

```
myInterval.ref();
```

> **경고**
>
> setTimeout 타이머와 함께 unref()를 사용하면 이벤트 루프를 깨우기 위해 별도의 타이머가 사용된다. 이는 코드 수행에 따른 급격한 성능 저하를 가져올 수 있기 때문에 자주 사용하지 않아야 한다.

nextTick을 사용한 작업 스케줄링

이벤트 큐의 잡[job]을 스케줄링하기 위한 유용한 방법으로 process.nextTick(callback) 함수가 있다. 이 함수는 이벤트 루프의 다음 사이클에서 작업을 수행하도록 스케줄링한다. nextTick()은 setImmediate() 함수와 달리 입출력 이벤트가 발생하기 전에 실행되기 때문에 입출력 이벤트의 기아 현상[starvation]을 발생시킬 수 있다. Node.js는 기본값 1000으로 설정된 pocess.maxTickDepth 값을 기준으로 각 사이클에 실행될 nextTick() 이벤트의 수를 제한한다.

목록 4.3에 나오는 코드는 블로킹 입출력 호출과 타이머, nextTick() 사용 시의 이벤트 순서를 나타낸다. 블로킹 함수인 fs.stat()가 최초 실행된 후 2개의 setImmediate와 nextTick() 호출이 이뤄진다. 목록 4.3의 결과를 보면 nextTick()은 둘 다 다른 함수보다 우선적으로 실행되고 첫 setImmediate() 호출이 이뤄진 후 다음 루프 반복 수행 시 setImmediate() 호출이 수행된다.

목록 4.3 nexttick.js: 블로킹 fs 호출과 immediate 타이머, nextTick() 호출의 실행 순서를 확인할 수 있도록 해당 함수들을 연속적으로 구성

```
01 var fs = require("fs");
02 fs.stat("nexttick.js", function(){
03    console.log("nexttick.js Exists");
04 });
05 setImmediate(function(){
06    console.log("Immediate Timer 1 Executed");
07 });
08 setImmediate(function(){
09    console.log("Immediate Timer 2 Executed");
10 });
11 process.nextTick(function(){
12    console.log("Next Tick 1 Executed");
13 });
14 process.nextTick(function(){
```

110

```
15    console.log("Next Tick 2 Executed");
16 });
```

목록 4.3의 결과 nexttick.js: nextTick()을 가장 먼저 실행

```
c:/books/node/ch04>node nexttick.js
Next Tick 1 Executed
Next Tick 2 Executed
Immediate Timer 1 Executed
Immediate Timer 2 Executed
nexttick.js Exists
```

이벤트 이미터와 리스너 구현하기

5장, 'Node.js의 데이터 입출력 처리하기'에서는 다양한 Node.js 모듈에 나오는 많은 이벤트를 구현해본다. 이번 절에서는 사용자 맞춤형 이벤트를 직접 만들어보고 이벤트 발생 시 수행되는 콜백 함수 리스너를 구현하는 방법을 다룬다.

자바스크립트 객체에 사용자 맞춤 이벤트 추가하기

이벤트는 events 모듈에 포함된 EventEmitter 객체를 사용해 발생시킬 수 있다. emit (eventName, [args]) 함수는 eventName 이벤트를 처리하고 제공된 인수를 사용한다. 다음 코드는 간단한 이벤트 이미터event emitter를 구현하는 방법을 보여준다.

```
var events = require('events');
var emitter = new events.EventEmitter();
emitter.emit("simpleEvent");
```

자바스크립트 객체에 직접 이벤트를 추가하려면 객체 초기화 시 events.EventEmitter.call (this)을 호출해 EventEmitter 기능을 상속받고 객체 프로토타입에 events.EventEmitter. prototype을 추가해야 한다.

```
Function MyObj(){
  Events.EventEmitter.call(this);
```

```
}
MyObj.prototype.__proto__ = events.EventEmitter.prototype;
```

위 작업을 수행한 후에 다음과 같이 객체 인스턴스에서 직접 이벤트를 발생시킨다.

```
var myObj = new MyObj();
myObj.emit("someEvent");
```

이벤트 리스너를 객체에 추가하기

이벤트를 발생시키는 객체 인스턴스는 관심 있는 이벤트에 대한 리스너를 추가할 수 있다.
다음과 같이 EventEmitter 객체에 다음 함수 중 하나를 추가한다.

- **addListener(eventName, callback)**: 객체 리스너에 콜백 함수를 추가한다. event
  Name 이벤트가 호출될 때마다 콜백 함수가 실행을 위한 이벤트 큐에 추가된다.
- **.on(eventName, callback)**: .addListener()와 동일하다.
- **.once(eventName, callback)**: eventName가 트리거되면 콜백 함수가 실행을 위해
  이벤트 큐에 추가된다.

이전 절에서 정의한 MyObject EventEmitter 클래스의 객체에 리스너를 추가하려면 다음과
같이 사용해야 한다.

```
function myCallback(){
  ...
}
var myObject = new MyObj();
myObject.on("someEvent", myCallback);
```

객체에서 리스너 제거하기

리스너는 Node.js 프로그래밍에서 매우 유용하고 필수적인 부분이다. 하지만 오버헤드가
존재하기 때문에 필요한 경우에만 사용해야 한다. Node.js는 EventEmitter 객체에 리스너
를 관리하기 위한 헬퍼 helper 함수들을 제공한다.

- **listeners(eventName)**: eventName 이벤트에 추가된 리스너 함수 배열을 반환한다.
- **.setMaxListeners(n)**: EventEmitter에 n보다 많은 리스너가 추가된 경우 경고를 트리거한다. 기본값은 10이다.
- **.removeListener(eventName, callback)**: EventEmitter의 eventName 이벤트에 등록된 콜백 함수를 제거한다.

이벤트 리스너와 이벤트 이미터 구현

목록 4.4는 Node.js에서 리스너와 사용자 맞춤 이벤트 이미터를 구현하는 방법을 보여준다. Account 객체는 EventEmitter 클래스를 상속받아 balanceChanged 이벤트를 내보내는 두 함수 deposit과 withdraw를 확장한다. 15~31번 줄은 Account 객체 인스턴스의 balanceChanged 이벤트에 추가돼 다양한 형식의 데이터를 보여주는 3개의 콜백 함수를 구현한 부분이다.

checkGoal(acc, goal) 콜백은 다른 함수들과 다른 형태로 구현돼 있다. 이 방식은 이벤트가 발생될 때 이벤트 리스너 함수에 변수를 전달하는 방법을 보여준다. 목록 4.4의 결과는 목록 4.4의 수행 결과다.

목록 4.4 emitter_listener.js: 사용자 맞춤형 EventEmitter 객체를 생성하고 balanceChanged 이벤트 발생 시 수행되는 3개의 리스너를 구현

```
01 var events = require('events');
02 function Account() {
03   this.balance = 0;
04   events.EventEmitter.call(this);
05   this.deposit = function(amount){
06     this.balance += amount;
07     this.emit('balanceChanged');
08   };
09   this.withdraw = function(amount){
10     this.balance -= amount;
11     this.emit('balanceChanged');
12   };
13 }
14 Account.prototype.__proto__ = events.EventEmitter.prototype;
15 function displayBalance(){
```

```
16    console.log("Account balance: $%d", this.balance);
17 }
18 function checkOverdraw( ){
19   if (this.balance < 0){
20     console.log("Account overdrawn!!!");
21   }
22 }
23 function checkGoal(acc, goal){
24   if (acc.balance > goal){
25     console.log("Goal Achieved!!!");
26   }
27 }
28 var account = new Account( );
29 account.on("balanceChanged", displayBalance);
30 account.on("balanceChanged", checkOverdraw);
31 account.on("balanceChanged", function( ){
32   checkGoal(this, 1000);
33 });
34 account.deposit(220);
35 account.deposit(320);
36 account.deposit(600);
37 account.withdraw(1200);
```

목록 4.4의 결과 emitter_listener.js: 리스너 콜백 함수에서 수행된 계정 설명

```
C:/books/node/ch04>node emmiter_listener.js
Account balance: $220
Account balance: $540
Account balance: $1140
Goal Achieved!!!
Account balance: $-60
Account overdrawn!!!
```

콜백 구현

이전 절에서 살펴봤듯이 Node.js의 이벤트 모델은 콜백 함수에 많은 부분을 의존한다. 그렇기 때문에 기본 익명 함수^{basic anonymous function} 구현을 제외하면 콜백 함수에 익숙해지는 데 시간이 걸릴 것이다. 이번 절은 콜백 함수의 세 가지 구현 방식(콜백 함수에 매개변수 보내기, 루프 내에서 콜백 함수 매개변수 처리하기, 중첩된 콜백)에 대해 알아본다.

콜백 함수에 추가 매개변수 전달하기

대부분의 콜백은 자동으로 에러나 결과 버퍼의 내용을 매개변수로 받는다. 콜백 함수를 처음 사용하는 사람들은 매개변수 전달 방식에 궁금증을 가질 수 있다. 익명 함수를 사용해 매개변수를 만들고 익명 함수 내에서 매개변수를 가진 콜백 함수를 호출할 수 있다.

목록 4.5의 코드는 콜백 매개변수를 구현하는 방법을 보여준다. 2개의 sawCar 이벤트 핸들러가 있으며 sawCar 이벤트는 make 매개변수를 방출한다. emitter.emit( ) 함수는 추가 매개변수가 필요하다. 이때 make가 5번 줄에 추가된다. 16번 줄에 있는 첫 이벤트 핸들러는 logCar(make) 콜백 핸들러를 등록한 부분이다. logColorCar( )에 색상을 추가하기 위해 17~21번 줄에 정의된 이벤트 핸들러에서는 익명 함수를 사용한다. 임의로 선택한 색상은 logColorCar(make, color)에 전달된다. 목록 4.5의 결과는 목록 4.5의 수행 결과다.

목록 4.5 callback_parameter.js: 이벤트로 처리되지 않은 추가 매개변수를 생성하기 위한 임의 함수 생성

```
01 var events = require('events');
02 function CarShow() {
03   events.EventEmitter.call(this);
04   this.seeCar = function(make){
05     this.emit('sawCar', make);
06   };
07 }
08 CarShow.prototype.__proto__ = events.EventEmitter.prototype;
09 var show = new CarShow();
10 function logCar(make){
11   console.log("Saw a " + make);
12 }
13 function logColorCar(make, color){
14   console.log("Saw a %s %s", color, make);
15 }
```

```
16 show.on("sawCar", logCar);
17 show.on("sawCar", function(make){
18    var colors = ['red', 'blue', 'black'];
19    var color = colors[Math.floor(Math.random()*3)];
20    logColorCar(make, color);
21 });
22 show.seeCar("Ferrari");
23 show.seeCar("Porsche");
24 show.seeCar("Bugatti");
25 show.seeCar("Lamborghini");
26 show.seeCar("Aston Martin");
```

목록 4.5의 결과 callback_parameter.js: 콜백에 color 매개변수를 추가한 결과

```
C:/books/node/ch04>node callback_parameter.js
Saw a Ferrari
Saw a blue Ferrari
Saw a Porsche
Saw a black Porsche
Saw a Bugatti
Saw a red Bugatti
Saw a Lamborghini
Saw a black Lamborghini
Saw a Aston Martin
Saw a black Aston Martin
```

콜백 내 클로저 구현

비동기 콜백 방식에서 흥미로운 부분은 클로저closure다. 클로저는 자바스크립트 용어로, 변수가 함수의 범위에는 속하지만 부모 함수의 범위에는 속하지 않는 것을 의미한다. 비동기 콜백을 수행할 때 부모 함수의 범위는 변경될 수 있다. 예를 들면 목록을 반복 처리하고 각 반복 동작 시에 값이 변경되는 경우가 이에 해당한다.

콜백 함수에서 부모 함수의 범위에 있는 변수에 접근하려면 클로저를 제공해 이벤트 큐에서 콜백 함수가 빠져나올 때 해당 변수를 사용할 수 있도록 만들 수 있다. 이를 위한 기본적인 방법은 함수 블록 내에서 비동기 호출을 캡슐화하고 필요한 변수를 전달하는 것이다. 목록

4.6은 비동기 함수 logCar( )에 클로저를 제공하는 래퍼^{wrapper} 함수 구현을 보여준다. 7~12번 줄에 나오는 반목문은 기본 콜백 구현을 사용한다. 목록 4.6의 결과를 보면 루프 내에서 메시지가 계속 변하지만 자동차명은 항상 마지막에 읽은 항목으로 출력된다.

3~20번 줄에 나오는 루프는 콜백에 종속된 msg 매개변수로 message를 전달하는 래퍼 함수다. 클로저를 사용한 결과는 목록 4.6의 결과 부분에서 확인할 수 있듯이 올바른 메시지가 출력된다. 비동기 콜백을 만들려면 콜백을 스케줄링하기 위해 process.nextTick( ) 함수를 사용해야 한다.

목록 4.6 callback_closure.js: 비동기 콜백에서 필요한 변수를 클로저에 제공하기 위한 래퍼 함수 생성

```
01 function logCar(logMsg, callback){
02   process.nextTick(function() {
03     callback(logMsg);
04   });
05 }
06 var cars = ["Ferrari", "Porsche", "Bugatti"];
07 for (var idx in cars){
08   var message = "Saw a " + cars[idx];
09   logCar(message, function(){
10     console.log("Normal Callback: " + message);
11   });
12 }
13 for (var idx in cars){
14   var message = "Saw a " + cars[idx];
15   (function(msg){
16     logCar(msg, function(){
17       console.log("Closure Callback: " + msg);
18     });
19   })(message);
20 }
```

목록 4.6의 결과 callback_closure.js: 클로저 래퍼 함수를 추가해 필요한 변수에 비동기 접근을 허용하는 방법

```
C:/books/node/ch04>node callback_closure.js
Normal Callback: Saw a Bugatti
Normal Callback: Saw a Bugatti
```

```
Normal Callback: Saw a Bugatti
Closure Callback: Saw a Ferrari
Closure Callback: Saw a Porsche
Closure Callback: Saw a Bugatti
```

콜백 체인 구성

비동기 함수의 경우 이벤트 큐에 있는 두 함수의 실행 순서를 보장할 수 없다. 이를 해결하기 위한 최선의 방법은 비동기 함수 내에서 다른 비동기 함수를 호출하는 방식으로 콜백 체인을 구성하는 것이다. 이 경우 비동기 함수는 이벤트 큐에 한 번 이상 속하지 않는다.

목록 4.7의 코드 구현 내용은 기본 콜백 체인을 구성하는 예다. 아이템 목록이 logCars( ) 함수로 전달된 후 비동기 함수 logCar( )가 호출된다. logCar( )가 완료되면 logCars( ) 함수가 콜백처럼 사용된다. 따라서 이벤트 큐에는 동시에 하나의 logCar( )만 속한다. 목록 4.7의 결과는 목록 4.7의 수행 결과다.

목록 4.7 callback_chain.js: 익명 함수의 콜백 함수에서 목록을 반복 처리하기 위해 초기 함수를 사용한 콜백 체인 구현 방식

```
01 function logCar(car, callback){
02   console.log("Saw a %s", car);
03   if(cars.length){
04     process.nextTick(function(){
05       callback();
06     });
07   }
08 }
09 function logCars(cars){
10   var car = cars.pop();
11   logCar(car, function(){
12     logCars(cars);
13   });
14 }
15 var cars = ["Ferrari", "Porsche", "Bugatti",
16             "Lamborghini", "Aston Martin"];
17 logCars(cars);
```

목록 4.7의 결과 callback_chain.js: 목록을 반복 처리하기 위해 비동기 콜백 체인을 사용하는 방법

```
C:/books/node/ch04>node callback_chain.js
Saw a Aston Martin
Saw a Lamborghini
Saw a Bugatti
Saw a Porsche
Saw a Ferrari
```

요약

Node.js가 사용하는 이벤트 기반 모델은 확장성과 우수한 성능을 제공한다. 4장에서는 이벤트 기반 모델과 전통적인 스레드 모델의 차이점을 배웠다. 또한 블로킹 입출력 호출 시 이벤트 큐에 이벤트를 추가하는 방법을 학습했다. 리스너는 이벤트나 타이머를 통해 실행될 수 있으며 nextTick() 메서드를 사용해 직접 호출할 수도 있다.

4장에서는 타이머는 세 가지 형태(timeout, interval, immediate)가 있다는 것을 살펴봤고 이를 이용해 정해진 시간 동안 작업 수행을 지연시키는 방법을 알아봤다. 맞춤형 이벤트 이미터를 구현하고 리스너 함수를 추가하는 내용도 살펴봤다.

5장에서 다룰 내용

5장, 'Node.js의 데이터 입출력 처리하기'에서는 스트림과 버퍼를 사용해 데이터 입출력을 관리하는 방법을 알아본다. 또한 Node.js에서 JSON, 문자열, 압축된 형태 데이터를 다루는 내용을 알아본다.

Node.js의 데이터 입출력 처리

대다수의 웹 애플리케이션과 서비스들은 텍스트나 JSON 문자열, 바이너리 버퍼, 데이터 스트림 형태의 많은 데이터 흐름을 포함한다. Node.js에는 시스템 간의 데이터 입출력을 처리하기 위한 많은 구조가 있다. Node.js를 이용해 효율적인 웹 애플리케이션과 서비스를 제공하려면 이 구조의 이해가 중요하다.

5장은 JSON 데이터 관리와 바이너리 데이터 버퍼 관리, 읽거나 쓰기 위한 스트림 구현 및 압축/해제와 관련된 내용을 집중적으로 다룬다. 이를 통해 다양한 입출력 요구 사항을 만족시키기 위해 Node.js가 제공하는 기능을 살펴본다.

JSON으로 작업하기

Node.js 웹 애플리케이션과 서비스를 구현하는 데 있어 일반적으로 많이 사용하는 데이터 형식은 JSON^{JavaScript Object Notation}(자바스크립트 객체 표기 방식)이다. JSON은 자바스크립트 객체를 문자열로 변환하거나 변환하는 작업을 진행하는 데 사용하는 매우 경량화된 방법이다. 데이터 객체를 직렬화^{serialize}해 클라이언트에서 서버로 전달하거나 프로세스에서 프로세스 전달, 스트림에서 스트림으로 전달, 데이터베이스에 저장 시에도 잘 동작한다.

자바스크립트 객체를 직렬화하는 일에 XML이 아닌 JSON을 사용하는 이유는 다음과 같다.

- JSON이 훨씬 효율적이고 필요한 문자 수도 더 작다.
- JSON이 더 간단한 문법을 갖고 있기 때문에 직렬화하거나 역직렬화하는 편이 XML을 직렬화하거나 역직렬화하는 편보다 빠르다.
- JSON은 자바스크립트의 문법과 유사하기 때문에 개발자의 관점에서 가독성이 좋다.

그렇지만 엄청나게 복잡한 객체나 XML/XSLT 변환을 이미 사용하고 있는 경우에는 JSON 대신 XML을 사용하고 싶을 수도 있다.

JSON을 자바스크립트 객체로 변환하기

JSON 문자열은 자바스크립트 객체를 문자열로 나타낸 것이다. 문자열 문법이 코드 문법과 매우 비슷해 이해하기 쉽다. JSON.parse(string) 메서드를 사용하면 적절히 구분된 문자열을 자바스크립트 객체로 변환할 수 있다.

예를 들어 다음 코드 구문에서 서식 있는 JSON 문자열인 accountStr은 JSON.parse()를 사용해 자바스크립트 객체로 변환할 수 있다. 멤버 프로퍼티는 .(dot) 표기법을 사용해 접근할 수 있다.

```
var accountStr = '{"name":"Jedi", "members":["Yoda","Obi Wan"], /
                  "number":34512, "location": "A galaxy far, far away"}';
var accountObj = JSON.parse(accountStr);
console.log(accountObj.name);
console.log(accountObj.members);
```

위 코드의 출력 결과는 다음과 같다.

```
Jedi
[ 'Yoda', 'Obi Wan' ]
```

자바스크립트 객체를 JSON으로 변환하기

노드는 자바스크립트 객체를 적절히 JSON 포맷으로 변환할 수 있다. 이를 이용해 문자열 형태의 자료를 파일이나 데이터베이스에 저장하거나 HTTP 연결을 사용해 전송하거나 스트림이나 버퍼에 쓰기 등의 동작을 할 수 있다. JSON.stringify(object) 메서드로 자바스크립트 객체를 파싱해 JSON 문자열을 만들 수 있다.

예를 들면 다음 코드는 JSON.stringify()를 사용해 문자열과 숫자, 배열 속성을 포함하는 자바스크립트 객체를 JSON 문자열로 변환한다.

```
var accountObj = {
  name: "Baggins",
  number: 10645,
  members: ["Frodo, Bilbo"],
  location: "Shire"
};
var accountStr = JSON.stringify(accountObj);
console.log(accountStr);
```

위 코드의 수행 결과는 다음과 같다.

```
{"name":"Baggins","number":10645,"members":["Frodo, Bilbo"],"location":"Shire"}
```

버퍼 데이터를 대상으로 Buffer 모듈 사용하기

자바스크립트는 유니코드 처리에 최적화돼 있기 때문에 바이너리 데이터 관리에는 유리하지 않다. 다음과 같은 일부 웹 애플리케이션이나 서비스의 경우 바이너리 데이터가 유용하게 사용된다.

- 압축된 파일 전송
- 동적인 이미지 생성
- 직렬화된 바이너리 데이터 전송

버퍼 데이터 이해

버퍼 데이터는 빅 엔디언big-endian이나 리틀 엔디언little-endian 포맷의 8진수 데이터로 구성된다. 그렇기 때문에 텍스트 데이터에 비해 작은 크기를 차지한다. Node.js는 버퍼 구조 내에 바이너리 데이터를 생성하고 읽고 쓰고 조작하기 위한 Buffer 모듈을 제공한다. Buffer 모듈은 전역적이기 때문에 접근을 위해 require( )문을 사용하지 않아도 된다.

버퍼 데이터는 배열과 유사한 구조로 저장되지만 기본 메모리 할당에 사용되는 일반 V8 힙과는 다른 공간에 저장된다. 따라서 버퍼의 크기는 변경할 수 없다.

버퍼를 문자열로 변환하거나 문자열을 버퍼로 변환할 때는 명시적으로 인코딩 형태를 지정해야 한다. 표 5.1은 지원 가능한 다양한 인코딩 목록을 보여준다.

표 5.1 문자열과 바이너리 버퍼의 인코딩 방식

방식	설명
utf8	멀티 바이트로 인코딩된 유니코드 문자(대부분의 문서와 웹 페이지에서 사용하는 표준)
utf16le	리틀 엔디언으로 인코딩된 2바이트 또는 4바이트의 유니코드 문자
ucs2	utf16le와 동일
base64	Base-64 문자열 인코딩
Hex	각 바이트는 2개의 16진수 문자로 인코딩

빅 엔디언과 리틀 엔디언

버퍼의 바이너리 데이터(2진 데이터)는 8진수 값으로 연속하거나 8개의 0이나 1의 순서로 구성되고 0x00에서 0xFF 범위의 16진수 값으로 돼 있다. 또한 바이너리 데이터는 단일 바이트나 복수 바이트를 포함하는 워드(WORD) 단위로 읽힌다. 엔디언(endian)은 워드를 정의할 때 최상위 비트의 순서를 정의한다. 빅 엔디언은 최소 워드를 처음에 쓰고 리틀 엔디언은 마지막에 쓴다. 0x0A 0x0B 0x0C 0x0D의 경우 빅 엔디언은 [0x0A, 0x0B,0x0C, 0x0D], 리틀 엔디언은 [0x0D, 0x0C, 0x0B, 0x0A]로 저장된다.

버퍼 생성하기

버퍼 객체는 실제 기본 메모리를 할당하기 때문에 생성 시 크기를 지정해야 한다. new 키워드를 이용해 버퍼 객체 생성 시 세 가지 옵션을 사용할 수 있다.

```
new Buffer(sizeInBytes)
new Buffer(octetArray)
new Buffer(string, [encoding])
```

다음 예제 코드는 바이트 크기, 8진 버퍼, UTF8 문자열을 사용하는 버퍼 할당 방법이다.

```
var buf256 = new Buffer(256);
var bufOctets = new Buffer([0x6f, 0x63, 0x74, 0x65, 0x74, 0x73]);
var bufUTF8 = new Buffer("Some UTF8 Text /u00b6 /u30c6 /u20ac", 'utf8');
```

버퍼에 쓰기

버퍼 객체를 생성한 후에는 객체의 크기를 변경할 수 없지만 버퍼 내에서는 어느 위치에든 쓸 수 있다. 표 5.2는 버퍼에 쓰기 동작을 수행하기 위한 방법을 보여준다.

표 5.2 버퍼 객체에 쓰기 위한 방법

방법	설명
buffer.write(string, [offset], [length], [encoding])	인코딩된 버퍼에 지정된 offset에서 시작하는 string의 바이트 단위 lenght 개수를 저장한다.
buffer[offset] = value	offset 위치의 데이터를 지정된 value의 값으로 교체한다.
buffer.fill(value, [offset], [end])	지정된 value로 버퍼의 지정된 offset 위치에서 end 위치까지를 모두 채운다.
writeInt8(value, offset, [noAssert]) writeInt16LE(value, offset, [noAssert]) writeInt16BE(value, offset, [noAssert]) ...	객체에 리틀 엔디언이나 빅 엔디언 방식으로 integers, unsigned integers, doubles, floats 값을 저장할 수 있는 다양한 메서드다. value는 쓰일 값, offset은 쓰일 위치, noAssert는 value와 offset의 검증을 건너뛸 것인지를 지정한다. 정합성에 문제가 없다는 확신이 서지 않는다면 noAssert는 기본값 false로 남겨둔다.

버퍼에 데이터를 쓰는 과정을 보여주기 위해 목록 5.1의 코드는 버퍼를 정의하고 0으로 채운 후 3번 줄에서 write()를 이용해 텍스트를 추가한다. 5번 줄에서 write(string, offset, length)를 사용해 기존 버퍼의 일부 텍스트를 변경한다. 8번 줄에서는 인덱스 값을 사용해 마지막 위치에 +을 추가한다. 목록 5.1의 결과는 목록 5.1의 수행 결과다. buf256. write("more text", 9, 9) 문장은 버퍼 중간의 내용을 변경하고 buf256[18] = 43은 단일 바이트 내용을 변경한다.

목록 5.1 buffer_write.js: 버퍼 객체에 데이터를 저장하는 다양한 방법

```
1 buf256 = new Buffer(256);
2 buf256.fill(0);
3 buf256.write("add some text");
4 console.log(buf256.toString());
5 buf256.write("more text", 9, 9);
6 console.log(buf256.toString());
7 buf256[18] = 43;
8 console.log(buf256.toString());
```

목록 5.1의 결과 buffer_write.js: 버퍼 객체에 데이터 저장하기

```
C:/books/node/ch05>node buffer_write.js
add some text
add some more text
add some more text+
```

버퍼에서 읽기

버퍼의 데이터를 읽는 방법은 다양하다. 가장 간단한 방법은 toString( ) 메서드를 사용해 버퍼의 전체나 일부 내용을 문자열로 변환하는 것이다. 지정된 위치의 내용을 직접 접근하거나 read( )를 사용하는 방법도 있다. Node.js는 StringDecoder 객체로 버퍼의 내용을 디코딩해 지정된 인코딩 방식으로 버퍼에 데이터를 쓸 수 있는 write(buffer) 메서드를 제공한다. 표 5.3은 버퍼 객체를 읽기 위한 메서드들을 보여준다.

표 5.3 버퍼 객체를 읽기 위한 메서드

메서드	설명
buffer.toString([encoding], [start], [end])	버퍼의 start부터 end에 이르기까지의 구간을 디코딩된 문자열로 반환하는 메서드다. start와 end가 지정되지 않은 경우 toString()은 범위를 버퍼의 시작과 끝으로 잡는다.
stringDecoder.write(buffer)	버퍼의 디코딩된 문자열을 반환한다.
buffer[offset]	버퍼 내에 지정된 offset 내용의 8진수 값을 반환한다.
readInt8(offset, [noAssert]) readInt16LE(offset, [noAssert]) readInt16BE(offset, [noAssert]) ...	리틀 엔디언과 빅 엔디언을 사용하는 다양한 크기의 integers, unsigned integers, doubles, floats 타입 버퍼 객체를 읽기 위한 메서드다. 이 메서드에서는 읽기를 시작할 위치와 오프셋 유효성 검토를 건너뛸 수 있는 noAssert 불린 값을 선택적으로 사용할 수 있다. 정합성에 문제가 없다는 확신이 서지 않는다면 noAssert는 기본값 false로 남겨둔다.

목록 5.2에서 버퍼를 읽는 과정을 나타내기 위해 UTF8 인코딩 문자를 사용하는 버퍼를 정하고 별도의 매개변수 없이 toString( )을 사용해 모든 버퍼의 내용을 읽는다. 그 후에는 encoding과 start, end 매개변수를 사용해 버퍼의 일부를 읽을 수 있다. 4~6번 줄에서는 StringDecoder 객체를 UTF8 인코딩 방식으로 생성해 버퍼의 내용을 콘솔에 출력한다. 그런 다음 18번째 인덱스 값을 8진수로 직접 읽는다. 목록 5.2의 결과는 목록 5.2의 수행 결과다.

목록 5.2 buffer_read.js: 버퍼 객체를 읽기 위한 다양한 방법

```
1 bufUTF8 = new Buffer("Some UTF8 Text /u00b6 /u30c6 /u20ac", 'utf8');
2 console.log(bufUTF8.toString());
3 console.log(bufUTF8.toString('utf8', 5, 9));
4 var StringDecoder = require('string_decoder').StringDecoder;
5 var decoder = new StringDecoder('utf8');
6 console.log(decoder.write(bufUTF8));
```

목록 5.2의 결과 buffer_read.js: 버퍼 객체에서 데이터 읽기

```
C:/books/node/ch05>node buffer_read.js
Some UTF8 Text ¶ テ €
UTF8
Some UTF8 Text ¶ テ €
e3
e3838620
```

버퍼 길이 결정

버퍼 사용 시 공통적으로 필요한 작업은 버퍼의 길이를 결정하는 것이다. 특히 문자열에서 버퍼를 동적으로 생성하는 경우 버퍼 객체의 '.length'를 호출해 버퍼의 길이를 결정할 수 있다. 버퍼 내 바이트의 길이를 결정할 때는 '.length' 프로퍼티를 사용할 수 없고 `Buffer.byteLength(string, [encoding])` 메서드를 사용해야 한다. 버퍼의 문자열 길이와 바이트 길이는 차이가 있음에 주의해야 한다. 다음 코드는 이러한 사례를 보여준다.

```
"UTF8 text /u00b6".length;
//11로 평가된다.
Buffer.byteLength("UTF8 text /u00b6", 'utf8');
//12로 평가된다.
Buffer("UTF8 text /u00b6").length;
//12로 평가된다.
```

동일한 문자열이 문자 11개로 평가되거나 이중 바이트 문자의 포함으로 byteLength가 12개로 평가될 수 있다. Buffer("UTF8 text /u00b6").length의 경우 12로 평가되는데 이는 .length가 버퍼의 바이트 길이를 반환하기 때문이다.

버퍼 복사

버퍼를 사용한 중요한 작업 중 버퍼 간 복사 지원 기능이 있다. Node.js는 버퍼 객체를 위한 copy(targetBuffer, [targetStart],[sourceStart], [sourceEnd]) 메서드를 지원한다. targetBuffer 매개변수는 다른 버퍼 객체를 위한 부분이고 targetStart와 sourceStart, sourceEnd는 소스와 타깃 버퍼 내의 위치를 전달한다.

> **경고**
>
> 문자열 데이터의 버퍼 사이 이동을 위해서는 양 버퍼가 같은 인코딩 방식을 사용하는지 확인해야 한다. 그렇지 않은 경우 결과 버퍼를 디코딩하는 과정에서 예상치 못한 결과를 얻을 수 있다.

사용자는 다음 코드처럼 인덱스 위치를 직접 지정해 버퍼 간 복사를 진행할 수 있다.

```
sourceBuffer[index] = destinationBuffer[index]
```

목록 5.3의 코드는 버퍼 간 복사를 위한 세 가지 예를 보여준다. 4~8번 줄에서는 풀 버퍼 복사 방법을 보여주고, 10~14번 줄에서는 버퍼 중간의 5바이트만 복사되는 방법을 보여준다. 마지막 예는 소스 버퍼를 반복 처리하며 버퍼에 모든 바이트 내용을 복사한다. 목록 5.3의 결과는 목록 5.3의 수행 결과다.

목록 5.3 buffer_copy.js: 버퍼 간 복사를 위한 다양한 방법

```
01 var alphabet = new Buffer('abcdefghijklmnopqrstuvwxyz');
02 console.log(alphabet.toString());
03 // 전체 버퍼를 복사한다.
04 var blank = new Buffer(26);
05 blank.fill();
06 console.log("Blank: " + blank.toString());
07 alphabet.copy(blank);
08 console.log("Blank: " + blank.toString());
09 // 버퍼의 일부분을 복사한다.
```

```
10 var dashes = new Buffer(26);
11 dashes.fill('-');
12 console.log("Dashes: " + dashes.toString());
13 alphabet.copy(dashes, 10, 10, 15);
14 console.log("Dashes: " + dashes.toString());
15 // 버퍼 내의 인덱스를 지정해 복사한다.
16 var dots = new Buffer('------------------------');
17 dots.fill('.');
18 console.log("dots: " + dots.toString());
19 for (var i=0; i < dots.length; i++){
20   if (i % 2) { dots[i] = alphabet[i]; }
21 }
22 console.log("dots: " + dots.toString());
```

목록 5.3의 결과 buffer_copy.js: 버퍼 객체 간 복사 수행 결과

```
C:/books/node/ch05>node buffer_copy.js
abcdefghijklmnopqrstuvwxyz
Blank:
Blank: abcdefghijklmnopqrstuvwxyz
Dashes: ------------------------
Dashes: ----------klmno-----------
dots: ........................
dots: .b.d.f.h.j.l.n.p.r.t.v.x.
```

버퍼 분할

버퍼 작업을 수행하는 데 있어 중요한 내용은 버퍼 분할 기능이다. 조각slice이란 버퍼 내 시작 위치부터 끝 위치에 이르는 내용을 말한다. 버퍼 분할을 이용하면 버퍼를 특정한 청크chunk 단위로 조각낼 수 있다.

버퍼 분할은 slice([start], [end]) 메서드를 사용해 구현한다. slice() 메서드에서는 버퍼 start 위치에서 시작하고 end - start의 길이를 갖는 버퍼 객체를 반환한다. 복사의 경우 내용을 수정하더라도 원본에는 변화가 없지만 분할의 경우 원본이 변하기 때문에 분할된 자료를 처리할 때는 주의해야 한다.

목록 5.4의 코드는 분할을 사용하는 방법을 보여준다. 중요한 점은 목록 5.4의 결과에서 확인할 수 있듯이 slice 값이 5~6번 줄에서 변경된다는 것이다.

목록 5.4 buffer_slice.js: 버퍼 객체 생성 및 조작

```
1 var numbers = new Buffer("123456789");
2 console.log(numbers.toString());
3 var slice = numbers.slice(3, 6);
4 console.log(slice.toString());
5 slice[0] = '#'.charCodeAt(0);
6 slice[slice.length-1] = '#'.charCodeAt(0);
7 console.log(slice.toString());
8 console.log(numbers.toString());
```

목록 5.4의 결과 buffer_slice.js: 버퍼 객체의 분할 및 수정 결과

```
C:/books/node/ch05>node buffer_slice.js
123456789
456
#5#
123#5#789
```

버퍼 병합

2개 이상의 버퍼 객체를 새로운 버퍼로 병합할 수 있다. concat(list, [totalLength]) 메서드는 첫 매개변수로 버퍼 객체 배열을 사용하고, 두 번째 매개변수로 버퍼 내 최대 바이트 크기를 정의하는 totalLength를 선택적으로 사용한다. 버퍼 객체는 목록에 있는 순서대로 병합되고 새로운 버퍼 객체는 최대 totalLength 크기를 가지며 원래 버퍼의 내용을 포함한 채로 반환된다.

totalLength 매개변수를 사용하지 않은 경우에는 concat() 메서드가 전체 크기를 알려주긴 하지만 전체 목록을 반복 처리해 얻어낸 결과이기 때문에 totalLength 값을 사용하는 것이 성능상 우세하다.

목록 5.5의 코드는 기본 버퍼 객체에 하나의 버퍼씩 연결하는 내용을 보여준다. 목록 5.5의 결과는 목록 5.5의 수행 결과다.

목록 5.5 buffer_concat.js: 버퍼 객체 병합

```
1 var af = new Buffer("African Swallow?");
2 var eu = new Buffer("European Swallow?");
3 var question = new Buffer("Air Speed Velocity of an ");
4 console.log(Buffer.concat([question, af]).toString());
5 console.log(Buffer.concat([question, eu]).toString());
```

목록 5.5의 결과 buffer_concat.js: 버퍼 객체 병합 결과

```
C:/books/node/ch05>node buffer_concat.js
Air Speed Velocity of an African Swallow?
Air Speed Velocity of an European Swallow?
```

스트림 데이터 사용을 위한 스트림 모듈 사용하기

Node.js의 중요한 모듈 중 하나로 스트림Stream 모듈이 있다. 데이터 스트림은 읽기, 쓰기, 읽기/쓰기가 가능한 메모리 구조다. 예를 들면 스트림은 Node.js에서 파일 접근이나 HTTP 요청으로 데이터를 읽을 때를 포함한 많은 부분에 사용된다. 이번 절은 스트림 모듈을 사용해 스트림을 생성하거나 읽고 쓸 때의 내용을 다룬다.

스트림을 사용하는 목적은 데이터 전송을 위한 공통 구조를 제공하기 위해서다. 스트림에서 데이터가 읽기 가능한 상태가 되면 data 이벤트가 발생하고 에러가 발생하면 error 이벤트가 생성된다. 스트림에서 데이터를 처리하기 위한 리스너를 등록해 사용할 수도 있다.

스트림의 공통적인 사용처는 HTTP 데이터나 파일이다. 파일을 읽기 가능한 스트림으로 열거나 HTTP 요청을 읽기 가능한 스트림으로 만들어 필요한 정보를 읽을 수 있다. 추가로 사용자 맞춤 스트림을 만들어 사용할 수도 있다. 이제 Readable, Writable, Duplex, Transform 스트림을 생성 및 사용하는 방법을 알아보자.

Readable 스트림

Readable 스트림은 다른 리소스로부터 애플리케이션으로 데이터를 쉽게 읽어 들일 수 있는 구조를 제공하기 위해 디자인됐다. Readable 스트림의 일반적인 예는 다음과 같다.

- 클라이언트에서 HTTP 응답
- 서버에서 HTTP 요청
- `fs` 읽기 스트림
- `zlib` 스트림
- `crypto` 스트림
- TCP sockets
- 자식 프로세스의 `stdout`와 `stderr`
- `process.stdin`

Readable 스트림은 데이터를 읽기 위해 read([size]) 메서드를 제공한다. size는 스트림에서 읽을 바이트의 크기를 지정한다. read()는 String, Buffer, null을 반환한다.

Readable 스트림은 다음 이벤트를 생성한다.

- **readable**: 스트림에서 데이터 청크를 읽을 수 있을 때 생성된다.
- **data**: 데이터 이벤트 핸들러가 추가된 것을 제외하면 readable과 유사하다. 스트림은 흐름 모드로 변경되고 데이터 핸들러는 남아 있는 데이터가 없을 때까지 지속적으로 호출된다.
- **end**: 스트림에 데이터가 더 이상 제공되지 않을 때 생성된다.
- **close**: 파일과 같은 기본 리소스 사용이 끝났을 때 생성된다.
- **error**: 데이터 수신 시 에러가 발생한 경우에 생성된다.

Readable 스트림 객체는 읽거나 조작하기 위한 다양한 기능을 제공한다. 표 5.4는 Readable 스트림 객체가 제공하는 메서드를 보여준다.

표 5.4 Readable 스트림 객체의 지원 메서드

메서드	설명
read([size])	스트림에서 String이나 Buffer, null 형태의 데이터를 읽는다. null은 더 이상 읽은 데이터가 남아 있지 않다는 것을 의미한다. size 매개변수를 지정한 경우 읽는 데이터의 크기가 제한된다.
setEncoding(encoding)	read() 요청 결과를 String 형태로 반환 시 인코딩 형태를 설정한다
pause()	객체에서 생성되는 data 이벤트의 동작을 중지

resume( )	객체에서 생성되는 data 이벤트의 동작을 재개
pipe(destination, [options])	출력 스트림을 destination 필드에 지정된 Writable 스트림 객체에 연결한다. 예를 들어 {end:true}는 Readable이 끝나는 시점에 Writable 목적 스트림도 끝나는 것을 의미한다.
unpipe([destination])	Writable 목적 스트림에서 객체를 제거한다.

자신이 만든 사용자 맞춤형 Readable 스트림 객체를 구현할 때는 우선 Readable 스트림의 기능을 상속받아야 한다. 이를 위한 가장 간편한 방법은 다음 코드와 같이 util 모듈의 inherits( ) 메서드를 사용하는 것이다.

```
var util = require('util');
util.inherits(MyReadableStream, stream.Readable);
```

위 코드를 수행한 후 객체의 call 메서드 호출을 통해 인스턴스를 생성할 수 있다.

```
stream.Readable.call(this, opt);
```

또한 _read( ) 메서드를 구현해 Readable 스트림에서 데이터를 출력하기 위한 push( )를 호출할 수 있다. push( ) 호출은 String이나 Buffer, null을 사용해야 한다.

목록 5.6의 코드는 Readable 스트림의 기본 구현 및 읽기 절차를 보여준다. Answers( ) 클래스는 Readable을 상속받고 Answers.prototye._read( ) 함수를 구현해 데이터를 추출한다. 18번 줄에서는 직접 read( ) 호출을 통해 스트림의 처음 아이템을 읽은 후 19~21번 줄의 data 이벤트 핸들러를 통해 남은 아이템을 읽는다. 목록 5.6의 결과는 목록 5.6의 수행 결과다.

목록 5.6 stream_read.js: Readable 스트림 객체 구현

```
01 var stream = require('stream');
02 var util = require('util');
03 util.inherits(Answers, stream.Readable);
04 function Answers(opt) {
05   stream.Readable.call(this, opt);
06   this.quotes = ["yes", "no", "maybe"];
07   this._index = 0;
```

```
08 }
09 Answers.prototype._read = function() {
10   if (this._index > this.quotes.length){
11     this.push(null);
12   } else {
13     this.push(this.quotes[this._index]);
14     this._index += 1;
15   }
16 };
17 var r = new Answers();
18 console.log("Direct read: " + r.read().toString());
19 r.on('data', function(data){
20   console.log("Callback read: " + data.toString());
21 });
22 r.on('end', function(data){
23   console.log("No more answers.");
24 });
```

목록 5.6의 결과 stream_read.js: 사용자 맞춤 Readable 스트림 객체 구현 결과

```
C:/books/node/ch05>node stream_read.js
Direct read: yes
Callback read: no
Callback read: maybe
No more answers.
```

Writable 스트림

Writable 스트림은 다른 코드 영역에서 읽기 쉬운 형태로 데이터 쓰기 구조를 제공하기 위해 디자인됐다. Writable 스트림의 일반적인 예시는 다음과 같다.

- 클라이언트의 HTTP 요청
- 서버의 HTTP 응답
- fs 쓰기 스트림
- zlib 스트림

- crypto 스트림
- TCP 소켓
- 자식 프로세스 stdin
- process.stdout와 process.stderr

Writable 스트림은 데이터를 스트림에 쓰기 위한 write(chunk, [encoding], [callback]) 메서드를 제공한다. chunk에는 쓰일 데이터가 포함되고 encoding은 문자열 인코딩 방법을 지정한다. 콜백은 데이터를 성공적으로 저장한 후 버퍼를 비울 동작을 수행할 콜백 함수를 지정한다. write( ) 함수는 데이터가 성공적으로 쓰이면 true를 반환한다. Writable 스트림은 다음과 같은 이벤트를 발생시킨다.

- **drain**: write( ) 호출이 false를 반환한 후 다시 데이터가 쓰기 가능한 상태라는 것을 리스너 함수에 알려주기 위해 drain 이벤트를 사용한다.
- **finish**: 모든 데이터가 저장된 후 버퍼가 비워지고 더 이상 사용할 데이터가 없는 경우 Writable 객체에 end( )가 호출된 후에 발생한다.
- **pipe**: Writable 목적지를 추가하기 위해 Readable 스트림에 pipe( ) 메서드를 호출하면 발생한다.
- **unpipe**: Readable 스트림에서 Writable 목적지를 제거하기 위해 unpipe( ) 메서드를 호출하면 발생한다.

Writable 스트림 객체는 데이터 쓰기 및 조작을 위한 다양한 메서드를 제공한다. 표 5.5는 Writable 스트림 객체상에서 사용할 수 있는 메서드를 보여준다.

표 5.5 Writable 스트림 객체의 메서드

메서드	설명
write(chunk, [encoding], [callback])	스트림 객체의 데이터 위치에 데이터 청크를 쓴다. 데이터는 String이나 버퍼 형태다. encoding이 지정되면 문자열 데이터의 인코딩 정보로 사용된다. callback이 지정되면 데이터가 저장되고 비워진 이후에 호출된다.
end([chunk], [encoding], [callback])	데이터를 더 이상 수용하지 않고 finish 이벤트를 보내는 것을 제외하면 write()와 동일하다.

사용자 맞춤형 Writable 스트림 객체를 만들려면 우선 Writable 스트림의 기능을 상속받아야 한다. 다음과 같이 util 모듈의 inherits( ) 메서드를 사용하면 간단하게 생성할 수 있다.

```
var util = require('util');
util.inherits(MyWritableStream, stream.Writable);
```

이제 객체 호출을 통해 인스턴스를 생성할 수 있다.

```
stream.Writable.call(this, opt);
```

_write(data, encoding, callback) 메서드를 구현하면 데이터를 Writable 객체에 저장할 수 있다. 목록 5.7은 Writable 스트림의 기본 구현과 쓰기 방법을 보여준다. 목록 5.7의 결과는 목록 5.7의 수행 결과다.

목록 5.7 stream_write.js: Writable 스트림 객체 구현

```
02 var util = require('util');
03 util.inherits(Writer, stream.Writable);
04 function Writer(opt) {
05   stream.Writable.call(this, opt);
06   this.data = new Array();
07 }
08 Writer.prototype._write = function(data, encoding, callback) {
09   this.data.push(data.toString('utf8'));
10   console.log("Adding: " + data);
11   callback();
12 };
13 var w = new Writer();
14 for (var i=1; i<=5; i++){
15   w.write("Item" + i, 'utf8');
16 }
17 w.end("ItemLast");
18 console.log(w.data);
```

목록 5.7의 결과 stream_write.js: 사용자 맞춤형 Writable 객체 구현 결과

```
C:/books/node/ch05>node stream_write.js
Adding: Item1
Adding: Item2
Adding: Item3
Adding: Item4
Adding: Item5
Adding: ItemLast
[ 'Item1', 'Item2', 'Item3', 'Item4', 'Item5', 'ItemLast' ]
```

Duplex 스트림

Duplex 스트림은 Readable과 Writable 기능을 합친 것이다. TCP 소켓 연결이 Duplex 스트림의 좋은 예다. 소켓 연결이 생성된 후에 읽기와 쓰기가 가능하다.

사용자 맞춤형 Duplex 스트림 객체를 구현하려면 우선 Duplex 스트림의 기능을 상속받아야 한다. 이를 위한 가장 간편한 방법은 다음 코드와 같이 util 모듈의 inherits() 함수를 사용하는 것이다.

```
var util = require('util');
util.inherits(MyDuplexStream, stream.Duplex);
```

그리고 객체 호출 인스턴스를 만들 수 있다.

```
stream.Duplex.call(this, opt);
```

opt 매개변수를 통해 allowHalfOpen을 true나 false로 지정할 수 있다. 이 값이 true인 경우 쓰기 스트림이 끝나더라도 읽기 스트림은 사용할 수 있는 열린 상태로 유지되고 이와 반대의 경우에도 동일하게 적용된다. 이 값이 false인 경우 읽기 스트림이 끝나면 쓰기 스트림도 끝나고 이와 반대의 경우에도 동일하게 적용된다.

Duplex 스트림 구현 시 _read(size)와 _write(data, encoding, callback)를 모두 구현해야 한다. 목록 5.8은 기본 코드들로 이뤄졌지만 Duplex 스트림에서 읽기, 쓰기를 위한 주요 개념을 보여준다. Duplexer() 클래스는 Duplex를 상속받고 객체의 배열 데이터 저장을 위한

136

기본 _write( ) 함수를 구현한다. _read( ) 함수는 배열의 처음 아이템 접근을 위해 shift( ) 를 사용하고 읽은 내용이 "stop"인 경우 null을 푸시한다. 값이 있는 경우 값을 푸시하고 값 이 없는 경우 타임아웃 타이머를 사용해 _read( ) 함수를 호출한다.

목록 5.8의 결과를 보면 먼저 "I think, "와 "therefore"가 저장되고 그리고 2개를 함께 읽 는다. data 이벤트가 발생하기 전에 모두 Readable로 푸시된다.

목록 5.8 stream_duplex.js: Duplex 스트림 객체 구현

```
01 var stream = require('stream');
02 var util = require('util');
03 util.inherits(Duplexer, stream.Duplex);
04 function Duplexer(opt) {
05   stream.Duplex.call(this, opt);
06   this.data = [];
07 }
08 Duplexer.prototype._read = function readItem(size) {
09   var chunk = this.data.shift();
10   if (chunk == "stop"){
11     this.push(null);
12   } else {
13     if(chunk){
14       this.push(chunk);
15     } else {
16       setTimeout(readItem.bind(this), 500, size);
17     }
18   }
19 };
20 Duplexer.prototype._write = function(data, encoding, callback) {
21   this.data.push(data);
22   callback();
23 };
24 var d = new Duplexer();
25 d.on('data', function(chunk){
26   console.log('read: ', chunk.toString());
27 });
28 d.on('end', function(){
29   console.log('Message Complete');
30 });
```

```
31 d.write("I think, ");
32 d.write("therefore ");
33 d.write("I am.");
34 d.write("Rene Descartes");
35 d.write("stop");
```

목록 5.8의 결과 stream_duplex.js: 사용자 맞춤 Duplex 객체 구현 결과

```
C:/books/node/ch05>node stream_duplex.js
read: I think,
read: therefore
read: I am.
read: Rene Descartes
Message Complete
```

Transform 스트림

Transform 스트림은 또 다른 스트림 타입이다. Transform 스트림은 Duplex 스트림을 확장하지만 Writable 스트림과 Readable 스트림 데이터 모두를 변경한다. 이 스트림은 한 시스템에서 다른 시스템으로 데이터 변경이 필요한 경우에 매우 유용하다. Transform 스트림의 예는 다음과 같다.

- zlib 스트림
- crypto 스트림

Duplex와 Transform 스트림의 가장 큰 차이점은 Transform 스트림은 _read( )와 _write( ) 프로토타입 함수를 구현할 필요가 없는 것이다. 그 대신 _transform(chunk,encoding, callback)과 _flush(callback) 메서드를 구현해야 한다. _transform( ) 메서드는 write( ) 요청으로부터 데이터를 받고 수정한 후에 변경된 데이터를 반환한다.

목록 5.9는 Transform 스트림의 기본 구현 내용을 보여준다. 스트림은 JSON 문자열을 받아 객체로 변환한 후 object라는 이름의 이벤트를 생성한다. 그리고 객체를 리스너로 보내기 위한 object라는 사용자 맞춤 이벤트를 발생시킨다. _transform( ) 함수는 객체에 handled 프로퍼티를 추가하고 문자열 형태로 보낸다. 18~21번 줄에서는 특정 속성 값들을 표시하는

object 이벤트 핸들러 함수를 구현한다. 목록 5.9의 결과에서는 JSON 문자열이 handled 프로퍼티를 갖고 있다는 것을 확인할 수 있다.

목록 5.9 stream_transform.js: Transform 스트림 객체 구현

```
01 var stream = require("stream");
02 var util = require("util");
03 util.inherits(JSONObjectStream, stream.Transform);
04 function JSONObjectStream (opt) {
05   stream.Transform.call(this, opt);
06 };
07 JSONObjectStream.prototype._transform = function (data, encoding, callback) {
08   object = data ? JSON.parse(data.toString()): "";
09   this.emit("object", object);
10   object.handled = true;
11   this.push(JSON.stringify(object));
12   callback();
13 };
14 JSONObjectStream.prototype._flush = function(cb) {
15   cb();
16 };
17 var tc = new JSONObjectStream();
18 tc.on("object", function(object){
19   console.log("Name: %s", object.name);
20   console.log("Color: %s", object.color);
21 });
22 tc.on("data", function(data){
23   console.log("Data: %s", data.toString());
24 });
25 tc.write('{"name":"Carolinus", "color": "Green"}');
26 tc.write('{"name":"Solarius", "color": "Blue"}');
27 tc.write('{"name":"Lo Tae Zhao", "color": "Gold"}');
28 tc.write('{"name":"Ommadon", "color": "Red"}');
```

목록 5.9의 결과 stream_transform.js: 사용자 맞춤 Transform 객체 구현 결과

```
C:/books/node/ch05>node stream_transform.js
Name: Carolinus
```

```
Color: Green
Data: {"name":"Carolinus","color":"Green","handled":true}
Name: Solarius
Color: Blue
Data: {"name":"Solarius","color":"Blue","handled":true}
Name: Lo Tae Zhao
Color: Gold
Data: {"name":"Lo Tae Zhao","color":"Gold","handled":true}
Name: Ommadon
Color: Red
Data: {"name":"Ommadon","color":"Red","handled":true}
```

Readable 스트림과 Writable 스트림을 파이프 형태로 연결

스트림 객체의 가장 유용한 기술 중 하나는 pipe(writableStream, [options]) 함수를 사용해 Readable 스트림과 Writable 스트림을 파이프 연결하는 기능이다. 함수명을 통해 짐작할 수 있듯이 이 함수는 Readable 스트림을 Writable 스트림의 직접 입력으로 사용한다. options 매개변수는 end 프로퍼티를 true나 false로 지정한다. 기본적인 동작으로 end 값이 true로 지정될 경우에 Readable 스트림이 종료되면 Writeable 스트림도 종료된다. 그 예는 다음과 같다.

```
readStream.pipe(writeStream, {end:true});
```

unpipe(destinationStream)을 사용하면 파이프를 프로그램을 사용해 중지시킬 수 있다. 목록 5.10은 Readable 스트림과 Writable 스트림을 구현한 후 pipe( ) 함수를 사용해 이 둘을 연결시킨다. 기본 처리 흐름은 _write( ) 함수를 사용해 데이터를 입력하고 목록 5.10의 결과에서 알 수 있듯이 콘솔로 출력한다.

목록 5.10 stream_piped.js: Readable 스트림에 Writeable 스트림을 파이프 처리 구현

```
01 var stream = require('stream');
02 var util = require('util');
03 util.inherits(Reader, stream.Readable);
04 util.inherits(Writer, stream.Writable);
05 function Reader(opt) {
```

```
06    stream.Readable.call(this, opt);
07    this._index = 1;
08 }
09 Reader.prototype._read = function(size) {
10    var i = this._index++;
11    if (i > 10){
12      this.push(null);
13    } else {
14      this.push("Item " + i.toString());
15    }
16 };
17 function Writer(opt) {
18    stream.Writable.call(this, opt);
19    this._index = 1;
20 }
21 Writer.prototype._write = function(data, encoding, callback) {
22    console.log(data.toString());
23    callback();
24 };
25 var r = new Reader();
26 var w = new Writer();
27 r.pipe(w);
```

목록 5.10의 결과 stream_piped.js: 스트림 파이프 처리 구현 결과

```
C:/books/node/ch05>node stream_piped.js
Item 1
Item 2
Item 3
Item 4
Item 5
Item 6
Item 7
Item 8
Item 9
Item 10
```

zlib를 사용한 데이터 압축 및 해제

큰 시스템에서 작업을 진행하거나 많은 데이터 이동 시 데이터 압축/해제를 사용하면 유용하다. Node.js는 버퍼의 데이터를 매우 간편하고 효율적으로 압축 및 해제하기 위한 매우 훌륭한 라이브러리인 zlib 모듈을 제공한다.

이때 주의할 점은 CPU 자원을 데이터를 압축하는 데 활용하기 때문에 압축/해제에 대한 효율을 고려해야 한다는 점이다. zlib는 다음 압축 방식을 지원한다.

- gzip/gunzip: 표준 gzip 압축
- deflate/inflate: 허프만Huffman 코딩 기반 표준 디플레이트deflate 압축 알고리즘
- deflateRaw/inflateRaw: 원raw버퍼에 대한 디플레이트 압축 알고리즘

버퍼 압축과 해제

zlib 모듈은 데이터 버퍼를 쉽게 압축/해제하기 위한 헬퍼 함수들을 제공한다. 해당 함수들은 function(buffer, callback) 형태의 기본 포맷을 사용한다. function은 압축/해제를 위한 함수, buffer는 압축/해제 대상이 되는 버퍼다. callback은 압축/해제 이후에 수행될 콜백 함수다.

버퍼 압축과 해제를 간단히 설명하기 위해 예제를 보인다. 목록 5.11은 압축/해제 예제를 보여주고 목록 5.11의 결과는 개별 압축 수행에 따른 크기 변경 결과를 보여준다.

목록 5.11 zlib_buffers.js: zlib 모듈을 사용한 버퍼 압축/해제

```
01 var zlib = require("zlib");
02 var input = '...............text...............';
03 zlib.deflate(input, function(err, buffer) {
04   if (!err) {
05     console.log("deflate (%s): ", buffer.length, buffer.toString('base64'));
06     zlib.inflate(buffer, function(err, buffer) {
07       if (!err) {
08         console.log("inflate (%s): ", buffer.length, buffer.toString());
09       }
10     });
11     zlib.unzip(buffer, function(err, buffer) {
```

```
12      if (!err) {
13        console.log("unzip deflate (%s): ", buffer.length, buffer.toString());
14      }
15    });
16  }
17 });
18
19 zlib.deflateRaw(input, function(err, buffer) {
20   if (!err) {
21     console.log("deflateRaw (%s): ", buffer.length, buffer.toString('base64'));
22     zlib.inflateRaw(buffer, function(err, buffer) {
23       if (!err) {
24         console.log("inflateRaw (%s): ", buffer.length, buffer.toString());
25       }
26     });
27   }
28 });
29
30 zlib.gzip(input, function(err, buffer) {
31   if (!err) {
32     console.log("gzip (%s): ", buffer.length, buffer.toString('base64'));
33     zlib.gunzip(buffer, function(err, buffer) {
34       if (!err) {
35         console.log("gunzip (%s): ", buffer.length, buffer.toString());
36       }
37     });
38     zlib.unzip(buffer, function(err, buffer) {
39       if (!err) {
40         console.log("unzip gzip (%s): ", buffer.length, buffer.toString());
41       }
42     });
43   }
44 });
```

목록 5.11의 결과 zlib_buffers.js: 버퍼 압축/해제 결과

```
C:/books/node/ch05>node zlib_buffers.js
deflate (18): eJzT00MBJakVJagiegB9Zgcq
deflateRaw (12): 09NDASWpFSWoInoA
gzip (30): H4sIAAAAAAAAC9PTQwElqRUlqCJ6AIq+x+AiAAAA
inflate (34): ..............text..............
unzip deflate (34): ..............text..............
inflateRaw (34): ..............text..............
gunzip (34): ..............text..............
unzip gzip (34): ..............text..............
```

스트림 압축/해제

zlib를 사용한 스트림 압축/해제 방식은 버퍼 압축/해제 방식과 약간 다르다. pipe( ) 함수는 압축/해제된 객체를 다른 스트림으로 연결하는 데 사용할 수 있다. 이를 통해 Readable 스트림을 Writable 스트림으로 압축할 수 있다. 이와 관련된 좋은 예는 fs.ReadStream과 fs.WriteStream을 사용해 파일 내용을 압축하는 경우다. 목록 5.12의 코드는 zlib.Gzip( ) 객체를 사용해 한 파일의 내용을 압축하고 zlib.Gunzip( ) 객체를 이용해 압축 해제한다.

목록 5.12 zlib_file.js: zlib 모듈을 사용한 파일 스트림 압축/해제

```
01 var zlib = require("zlib");
02 var gzip = zlib.createGzip();
03 var fs = require('fs');
04 var inFile = fs.createReadStream('zlib_file.js');
05 var outFile = fs.createWriteStream('zlib_file.gz');
06 inFile.pipe(gzip).pipe(outFile);
07 gzip.flush();
08 outFile.close();
09 var gunzip = zlib.createGunzip();
10 var inFile = fs.createReadStream('zlib_file.gz');
11 var outFile = fs.createWriteStream('zlib_file.unzipped');
12 inFile.pipe(gunzip).pipe(outFile);
```

요약

많은 웹 애플리케이션과 서비스의 중심에는 시스템 간 많은 양의 데이터 스트림 이동이 있다. 5장에서는 Node.js에서의 JSON 데이터 작업과 바이너리 버퍼 데이터 관리, 데이터 스트림 활용을 알아봤다. 또한 버퍼 데이터의 압축과 압축/해제를 사용한 데이터 스트림 수행도 살펴봤다.

6장에서 다룰 내용

6장, 'Node.js의 파일 시스템 접근'에서는 Node.js가 파일 시스템과 상호 작용하는 작업을 다룬다. 또한 파일 읽기/쓰기와 디렉터리 생성, 파일 시스템 정보 읽기에 대해 알아본다.

Node.js의 파일 시스템 접근

Node.js에서 파일 시스템을 사용하는 것은 중요한 작업이며 특히 웹 애플리케이션이나 서비스를 구현할 경우에 동적 파일 관리 방식을 이해하는 것은 매우 중요하다. Node.js는 fs 모듈을 통해 파일 시스템과의 상호 작용 인터페이스를 제공한다. fs 모듈은 파일 생성, 읽기, 쓰기, 상호 작용을 위한 표준 파일 접근 API를 포함한다.

6장에서는 Node.js 애플리케이션에서 파일 시스템 접근을 위한 기본적인 내용을 설명한다. 파일 생성과 읽기, 변경뿐 아니라 디렉터리 구조를 이동하는 내용도 다룬다. 파일과 폴더 정보에 접근하고 삭제, 잘라내기, 이름 변경 방법도 알아본다.

6장에서 다룰 모든 파일 시스템 관련 호출을 사용하려면 다음과 같은 방식으로 fs 모듈을 로드해야 한다.

```
var fs = require('fs');
```

동기적 파일 시스템 호출 대 비동기적 파일 시스템 호출

Node.js의 fs 모듈은 거의 모든 기능을 두 가지 형태(비동기적, 동기적)로 제공한다. write( )는 비동기적, writeSync( )는 동기적으로 동작한다. 코드 구현 시에 둘 간의 차이를 이해하는 것이 매우 중요하다.

동기적 파일 시스템 호출은 호출이 끝날 때까지 블록 상태를 유지한 후 제어가 스레드로 넘어온다. 이 방식은 장점도 있지만 동기적 호출이 메인 이벤트 스레드를 블록하거나 너무 많은 백그라운드 스레드 풀의 스레드를 사용할 경우 심각한 성능 저하를 가져올 수 있다. 그렇기 때문에 가능한 한 동기적 파일 시스템 호출은 제한하는 것이 좋다.

비동기적 호출은 이벤트 큐에 추가된 후 실행된다. 이 방식은 Node.js 이벤트 모델에 적합한 방식이다. 하지만 비동기 호출이 이벤트 루프에서 실행되기 전에도 호출 스레드가 지속적으로 수행될 수 있기 때문에 구현하기가 까다롭다.

동기적, 비동기적 파일 시스템 호출의 내부 기능은 대부분 동일하다. 둘 다 같은 매개변수를 사용하는데 비동기적 호출의 경우 마지막 매개변수로 파일 시스템 호출 완료 후 수행될 콜백 함수를 지정하는 것이 다르다. 다음은 Node.js의 동기적 비동기적 파일 시스템 호출의 중요한 차이점이다.

- 비동기 호출은 추가 매개변수로 콜백 함수가 필요하다. 콜백 함수는 파일 시스템 요청이 완료된 후 실행되고 마지막 매개변수로 에러 메시지를 포함한다.

- 비동기 호출은 자동으로 예외 처리를 하고 에러 객체를 첫 매개변수로 전달한다. 동기적 호출 방식에서는 반드시 try/catch 블록을 사용해 예외 처리를 한다.

- 동기 호출은 바로 실행되고 수행이 완료될 때까지 제어가 현재 스레드로 반환되지 않는다. 비동기 호출은 이벤트 큐에 위치된 후 제어가 바로 수행 중이던 코드로 반환된다. 실제 파일 시스템 호출은 이벤트 루프에서 선택된 이후에 수행된다.

파일 열기 및 닫기

Node.js는 파일을 열기 위한 동기 및 비동기 메서드를 제공한다. 파일이 한 번 열린 후에는 파일을 열 때 사용했던 플래그 값에 맞춰 데이터를 읽고 쓸 수 있다. Node.js 애플리케이션에서 파일을 열기 위해서는 다음과 같은 메서드를 사용해야 한다.

```
fs.open(path, flags, [mode], callback)
fs.openSync(path, flags, [mode])
```

path 매개변수는 파일 시스템 내의 표준 경로를 지정한다. flag 매개변수는 표 6.1에서 설명한 파일을 열기 위한 모드를 지정한다. mode 매개변수는 선택적인 항목으로 파일 시스템 접근 모드를 설정한다. 기본 설정 값은 0666으로 읽기/쓰기가 가능하다.

표 6.1 열린 파일 상태를 지정하는 플래그

모드	설명
r	읽기 위한 파일 열기. 파일이 존재하지 않을 경우 예외가 발생한다.
r+	읽기/쓰기 위한 파일 열기. 파일이 존재하지 않을 경우 예외가 발생한다.
rs	동기 모드로 읽기 위한 파일 열기. fs.openSync()과는 동일하지 않다. 사용 시 로컬 파일 시스템 캐시를 바이패스한다. NFS 마운트의 경우 로컬 캐시가 존재하지 않도록 만들기 때문에 유용하다. 시스템 성능 저하를 가져올 수 있기 때문에 플래그 사용에 주의해야 한다.
rs+	rs와 동일하다(읽기/쓰기가 동시에 가능하게 연다는 것을 제외).
w	쓰기 위한 파일 열기. 파일이 존재하지 않는 경우 새로 생성하고 존재하는 경우 기존 내용을 제거한다.
wx	w와 동일하다(기존 경로가 존재할 경우에 실패하는 것을 제외).
w+	읽기/쓰기 가능 파일 열기. 파일이 존재하지 않는 경우에는 생성되고 존재하는 경우에는 기존 내용을 제거한다.
wx+	w+와 동일하다(기존 경로가 존재할 경우에 실패하는 것을 제외).
a	추가를 위한 파일 열기. 파일이 존재하지 않는 경우에 생성한다.
ax	w와 동일하다(기존 경로가 존재할 경우에 실패하는 것을 제외).
a+	읽기, 추가를 위한 파일 열기. 파일이 존재하지 않으면 파일을 새로 생성한다.
ax+	a+와 동일하다(경로가 존재하는 경우에 실패하는 것을 제외).

파일을 연 경우 디스크에 변경 내역을 저장한 이후 강제적으로 플러싱(버퍼를 비우고 데이터가 파일에 써지도록 함)하고 운영 체제의 파일 로크lock를 해제하기 위해 파일을 닫는다. 파일을 닫으려면 파일 디스크립터[1]를 매개변수로 해 다음 함수를 호출한다. 비동기 close( ) 함수의 경우 콜백 함수를 지정한다.

```
fs.close(fd, callback)
fs.closeSync(fd)
```

다음 예제는 비동기 모드로 파일을 열고 닫는 예제다. err과 fd를 매개변수로 받는 콜백 함수가 지정된 것에 주목하자. fd 매개변수는 파일을 읽고 쓰기 위해 사용하는 파일 디스크립터를 지정한다.

---

1 descriptor는 '디스크립터', '기술자'로 번역할 수 있지만 이 책에서는 '디스크립터'로 번역했다. – 옮긴이

```
fs.open("myFile", 'w', function(err, fd){
  if (!err){
    fs.close(fd);
  }
});
```

다음은 동기 모드로 파일을 열고 닫는 예제다. 콜백 함수가 지정되지 않고 읽기/쓰기를 위한 파일 디스크립터가 fs.openSync( )에서 직접 반환되는 것에 주목하자.

```
var fd = fs.openSync("myFile", 'w'); fs.closeSync(fd);
```

파일 쓰기

fs 모듈은 파일을 쓰기 위한 네 가지 방법을 제공한다. 단일 호출로 파일에 데이터 쓰기, 동기 쓰기를 사용해 청크 단위로 쓰기, 비동기 쓰기를 사용해 청크 단위로 쓰기, Writable 스트림을 통한 스트림 쓰기가 있다. 각 방법은 String이나 버퍼 객체를 입력으로 받는다. 다음 절에서는 각 함수를 사용하는 방법에 대해 설명한다.

간편한 파일 쓰기

파일에 데이터를 쓰기 위한 가장 간편한 방법은 writeFile( ) 메서드를 사용하는 것이다. 이 함수는 문자열이나 버퍼에 있는 모든 내용을 파일에 쓴다. writeFile( ) 함수는 다음과 같이 사용한다.

```
fs.writeFile(path, data, [options], callback)
fs.writeFileSync(path, data, [options])path
```

매개변수를 통해 파일의 절대 경로나 상대 경로를 지정한다. data 매개변수를 통해 파일에 쓸 String이나 버퍼 객체를 지정한다. 선택적으로 사용하는 options 매개변수에는 문자열 encoding이나 파일을 열 때 사용할 mode, flag 프로퍼티를 전달한다. 비동기 함수의 경우 파일 쓰기 완료 후 수행될 콜백 함수를 전달해야 한다.

목록 6.1은 간편한 비동기 Writefile( ) 함수를 사용해 config 객체의 JSON 문자열 내용을 파일에 저장하는 방법을 보여준다. 목록 6.1의 결과는 목록 6.1의 수행 결과다.

목록 6.1 file_write.js: 파일에 JSON 문자열 쓰기

```
01 var fs = require('fs');
02 var config = {
03   maxFiles: 20,
04   maxConnections: 15,
05   rootPath: "/webroot"
06 };
07 var configTxt = JSON.stringify(config);
08 var options = {encoding:'utf8', flag:'w'};
09 fs.writeFile('config.txt', configTxt, options, function(err){
10   if (err){
11     console.log("Config Write Failed.");
12   } else {
13     console.log("Config Saved.");
14   }
15 });
```

목록 6.1의 결과 file_write.js: 설정 파일 쓰기 결과

```
C:/books/node/ch06/writing>node file_write.js
Config Saved.
```

동기적 파일 쓰기

동기적 파일 쓰기 메서드는 실행 중인 제어를 스레드로 넘기지 않고 파일에 데이터를 저장한다. 이 방식은 동일한 코드 내에서 여러 번 쓰기를 수행할 때는 유리하지만 다른 스레드의 수행을 방해한다는 단점을 지니고 있다. 동기적 파일 쓰기를 위해서는 openSync( )를 사용해 파일 디스크립터를 얻은 후 fs.writeSync( )를 사용해 파일에 데이터를 써야 한다. fs.writeSync( )는 다음과 같이 사용한다.

```
fs.writeSync(fd, data, offset, length, position)
```

fd 매개변수는 openSync( )에서 반환한 파일 디스크립터 값이다. data 매개변수는 파일에 쓸 String이나 버퍼 객체를 지정한다. offset 매개변수는 data 인자에서 읽기 시작할 위치를 지정한다. string이나 buffer의 첫 부분에서 시작하려면 이 값을 null로 설정해야 한다. length 매개변수는 쓰기를 수행할 바이트 크기를 지정한다. 이 값이 null인 경우 data 버퍼의 끝까지 쓰기를 수행한다. position 매개변수는 쓰기를 시작할 파일 내 위치를 지정한다. 현재 파일 위치를 사용하려면 이 값을 null로 지정해야 한다.

목록 6.2는 기본 동기적 쓰기 방식을 사용해 연속된 문자열 데이터를 파일에 저장하는 방법을 보여준다. 목록 6.2의 결과는 목록 6.2의 수행 결과다.

목록 6.2 file_write_sync.js: 동기적 파일 쓰기 수행

```
1 var fs = require('fs');
2 var veggieTray = ['carrots', 'celery', 'olives'];
3 fd = fs.openSync('veggie.txt', 'w');
4 while (veggieTray.length){
5   veggie = veggieTray.pop() + " ";
6   var bytes = fs.writeSync(fd, veggie, null, null);
7   console.log("Wrote %s %dbytes", veggie, bytes);
8 }
9 fs.closeSync(fd);
```

목록 6.2의 결과 file_write_sync.js: 동기적 파일 쓰기 결과

```
C:/books/node/ch06/writing>node file_write_sync.js
Wrote olives 7bytes
Wrote celery 7bytes
Wrote carrots 8bytes
```

비동기적 파일 쓰기

비동기 방식의 파일 쓰기 메서드는 쓰기 요청을 이벤트 큐에 넣은 후 호출한 코드로 제어를 반환한다. 실제 쓰기는 이벤트 큐에서 쓰기 요청이 뽑아져 나와 실행되기 전까지 처리되지 않는다. 동일한 파일에 다수의 쓰기 요청을 수행할 때는 실행 순서가 보장되지 않기 때문에 주의해야 한다. 실행 순서를 맞추려면 목록 6.3에서 보여준 방법처럼 이전previous 쓰기 과정에서의 콜백을 사용해야 한다.

파일에 비동기적 쓰기를 진행하려면 open( )을 사용해 파일을 열고 콜백 함수를 수행한 후 fs.write( )를 사용해 파일에 데이터를 써야 한다. fs.write( )를 사용하는 문법은 다음과 같다.

```
fs.write( fd, data, offset, length, position, callback )
```

fd 매개변수는 openSync( )가 반환한 파일 디스크립터다. data 매개변수는 파일에 쓰기를 수행할 String이나 버퍼 객체를 지정한다. offset 매개변수는 입력 데이터를 읽기 시작할 위치를 지정한다. 버퍼나 문자열의 현재 인덱스를 사용하려면 이 값을 null로 지정해야 한다. length 매개변수는 쓰기를 수행할 바이트 크기를 지정한다. 버퍼의 끝까지 쓰기를 진행하려면 이 값을 null로 지정해야 한다. position 매개변수는 쓰기를 시작할 파일 내 위치를 지정한다. 현재 파일 위치를 그대로 사용하려면 이 값을 null로 지정해야 한다.

callback 매개변수는 반드시 error와 bytes로 두 매개변수를 받는 함수를 사용해야 한다. error는 쓰기 수행 시 발생한 에러가 기록되고 bytes는 쓰기가 진행된 크기를 나타낸다.

목록 6.3은 파일에 문자열 배열을 비동기적으로 저장하기 위한 기본 코드를 보여준다. 18~20번 줄에서 open( )은 파일 디스크립터를 콜백 함수 매개변수로 지정하고 콜백 함수 내에서 writeFruit( ) 함수를 사용한다. 6~13번 줄의 write( ) 콜백은 파일 디스크립터를 매개변수로 사용하고 writeFruit( ) 함수를 호출하고 있다. 이런 쓰기 호출을 통해 비동기 쓰기가 다른 쓰기에 앞서 실행되는 것을 보장할 수 있다. 목록 6.3의 결과는 목록 6.3의 수행 결과다.

목록 6.3 file_write_async.js: 파일에 비동기 쓰기 수행

```
01 var fs = require('fs');
02 var fruitBowl = ['apple', 'orange', 'banana', 'grapes'];
03 function writeFruit(fd){
04   if (fruitBowl.length){
05     var fruit = fruitBowl.pop() + " ";
06     fs.write(fd, fruit, null, null, function(err, bytes){
07       if (err){
08         console.log("File Write Failed.");
09       } else {
10         console.log("Wrote: %s %dbytes", fruit, bytes);
```

```
11        writeFruit(fd);
12      }
13    });
14  } else {
15    fs.close(fd);
16  }
17 }
18 fs.open('fruit.txt', 'w', function(err, fd){
19   writeFruit(fd);
20 });
```

목록 6.3의 결과 file_write_async.js: 파일에 비동기 쓰기 수행 결과

```
C:/books/node/ch06/writing>node file_write_async.js
Wrote: grapes 7bytes
Wrote: banana 7bytes
Wrote: orange 7bytes
Wrote: apple 6bytes
```

스트리밍 파일 쓰기

대량 데이터를 파일에 쓰는 가장 효율적인 방법 중 하나는 스트리밍 방법이다. 스트리밍 방법에서는 Writable 스트림으로 파일을 열어 사용한다. 5장, 'Node.js의 데이터 입출력 처리'에서 살펴봤듯이 Writable 스트림은 간단히 구현할 수 있고 pipe() 함수를 사용해 Readable 스트림과 간단하게 연결할 수도 있다. 이 방식을 이용해 HTTP 요청과 같은 Readable 스트림 소스에서 매우 간편하게 데이터를 쓸 수 있다.

파일에 데이터를 비동기적으로 스트리밍하려면 다음 문법을 사용해 Writable 스트림 객체를 우선 생성해야 한다.

```
fs.createWriteStream( path, [options] )
```

path 매개변수는 절대 경로나 상대 경로를 사용해 파일의 위치를 지정한다. 선택적인 옵션인 options 매개변수에는 encoding, mode, flag 속성을 지정해 문자열 인코딩과 파일을 열 때 사용하는 모드와 플래그를 설정한다.

Writable 파일 스트림을 한 번 열면 표준 스트림 write(buffer) 함수를 사용해 파일에 데이터를 쓸 수 있다. 쓰기를 마치면 end( ) 함수를 사용해 스트림을 닫는다.

목록 6.4는 기본 Writable 파일 스트림을 구현하는 방법을 보여준다. 쓰기가 완료된 후에는 13번 줄처럼 end( ) 함수를 사용해 close 이벤트를 발생시킨다. 목록 6.4의 결과는 목록 6.4의 수행 결과다.

목록 6.4 file_write_stream.js: 스트리밍 방식으로 파일 쓰기 구현

```
01 var fs = require('fs');
02 var grains = ['wheat', 'rice', 'oats'];
03 var options = { encoding: 'utf8', flag: 'w' };
04 var fileWriteStream = fs.createWriteStream("grains.txt", options);
05 fileWriteStream.on("close", function( ){
06   console.log("File Closed.");
07 });
08 while (grains.length){
09   var data = grains.pop( ) + " ";
10   fileWriteStream.write(data);
11   console.log("Wrote: %s", data);
12 }
13 fileWriteStream.end( );
```

목록 6.4의 결과 file_write_stream.js: 스트리밍 방식으로 파일 쓰기 구현 결과

```
C:/books/node/ch06/writing>node file_write_stream.js
Wrote: oats
Wrote: rice
Wrote: wheat
File Closed.
```

파일 읽기

fs 모듈은 파일 읽기를 위한 네 가지 다른 방식을 제공한다. 하나의 큰 청크를 사용하거나 동기 읽기를 사용한 청크 사용 또는 비동기 읽기를 사용한 청크를 사용해 데이터를 읽을 수

있다. 그리고 Readable 스트림을 통한 스트림 읽기가 가능하다. 네 방식 모두 효과적이기 때문에 사용하는 애플리케이션의 요구에 맞게 사용하면 된다. 다음 절에서는 해당 함수 사용과 구현에 대해 알아본다.

간단한 파일 읽기

파일에서 데이터를 읽기 위한 가장 간단한 방법은 readFile( ) 함수를 사용하는 것이다. 이 함수는 전체 파일 내용을 데이터 버퍼로 읽어 들인다. 다음은 readFile( ) 함수 구문이다.

```
fs.readFile( path, [options], callback ) fs.readFileSync( path, [options] )
```

path 매개변수로 상대 경로나 절대 경로의 파일 위치를 지정한다. 선택적인 옵션인 options 매개변수에는 encoding, mode, flag 속성을 지정해 문자열 인코딩과 파일을 열 때 사용하는 모드와 플래그를 설정한다. 비동기 함수는 파일 읽기가 완료된 후 호출될 콜백 매개변수가 필요하다. 목록 6.5는 간단한 비동기 함수 readFile( )을 통해 설정 파일에서 JSON 문자열을 읽어 들인 후 설정 객체를 생성하는 내용이다. 목록 6.5의 결과는 목록 6.5의 수행 결과다.

목록 6.5 file_read.js: JSON 문자열 파일 읽기

```
01 var fs = require('fs');
02 var options = {encoding:'utf8', flag:'r'};
03 fs.readFile('config.txt', options, function(err, data){
04   if (err){
05     console.log("Failed to open Config File.");
06   } else {
07     console.log("Config Loaded.");
08     var config = JSON.parse(data);
09     console.log("Max Files: " + config.maxFiles);
10     console.log("Max Connections: " + config.maxConnections);
11     console.log("Root Path: " + config.rootPath);
12   }
13 });
```

목록 6.5의 결과 file_read.js: JSON 문자열 읽기 결과

```
C:/books/node/ch06/reading>node file_read.js
Config Loaded.
Max Files: 20
Max Connections: 15
Root Path: /webroot
```

동기적 파일 읽기

파일을 읽는 동기적 방법은 실행 중인 스레드로 제어가 반환되기 전에 데이터를 읽는다. 이 방식은 같은 코드 영역에서 읽기 동작이 여러 번 발생할 경우에는 유리하지만 다른 스레드에서 같은 파일에 대한 읽기를 시도할 때는 불리하다.

파일을 동기적으로 읽으려면 먼저 openSync( )를 사용해 파일을 열고 이때 얻은 파일 디스크립터를 readSync( )에 전달해 파일의 데이터를 읽는다. 다음은 readSync( )의 사용 방법이다.

```
fs.readSync( fd, buffer, offset, length, position )
```

fd 매개변수는 openSync( )가 반환한 파일 디스크립터 값을 지정한다. buffer 매개변수는 파일로부터 읽은 데이터를 포함하는 버퍼 객체를 지정한다. offset 매개변수는 쓰기를 수행할 버퍼 내 위치를 지정한다. 버퍼의 현재 위치부터 시작하려면 이 값을 null로 지정해야 한다. length 매개변수는 읽기를 수행할 크기를 지정한다. 버퍼의 끝까지 쓰고자 하는 경우에는 이 값을 null로 지정한다. position 매개변수는 파일 읽기를 수행할 파일 내 위치를 지정한다. 현재 파일 위치를 사용하려면 이 값을 null로 지정해야 한다.

목록 6.6은 파일에서 청크 단위의 문자열 데이터를 읽기 위해 동기적 읽기의 기본 형태를 구현한다. 목록 6.6의 결과는 목록 6.6의 수행 결과다.

목록 6.6 file_read_sync.js: 동기적 파일 읽기 수행

```
01 var fs = require('fs');
02 fd = fs.openSync('veggie.txt', 'r');
03 var veggies = "";
```

```
04 do {
05    var buf = new Buffer(5);
06    buf.fill();
07    var bytes = fs.readSync(fd, buf, null, 5);
08    console.log("read %dbytes", bytes);
09    veggies += buf.toString();
10 } while (bytes > 0);
11 fs.closeSync(fd);
12 console.log("Veg g (to get output shown) ies: " + veggies);
```

목록 6.6의 결과 file_read_sync.js: 동기적 파일 읽기 수행 결과

```
C:/books/node/ch06/reading>node file_read_sync.js
read 5bytes
read 5bytes
read 5bytes
read 5bytes
read 2bytes
read 0bytes
Veggies: olives celery carrots
```

비동기적 파일 읽기

비동기 파일 읽기 방식은 읽기 요청을 이벤트 큐에 넣고 제어를 호출한 코드로 넘겨준다. 실제 읽기 동작은 이벤트 큐에서 해당 요청이 꺼내져 처리될 때까지 미뤄진다. 비동기 방식의 읽기 동작은 실행 순서가 보장되지 않기 때문에 읽기 순서가 중요한 작업에 주의해야 한다. 순서를 보장하려면 목록 6.7에서 나온 방법으로 이전 읽기 요청의 콜백 함수 내에 중첩된 읽기 요청을 수행해야 한다.

비동기적으로 파일을 읽으려면 우선 open()을 사용해 파일을 열고 open 요청에 대한 콜백이 수행되면 read()를 사용해 파일에서 데이터를 읽어야 한다. read()를 사용하는 문법은 다음과 같다.

```
fs.read( fd, buffer, offset, length, position, callback)
```

fd 매개변수는 openSync( )가 반환한 파일 디스크립터다. buffer 매개변수는 파일에서 읽는 데 사용할 버퍼 객체다. offset 매개변수는 데이터를 읽기 시작할 버퍼의 위치를 지정한다. 버퍼의 현재 위치부터 시작하려면 이 값을 null로 지정해야 한다. length 매개변수는 읽을 바이트 수를 지정한다. 버퍼의 끝까지 읽기를 진행하려면 이 값을 null로 지정해야 한다. position 매개변수는 파일에서 읽기 시작할 위치를 지정한다. 이 값이 null일 경우에는 현재 파일의 위치를 사용한다.

callback 매개변수는 error, bytes, buffer라는 세 가지 매개변수가 있는 함수를 지정한다. error 매개변수는 읽기 도중 발생한 에러, bytes는 읽을 바이트 수를 지정한다. buffer는 읽기 요청으로 얻은 데이터가 저장된 버퍼다. 목록 6.7은 파일에서 비동기 방식으로 데이터 청크를 읽는 기본 함수를 보여준다. 16~18번 줄의 open( ) 콜백이 readFruit( ) 함수를 호출하는 것과 파일 디스 크립터가 전달된 것을 확인하자. 5~13번 줄의 read( ) 콜백도 readFruit( )를 호출하고 파일 디스크립터를 전달하고 있다. 이런 방식을 사용하면 비동기적 읽기가 다른 비동기 읽기 요청보다 먼저 실행되는 것을 보장할 수 있다. 목록 6.7의 결과는 목록 6.7의 수행 결과다.

목록 6.7 file_read_async.js: 비동기 방식으로 파일 읽기 수행

```
01 var fs = require('fs');
02 function readFruit(fd, fruits){
03   var buf = new Buffer(5);
04   buf.fill();
05   fs.read(fd, buf, 0, 5, null, function(err, bytes, data){
06     if ( bytes > 0) {
07       console.log("read %dbytes", bytes);
08       fruits += data;
09       readFruit(fd, fruits);
10     } else {
11       fs.close(fd);
12       console.log ("Fruits: %s", fruits);
13     }
14   });
15 }
16 fs.open('fruit.txt', 'r', function(err, fd){
17   readFruit(fd, "");
18 });
```

158

목록 6.7의 결과 file_read_async.js: 비동기 방식으로 파일 읽기를 수행한 결과

```
C:/books/node/ch06/reading>node file_read_async.js
read 5bytes
read 5bytes
read 5bytes
read 5bytes
read 5bytes
read 2bytes
Fruits: grapes banana orange apple
```

스트리밍 방식 파일 읽기

많은 양의 데이터를 파일에서 읽는 최적의 방법은 파일을 Readable 스트림으로 읽는 파일 스트리밍 방식을 사용하는 것이다. 5장, 'Node.js의 데이터 입출력 처리하기'에서 언급했듯이 pipe( ) 함수를 사용하면 Readable 스트림과 Writable 스트림을 간단하게 연결할 수 있다. 이를 활용하면 HTTP 응답 구현을 목적으로 파일에서 읽은 데이터를 Writable 스트림 소스로 간편하게 주입할 수 있다. 파일에서 데이터를 비동기적으로 스트리밍하려면 우선 다음과 같이 Readable 스트림 객체를 생성해야 한다.

```
fs.createReadStream( path, [options] )
```

path 매개변수에는 파일의 절대 경로 또는 상대 경로를 지정한다. options 매개변수에는 encoding, mode, flage 속성을 지정해 문자열 인코딩과 파일을 열 때 사용할 모드와 플래그 값을 설정한다. Readable 파일 스트림을 연 후에는 read( ) 요청에 대한 readable 이벤트를 사용해 데이터를 간편하게 읽을 수 있다. 데이터 이벤트 핸들러는 목록 6.8과 같이 구현한다. 목록 6.8은 기본 Readable 파일 스트림 구현을 나타낸다. 4~7번 줄에서는 스트림에서 데이터를 지속적으로 읽기 위한 data 이벤트 핸들러를 구현한다. 목록 6.8의 결과는 목록 6.8의 수행 결과다.

목록 6.8 file_read_stream.js: 파일에서 스트리밍 읽기가 가능한 Readable 스트림 구현

```
01 var fs = require('fs');
02 var options = { encoding: 'utf8', flag: 'r' };
```

```
03 var fileReadStream = fs.createReadStream("grains.txt", options);
04 fileReadStream.on('data', function(chunk) {
05   console.log('Grains: %s', chunk);
06   console.log('Read %d bytes of data.', chunk.length);
07 });
08 fileReadStream.on("close", function(){
09   console.log("File Closed.");
10 });
```

목록 6.8의 결과 file_read_stream.js: 파일에서 스트리밍 읽기를 구현한 결과

```
C:/books/node/ch06/reading>node file_read_stream.js
Grains: oats rice wheat
Read 16 bytes of data.
File Closed.
```

기타 파일 시스템 작업

파일 읽기, 쓰기 외에도 fs 모듈은 파일 시스템 처리와 관련된 추가 기능을 제공한다. 디렉터리 내 파일 목록을 조회하거나 파일 정보를 확인하는 것을 포함해 많은 기능을 갖고 있다. 다음 절에서부터 Node.js 애플리케이션을 만들 때 사용되는 다양한 파일 시스템 작업들을 다룬다.

경로 존재 검증하기

파일이나 디렉터리상에 어떤 종류의 읽기나 쓰기 작업을 수행하기 전에 경로 존재 여부 확인이 필요하다. 다음 함수들을 사용하면 간단하게 해당 작업을 수행할 수 있다.

```
fs.exists(path, callback)
fs.existsSync(path)
```

fs.existsSync(path)는 path 존재 여부에 따라 true나 false를 반환한다. fs.exists()를 사용하면 다른 비동기 파일 시스템 호출과 마찬가지로 함수가 완료된 후 수행될 콜백 함수

를 구현해야 한다. 콜백 함수에는 path의 존재 여부에 따라 불린 값으로 true나 false 값이
전달된다. 현재 경로에 filesystem.js라는 이름의 파일이 존재하는지 확인하려면 다음과
같은 방식의 코드를 사용해야 한다.

```
fs.exists('filesystem.js', function (exists) {
  console.log(exists ? "Path Exists": "Path Does Not Exist");
});
```

파일 정보 확인

다른 파일 시스템 관련 기본 작업으로 파일 크기나 모드, 변경 시간, 파일 디렉터리 여부 등
과 같은 파일 시스템 객체에 대한 기본 정보를 확인하는 작업이 있다. 다음 함수들을 사용하
면 파일 시스템과 관련된 정보를 얻을 수 있다.

```
fs.stat(path, callback)
fs.statSync(path)
```

fs.statSync( ) 함수는 Stats 객체를 반환한다. fs.stat( ) 함수는 수행한 후 Stats 객체를
콜백 함수의 두 번째 매개변수로 전달한다. 첫 매개변수 error는 에러 여부를 확인하는 데
사용된다. 표 6.2는 Stats 객체에 포함된 일반적인 속성과 함수를 보여준다.

표 6.2 파일 시스템 항목 관련 Stats 객체의 속성과 메서드

속성/메서드	설명
isFile( )	항목이 파일인 경우 true를 반환한다.
isDirectory( )	항목이 디렉터리인 경우 true를 반환한다.
isSocket( )	항목이 소켓인 경우 true를 반환한다.
dev	파일이 위치한 곳의 디바이스 ID다.
mode	파일 접근 모드를 지정한다.
size	파일 크기를 지정한다.
blksize	파일 저장에 사용된 바이트 단위의 블록 크기를 지정한다.
blocks	파일이 디스크상에서 차지하는 블록의 크기를 지정한다.
atime	마지막 파일 접근 시간을 지정한다.

mtime	마지막 파일 변경 시간을 지정한다.
ctime	파일 생성 시간을 지정한다.

목록 6.9는 fs.stat( ) 함수를 사용하는 방법과 isFile( )과 isDirector( ), isSocket( ) 호출을 사용해 결과를 JSON 문자열 객체로 출력하는 내용을 보여준다. 목록 6.9의 결과는 목록 6.9의 수행 결과다.

목록 6.9 file_stats.js: 파일 정보 추출을 위한 fs.stats() 함수 호출 구현

```
01 var fs = require('fs');
02 fs.stat('file_stats.js', function (err, stats) {
03   if (!err){
04     console.log('stats: ' + JSON.stringify(stats, null, ' '));
05     console.log(stats.isFile() ? "Is a File": "Is not a File");
06     console.log(stats.isDirectory() ? "Is a Folder": "Is not a Folder");
07     console.log(stats.isSocket() ? "Is a Socket": "Is not a Socket");
08     stats.isDirectory();
09     stats.isBlockDevice();
10     stats.isCharacterDevice();
11     //stats.isSymbolicLink(); // lstat 동작
12     stats.isFIFO();
13     stats.isSocket();
14   }
15 });
```

목록 6.9의 결과 file_stats.js: 파일 정보 표시

```
C:/books/node/ch06>node file_stats.js
stats: {
"dev": 818973644,
"mode": 33206,
"nlink": 1,
"uid": 0,
"gid": 0,
"rdev": 0,
"ino": 1970324837052284,
"size": 535,
```

```
"atime": "2016-09-14T18:03:26.572Z",
"mtime": "2013-11-26T21:51:51.148Z",
"ctime": "2014-12-18T17:30:43.340Z",
"birthtime": "2016-09-14T18:03:26.572Z"
}
Is a File
Is not a Folder
Is not a Socket
```

파일 목록 나열

다른 일반적인 파일 시스템 관련 작업 중 하나는 디렉터리 내의 파일과 폴더를 조회하는 것이다. 디렉터리를 지우거나 디렉터리 구조를 동적으로 변경하는 등과 같은 작업에는 디렉터리 목록 조회가 필요하다. 다음 명령 중 하나를 사용하면 디렉터리 내 목록을 조회할 수 있다.

```
fs.readdir(path, callback)
fs.readdirSync(path)
```

readdirSync() 호출을 통해 지정된 경로의 항목들의 이름을 문자열 배열 형태로 전달받을 수 있다. readdir()는 콜백 함수의 두 번째 매개변수로 파일 목록을 전달받고 첫 번째 매개변수에서는 에러와 관련된 내용을 전달받는다.

목록 6.10에서는 readdir()의 사용 방법을 설명하기 위해 중첩된 콜백 체인을 사용해 디렉터리 구조를 탐색하고 목록을 출력한다. 콜백 함수는 fullPath 변수를 전달하기 위해 래퍼 함수를 사용해 클로저를 구현하고 반복적으로 WalkDirs() 함수를 비동기 콜백으로 실행한다. 목록 6.10의 결과는 목록 6.10의 수행 결과다.

목록 6.10 file_readdir.js: 콜백 체인을 구성해 디렉터리 구조를 탐색하고 항목을 출력

```
01 var fs = require('fs');
02 var Path = require('path');
03 function WalkDirs(dirPath){
04   console.log(dirPath);
05   fs.readdir(dirPath, function(err, entries){
```

```
06    for (var idx in entries){
07      var fullPath = Path.join(dirPath, entries[idx]);
08      (function(fullPath){
09        fs.stat(fullPath, function (err, stats){
10          if (stats.isFile()){
11            console.log(fullPath);
12          } else if (stats.isDirectory()){
13            WalkDirs(fullPath);
14          }
15        });
16      })(fullPath);
17    }
18  });
19 }
20 WalkDirs("../ch06");
```

목록 6.10의 결과 file_readdir.js: 체인 구조의 비동기 콜백을 사용해 디렉터리 구조 반복 확인 결과

```
C:/books/node/ch06>node file_readdir.js
../ch06
../ch06/file_readdir.js
../ch06/filesystem.js
../ch06/data
../ch06/file_stats.js
../ch06/file_folders.js
../ch06/renamed
../ch06/reading
../ch06/writing
../ch06/data/config.txt
../ch06/data/folderA
../ch06/data/grains.txt
../ch06/data/fruit.txt
../ch06/reading/file_read.js
../ch06/data/veggie.txt
../ch06/data/log.txt
../ch06/data/output.txt
../ch06/writing/file_write.js
../ch06/reading/file_read_async.js
```

```
../ch06/reading/file_read_sync.js
../ch06/reading/file_read_stream.js
../ch06/writing/file_write_async.js
../ch06/writing/file_write_stream.js
../ch06/writing/file_write_sync.js
../ch06/data/folderA/folderC
../ch06/data/folderA/folderB
../ch06/data/folderA/folderB/folderD
../ch06/data/folderA/folderC/folderE
```

파일 삭제

데이터를 삭제하거나 파일 시스템의 사용 공간을 늘리기 위한 목적으로 진행하는 파일 삭제 작업도 일반적인 작업 중 하나다. Node.js에서 파일을 삭제하려면 다음과 같은 명령어를 사용해야 한다.

```
fs.unlink(path, callback)
fs.unlinkSync(path)
```

unlinkSync(path) 함수는 파일 삭제 성공 여부에 따라 true나 false를 반환한다. 비동기 방식인 unlink( ) 호출은 파일 삭제 실패 시 콜백 함수에 에러 값을 전달한다. 다음 코드는 unlink( ) 비동기 fs 호출을 사용해 new.txt 파일을 삭제하는 내용이다.

```
fs.unlink("new.txt", function(err){
  console.log(err ? "File Delete Failed": "File Deleted");
});
```

파일 잘라내기

파일 잘라내기는 파일 끝의 위치를 현재보다 작게 만들어 파일 크기를 줄이는 것을 의미한다. 임시 로그 데이터와 같이 중요도가 낮은 데이터 파일이 지속적으로 증가되는 경우 파일 잘라내기가 필요하다. 파일을 잘라내려면 원하는 최종 파일 크기를 전달해 다음 fs 함수 중 하나를 호출한다.

```
fs.truncate(path, len, callback)
fs.truncateSync(path, len)
```

truncateSync(path) 함수는 파일 잘라내기 성공 여부에 따라 true나 false 값을 반환한다. 비동기 함수인 truncate( ) 함수는 파일 잘라내기 에러 발생 시 콜백 함수로 error 값을 전달한다. 다음 코드는 new.txt라는 이름을 가진 파일을 0바이트 크기로 잘라내는 과정을 보여준다.

```
fs.truncate("new.txt", function(err){
  console.log(err ? "File Truncate Failed": "File Truncated");
});
```

디렉터리 생성과 삭제

가끔은 Node.js 애플리케이션 내에서 파일을 저장할 디렉터리 구조를 만들어야 할 경우가 있다. fs 모듈은 필요 시 디렉터리를 추가하거나 삭제할 수 있는 기능을 제공한다.

Node.js에서 디렉터리를 추가하려면 다음과 같은 fs 호출을 사용해야 한다. path는 절대 경로나 상대 경로를 사용할 수 있다. 선택 매개변수인 mode는 새로운 디렉터리의 접근 모드를 지정할 수 있다.

```
fs.mkdir(path, [mode], callback)
fs.mkdirSync(path, [mode])
```

mkdirSync(path) 함수는 디렉터리 생성 성공 여부에 따라 true나 false를 반환한다. 비동기 함수인 mkdir( ) 호출은 디렉터리 생성 실패 시 콜백 함수에 error 값을 전달한다. 비동기 함수를 사용할 때는 서브 디렉터리 생성에 앞서 디렉터리가 생성되도록 해야 한다. 다음 코드는 체인 구조의 서브 디렉터리 생성 방법을 보여준다.

```
fs.mkdir("./data/folderA", function(err){
  fs.mkdir("./data/folderA/folderB", function(err){
    fs.mkdir("./data/folderA/folderB/folderD", function(err){
    });
```

```
  });
  fs.mkdir("./data/folderA/folderC", function(err){
    fs.mkdir("./data/folderA/folderC/folderE", function(err){
    });
  });
});
```

Node.js에서 디렉터리를 삭제하려면 절대 경로나 상대 경로를 사용해 다음 함수를 호출해야 한다.

```
fs.rmdir(path, callback)
fs.rmdirSync(path)
```

rmdirSync(path) 함수는 디렉터리 삭제 성공 여부에 따라 true나 false를 반환한다. 비동기 함수인 rmdir() 호출은 디렉터리 삭제 도중에 발생한 에러를 콜백 함수로 전달한다. mkdir() 함수와 같이 부모 디렉터리를 삭제하기 전에 대상 디렉터리를 삭제해야 한다. 다음 코드는 순서를 고려한 하위 디렉터리 삭제 내용이다.

```
fs.rmdir("./data/folderA/folderB/folderC", function(err){
  fs.rmdir("./data/folderA/folderB", function(err){
    fs.rmdir("./data/folderD", function(err){
    });
  });
  fs.rmdir("./data/folderA/folderC", function(err){
    fs.rmdir("./data/folderE", function(err){
    });
  });
});
```

파일명과 디렉터리명을 변경

새로운 데이터를 생성하거나 이전 데이터 저장, 사용자 변경 등을 위해 Node.js 애플리케이션 내에서 파일명이나 폴더명의 변경이 필요한 경우가 있다. 파일명이나 폴더명을 변경하려면 다음과 같은 fs 함수를 사용해야 한다.

```
fs.rename(oldPath, newPath, callback)
fs.renameSync(oldPath, newPath)
```

oldPath 매개변수는 현재 파일이나 디렉터리 경로를 지정하고 newPath 매개변수에는 새로운 이름을 지정한다. renameSync(path) 함수는 파일명이나 디렉터리명의 변경 성공 여부에 따라 true나 false를 반환한다. 비동기 함수 rename( )의 경우 파일이나 디렉터리명 변경 과정에 에러가 발생하면 error 값을 콜백 함수에 전달한다. 다음 코드의 내용은 old.txt의 이름을 new.txt로 변경하고 testDir를 renamedDir로 변경한다.

```
fs.rename("old.txt", "new.txt", function(err){
  console.log(err ? "Rename Failed": "File Renamed");
});
fs.rename("testDir", "renamedDir", function(err){
  console.log(err ? "Rename Failed": "Folder Renamed");
});
```

파일 변경 내역 관찰

아직 안정적인 기능은 아니지만 fs 모듈은 파일 상태를 관찰할 수 있고 파일이 변경되면 콜백 함수가 호출되는 기능을 제공한다. 이 기능은 애플리케이션이 지속적인 폴링을 통해 파일의 상태를 확인하지 않고도 파일 변경에 따른 이벤트를 발생시킬 수 있다. 운영 체제에 오버헤드가 발생할 수 있으므로 가끔식 성능 저하 여부를 살펴봐야 한다.

파일을 관찰하려면 다음 명령의 path 매개변수에 관찰할 대상 파일의 경로를 넘긴다. options 매개변수는 persistent와 interval 속성을 포함하는 객체를 전달한다. persistent 속성은 파일을 관찰하는 동안 프로세스가 지속적으로 수행되길 원할 경우 true로 설정한다. interval 속성은 파일 변화에 따른 폴링 동작을 수행할 밀리초 단위의 시간을 지정한다.

```
fs.watchFile(path, [options], callback)
```

파일 변경이 일어나면 콜백 함수가 실행되고 현재와 이전의 Stats 객체가 전달된다. 다음 코드 내용은 log.txt라는 이름의 파일을 5초 단위로 모니터링하고 Stats 객체를 사용해 파일이 변경된 현재와 이전 시간을 출력한다.

```
fs.watchFile("log.txt", {persistent:true, interval:5000}, function (curr, prev)
{
  console.log("log.txt modified at: " + curr.mtime);
  console.log("Previous modification was: " + prev.mtime);
});
```

요약

Node.js는 파일 시스템과 상호 작용할 수 있는 fs 모듈을 제공한다. fs 모듈을 통해 파일 생성, 읽기, 변경 작업을 진행할 수 있다. 또한 fs 모듈을 사용해 디렉터리의 구조를 탐색하거나 파일과 폴더의 정보를 확인하거나 파일이나 폴더를 삭제하거나 이름을 변경해 디렉터리 구조를 변경할 수도 있다.

7장에서 다룰 내용

7장, 'Node.js에서 HTTP 서비스 구현하기'에서는 http 모듈을 사용해 기본 웹 서버를 구현해본다. 질의문을 파싱하는 방법과 Node.js를 사용해 기본 웹 서버를 구현하는 방법도 알아본다.

7

HTTP 서비스를 Node.js로 구현

Node.js의 가장 중요한 용도 중 하나는 HTTP나 HTTPS 서버를 빠르게 구현하는 데 있다. Node.js는 http, https 모듈을 통해 HTTP, HTTPS 서비스를 구현하는 데 필요한 프레임워크들을 제공한다. 사용자는 http 모듈만 사용하더라도 웹 서버를 어렵지 않게 만들 수 있다.

http 모듈은 충분한 기능을 제공하지 않기 때문에(저수준 기능 제공), 완전한 웹 서버 구현이 필요한 경우에는 express 모듈을 사용한다. http 모듈에서는 라우팅과 쿠키, 캐시 등과 같은 기능을 제공하지 않는다. 이 책의 다른 장에서 익스프레스 모듈이 제공하는 여러 장점을 확인할 수 있다.

http 모듈은 자신이 작성하는 애플리케이션의 웹 서비스 백엔드 구현에 유용하게 사용될 수 있다. 또한 방화벽 안에서 http를 이용해 HTTP 서버를 구축하고 기본 HTTP 클라이언트를 구현해 상호간에 통신하는 서비스를 구현할 수도 있다.

7장에서는 http 모듈을 사용한 서버, 클라이언트 구현할 때 사용하는 객체를 이해하는 데 집중한다. 7장에서 다루는 예제들은 기본적인 형태이기 때문에 확장해서 사용하는 데 매우 용이할 것이다.

URL 처리

URL^{uniform resource locator, 단일 자원 위치 지정자}는 HTTP 서버가 클라이언트의 요청을 처리하는 데 사용하는 주소와 같은 역할을 한다. 이는 정확한 서버에 접속해 지정한 포트로 접근하고 적절한 데이터에 접근하는 데 필요한 모든 정보를 갖고 있다.

URL은 몇 가지 요소로 구성되는데 각 요소들은 웹 서버가 클라이언트의 HTTP 요청을 처리하고 route를 어떻게 다루는지에 대한 방법을 나타낸다. 그림 7.1은 URL의 기본 구조와 포함될 필요 요소를 보여준다. 모든 HTTP 요청마다 해당 요소 전부가 포함될 필요는 없다. 모든 요청이 인증 요소를 포함할 필요가 없고 질의 문자열이나 해시 위치에 대한 값을 포함할 필요도 없다.

그림 7.1 URL을 구성하는 기본 요소

URL 객체 이해

클라이언트의 HTTP 요청은 그림 7.1과 같은 형태의 정보를 포함하고 있다. URL 정보를 효율적으로 사용하려면 Node.js에서 제공하는 url 모듈을 사용해야 한다. url 모듈은 URL 문자열을 URL 객체로 변환하는 기능을 한다.

URL 문자열에서 URL 객체를 만들려면 다음과 같이 URL 문자열을 처음 매개변수로 하는 다음과 같은 함수를 사용해야 한다.

```
url.parse(urlStr, [parseQueryString], [slashesDenoteHost])
```

url.parse( ) 함수는 URL 문자열을 첫 번째 매개변수로 받는다. parseQueryString 매개변수는 URL의 질의 문자열이 문자열 객체로 파싱된 경우 불린 값인 true를 갖는다. 기본값은 false다. slashesDenoteHost는 //host/path 형태의 URL 값이 {pathname: '//host/path'}가 아닌 {host: 'host', pathname: '/path'}로 파싱될 경우 true 값을 갖는다. 기본값은 false다. 또한 url.format( ) 함수를 이용하면 다음과 같이 URL 오브젝트를 문자열 객체로 변환할 수 있다.

```
url.format(urlObj)
```

표 7.1은 url.parse( )로 생성된 URL 객체의 속성을 보여준다. 다음은 URL 문자열을 파싱해 객체로 만든 후 다시 문자열로 변환하는 예제다.

```
var url = require('url');
var urlStr = 'http://user:pass@host.com:80/resource/path?query=string#hash';
var urlObj = url.parse(urlStr, true, false);
urlString = url.format(urlObj);
```

표 7.1 URL 객체의 프로퍼티

프로퍼티	설명
href	파싱할 URL 전체 문자열
protocol	소문자 형태의 요청 프로토콜
host	소문자 형태 URL의 전체 host 부분, port 정보를 포함
auth	URL의 authentication 정보 부분
hostname	소문자 형태의 hostname 부분
port	포트 번호 부분
pathname	URL의 경로명 부분, 첫 부분에 슬래시가 있는 경우 슬래시 포함
search	URL의 검색/요청 문자열 부분, 시작 부분의 물음표 포함
path	pathname과 search를 포함한 전체 경로
query	질의 문자열의 parameter 부분 또는 parseQueryString이 true로 설정한 경우 query 문자열 매개변수와 값을 포함하는 파싱된 형태의 객체
hash	URL의 해시 부분, # 모양을 포함

URL 구성 요소 해석

URL 구성 요소를 브라우저와 동일한 방식으로 해석하는 것은 url 모듈의 유용한 기능이다. 이 모듈을 사용하면 서버단에서 URL에 맞춰 URL 문자열을 조작할 수 있다. 옮겨지거나 변경된 매개변수를 처리하는 요청을 처리하기에 앞서 URL의 위치를 변경하는 경우를 생각해보자. URL을 새로운 위치로 변경하려면 다음과 같은 문법을 이용해야 한다.

```
url.resolve( from, to )
```

from 매개변수는 기본 URL 문자열의 원래 위치를 지정한다. to 매개변수는 새롭게 사용될 새 URL의 위치를 지정한다. 다음 코드는 새로운 URL을 사용하기 위한 예제다.

```
var url = require('url');
var originalUrl = 'http://user:pass@host.com:80/resource/path?query=string#hash';
var newResource = '/another/path?querynew';
console.log(url.resolve(originalUrl, newResource));
```

위 코드의 수행 결과는 다음과 같다. path 정보만 변경된 것을 확인할 수 있다.

```
http://user:pass@host.com:80/another/path?querynew
```

질의 문자열과 폼 매개변수 처리

HTTP 요청은 폼form 제출을 위해 보디 내 매개변수 데이터 또는 URL 내 질의query 문자열을 포함한다. 질의 문자열은 이전 절에서 언급한 URL 객체를 통해 얻을 수 있고 폼 요청을 통해 전송되는 매개변수 데이터는 클라이언트 요청 내역의 본문에서 읽을 수 있다.

질의 문자열과 폼 매개변수는 기본 키/값 쌍으로 구성된다. Node.js로 구성한 웹 서버에서 실제 이 값을 얻으려면 querystring 모듈의 parse() 메서드를 사용해 문자열을 자바스크립트 객체로 변환해야 한다.

```
querystring.parse(str, [sep], [eq], [options])
```

str 매개변수는 질의 문자열이나 매개변수 문자열에서 사용된다. sep 매개변수는 구분자separator character를 지정한다. 기본 구분자는 '&'이다. eq 매개변수는 파싱할 때 사용할 수 있는 할당 문자를 지정한다. 기본값은 '='이다. options 매개변수는 결과 객체를 얻는 데 사용할 키의 제한을 maxKeys 프로퍼티로 지정한다. 기본값은 1,000이며 제한을 두지 않으려면 0으로 지정한다. 질의 문자열을 파싱하기 위해 parse()를 사용하는 예제는 다음과 같다.

```
var qstring = require('querystring');
var params = qstring.parse("name=Brad&color=red&color=blue");
The params object created would be:
{name: 'Brad', color: ['red', 'blue']}
```

객체를 문자열로 변환하려면 다음과 같은 stringify 메서드를 사용해야 한다.

```
querystring.stringify(obj, [sep], [eq])
```

요청, 응답, 서버 객체 이해

Node.js 애플리케이션에서 http 모듈을 사용하려면 먼저 요청 객체request object와 응답 객체response object를 이해해야 한다. 이해를 통해 객체에 대한 정보를 얻을 수 있고 HTTP 클라이언트와 서버가 가진 기능도 알 수 있다. 프로퍼티 값과 이벤트, 메서드를 포함하는 객체의 구성 요소들을 잘 이해하면 HTTP 서버와 클라이언트를 쉽게 구현할 수 있다.

이제 ClientRequest와 ServerResponse, IncomingMessage, Server라는 네 가지 객체의 목적과 동작을 살펴보자.

http.ClientRequest 객체

ClientRequest 객체는 HTTP 클라이언트를 구성하기 위해 http.request( )를 호출할 때 내부적으로 생성된다. 이 객체는 서버 연결 요청 과정에서의 요청 정보를 나타낸다. Client Request 객체는 서버로부터의 요청을 초기화, 모니터링, 처리하기 위해 사용된다.

ClientRequest 객체는 Writable 스트림으로 구성돼 있으므로 Writable 스트림 객체의 모든 기능을 제공한다. 예를 들면 ClientRequest 객체로 저장하기 위해 write( ) 메서드를 사용할 수 있고 Readable 스트림에 파이프로 연결할 수 있다.

ClientRequest 객체를 구현하려면 http.request( )를 다음과 같이 호출해야 한다.

```
http.request(options, callback)
```

options 매개변수는 클라이언트 HTTP 요청을 만들어 서버에 전송하기 위한 방법과 관련된 프로퍼티를 지정한다. 표 7.2에서는 지정할 수 있는 속성들을 정리했다. callback 매개변수는 서버에 요청이 보내진 후 불리게 되며 서버로부터 받은 응답을 처리한다. 콜백에 대한 유일한 매개변수는 IncomingMessage 객체이며 서버로부터의 응답이 될 수 있다. 다음 코드는 ClientRequest 객체의 기본 구현 예제다.

```
var http = require('http');
var options = {
  hostname: 'www.myserver.com',
  path: '/',
  port: '8080',
  method: 'POST'
};
var req = http.request(options, function(response){
  var str = ''
  response.on('data', function (chunk) {
    str += chunk;
  });
  response.on('end', function () {
    console.log(str);
  });
});
req.end();
```

표 7.2 ClientRequest 객체 생성 시 지정할 수 있는 옵션

프로퍼티	설명
host	요청을 시도할 서버의 도메인명이나 IP 주소다. 기본값은 localhost이다.
hostname	host와 동일하지만 url.parse()를 지원하므로 더 선호된다.
port	리모트 서버의 포트. 기본값은 80이다.
localAddress	네트워크를 연결하기 위해 바인드(bind)되는 로컬 인터페이스다.
socketPath	유닉스 도메인 소켓(host:port나 socketPath 형태로 사용)이다.
method	HTTP 요청 방식을 지정하는 문자열(GET이나 POST, CONNECT, OPTIONS 등)이다. 기본값은 GET이다.

path	요청된 리소스 경로를 지정하는 문자열이다. 기본값은 /이며 /book. html?chapter=12와 같은 질의 문자열을 포함한다.
headers	요청 헤더를 포함하는 객체다 (예: { 'content-length': '750', 'content-type': 'text/plain'}).
auth	Authoriztion 헤더를 위해 사용되는 user:password 형태의 기본 인증 정보다.
agent	Agent 동작 정의. Agent가 사용된 경우 요청의 기본값은 Connection:keep-alive다. 그리고 가능한 추가 값은 다음과 같다. • undefined (기본): 전역 Agent를 사용한다. • agent 객체: 특정 Agent 객체 사용한다. • false: Agent 동작을 비활성화한다.

ClientRequest 객체는 요청 처리 과정에 필요한 다양한 상태를 처리할 수 있는 이벤트들을 제공한다. 예를 들면 서버의 응답을 받았을 때 발생하는 response 이벤트를 처리하는 리스너를 추가할 수 있다. 표 7.3은 ClientResponse 객체에서 사용할 수 있는 이벤트를 보여준다.

표 7.3 ClientRequest 객체에서 사용할 수 있는 이벤트

이벤트	설명
response	요청 응답을 서버로부터 받았을 때 발생하는 이벤트다. 콜백 핸들러는 매개변수를 통해 IncomingMessage 객체를 받는다.
socket	요청에 대해 소켓이 할당된 경우에 발생하는 이벤트다.
connect	CONNECT 방법을 이용해 요청을 초기화할 때 서버가 응답한 경우 매번 발생하는 이벤트다. 이벤트가 클라이언트에서 처리되지 않은 경우엔 연결이 종료된다.
upgrade	갱신 요청 포함 헤더를 가진 요청에 대해 서버가 응답한 경우에 발생하는 이벤트다.
continue	서버가 100 Continue라는 HTTP 응답을 보내 클라이언트가 다음 요청을 보내도록 지시할 때 발생하는 이벤트다.

이벤트 외에도 ClientRequest 객체는 요청 데이터 작성이나 요청 데이터 중단, 요청 종료 등에 사용되는 함수들을 제공한다. 표 7.4는 ClientRequest 객체에서 사용할 수 있는 함수를 보여준다.

표 7.4 ClientRequest 객체의 가용 함수 목록

메서드	설명
write(chunk, [encoding])	보디 데이터의 버퍼 값 또는 문자열 객체 값, 청크를 요청 데이터에 저장한다. ClientRequest 객체의 Writable 스트림에 스트림 데이터를 저장한다. 보디 데이터를 스트림하려면 요청 생성 시 헤더 옵션으로 {'Transfer-Encoding', 'chunked'}를 포함해야 한다. 인코딩 매개변수의 기본값은 utf8이다.
end([data], [encoding])	요청 보디에 선택적 데이터를 저장하고 Writable 스트림을 저장한 이후에 비우고 요청을 종료한다.
abort()	현재 요청을 중단한다.
setTimeout(timeout, [callback])	요청에 대한 socket 타임아웃(만료) 값을 지정한다.
setNoDelay([noDelay])	데이터를 보내기 전에 저장하는 Nagle 알고리즘을 비활성화한다. noDelay 인수는 불린 값을 가지며 즉시 쓰기의 경우는 true 값, 버퍼 방식 쓰기의 경우는 false 값이다.
setSocketKeepAlive([enable],[initialDelay])	클라이언트 요청의 'keep-alive' 기능을 활성화하거나 비활성화한다. enable 매개변수의 기본값은 false이며 비활성화 상태를 나타낸다. initialDelay 매개변수는 마지막 데이터 패킷과 첫 keep-alive 요청 사이의 지연 시간을 지정한다.

http.ServerResponse 객체

HTTP 서버는 request 이벤트 수신 시 ServerResponse 객체를 내부적으로 생성한다. 이 객체는 request 이벤트 핸들러를 두 번째 매개변수로 받는다. ServerRequest 객체를 사용해 클라이언트 요청에 대한 응답을 정형화해 보낸다.

ServerResponse는 Writable 스트림을 구현하기 때문에 Writable 스트림 객체의 모든 기능을 제공한다. 예를 들어 ServerResponse 객체는 write() 함수를 사용해 Readable 스트림에 파이프를 연결해 클라이언트로 데이터를 보낼 수 있다.

클라이언트 요청 처리 시 ServerResponse 객체의 프로퍼티, 이벤트, 메서드를 사용해 헤더 생성/전송할 수 있고 데이터 저장, 응답 전송 작업을 할 수 있다. 표 7.5는 ServerResponse 객체의 이벤트와 프로퍼티들의 정보, 표 7.6은 ServerResponse 객체의 메서드들을 나타낸다.

표 7.5 ServerResponse 객체의 이벤트

프로퍼티	설명
close	응답 완료 및 플러싱 작업을 수행하기 위해 response.end()를 사용하기 전에 클라이언트 연결이 종료된다.
headerSent	헤더 전송이 이뤄진 경우에는 불린 값이 true, 그렇지 않은 경우에는 false다. 읽기 전용 속성을 가진다.
sendDate	불린값이 true로 설정되면 Date 헤더는 자동으로 생성되고 응답의 일부로 전송된다.
statusCode	명시적으로 헤더에 값을 쓰지 않더라도 다음 코드와 같이 응답 상태 코드를 지정할 수 있다. response.statusCode = 500;

표 7.6 ServerResponse 객체 함수

함수	설명
writeContinue()	클라이언트에 HTTP/1.1 100 Continue 메시지를 보내 보디 데이터가 계속 전송되길 요청한다.
writeHead(statusCode, [reasonPhrase], [headers])	요청에 대한 응답 헤더를 쓴다. statusCode 매개변수는 HTTP 응답 상태 코드를 나타내는 200, 401, 500과 같은 형식의 세 자리 숫자다. 선택적인 옵션인 reasonPhrase는 statusCode의 이유를 나타낸다. headers는 다음과 같은 응답 헤더 객체다. response.writeHead(200, 'Success', { 'Content-Length': body.length, 'Content-Type': 'text/plain'});
setTimeout(msecs, callback)	클라이언트 연결을 위한 소켓 타임아웃 시간(밀리초 단위)을 설정한다. 콜백 함수는 타임아웃 발생 시 수행된다.
setHeader(name, value)	특정 헤더 값을 설정한다. name은 HTTP 헤더명, value는 헤더 값이다.
getHeader(name)	응답에 설정된 HTTP 헤더 값을 가져온다.
removeHeader(name)	응답에 설정된 HTTP 헤더 값을 제거한다.
write(chunk, [encoding])	응답 Writable 스트림에 청크나 버퍼, 문자열 객체를 쓴다. 데이터는 응답의 보디 부분에만 쓴다. 기본 인코딩은 utf8이다. 데이터 쓰기가 성공적으로 수행되면 true를 반환하고 데이터가 사용자 메모리에 쓰인 경우 false를 반환한다. false가 반환된 경우 버퍼가 다시 비워지면 Writable 스트림이 drain 이벤트를 발생시킨다.
addTrailers(headers)	응답 끝에 HTTP 트레일링(trailing) 헤더를 추가한다.
end([data], [encoding])	응답 보디에 선택적인 데이터를 작성하고 Writable 스트림을 저장하고 플러싱한 후 응답을 마무리한다.

http.IncomingMessage 객체

HTTP 서버나 HTTP 클라이언트는 IncomingMessage 객체를 생성한다. 서버단에서는 클라이언트 요청이 IncomingMessage 객체로 나타내지고 클라이언트 단에서는 서버의 응답이 IncomingMessage 객체로 표시된다. 클라이언트와 서버 양단의 기본 동작이 동일하기 때문에 IncomingMessage 객체는 동일하게 사용될 수 있다. IncomingMessage는 Readable 스트림을 만들기 때문에 클라이언트 요청이나 서버 응답을 스트리밍 소스를 통해 읽을 수 있다. 즉 readable, data 이벤트를 받아 스트림 데이터를 읽을 때 사용할 수 있다.

Readable 클래스에서 제공하는 기능 외에도 IncomingMessage 객체는 표 7.7에서 나열한 속성과 이벤트, 함수들을 제공한다. 이 기능들을 활용하면 클라이언트 요청이나 서버 응답 정보에 접근할 수 있다.

표 7.7 IncomingMessage 객체의 이벤트와 속성, 메서드

메서드/이벤트/속성	설명
close	소켓 종료 시 이벤트가 발생한다.
httpVersion	클라이언트 요청/응답 생성에 사용된 HTTP 버전을 지정한다.
headers	클라이언트 요청/응답 시 헤더에 포함된 객체다.
trailers	요청/응답 시 트레일러 헤더에 포함된 객체다.
method	요청/응답에 사용할 방법(GET, POST, CONNECT)을 지정한다.
url	서버에 전송할 URL로 url.parse()를 사용해 전달할 수 있는 문자열. HTTP 서버에서 클라이언트 요청 처리에만 사용한다.
statusCode	서버에서 세 자리 숫자로 지정한 상태 코드다. 서버의 응답을 처리하는 HTTP 클라이언트에서만 사용한다.
socket	클라이언트/서버와 통신에 사용되는 net.socket 객체 값이다.
setTimeout(msecs, callback)	타임아웃 시 수행될 콜백 함수와 함께 소켓 타임아웃(만료) 시간(밀리초 단위)을 설정한다.

HTTP 서버 객체

Node.js의 HTTP 서버 객체는 HTTP 서버를 구현하는 데 기초가 되는 프레임워크를 제공한다. HTTP Server는 지정된 포트에서 수신하고 요청을 받은 후 연결된 클라이언트에 응답을 보낸다. 서버가 수신 중인 경우 Node.js 애플리케이션은 동작이 완료되지 않는다.

서버 객체는 EventEmitter를 구현해 표 7.8에 나열된 이벤트를 내보낸다. HTTP 서버 구현처럼 이 이벤트들의 일부나 전체를 처리해야 한다. 최소의 경우를 가정하면 클라이언트 요청 수신 시 request 이벤트를 처리할 이벤트 핸들러 정도는 필요하다.

표 7.8 서버 객체의 발생 이벤트

이벤트	설명
request	서버가 클라이언트 요청 수신 시 매번 발생한다. 콜백은 두 가지 매개변수를 받는다. 첫째는 클라이언트 요청을 표현할 IncomingMessage 객체, 둘째는 정형화하고 전송할 응답에 관한 ServerResponse 객체다. function callback (request, response){ }
connection	새로운 TCP 연결 수립 시 발생한다. 콜백은 소켓을 유일한 매개변수로 사용한다. function callback (socket){ }
close	서버 종료 시 발생한다. 콜백에서는 매개변수를 사용하지 않는다.
checkContinue	'Expect: 100-continue' 헤더가 포함된 요청 수신 시 발생한다. 이벤트 핸들러를 지정하지 않더라도 기본 이벤트 핸들러가 다음과 같이 'HTTP/1.1 100 Continue' 요청에 응답을 수행한다. function callback (request, response){ }
connect	HTTP CONNECT 요청 수신 시 발생한다. 콜백은 터널링(tunneling) 스트림의 첫 번째 패킷을 포함하는 버퍼의 request, socket, head를 사용한다. function callback (request, socket, head){ }
upgrade	클라이언트가 HTTP 업그레이드 요청 시 발생한다. 이 이벤트가 처리되지 않은 경우 업그레이드 요청을 보낸 클라이언트는 연결을 종료한다. 콜백에서는 터널링 스트림의 첫 번째 패킷을 포함하는 버퍼의 request, socket, head를 사용한다. function callback (request, socket, head){ }
clientError	클라이언트 연결 소켓 에러 시 발생한다. 콜백은 첫 번째 매개변수로 error, 두 번째 매개변수로 socket을 사용한다. callback (error, socket){ }

HTTP 서버를 시작하려면 가장 먼저 createServer( ) 함수를 사용해 서버 객체를 생성해야 한다. 이 함수에서는 서버 객체를 반환한다. requestListener 매개변수는 선택 사항으로 요청 이벤트 발생 시 수행될 콜백을 지정한다. 콜백은 2개의 매개변수를 사용한다. 첫 번째 매개변수인 IncomingMessage 객체는 클라이언트 요청을 받고 두 번째 매개변수로는 응답 구성 및 전송하기 위한 ServerResponse 객체를 지정한다.

```
http.createServer([requestListener])
```

서버 객체를 생성한 경우 서버 객체의 listen( ) 함수를 호출해 요청을 수신한다.

```
listen(port, [hostname], [backlog], [callback])
```

메서드 listen(port, [hostname], [backlog], [callback])은 가장 많이 사용된다. 메서드 내의 매개변수는 다음과 같다.

- **port**: 수신할 포트를 지정한다.
- **hostname**: 연결을 수락할 hostname을 지정한다. 생략된 경우 서버는 모든 IPv4 주소(INADDR_ANY)의 연결을 지원한다.
- **backlog**: 큐에 허용된 지연 연결의 최대 개수를 지정한다. 기본값은 511이다.
- **callback**: 서버가 지정된 포트로 수신 시작 시 실행할 콜백 핸들러를 지정한다.

다음 코드는 HTTP 서버를 시작하고 8080 포트로 수신하는 예제로, 요청 콜백 핸들러 함수의 위치를 확인할 수 있다.

```
var http = require('http');
http.createServer(function (req, res) {
  <<요청과 응답이 처리되는 부분>>
}).listen(8080);
```

파일 시스템을 통해 연결 수신이 가능한 두 가지 다른 방법이 존재한다. 첫 번째 방법으로는 수신 파일의 경로 정보(path)를 사용하고 두 번째 방법으로는 이미 열린 파일 디스크립터(서술자)인 handle을 사용한다.

```
listen(path, [callback])
listen(handle, [callback])
```

HTTP 서버를 정지시키려면 close( ) 메서드를 사용해야 한다.

```
close([callback])
```

Node.js에서 HTTP 클라이언트와 HTTP 서버 구현하기

ClientRequest, ServerResponse, IncomingMessage에 익숙해졌다면 이제 Node.js를 이용해 HTTP 클라이언트와 서버를 구현해보자. 이번 절에서는 Node.js의 기본 HTTP 클라이언트와 서버 구현 과정을 다룬다. 구현 과정을 살펴보기 위해 각 절에서 클라이언트와 서버를 구현하고 이 2개가 어떻게 상호 동작하는지 나타낸다.

예제를 통해 클라이언트/서버의 기본 개념을 알아본 후 요청과 응답을 처리하는 방법을 다룬다. 예제들은 에러 처리, 공격 대응 및 내재된 다른 추가 기능에 대한 내용은 포함하지 않는다. 하지만 http 모듈을 사용해 일반적인 HTTP 요청을 처리하는 데 필요한 기본 흐름과 구조에 관한 유용한 내용을 제공한다.

정적 파일 제공

HTTP 서버에서 사용되는 가장 기본적인 형태는 정적 파일static file이다. Node.js에서 정적 파일을 제공하려면 우선 HTTP 서버를 시작하고 포트를 통해 수신 대기해야 한다. 요청 핸들러에서 fs 모듈을 통해 파일을 지역적으로 사용하려면 열고, 응답에는 파일 내의 내용들을 저장한다.

목록 7.1은 기본적인 정적 파일 서버 구현을 보여준다. 5번 줄에서 createServer()를 사용해 서버를 생성하고 6~15번 줄에서 요청 이벤트 핸들러를 정의한다. 서버는 서버 객체의 listen() 호출을 통해 8080 포트로 수신한다.

6번 줄의 요청 이벤트 핸들러에서 url.parse() 함수는 url 파싱을 하기 위해 사용되며 7번 줄에서는 파일 경로를 지정하고자 할 때 pathname 속성attribute을 사용한다. 정적 파일은 fs. readFile()을 사용해 열기와 읽기가 가능하다. readFile() 콜백에서는 파일 내용이 14번 줄의 res.end(data)를 사용해 응답 객체에 저장된다.

목록 7.1 http_server_static.js: 기본 정적 파일 웹 서버 구현

```
01 var fs = require('fs');
02 var http = require('http');
03 var url = require('url');
04 var ROOT_DIR = "html/";
05 http.createServer(function (req, res) {
06   var urlObj = url.parse(req.url, true, false);
07   fs.readFile(ROOT_DIR + urlObj.pathname, function (err,data) {
```

```
08    if (err) {
09      res.writeHead(404);
10      res.end(JSON.stringify(err));
11      return;
12    }
13    res.writeHead(200);
14    res.end(data);
15  });
16 }).listen(8080);
```

목록 7.2는 파일 내용을 가져오기 위해 서버에 GET 요청을 보내는 기본 HTTP 클라이언트 구현 내용을 보여준다. 2~6번 줄에서 요청을 위한 옵션을 설정하고 16~18번 줄에서 클라이언트 요청을 초기화한다.

요청이 완료되면 콜백 함수는 on('data') 핸들러를 사용해 서버로부터 받은 응답 내용을 읽고 on('end') 핸들러를 사용해 파일 내용을 콘솔에 출력한다. 그림 7.2와 목록 7.2의 결과에서는 HTTP 클라이언트 출력 결과와 함께 브라우저에서 접근한 정적 파일을 보여준다.

목록 7.2 http_client_static.js: 정적 파일을 가져오는 기본 웹 클라이언트

```
01 var http = require('http');
02 var options = {
03   hostname: 'localhost',
04   port: '8080',
05   path: '/hello.html'
06 };
07 function handleResponse(response) {
08   var serverData = '';
09   response.on('data', function (chunk) {
10     serverData += chunk;
11   });
12   response.on('end', function () {
13     console.log(serverData);
14   });
15 }
16 http.request(options, function(response){
17   handleResponse(response);
18 }).end();
```

목록 7.2의 결과 기본 정적 파일 웹 서버 구현하기

```
C:/books/node/ch07>node http_server_static.js
<html>
  <head>
    <title>Static Example</title>
  </head>
  <body>
    <h1>Hello from a Static File</h1>
  </body>
</html>
```

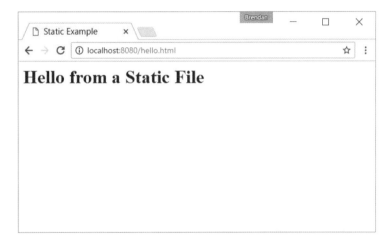

그림 7.2 기본 정적 파일 웹 서버 구현 결과

동적 GET 서버 구현

Node.js를 이용해 동적 콘텐츠 서비스를 하는 경우가 정적 콘텐츠 서비스보다 일반적이다. 동적 콘텐츠의 내용은 동적으로 생성된 HTML 파일이나 코드, JSON 데이터 또는 다른 데이터 타입이 될 수 있다. 동적으로 GET 요청을 처리하려면 클라이언트의 요청에 대한 동적 데이터 구성에 필요한 요청 핸들러를 구현하고 응답 데이터를 작성해야 한다. 그런 다음 end( ) 함수를 호출해 요청을 마무리하고 Writable 스트림에 쓰기 작업을 한 후 플러싱을 수행한다(flush).

목록 7.3은 기본적 형태의 동적 웹 서비스 구현 내용을 보여준다. 이 예제는 헤더를 보내고 응답을 작성한 후 연속적인 write() 요청을 통해 데이터를 전송한다.

6번 줄에서 createServer()를 사용해 서버를 생성하고 15번 줄에서 listen()을 사용해 8080 포트를 수신한다. 7~15번 줄의 요청 이벤트 핸들러에서는 Content-Type 헤더를 설정하고 응답 코드 200과 함께 헤더를 보낸다. 실제 상황에서는 데이터를 준비하기 위한 많은 과정이 필요하지만 이 예제에서는 데이터로서 2~5번 줄에 있는 messages 배열을 사용한다.

11~13번 줄의 반복 구문을 유심히 살펴보자. 매 반복 구문을 수행할 때마다 message와 write() 호출을 통해 클라이언트에 보낼 응답을 스트림한다. 14번 줄에서 end() 함수를 호출해 응답을 마무리한다.

목록 7.3 http_server_get.js: 기본 GET 웹 서버 구현

```
01 var http = require('http');
02 var messages = [
03    'Hello World',
04    'From a basic Node.js server',
05    'Take Luck'];
06 http.createServer(function (req, res) {
07    res.setHeader("Content-Type", "text/html");
08    res.writeHead(200);
09    res.write('<html><head><title>Simple HTTP Server</title></head>');
10    res.write('<body>');
11    for (var idx in messages){
12        res.write('/n<h1>' + messages[idx] + '</h1>');
13    }
14    res.end('/n</body></html>');
15 }).listen(8080);
```

목록 7.4는 목록 7.3에서 작성한 서버의 응답을 읽기 위한 기본 HTTP 클라이언트 구현 내용이다. 목록 7.2의 내용과 매우 유사하지만 경로 정보가 지정되지 않은 것에 주목하자. 좀 더 복잡한 서비스를 구현하려면 질의 문자열이나 복잡한 라우팅 경로를 지정해 다양한 요청을 처리해야 한다.

11번 줄은 statusCode를 콘솔에 출력하고 12번 줄은 headers를 출력한다. 13번 줄은 서버에 저장된 모든 응답 내용을 출력한다. 그림 7.3과 목록 7.4의 결과는 HTTP 클라이언트의 수행 결과와 함께 브라우저를 통해 접근한 동적 GET 서버의 응답 결과를 보여준다.

목록 7.4 http_client_get.js: 목록 7.3 서버에 GET 요청을 보낼 기본 웹 클라이언트

```
01 var options = {
02   hostname: 'localhost',
03   port: '8080',
04 };
05 function handleResponse(response) {
06   var serverData = '';
07   response.on('data', function (chunk) {
08     serverData += chunk;
09   });
10   response.on('end', function() {
11     console.log("Response Status:", response.statusCode);
12     console.log("Response Headers:", response.headers);
13     console.log(serverData);
14   });
15 }
16 http.request(options, function(response){
17   handleResponse(response);
18 }).end
```

목록 7.4의 결과 기본 HTTP GET 서비스 구현하기

```
C:/books/node/ch07>node http_server_get.js
Response Status: 200
Response Headers: { 'content-type': 'text/html',
  date: 'Mon, 26 Sep 2016 17:10:33 GMT',
  connection: 'close',
  'transfer-encoding': 'chunked' }
<html><head><title>Simple HTTP Server</title></head><body>
<h1>Hello World</h1>
<h1>From a basic Node.js server</h1>
<h1>Take Luck</h1>
</body></html>
```

그림 7.3 기본 HTTP GET 서버의 출력

POST 서버 구현

POST 서버 구현은 GET 서버 구현과 유사하다. 편의를 위해 동일한 코드를 활용해 구현할 수도 있다. POST 서버는 폼 형태로 서버에 갱신될 내용을 전송하는 데 편리하다. POST 요청을 처리하려면 post 본문 내용을 읽고 내용을 처리하는 요청 핸들러 코드를 구현해야 한다.

데이터 처리를 마치면 클라이언트에 보낼 데이터를 동적으로 만들어 응답으로 작성한 후 call( )을 호출해 응답을 마무리하고 Writable 스트림을 플러싱한다. 동적 GET 서버와 같이 POST 요청의 결과는 웹 페이지나 HTTP 코드 부분, JSON 데이터, 기타 데이터 형태가 될 수 있다.

목록 7.5는 POST 요청을 처리하는 동적 웹 서비스의 기본 구현 모습이다. 이 예제의 경우 웹 서비스가 클라이언트에서 name과 occupation 프로퍼티를 가진 JSON 문자열을 받는다. 4~6번 줄에 나오는 코드는 요청 스트림에서 데이터를 읽은 후 7~14번 줄의 이벤트 핸들러에서 데이터를 객체로 변환하고 message와 question 프로퍼티를 가진 새로운 객체를 만든다. 14번 줄에서 새로운 객체는 문자열로 변환되고 end( ) 메서드를 사용해 클라이언트로 다시 전송된다.

목록 7.5 http_server_post.js: HTTP POST 요청을 처리하는 기본 HTTP 서버 구현

```
01 var http = require('http');
02 http.createServer(function (req, res) {
```

```
03   var jsonData = "";
04   req.on('data', function (chunk) {
05     jsonData += chunk;
06   });
07   req.on('end', function () {
08     var reqObj = JSON.parse(jsonData);
09     var resObj = {
10       message: "Hello " + reqObj.name,
11       question: "Are you a good " + reqObj.occupation + "?"
12     };
13     res.writeHead(200);
14     res.end(JSON.stringify(resObj));
15   });
16 }).listen(8080);
17 var http = require('http');
18 var options = {
19   host: '127.0.0.1',
20   path: '/',
21   port: '8080',
22   method: 'POST'
23 };
24 function readJSONResponse(response) {
25   var responseData = '';
26   response.on('data', function (chunk) {
27     responseData += chunk;
28   });
29   response.on('end', function () {
30     var dataObj = JSON.parse(responseData);
31     console.log("Raw Response: " +responseData);
32     console.log("Message: " + dataObj.message);
33     console.log("Question: " + dataObj.question);
34   });
35 }
36 var req = http.request(options, readJSONResponse);
37 req.write('{"name":"Bilbo", "occupation":"Burgler"}');
38 req.end();
```

목록 7.6은 JSON 데이터를 서버에 POST 요청의 일부로 보내는 HTTP 클라이언트의 기본 구현 내용을 보여준다. 요청은 20번 줄에서 시작하고 21번 줄에서는 JSON 문자열이 요청 스트림에 기록되고 22번 줄에서는 end( ) 호출로 요청이 완료된다.

서버가 응답을 받으면 10~12번 줄의 on('data') 핸들러가 JSON 응답을 읽고 13~18번 줄의 on('end') 핸들러가 응답을 JSON 객체로 변환하고 원시 응답과 메시지 질문 형태로 출력한다. 목록 7.6의 결과는 HTTP POST 클라이언트의 수행 결과다.

목록 7.6 http_client_post.js: POST 방식으로 JSON 데이터를 서버에 보내고 JSON 응답을 처리하는 기본 HTTP 클라이언트

```
01 var http = require('http');
02 var options = {
03   host: '127.0.0.1',
04   path: '/',
05   port: '8080',
06   method: 'POST'
07 };
08 function readJSONResponse (response) {
09   var responseData = '';
10   response.on('data', function (chunk) {
11     responseData += chunk;
12   });
13   response.on('end', function () {
14     var dataObj = JSON.parse(responseData);
15     console.log("Raw Response: " +responseData);
16     console.log("Message: " + dataObj.message);
17     console.log("Question: " + dataObj.question);
18   });
19 }
20 var req = http.request(options, readJSONResponse);
21 req.write('{"name":"Bilbo", "occupation":"Burgler"}');
22 req.end();
```

목록 7.6의 결과 JSON 데이터를 제공하는 HTTP POST 서버 구현하기

```
C:/books/node/ch07>node http_server_post.js
Raw Response: {"message":"Hello Bilbo","question":"Are you a good Burgler?"}
```

```
Message: Hello Bilbo
Question: Are you a good Burgler?
```

외부 소스와의 상호 작용

Node.js HTTP 서비스의 클라이언트 요청 응답을 위해 외부 시스템에 접근하는 데 사용한다. 다양한 외부 시스템은 다양한 방식으로 사용할 수 있는 데이터를 제공한다. 이번 예제에서는 openweathermap.org API를 사용해 도시의 날씨 정보를 획득한다. 예제를 간단한 형태로 유지하기 위해 openweathermap.org의 출력 형태를 원시 형태로 브라우저에 표시한다. 실제 구현에서는 데이터를 페이지나 위젯, 데이터 응답에 맞게 가공한다.

목록 7.7은 GET 요청과 POST 요청을 둘 다 지원하는 웹 서비스 구현을 보여준다. GET 요청의 경우 사용자가 도시 이름을 입력할 수 있는 폼 형태의 단순한 웹 페이지를 반환한다. POST 요청의 경우 도시 이름에 접근하고 Node.js 웹 클라이언트를 시작한 후 openweathermap.org에 원격으로 접속해 도시의 기상 정보를 가져온다. 가져온 기상 정보는 원본 웹 폼과 함께 서버에 반환된다.

이번 예제와 이전 예제의 가장 큰 차이점은 웹 서버가 로컬 웹 클라이언트 외부 서비스에 연결해 응답을 구성하기 위한 데이터를 가져오는 것에 있다. 38~52번 줄에 웹 서버가 구현돼 있다. POST 방식 요청의 경우 요청 스트림에서 폼 값을 읽고 querystring.parse()를 사용해 도시명을 얻고 getWeather() 함수를 호출한다.

27~33번 줄의 getWeather() 함수는 openweathermap.org의 클라이언트 요청을 구현한다. 18~26번 줄의 parseWeather() 요청 핸들러는 openweathermap.org의 응답을 읽어 sendResponse() 함수에 데이터를 전달한다. 5~17번 줄에 있는 sendResponse() 함수는 응답을 구성해 클라이언트에 전달한다. 그림 7.4는 브라우저에서 외부 서비스를 구현하는 방법을 보여준다.

> **경고**
>
> 다음 애플리케이션을 사용하려면 계정을 만들고 API 키를 가져야 한다. 이를 위해서는 openweathermap.org에 방문하면 된다.

190

목록 7.7 http_server_external.js: 날씨 정보를 가진 외부 소스에 원격으로 연결하는 HTTP 웹 서비스 구현

```
01 var http = require('http');
02 var url = require('url');
03 var qstring = require('querystring');
04 var APIKEY = ""//place your own api key within the quotes;
05 function sendResponse(weatherData, res){
06   var page = '<html><head><title>External Example</title></head>' +
07     '<body>' +
08     '<form method="post">' +
09     'City: <input name="city"><br>' +
10     '<input type="submit" value="Get Weather">' +
11     '</form>';
12   if(weatherData){
13     page += '<h1>Weather Info</h1><p>' + weatherData +'</p>';
14   }
15   page += '</body></html>';
16   res.end(page);
17 }
18 function parseWeather(weatherResponse, res) {
19   var weatherData = '';
20   weatherResponse.on('data', function (chunk) {
21     weatherData += chunk;
22   });
23   weatherResponse.on('end', function () {
24     sendResponse(weatherData, res);
25   });
26 }
27 function getWeather(city, res){
28   city = city.replace(' ', '-');
29   console.log(city);
30   var options = {
31     host: 'api.openweathermap.org',
32     path: '/data/2.5/weather?q=' + city + '&APPID=' + APIKEY
33   };
34   http.request(options, function(weatherResponse){
35     parseWeather(weatherResponse, res);
36   }).end();
37 }
```

```
38 http.createServer(function (req, res) {
39   console.log(req.method);
40   if (req.method == "POST"){
41     var reqData = '';
42     req.on('data', function (chunk) {
43       reqData += chunk;
44     });
45     req.on('end', function() {
46       var postParams = qstring.parse(reqData);
47       getWeather(postParams.city, res);
48     });
49   } else {
50     sendResponse(null, res);
51   }
52 }).listen(8080);
```

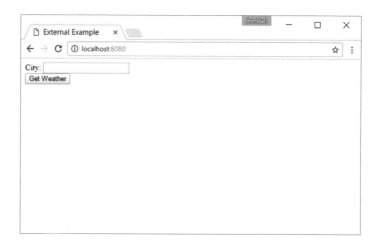

그림 7.4 날씨 정보를 가진 외부 소스에 원격으로 연결하는 HTTP 웹 서비스 구현 결과

HTTPS 서버와 HTTPS 클라이언트 구현

HTTPS^{Hypertext Transfer Protocol Secure, 하이퍼텍스트 전송 프로토콜 보안}는 HTTP 클라이언트와 서버 간에 안전한 통신을 제공하는 통신 프로토콜이다. HTTPS는 보안 기능을 확보하기 위해 TLS/SSL 프로토콜 위에 HTTP를 구현했다. HTTPS는 두 가지 방식으로 보안 기능을 제공한다. 첫 번째로 단기간에 사용되는 세션 키 교환을 위해 장기간 사용되는 공개 키와 비밀 키를 사용해 클라이언트와 서버 간 데이터 암호화를 진행한다. 두 번째로 인증 기능을 통해 접속하려는 웹 서버가 의도한 서버가 맞는지 확인해 제삼자에 의해 경로가 수정된 요청을 갖는 중간자man-in-the-middle 공격을 방지할 수 있다.

다음 절에서는 Node.js 환경에서 https 모듈을 사용해 HTTPS 서버와 클라이언트를 구현하는 방법을 다룬다. HTTPS 사용에 앞서 개인 키와 공개 인증서를 생성해야 한다. 플랫폼에 따라 다양한 방법이 존재한다. 가장 간단한 방법으로 OpenSSL 라이브러리를 사용할 수 있다.

개인 키를 생성하려면 OpenSSL 명령을 사용해 개인 키를 생성해야 한다.

```
openssl genrsa -out server.pem 2048
```

다음 명령을 사용해 인증서가 서명된 요청 파일을 생성한다.

```
openssl req -new -key server.pem -out server.csr
```

> **노트**
>
> 인증서 서명을 거친 요청 파일을 생성할 때는 몇 가지 질문에 답해야 한다. 공통 이름 입력 칸에는 연결을 원하는 서버 도메인명을 넣는다. 이름을 입력하지 않으면 인증되지 않는다. Subject Alternative Names(주제를 대체할 이름) 필드에는 추가 도메인명과 IP 주소를 넣는다.

내부적인 목적이나 테스트를 목적으로 자체 서명한 인증서를 생성하려면 다음과 같은 명령을 사용해야 한다.

```
openssl x509 -req -days 365 -in server.csr -signkey server.pem -out server.crt
```

> **노트**
>
> 자체 서명된 인증서를 테스트 목적이나 내부적 사용 목적으로 사용할 수 있다. 하지만 인터넷상에 외부 웹 서비스를 구현한 경우에는 인증 기관의 서명을 거친 인증서가 필요하다. 서드파티 인증 기관에 의해 서명된 인증서를 생성하려면 추가 단계가 필요하다.

HTTPS 클라이언트 생성

HTTPS 클라이언트 생성은 앞에서 다뤘던 HTTP 클라이언트 생성 프로세스와 거의 동일하다. 유일한 차이점은 표 7.9에서 나오는 클라이언트 보안을 위한 추가 옵션들의 존재다. 가장 중요한 옵션은 key, cert, agent다.

key 옵션은 SSL을 위한 개인 키를 지정한다. cert 값은 사용할 x509 공개 키를 지정한다. 전역 에이전트agent는 HTTPS에서 지원하지 않는 옵션이기 때문에 agent 설정에 null 값을 지정해 해당 옵션을 다음과 같이 비활성화한다.

```
var options = {
  key: fs.readFileSync('test/keys/client.pem'),
  cert: fs.readFileSync('test/keys/client.crt'),
  agent: false
};
```

요청을 위한 에이전트 옵션을 지정할 수 있는 맞춤형 Agent 객체를 생성하려면 다음과 같은 코드를 사용해야 한다.

```
options.agent = new https.Agent(options);
```

cert와 key, agent 설정을 옵션에서 정의하고 https.request(options, [responseCallback])를 호출할 수 있다. https.request(options, [responseCallback])은 http.request()와 동일하게 사용할 수 있다. 둘 간의 유일한 차이점은 클라이언트와 서버 사이의 데이터가 암호화된 것이다.

```
var options = {
  hostname: 'encrypted.mysite.com',
```

```
  port: 443,
  path: '/',
  method: 'GET',
  key: fs.readFileSync('test/keys/client.pem'),
  cert: fs.readFileSync('test/keys/client.crt'),
  agent: false
};
var req = https.request(options, function(res)) {
  <http.request와 동일한 응답 처리>
}
```

표 7.9 https.request()와 https.createServer()의 추가 옵션

이벤트	설명
pfx	PFX나 PKCS12 포맷의 개인 키, 인증서 서버의 CA 인증 정보를 담고 있는 문자열 또는 버퍼 객체
key	SSL을 위해 사용할 개인 키를 포함한 문자열 객체 또는 버퍼 객체
passphrase	개인 키나 PFX를 위한 구문을 포함한 문자열 객체
cert	사용할 공개 x509 인증서를 포함한 문자열 객체 또는 버퍼 객체
ca	원격 호스트 확인에 사용되는 신뢰할 수 있는 인증서의 PEM 포맷 문자열이나 버퍼 배열
ciphers	사용하거나 제외할 암호를 설명하는 문자열
rejectUnauthorized	불린 값이 true인 경우 서버 인증서가 제공된 CA 목록에 있는 것을 의미한다. 인증에 실패하면 error 이벤트가 발생한다. 검증은 HTTP 요청을 보내기 전 연결 레벨에서 수행한다. 기본값은 true다. http.request() 옵션에서만 사용된다.
crl	PEM으로 인코딩된 CRL(인증서 해지 목록)의 문자열이나 목록. https.createServer()에서만 사용
secureProtocol	SSL 버전 3을 강제하기 위해 사용하는 SSLv3_method와 같은 SSL 함수

HTTPS 서버 생성

HTTPS 서버 생성은 7장의 앞부분에 다뤘던 HTTP 서버의 생성 프로세스와 거의 동일하다. 유일한 차이는 https.createServer()에 반드시 전달되는 추가 옵션 매개변수들이다. 표 7.9에 나열돼 있는 옵션은 서버의 보안을 설정한다. 가장 중요한 옵션은 key와 cert다.

key 옵션은 SSL에 사용되는 개인 키를 지정한다. cert 값은 x509 공개 키를 지정한다. 다음은 Node.js에서 HTTPS 서버를 생성하는 예제다.

```
var options = {
  key: fs.readFileSync('test/keys/server.pem'),
  cert: fs.readFileSync('test/keys/server.crt')
};
https.createServer(options, function (req, res) {
  res.writeHead(200);
  res.end("Hello Secure World/n");
}).listen(8080);
```

HTTPS 서버가 생성된 이후의 요청/응답 처리 방법은 HTTP 서버와 동일하다.

요약

Node.js가 중요한 이유는 HTTP와 HTTPS 서버, 서비스를 매우 빠르게 구현할 수 있기 때문이다. http와 https 모듈은 기본 웹 서버 구성을 위한 모든 것을 제공한다. 모든 기능을 갖춘 웹 서버를 만들려면 익스프레스와 같이 좀 더 확장된 라이브러리를 사용해야 한다. 하지만 http와 https 모듈은 일부 기본 웹 서비스에서 잘 동작하고 매우 간단하게 구현할 수 있다.

7장은 예제를 통해 자신만의 서비스를 구현하기 위한 좋은 시작점이 될 수 있는 HTTP의 기본을 다뤘다. 객체에 추가하기 위해 URL과 질의 문자열을 객체로 변환하기 위한 url과 querystring 모듈을 사용하는 방법도 배웠다.

8장에서 다룰 내용

8장, 'Node.js에서 구현하는 소켓 서비스'에서는 net 모듈에 대한 좀 더 심도 있는 내용을 다루고 TCP 클라이언트와 서버를 사용한 자신의 소켓 서비스 구현 방법을 알아본다.

Node.js에서 구현하는
소켓 서비스

소켓을 통한 통신은 백엔드 서비스 구현의 중요한 부분이다. 프로세스들은 소켓을 통해 IP 주소와 포트를 통해 통신할 수 있다. 소켓을 이용한 프로세스 간 통신(IPC)은 동일한 서버에 존재하는 프로세스 간 통신뿐 아니라 다른 서버에 존재하는 프로세스 간 통신에도 사용할 수 있다. Node.js는 net 모듈을 제공해 소켓 서버와 클라이언트 생성을 지원한다. 안전한 TLS 소켓 서버와 클라이언트 구현을 위한 tls 모듈도 제공한다.

네트워크 소켓 이해하기

네트워크 소켓은 컴퓨터 네트워크를 통한 통신의 종단에 위치한다. 소켓은 HTTP 계층 아래에 존재하고 서버 간의 단대단point-to-point 통신을 제공한다. 인터넷을 통한 실제 두 지점 간 데이터 흐름을 위한 인터넷 통신은 대부분 인터넷 소켓에 바탕을 두고 있다.

소켓은 IP 주소와 포트의 조합으로 구성된 소켓 주소를 사용해 동작한다. 소켓 연결은 두 가지 형태(서버, 클라이언트)로 존재한다. 서버는 연결을 수신하고 클라이언트는 서버 연결을 진행한다. 서버와 클라이언트는 유일한 IP 주소와 포트 조합을 가져야 한다.

Node.js의 net 모듈 소켓은 TCPTransmission Control Protocol, 전송 제어 프로토콜를 사용해 원시 데이터를 전송한다. TCP 프로토콜은 데이터를 패키징하고 지점 간 데이터 전송 성공 여부를 보장한다. Node.js 소켓은 서버와 클라이언트 간 읽기, 쓰기 스트림 데이터를 지원하기 위한 Duplex 스트림도 지원한다.

소켓은 http 모듈의 하부 구조로 구성된다. GET이나 POST와 같은 웹 요청에 대한 처리 기능이 필요하지 않거나 단순한 지점 간 데이터 스트림만 필요한 경우에 소켓을 사용하면 좀 더 경량화된 해결책과 함께 추가 제어도 가능하다.

소켓을 사용하면 간편하게 동일한 컴퓨터에서 실행 중인 프로세스 간에 통신할 수 있다. 프로세스들은 직접 메모리를 공유할 수 없지만 소켓을 사용해 프로세스 간 데이터 읽기, 쓰기를 진행할 수 있다.

TCP 서버와 소켓 객체 이해하기

Node.js 애플리케이션에서 net 모듈을 사용하려면 우선 TCP 서버와 소켓 객체들의 이해가 필요하다. 이 객체들을 사용해 요청을 처리할 TCP 서버 및 요청을 만들 TCP 소켓 클라이언트를 위한 프레임워크를 제공한다. 이벤트와 프로퍼티, 함수, 객체의 행동을 이해하면 간단하게 자신만의 TCP 소켓 서버와 클라이언트를 구현할 수 있다.

이후 절에서는 net.Socket과 net.서버 객체의 목적과 특성을 다룬다. 이를 통해 소켓 객체의 이벤트와 프로퍼티, 메서드를 설명한다.

net.socket 객체

소켓 객체를 사용해 소켓 서버와 소켓 객체 둘 다 생성할 수 있고 생성된 서버와 클라이언트는 서로 간에 데이터를 읽고 쓸 수 있다. 소켓 객체는 Duplex 스트림을 구성하기 때문에 Writable과 Readable 스트림이 제공하는 모든 기능을 제공한다. 예를 들면 write() 함수를 사용해 클라이언트나 서버에 쓰기 스트림을 보내거나 클라이언트, 서버에서 스트림 데이터를 위한 data 이벤트 핸들러를 사용할 수도 있다.

소켓 객체는 소켓 클라이언트에서 net.connect()나 net.createConnection() 호출 시점에 내부적으로 생성된다. 이 객체는 서버에 소켓 연결을 표현하기 위해 사용된다. 소켓 객체를 사용해 연결을 모니터링하기, 서버에 데이터 전송하기, 서버로부터의 응답 처리하기 등을 할 수 있다. 소켓 객체는 데이터를 송수신하거나 연결을 종료하는 클라이언트와 같이 동작하기 때문에 Node.js의 net 모듈에는 명시적으로 정의된 클라이언트 객체가 존재하지 않는다.

소켓 서버상에서 소켓 객체는 클라이언트가 서버에 연결하는 시점이나 연결 이벤트 핸들러에 전달되는 시점에 생성한다. 이 객체는 클라이언트에 소켓 연결 여부를 나타낸다. 서버에서는 소켓 객체를 사용해 클라이언트 연결과 클라이언트와 주고받는 데이터도 모니터링한다.

소켓 객체를 생성하려면 다음 함수 중 하나를 사용해야 한다. 모든 함수는 소켓 객체를 반환한다. 유일한 차이점은 첫 매개변수에 있다. 마지막 매개변수는 모두 동일하게 서버 연결 수립 시에 실행될 콜백 함수를 지정한다. net.connect( )와 net.createConnection( )는 똑같은 방식으로 동작한다. 다음 메서드들은 동일한 방식으로 동작한다.

```
net.connect(options, [connectionListener])
net.createConnection(options, [connectionListener])
net.connect(port, [host], [connectListener])
net.createConnection(port, [host], [connectListener])
net.connect(path, [connectListener])
net.createConnection(path, [connectListener])
```

options 매개변수를 사용해 소켓 객체를 처음으로 생성할 수 있다. 객체는 소켓 연결을 정의한 프로퍼티들을 가진다. 표 8.1은 소켓 객체 생성 시 지정할 수 있는 옵션을 보여준다. 두 번째 방식은 표 8.1에 설명된 port와 host 값을 직접 전달 인자로 받는 것이고 세 번째 방법은 소켓 객체 생성 시 사용할 유닉스 소켓의 파일 시스템 위치를 path 매개변수로 받는 것이다.

표 8.1 소켓 생성 시 지정할 수 있는 옵션

프로퍼티	설명
port	클라이언트가 연결할 포트 번호. 필요 옵션이다.
host	클라이언트가 연결할 도메인명 또는 서버의 IP 주소다. 기본값은 localhost다.
localAddress	네트워크 연결을 위해 클라이언트가 결합해야 하는 내부 IP 주소다.
localPort	네트워크 연결을 위해 결합할 로컬 포트다.
family	IP 스택의 버전(기본: 4)이다.
lookup	사용자 맞춤형 검색(기본: dns.lookup)이다.

소켓 객체가 생성되면 서버에 연결된 기간 동안 다양한 이벤트를 발생시킨다. 예를 들어 소켓 연결 시 connect 이벤트가 발생되고 읽기 목적의 Readable 스트림에 데이터가 준비되면 data 이벤트가 발생된다. 서버 연결 종료 시에는 close 이벤트가 발생된다. 소켓 서버를 구현한다면 소켓 연결 수립과 종료, 데이터 읽기/쓰기 과정에서 방출되는 다양한 이벤트를 처리하는 콜백을 등록할 수 있다. 표 8.2는 소켓 객체가 발생시키는 이벤트 목록을 보여준다.

표 8.2 소켓 객체가 발생시키는 이벤트

이벤트	설명
connect	서버에 성공적으로 연결됐을 때 발생한다. 콜백 함수는 매개변수를 갖지 않는다.
data	소켓상에 전달받은 데이터가 있는 경우에 발생한다. 콜백 함수는 소켓에서 읽은 데이터 청크를 저장할 버퍼 객체를 매개변수로 반드시 받아야 한다 (예: function(chunk){}).
end	서버가 FIN을 보내고 연결을 종료할 때 발생한다. 콜백 함수는 별도의 매개변수를 받지 않는다.
timeout	활동이 없어 서버 연결 타임아웃 만료 시 발생한다.
drain	쓰기 버퍼가 빈 경우에 발생한다. 소켓에 쓰일 데이터 스트림을 제어하는 용도로 사용할 수 있다. 콜백 함수는 매개변수를 갖지 않는다.
error	소켓 연결 에러 시 발생한다. 콜백은 error를 유일한 매개변수로 받는다 (예: function(error){}).
close	end() 함수나 에러로 인해 소켓이 완전히 닫힐 때 발생한다. 콜백 함수는 매개변수를 갖지 않는다.

소켓 객체는 소켓을 통해 데이터를 읽고 쓰거나 데이터 흐름을 중지하거나 종료시킬 수 있는 몇 가지 방법을 제공한다. 이런 기능들의 대부분은 Duplex 스트림 객체에서 상속받은 것이며 이미 사용자들은 익숙한 기능일 것이다. 표 8.3은 소켓 객체의 가용 함수들을 보여준다.

표 8.3 소켓 객체의 메서드 목록

메서드	설명
setEncoding([encoding])	이 함수가 호출되면 소켓 스트림에서 반환된 데이터는 버퍼 객체가 아닌 문자열로 인코딩된다. 스트림에서 데이터 읽기/쓰기 과정에서의 기본 인코딩 방법을 설정한다. 이 옵션을 사용하면 buf.toString(encoding)을 사용해 버퍼를 문자열로 변환하는 과정에서 변경될 수 있는 복수 개의 바이트 문자에 대한 처리가 가능하다. 데이터를 문자열 형태로 읽으려면 이 함수를 사용해야 한다.
write(data, [encoding], [callback])	지정된 인코딩 방식을 사용해 데이터 버퍼나 문자열을 소켓의 Writable 스트림에 써 넣는다. 콜백 함수는 데이터가 쓰이면 바로 실행된다.
end([data], [encoding])	소켓의 Writable 스트림에 데이터 버퍼나 문자열을 써 넣은 후에 스트림을 비우고 연결을 종료한다.
destroy()	소켓 연결을 강제로 종료한다. 소켓 연결 실패의 경우에만 필요하다.
pause()	소켓의 Readable 스트림에서 데이터 이벤트 방출 동작을 중지한다. 데이터를 스트림으로 업로드할 때 조절할 수 있도록 해준다.

resume()	소켓의 Readable 스트림에서 데이터 이벤트 방출을 다시 시작한다.
setTimeout(timeout, [callback])	밀리초 단위로 timeout 값을 지정. 소켓이 비활성화 상태고 타임아웃 이벤트가 발생하기 전까지 서버가 대기한다. 콜백 함수는 이벤트 리스너로 사용된다. 타임아웃일 때 연결이 종료되게 하려면 사용자가 직접 콜백 함수에 지정해야 한다.
setNoDelay([noDelay])	데이터 전송 전 버퍼링하는 Nagle 알고리즘을 활성화하거나 비활성화한다. 이 값이 false일 경우 데이터 버퍼링이 비활성화된다.
setKeepAlive([enable], [initialDelay])	연결할 때 keep-alive 기능을 활성화하거나 비활성화한다. 선택적으로 사용되는 initialDelay 매개변수에는 첫 keep-alive 패킷을 보내기 전에 소켓이 대기 상태로 있는 시간을 지정할 수 있다.
address()	운영 체제에서 전달되는 바인딩된 주소, 주소명, 소켓 포트를 반환한다. 반환 값에는 port, family, address 속성을 포함한 객체가 사용된다(예: { port: 8107, family: 'IPv4', address: '127.0.0.1' }).
unref()	소켓이 이벤트 큐에 있는 유일한 이벤트인 경우 이 메서드를 사용해 Node.js 애플리케이션에서 소켓을 종료할 수 있다.
ref()	소켓을 재참조해 소켓이 이벤트 큐에 유일한 이벤트일 경우에도 소켓을 종료시키지 않는다.

소켓 객체는 객체에 대한 정보를 얻기 위한 여러 프로퍼티(연결 중인 소켓 주소와 포트, 저장할 데이터 크기, 버퍼 크기)를 제공한다. 표 8.4는 소켓 객체에서 사용할 수 있는 프로퍼티를 보여준다.

표 8.4 소켓 객체에서 사용할 수 있는 프로퍼티

메서드	설명
bufferSize	소켓 스트림에 쓰기 대기 중이거나 현재 대기 버퍼 중인 바이트 수를 반환한다.
remoteAddress	소켓을 통해 연결할 원격 서버의 IP 주소를 반환한다.
remotePort	소켓을 통해 연결할 원격 서버의 포트를 반환한다.
remoteFamily	소켓 연결을 위해 사용되는 원격 패밀리의 IP를 반환한다.
localAddress	소켓 연결을 위해 사용되는 원격 클라이언트의 로컬 IP 주소를 반환한다.
localPort	소켓 연결을 위해 사용되는 원격 클라이언트의 로컬 포트를 반환한다.
bytesRead	소켓을 사용해 읽은 바이트 수를 반환한다.
bytesWritten	소켓을 사용해 쓴 바이트 수를 반환한다.

소켓 객체를 통한 데이터 흐름을 설명하기 위해 다음 코드는 클라이언트의 소켓 객체 기본 구현을 보여준다. net.connect( ) 메서드는 port와 host 속성을 포함하는 option 객체를 사용한다. connect의 콜백 함수는 메시지를 기록하고 일부 데이터는 서버에 저장한다. 서버에서 수신한 데이터를 처리하기 위해 on.data( ) 이벤트 핸들러를 사용한다. 소켓 완료 처리를 위해서는 on('end') 이벤트 핸들러를 사용해야 한다.

```
var net = require('net');
var client = net.connect({port: 8107, host:'localhost'}, function() {
  console.log('Client connected');
  client.write('Some Data/r/n');
});
client.on('data', function(data) {
  console.log(data.toString());
  client.end();
});
client.on('end', function() {
  console.log('Client disconnected');
});
```

net.서버 객체

net.서버 객체는 TCP 소켓 서버를 생성하고 데이터 읽기/쓰기 가능 연결을 만들기 위해 사용한다. 서버 객체는 net.createServer( ) 호출 시 내부적으로 생성된다. 이 객체는 소켓 서버를 나타내고 연결을 위한 수신 처리 후 서버 연결을 통한 데이터 송·수신을 한다.

서버는 연결 수신 후 소켓 객체를 생성해 수신 중인 연결 이벤트 핸들러에 전달한다. 소켓 객체는 Duplex 스트림으로 구현돼 있어 write( ) 함수를 통해 클라이언트에 데이터를 쓰거나 data 이벤트 핸들러를 통해 클라이언트의 데이터 스트림을 사용할 수 있다. 서버 객체를 생성하려면 다음과 같이 net.createServer( ) 함수를 사용해야 한다.

```
net.createServer([options], [connectionListener])
```

options 매개변수는 소켓 서버 객체 생성 시 사용되는 특정 옵션을 지정하는 객체다. 표 8.5는 Option 객체의 프로퍼티를 나타낸다. 두 번째 매개변수인 connection 이벤트 콜백 함수는 연결을 위해 사용된다. connectionListenter 콜백 함수는 연결된 클라이언트를 위한 소 켓 객체를 전달한다.

표 8.5 net.서버 객체 생성 시 지정할 수 있는 옵션

프로퍼티	설명
allowHalfOpen	불린 형식으로 true 값을 갖고 다른 소켓에서 FIN 패킷을 보내는 경우 소켓은 자동으로 FIN 패킷을 보내지 않는다. 그렇기 때문에 Duplex 스트림의 절반은 동작 시작 상태로 남아 있다. 기본값은 false다.
pauseOnConnect	불린 형식으로 true 값을 가지면 각 연결에 대한 소켓의 동작은 일시 중단되며 데이터를 핸들에서 읽지 못한다. 프로세스가 데이터를 읽지 않고서도 서로 간에 연결 값을 전달할 수 있도록 해준다. 기본값은 false다.

서버 객체는 생성 후 동작하는 기간 동안 여러 이벤트를 발생시킨다. 예를 들어 connection 이벤트는 소켓 클라이언트 연결 시, close 이벤트는 서버 종료 시에 발생된다. 소켓 서버를 구현하려면 연결, 에러, 종료 과정에서 발생되는 이벤트를 처리할 콜백 함수를 등록해야 한 다. 표 8.6은 소켓 객체에서 발생되는 이벤트 목록을 보여준다.

표 8.6 net.socket 객체에서 발생되는 이벤트

이벤트	설명
listening	listening( ) 함수 호출을 통해 서버에서 포트 수신을 시작한 경우에 발생한다. 콜백 함수는 전달 인자를 받지 않는다.
connection	소켓 클라이언트에서 연결을 수신한 경우에 발생한다. 콜백 함수는 반드 시 클라이언트 연결을 나타낼 소켓 객체를 매개변수로 받아야 한다(예: function(client){ }).
close	서버가 정상적 또는 에러로 닫힌 경우에 발생한다. 이 이벤트는 모든 클라이언 트 연결이 만료되기 전까지 발생한다.
error	에러 시 발생한다. 에러에 대한 close 이벤트로도 사용된다.

서버 객체에는 소켓을 통한 읽기/쓰기나 데이터 흐름 중단/정지를 위한 여러 함수가 들어 있 다. 이 함수들의 대부분은 Duplex 스트림 객체에서 상속받은 것들이기 때문에 이미 익숙할 것이다. 표 8.7은 소켓 객체에서 사용할 수 있는 함수를 보여준다.

표 8.7 소켓 객체에서 사용할 수 있는 메서드

메서드	설명
listen(port, [host], [backlog], [callback])	서버 포트를 열고 연결을 시작한다. port를 사용하면 수신 중인 포트를 지정할 수 있다. 포트에 0을 지정하면 랜덤 포트 번호가 선택된다. host는 수신 중인 IP 주소를 지정하며 host가 생략된 경우 서버는 모든 IPv4 주소의 연결을 받는다. backlog는 서버에 허용된 최대 지연 연결 수를 지정한다. 기본값은 511이다. 콜백 함수는 서버가 포트를 열고 수신을 시작할 때 호출된다.
listen(path, [callback])	유닉스 소켓 서버가 시작된다는 점을 제외하면 바로 위 메서드와 같다. 파일 시스템 경로에 지정된 파일을 사용해 연결한다.
listen(handle, [callback])	서버 객체나 소켓 객체의 핸들이 서버의 파일 디스크립터 핸들을 가리키는 기본 _handle 멤버를 갖는 것을 제외하면 바로 이전 메서드와 동일하다. 파일 디스크립터는 포트에 이미 연결된 소켓 파일을 가리킨다고 가정한다.
getConnections(callback)	서버에 현재 얼마나 연결됐는지를 반환한다. callback은 연결 개수가 계산되면 실행되고 다음과 같이 error와 count 매개변수를 사용한다(예: function(error, count)).
close([callback])	서버 동작을 중단하고 새롭게 연결한다. 현재 연결은 작업이 완료되기 전까지는 유지된다. 서버는 모든 현재 연결이 닫히기 전까지 실제 중단되지 않는다.
address()	운영 체제에 보고된 연결된 주소, 주소 패밀리 이름, 소켓 포트를 반환한다. 반환 프로퍼티 값은 다음과 같은 port, family, address 프로퍼티를 포함한다(예: { port: 8107, family: 'IPv4', address: '127.0.0.1' }).
unref()	이벤트 큐에서 서버 객체가 유일한 이벤트인 경우 Node.js 애플리케이션을 종료한다.
ref()	소켓을 참조하며 이벤트 큐에서 서버 객체가 유일한 이벤트인 경우에 Node.js 애플리케이션을 종료하지 않는다.

서버 객체는 maxConnections 속성을 제공해 서버가 거부 없이 받아들일 수 있는 최대 연결 숫자를 설정한다. child_process.fork()를 사용해 자식에서 포크fork된 프로세스의 경우에는 이 옵션을 사용하지 않는다. 다음은 서버 객체의 기본 구현 코드를 보여준다.

net.createServer() 메서드가 호출되고 클라이언트 소켓 객체를 사용하는 콜백 함수가 사용된다. 클라이언트로부터 받은 데이터를 처리하려면 on.data() 이벤트 핸들러를 구현해야 하고, 소켓 종료 처리를 하려면 on('end') 이벤트 핸들러를 구현해야 한다. 다음 코드의 listen() 메서드는 8107 포트를 사용한다.

```
var net = require('net');
var server = net.createServer(function(client) {
  console.log(Client connected');
  client.on('data', function(data) {
    console.log('Client sent ' + data.toString());
  });
  client.on('end', function() {
    console.log('Client disconnected');
  });
  client.write('Hello');
});
server.listen(8107, function() {
  console.log('Server listening for connections');
});
```

TCP 소켓 서버와 클라이언트 구현

이제 net.Server와 net.socket 객체를 이해할 수 있다. 이번에는 Node.js 기반 TCP 클라이언트와 서버를 구현해보자. 이번 절에서는 기본 TCP 클라이언트와 서버를 구현하는 과정을 다룬다.

다음 절의 예제에서는 이해를 돕기 위해 특정 포트로 연결을 수신하는 TCP 서버를 시작하고 해당 서버에 연결하기 위한 클라이언트를 구현하는 매우 기본적인 코드를 예제로 사용한다. 예제들은 서버와 클라이언트의 상호 작용과 이벤트 처리를 위해 구현해야 하는 내용을 보여준다.

TCP 소켓 클라이언트 구현

가장 기본적인 수준에서 TCP 소켓 클라이언트를 구현하려면 서버에 연결하고 데이터를 주고받기 위한 소켓 객체를 생성해야 한다. 추가로는 에러 처리와 버퍼 관리, 타임아웃과 관련된 내용을 구현할 수 있다. 이번 절에서는 소켓 객체를 사용해 소켓 클라이언트를 구현하는 절차를 다룬다. 목록 8.1은 이와 관련된 전체 코드를 제공한다.

우선 다음과 같이 net.connect()를 호출해 소켓 클라이언트를 생성한다. 연결할 port와 host를 전달하고 connect 이벤트를 처리할 콜백 함수도 구현한다.

```
net.connect({port: 8107, host:'localhost'}, function() {
  // 핸들 연결
});
```

콜백 함수 내에서 연결 동작을 구성한다. 예를 들어 다음과 같이 타임아웃이나 인코딩 설정을 할 수 있다.

```
this.setTimeout(500);
this.setEncoding('utf8');
```

또한 data, end, error, timeout, close 이벤트를 처리할 핸들러가 필요하다. data 이벤트를 처리해 서버로부터 받은 데이터를 읽어오려면 연결한 후에 다음 핸들러를 추가해야 한다.

```
this.on('data', function(data) {
  console.log("Read from server: " + data.toString());
  // 데이터 처리
  this.end();
});
```

서버에 데이터를 쓰려면 write() 명령을 실행해야 한다. 서버에 많은 데이터를 쓰거나 쓰기 실패한 경우 drain 이벤트 핸들러를 구현해 버퍼가 비어 있을 경우 다시 쓰기를 수행한다. 다음은 쓰기 실패 시 처리를 위한 drain 핸들러를 구현하는 예제다. 클로저를 사용하면 socket과 data 변수들을 보존할 수 있고 함수는 종료될 수 있다.

```
function writeData(socket, data){
  var success = !socket.write(data);
  if (!success){
    (function(socket, data){
      socket.once('drain', function(){
        writeData(socket, data);
      });
    })(socket, data);
  }
}
```

목록 8.1은 기본 TCP 소켓 클라이언트의 전체 구현을 보여준다. 클라이언트는 단순히 서버에 데이터를 보내고 받지만 간단한 확장을 통해 소켓 간 좀 더 복잡한 데이터를 처리할 수도 있다. 서버에 3개의 다른 소켓이 열려 있고 동시에 통신하고 있다는 것에 주목하자. 목록 8.1의 결과는 목록 8.1의 수행 결과다. 각 클라이언트는 서로 다른 랜덤 포트 번호를 받아 생성된다.

목록 8.1 socket_client.js: 기본 TCP 소켓 클라이언트 구현

```
01 var net = require('net');
02 function getConnection(connName){
03   var client = net.connect({port: 8107, host:'localhost'}, function() {
04     console.log(connName + ' Connected: ');
05     console.log(' local = %s:%s', this.localAddress, this.localPort);
06     console.log(' remote = %s:%s', this.remoteAddress, this.remotePort);
07     this.setTimeout(500);
08     this.setEncoding('utf8');
09     this.on('data', function(data) {
10       console.log(connName + " From Server: " + data.toString());
11       this.end();
12     });
13     this.on('end', function() {
14       console.log(connName + ' Client disconnected');
15     });
16     this.on('error', function(err) {
17       console.log('Socket Error: ', JSON.stringify(err));
18     });
19     this.on('timeout', function() {
20       console.log('Socket Timed Out');
21     });
22     this.on('close', function() {
23       console.log('Socket Closed');
24     });
25   });
26   return client;
27 }
28 function writeData(socket, data){
29   var success = !socket.write(data);
30   if (!success){
```

```
31    (function(socket, data){
32      socket.once('drain', function(){
33        writeData(socket, data);
34      });
35    })(socket, data);
36  }
37 }
38 var Dwarves = getConnection("Dwarves");
39 var Elves = getConnection("Elves");
40 var Hobbits = getConnection("Hobbits");
41 writeData(Dwarves, "More Axes");
42 writeData(Elves, "More Arrows");
43 writeData(Hobbits, "More Pipe Weed");
```

목록 8.1의 결과 socket_client.js: 기본 TCP 소켓 클라이언트 구현 결과

```
Elves Connected:
local = 127.0.0.1:62616
remote = 127.0.0.1:8107
Dwarves Connected:
local = 127.0.0.1:62617
remote = 127.0.0.1:8107
Hobbits Connected:
  local = 127.0.0.1:62618
  remote = 127.0.0.1:8107
Elves From Server: Sending: More Arrows
Dwarves From Server: Sending: More Axes
Hobbits From Server: Sending: More Pipe Weed
Dwarves Client disconnected
Socket Closed
Elves Client disconnected
Socket Closed
Hobbits Client disconnected
Socket Closed
```

TCP 소켓 서버 구현

가장 기본적인 수준에서 TCP 서버와 클라이언트 구현은 서버 객체 생성, 포트 수신, 들어온 연결 처리, 데이터 송 · 수신이다. 추가로 소켓 서버는 서버 객체의 **close**와 **error** 이벤트와 클라이언트 소켓 객체의 연결 이벤트를 처리해야 한다. 이번 절에서는 서버 객체를 사용해 소켓 서버를 구현하는 각 단계를 다룬다. 목록 8.2는 이와 관련된 전체 코드를 제공한다.

첫 단계로 다음과 같이 **net.createServer( )** 호출을 통해 소켓 서버를 생성한다. 연결 콜백 핸들러를 제공하고 **listen( )** 호출을 통해 포트 수신을 시작한다.

```
var server = net.createServer(function(client) {
    // 연결 콜백 핸들러 코드 구현
});
server.listen(8107, function() {
    // 대기 수신(listen) 콜백 핸들러 구현
});
```

listen 콜백 핸들러 안에서 서버 객체의 **close**와 **error** 이벤트를 지원할 핸들러를 추가한다. 핸들러에서 단순히 상태 정보를 출력할 수도 있지만 해당 이벤트 수신에 따른 추가 코드를 구현할 수도 있다. 다음 코드는 기본 예제를 나타낸다.

```
server.on('close', function(){
  console.log('Server Terminated');
});
server.on('error', function(err){
});
```

connection 이벤트 콜백 내에서는 연결 동작과 관련된 설정을 한다. 다음과 같이 타임아웃 타이머를 추가하거나 인코딩을 설정할 수 있다.

```
this.setTimeout(500);
this.setEncoding('utf8');
```

클라이언트 연결 시 발생하는 data, end, error, timeout 및 close 이벤트를 위한 핸들러를 추가할 수 있다. data 이벤트를 처리하기 위해서는 클라이언트에서 받은 데이터를 읽을 수 있어야 하며 연결돼 있어야 한다.

```
this.on('data', function(data) {
  console.log("Received from client: " + data.toString());
  // 데이터 처리
});
```

서버에 데이터를 쓰려면 코드 내에서 write() 명령을 사용해야 한다. 클라이언트에 많은 데이터를 쓰는 경우 drain 이벤트 핸들러를 구현해 버퍼가 빈 경우 다시 쓰기 작업을 수행할 수 있다. drain 이벤트를 처리하면 버퍼가 가득차 write() 실패가 발생한 경우나 소켓에 쓰기 조절이 필요한 경우에 도움이 된다. 다음 예제에서는 쓰기 실패할 때 처리할 drain 핸들러를 구현한다. 함수가 종료되더라도 클로저를 사용해 소켓과 데이터 값은 유지될 수 있다.

```
function writeData(socket, data){
  var success = !socket.write(data);
  if (!success){
    (function(socket, data){
      socket.once('drain', function(){
        writeData(socket, data);
      });
    })(socket, data);
  }
}
```

목록 8.2는 기본 TCP 소켓 서버의 전체 구현 내용을 보여준다. 소켓 서버는 8107 포트로 연결하고 데이터를 읽은 후 클라이언트에 문자열을 저장한다. 코드는 기본 구현 내용이지만 이벤트를 처리하고 클라이언트 연결에서 데이터를 읽고 쓰는 내용을 보여준다.

목록 8.2 socket_server.js: 기본 TCP 소켓 서버 구현

```
01 var net = require('net');
02 var server = net.createServer(function(client) {
03   console.log('Client connection: ');
04   console.log(' local = %s:%s', client.localAddress, client.localPort);
05   console.log(' remote = %s:%s', client.remoteAddress, client.remotePort);
06   client.setTimeout(500);
07   client.setEncoding('utf8');
08   client.on('data', function(data) {
09     console.log('Received data from client on port %d: %s',
10                 client.remotePort, data.toString());
11     console.log(' Bytes received: ' + client.bytesRead);
12     writeData(client, 'Sending: ' + data.toString());
13     console.log(' Bytes sent: ' + client.bytesWritten);
14   });
15   client.on('end', function() {
16     console.log('Client disconnected');
17     server.getConnections(function(err, count){
18       console.log('Remaining Connections: ' + count);
19     });
20   });
21   client.on('error', function(err) {
22     console.log('Socket Error: ', JSON.stringify(err));
23   });
24   client.on('timeout', function() {
25     console.log('Socket Timed Out');
26   });
27 });
28 server.listen(8107, function() {
29   console.log('Server listening: ' + JSON.stringify(server.address()));
30   server.on('close', function(){
31     console.log('Server Terminated');
32   });
33   server.on('error', function(err){
34     console.log('Server Error: ', JSON.stringify(err));
35   });
36 });
37 function writeData(socket, data){
```

```
38   var success = !socket.write(data);
39   if (!success){
40     (function(socket, data){
41       socket.once('drain', function(){
42         writeData(socket, data);
43       });
44     })(socket, data);
45   }
46 }
```

TLS 서버와 TLS 클라이언트 구현하기

TLS/SSL^{Transport Layer Security/Secure Sockets Layer, 전송층 보안/보안 소켓층}은 인터넷에서 안전하게 통신할 수 있게 고안된 암호화 프로토콜이다. 통신하는 소켓 서버의 적합성 여부를 판단하기 위해 세션 키와 함께 X.509 인증서를 사용한다. TLS는 두 가지 방식으로 보안을 유지한다. 첫 번째로 장기간 사용하는 공개 키와 개인 키를 사용해 송·수신 데이터 암호화를 위해 단기간에 사용하는 세션 키를 교환한다. 인증 역할도 수행하기 때문에 의도하지 않은 서버로 경로가 변경되는 중간자^{man-in-the-middle} 공격을 방어할 수 있다.

다음 절에서는 tls 모듈을 사용해 Node.js 환경에서 TLS 소켓 서버와 클라이언트를 구현하는 내용을 다룬다. TLS를 사용하기 전에 클라이언트와 서버 둘 다에서 개인 키와 공개 인증서를 생성해야 한다. 키를 생성하기 위한 방법은 다양한데 이는 사용하는 플랫폼에 종속적이다. 가장 간단한 방법 중 하나는 플랫폼에 맞는 OpenSSL 라이브러리를 사용하는 것이다. 개인 키를 생성하려면 다음과 같은 OpenSSL 명령을 사용해야 한다.

```
openssl genrsa -out server.pem
```

인증 서명된 요청 파일을 생성하려면 다음과 같은 명령을 사용해야 한다.

```
openssl req -new -key server.pem -out server.csr
```

> **노트**
>
> 인증 서명된 요청 파일 생성 시 몇 가지 질문에 답변해야 한다. 공통 이름 입력에는 연결하고자 하는 서버의 도메인명을 입력해야 한다. 그렇지 않으면 인증서는 제대로 동작하지 않는다. Subject Alternative Names(주제를 대체할 이름) 필드에는 추가 도메인명과 IP 주소를 넣을 수 있다.

특정 목적이나 테스트를 위해 자신이 서명한 인증서를 생성하려면 다음과 같은 명령을 사용해야 한다.

```
openssl x509 -req -days 365 -in server.csr -signkey server.pem -out server.crt
```

> **노트**
>
> 자신이 서명한 인증서는 테스트나 내부적인 목적으로 사용할 수 있다. 하지만 보호가 필요한 외부 웹 서비스를 웹에 구현하는 경우 인증 기관이 서명한 인증서가 필요하다. 제3의 인증 기관이 서명한 인증서를 생성하려면 추가 절차가 필요하다.

TLS 소켓 클라이언트 생성

TLS 클라이언트 생성은 8장의 앞부분에서 다뤘던 소켓 클라이언트 생성 과정과 매우 흡사하다. 유일한 차이점은 표 8.8에서 나열한 클라이언트 보안을 위한 추가 옵션이 존재한다는 점이다. 가장 중요한 옵션은 key, cert 및 ca다.

key 선택 사항에서는 SSL의 개인 키를 지정한다. cert 값을 사용해 x509 공개 키를 지정한다. 자신이 서명한 인증서를 사용하려면 서버 인증서에 있는 ca 속성을 확인해야 한다.

```
var options = {
  key: fs.readFileSync('test/keys/client.pem'),
  cert: fs.readFileSync('test/keys/client.crt'),
  ca: fs.readFileSync('test/keys/server.crt')
};
```

cert, key 및 ca 설정을 통해 옵션을 정의한 후 net.connect()의 동작과 거의 비슷한 tls.connect(options, [responseCallback])를 호출할 수 있다. 유일한 차이점은 서버와 클라이언트가 암호화돼 있다는 점이다.

```
var options = {
  hostname: 'encrypted.mysite.com',
  port: 8108,
  path: '/',
  method: 'GET',
  key: fs.readFileSync('test/keys/client.pem'),
  cert: fs.readFileSync('test/keys/client.crt'),
  ca: fs.readFileSync('test/keys/server.crt')
};
var req = tls.connect(options, function(res) {
  <handle the connection the same as an net.connect>
})
```

표 8.8 tls.connect()의 추가 옵션

이벤트	설명
pfx	PFX나 PKCS12 포맷의 개인 키, 인증서 서버 CA 인증서를 포함하는 문자열 객체나 버퍼 객체다.
key	SSL을 사용하기 위한 개인 키를 포함한 문자열 객체나 버퍼 객체다.
passphrase	개인 키나 PFX의 암호 구문을 포함한 문자열 객체다.
cert	공개 x509 인증서를 포함한 문자열 객체나 버퍼 객체다.
ca	원격 호스트를 확인하기 위한 PEM 포맷의 신뢰할 수 있는 인증서 목록의 버퍼나 문자열의 배열이다.
rejectUnauthorized	불린 형식으로 true인 경우 제공된 CA 목록에 없는 서버 인증서는 허용되지 않는다. 인증은 HTTP 요청을 보내기 전 연결 레벨에서 수행한다. 기본값은 true다.
servername	Server Name Indication(SNI) TLS 확장을 위한 서버명을 지정한다.
secureProtocol	사용할 SSL 함수를 나타낸다. 예를 들어 SSL version 3용으로는 SSLLv3_method SSLv3_method를 사용한다.

TLS 소켓 서버 생성

TLS 소켓 서버 생성 방법은 8장의 앞부분에서 다뤘던 소켓 서버 생성 방법과 매우 흡사하다. 유일한 차이는 tls.createServer()에 반드시 전달해야 하는 options 매개변수가 있다는 것과 tls.Server 객체에서 발생되는 추가 이벤트가 있다는 점이다. 표 8.9는 서버에 대해 지정해야 하는 보안 옵션, 표 8.10은 TLS 소켓 서버의 추가 이벤트 목록을 보여준다. 가장 중요한 옵션은 key와 cert, ca다.

key 옵션으로는 SSL에 사용되는 개인 키를 지정하고, cert 옵션으로는 사용될 x509 공개
키를 지정한다. 자신이 서명한 인증서를 사용하는 경우 클라이언트 인증서의 ca 속성을 확
인한다.

표 8.9 tls.createServer()의 추가 옵션

옵션	설명
pfx	PFX나 PKCS12 포맷의 개인 키, 인증서 서버의 CA 인증서를 포함하는 문자열 객체나 버퍼 객체다.
key	SSL에서 사용하는 개인 키를 포함하는 문자열 객체나 버퍼 객체다.
passphrase	개인 키나 PFX에 사용하는 암호 구문을 포함하는 문자열 객체다.
cert	사용할 공개 x509 인증서를 포함하는 문자열 객체나 버퍼 객체다.
ca	원격 호스트를 확인하기 위해 사용하는 PEM 포맷의 신뢰할 인증서 목록의 버퍼나 문자열 배열이다.
crl	문자열이나 PEM 형태를 가진 CRLs(인증서 재발급 목록)의 문자열 목록이다.
ciphers	사용하거나 제외될 수 있는 암호를 나타낸 문자열이다. honorCipherOrder와 결합 사용 시 BEAST 공격 방지에 효과적이다.
handshakeTimeout	SSL/TLS 핸드 셰이크가 완료되지 않았을 경우 연결을 중단하기 전 대기 시간(밀리초)이다. 타임아웃된 경우에 tls.Server에 clientError 이벤트가 발생된다.
honorCipherOrder	불린 형식으로 true면 서버가 암호를 선택하는 데 있어 클라이언트 설정보다 서버 설정을 우선한다.
requestCert	true인 경우 서버는 클라이언트에서 인증서를 요청하고 인증서 증명을 시도한다. 기본값은 false다.
rejectUnauthorized	true인 경우 서버는 제공된 CA 목록에 허용되지 않은 연결을 거부한다. requestCert가 true인 경우에만 유효하다. 기본값은 false다.
NPNProtocols	사용할 수 있는 NPN 프로토콜의 배열 또는 버퍼다. 프로토콜은 우선순위에 따라 정렬된다.
SNICallback	클라이언트가 SNI TLS 확장을 지원할 때 호출되는 함수다. 콜백 함수에는 유일하게 서버명만 전달된다.
sessionIdContext	세션 재개를 위한 불명확한 식별자를 포함한 문자열이다. requestCert가 true인 경우 기본값은 명령행에서 생성된 MD5 해시 값이다. false인 경우 기본값은 제공되지 않는다.
secureProtocol	사용할 SSL 함수를 지정한다. 예를 들어 SSL 버전 3을 사용할 때는 SSLv3_method다.

다음은 Node.js에서 TLS 소켓 서버를 생성하는 예제다.

```
var options = {
  key: fs.readFileSync('test/keys/server.pem'),
  cert: fs.readFileSync('test/keys/server.crt'),
  ca: fs.readFileSync('test/keys/client.crt')
};
tls.createServer(options, function (client) {
  client.write("Hello Secure World/r/n");
  client.end();
}).listen(8108);
```

TLS 소켓 서버가 생성되면 요청/응답 처리는 8장의 앞부분에서 다뤘던 TCP 소켓 서버의 동작과 기본적으로 같다. 서버는 연결을 수락하고 데이터를 클라이언트에 송·수신할 수 있다.

표 8.10 TLS 서버 객체의 추가 이벤트

이벤트	설명
secureConnection	새로운 보안 연결이 성공적으로 수립된 경우에 발생한다. 콜백은 데이터 읽기/쓰기가 가능한 tls.CleartextStream 스트리밍 객체 인스턴스 하나를 받는다(예: function (clearStream)).
clientError	클라이언트 연결 에러 시 발생한다. error와 tls.SecurePair 객체를 콜백의 매개변수로 받는다(예: function (error, securePair)).
newSession	새로운 TLS 세션 생성 시 발생한다. 세션 정보를 포함하는 sessionId 와 sessionData를 콜백의 매개변수로 받는다(예: function (sessionId, sessionData)).
resumeSession	클라이언트가 이전 TLS 세션을 재개하려는 경우에 발생한다. 세션을 외부 저장소에 저장해 이벤트 수신 시 확인할 수 있다. 콜백 핸들러는 sessionId 와 세션이 수립되지 않은 경우에 실행될 callback을 매개변수로 받는다(예: function (sessionId , callback)).

요약

소켓은 Node.js 애플리케이션에서 백엔드 서비스를 구현하는 데 있어 유용하다. 소켓을 사용하면 IP 주소와 포트만을 갖고 간편하게 서로 다른 시스템 간에 통신을 할 수 있다. 또한 동일한 서버에서 실행 중인 프로세스 간의 IPC에도 유용하게 사용할 수 있다. net 모듈을 사

용해 소켓 서버와 같이 동작하는 서버 객체를 생성할 수 있고 소켓 클라이언트와 함께 동작
하는 소켓 객체도 생성할 수 있다. 소켓 객체는 Duplex 스트림을 확장했기 때문에 서버와 클
라이언트 둘 다에서 읽기/쓰기가 가능하다. 안전하게 연결하려면 tls 모듈을 사용해 TLS 소
켓 서버와 클라이언트를 구현해야 한다.

9장에서 다룰 내용

9장, 'Node.js의 다중 프로세서를 사용한 애플리케이션 확장하기'에서는 Node.js 환경에서
멀티 프로세싱 구현을 알아본다. 멀티 프로세싱을 통해 시스템의 다른 프로세스에 작업을
분배하면 다중 프로세서 서버의 장점을 활용할 수 있다.

Node.js의 다중 프로세서를 사용한 애플리케이션 확장하기

4장, 'Node.js에서 이벤트, 리스너, 타이머, 콜백 사용하기'에서는 다중 스레드가 아닌 단일 스레드에서 Node.js 애플리케이션을 동작시키는 방법을 살펴봤다. 단일 스레드를 사용한 애플리케이션에서 Node.js는 좀 더 효율적이고 빠르게 동작한다. 그러나 대부분의 서버에는 다중 프로세서가 있고 다중 프로세서의 장점을 활용할 수 있도록 Node.js 애플리케이션을 제어할 수 있다. Node.js는 주 애플리케이션을 여러 프로세스로 분리시킬 수 있고 각 프로세스는 주 애플리케이션을 포함한 서로에 대해 병렬로 처리된다. Node.js는 다중 프로세서를 활용하기 위해 세 가지 모듈을 제공한다.

process 모듈은 동작 중인 프로세스에 접근할 수 있는 권한을 제공한다. child_process 모듈은 자식 프로세스^{child process}를 생성하고 서로 통신할 수 있게 한다. cluster 모듈은 동일한 포트를 공유하는 클러스터로 묶인 서버 클러스터를 구현하고 다중 프로세스를 입력받아 동시에 처리한다.

process 모듈 이해하기

process 모듈은 require( )를 사용하지 않고도 Node.js 애플리케이션에 접근할 수 있는 전역 객체다. 모듈은 근본적인 하드웨어 아키텍처에 대한 정보뿐 아니라 동작 중인 프로세스에 접근할 수 있는 권한도 제공한다.

입출력 파이프 처리 이해하기

stdin, stdout 및 stderr.stdin 프로세스가 일반적으로 콘솔 표준 입력 파이프이기 때문에 process 모듈은 표준 입출력 파이프에 대한 접근을 제공한다. 즉 콘솔에서 입력받기 위한 코드는 다음과 같다.

```
process.stdin.on('data', function(data){
  console.log("Console Input: " + data);
});
```

이제 콘솔에 데이터를 입력하고 Enter를 누르면 데이터가 위 코드로 전달된다. 예를 들면 다음과 같다.

```
some data
Console Input: some data
```

process 모듈의 stdout와 stderr 속성은 Writable 스트림으로 상황에 맞게 처리된다.

프로세스 시그널 이해

processs 모듈의 큰 특징은 운영 체제가 프로세스에 전달하는 시그널 신호를 처리하기 위한 리스너를 등록할 수 있다는 점이다. 따라서 프로세스가 멈추거나 종료하기 전에 비워내는 등의 특정 액션을 수행할 때 유용하게 사용된다. 표 9.1은 리스너에 등록할 수 있는 프로세스의 이벤트 목록이다. 프로세스 시그널을 등록하려면 on(event, callback) 함수를 사용해야 한다. 예를 들어 SIGBREAK 이벤트에 이벤트 핸들러를 등록하려면 다음과 같은 코드를 작성해야 한다.

```
process.on('SIGBREAK', function(){
  console.log("Got a SIGBREAK");
});
```

표 9.1 Node.js 프로세스로 보낼 수 있는 이벤트

이벤트	설명
SIGUSR1	Node.js 디버거가 시작되면 발생한다. 리스너를 등록할 수 있고 시작된 디버거는 종료할 수 없다.
SIGPIPE	프로세스가 반대쪽에 연결된 과정 없이 파이프에 쓰려고 할 때 발생한다.
SIGHUP	윈도우 환경이나 유사한 조건의 다른 플랫폼에서 콘솔 윈도우가 닫힌 경우에 발생한다. 이벤트가 발생하면 약 10초 후에 윈도우가 Node.js를 종료한다.
SIGTERM	요청이 프로세스를 종료하면 발생한다. 윈도우 환경에서는 지원되지 않는다.
SIGINT	멈춤(break)이 프로세스로 전달되면 발생한다. Ctrl + C가 눌렸을 때와 같은 상황이다.
SIGBREAK	윈도우 환경에서 Ctrl+Break가 눌리면 발생한다.
SIGWINCH	콘솔의 크기가 변경됐을 때 발생한다. 윈도우 환경에서는 콘솔에 쓰려고 하는 경우나 커서를 움직였을 때 미처리 모드(raw mode)에서 읽을 수 있는 TTY가 사용된 경우에만 발생한다.
SIGKILL	프로세스가 종료되면(kill) 발생한다. 리스너를 등록할 수 없다.
SIGSTOP	프로세스가 멈추면(stop) 발생한다. 리스너를 등록할 수 없다.

process 모듈로 하는 프로세스 실행 제어

process 모듈은 프로세스의 실행을 일부 제어할 수 있다. 예를 들어 현재 프로세스를 중단시키고 또 다른 프로세스를 종료하고 이벤트 큐에 동작을 등록시킨다. 이러한 메서드들은 process 모듈들을 통해 지원된다. 예를 들어 Node.js 프로세스를 종료하고 싶다면 다음과 같이 작성해야 한다.

```
process.exit(0)
```

표 9.2는 process 모듈에서의 제어 메서드들을 보여준다.

표 9.2 프로세스 실행 후에 process 함수에 의해 호출될 수 있는 함수

메서드	설명
abort()	abort 이벤트를 사용해 현재 Node.js 애플리케이션을 종료하고 메모리 코어(memory core)를 만든다.
exit([code])	현재 Node.js 애플리케이션은 완료하고 정의된 code를 반환한다.
kill(pid, [signal])	운영 체제에서 지정된 pid의 프로세스에 종료 시그널(kill signal)을 보낸다. 기본 signal 값은 SIGTERM이지만 다른 값을 직접 지정할 수 있다.
nextTick(callback)	Node.js 애플리케이션의 큐에 콜백 함수를 등록시킨다.

process 모듈의 정보 가져오기

process 모듈은 동작하는 프로세스 및 시스템 아키텍처에 관한 풍부한 정보를 갖고 있다. 이때 얻은 정보는 애플리케이션을 구현할 때 유용하게 사용된다. 예를 들어 process.pid 속성은 프로세스 ID 값을 전달하고 애플리케이션에서는 이 ID 값을 활용한다.

표 9.3에서는 process 모듈을 통해 접근할 수 있는 프로퍼티, 메서드를 나타낸다.

표 9.3 정보 수집을 위해 process 모듈에서 지원하는 메서드

메서드	설명
version	Node.js의 버전이다.
versions	Node.js 애플리케이션의 버전과 필요 모듈을 포함하는 객체를 제공한다.
config	현재 노드 실행 파일을 컴파일하는 데 사용된 환경 구성 옵션을 제공한다.
argv	Node.js 애플리케이션을 시작하는 데 사용되는 명령 인자를 포함한다. 첫 번째 요소는 노드, 두 번째 요소는 주요 자바스크립트 파일의 경로다.
execPath	Node.js가 실행된 위치에 대한 절대 경로 값이다.
execArgv	애플리케이션을 시작할 때 사용된 노드에 특화된 명령행 옵션이다.
chdir(directory)	애플리케이션이 동작하는 디렉터리를 변경한다. 애플리케이션이 시작된 후에 환경 파일을 불러오고자 할 경우에 유용하다.
cwd()	현재 동작 중인 프로세스 디렉터리를 반환한다.
env	프로세스 환경 구성에서 사용한 키/값 쌍을 포함한다.
pid	현재 프로세스의 ID다.

title	현재 동작 중인 프로세스의 타이틀이다.
arch	현재 동작 중인 프로세스의 아키텍처다(예: x64, ia32 및 arm).
platform	운영 체제 플랫폼이다(예: 리눅스나 win32, FreeBSD).
memoryUsage()	Node.js 프로세스의 현재 메모리 사용량을 나타낸다. util.inspect() 메서드를 사용하면 메모리 사용량을 읽을 수 있다. 다음과 같이 사용할 수 있다. console.log(util.inspect(process.memoryUsage())); { rss: 13946880, heapTotal: 4083456, heapUsed: 2190800 }
maxTickDepth	블로킹 입출력 이벤트가 처리되기 전에 nextTick()으로 스케줄링되는 이벤트의 최대 개수다. 입출력 프로세스가 기아 상태에 빠지는 것을 방지하기 위해 이 값을 산정하는 것이 필요하다.
uptime()	Node.js 프로세서가 동작한 초(seconds) 단위 시간을 포함한다.
hrtime()	고해상도(high-resolution)를 갖는 시간을 튜플(tuple)인 array [seconds, nanoseconds]에 반환한다. 이 값은 그래뉼러 타이밍 메커니즘(granular timing mechanism)을 구현할 때 필요하다.
getgid()	포식스(POSIX) 플랫폼에서 프로세스의 그룹 ID를 숫자형으로 반환한다.
setgid(id)	포식스 플랫폼에서 프로세스의 그룹 ID를 숫자형으로 지정한다.
getuid()	포식스 플랫폼에서 프로세스의 사용자 ID를 숫자형 또는 문자형으로 반환한다.
setuid(id)	포식스 플랫폼에서 프로세스의 사용자 ID를 숫자형 또는 문자형으로 지정한다.
getgroups()	포식스 플랫폼에서 그룹 ID들을 배열로 반환한다.
setgroups(groups)	포식스 플랫폼에서 보조 그룹 ID를 설정한다. Node.js 애플리케이션에서 이 메서드를 호출하려면 루트(root) 권한이 필요하다.
initgroups(user, extra_group)	포식스 플랫폼에서 /etc/group의 정보를 바탕으로 그룹 접근 목록을 초기화한다. Node.js 애플리케이션에서 이 메서드를 호출하려면 루트 권한이 필요하다.

process 모듈을 사용해 접근한 정보에 대한 이해를 돕기 위해 목록 9.1은 여러 종류의 호출을 수행하고 콘솔에 결과를 출력하며 목록 9.1의 결과와 같다.

목록 9.1 process_info.js: process 모듈을 사용해 프로세스와 시스템 정보에 접근

```
01 var util = require('util');
02 console.log('Current directory: ' + process.cwd());
03 console.log('Environment Settings: ' + JSON.stringify(process.env));
04 console.log('Node Args: ' + process.argv);
```

```
05 console.log('Execution Path: ' + process.execPath);
06 console.log('Execution Args: ' + JSON.stringify(process.execArgv));
07 console.log('Node Version: ' + process.version);
08 console.log('Module Versions: ' + JSON.stringify(process.versions));
09 //console.log(process.config);
10 console.log('Process ID: ' + process.pid);
11 console.log('Process Title: ' + process.title);
12 console.log('Process Platform: ' + process.platform);
13 console.log('Process Architecture: ' + process.arch);
14 console.log('Memory Usage: ' + util.inspect(process.memoryUsage()));
15 var start = process.hrtime();
16 setTimeout(function() {
17   var delta = process.hrtime(start);
18   console.log('High-Res timer took %d seconds and %d nanoseconds', delta[0], +
delta[1]);
19   console.log('Node has been running %d seconds', process.uptime());
20 }, 1000);
```

목록 9.1의 결과 process 모듈을 사용해 프로세스와 시스템에 대한 정보에 접근한 결과

```
Current directory: C:/Users/CalebTZD/workspace/node/code/ch09
Environment Settings:
Node Args: C:/Program Files/nodejs/node.exe,C:/Users/CalebTZD/workspace/node/code/
ch09/process_info.js
Execution Path: C:/Program Files/nodejs/node.exe
Execution Args: []
Node Version: v7.8.0
Module Versions: Node Config:
Process ID: 12896
Process Title: C:/Program Files/nodejs/node.exe
Process Platform: win32
Process Architecture: x64
Memory Usage: { rss: 20054016,
  heapTotal: 5685248,
  heapUsed: 3571496,
  external: 8772 }
High-Res timer took 1 seconds and 913430 nanoseconds
Node has been running 1.123 seconds
```

자식 프로세스 구현

Node.js 애플리케이션에서 서버의 다중 프로세서를 효율적으로 활용하려면 작업을 자식 프로세스에 분배해야 한다. child_process 모듈을 사용해 자식 프로세스를 생성하거나 다른 프로세스에서 작업할 수 있다. 다음 절에서는 다른 프로세스의 작업을 실행하는 방법을 다룬다.

자식 프로세스는 서로 간의 전역 메모리나 부모 프로세스에 직접 접근할 수 없으므로 애플리케이션이 병렬적으로 수행되도록 디자인해야 한다.

ChildProcess 객체 이해

child_process 모듈은 ChildProcess라는 새로운 클래스를 제공한다. ChildProcess는 부모에서 접근할 수 있는 자식 프로세스로 표현된다. ChildProcess를 사용해 자식 프로세스를 실행한 부모 프로세스에서 자식 프로세스를 제어하고 종료하고 메시지를 전달할 수 있다.

process 모듈 또한 ChildProcess 객체가 될 수 있다. 그렇기 때문에 부모 모듈에서 process에 접근하면 부모 ChildProcess 객체, 자식 프로세스에서 process에 접근하면 ChildProcess 객체다.

이번 절에서는 Node.js 애플리케이션 구현에 사용할 ChildProcess 객체를 알아본다. 표 9.4는 ChildProcess 객체에서 사용되는 이벤트를 보여준다. 자식 프로세스 종료나 부모 프로세스에 메시지 전송 시 발생하는 이벤트를 처리하기 위한 핸들러를 구현해야 한다.

표 9.4 ChildProcess 객체가 방출하는 이벤트

이벤트	설명
message	ChildProcess 객체가 send() 함수로 데이터를 전송할 때 발생한다. 이벤트 리스너에서는 콜백을 갖고 데이터 전송을 확인할 수 있다(예: child.on('send': function (message){console.log(message)});).
error	worker에서 에러 시 발생한다. 핸들러는 error 객체를 유일한 매개변수로 사용한다.
exit	worker 프로세스 종료 시 발생한다. 핸들러는 code와 signal을 인수로 받는다. code 에는 exit code를 지정하고 signal에는 부모 프로세스에 의해 종료된 시그널을 전달한다.
close	worker 프로세스의 모든 표준 입출력 스트림이 종료할 때 발생한다. 다중 프로세스가 같은 stdio 스트림을 공유할 수 있기 때문에 exit와는 차이점을 가진다.
disconnect	worker에서 disconnect() 호출 시 발생한다.

표 9.5는 자식 프로세스에서 호출할 수 있는 함수 목록을 보여준다. 이 함수들을 사용하면 자식 프로세스 종료하거나 연결 끊기, 메시지 보내기가 가능하다. 다음 코드는 부모 프로세스에서 자식 프로세스로 객체를 전달하는 방법을 보여준다.

```
child.send({cmd: 'command data'});
```

표 9.5 ChildeProcess 객체의 함수

메서드	설명
kill([signal])	운영 체제에서 자식 프로세스에 종료 시그널을 전달하도록 트리거링한다. 기본 시그널은 SIGTERM이지만 다른 시그널을 지정할 수 있다(표 9.1의 시그널 문자열 목록 참고).
send(message, [sendHandle])	처리할 메시지를 전달한다. 메시지는 문자열이나 객체 형태를 가진다. 선택적인 sendHandle 매개변수를 통해 클라이언트에 TCP Server나 소켓 객체를 보낼 수 있고 이를 통해 클라이언트 프로세스가 동일한 포트나 주소를 공유할 수 있다.
disconnect()	부모와 자식 프로세스의 프로세스 간 통신(IPC) 채널을 닫고 부모와 자식 프로세스의 connected 플래그를 false로 설정한다.

표 9.6은 **ChildProcess** 객체에서 접근할 수 있는 프로퍼티를 보여준다.

표 9.6 ChildProcess 객체의 속성

프로퍼티	설명
stdin	입력 Writable 스트림
stdout	표준 출력 Readable 스트림
strerr	에러에 대한 표준 출력 Readable 스트림
pid	프로세스 ID
connected	불린 값으로 disconnect()을 호출한 후에는 false로 설정된다. false인 경우에는 자식 프로세스에 메시지를 전달할 수 없다.

exec()을 사용해 다른 프로세스의 시스템 명령 실행하기

Node.js 프로세스에서 다른 프로세스에 작업을 추가하기 위한 가장 간단한 방법은 exec() 함수를 사용해 서브셸subshell에서 시스템 명령을 실행하는 것이다. exec() 함수는 콘솔 프롬프트에서 실행할 수 있는 모든 것(실행 바이너리, 셸 스크립트, 파이썬 스크립트, 배치 파일)을 실행할 수 있다. 실행 시 exec( ) 함수는 시스템 서브셸을 생성한 후 콘솔 프롬프트에서 실행하는 것과 같이 셸상에서 명령을 실행한다. 이 방식은 시스템 환경 변수 접근과 같은 콘솔 셸에서의 기능을 사용할 수 있다는 장점이 있다. exec( ) 함수의 사용 문법은 다음과 같으며 ChildProcess 객체를 반환한다.

```
child_process.exec( command, [options], callback )
```

command 매개변수는 서브셸에서 수행될 명령을 지정하는 문자열이다. options 매개변수는 현재 작업 중인 디렉터리와 같은 명령을 실행할 때 사용되는 설정을 지정하는 객체다. 표 9.7은 exec( ) 명령에서 지정할 수 있는 옵션을 보여준다. callback은 세 가지 매개변수(error, stdout, stderr)를 받는다. error 매개변수는 명령 실행 중 발생한 에러를 전달하는 error 객체를 받는다. stdout와 stderr은 실행한 명령의 결괏값을 포함하는 버퍼 객체다.

표 9.7 exec()와 execFile() 함수 사용 시 설정할 수 있는 옵션

프로퍼티	설명
cwd	자식 프로세스 내에서 실행할 현재 작업 디렉터리를 지정한다.
env	환경 키/값 쌍으로 property:value로 사용되는 객체다.
encoding	명령의 결과를 저장할 출력 버퍼에 사용되는 인코딩 형태를 지정한다.
maxBuffer	stdout와 stderr의 출력 버퍼의 크기를 지정. 기본값은 200×1024다.
timeout	부모 프로세스가 완료되지 않은 자식 프로세스를 종료시키기 전에 대기하는 시간(밀리초)을 지정한다. 기본값은 0으로 즉시 종료 작업을 수행한다.
killSignal	자식 프로세스 종료 시 사용하는 종료 시그널을 지정한다. 기본값은 SIGTERM다.

목록 9.2는 exec( ) 함수를 사용해 시스템을 실행하는 예제다. 목록 9.2의 결과는 목록 9.2의 수행 결과다.

목록 9.2 child_exec.js: 다른 프로세스 내에서 시스템 명령 실행

```
01 var childProcess = require('child_process');
02 var options = {maxBuffer:100*1024, encoding:'utf8', timeout:5000};
03 var child = childProcess.exec('dir /B', options,
04                              function (error, stdout, stderr) {
05   if (error) {
06     console.log(error.stack);
```

```
07    console.log('Error Code: '+error.code);
08    console.log('Error Signal: '+error.signal);
09    }
10    console.log('Results: /n' + stdout);
11    if (stderr.length){
12      console.log('Errors: ' + stderr);
13    }
14 });
15 child.on('exit', function (code) {
16   console.log('Completed with code: '+code);
17 });
```

목록 9.2의 결과 Output child_exec.js: 다른 프로세스에서 시스템 명령 수행 결과

```
Completed with code: 0
Results:
chef.js
child_fork.js
child_process_exec.js
child_process_exec_file.js
child_process_spawn.js
cluster_client.js
cluster_server.js
cluster_worker.js
file.txt
process_info.js
```

execFile()을 사용해 다른 프로세스의 실행 가능 파일을 수행하기

다른 프로세스에 작업을 추가하는 간편한 방법은 execFile() 함수를 사용해 다른 프로세스의 실행 파일을 수행하는 것이다. 서브셸을 사용하지 않은 것을 제외하면 exec()를 사용하는 방법과 매우 유사하다. execFile()은 exec()를 사용하는 방식보다 간단하지만 수행할 명령이 실행할 수 있는 바이너리 형태여야 한다. 리눅스의 셸 스크립트와 윈도우의 배치 파일에서는 execFile() 함수를 사용할 수 없다.

execFile( ) 함수의 문법은 다음과 같으며 execFile( ) 함수는 ChildProcess 객체를 반환한다.

```
child_process.execFile(file, args, options, callback)
```

file 매개변수는 수행할 실행 가능 파일의 경로를 지정하는 문자열이다. args 매개변수는 실행 파일에 전달될 명령행 인수를 지정한다. options 매개변수는 현재 작업 디렉터리와 같은 명령을 실행하기 위한 설정을 지정하는 객체다. 표 9.7은 execFile( ) 명령으로 지정할 수 있는 옵션을 보여준다.

callback 매개변수는 세 가지 매개변수(error, stdout, stderr)를 사용한다. error 매개변수는 명령 실행 도중 발생하는 에러를 처리하기 위한 error 객체를 전달한다. stdout와 stderr은 명령 수행 결과를 포함하는 버퍼 객체다.

목록 9.3은 execFile( ) 함수를 사용해 시스템 명령을 실행하는 예제다. 목록 9.3의 결과는 목록 9.3의 수행 결과다.

목록 9.3 child_process_exec_file.js: 다른 프로세스 내에서 실행 가능 파일 수행하기

```
01 var childProcess = require('child_process');
02 var options = {maxBuffer:100*1024, encoding:'utf8', timeout:5000};
03 var child = childProcess.execFile('ping.exe', ['-n', '1', 'google.com'],
04                                   options, function (error, stdout, stderr) {
05   if (error) {
06     console.log(error.stack);
07     console.log('Error Code: '+error.code);
08     console.log('Error Signal: '+error.signal);
09   }
10   console.log('Results: /n' + stdout);
11   if (stderr.length){
12     console.log('Errors: ' + stderr);
13   }
14 });
15 child.on('exit', function (code) {
16   console.log('Child completed with code: '+code);
17 });
```

목록 9.3의 결과 child_process_exec_file.js: 다른 프로세스에서 실행할 수 있는 파일을 수행한 결과

```
Child completed with code: 0
Results:
Pinging google.com [216.58.195.78] with 32 bytes of data:
Reply from 216.58.195.78: bytes=32 time=47ms TTL=55
Ping statistics for 216.58.195.78:
  Packets: Sent = 1, Received = 1, Lost = 0 (0% loss),
Approximate round trip times in milli-seconds:
  Minimum = 47ms, Maximum = 47ms, Average = 47ms
```

spawn( )을 사용해 다른 Node.js 객체에서 프로세스 생성하기

Node.js 프로세스에서 새로운 프로세스를 추가하기 위한 좀 더 복잡한 방법으로 다른 프로세스를 생성spawn하는 방법이 있다. 스폰은 새로운 프로세스와 기존 프로세스 간에 stdio, stdout, stderr 파이프를 만든 후 spawn( ) 함수를 사용해 새로운 프로세스 파일을 생성한다. 이러한 제어 방식은 exec( )를 이용하는 방법에 비해 좀 더 무겁긴 하지만 많은 장점이 있다.

spawn( )과 exec( )/execFile( )의 가장 큰 차이는 스폰된 프로세스의 경우 stdin 설정이 가능하고 stdout와 stderr은 부모 프로세스의 Readable 스트림을 쓴다는 점이다. 즉 exec( )와 execFile( )은 버퍼 출력을 읽기 전에 완료돼야 하지만 spawn( )은 프로세스의 결과 데이터가 쓰여지는 동시에 읽을 수 있다.

spawn( ) 함수는 ChildProcess 객체를 반환하고 사용법은 다음과 같다.

```
child_process.spawn(command, [args], [options])
```

command 매개변수는 실행될 명령을 지정하는 문자열이다. args 매개변수는 실행 명령에 전달할 명령행 전달 인자 배열을 지정한다. options 매개변수는 현재 작업 디렉터리와 같이 명령 실행 시 사용할 설정을 지정하는 객체다. 표 9.8은 spawn( ) 명령에 지정할 수 있는 옵션을 보여준다.

callback 매개변수로는 3개의 전달 인자(error, stdout, stderr)가 사용된다. error 매개변수는 명령 실행 도중 에러 발생 시 error 객체를 전달하고 stdout와 stderr은 stdio 옵션 설

정을 정의한다. 기본값은 Readable 스트림 객체다.

표 9.8 spawn( ) 함수를 사용할 때 사용될 수 있는 options 매개변수의 프로퍼티

프로퍼티	설명
cwd	자식 프로세스의 현재 작업 디렉터리를 표시하는 문자열이다.
env	환경 키/값 쌍을 나타내기 위한 property:value 객체다.
detached	불린 형식으로 true인 경우 자식 프로세스를 새로운 프로세스 그룹의 리더로 만들고 부모 프로세스가 종료하더라도 프로세스가 유지되도록 한다. 부모 프로세스가 자식 프로세스의 종료를 기다리지 않도록 하기 위해 child.unref()를 함께 사용한다.
uid	포식스(POSIX) 프로세스의 프로세스 사용자 식별자를 지정한다.
gid	포식스 프로세스의 프로세스 그룹 식별자를 지정한다.
stdio	자식 프로세스의 stdio 설정([stdin, stdout, stderr])을 정의하는 배열을 가진다. 기본 설정으로 Node.js는 [stdin, stdout, stderr]을 위해 파일 디스크립터 [0, 1, 2]를 사용한다. 문자열은 각 입출력 스트림 설정을 정의한다. 예를 들어 ['ipc', 'ipc', 'ipc']의 각 옵션을 나타내는 다음 선택 사항들도 사용할 수 있다. • 'pipe': 자식과 부모 프로세스 사이에 파이프를 생성한다. 부모는 ChildProcess. stdio[fd]를 사용해 파이프에 접근할 수 있다. fd의 [stdin, stdout, stderr]에 대한 파일 디스크립터는 [0, 1, 2]이다. • 'ipc': 부모와 자식 프로세스 간에 메시지/파일 디스크립터를 전달하기 위한 IPC 채널을 생성한다. send() 함수를 사용해 전달한다. • 'ignore': 자식 프로세스에서 파일 디스크립터를 설정하지 않는다. • Stream 객체: 부모 프로세스에 정의된 Readable이나 Writeable 스트림 객체를 지정한다. 스트림 객체의 파일 디스크립터는 자식 프로세스의 디스크립터와 중복되기 때문에 부모와 자식 프로세스 간에 스트림 동작이 가능하다. • File descriptor integer: 사용할 파일 디스크립터의 정숫값을 지정한다. • null, undefined: [stdin, stdout, stderr] 값으로 기본값 [0, 1, 2]를 사용한다.

목록 9.4는 spawn( ) 함수를 사용해 시스템 명령을 실행하는 예제다. 목록 9.4의 결과는 목록 9.4의 수행 결과다.

목록 9.4 child_process_spawn.js: 다른 프로세스에서 명령을 생성

```
01 var spawn = require('child_process').spawn;
02 var options = {
03   env: {user:'brad'},
04   detached:false,
05   stdio: ['pipe','pipe','pipe']
06 };
07 var child = spawn('netstat', ['-e']);
08 child.stdout.on('data', function(data) {
```

```
09    console.log(data.toString());
10 });
11 child.stderr.on('data', function(data) {
12    console.log(data.toString());
13 });
14 child.on('exit', function(code) {
15    console.log('Child exited with code', code);
16 });
```

목록 9.4의 결과 child_process_spawn_file.js: 다른 프로세스에서 Spawn 명령어를 사용한 결과

```
Interface Statistics
                          Received               Sent
Bytes                    893521612          951835252
Unicast packets             780762            5253654
Non-unicast packets          94176              31358

Child exited with code 0
Discards                         0                  0
Errors                           0                  0
Unknown protocols                0
```

자식 프로세스 포크 구현

Node.js는 별도의 프로세서에서 수행 중인 다른 V8 인스턴스 내의 Node.js 모듈에서 실행되도록 디자인된, fork라는 특별한 프로세스 생성 방식을 제공한다. fork를 사용하면 다중 서비스를 병렬적으로 실행할 수 있다. 새로운 V8 객체를 생성하는 데 시간이 소요되고 각 객체는 10MB 정도의 메모리를 차지한다. 그렇기 때문에 포크된 프로세스는 긴 시간 동안 존재하고 많은 수를 생성하지 않도록 한다. 특히 시스템의 CPU보다 많은 수의 프로세스가 생성될 경우 성능상의 이점을 갖지 않는다는 것에 주의하자.

spawn과 다르게 자식 프로세스의 stdio 설정은 불가능하다. 그 대신 ChildProcess 객체의 send() 동작 방식을 사용해 부모와 자식 프로세스 간의 통신은 가능하다.

fork() 함수의 문법은 다음과 같다. fork() 함수는 ChildProcess 객체를 반환한다.

```
child_process.fork(modulePath, [args], [options])
```

modulePath 매개변수는 새로운 Node.js 인스턴스로 실행될 자바스크립트 파일의 경로를 지정하는 문자열, args 매개변수는 node 명령에 전달될 명령행 인수들을 지정하는 배열이다. options 매개변수는 현재 작업 디렉터리와 같이 명령 실행 시 사용될 설정 값을 지정하는 객체다. 표 9.9는 fork( ) 명령에서 지정할 수 있는 선택 사항을 보여준다. 콜백 함수는 매개변수로 세 가지(error, stdout, stderr)를 사용한다. error 매개변수는 명령 실행 도중에 발생한 에러 정보를 전달하는 error 객체다. stdout와 stderr은 Readable 스트림 객체다.

표 9.9 fork() 함수를 사용할 때 설정할 수 있는 options 매개변수의 프로퍼티

프로퍼티	설명
cwd	자식 프로세스의 현재 작업 디렉터리를 나타내는 문자열이다.
env	property:value를 키/값 쌍으로 지정하는 객체다.
encoding	출력 스트림에 데이터를 쓰거나 send() IPC 메커니즘에 사용하는 인코딩을 지정한다.
execPath	스폰된 Node.js 프로세스를 생성하는 데 사용할 실행 파일을 지정한다. 다른 프로세스에 다른 버전의 Node.js 실행도 가능하지만 프로세스의 기능이 다를 경우엔 추천하지 않는다.
silent	불린 형식으로 true인 경우 포크된 프로세스의 stdout와 stderror이 부모 프로세스와 연관되지 않는다. 기본값은 false다.

목록 9.5와 목록 9.6은 다른 프로세스에서 실행 중인 다른 Node.js 객체를 포크하는 예제다. 목록 9.5 코드는 fork( )를 사용해 목록 9.6의 코드로 동작하는 3개의 자식 프로세스를 생성한다. 부모 프로세스는 자식 프로세스를 생성한 후 자식 프로세스에 명령을 보내기 위해 ChildProcess 객체를 사용한다. 목록 9.6에서는 부모 프로세스의 메시지를 전달받기 위해 process.on('message') 콜백을 구현했고 process.send( ) 함수를 사용해 부모 프로세스의 응답을 전송한다. 이 과정을 통해 부모 자식 프로세스 간 IPC 메커니즘이 구현된다. 목록 9.6은 그 수행 결과를 보여준다.

목록 9.5 child_fork.js: 3개의 자식 프로세스를 생성하고 병렬적으로 명령을 전송하는 부모 프로세스

```
01 var child_process = require('child_process');
02 var options = {
03   env:{user:'Brad'},
04   encoding:'utf8'
```

```
05 };
06 function makeChild(){
07 var child = child_process.fork('chef.js', [], options);
08   child.on('message', function(message) {
09     console.log('Served: ' + message);
10   });
11   return child;
12 }
13 function sendCommand(child, command){
14   console.log("Requesting: " + command);
15   child.send({cmd:command});
16 }
17 var child1 = makeChild();
18 var child2 = makeChild();
19 var child3 = makeChild();
20 sendCommand(child1, "makeBreakfast");
21 sendCommand(child2, "makeLunch");
22 sendCommand(child3, "makeDinner");
```

목록 9.6 chef.js: 메시지 이벤트를 처리하고 부모 프로세스에 데이터를 재전송하는 자식 프로세스

```
01 process.on('message', function(message, parent) {
02   var meal = {};
03   switch (message.cmd){
04     case 'makeBreakfast':
05     meal = ["ham", "eggs", "toast"];
06     break;
07     case 'makeLunch':
08     meal = ["burger", "fries", "shake"];
09     break;
10     case 'makeDinner':
11     meal = ["soup", "salad", "steak"];
12     break;
13   }
14   process.send(meal);
15 });
```

목록 9.6의 결과 chef.js: 메시지 이벤트를 처리하고 부모 프로세스에 데이터를 재전송하는 자식 프로세스 동작의 결과

```
Requesting: makeBreakfast
Requesting: makeLunch
Requesting: makeDinner
Served: soup,salad,steak
Served: ham,eggs,toast
Served: burger,fries,shake
```

프로세스 클러스터 구현

Node.js를 사용하는 가장 멋진 일 중 하나는 분리된 프로세스로 병렬 실행할 수 있는 Node.js 객체의 클러스터를 같은 장치 내에 생성할 수 있다는 점이다. 프로세스 클러스터는 앞서 배운 프로세스 포크와 TCP 서버를 사용해 메시지를 주고받는 send(message, serverHandle) IPC 구조를 사용해 수행할 수 있다. Node.js는 이런 일반적인 기능을 위해 cluster 모듈을 제공해 프로세스 클러스터를 간편하게 구현할 수 있다.

cluster 모듈 사용

cluster 모듈은 하단에 있는 소켓을 활용한 IP 주소와 포트 조합의 요청 처리를 가능하게 하므로 해당 모듈을 사용하면 같은 머신에서 동작 중인 다른 프로세스의 TCP나 HTTP 서버 클러스터를 쉽게 구현할 수 있는 기능을 제공한다. cluster 모듈은 Node.js 서버의 클러스터 초기화와 모니터와 관련된 이벤트와 함수, 속성 값을 제공해 쉽게 구현할 수 있다. 표 9.10은 cluster 모듈 애플리케이션에서 사용하는 이벤트 목록이다.

표 9.10 cluster 모듈에서 생성되는 이벤트

이벤트	설명
fork	새로운 worker가 포크될 때 발생한다. 콜백 함수는 유일한 인수로 Worker를 받는다(예: function (worker)).
online	새로운 worker가 시작된 것을 알리는 메시지를 전송할 때 발생한다. 콜백 함수는 유일한 인수로 worker 객체를 받는다(예: function (worker)).
listening	worker가 listen()을 호출해 공유된 포트로 수신을 시작할 때 발생한다. callback 핸들러는 worker가 수신 중인 포트를 나타내는 address 객체와 Worker 객체를 인수로 받는다(예: function (worker, address)).

(이어짐)

disconnect	서버가 worker.disconnect()을 호출 등으로 인해 IPC 채널을 종료한 후에 발생한다. 콜백 함수는 worker 객체를 유일한 인수로 받는다(예: function (worker)).
exit	worker 객체 종료 시 발생한다. callback 핸들러는 worker, exit code, signal을 인수로 받는다(예: function (worker, code, signal)).
setup	처음으로 setupMaster()가 호출된 시점에 발생한다.

표 9.11은 cluster 모듈에서 노드가 worker인지 master인지에 대한 정보를 얻거나 포크된 프로세스를 설정/구현 시 사용할 함수와 프로퍼티 목록을 보여준다.

표 9.11 cluster 모듈의 메서드와 프로퍼티

프로퍼티	설명
settings	클러스터 설정에 사용하고 exec과 args, silent 프로퍼티 값을 포함한다.
isMaster	현재 프로세스가 클러스터 마스터인 경우 true, 그렇지 않은 경우 false다.
isWorker	현재 프로세스가 worker인 경우 true, 그렇지 않은 경우 false다.
setupMaster([settings])	exec과 args, silent 프로퍼티를 포함하는 선택적인 settings 객체를 받는다. exec 프로퍼티는 worker 자바스크립트 파일을 지정한다. args 프로퍼티는 전달 인자 배열이고 silent는 worker 스레드에서 IPC 메커니즘을 중단한다.
disconnect([callback])	worker의 IPC 메커니즘과 끊고 핸들을 종료한다. 콜백 함수는 연결 해제 후에 실행된다.
worker	worker 프로세스들 중 현재 worker 객체를 참조한다. 마스터 프로세스에는 정의되지 않는다.
workers	마스터 프로세스의 ID를 참조할 수 있는 worker 객체를 포함한다 (예: cluster.workers[workerId]).

worker 객체 이해

worker 프로세스가 포크되면 새로운 worker 객체가 마스터와 worker 프로세스 양쪽에 생성된다. worker 프로세스는 현재 worker를 나타내기 위해 worker 객체를 사용하고 클러스터 이벤트 발생 시 상호 작용한다. 마스터 프로세스에서는 자식 worker 프로세스를 나타내기 위해 worker 객체를 사용한다. 이 worker 객체를 사용해 자식 worker 프로세스에 메시지를 보내고 상태 변화에 따른 이벤트를 받고 자식 worker 프로세스를 종료시키기도 한다. 표 9.12는 worker 객체가 방출하는 이벤트를 보여준다.

표 **9.12** worker 객체에서 사용하는 이벤트

이벤트	설명
message	worker가 새로운 메시지를 수신할 때 발생한다. 콜백 함수는 message를 유일한 전달 인자로 갖는다.
disconnect	worker에서 IPC 채널이 연결 해제된 후에 발생한다.
exit	worker 객체가 연결 해제되면 발생한다.
error	worker에서 에러가 생겼을 때 발생한다.

표 9.13은 worker 객체에서 사용할 수 있는 메서드와 프로퍼티를 보여준다. 노드가 worker 인지 마스터인지 판단하거나 포크된 프로세스를 설정하거나 구현하는 데도 사용한다.

표 **9.13** worker 객체의 함수와 프로퍼티

프로퍼티	설명
Id	worker의 유일한 ID를 표현한다.
process	worker가 실행 중인 ChildProcess 객체를 지정한다.
suicide	true인 경우 해당 worker에서 kill( )이나 disconnect( )가 호출된다. 이 플래그를 사용해 루프의 중단을 시도하고 안정적으로 중지한다.
send(message, [sendHandle])	마스터 프로세스에 메시지를 전달한다.
kill([signal])	IPC 채널 연결을 끊고 빠져나오면서 현재 worker 프로세스를 종료하고 suicide 플래그를 true로 설정한다.
disconnect( )	worker에서 호출 시 모든 서버를 닫고 close 이벤트를 기다리며 IPC 채널을 끊는다. 마스터에서 호출 시 worker에 내부 메시지를 보내고 연결을 중단한다. suicide 플래그를 설정한다.

HTTP 클러스터 구현하기

cluster 모듈의 가치를 나타내기 위한 가장 좋은 방법은 Node.js HTTP 서버를 기본적으로 구현하는 것이다. 목록 9.7에서는 HTTP 서버의 기본 클러스터 구현을 보여준다. 4~13번 줄에서는 클러스터 worker의 fork와 listening, exit의 이벤트 리스너를 등록한다. 14번 줄에서는 setupMaster( )를 호출하고 실행할 cluster_worker.js를 지정한다. 15~19번 줄에서는 cluster.fork( ) 호출을 통해 worker를 생성한다. 마지막으로 20~24번 줄에서는 worker를 순회하면서 각각에 on('message') 이벤트 핸들러를 등록한다.

목록 9.8에서는 worker HTTP 서버를 구현한다. HTTP 서버는 클라이언트에 응답을 보내고 7번 줄의 클러스터 마스터에도 메시지를 보낸다.

목록 9.9에서는 목록 9.8에서 생성된 서버를 테스트하기 위해 연속된 요청을 보내는 간단한 HTTP 클라이언트를 구현한다. 목록 9.7과 목록 9.8의 결과는 서버의 수행 결과를 보여주고 목록 9.9의 결과는 클라이언트의 출력 결과를 보여준다. 목록 9.9의 결과를 통해 서버의 다른 프로세스에서 요청이 처리된 것을 확인할 수 있다.

목록 9.7 cluster_server.js: 최대 4개의 worker 프로세스를 생성하는 마스터 프로세스

```
01 var cluster = require('cluster');
02 var http = require('http');
03 if (cluster.isMaster) {
04   cluster.on('fork', function(worker) {
05     console.log("Worker " + worker.id + " created");
06   });
07   cluster.on('listening', function(worker, address) {
08     console.log("Worker " + worker.id +" is listening on " +
09                 address.address + ":" + address.port);
10   });
11   cluster.on('exit', function(worker, code, signal) {
12     console.log("Worker " + worker.id + " Exited");
13   });
14   cluster.setupMaster({exec:'cluster_worker.js'});
15   var numCPUs = require('os').cpus().length;
16   for (var i = 0; i < numCPUs; i++) {
17     if (i>=4) break;
18     cluster.fork();
19   }
20   Object.keys(cluster.workers).forEach(function(id) {
21     cluster.workers[id].on('message', function(message){
22       console.log(message);
23     });
24   });
25 }
```

목록 9.8 cluster_worker.js: HTTP 서버를 구현하는 worker 프로세스

```
01 var cluster = require('cluster');
02 var http = require('http');
03 if (cluster.isWorker) {
04   http.Server(function(req, res) {
05     res.writeHead(200);
06     res.end("Process " + process.pid + " says hello");
07     process.send("Process " + process.pid + " handled request");
08   }).listen(8080, function(){
09     console.log("Child Server Running on Process: " + process.pid);
10   });
11 };
```

목록 9.9 cluster_client.js: 서버 테스트를 위해 연속 요청을 전송할 HTTP 클라이언트

```
01 var http = require('http');
02 var options = { port: '8080' };
03 function sendRequest(){
04   http.request(options, function(response){
05     var serverData = '';
06     response.on('data', function (chunk) {
07       serverData += chunk;
08     });
09     response.on('end', function () {
10       console.log(serverData);
11     });
12   }).end();
13 }
14 for (var i=0; i<5; i++){
15   console.log("Sending Request");
16   sendRequest();
17 }
```

목록 9.7과 목록 9.8의 결과 cluster_server.js: 최대 4개의 worker를 생성하는 마스터 프로세스

```
Worker 1 created
Worker 2 created
Worker 3 created
Worker 4 created
Child Server Running on Process: 9012
Worker 1 is listening on null:8080
Child Server Running on Process: 1264
Worker 2 is listening on null:8080
Child Server Running on Process: 5488
Worker 4 is listening on null:8080
Child Server Running on Process: 7384
Worker 3 is listening on null:8080
Process 1264 handled request
Process 7384 handled request
Process 5488 handled request
Process 7384 handled request
Process 5488 handled request
```

목록 9.9의 결과 cluster_client.js: 서버를 테스트하기 위해 HTTP 클라이언트의 요청 수행 결과

```
the server
Sending Request
Sending Request
Sending Request
Sending Request
Sending Request
Process 10108 says hello
Process 12584 says hello
Process 13180 says hello
Process 10108 says hello
Process 12584 says hello
```

요약

다중 프로세서가 있는 서버에서 Node.js의 성능을 최대한 이끌어내려면 다른 프로세스에 작업을 샤딩해야 한다. process 모듈로 시스템과 상호 작용이 가능하고 child_process 모듈을 통해 실질적으로 다른 프로세스에서 코드를 실행할 수 있다. cluster 모듈을 통해 HTTP나 TCP 서버의 클러스터를 생성할 수 있다.

child_process 모듈은 다른 프로세스에서 작업을 시작할 수 있도록 사용하는 exec( )와 execFile( ), spawn( ), fork( ) 함수를 제공한다. ChildProcess와 Worker 객체는 부모와 자식 프로세스 사이에 통신할 수 있는 방법을 제공한다.

10장에서 다룰 내용

10장, '추가 Node.js 모듈 사용하기'에서는 Node.js가 편의를 위해 제공하는 다른 여러 가지 모듈을 보여준다. os 모듈을 통해 운영 체제와 상호 작용이 가능한 툴을 제공하며 util 모듈을 통해서는 유용한 기능들을 제공한다.

10

추가 Node.js 모듈 사용하기

10장의 목적은 Node.js에 이미 설치된 유용한 추가 모듈들을 보여주는 것이다. os 모듈은 애플리케이션 구현 시 유용하게 사용할 수 있는 운영 시스템의 기능을 제공한다. util 모듈은 동기화 출력이나 문자열 가공 방법, 상속 확장^{inheritance enhancements}과 같은 여러 기능을 제공한다. 그리고 dns 모듈은 DNS 룩업^{lookup}을 수행하고 Node.js 애플리케이션의 룩업 값을 다시 역변환한다.

다음 절에서는 앞서 설명한 모듈들을 Node.js 애플리케이션에서 활용하는 방법을 설명한다. 일부 함수는 이전 장에서 다룬 적이 있으므로 친숙하게 느껴질 것이다.

os 모듈 사용하기

os 모듈은 운영 체제의 정보를 얻어오는 유용한 함수 세트를 제공한다. 예를 들어 운영 체제로부터 전달받은 스트림에서 데이터에 접근하려면 os.endianness()를 호출해 운영 체제가 빅 엔디언 또는 리틀 엔디언인지 먼저 파악한 후 읽기와 쓰기 함수를 적절하게 맞춰 사용해야 한다. 표 10.1은 os 모듈이 제공하는 함수와 각 사용 방법을 보여준다.

표 10.1 os 모듈에서 호출할 수 있는 메서드

메서드	설명
tmpdir()	운영 체제의 기본 임시 디렉터리의 경로를 문자열로 반환한다. 임시 파일로 저장한 후 나중에 삭제하고자 할 때 유용하게 사용된다.
endianness()	머신의 아키텍처에 따라 빅 엔디언 또는 리틀 엔디언 여부를 BE나 LE로 반환한다.

(이어짐)

hostname( )	머신에 정의된 호스트명을 반환한다. 호스트명을 요구하는 네트워크 서비스를 구현할 때 필요하다.
type( )	운영 체제의 형식을 문자열로 반환한다.
platform( )	플랫폼을 문자열로 반환한다(예: win32, linux 및 FreeBSD).
arch( )	플랫폼의 아키텍처를 반환한다(예: x86이나 x64).
release( )	운영 체제의 배포 버전을 반환한다.
uptime( )	운영 체제의 동작 시간을 초 단위 타임스탬프로 반환한다.
loadavg( )	유닉스 기반 시스템에서 [1, 5, 15]분에 대한 시스템의 로드 값(load value)을 포함하는 배열을 반환한다.
totalmem( )	시스템 메모리를 정수형 바이트(bytes) 단위로 반환한다.
freemem( )	시스템의 자유 메모리(free memory)를 정수형 바이트 단위로 반환한다.
cpus( )	model 및 speed, times를 나타내는 객체의 배열을 반환한다. 배열은 CPU가 user 및 nice, sys, idle, irq에 소모한 시간 값을 포함한다.
networkInterfaces( )	시스템에 연결된 각 네트워크 인터페이스 주소들의 address 및 family를 나타내는 객체의 배열을 반환한다.
EOL	운영 체제에 적합한 개행 문자(예를 들면 /n이나 /r/n)를 포함한다. 플랫폼 간에 호환성을 유지하는 애플리케이션에서 문자열 데이터를 처리할 때 유용하게 사용된다.

목록 10.1의 코드는 os 모듈의 각 함수를 호출한 결과를 화면에 출력했다. 목록 10.1의 결과는 목록 10.1의 수행 결과다.

목록 10.1 os_info.js: os 모듈이 제공하는 메서드를 호출

```
01 var os = require('os');
02 console.log("tmpdir :/t" + os.tmpdir());
03 console.log("endianness :/t" + os.endianness());
04 console.log("hostname :/t" + os.hostname());
05 console.log("type :/t/t" + os.type());
06 console.log("platform :/t" + os.platform());
07 console.log("arch :/t/t" + os.arch());
08 console.log("release :/t" + os.release());
09 console.log("uptime :/t" + os.uptime());
10 console.log("loadavg :/t" + os.loadavg());
11 console.log("totalmem :/t" + os.totalmem());
12 console.log("freemem :/t" + os.freemem());
13 console.log("EOL :/t" + os.EOL);
```

```
14 console.log("cpus :/t/t" + JSON.stringify(os.cpus()));
15 console.log("networkInterfaces: " +
16              JSON.stringify(os.networkInterfaces()));
```

목록 10.1의 결과 os 모듈의 메서드 호출 결과

```
tmpdir: C:/Users/CalebTZD/AppData/Local/Temp
endianness: LE
hostname: DESKTOP-3I5OR8I
type: Windows_NT
platform: win32
arch: x64
release: 10.0.14393
uptime: 1473719.6450068
loadavg: 0,0,0
totalmem: 12768796672
freemem: 8033443840
EOL :
cpus :
Using
```

util 모듈 사용

util 모듈은 일종의 다양한 모듈의 집합이다. 문자열을 가공하거나 객체를 문자열로 변환하고 객체 형식을 체크하고 출력 스트림에 동기식으로 데이터 쓰기synchronous writes뿐 아니라 객체의 상속 확장을 지원하는 유틸리티 함수들을 제공한다.

다음 절에서는 util 모듈의 대부분의 기능과 Node.js 애플리케이션에서 어떻게 사용하면 되는지를 설명한다.

문자열 가공하기

사용자들은 문자열 데이터를 처리하고자 할 때 문자열이 빠르게 가공되길 바랄 것이다. Node.js는 util 모듈을 통해 다양한 문자형을 처리하는 기초 함수들을 제공한다. util. format() 함수는 첫 번째 인수로 가공 형식 문자열을 입력받고 문자열을 가공한 결과를 반

환한다. 다음은 format( ) 함수의 문법이다. format은 가공 형식(포맷) 문자열^{format string}이고
[...]는 추가될 수 있는 인수들이다.

```
util.format(format[...args])
```

format 인수는 문자형으로 0이나 다른 대체 문자^{placeholder}를 포함할 수 있다. 각 대체 문자는
% 문자로 시작하고 최종적으로는 대응되는 인수에 의해 지정된 문자열로 변환된다. 첫 번째
대체 문자는 두 번째 인수가 적용되고 그 이후는 동일한 방식으로 적용된다. 다음과 같은 대
체 문자를 사용할 수 있다.

- **%s**: 문자형을 정의한다.
- **%d**: 숫자형을 정의한다(정수형 또는 실수형).
- **%i**: 정수형을 정의한다.
- **%f**: 부동 소수점 값을 정의한다.
- **%j**: 문자형으로 변환할 수 있는 JSON 객체를 정의한다.
- **%**: 비어 있다면 대체 문자로 사용하지 않는다.

format( )을 사용할 때는 다음과 같은 사항에 주의해야 한다.

- 대체 문자만큼 인수가 존재하지 않는다면 대체 문자는 변환되지 않는다. 예를 들면
  다음과 같다.

  ```
  util.format('%s = %s', 'Item1'); // 'Item1':%s'
  ```

- 대체 문자보다 인수가 많다면 추가 인수들은 공백 구분자로 연결해 하나의 문자열로
  반환된다. 예를 들면 다음과 같다.

  ```
  util.format('%s = %s', 'Item1', 'Item2', 'Item3'); // 'Item1 = Item2 Item3'
  ```

- 첫 번째 인수가 가공 형식 문자열이 아니라면 util.format( )은 각 전달 인자를 문
  자열로 변환하고 공백 구분자로 연결해 하나의 문자열로 생성해 반환한다. 예를 들
  면 다음과 같다.

```
util.format(1, 2, 3); // '1 2 3'
```

객체 형식 확인

명령 수행을 통해 받은 객체의 형식을 확인하는 것이 필요하다. 객체의 형식을 확인하는 데에는 여러 가지 방법이 있다. 이 중 한 가지 방법은 객체의 형식을 비교하고 true나 false를 반환하는 isinstanceof 연산자를 사용하는 것이다. 예를 들면 다음과 같다.

```
([1,2,3] isinstanceof Array) //true
```

자바스크립트 객체를 문자열로 변환하기

종종 디버깅할 때 자바스크립트 객체를 문자열로 표현하기 위해 변환이 필요한 경우가 있다. util.inspect() 함수는 객체를 확인한 후에 객체 값을 문자열로 반환한다. 다음은 inspect() 함수의 문법이다.

```
util.inspect(object, [options])
```

object 매개변수는 문자열로 변환해야 할 자바스크립트 객체를 나타낸다. options 메서드를 사용해 문자열을 가공하는 과정 중 일부 과정을 제어할 수 있다. options는 다음 프로퍼티들을 포함한다.

- **showHidden**: true로 설정되면 객체의 셀 수 없는non-enumerable 프로퍼티도 문자열로 변환된다. 기본값은 false다.
- **depth**: 가공 프로퍼티가 객체로 사용되는 동안, 확인 과정의 깊이를 제한한다. 이 값은 무한대로 반복되는 루프 동작을 방지하고 CPU를 많이 사용하는 복잡한 객체를 포함한 인스턴스가 발생하지 않도록 하는 데 유용하다. 기본값은 2이며 null로 지정하면 제일 깊은 곳까지 계속 수행한다.
- **colors**: true로 설정하면 결괏값은 ANSI 컬러 코드로 스타일을 입혀 출력된다. 기본값은 false다.

- **customInspect**: false로 설정하면 사용자가 검사할 객체에 생성한 inspect( ) 함수는 변환 시 호출되지 않는다. 기본값은 true다.

출력 결과를 원하는 대로 생성하기 위해 객체에 직접 inspect( ) 함수를 정의할 수 있다. 다음 코드는 first와 last 속성을 갖는 객체를 생성하고 name 속성만 출력하는 inspect( )를 정의한 것이다.

```
var obj = { first:'Caleb', last:'Dayley' };
obj.inspect = function(depth) {
  return '{ name: "' + this.first + " " + this.last + '" }';
};
console.log(util.inspect(obj));
//Outputs: { name: "Caleb Dayley" }
```

기타 객체 기능 상속받기

util 모듈을 사용하면 util.inherits( ) 메서드를 제공해 기타 객체의 prototype 메서드들을 상속받는 객체를 생성할 수 있다. 새 객체를 생성할 때 prototype 메서드는 자동으로 적용된다. 사실 직접 정의한 Readable 및 Writable 스트림을 생성할 때 이미 다른 내용으로, 9장, 'Node.js에서 다중 프로세서를 사용해 애플리케이션 확장하기'에서 일부 예제로 다룬 적이 있다. util.inherits( ) 메서드의 포맷은 다음과 같다.

```
util.inherits( constructor, superConstructor )
```

prototype의 constructor는 prototype의 superConstructor로 설정되고 새로운 객체가 생성될 때 실행된다. constructor.super_ 속성을 사용하면 직접 생성한 객체의 생성자에서 superConstruct를 접근할 수 있다.

목록 10.2는 inherits( )를 사용해 events.EventEmitter 객체의 생성자를 상속받아 Writable 스트림을 생성한 예다. 11번 줄에서 객체가 events.EventEmitter의 인스턴스라는 것을 확인한다. 또한 12번 줄은 Writer.super_의 값이 eventsEmitter라는 것을 보인다. 목록 10.2의 결과는 목록 10.2의 수행 결과다.

목록 10.2 util_inherit.js: inherits()를 사용해 event.EventEmitter의 프로토타입을 상속

```
01 var util = require("util");
02 var events = require("events");
03 function Writer() {
04   events.EventEmitter.call(this);
05 }
06 util.inherits(Writer, events.EventEmitter);
07 Writer.prototype.write = function(data) {
08   this.emit("data", data);
09 };
10 var w = new Writer();
11 console.log(w instanceof events.EventEmitter);
12 console.log(Writer.super_ === events.EventEmitter);
13 w.on("data", function(data) {
14   console.log('Received data: "' + data + '"');
15 });
16 w.write("Some Data!");
```

목록 10.2의 결과 util_inherit.js: inherits()를 사용해 event.EventEmitter의 프로토타입을 상속받은 결과

```
true
true
Received data: "Some Data!"
```

dns 모듈 사용하기

Node.js 애플리케이션에서 DNS 도메인명, 도메인의 IP 주소 룩업lookup domain, IP 주소의 도메인명 룩업reverse lookup 등을 실행하고 싶다면 dns 모듈이 유용하다. DNS를 찾을 때 도메인 네임 서버에 접속하고 특정 도메인명에 대한 레코드 요청을 요청한다. IP 주소의 도메인명 검색 시에는 도메인 네임 서버에 접속해 IP 주소와 매치되는 DNS명을 요청한다. dns 모듈은 필요한 대부분의 룩업 관련 기능을 제공한다. 표 10.2는 dns 모듈의 함수와 문법, 동작에 대한 설명이다.

표 10.2 dns 모듈에서 호출할 수 있는 메서드

이벤트	설명
lookup(domain, [family], callback)	도메인명을 가져온다. family 속성은 4, 6 및 null을 가질 수 있다. 4라면 첫 번째로 찾은 A(IPv4) 레코드, 6이라면 첫 번째로 찾은 AAAA(IPv6) 레코드, null이라면 둘 다 가져온다. 콜백 함수에서는 첫 번째 인수로 error 값, 두 번째 인수로는 IP 주소를 가진다. 예를 들면 다음과 같다. function (error, addresses)
resolve(domain, [rrtype], callback)	rrtype으로 정의된 레코드 배열로 도메인 데이터를 가져온다. 예를 들면 다음과 같다. • A: IPv4 주소(기본값) • AAAA: IPv6 주소 • MX: 메일 교환 레코드(Mail eXchange records) • TXT: 텍스트 레코드 • SRV: SRV 레코드 • PTR: 역IP 룩업(Reverse IP lookups) • NS: 네임 서버 레코드 • CNAME: 공인된 이름 레코드(Canonical name records) 콜백 함수를 통해서는 첫 번째 인수로 error, 두 번째 인수로는 IP addresses 배열을 전달받는다. 예를 들면 다음과 같이 사용된다. function (error, addresses)
resolve4(domain, callback)	dns.resolve()와 동일. 단, A 레코드에만 적용할 수 있다.
resolve6(domain, callback)	dns.resolve()와 동일. 단, AAAA 레코드에만 적용할 수 있다.
resolveMx(domain, callback)	dns.resolve()와 동일. 단, MX 레코드에만 적용할 수 있다.
resolveTxt(domain, callback)	dns.resolve()와 동일. 단, TXT 레코드에만 적용할 수 있다.
resolveSrv(domain, callback)	dns.resolve()와 동일. 단, SRV 레코드에만 적용할 수 있다.
resolveNs(domain, callback)	dns.resolve()와 동일. 단, NS 레코드에만 적용할 수 있다.
resolveCname(domain, callback)	dns.resolve()와 동일. 단, CNAME 레코드에만 적용할 수 있다.
reverse(ip, callback)	IP 주소 값에 대해 역룩업을 수행한다. 콜백 함수는 에러 발생 시 error 객체를 전달받지만 룩업 성공 시에는 도메인 배열을 전달받는다. 예를 들면 다음과 같다. function (error, domains)

목록 10.3은 룩업과 역룩업을 수행하는 방법을 설명한다. 3번 줄에서 resolve4( )는 IPv4 주소를 찾고 5~8번 줄에서 동일한 주소 값에 대해 reverse( )를 호출해 역룩업을 수행한다. 목록 10.3의 결과는 목록 10.3의 수행 결과다.

목록 10.3 dns_lookup.js: 도메인과 IP 주소에 대해 룩업과 역룩업을 수행

```
01 var dns = require('dns');
02 console.log("Resolving www.google.com . . .");
03 dns.resolve4('www.google.com', function (err, addresses) {
04   console.log('IPv4 addresses: ' + JSON.stringify(addresses, false, ' '));
05   addresses.forEach(function (addr) {
06     dns.reverse(addr, function (err, domains) {
07       console.log('Reverse for ' + addr + ': ' + JSON.stringify(domains));
08     });
09   });
10 });
```

목록 10.3의 결과 dns_lookup.js: 도메인과 IP 주소에 대해 룩업과 역룩업 수행 결과

```
Resolving www.google.com . . .
IPv4 addresses: [
"172.217.6.68"
]
Reverse for 172.217.6.68: ["sfo07s17-in-f4.1e100.net","sfo07s17-in-f68.1e100.net"]
```

crypto 모듈 사용하기

crypto 모듈은 흥미롭고 재미있는 모듈이다. 이름에서 알 수 있듯이 암호화 정보를 생성한다. 즉 비밀 코드를 사용해 통신 보안을 제공한다. crypto를 사용하려면 crypto가 노드 프로젝트에 있는지 확인해야 한다. crypto 모듈은 반드시 필요한 것은 아니며 암호화를 지원하지 않고서도 노드 애플리케이션을 구축할 수 있다. crypto 모듈을 불러오는 가장 쉬운 방법은 간단하게 try catch (err)를 사용하는 것이다. 예를 들면 다음과 같다.

```
let crypto;
try {
  crypto = require ( 'crypto');
} catch (err) {
  console.log('crypto support is disabled!');
}
```

crypto 모듈은 데이터와 스트림을 암호화하고 해독하는 기능을 제공하는 여러 클래스를 갖고 있다. 표 10.3은 crypto 모듈이 제공하는 모든 다른 클래스를 보여준다.

표 10.3 crypto 모듈에서 사용할 수 있는 클래스

클래스	설명
certificate	SPKAC(인증서 서명 요청 메커니즘) 작업에 사용되며 주로 HTML5의 출력을 처리하는 데 사용된다.
cipher	읽기/쓰기가 가능한 스트림에서 데이터를 암호화하거나 cipher.update/cipher.final 메서드를 사용해 데이터를 암호화하는 데 사용된다.
decipher	암호화의 반대다. 읽기/쓰기가 가능한 스트림 또는 decipher.update / deciper.final 메서드를 사용해 데이터의 암호를 해독하는 데 사용된다.
diffieHellman	Diffie−Hellman(암호화 키 교환 방법) 키 교환을 생성할 때 사용된다.
eCDH (Elliptical Curve Diffie-Hellman)	ECDH의 키 교환을 위해 사용된다(Diffie−Hellman과 동일하지만 교환 당사자는 타원 곡선형 공용 − 개인 키 쌍을 사용한다).
hash	읽기/쓰기가 가능한 스트림 또는 hash.update 및 hash.digest를 사용해 데이터의 해시 다이제스트를 만드는 데 사용된다.
hmac	읽기 쉽고 쓰기가 가능한 스트림 또는 Hmac.update/Hmac.digest를 사용해 데이터의 Hmac 다이제스트를 만드는 데 사용된다.
sign	서명하는 데 사용된다.
verify	서명을 확인하기 위해 서명과 함께 사용된다.

crypto 모듈의 가장 일반적인 용도는 Cipher 및 Decipher 클래스를 사용해 나중에 저장하고 해독할 수 있는 암호화된 데이터를 만드는 것이다. 암호화가 그 예라고 할 수 있다. 처음에는 비밀번호가 텍스트로 입력되지만 실제로 텍스트로 저장되지 않는다. 암호는 ('aes192') 메서드와 같은 암호화 알고리즘을 사용해 암호화된다. 이렇게 하면 암호화된 데이터를 저장할 수 있으므로 암호를 해독하지 않고도 액세스할 수 있다면 암호에 대한 위험으로부터 보호할 수 있다. 목록 10.4는 암호 문자열을 암호화하고 해독하는 예제다. 목록 10.4의 결과는 목록 10.4의 수행 결과다.

목록 10.4 encrypt_password.js: Cipher 및 Decipher를 사용해 데이터 암호화 및 암호 해독하기

```
00 var crypto = require('crypto');
01 var crypMethod = 'aes192';
02 var secret = 'MySecret';
03 function encryptPassword(pwd){
04   var cipher = crypto.createCipher(crypMethod, secret);
```

```
05   var cryptedPwd = cipher.update(pwd,'utf8','hex');
06   cryptedPwd += cipher.final('hex');
07   return cryptedPwd;
08 }
09 function decryptPassword(pwd){
10   var decipher = crypto.createDecipher(crypMethod, secret);
11   var decryptedPwd = decipher.update(pwd,'hex','utf8');
12   decryptedPwd += decipher.final('utf8');
13   return decryptedPwd;
14 }
15 var encryptedPwd = encryptPassword("BadWolf");
16 console.log("Encrypted Password");
17 console.log(encryptedPwd);
18 console.log("/nDecrypted Password");
19 console.log(decryptPassword(encryptedPwd));
```

목록 10.4의 결과 출력 Cipher 및 Decipher를 사용해 데이터 암호화 및 암호 해독한 결과

```
Encrypted Password
0ebc7d846519b955332681c75c834d50
Decrypted Password
BadWolf
```

기타 노드 모듈 및 객체

이 절에서는 다음과 같은 정보를 얻을 수 있는 기타 노드 모듈과 객체에 대한 내용을 나열한다.

- Global: 모든 모듈에서 사용할 수 있는 객체다. 전역은 디렉터리명을 제공하는 _dirname에서 Process 개체까지의 범위를 지원한다.

- V8: API, 특히 Node 바이너리에 내장된 V8 버전의 API를 지원하는 모듈이다.

- 디버거: 노드 애플리케이션을 디버깅하는 데 사용되는 모듈이다. 디버깅하려면 debug 인수를 갖고 노드를 시작해야 한다(예: $ node debug myscript.js.).

- **Assertion 테스트**: 불변 조건을 테스트하는 데 사용되는 기본 assertion 테스트 집합을 제공하는 모듈이다.

- **C/C++ 애드온**: C 또는 C++로 작성된 공유 객체를 동적으로 링크할 수 있게 해주는 객체다. 이 인터페이스는 Node 및 C / C++ 라이브러리의 자바스크립트가 모두 사용할 수 있는 인터페이스를 제공하므로 일반 Node.js 애플리케이션처럼 동작할 수 있다.

- **REPL**^{Read Event Print Loop}: 개별 입력 행을 받아들이고 사용자 정의 함수를 사용해 결과를 출력한다.

요약

os 모듈을 사용하면 사용할 수 있는 메모리양, 임시 폴더 위치 및 EOL 문자 수와 같은 시스템 형식, 버전, 플랫폼 아키텍처 및 프로그래밍 도움말을 포함하는 시스템 정보를 얻을 수 있다. util 모듈은 동기 출력, 문자열 형식화 및 형식 검사를 위한 노드용 catch-all 라이브러리다. dns 모듈은 Node.js 애플리케이션에서 DNS 룩업 및 역룩업을 수행한다. 암호화 모듈은 개인 데이터를 보호하기 위해 데이터를 암호화하거나 암호를 해독하는 기능을 제공한다.

11장에서 다룰 내용

11장, 'NoSQL과 몽고DB 이해하기'에서는 몽고DB의 세계로 들어간다. 이제 몽고DB 기본 사항과 Node.js에서 구현하는 방법을 배워보자.

몽고DB 학습하기

11

NoSQL과 몽고DB 이해하기

대부분의 대규모 웹 애플리케이션과 서비스의 핵심은 고성능 데이터 저장 솔루션이다. 백엔드 데이터 저장은 데이터를 기록하고 해석할 수 있도록 사용자 계정 정보부터 장바구니에 담긴 아이템까지 모든 내용을 저장할 수 있어야 한다. 좋은 웹 애플리케이션은 정확하고 빠르게 그리고 안정적으로 데이터를 저장하고 가져올 수 있어야 한다. 그러므로 사용자의 요구를 만족시킬 수 있는 수준의 데이터 저장 구조를 선택해야 한다.

여러 종류의 데이터 저장 솔루션을 사용하면 웹 애플리케이션이 필요로 하는 데이터를 저장하고 다시 가져올 수 있다. 가장 흔히 사용되는 세 가지는 파일 형태의 다이렉트 파일 시스템 저장소, 관계형 데이터베이스 그리고 NoSQL 데이터베이스다. 이 책에서는 세 번째 NoSQL 데이터베이스 형태인 몽고DB를 다룬다.

이어 나오는 절에서는 몽고DB를 설명하고 설계를 위해 데이터 구조, 데이터베이스 설정 방법을 결정하기 이전에 먼저 고려해야 할 사항을 다룬다. 11장에서는 스스로에게 되물어봐야 할 여러 질문과 해당 질문들에 대한 답을 몽고DB에 내장된 구조들을 통해 알아본다.

왜 NoSQL인가?

NoSQL^{Not Only SQL}의 개념은 기존 SQL 관계형 데이터베이스의 제한적 모델을 사용하지 않더라도 데이터를 저장하고 다시 읽을 수 있는 기술이다. NoSQL는 단순화된 설계, 수평적인 규모 조절성 그리고 훌륭한 데이터 유효성 제어 방법을 제공한다.

NoSQL의 목적은 관계형 데이터베이스의 기존 구조로부터 벗어나 개발자들이 그 시스템의 데이터 흐름 요구에 좀 더 적절한 모델을 구현할 수 있도록 하는 것이다. NoSQL 데이터베이스는 기존 관계형 데이터베이스는 절대 구성할 수 없는 방식으로 구현된다.

HBase의 칼럼 구조, 레디Redi의 키/값 구조 그리고 Virtuoso와 같은 그래프 이론 기반 데이터베이스의 구조 등 여러 종류의 NoSQL 기술이 있다. 하지만 이 책에서는 웹 애플리케이션, 서비스를 제공하기 위한 백엔드 저장을 구현하는 데 있어 훌륭한 유연성과 조절성을 제공할 수 있는 몽고DB와 문서 모델에 대해 살펴본다. 또한 몽고DB는 가장 인기가 많고 현재 사용할 수 있는 NoSQL 데이터베이스 중 지원이 가장 잘되고 있다.

몽고DB 이해하기

몽고DB는 데이터 객체들이 컬렉션 내부에서 독립된 문서 형태로 저장되는 문서 모델 기반의 NoSQL 데이터베이스다. 몽고DB를 사용하게 된 계기는 고성능과 높은 유효성을 제공하고 자동 규모 조절 특성을 이용한 데이터 저장이 구현되기 때문이다. 몽고DB는 설치와 구현이 매우 간단하다. 이와 관련된 내용은 12장, '몽고DB 시작하기'에서 확인할 수 있다.

컬렉션 이해하기

몽고DB는 컬렉션collection을 사용해 데이터를 하나로 묶는다. 여기서 컬렉션이란 용도가 같거나 유사한 문서들을 그룹으로 묶은 것을 말한다. 컬렉션은 기존 SQL 데이터베이스의 테이블처럼 동작한다. 하지만 큰 차이점이 있다. 몽고DB에서 컬렉션은 엄격한 스키마를 지키지 않는다는 것이다. 그 대신 컬렉션 안의 문서들은 필요에 따라 서로 조금씩 다른 구조를 갖고 있을 수 있다. SQL에서 종종 수행되는 것처럼 일부 다른 테이블에 문서 내 항목들을 끼워넣어야 할 필요성을 줄인다.

문서 이해하기

문서document란 몽고DB 내에 있는 한 가지 데이터 실체entity of data를 나타내는 표현이다. 컬렉션은 1개 이상의 연관된 실체들로 이뤄져 있다. 몽고DB 문서는 SQL 레코드와 매우 다르다는 점에서 몽고DB와 SQL 사이에는 큰 차이점이 존재한다. 레코드 데이터는 수평적이다. 즉 레코드 내에는 각 값에 대해 칼럼이 하나씩 있다. 하지만 몽고DB에서 문서들은 내부 하위 문서들을 포함하고 있어서 애플리케이션에 훨씬 더 가까운 고유 데이터 모델을 제공한다. 사실, 문서를 나타내는 몽고DB의 레코드들은 BSON(2진 JSONbinary JSON)으로 저장된다. 그리고 몽고DB 필드/값 쌍은 자바스크립트의 프로퍼티/값 쌍과 일치한다. 이 필드/값 쌍은 문서에 저장된 값들을 정의한다. 즉 몽고DB 레코드를 Node.js 애플리케이션에서 사용할 자바스크립트 객체로 다시 변환시킬 때 많이 변경할 필요가 없다. 예를 들면 몽고DB의 문서는 다음과 같이 name, version, languages, admin 및 paths 필드와 함께 구성될 수 있다.

```
{
  name: "New Project",
  version: 1,
  languages: ["JavaScript", "HTML", "CSS"],
  admin: {name: "Brad", password: "****"},
  paths: {temp: "/tmp", project: "/opt/project", html: "/opt/project/html"}
}
```

문서 구조에 자바스크립트 객체와 마찬가지로 문자열, 정수, 배열, 객체 등으로 이뤄진 필드와 프로퍼티가 들어 있다는 점에 주목한다. 표 11.1은 BSON 문서의 필드 값이 취할 수 있는 다양한 데이터 형식들을 보여준다.

필드명에는 null 문자, 점(.) 또는 달러 기호($)를 쓸 수 없다. 또한 _id 필드는 객체 IDobject ID에만 쓰도록 예약돼 있다. _id 필드는 다음 각 부분으로 구성된, 시스템을 위한 단일한 unique ID를 나타낸다.

- 최종 시점 이후에 경과한 시간을 나타내는 4바이트 크기의 값
- 3바이트 길이의 장치 식별자identifier
- 2바이트 길이의 프로세스 식별자
- 임의의 값으로 시작되는 3바이트 길이의 카운터

몽고DB 내 문서의 최대 크기는 16MB이다. 최대 크기를 정해 놓음으로서 RAM을 과도하게 사용하게 만드는 질의나 파일 시스템에 대한 과도한 접근 질의를 방지한다. 문서의 크기가 그렇게 큰 용량을 가진 경우는 없다고 하더라도 파일 데이터를 포함하는 복잡한 데이터 형식을 설계할 때는 문서의 최대 크기를 고려해야 한다.

몽고DB 데이터 형식 ▰▰▰▰▰▰

BSON 데이터 포맷은 자바스크립트 객체들을 바이너리 형태로 저장할 때 다양한 형식을 지원한다. 이러한 형식들은 자바스크립트 형식과 최대한 유사한 형태를 가진다. 프로퍼티가 특정 형식의 값을 갖고 그 특정 프로퍼티를 가진 객체를 찾기 위해 몽고DB에 대해 질의할 수 있다. 따라서 이러한 형식들을 이해하는 것이 중요하다. 예를 들면 데이터베이스에서 타임스탬프의 값이 문자열 객체인 문서를 찾을 수도 있고 타임스탬프의 값이 Date 객체인 문서에 대해 질의할 수도 있다.

몽고DB는 데이터 형식을 사용해 질의할 때 1에서 255 사이의 정수형 ID 숫자를 사용하며 이 숫자들은 각 데이터 형식에서 사용된다. 표 11.1은 몽고DB가 지원하는 데이터 형식의 목록과 이들을 식별할 때 몽고DB가 사용하는 숫자들을 보여준다.

표 11.1 몽고DB 데이터 형식과 이에 해당하는 ID 숫자

형식	숫자
실수형(Double)	1
문자열(String)	2
객체	3
배열	4
바이너리 데이터	5
객체 ID	7
불린(Boolean)	8
날짜(Date)	9
널(Null)	10
정규 표현식	11
자바스크립트	13
심벌(Symbol)	14
자바스크립트(with scope)	15
32비트 정수형	16
타임스탬프	17
64비트 정수형	18
Decimal127	19

Min 키	−1
Max 키	127

몽고DB에서 서로 다른 데이터 형식으로 작업할 때 주의해야 할 또 다른 항목은 비교되는 순서다. 다른 BSON 형식의 값을 비교할 때 몽고DB는 다음의 제일 낮은 순서부터 제일 높은 순서대로 비교한다.

1. Min 키(내부 형식)

2. 널

3. 숫자(32비트 정수형, 64비트 정수형, 실수형)

4. 문자열

5. 객체

6. 배열

7. 바이너리 데이터

8. 객체 ID

9. 불린

10. 날짜, 타임스탬프

11. 정규 표현식

12. Max 키(내부 형식)

데이터 모델 계획

몽고DB를 구현하기 전에 저장되는 데이터 특성과 데이터 저장 방식 그리고 이 데이터 접근 방법을 알아둘 필요가 있다. 이 개념들을 이해하고 있다면 예상보다 빠른 결정을 내릴 수 있으며 데이터와 애플리케이션을 최적의 성능을 낼 수 있도록 구성할 수 있다. 데이터 모델 구현을 하기 전에 다음 질문에 대해 답할 수 있어야 한다.

- 애플리케이션이 사용할 기본 객체는 무엇인가?
- 객체 형식들은 서로 어떤 관계에 놓여 있는가? 일대일 관계? 일대다 관계? 아니면 다대다 관계?
- 얼마나 자주 데이터베이스에 새로운 객체가 추가되는가?
- 얼마나 자주 데이터베이스에서 객체가 삭제되는가?
- 얼마나 자주 객체가 변경되는가?
- 얼마나 자주 객체에 접근하는가?
- 어떻게 객체에 접근하는가?(ID, 프로퍼티 값, 비교 방식 등을 사용할 것인지?)
- 어떻게 객체 형식 그룹에 접근하는가?(공통 ID, 공통 프로퍼티 값 등을 사용할 것인가?)

이 질문들에 답한 후에 몽고DB 내 컬렉션과 문서 구조를 결정하면 된다. 다음 절에서는 데이터 저장과 접근을 최적화하기 위해 몽고DB에서 사용할 수 있는 다양한 문서 컬렉션, 데이터베이스 모델링을 다룬다.

문서 참조를 이용한 데이터 정규화

데이터 정규화^{Data normalization}는 불필요한 반복과 의존성을 최소화하기 위해 문서와 컬렉션을 체계화하는 과정이다. 하위 객체^{sub-object}이면서 해당 객체의 문서에서 분리돼 또 다른 컬렉션의 독립 문서로 저장돼야 하는 객체 프로퍼티를 식별함으로써 데이터를 정규화할 수 있다. 일반적으로 하위 객체와 일대다 또는 다대다 관계를 맺고 있는 객체들을 대상으로 이 작업을 수행한다.

데이터 정규화의 장점은 한 컬렉션 내부에 객체들이 여러 개 있는 것이 아니라 자기자신의 컬렉션 내에 각 객체가 하나만 존재하기 때문에 데이터베이스의 크기는 작아질 것이다. 또한 하위 객체의 정보를 자주 변경하면 해당 객체를 갖고 있는 컬렉션의 모든 기록을 변경할 필요 없이 하나의 인스턴스만 변경하면 된다.

데이터 정규화의 가장 큰 단점은 정규화된 하위 객체가 필요한 사용자 객체를 살펴보고자 할 때 하위 객체는 반드시 따로 살펴봐야(분리 룩업해야) 한다는 것이다. 사용자 데이터를 자주 살펴보는 경우라면 이러한 특성은 성능에 큰 영향을 미칠 수 있다.

데이터 정규화가 필요한 사례로 사용자가 어느 상점을 가장 선호하는지를 알고 있는 시스템이다. 각 User 객체는 name, phone 그리고 FavoriteStore(선호 상점) 프로퍼티를 가진다. 또한 FavoriteStore 프로퍼티는 하위 객체로 name, street, city 그리고 zip 프로퍼티를 가진다.

하지만 사용자 수천 명이 동일한 FavoriteStore를 갖고 있을 수도 있으므로 일대다 관계가 존재할 수 있다. 그렇기 때문에 각 User 객체에 FavoriteStore 객체 데이터를 저장할 경우 동일한 데이터를 수천 번 저장할 수 있다. 그러므로 FavoriteStore 객체는 사용자 객체의 FavoriteStores 컬렉션 내의 문서에서 참조할 수 있는 _id 객체 프로퍼티를 가질 수 있다. 그러면 애플리케이션은 Users 컬렉션에서 FavoriteStores 컬렉션 내의 FavoriteStore 문서로 데이터를 연결하는 참조 ID favoriteStore를 사용할 수 있다. 그림 11.1은 위에서 설명한 Users와 FavoriteStores 컬렉션의 구조를 보여준다.

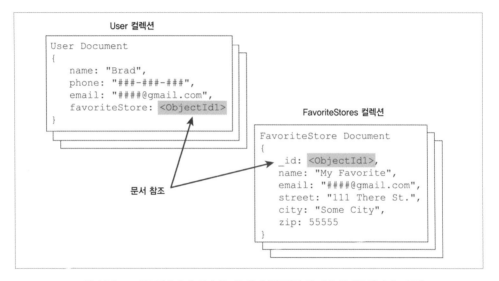

그림 11.1 또 다른 컬렉션 내 문서 참조를 통해 정규화된 몽고DB 문서를 정의하는 방법

내장된 문서로 데이터 비정규화하기

데이터 비정규화는 문서에 바로 삽입돼야 하는 하위 객체를 하나의 주 객체에서 식별해내는 과정이다. 일반적으로 이러한 작업은 대부분 일대일의 관계를 갖거나 상대적으로 크기가 작고 자주 갱신되지 않는 객체들을 대상으로 수행된다.

문서 비정규화의 가장 큰 장점은 다른 컬렉션에 위치한 하위 객체를 결합하기 위해 추가 룩업 없이 단 한 번의 룩업만으로 객체 데이터 전체를 얻을 수 있다는 점이다. 그러므로 성능 향상에 큰 영향을 미칠 수 있다. 단점은 일대다 관계에 놓인 하위 객체의 경우 각 문서에 복사본을 따로 저장하게 되고 이로 인해 삽입 작업이 오래 걸리며 디스크 공간 또한 많이 차지하게 된다는 것이다.

데이터를 비정규화해야 하는 예로는 집과 직장 연락처 정보를 갖고 있는 사용자가 포함된 시스템을 들 수 있다. 사용자는 name, home, work 프로퍼티를 갖는 User 문서에 의해 표현되는 객체다. home과 work 프로퍼티는 phone, street, city 및 zip 프로퍼티를 포함하는 하위 객체다.

home과 work 프로퍼티는 자주 변경되지 않는다. 동일한 home에 대해 여러 사용자가 있을 수 있지만 아주 많은 사용자는 아닐 수 있다. 그리고 하위 객체 안의 값들은 실제로 그렇게 크지 않고 자주 변경되지도 않을 것이다. 그러므로 User 객체에 home 연락처 정보를 다이렉트로 저장하는 것이 좋다. 동일한 직장 연락처 정보를 갖고 있는 사람의 수는 어느 정도 되는가? 이에 대한 답이 '많지 않다'라면 work 객체는 user 객체 안에 삽입하면 된다. 얼마나 자주 user 객체에 대해 질의하며 얼마나 자주 work 정보가 필요할까? 이 질문에 대한 답이 '거의 없다'라면 work는 정규화해도 된다. 하지만 '자주' 또는 '항상'이라면 user 객체에 work를 삽입하는 것이 더 낫다.

그림 11.2는 위에서 설명한 대로 집과 직장 연락처 정보가 삽입된 User 객체의 구조를 보여준다.

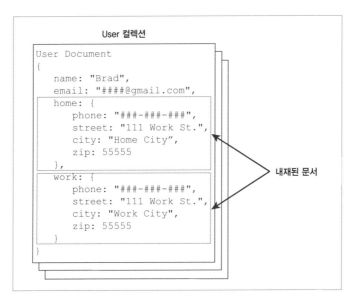

그림 11.2 문서 안에 객체를 삽입함으로써 비정규화된 몽고DB 문서를 정의하는 방법

제한 컬렉션 사용

몽고DB의 좋은 기능은 제한 컬렉션을 생성할 수 있다는 것이다. 여기서 제한 컬렉션^{capped}
collection이란 크기가 고정된 컬렉션을 말한다. 컬렉션의 크기보다 큰 새 문서를 컬렉션에 저
장해야 할 때 컬렉션 내에서 가장 오래된 문서는 삭제되고 새 문서가 삽입된다. 제한 컬렉션
은 삽입, 검색, 삭제가 자주 발생하는 객체에 사용하기 좋다. 다음은 제한 컬렉션을 사용할
경우의 장점들을 보여준다.

- 삽입 순서를 저장한다. 그렇기 때문에 저장된 순서대로 문서를 반환하기 위해 인덱
  스를 사용하지 않아도 되므로 인덱스로 인한 오버헤드가 발생하지 않는다.
- 문서 크기를 증가시키는 업데이트를 금지함으로써 삽입 순서와 디스크상의 순서가
  동일해지도록 한다. 이는 문서를 새 위치로 이동시키고 이를 관리하는 오버헤드를
  없앤다.
- 컬렉션 내 가장 오래된 문서를 자동으로 제거한다. 그러므로 애플리케이션 코드의
  내부에 삭제 기능을 구현할 필요가 없다.

하지만 다음과 같은 제약 사항들의 영향을 받기 때문에 제한 컬렉션을 사용할 때 주의를 기
울여야 한다.

- 문서는 제한 컬렉션 내에 삽입된 후에는 더 큰 크기로 갱신할 수 없다. 문서를 갱신
  할 수는 있지만 데이터는 반드시 동일한 크기이거나 더 작아야 한다.
- 제한 컬렉션에서 문서를 삭제할 수 없다. 즉 데이터가 사용되지 않는다 하더라도 디
  스크 공간을 차지한다는 것이다. 모든 항목을 확실하게 삭제하기 위해 제한 컬렉션
  을 삭제할 수 있지만 이 경우 해당 문서를 다시 사용하려면 재생성해야 한다.

제한 컬렉션을 멋지게 활용하는 예로는 시스템의 트랜잭션 로그를 생성하는 일을 들 수 있
다. 오래된 로그 항목들을 명시적으로 삭제하지 않고도 로그 항목의 마지막 X개에 항상 접
근할 수 있다.

원자적 쓰기 연산 이해하기

쓰기 연산은 몽고DB 내 문서 레벨에서 원자적^{atomic}이다. 이는 한 프로세스가 한 번에 한 문
서 또는 한 컬렉션만을 갱신할 수 있다는 것을 의미한다. 그러므로 비정규화된 문서에 수행
된 쓰기 연산은 원자적이다. 하지만 정규화된 문서에 대한 쓰기 연산은 다른 컬렉션 안의 하

위 객체에 대해 독립적인 쓰기 연산이 필요하며 그렇기 때문에 정규화된 객체의 쓰기는 전체적으로 볼 때 원자적이라고 할 수 없을 수도 있다.

애플리케이션의 요구 사항에 맞게 설계하려면 문서와 컬렉션을 설계할 때 항상 원자적 쓰기를 기억해야 한다. 다시 말해 반드시 객체의 모든 파트를 원자적인 방식으로 써야 한다면 객체를 정규화된 형태로 설계해야 한다.

문서 크기의 증가 고려하기

문서를 갱신할 때는 새로운 데이터가 문서 크기의 증가에 어떤 영향을 미칠 것인지에 대해 고려해야 한다. 몽고DB가 패딩을 제공하는 이유는 갱신 연산을 수행하는 중간에 발생할 수 있는 문서 크기의 증가를 허용하기 위해서다. 하지만 갱신으로 인해 문서가 디스크에 할당된 공간보다 커지면 몽고DB는 디스크의 새로운 위치에 문서를 재배치해야 하고 이는 시스템의 성능에 큰 타격을 준다. 또한 잦은 문서 재배치로 인해 디스크 파편화 문제가 불거질 수 있다. 예를 들면 문서에 배열에 매우 많은 요소가 추가되는 경우에는 파편화가 발생할 수 있다.

문서 크기의 증가를 줄일 수 있는 한 가지 방법은 자주 증가할 가능성이 있는 속성의 경우 정규화된 객체를 사용하는 것이다. 예를 들면 Cart 객체의 아이템들을 저장하기 위해 배열을 사용하는 대신 CartItem을 위한 컬렉션을 생성해 Cart 객체에 저장되는 새로운 아이템들을 컬렉션 CartItems 안에 새로운 문서로 저장하고 해당 컬렉션 내부에서 사용자의 Cart 아이템들을 참조하는 식이다.

인덱싱, 샤딩과 복제

몽고DB는 성능, 확장성 그리고 신뢰성을 최적화할 수 있는 몇 가지 메커니즘을 제공한다. 데이터베이스를 설계할 때는 다음과 같은 선택 사항들을 고려해야 한다.

- **인덱싱**: 인덱싱indexing(색인 달기)으로 정렬하기 쉬운 룩업 색인을 생성하면 자주 발생하는 질의들의 성능을 높일 수 있다. ID로 항목들을 찾는 것이 가장 흔히 사용되는 방법이기 때문에 컬렉션의 _id 프로퍼티가 자동으로 색인 처리된다. 하지만 사용자가 데이터에 접근할 수 있는 다른 방법과 룩업 메서드를 향상시키기 위한 색인들을 구현할 방법을 고민해볼 필요가 있다.
- **샤딩**: 샤딩은 클러스터 내 여러 개의 몽고DB 서버에 샤딩될 수 있는 큰 데이터의 컬렉션을 샤딩하는 과정이다. 각 몽고DB 서버는 샤드shard로 간주된다. 이는 큰 규모의

시스템에서 발생하는 다수의 요청을 지원하기 위해 여러 개의 서버를 사용하는 경우의 이점을 제공한다. 이것으로 데이터베이스를 대상으로 수평적인 규모 조절scaling을 할 수 있다. 컬렉션을 샤딩할지 그리고 얼마나 샤딩시킬지를 결정하기 위해서는 데이터의 크기와 해당 데이터에 접근할 요청들의 수를 확인해야 한다.

- **복제**: 복제는 클러스터 내 여러 개의 몽고DB 인스턴스에 데이터를 복제하는 과정이다. 데이터베이스의 신뢰성 측면을 고려할 때 중요한 데이터의 백업 복사본을 항상 사용할 수 있도록 하려면 복제를 구현해야 한다.

큰 컬렉션 대 많은 컬렉션

몽고DB 문서와 컬렉션을 설계할 때 고려해야 하는 또 다른 중요한 점은 필요한 컬렉션의 개수다. 실제로는 많은 수의 컬렉션이 있다고 해서 성능 저하를 발생시키는 것은 아니지만 동일한 컬렉션 안에 많은 항목이 있다면 성능에 영향을 미친다. 크기가 큰 컬렉션을 소모하기 쉬운 크기로 쪼갤 수 있는 방법을 고려해야 한다.

과거 구매 내역을 위해 사용자의 트랜잭션 히스토리를 데이터베이스에 저장하는 경우를 살펴보자. 이런 완료된 구매 내역의 경우 절대 여러 사용자의 구매 내역들을 함께 볼 필요가 없다. 사용자는 자기자신만의 내역만 볼 수 있게 하면 된다. 트랜잭션이 많은 수천 명의 사용자들이 있다면 각 사용자에 대해 독립적인 컬렉션에 이러한 과거 내역들을 저장하는 것이 맞다.

데이터 수명 주기 결정

데이터베이스를 설계하는 데 있어서 가장 흔히 간과되는 것 중 하나가 데이터의 수명 주기다. 문서는 특정 컬렉션 안에 얼마나 오랫동안 존재해야 하는가? 일부 컬렉션들은 활성화된 사용자 계정과 같이 무기한으로 존재해야 하는 문서가 있다. 하지만 시스템 안의 각 문서는 컬렉션을 질의할 때 성능에 영향을 미친다는 점을 기억해야 한다. 따라서 각 컬렉션 내 문서의 유지 기간TTL, Time-to-live의 값을 지정해야 한다. 몽고DB에서 TTL 메커니즘을 구현하는 데에는 여러 가지 방법이 있다. 그중 하나는 애플리케이션에 오래된 데이터를 모니터링하고 삭제하는 코드를 구현하는 것이다. 또 다른 방법은 컬렉션에 몽고DB TTL 설정을 이용하는 것으로, 이 방법은 수초 후나 정해진 시간에 문서가 자동으로 삭제되도록 프로파일을 정의할 수 있다. 가장 최신 문서만 필요한 컬렉션의 경우 자동으로 컬렉션의 크기를 작게 유지시키는 제한 컬렉션을 구현하는 방법도 있다.

데이터 사용성과 성능 고려하기

몽고DB를 설계할 때 고려해야 하는 가장 중요한 점 중 하나는 데이터 사용과 데이터 사용이 성능에 얼마나 영향을 미치는가다. 앞의 절에서는 데이터 크기와 최적화의 복잡한 점 중 일부를 해결하는 다양한 방법을 설명했다. 또 한 가지 고려해야 할 점은 바로 데이터의 사용성과 성능이다. 궁극적으로 이 두 가지는 모든 웹 솔루션과 그에 따라 발생하는 저장에서 가장 중요한 부분이다.

데이터 사용성은 웹 사이트의 기능을 만족시킬 수 있는 데이터베이스의 역량을 의미한다. 웹 사이트가 제대로 동작할 수 있도록 데이터에 접근해야 한다. 사용자들은 그들이 원하는 방식대로 동작하지 않는 웹 사이트를 사용하고 싶진 않을 것이다. 그리고 데이터의 정확도도 중요하다.

그 다음에는 성능을 고려할 수 있다. 데이터베이스는 반드시 데이터를 적절한 속도로 보낼 수 있어야 한다. 이전 절에서는 데이터베이스의 성능에 영향을 미치는 요소들을 고려하고 설계할 수 있도록 했다. 좀 더 복잡한 상황에서는 적합한 균형을 맞을 때까지 데이터의 사용성을 평가하고 성능을 평가한 후 다시 사용성 평가로 돌아가야 한다는 것을 알아야 한다. 또한 사용성 요구 사항은 언제든지 바뀔 수 있다는 점과 이러한 특성은 문서와 컬렉션이 나중에 더 확장될 수 있도록 설계 방법에 영향을 미칠 수 있다는 점을 기억해야 한다.

요약

11장에서는 몽고DB와 데이터 구조, 데이터베이스 설정을 위해 설계 시 고려 사항들을 배웠다. 컬렉션, 문서 그리고 여기에 저장될 수 있는 데이터 형식들을 학습했다. 또한 데이터 모델 계획 방법, 반드시 스스로에게 해야 하는 질문 및 데이터베이스 요구 사항을 충족시키기 위해 몽고DB에 내장된 구조들에 대해서도 학습했다.

12장에서 다룰 내용

12장, '몽고DB 시작하기'에서는 몽고DB를 설치해볼 것이다. 또한 사용자 계정을 설정하고 컬렉션과 문서에 접근하기 위해 몽고DB 셸을 사용하는 방법도 배울 것이다.

12

몽고DB 시작하기

12장에서는 몽고DB에 대한 내용을 빠르게 살펴볼 예정이다. 11장, 'NoSQL과 몽고DB 이해'에서 몽고DB의 이론적인 부분들을 다뤘다면 12장에서는 실제 응용 방법을 살펴본다. 몽고DB를 설치하는 방법, 엔진을 시작하고 중지하는 방법 그리고 몽고DB 셸에 접근하는 방법을 학습할 예정이다. 몽고DB 셸은 몽고DB 서버를 관리하거나 몽고DB에서 필요한 모든 기능을 수행하기 위해 사용된다. 몽고DB 셸은 개발 프로세스뿐 아니라 데이터베이스 관리에서도 필수적으로 사용된다.

12장에서는 몽고DB를 설치하는 방법과 셸에 접근하는 방법을 다룰 것이다. 그런 다음 사용자 계정과 권한을 설정하는 방법과 같은 기본적인 관리 작업에 대해 집중적으로 살펴볼 예정이다. 12장에서는 데이터베이스, 컬렉션 그리고 문서를 관리하는 방법을 다루면서 마무리 짓는다.

몽고DB 환경 구축하기

몽고DB를 시작하려면 가장 먼저 사용자의 개발 시스템에 몽고DB를 설치해야 한다. 일단 개발 시스템에 설치한 후에 몽고DB의 기능을 사용해보고 몽고DB 셸을 배우고 나면 13장, '몽고DB와 Node.js 활용 입문'에서 다루는 Node.js 애플리케이션 대상 몽고DB 통합 작업 준비를 할 수 있게 된다.

다음 절에서는 데이터베이스 엔진 설치, 시작, 중지하는 방법과 셸 클라이언트에 접근하는 방법을 학습한다. 이러한 작업들을 할 수 있게 되면 개발 환경 내에서 몽고DB 사용을 시작할 준비가 된 것이다.

몽고DB 설치하기

Node.js 환경에 몽고DB를 구현하기 위한 첫 번째 단계는 몽고DB 서버 설치다. 주요 플랫폼(리눅스, 윈도우, 솔라리스 그리고 맥OS X)들에 대한 각 몽고DB 버전들이 존재하고 있으며 레드햇, 수세, 우분투 그리고 아마존 리눅스 배포판에서 사용할 수 있는 엔터프라이즈 버전도 있다. 기업용 몽고DB는 유료이며 강화된 보안, 관리, 통합 지원을 제공한다. 이 책의 목적과 몽고DB 학습을 위해서는 몽고DB의 스탠더드 에디션만으로도 충분하다.

12장 학습을 계속 진행하기 전에 몽고DB 웹 사이트인 http://docs.mongodb.org/manual/installation/에 방문해 링크에 나온 설명서대로 몽고DB를 다운로드하고 설치한다. 다음 항목들은 설치 과정의 일부로, 반드시 따라야 하는 단계들이다.

1. 몽고DB 파일을 다운로드한 후 압축을 푼다.
2. <mongo_install_location>/bin에 사용자 시스템 경로를 추가한다.
3. 데이터 파일 디렉터리 <mongo_data_location>/data/db를 생성한다.
4. 콘솔 프롬프트에 다음 명령을 사용해 몽고DB를 시작한다.

```
mongod -dbpath <mongo_data_location>/data/db
```

몽고DB 시작하기

몽고DB를 설치했다면 데이터베이스 엔진을 시작하거나 중지시킬 수 있어야 한다. 데이터베이스 엔진을 시작하려면 <mongo_install_location>/bin 위치의 mongod 실행 파일(윈도우의 경우 mongod.exe)을 실행시켜야 한다. 이 실행 파일은 몽고DB를 시작하게 하며 설정된 포트로부터 데이터베이스 요청을 기다린다.

여러 다른 종류의 매개변수를 설정해 mongod 실행 파일을 제어할 수 있으며 매개변수를 사용해 동작 제어 메서드를 제공할 수 있다. 예를 들면 몽고DB가 대기하고 있는 IP 주소와 포트뿐 아니라 로깅과 인증까지 설정할 수 있다. 표 12.1은 가장 흔히 사용되는 매개변수 몇 가지를 보여준다. 다음 예는 port, dbpath 매개변수와 함께 몽고DB를 시작했을 때다.

```
mongod -port 28008 -dbpath <mongo_data_location>/data/db
```

표 12.1 mongod 명령행 매개변수

매개변수	설명
--help, -h	기본적인 도움말과 사용법을 출력한다.
--version	몽고DB 버전을 출력한다.
--config <filename>, -f <filename>	런타임 환경 설정을 포함하는 환경 설정 파일을 명시한다.
--verbose, -v	콘솔에 전달돼 --logpath로 명시된 로그 파일에 저장되는 내부 기록의 양을 증가시킨다.
--quiet	콘솔과 로그 파일에 전달된 기록의 양을 감소시킨다.
--port <port>	mongod가 클라이언트 연결을 대기할 TCP 포트를 지정한다. 기본값은 27017이다.
--bind_ip <ip address>	mongod가 연결을 대기할 특정 IP 주소를 명시한다. 기본값은 All Interfaces이다.
--maxConns <number>	mongod가 수용할 최대 동시 접속 수를 명시한다. 최댓값은 200000이다.
--logpath <path>	로그 파일의 경로를 명시한다. 재시작할 때 -logappend를 함께 명시하지 않을 경우 로그 파일을 덮어쓴다.
--auth	원격 호스트에서 접속하는 사용자들의 데이터베이스 인증 모드를 활성화한다.
--dbpath <path>	mongod 인스턴스의 데이터를 저장할 디렉터리를 명시한다.
--nohttpinterface	HTTP 관리자 인터페이스를 비활성화한다.
--nojournal	내구성을 위한 저널링을 비활성화한다.
--noprealloc	데이터 파일의 사전 할당을 비활성화한다. 사전 할당은 시작 시간을 줄이지만 정상 동작 시에 상당한 성능 저하를 발생할 수 있다.
--repair	모든 데이터베이스에 대한 복구 루틴을 실행한다.

몽고DB 중지하기

각 플랫폼마다 실행된 mongod 실행 파일의 중지 방법이 다르다. 하지만 가장 좋은 중지 방법은 셸 클라이언트에서 중지시키는 것이다. 현재 동작을 깔끔하게 정지시키고 mongod를 강제로 종료시킬 수 있기 때문이다.

몽고DB를 셸 클라이언트에서 중지시키려면 admin 데이터베이스로 변경한 후 데이터베이스 엔진을 중지시킨다.

```
use admin
db.shutdownServer()
```

셸 클라이언트에서 몽고DB에 접근하기

몽고DB를 설치하고 설정한 후 시동했다면 몽고DB 셸을 통해 접근할 수 있다. 몽고DB 셸은 몽고DB, 사용자 그리고 그 이상의 것들을 접근, 설정, 관리할 수 있도록 하는 대화형 셸로, 몽고DB와 함께 제공된다. 사용자 계정을 설정하는 것에서부터 데이터베이스 생성, 데이터베이스 내용을 질의하는 것에 이르기까지 모든 작업에서 셸을 사용할 수 있다.

다음 절에서는 몽고DB 셸에서 수행하게 될 가장 흔한 관리 작업들 중 일부를 다룬다. 이 책의 나머지 예제들을 따라하기 위해서는 사용자 계정, 데이터베이스 그리고 컬렉션 생성 방법을 배워야 한다. 또한 데이터에 접근할 때 발생하는 문제를 잘 풀기 위해서는 문서 대상의 가장 기초적인 질의를 수행할 수 있어야 한다.

몽고DB 셸을 시작하기 위해 먼저 mongod가 동작하는지를 확인하고, 동작하고 있지 않다면 mongod 명령어를 실행한 이후에 콘솔 프롬프트에서 mongo 명령을 실행한다. 셸은 그림 12.1 과 같이 시작한다.

```
MongoDB shell version: 2.4.8
connecting to: test
Welcome to the MongoDB shell.
For interactive help, type "help".
For more comprehensive documentation, see
        http://docs.mongodb.org/
Questions? Try the support group
        http://groups.google.com/group/mongodb-user
> _
```

그림 12.1 몽고DB 셸 시작 화면

몽고DB 셸을 사용하면 몽고DB의 대부분을 관리할 수 있다. 몽고DB 셸을 사용할 때 주의해야 할 몇 가지 사항이 있다. 첫 번째로 몽고DB 셸은 자바스크립트를 기반으로 하고 있기 때문에 대부분의 자바스크립트 문법을 사용할 수 있다. 두 번째는 셸을 통해 서버의 데이터베이스와 컬렉션에 직접 접근할 수 있으므로 서버 데이터를 바로 사용할 수 있다.

몽고DB 셸 명령 이해하기

몽고DB 셸은 셸 프롬프트에서 사용할 수 있는 몇 가지 명령어를 제공한다. 앞으로 많이 사용하게 될 것이므로 다음 명령어들에 익숙해져야 한다.

- **help <option>**: 몽고DB 셸 명령 문법에 대한 도움말을 보여준다. option 인수를 사용해 특정 도움말로 지정할 수 있다.

- **use <database>**: 현재 database 핸들을 변경한다. 데이터베이스 작업은 현재 데이터베이스 핸들에서 처리된다.

- **db.help**: 데이터베이스 메서드의 도움말 옵션을 제공한다.

- **show <option>**: option 인수에 따른 목록을 보여준다. 다음과 같은 option 값들을 볼 수 있다.

    - **dbs**: 데이터베이스 목록을 나타낸다.

    - **collections**: 현재 데이터베이스 컬렉션의 목록을 나타낸다.

    - **profile**: 1밀리초 이상 걸린 가장 최근의 system.profile 항목 5개를 나타낸다.

    - **database**: 사용할 수 있는 모든 데이터베이스를 나타낸다.

    - **roles**: 내재 및 사용자 정의된 현재 데이터베이스의 모든 역할을 나타낸다.

    - **users**: 데이터베이스의 모든 사용자 목록을 나타낸다.

- **exit**: 데이터베이스를 종료한다.

몽고DB 셸 메서드 이해하기

MongDB 셸은 다수의 관리용 메서드들을 제공한다. 몽고DB 셸이나 몽고DB 셸 실행 스크립트들을 사용해 메서드를 직접 호출할 수 있다. 다양한 관리 기능을 수행할 수 있는 많은 메서드를 사용할 수 있다. 일부 메서드는 이번 절에서 다루지 않고 나중에 다시 다룬다. 여기서는 셸 메서드의 종류와 접근하는 방법을 파악한다. 다음 목록은 셸 메서드의 몇 가지 예를 보여준다.

- **load(script)**: 셸 내부의 자바스크립트 파일을 로드하고 실행한다. 데이터베이스용 작업 스크립트를 잘 사용할 수 있다.

- **UUID(string)**: 32바이트 16진수 문자열을 BSON UUID로 변환한다.

- **db.auth(username, password)**: 현재 데이터베이스에 대한 인증을 수행한다.

이외에 더 많은 셸 메서드가 있다. 다른 메서드들은 다음 절에서 다룬다. 네이티브^{native} 메서드 전체 목록을 확인하려면 http://docs.mongodb.org/manual/reference/method /#native를 참고하라.

명령어 매개변수와 사용 결과 이해하기

몽고DB 셸은 몽고DB 데이터 구조와 밀접한 관계를 갖고 있는 대화형 자바스크립트 셸이다. 즉 메서드에 전달된 매개변수와 메서드로부터 반환된 데이터까지 많은 데이터에 대한 상호 작용들이 자바스크립트 객체인 표준 몽고DB 문서를 사용해 이뤄진다. 예를 들면 사용자를 생성하기 위한 목적으로 문서를 사용하려면 다음과 같이 사용자 정의를 해야 한다.

```
db.createUser( {    user: "testUser",
              roles: [ "read" ],
              otherDBRoles: { testDB2: [ "readWrite" ] } } )
```

그리고 사용자는 셸에서 데이터베이스 사용자를 나열하고자 할 때 다음과 같은 문서 목록을 사용해야 한다.

```
> use admin
switched to db admin
> db.system.users.find()
{ "_id": ObjectId("529e71927c798d1dd56a63d9"), "user": "dbadmin",
  "pwd": "78384f4d73368bd2d3a3e1da926dd269",
  "roles": [ "readWriteAnyDatabase", "dbAdminAnyDatabase", "clusterAdmin" ] }
{ "_id": ObjectId("52a098861db41f82f6e3d489"), "user": "useradmin",
  "pwd": "0b4568ab22a52a6b494fd54e64fcee9f",
  "roles": [ "userAdminAnyDatabase" ] }
```

몽고DB 셸 스크립트 생성하기

앞에서 이미 살펴봤듯이 몽고DB 셸의 명령, 메서드 그리고 데이터 구조는 대화형 자바스크립트를 기반으로 한다. 몽고DB를 관리하는 좋은 방법은 여러 번 수행될 수 있거나 업그레이드와 같은 특정 시간에 실행될 준비를 할 수 있는 스크립트를 만드는 것이다.

스크립트 파일은 자바스크립트로 조건문과 루프 코드를 구현하며 여러 가지 몽고DB 명령들을 포함한다. 몽고DB 셸 스크립트를 실행하는 데에는 두 가지 방법이 있다. 첫 번째 방법은 콘솔 명령어 행에서 --eval을 사용해 실행한다. --eval 매개변수는 자바스크립트 문자열 또는 자바스크립트 파일을 받아 몽고DB 셸을 시작한 후 곧바로 자바스크립트를 실행시킨다.

예를 들어 다음 명령어를 사용해 몽고DB 셸을 시작하고 db.getCollections()를 테스트 데이터베이스에 대해 실행시킨다. 그런 다음 그림 12.2와 같이 JSON 문자열 결과를 출력한다.

```
mongo test --eval "printjson(db.getCollectionNames())"
```

> **노트**
>
> 인증을 사용하고 있다면(당연히 사용해야 한다), 명령 수행 시에 스크립트가 인증돼야 할 수도 있다.

```
C:\Users\Brad>mongo test --eval "printjson(db.getCollectionNames())"
MongoDB shell version: 2.4.8
connecting to: test
[ "system.indexes", "system.users" ]
```

그림 12.2 몽고DB 콘솔 셸 명령어 행에서 자바스크립트 파일 실행하기

두 번째 메서드는 load(script_path) 메서드를 이용해 몽고DB 셸 프롬프트에서 자바스크립트를 실행한다. 이 메서드는 자바스크립트 파일을 로드해 곧바로 파일을 실행한다. 예를 들면 다음 셸 명령어는 db_update.js 스크립트 파일을 실행한다.

```
load("/tmp/db_update.js")
```

사용자 계정 관리하기

몽고DB를 시작한 후 가장 먼저 해야 할 일은 데이터베이스에 접근할 수 있도록 사용자를 추가하는 것이다. 몽고DB는 몽고DB 셸에서 사용자를 추가, 제거 그리고 설정할 수 있다. 다음 절에서는 사용자 계정을 관리하기 위해 몽고DB 셸을 사용하는 방법을 다룬다.

사용자 목록 출력하기

사용자 계정은 각 데이터베이스의 db.system.users 컬렉션에 저장된다. User 객체에는 id, user, pwd, roles가 있으며 가끔 otherDBRoles 필드도 사용될 수 있다. 사용자 객체 목록을 얻을 수 있는 방법은 두 가지다.

첫 번째 방법에서는 사용하고자 하는 사용자들을 포함하는 데이터베이스로 변경한 후 show users 명령을 실행한다. 다음 예제에서는 admin 데이터베이스로 변경한다. 그리고 그림 12.3과 같이 사용자 목록을 출력한다.

```
use admin
show users
```

```
>
> use admin
switched to db admin
> show users
{
        "_id" : ObjectId("529e71927c798d1dd56a63d9"),
        "user" : "dbadmin",
        "pwd" : "78384f4d73368bd2d3a3e1d4926dd269",
        "roles" : [
                "readWriteAnyDatabase",
                "dbAdminAnyDatabase",
                "clusterAdmin"
        ]
}
{
        "_id" : ObjectId("52a098861db41f82f6e3d489"),
        "user" : "useradmin",
        "pwd" : "0b4568ab22a52a6b494fd54e64fcee9f",
        "roles" : [
                "userAdminAnyDatabase"
        ]
}
> _
```

그림 12.3 admin 데이터베이스의 사용자 목록 출력하기

또한 db.system.users 컬렉션을 대상으로 find 질의문을 사용할 수 있다. 차이점은 db.system.users.find( )는 User 문서에 접근하는 데 사용할 수 있는 커서cursor 객체를 반환한다는 것이다. 예를 들어 다음 코드는 admin 데이터베이스의 사용자 커서를 얻고 사용자의 수를 반환한다.

```
use admin
cur = db.system.users.find( )
cur.count( )
```

사용자 계정 생성하기

데이터베이스를 관리하고 읽고 저장할 수 있는 사용자 계정을 생성하기 위해 몽고DB 셀을 사용한다. 몽고DB 셀에서 addUser( ) 메서드를 사용해 사용자 계정을 추가한다 createUser( ) 메서드는 해당 사용자의 사용자명, 권한 및 비밀번호를 명시할 수 있는 document 객체를 사용한다. 표 12.2는 document 객체에 명시할 수 있는 필드 목록을 나타낸다.

표 12.2 addUser( ) 메서드로 사용자들을 생성할 때 사용되는 필드

필드	형식	설명
user	string	고유 사용자명을 지정한다.
roles	array	사용자 권한(role)을 배열 형태로 지정한다. 몽고DB는 사용자에게 부여할 수 있는 수많은 권한을 제공한다. 표 12.3은 흔히 사용되는 권한 몇 가지를 소개한다.
pwd	hash 또는 string	(선택 사항) 사용자 비밀번호를 지정한다. 사용자를 생성할 때 해시(hash)나 문자열을 사용할 수 있지만 데이터베이스에는 해시 형태로 저장된다.

몽고DB는 사용자 계정에 다양한 권한을 부여할 수 있다. 이러한 권한들은 사용자 계정에 부여할 수 있는 복잡한 특전과 제약 사항을 제공한다. 표 12.3은 사용자에게 부여할 수 있는 가장 대표적인 권한 몇 가지를 보여준다.

표 12.3 사용자 계정에 부여할 수 있는 데이터베이스 권한

권한	설명
read	데이터베이스 내 모든 컬렉션의 데이터를 읽을 수 있다.
readAnyDatabase	local, config를 제외한 다른 데이터베이스에 대해 read 권한이 부여된다.
readWrite	데이터베이스의 모든 컬렉션을 대상으로 문서 삽입, 삭제, 갱신뿐 아니라 컬렉션 생성, 이름 변경, 삭제를 포함한 모든 기능의 읽기와 쓰기를 할 수 있다.
readWriteAnyDatabase	local, config를 제외한 다른 데이터베이스들에 대해 readWrite와 동일한 권한이 부여된다.

(이어짐)

dbAdmin	데이터베이스에 대한 읽기, 쓰기뿐 아니라 정리, 수정, 압축, 통계 프로파일 획득, 인증 작업까지 가능하다.
dbAdminAnyDatabase	local, config를 제외한 다른 데이터베이스들에 대해 dbAdmin 권한이 부여된다.[1]
clusterAdmin	몽고DB에 연결, 클러스터링, 복제 나열과 데이터베이스의 생성과 삭제 동작을 포함하는 일반적인 관리 작업을 할 수 있다.
userAdmin	데이터베이스의 사용자 계정 생성과 수정을 할 수 있다.
userAdminAnyDatabase	local, config를 제외한 다른 데이터베이스들에 대해 userAdmin 권한을 부여한다.

> **노트**
>
> readAnyDatabase, readWriteAnyDatabase, dbAdminAnyDatabase 그리고 userAdmin
> AnyDatabase 권한은 모든 데이터베이스에 적용돼야 하므로 admin 데이터베이스 내의 사용자에게만 적용된다.

사용자를 생성하려면 해당 데이터베이스로 전환한 후 **createUser( )** 메서드를 사용해 user
객체를 생성해야 한다. 다음 몽고DB 셸 명령은 test 데이터베이스에 대한 기본적인 관리자
계정을 생성하는 방법을 보여준다.[1]

```
use test
db.addUser( { user: "testUser",
  pwd: "test",
  roles: [ "readWrite", "dbAdmin" ] } )
```

사용자 삭제

removeUser(<username>) 메서드를 사용해 몽고DB에서 사용자를 삭제할 수 있다. 먼저
해당 사용자가 있는 데이터베이스로 변경해야 한다. 예를 들면 **testDB** 데이터베이스의
testUser 사용자를 삭제하려면 몽고DB 셸에서 다음과 같은 명령을 사용해야 한다.

---

1 원서에는 '모든 데이터베이스'라고 나와 있지만 https://docs.mongodb.com/manual/reference/built-in-roles/#userAdmin에는
  'local, config를 제외한 다른 데이터베이스들에 해당하는 것'으로 나와 있어 이를 변경했다. - 옮긴이

```
use testDB
db.removeUser("testUser")
```

접근 제어 설정하기

몽고DB 셸에서 수행할 첫 번째 관리 작업 중 하나는 접근 제어를 설정하기 위한 사용자를 추가하는 것이다. 몽고DB는 데이터베이스 수준의 인증과 허가를 제공한다. 즉 사용자는 하나의 데이터베이스 컨텍스트에 존재한다는 것이다. 기본적인 인증을 하기 위해 몽고DB는 각 데이터베이스에서 컬렉션 호출 `system.users`의 내부에 사용자 자격 증명을 저장한다.

처음에 admin 데이터베이스는 할당된 사용자가 없다. admin 데이터베이스에 정의된 사용자가 없을 경우 몽고DB는 데이터베이스에 대한 전체 관리 권한을 가질 수 있도록 로컬 호스트에 접근할 수 있다. 새로운 몽고DB 인스턴스를 설정하는 데 있어서의 가장 첫 번째 단계는 사용자 관리자와 데이터베이스 관리자 계정을 생성하는 것이다. 사용자 관리자 계정으로 admin의 사용자 계정과 다른 데이터베이스의 사용자 계정을 생성할 수 있다. 또한 몽고DB의 데이터베이스, 클러스터링, 복제 등을 관리할 수 있는 슈퍼 사용자급의 데이터베이스 관리자 계정을 생성해야 한다.

> **노트**
>
> admin 데이터베이스에서 사용자 관리자와 데이터베이스 관리자 계정을 생성한다. 몽고DB에 대한 인증 모드를 사용하고 있을 경우 사용자나 데이터베이스를 관리하려면 반드시 두 계정 중 하나를 이용해 admin 데이터베이스에 인증해야 한다. 또한 앞 절에서 언급했듯이, 접근하려면 각 데이터베이스에 대한 사용자 계정을 먼저 생성해야 한다.

사용자 관리자 계정 생성

접근 제어를 설정하기 위한 첫 번째 단계는 사용자 관리자를 구현하는 것이다. 사용자 관리자는 데이터베이스나 다른 관리 기능을 운영하는 권한이 아니라 사용자를 생성할 수 있는 권한만 갖고 있어야 한다. 그래야만 데이터베이스 관리와 사용자 계정 관리를 깔끔하게 분리할 수 있다.

admin 데이터베이스에 접근해 userAdminAnyDatabase 권한을 가진 사용자를 추가하기 위해 몽고DB 셸에서 다음 2개의 명령을 사용해 사용자 관리자를 생성한다.

```
use admin
db.createUser( { user: "<username>",
  pwd: "<password>",
  roles: [ "userAdminAnyDatabase" ] } )
```

사용자 관리자 계정을 생성할 때는 userAdminAnyDatabse이 유일한 권한이 되도록 설정해야 한다. 그래야만 새로운 계정에 사용자 관리자 권한을 부여할 수 있으며 그 이후에 데이터베이스를 조작할 수 없다. 다음 예제에서는 그림 12.4와 같이 useradmin이라는 사용자명과 test라는 암호를 가진 사용자 관리자 계정을 생성한다.

```
use admin
db.createUser( { user: "useradmin",
  pwd: "test",
  roles: [ "userAdminAnyDatabase" ] } )
```

```
> show users
> use admin
switched to db admin
> db.addUser( { user: "useradmin",
...      pwd: "test",
...      roles: [ "userAdminAnyDatabase" ] } )
{
        "user" : "useradmin",
        "pwd" : "0b4568ab22a52a6b494fd54e64fcee9f",
        "roles" : [
                "userAdminAnyDatabase"
        ],
        "_id" : ObjectId("52a0ba533120fa0d0e424dd3")
}
>
> show users
{
        "_id" : ObjectId("52a0ba533120fa0d0e424dd3"),
        "user" : "useradmin",
        "pwd" : "0b4568ab22a52a6b494fd54e64fcee9f",
        "roles" : [
                "userAdminAnyDatabase"
        ]
}
>
```

그림 12.4 사용자 관리자 계정 생성하기

인증 모드 활성화하기

사용자 관리자 계정이 생성됐다면 다음과 같이 --auth 매개변수를 사용해 몽고DB를 재시동해야 한다.

```
mongod -dbpath <mongo_data_location>/data/db --auth
```

이제 클라이언트는 데이터베이스에 접근하기 위해 사용자명과 패스워드를 이용해야 한다. 또한 셸에서 몽고DB에 접근할 때 데이터베이스에 사용자를 추가하기 위해 admin 데이터베이스에 인증을 하려면 다음과 같은 명령을 실행해야 한다.

```
use admin
db.auth("useradmin", "test")
```

또한 다음 예제와 같이 몽고DB 셸을 시작할 때 --username과 --password 선택 사항을 이용하면 admin 데이터베이스에 대해 인증받을 수 있다.

```
mongo admin --username "useradmin " --password "test"
```

데이터베이스 관리자 계정 생성하기

admin 데이터베이스에 접근하기 위해 몽고DB 셸에서 createUser 메서드를 실행시켜 데이터베이스 관리자 계정을 생성한다. 그리고 사용자에게 readWriteAnyDatabase, dbAdminAnyDatabase와 clusterAdmin 권한을 부여한다. 이렇게 하면 시스템 안의 모든 데이터베이스에 접근할 수 있고 새로운 데이터베이스를 생성할 수 있으며 몽고DB 클러스터와 레플리카(복제)를 관리할 수 있다. 다음 예제에서는 dbadmin이라는 데이터베이스 관리자를 생성한다.

```
use admin
db.createUser( { user: "dbadmin",
  pwd: "test",
  roles: [ "readWriteAnyDatabase", "dbAdminAnyDatabase", "clusterAdmin" ] } )
```

생성한 후에는 몽고DB 셸에서 데이터베이스의 해당 사용자를 사용할 수 있다. 새로운 관리자 계정을 생성한 후에는 다음 명령을 사용해 해당 사용자를 인증할 수 있다.

```
use admin
db.auth("dbadmin", "test")
```

또한 다음 예제와 같이 몽고DB 셸을 시작할 때 --username과 --password 선택 사항을 사용하면 데이터베이스 관리자로 admin 데이터베이스에서 인증할 수 있다.

```
mongo admin --username "dbadmin" --password "test"
```

데이터베이스 관리하기

몽고DB 셸에서 데이터베이스를 관리하려면 12장의 앞부분에서 설명한 데이터베이스 관리자 계정과 같이 clusterAdmin 권한을 가진 사용자 계정을 사용해야 한다. 이러한 데이터베이스 관리자 계정을 생성했다면 해당 계정으로 인증할 수 있고 다음 절에서 설명할 작업들을 수행할 수 있다.

데이터베이스 목록 출력하기

때로는 생성된 데이터베이스 목록을 확인해야 한다. 특히 많은 데이터베이스를 생성했거나 시스템을 관리하는 다수의 데이터베이스가 있는 경우에는 확인을 해야 한다. 시스템 내의 데이터베이스 목록을 확인하려면 다음과 같은 show dbs 명령을 사용해야 한다. 이 명령을 사용하면 이미 생성된 데이터베이스 목록을 확인할 수 있다.

```
show dbs
```

현재 사용 중인 데이터베이스 변경하기

핸들 db를 이용해 데이터베이스 연산을 수행할 수 있고 그 결과는 몽고DB에 반영된다. 많은 연산들을 사용할 수 있지만 핸들을 통해서는 한 데이터베이스에만 적용될 수 있다. 그러므로 다른 데이터베이스에 연산을 수행하려면 새로운 데이터베이스를 가리키기 위해 db 핸들을 변경해야 한다.

현재의 데이터베이스로 전환하려면 db.getSiblingDB(database) 메서드나 use <database> 메서드를 사용해야 한다. 예를 들면 다음 메서드 둘 다 현재 데이터베이스 핸들을 testDB로 변경한다. 두 메서드 모두 사용할 수 있으며 db 값을 명시된 데이터베이스로 변경할 수 있다. 이제 db를 사용해 새로 설정한 현재 데이터베이스를 관리할 수 있다.

```
db = db.getSiblingDB('testDB')
use testDB
```

데이터베이스 생성하기

몽고DB는 셸에서 명시적으로 데이터베이스를 생성할 수 있는 명령을 제공하지 않는다. 그 대신 새로운 데이터베이스 핸들을 생성하려면 간단히 use <new_database_name>을 사용해야 한다. 하지만 새로운 데이터베이스에 컬렉션을 추가하기 전까지는 데이터베이스가 실제로 저장되지 않는다는 사실을 기억하기 바란다. 예를 들어 다음 명령은 newDB라는 새로운 데이터베이스를 생성한 후 newCollection이라는 컬렉션을 추가한다.

```
use newDB
db.createCollection("newCollection")
```

새로 생성한 데이터베이스가 존재하는지 확인하려면 그림 12.5와 같이 shows dbs를 사용해야 한다.

```
> show dbs
admin   0.203125GB
local   0.078125GB
test    0.203125GB
> use newDB
switched to db newDB
> db.createCollection("newCollection")
{ "ok" : 1 }
> show dbs
admin   0.203125GB
local   0.078125GB
newDB   0.203125GB
test    0.203125GB
> ▄
```

그림 12.5 몽고DB 콘솔 셸에서 새로운 데이터베이스 생성하기

데이터베이스 삭제하기

데이터베이스가 한 번 생성되면 관리자가 데이터베이스를 삭제하기 전까지는 몽고DB에 존재한다. 데이터베이스 삭제는 일부 시스템에서 흔한 작업이다. 특히 임의의 데이터를 저장하기 위해 데이터베이스를 생성했을 경우 데이터베이스 삭제가 이뤄질 수 있다. 때때로 데이터베이스가 오래됐을 경우 데이터베이스를 삭제하고 필요할 때 새로 생성하는 것이 데이터베이스 안의 항목들을 삭제하는 것보다 쉽다.

몽고DB 셸에서 데이터베이스를 삭제하려면 dropDatabase( ) 메서드를 사용해야 한다. 예를 들어 newDB 데이터베이스를 삭제하려면 newDB 데이터베이스로 변경한 후 삭제할 수 있도록 다음과 같은 명령을 사용해야 한다.

```
use newDB
db.dropDatabase( )
```

dropDatabase( )는 현재 데이터베이스를 삭제하지만 현재 데이터베이스 핸들은 변경되지 않는다는 사실을 알아야 한다. 즉 데이터베이스를 삭제한 후 현재 데이터베이스를 변경하지 않고 핸들을 사용해 컬렉션을 생성한다면 삭제된 데이터베이스가 재생성된다. 그림 12.6은 몽고DB로부터 newDB를 삭제하는 예를 보여준다.

```
> show dbs
admin    0.203125GB
local    0.078125GB
newDB    0.203125GB
test     0.203125GB
> use newDB
switched to db newDB
> db.dropDatabase()
{ "dropped" : "newDB", "ok" : 1 }
> show dbs
admin    0.203125GB
local    0.078125GB
test     0.203125GB
> ▄
```

그림 12.6 몽고DB 셸에서 데이터베이스 삭제하기

데이터베이스 복사하기

데이터베이스에서 흔히 수행되는 또 다른 작업은 데이터베이스 복사다. 데이터베이스 복사는 다른 데이터베이스명을 사용하는 것을 제외한 모든 것이 완전히 동일한 사본을 생성한다. 데이터베이스를 복사하는 데는 여러 가지 이유가 존재한다. 예를 들어 많은 항목을 변경하는 동안 백업을 하거나 압축 파일로 백업을 하는 경우가 이에 해당한다.

데이터베이스 복사본을 생성하려면 해당 데이터베이스로 전환한 후 복사본을 생성하기 위해 copyDatabase(origin, destination, [hostname])을 사용해야 한다. origin 매개변수는 복사할 데이터베이스명을 명시할 문자열이다. destination 매개변수는 몽고DB 서버에 생성할 데이터베이스의 이름을 명시한다. 선택 사항인 hostname 매개변수는 다른 호스트로부터 데이터베이스를 복사하는 경우 복사할 origin 데이터베이스 몽고DB 서버의 호스트명을 명시한다. 그 예는 다음과 같다.

```
db.copyDatabase('customers', 'customers_archive')
```

컬렉션 관리하기

데이터베이스 관리자는 컬렉션을 데이터베이스 내부에서 관리해야 한다. 몽고DB는 몽고
DB 셸에서 데이터베이스의 컬렉션을 생성, 출력, 조작하는 기능을 제공한다. 다음에 나오
는 각 절에서는 컬렉션 나열 방법, 새 컬렉션 생성 방법, 컬렉션에 있는 문서 접근을 위해 몽
고DB 셸을 사용하고자 할 때 알아야 하는 기본적인 내용들을 다룬다.

데이터베이스의 컬렉션 목록 출력하기

데이터베이스 내의 컬렉션 목록을 출력해야 하는 경우가 종종 있다. 그 예로는 컬렉션이 존
재하고 있다는 것을 확인해야 하거나 기억나지 않는 컬렉션의 이름을 찾아야 하는 경우를
들 수 있다. 데이터베이스 내의 컬렉션 목록을 확인하려면 해당 데이터베이스로 전환한 후
데이터베이스에 저장된 컬렉션의 목록을 얻기 위해 show collections를 사용해야 한다. 예
를 들면 다음 명령은 test 데이터베이스의 컬렉션 목록을 출력한다.

```
use test
show collections
```

컬렉션 생성하기

몽고DB에 문서를 저장하기 전에 반드시 컬렉션을 생성해야 한다. 컬렉션을 생성하려면 데
이터베이스 핸들에서 createCollection(name, [options])를 호출해야 한다. name 매개변
수는 새 컬렉션의 이름이다. 선택 사항인 options 매개변수는 표 12.4에 나열된 프로퍼티들
을 가질 수 있는 객체다. 해당 프로퍼티들은 컬렉션의 동작을 정의한다.

표 12.4 컬렉션을 생성할 때 명시할 수 있는 선택 항목들

권한	설명
capped	불린 값. true일 경우 컬렉션은 size 속성에 의해 명시된 최대 크기보다 커질 수 없는 제한 컬렉션임을 나타낸다. 기본값은 false다.
autoIndexID	불린 값. true일 경우 _id 필드는 컬렉션에 추가된 각 문서를 대상으로 자동으로 생성되며 필드 인덱스를 만들어야 한다. 제한 컬렉션일 경우 false로 설정돼야 한다. 기본값은 true다.
size	제한 컬렉션(capped collection) 크기를 바이트 단위로 나타낸다. 가장 오래된 문서는 새로운 문서가 공간을 사용하도록 삭제된다.

max	사용되고 있는 제한 컬렉션에 허용된 문서의 최대 개수다. 가장 오래된 문서는 새로운 문서의 공간 확보를 위해 삭제된다.
validator	컬렉션에 대한 유효성 검사 규칙 또는 표현식을 사용자가 지정한다.
validationLevel	몽고DB가 업데이트 도중 문서의 유효성 검사 규칙을 엄격하게 적용할 것인지를 결정한다.
validationAction	유효하지 않은 문서에 에러가 발생했는지 또는 경고 후에도 여전히 추가할 수 있는지의 여부를 결정한다.
indexOptionDefaults	컬렉션을 만들 때 사용자가 기본 인덱스 구성을 지정할 수 있다.

예를 들면 다음 코드는 그림 12.7에 보이듯이 newCollection이라는 새 컬렉션을 testDB라는 데이터베이스에 생성한다.

```
db.createCollection("newCollection")
```

```
> use testDB
switched to db testDB
> show collections
> db.createCollection("newCollection", {capped:false})
{ "ok" : 1 }
> show collections
newCollection
system.indexes
>
```

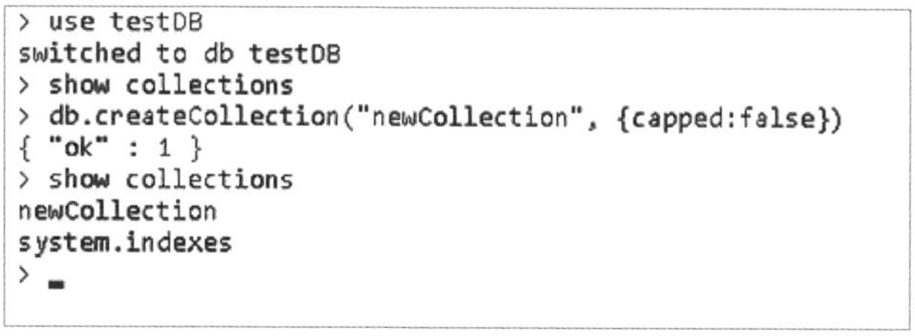

그림 12.7 몽고DB 콘솔 셸에서 새로운 컬렉션 생성하기

컬렉션 삭제하기

때때로 오래된 컬렉션이 더 이상 필요하지 않은 경우, 해당 컬렉션을 삭제해야 한다. 오래된 컬렉션을 삭제하면 디스크 공간을 확보하거나 인덱싱과 같이 컬렉션과 관련된 오버헤드를 없앨 수 있다.

몽고DB 셸에서 컬렉션을 삭제하려면 해당 데이터베이스로 전환하고 컬렉션 객체를 얻은 후 해당 객체에 대해 drop( ) 함수를 호출해야 한다. 예를 들면 다음 코드는 그림 12.8과 같이 testDB 데이터베이스로부터 newCollection 컬렉션을 삭제한다.

```
use testDB
show collections
coll = db.getCollection("newCollection")
coll.drop()show collections
```

```
> use testDB
switched to db testDB
> show collections
newCollection
system.indexes
> coll = db.getCollection("newCollection")
testDB.newCollection
> coll.drop()
true
> show collections
system.indexes
> ▁
```

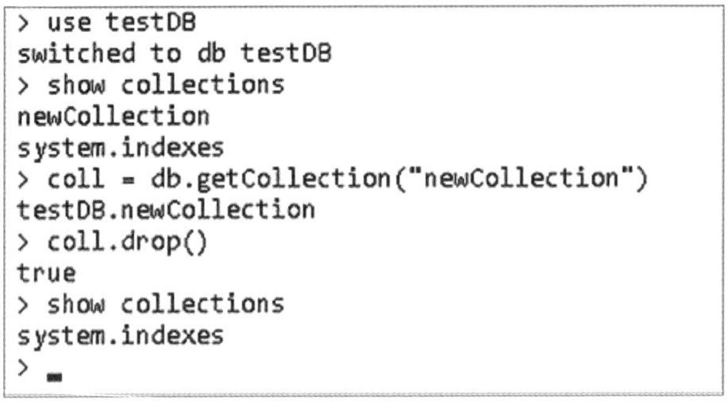

그림 12.8 몽고DB 셸에서 컬렉션 삭제하기

컬렉션에서 문서 찾기

대부분의 경우 컬렉션의 문서에 접근하기 위해 네이티브 몽고DB 드라이버나 Mongoose 와 같은 라이브러리를 사용한다. 하지만 몽고DB 셸의 내부에서 문서를 확인해야 할 경우도 있다.

몽고DB 셸은 collection 객체에 대해 find(query) 메서드를 사용해 컬렉션에서 문서를 찾을 수 있는 모든 질의 기능을 제공한다. 선택 사항인 query 매개변수는 컬렉션 안에서 문서와 비교하기 위해 필드와 값이 있는 질의 문서를 명시한다. query 매개변수 없이 find() 메서드를 사용하면 컬렉션 안의 모든 문서를 반환하게 된다.

예를 들면 다음 코드는 먼저 컬렉션 내의 각 항목을 질의한 후 문서를 120mph speed 필드로 가져온다. 그 결과는 그림 12.9를 참고하라.

```
use testDB
coll = db.getCollection("newCollection")
coll.find()
coll.find({speed:"120mph"})
```

```
> use testDB
switched to db testDB
> coll = db.getCollection("newCollection")
testDB.newCollection
> coll.find()
{ "_id" : ObjectId("52a0c65b3120fa0d0e424dd8"), "vehicle" : "plane", "speed" : "480mph" }
{ "_id" : ObjectId("52a0c65b3120fa0d0e424dd9"), "vehicle" : "car", "speed" : "120mph" }
{ "_id" : ObjectId("52a0c65b3120fa0d0e424dda"), "vehicle" : "train", "speed" : "120mph" }
> coll.find({speed:"120mph"})
{ "_id" : ObjectId("52a0c65b3120fa0d0e424dd9"), "vehicle" : "car", "speed" : "120mph" }
{ "_id" : ObjectId("52a0c65b3120fa0d0e424dda"), "vehicle" : "train", "speed" : "120mph" }
> ▋
```

그림 12.9 컬렉션에서 문서 검색하기

컬렉션에 문서 추가하기

일반적으로 Node.js 애플리케이션을 통해 컬렉션에 문서를 삽입한다. 하지만 데이터베이스를 미리 불러오거나 수정 또는 테스트할 목적으로 관리자의 시점에서 문서를 직접 추가해야 하는 경우가 있다.

컬렉션에 문서를 추가하려면 collection 객체를 얻은 후 해당 객체에 대해 insert(document) 또는 save(document) 메서드를 호출해야 한다. document 매개변수는 BSON으로 변환돼 컬렉션에 저장된 형식화된 자바스크립트 객체다. 예를 들어 다음 명령을 사용하면 그림 12.10과 같이 컬렉션 내부에 3개의 새 문서를 생성할 수 있다.

```
use testDB
coll = db.getCollection("newCollection")
coll.find()
coll.insert({ vehicle: "plane", speed: "480mph" })
coll.insert({ vehicle: "car", speed: "120mph" })
coll.insert({ vehicle: "train", speed: "120mph" })
coll.find()
```

```
> use testDB
switched to db testDB
> coll = db.getCollection("newCollection")
testDB.newCollection
> coll.find()
> coll.insert({ vehicle: "plane", speed: "480mph" })
> coll.insert({ vehicle: "car", speed: "120mph" })
> coll.insert({ vehicle: "train", speed: "120mph" })
> coll.find()
{ "_id" : ObjectId("52a0d2743120fa0d0e424dde"), "vehicle" : "plane", "speed" : "480mph" }
{ "_id" : ObjectId("52a0d2743120fa0d0e424ddf"), "vehicle" : "car", "speed" : "120mph" }
{ "_id" : ObjectId("52a0d2743120fa0d0e424de0"), "vehicle" : "train", "speed" : "120mph" }
> ▋
```

그림 12.10 컬렉션에 문서 추가하기

컬렉션에서 문서 삭제하기

일반적으로 Node.js 애플리케이션을 통해 컬렉션으로부터 문서를 삭제한다. 하지만 데이터베이스를 수정하거나 테스트할 목적으로 관리자 관점에서 문서를 직접 삭제해야 하는 경우가 있다.

컬렉션에서 문서를 삭제하려면 collection 객체를 얻은 후 해당 객체에 대해 remove(document) 메서드를 호출해야 한다. 선택 사항인 query 매개변수를 사용해 컬렉션 내의 문서와 비교하기 위해 필드, 값을 갖는 질의 문서를 만들어야 한다. 질의 내용과 일치하는 문서는 컬렉션에서 삭제된다. 예를 들면 다음 명령은 그림 12.11과 같이 vehicle이 plane인 문서를 먼저 삭제한 후 컬렉션의 모든 문서를 삭제한다.

```
use testDB
coll = db.getCollection("newCollection")
coll.find()
coll.remove({vehicle: "plane"})
coll.find() coll.remove()
coll.find()
```

```
> use testDB
switched to db testDB
> coll = db.getCollection("newCollection")
testDB.newCollection
> coll.find()
{ "_id" : ObjectId("52a0d2743120fa0d0e424dde"), "vehicle" : "plane", "speed" : "480mph" }
{ "_id" : ObjectId("52a0d2743120fa0d0e424ddf"), "vehicle" : "car", "speed" : "120mph" }
{ "_id" : ObjectId("52a0d2743120fa0d0e424de0"), "vehicle" : "train", "speed" : "120mph" }
> coll.remove({vehicle: "plane"})
> coll.find()
{ "_id" : ObjectId("52a0d2743120fa0d0e424ddf"), "vehicle" : "car", "speed" : "120mph" }
{ "_id" : ObjectId("52a0d2743120fa0d0e424de0"), "vehicle" : "train", "speed" : "120mph" }
> coll.remove()
> coll.find()
> 
```

그림 12.11 컬렉션으로부터 문서 삭제하기

컬렉션의 문서 갱신하기

일반적으로 Node.js 애플리케이션을 통해 컬렉션의 문서를 갱신한다. 하지만 데이터베이스를 수정하거나 테스트할 목적으로 관리자의 시점에서 문서를 직접 갱신해야 하는 경우도 있다.

컬렉션 문서를 갱신하려면 컬렉션을 사용할 수 있어야 한다. 그리고 여러 개의 메서드를 사용할 수 있어야 한다. 그런 다음 save(object) 메서드를 이용해 변경해야 하는 내용을 객체에 저장할 수 있다. 또는 update(query, update, options) 메서드를 사용해 컬렉션의 문서를 질의한 후 해당 문서를 찾으면 갱신할 수 있다.

update() 메서드를 사용할 때 query 매개변수는 컬렉션 안에서 문서와 비교하기 위해 필드와 값이 있는 질의 문서를 명시한다. update 매개변수는 갱신할 때 사용하기 위한 갱신 연산자를 명시하는 객체다. 예를 들면 $inc는 필드의 값을 증가시키고 $set은 필드 값을 설정한다. 또한 $push는 요소를 배열에 추가한다. 다음 갱신 객체는 필드 하나를 증가시키고 또 다른 필드 값을 설정할 수 있으며 세 번째 필드의 이름을 변경할 수 있다.

```
{ $inc: {count: 1}, $set: {name: "New Name"}, $rename: {"nickname": "alias"} }
```

update()의 options 매개변수로 둘 다 불린 값인 multi와 upsert라는 2개의 프로퍼티를 갖는 객체를 사용한다. upsert가 true라면 문서를 찾을 수 없는 경우 새로운 문서가 생성된다. multi가 true라면 질의와 일치하는 모든 문서를 갱신한다. 그렇지 않은 경우에는 첫 번째 문서만 갱신된다.

예를 들면 다음 명령은 문서에서 120mph인 speed를 150으로 설정하고 updated라는 새로운 필드를 추가한다. 또한 plane 문서의 변경 항목을 저장하기 위해 save() 메서드를 사용한다. 콘솔 출력은 그림 12.12에서 볼 수 있다.

```
use testDB
coll = db.getCollection("newCollection")
coll.find()
coll.update({ speed: "120mph" },
            { $set: { speed: "150mph" , updated: true } },
            { upsert: false, multi: true })
coll.save({ "_id": ObjectId("52a0caf33120fa0d0e424ddb"),
            "vehicle": "plane", "speed": "500mph" })
coll.find()
```

그림 12.12는 콘솔 출력 결과를 보여준다.

```
> use testDB
switched to db testDB
> coll = db.getCollection("newCollection")
testDB.newCollection
> coll.find()
{ "_id" : ObjectId("52a0caf33120fa0d0e424ddb"), "vehicle" : "plane", "speed" : "470mph" }
{ "_id" : ObjectId("52a0caf33120fa0d0e424ddc"), "vehicle" : "car", "speed" : "120mph" }
{ "_id" : ObjectId("52a0caf33120fa0d0e424ddd"), "vehicle" : "train", "speed" : "120mph" }
> coll.update({ speed: "120mph" },
...               { $set: { speed: "150mph" , updated: true } },
...               { upsert: false, multi: true })
> coll.save({ "_id" : ObjectId("52a0caf33120fa0d0e424ddb"),
...               "vehicle" : "plane", "speed" : "500mph" })
> coll.find()
{ "_id" : ObjectId("52a0caf33120fa0d0e424ddb"), "vehicle" : "plane", "speed" : "500mph" }
{ "_id" : ObjectId("52a0caf33120fa0d0e424ddc"), "speed" : "150mph", "updated" : true, "vehicle" : "car" }
{ "_id" : ObjectId("52a0caf33120fa0d0e424ddd"), "speed" : "150mph", "updated" : true, "vehicle" : "train" }
>
```

그림 12.12 컬렉션 문서 갱신하기

요약

개발 관점에서 보면 몽고DB와 이뤄지는 대부분의 상호 작용은 Node.js를 위한 네이티브 몽고DB 드라이버와 같은 라이브러리를 통해 이뤄진다. 하지만 애플리케이션에서 몽고DB를 구현하기 전에 먼저 몽고DB 서버를 설치하고 설정해야 한다. 또한 관리자 계정과 데이터베이스 계정을 생성한 후 보안을 위해 개발 환경에서도 인증 모드를 활성화해야 한다.

12장에서는 몽고DB 설치와 몽고DB 셸 접근하는 과정을 다뤘다. 사용자 계정과 데이터 베이스, 컬렉션과 문서를 생성하기 위해 셸과 대화하는 방법을 학습했다.

13장에서 다룰 내용

13장, '몽고DB와 Node.js 시작하기'에서는 Node.js 모듈용 네이티브 몽고DB 드라이버를 이용해 Node.js 애플리케이션에 몽고DB를 구현할 것이다. 애플리케이션에 네이티브 몽고DB 모듈을 포함시키는 방법과 데이터 베이스 연산을 수행하기 위해 몽고DB에 연결하는 방법을 학습한다.

몽고DB와 Node.js 시작하기

Node.js 애플리케이션에서 몽고DB에 접근하기 위해 사용할 수 있는 모듈에는 몇 가지가 있다. 몽고DB 그룹은 몽고DB Node.js 드라이버를 표준 방식으로 채택했다. 이 드라이버는 모든 기능을 제공하며 몽고DB 셸 클라이언트에서 사용할 수 있는 네이티브 명령과 매우 유사하다.

13장은 Node.js 애플리케이션에서 몽고DB를 사용하는 데 맞춰져 있다. 그리고 몽고DB에 접근하기 위한 Node. js 드라이버를 설치하는 방법과 몽고DB에 접속하기 위한 드라이버를 사용하는 방법을 배울 것이다. 또한 몇몇 절에서는 Node.js 애플리케이션으로부터 데이터베이스와 컬렉션을 생성, 액세스 그리고 조작하는 과정을 다룬다.

Node.js에 몽고DB 드라이버 추가하기

Node.js 애플리케이션에서 몽고DB에 접근하기 위한 첫 번째 단계는 애플리케이션 프로젝트에 몽고DB 드라이버를 추가하는 것이다. 몽고DB Node.js 드라이버는 몽고DB를 위한 공식 지원 네이티브 Node.js 드라이버다. 현재 구현이 가장 잘돼 있으며 몽고DB가 후원하고 있다.

이 책에서는 드라이버에 대한 모든 내용을 다루지 못한다. 좀 더 자세한 정보를 원하면 http://mongodb.github.io/nodemongodb−native/의 몽고DB Node.js 드라이버를 위한 문서를 참고하라. 문서는 매우 상세하게 작성돼 있지는 않지만 좋은 구성을 갖추고 있다.

Node.js 모듈식 프레임워크 덕분에 프로젝트에 몽고DB Node.js 드라이버를 추가하려면 간단히 npm 명령만 있으면 된다. 프로젝트의 루트 디렉터리에서 콘솔 프롬프트를 실행하고 다음과 같은 명령을 입력한다.

```
npm install mongodb
```

---

node_modules 디렉터리가 없을 경우 디렉터리가 새로 생성되고 그 아래에 mongodb 드라이버 모듈이 설치된다. 설치가 완료되면 Node.js 애플리케이션 파일들은 mongodb 모듈 기능에 접근하기 위해 require('mongodb') 명령을 사용할 수 있다.

Node.js에서 몽고DB로 접속하기

npm 명령을 사용해 mongodb 모듈을 설치했다면 몽고DB 서버 커넥션을 열어 Node.js 애플리케이션으로부터 몽고DB에 접근할 수 있다. 커넥션은 몽고DB 데이터를 생성, 갱신 그리고 접근하기 위한 인터페이스로 동작한다.

몽고DB에 접근하는 가장 좋은 방법은 mongodb 모듈 안의 MongoClient 클래스를 통하는 것이다. MongoClient 클래스는 몽고DB 커넥션을 생성하기 위해 두 가지 주요 방법을 제공한다. 한 가지는 MongoClient 객체의 인스턴스를 생성한 후 몽고DB 커넥션을 생성하고 관리하기 위해 해당 객체를 사용하는 것이다. 또 다른 방법은 커넥션을 생성하기 위한 연결 문자열을 사용하는 것이다. 두 가지 방법 모두 잘 동작한다.

쓰기 확인 이해하기

몽고DB 서버의 데이터에 접근해 갱신하기 전에 커넥션상에서 구현하고자 하는 쓰기 확인 write concern 수준을 결정해야 한다. 쓰기 확인은 쓰기 연산의 결과를 알릴 때 몽고DB 커넥션이 제공하는 약속이다. 쓰기 확인의 강도로 약속 수준이 결정된다.

강한 쓰기 확인은 응답 전에 디스크에 성공적으로 쓰기가 완료될 때까지 몽고DB가 대기하도록 지시한다. 반면 약한 쓰기 확인의 경우 응답하기 전에 몽고DB가 반영될 변경 내용을 스케줄에 성공적으로 등록할 때까지만 대기한다. 강한 쓰기 확인의 단점은 속도다. 쓰기 확인의 값이 클수록 몽고DB가 클라이언트 커넥션에 응답하기까지 기다려야 하는 시간이 길어지므로 쓰기 요청은 더 느려진다.

몽고DB 드라이버 커넥션 관점에서 쓰기 확인은 표 13.1에 나열된 수준 중 하나로 설정된다. 서버에 접속할 때 쓰기 확인 수준을 설정하고 이 수준은 서버에 대한 모든 커넥션에 적용된다. 쓰기 에러가 감지되면 콜백 함수에서 에러가 반환된다.

표 13.1 몽고DB 커넥션의 쓰기 확인 수준

수준	설명
-1	네트워크 에러를 무시한다.
0	쓰기 승인이 필요하지 않다.
1	쓰기 승인이 요청된다.
2	복제 세트 내의 메인 서버와 하나의 보조 서버로부터 쓰기 승인을 요청한다.
Majority	복제 세트 내에 있는 많은 수의 서버로부터 쓰기 승인이 요청된다.

MongoClient 객체를 사용해 Node.js에서 몽고DB 연결하기

MongoClient 객체를 사용해 몽고DB에 연결하기 위해 클라이언트 인스턴스를 생성한다. 데이터베이스에 대한 연결을 사용하기 시작할 때와 필요 시 데이터베이스에 대한 인증을 할때도 사용된다. MongoClient 객체를 통해 몽고DB에 연결하려면 먼저 다음 구문을 사용해 MongoClient 객체의 인스턴스를 만들어야 한다.

```
var client = new MongoClient ( );
```

MongoClient 객체를 생성한 후에는 connect(url, options, callback) 메서드를 사용해 몽고DB 서버 데이터베이스에 대한 연결을 시작한다. url은 표 13.2에 나열된 여러 구성 요소로 구성된다. 다음 구문을 사용해 선택 사항들을 이용할 수 있다.

```
mongodb://[username:password@]host[:port][/[database][?options]]
```

예를 들어 포트 8088의 MyDBServer라는 호스트에서 MyDB라는 몽고DB에 연결하려면 다음과 같은 URL을 사용해야 한다.

```
client.connect('mongodb://MyDBServer:8088/MyDB');
```

표 13.2 MongoClient 연결 문자열 요소

선택 사항	설명
mongodb://	이 문자열은 몽고DB 커넥션 형식을 사용한다는 것을 명시한다.
username	인증할 때 사용할 사용자명을 명시한다(선택 사항).
password	인증할 때 사용할 패스워드를 명시한다(선택 사항).
host	몽고DB 서버의 호스트명이나 주소를 명시한다. 다수의 몽고DB 서버에 접속하기 위해 여러 개의 host:port 조합을 콤마로 구분해 사용할 수 있다. 그 예는 다음과 같다. mongodb://host1:270017,host2:27017,host3:27017/testDB
port	몽고DB 서버에 접속할 때 사용할 포트를 명시한다. 기본값은 270170이다.
database	접속할 데이터베이스명을 명시한다. 기본값은 admin이다.
options	연결할 때 사용할 선택 사항의 키/값 쌍을 명시한다. 또한 dbOpt와 serverOpt 매개변수에서 해당 선택 사항을 명시할 수 있다.

연결 URL 정보 외에 MongoClient 오브젝트가 몽고DB에 대한 연결을 작성하고 관리하는 방법을 지정하는 옵션 오브젝트를 사용할 수 있다. 이 options 객체는 connect() 메서드에 대한 두 번째 매개변수다. 예를 들어 다음 코드는 재연결 간격 값이 500이고 연결 시간 초과 값이 1000밀리초인 몽고DB에 연결하는 방법을 보여준다.

```
client.connect ('mongodb://MyDBServer:8088/MyDB',
            { connectTimeoutMS: 1000,
              reconnectInterval: 500 },
            function(err, db){ . . . });
```

표 13.3은 MongoClient 객체를 정의할 때 설정할 수 있는 options 객체 중 가장 중요한 설정들을 나타낸다. callback 메서드는 연결이 실패하면 첫 번째 매개변수를 통해 에러를 알려주고 연결이 성공하면 두 번째 매개변수로 MongoClient 객체를 반환한다.

표 13.3 MongoClient 커넥션을 위해 서버 객체를 생성할 때 사용하는 선택 사항

선택 사항	설명
readPreference	복제 세트로부터 객체를 읽을 때 사용할 읽기 선호도를 지정한다. 읽기 선호도를 설정해 쓰기 연산을 최적화할 수 있다. 예를 들면 메인 서버가 쉴 수 있도록 보조 서버에서만 읽어올 수 있다. ■ ReadPreference.PRIMARY ■ ReadPreference.PRIMARY_PREFERRED ■ ReadPreference.SECONDARY

	■ ReadPreference.SECONDARY_PREFERRED ■ ReadPreference.NEAREST
ssl	불린 값. true로 설정된 경우 커넥션은 SSL을 사용한다. 또한 mongod는 SSL로 설정돼야 한다. 그리고 SSL을 사용하고 있다면 SSL 인증 권한 인증서 키, 패스워드를 설정하기 위해 sslCA, sslCert, sslKey, sslPass 선택 사항을 명시할 수 있다.
poolSize	서버의 커넥션 풀에 사용되는 커넥션의 수를 명시한다. 기본값은 5로 MongoClient에 의해 공유되는 데이터베이스에 5개의 커넥션까지 허용된다는 것을 의미한다.
ReconnectInterval	서버가 재시도하는 사이에 대기하는 시간(밀리초)을 지정한다.
auto_reconnect	불린 값. true로 설정된 경우 에러가 발생했을 때 클라이언트는 커넥션 재생성을 시도한다.
readConcern	컬렉션에 대한 읽기 확인 값을 설정한다.
W	쓰기 확인 값을 설정한다(표 13.1 참조).
wTimeOut	쓰기 확인에서의 타임 아웃 값을 설정한다.
reconnectTries	서버가 다시 연결을 시도하는 횟수를 설정한다.
nodelay	소켓이 지연되는 일이 없도록 지정하는 불린 값이다.
keepAlive	소켓의 Keepalive 값을 지정한다.
connectionTimeOut	연결이 시간 초과되기 전에 대기하는 시간(밀리초)을 지정한다.
socketTimeOut	시간이 초과되기까지 소켓 전송이 대기하는 시간(밀리초)을 지정한다.

콜백 함수는 error를 첫 번째 매개변수로 받고 Db 객체 인스턴스를 두 번째 매개변수로 사용한다. 에러가 발생하면 Db 객체 인스턴스는 null이 된다. 에러가 발생하지 않으면 연결이 이미 생성되고 인증되므로 데이터베이스에 액세스할 수 있다.

콜백 함수에서 두 번째 매개변수로 전달된 Db 객체를 사용하면 몽고DB에 액세스할 수 있다. 연결이 끝나면 Db 개체에서 close( )를 호출해 연결을 완료한다.

목록 13.1은 연결을 위한 url 메서드를 사용하는 예제다. 연결은 네 번째 행에서 지정된다. 콜백 함수는 이미 인증된 Db 개체를 통해 전달되므로 인증이 필요 없다.

목록 13.1 db_connect_url.js: 연결 URL을 사용해 몽고DB에 연결하기

```
01 var MongoClient = require('mongodb').MongoClient,
02     Server = require('mongodb').Server;
03 var client = new MongoClient();
04 client.connect('mongodb://dbadmin:test@localhost:27017/testDB',
```

```
05                    { poolSize: 5, reconnectInterval: 500 },
06 function(err, db) {
07   if (err){
08     console.log("Connection Failed Via Client Object.");
09   } else {
10     console.log("Connected Via Client Object . . .");
11     db.logout(function(err, result) {
12       if(!err){
13         console.log("Logged out Via Client Object . . .");
14       }
15       db.close();
16       console.log("Connection closed . . .");
17     });
18   }
```

목록 13.1의 결과 db_connect_url.js: 연결 URL을 사용해 몽고DB에 연결한 결과

```
Connected Via Client Object ...
Logged out Via Client Object ...
Connection closed ...
```

또는 연결을 작성하고 db 객체를 사용해 사용자명 및 암호 매개변수를 사용해 인증할 수 있다. 이렇게 하면 url에 모든 매개변수를 포함하지 않고 몽고DB에 연결할 수 있다. 목록 13.2에서 이 URL은 네 번째 행에서 표시되며 URL에 지정된 username, password 및 database를 사용하지 않고서도 데이터베이스에 연결할 수 있다. 그리고 열 번째 행에서 testDB 데이터베이스에 연결하고 13번째 행에서 username과 password를 사용해 인증한다.

목록 13.2 db_connect_object.js: db 객체를 사용해 인증하기

```
01 var MongoClient = require('mongodb').MongoClient,
02     Server = require('mongodb').Server;
03 var client = new MongoClient();
04 client.connect('mongodb://localhost:27017'),
05                    { poolSize: 5, reconnectInterval: 500, },
06 function(err, db) {
07   if (err){
08     console.log("Connection Failed Via Client Object.");
```

```
09   } else {
10     var db = db.db("testDB");
11   } if (db){
12     console.log("Connected Via Client Object . . .");
13     db.authenticate("dbadmin", "test", function(err, results){
14       if (err){
15         console.log("Authentication failed . . .");
16         db.close();
17         console.log("Connection closed . . .");
18       } else {
19         console.log("Authenticated Via Client Object . . .");
20         db.logout(function(err, result) {
21           if(!err){
22             console.log("Logged out Via Client Object . . .");
23           }
24           db.close();
25           console.log("Connection closed . . .");
26         });
27       }
28     });
29   }
```

목록 13.2의 결과 db_connect_object.js: db 객체를 사용해 인증한 결과

```
Connected Via Client Object . . .
Authenticated Via Client Object . . .
Logged out Via Client Object . . .
Connection closed . . .
```

몽고DB Node.js 드라이버에 사용된 객체 이해하기

몽고DB Node.js 드라이버는 데이터베이스와 대화하기 위해 구조적 객체를 많이 사용한다. MongoClient 객체가 데이터베이스에 접속하기 위해 어떻게 대화하는지에 대해서는 이미 확인했다. 또한 데이터베이스, 컬렉션, 관리 함수 및 커서와 연동하는 여러 객체도 존재한다.

다음 절에서는 각 해당 객체들을 설명하고 Node.js 애플리케이션에서 데이터베이스 기능을 구현하기 위해 해당 객체들을 사용하는 기초적인 내용들을 제공한다. 또한 이후 장들에서도 이러한 객체들과 메서드들을 접하게 될 것이다.

Db 객체 이해

몽고DB 드라이버의 **Db** 객체는 데이터베이스에 대한 접근을 할 수 있게 해준다. 데이터베이스 역할을 수행하면 접속, 사용자 추가, 컬렉션 접근 등이 이뤄질 수 있다. 몽고DB에서 대화하고 있는 데이터베이스에 대한 접근을 얻고 유지할 수 있도록 **Db** 객체를 사용한다.

앞의 절에서 언급했듯이 **Db** 객체는 일반적으로 데이터베이스에 접속할 때 생성된다. 표 13.4는 **Db** 객체가 호출할 수 있는 메서드 목록을 보여준다.

표 13.4 Db 객체의 메서드

메서드	설명
open(callback)	데이터베이스에 접속한다. 콜백 함수는 접속된 후에 실행된다. 콜백 함수의 첫 번째 매개변수는 에러 발생과 관련된 에러 객체, 두 번째 매개변수는 Db 객체다(예: function(error, db){ }).
db(dbName)	Db 객체의 새 인스턴스를 생성한다. 접속 소켓은 원본과 공유한다.
close([forceClose], callback)	데이터베이스 커넥션을 종료한다. forceClose 매개변수는 불린 값으로 true인 경우 소켓을 강제로 종료한다. 콜백 함수는 데이터베이스가 종료됐을 때 실행되며 error 객체와 results 객체를 사용한다(예: function(error, results){ }).
admin()	몽고DB를 위한 Admin 객체의 인스턴스를 반환한다. 표 13.5를 참고하라.
collectionInfo([name], callback)	데이터베이스의 컬렉션 정보를 가리키는 Cursor 객체를 가져온다. name이 명시된 경우 해당 컬렉션만 커서에 반환된다. 콜백 함수는 err과 cursor 매개변수를 사용한다.
function(err, cursor){}	collectionNames(callback)의 해당 데이터베이스에 있는 컬렉션명의 목록을 반환한다. 콜백 함수는 err과 names 매개변수를 받는데 여기서 names는 컬렉션명의 배열이다(예: function(err, names){ }).
collection(name, [options], callback)	컬렉션에 대한 정보를 가져오고 Collection 객체의 인스턴스를 생성한다. options 매개변수는 컬렉션에 대한 접근을 정의하는 프로퍼티를 가진 객체다. 콜백 함수는 err과 collection 객체를 매개변수로 사용한다(예: function(err, collection){ }).

collections(callback)	해당 데이터베이스 안의 모든 컬렉션에 대한 정보를 가져오고 각 컬렉션에 대한 Collection 객체의 인스턴스를 생성한다. 콜백 함수는 매개변수로 err과 collections를 사용하며 여기서 collections는 Collection 객체의 배열이다(예: function(err, collections){ }).
logout(callback)	사용자를 데이터베이스에서 로그아웃한다. 콜백 함수는 error와 results 객체를 매개변수로 사용한다(예: function(error, results){ }).
authenticate (username, password, callback)	해당 데이터베이스의 사용자로 인증한다. 데이터베이스에 접근하는 동안 사용자를 변경할 때 이 메서드를 사용할 수 있다. 콜백 함수는 error와 results 객체를 매개변수로 사용한다(예: function(error, results){ }).
addUser(username, password, callback)	해당 데이터베이스에 사용자를 추가한다. 현재 인증된 사용자를 추가하려면 사용자 관리 권한이 필요하다. 콜백 함수는 error와 results 객체를 매개변수로 사용한다(예: function (error, results){ }).
removeUser(username, callback)	데이터베이스로부터 사용자를 제거한다. 콜백 함수는 error와 results 객체를 매개변수로 사용한다(예: function(error, results){ }).
createCollection(collectionName, callback)	데이터베이스에 새로운 컬렉션을 생성한다. 콜백 함수는 error와 results 객체를 매개변수로 사용한다(예: function(error, results){ }).
dropCollection(collectionName, callback)	데이터베이스에서 collectionName에 의해 명시된 컬렉션을 삭제한다. 콜백 함수는 error와 results 객체를 매개변수로 사용한다(예: function(error, results){ }).
renameCollection (oldName, newName, callback)	데이터베이스 안의 컬렉션의 이름을 변경한다. 콜백 함수는 error와 results 객체를 매개변수로 사용한다(예: function (error, results){ }).
dropDatabase(dbName, callback)	몽고DB로부터 해당 데이터베이스를 삭제한다. 콜백 함수는 error와 results 객체를 매개변수로 사용한다(예: function (error, results){ }).

Admin 객체 이해하기

몽고DB에서 어떤 관리 함수를 수행하려면 Admin 객체를 사용해야 한다. Admin 객체는 admin 데이터베이스에 대한 커넥션을 나타내며 Db 객체가 갖고 있지 않은 기능을 제공한다.

Db 객체 인스턴스의 admin( ) 메서드를 사용하거나 생성자 내부에 Db 객체를 전달해 Admin 객체를 얻는다. 다음 두 예제는 모두 잘 동작한다.

```
var adminDb = db.admin()
var adminDb = new Admin(db)
```

표 13.5는 Admin 객체에서 호출할 수 있는 중요한 관리자 메서드들을 보여준다. 이러한 메서드들을 사용해 몽고DB 서버를 핑ping할 수 있도록 하고 admin 데이터베이스에서 사용자를 추가, 제거할 수 있으며 데이터베이스를 나열할 수 있게 한다.

표 13.5 Admin 객체의 메서드

메서드	설명
serverStatus(callback)	몽고DB 서버로부터 상태 정보를 가져온다. 콜백 함수는 error와 status 객체를 사용한다(예: function(error, status){ }).
ping(callback)	몽고DB 서버를 핑한다. 몽고DB에 대한 서버 접속을 모니터링하기 위해 Node.js 애플리케이션을 사용할 수 있으므로 유용하다. 콜백 함수는 error와 results 객체를 사용한다(예: function(error, results){ }).
listDatabases(callback)	서버로부터 데이터베이스 목록을 가져온다. 콜백 함수는 error와 results 객체를 사용한다(예: function(error, results){ }).
authenticate(username, password, callback) admin	데이터베이스를 대상으로 하는 것을 제외하고 표 13.4의 데이터베이스와 동일하다.
logout(callback)	admin 데이터베이스를 대상으로 하는 것을 제외하고 표 13.4의 데이터베이스와 동일하다.
addUser(username, password, [options], callback)	admin 데이터베이스를 대상으로 하는 것을 제외하고 표 13.4의 데이터베이스와 동일하다.
removeUser(username, callback) admin	데이터베이스를 대상으로 하는 것을 제외하고 표 13.4의 데이터베이스와 동일하다.

Collection 객체 이해하기

Collection 객체는 몽고DB 안의 컬렉션을 나타낸다. 컬렉션 내의 항목에 접근, 문서 추가, 문서 질의, 그 밖의 많은 작업을 하기 위해 Collection 객체를 사용한다. Db 객체 인스턴스의 collection() 메서드를 사용하거나 생성자에 Db 객체와 컬렉션명을 전달해 Collection 객체를 얻을 수 있다. 몽고DB 서버에 컬렉션이 아직 생성되지 않았다면 Db 객체의 createCollection() 메서드를 이용해 생성할 수 있다. 다음 예제는 모두 잘 동작한다.

```
var collection = db.collection()
var collection = new Collection(db, "myCollection")
db.createCollection("newCollection", function(err, collection){ }
```

표 13.6은 Collection 객체에서 호출할 수 있는 기본 메서드들의 목록이다. 이 메서드들을 이용해 컬렉션에서 문서를 추가, 수정할 수 있고 문서를 찾을 수 있으며 컬렉션을 삭제할 수 있다.

표 13.6 Collection 객체의 기본 메서드

메서드	설명
insert(docs, [callback])	컬렉션 내부에 하나 이상의 문서를 삽입한다. docs 매개변수는 문서를 설명하는 객체다. 쓰기 확인을 사용할 때는 반드시 콜백 함수를 포함시켜야 한다. 콜백 함수는 error와 results 객체를 사용한다(예: function(error, results){ }).
remove([query], [options], [callback])	컬렉션으로부터 문서를 삭제한다. query는 삭제할 문서를 식별하는 데 사용되는 매개변수다. query 매개변수가 제공되지 않을 경우 모든 문서가 삭제된다. query 매개변수가 제공됐다면 query 매개변수와 일치하는 문서가 삭제된다. options는 문서를 수정할 때 w, wtimeout, upsert와 새로운 선택 사항들을 사용해 쓰기 확인을 명시할 수 있다. 쓰기 확인을 사용할 때는 반드시 콜백 함수를 포함해야 한다. 콜백 함수는 error와 results 객체를 사용한다(예: function(error, results){ }).
rename(newName, callback)	컬렉션명을 newName으로 변경한다. 콜백 함수는 error와 results 객체를 사용한다(예: function(error, results){ }).
save([doc],[options], [callback])	doc 매개변수에 명시된 문서를 데이터베이스에 저장한다. 임시로 객체를 변경한 후 저장해야 할 경우에 유용하지만 update()나 findAndModify만큼 효율적이지는 않다. options는 문서를 수정할 때 w, wtimeout, upsert와 새로운 선택 사항들을 사용해 쓰기 확인을 명시할 수 있도록 한다. 쓰기 확인을 사용할 때는 반드시 콜백 함수를 포함해야 한다. 콜백 함수는 error와 results 객체를 사용한다(예: function(error, results){ }).
update(query, update, [options], [callback])	document 매개변수에 명시된 정보를 가진 데이터베이스의 query 객체와 일치하는 문서를 갱신한다. options는 문서를 수정할 때 w, wtimeout, upsert와 새로운 선택 사항들을 사용해 쓰기 확인을 명시할 수 있도록 한다. 쓰기 확인을 사용할 때는 반드시 콜백 함수를 포함해야 한다. 콜백 함수는 error와 results 객체를 사용한다(예: function(error, results){ }).
find(query, [options], callback)	질의 내용과 일치하는 문서의 집합을 가리키는 Cursor 객체를 생성한다. options 매개변수는 서버 측에 커서를 빌드할 때 사용될 제약 사항, 정렬 그리고 다른 선택 사항을 명시할 수 있다. 콜백 함수는 첫 번째 매개변수 error와 두 번째 매개변수 cursor를 사용한다(예: function(error, cursor){ }).

(이어짐)

findOne(query, [options], callback)	검색된 첫 번째 문서만 Cursor에 포함된다는 사실만 제외하고는 find()와 동일하다.
findAndModify(query, sort, update, [options], callback)	매개변수와 일치하는 문서를 수정한다. sort 매개변수는 먼저 수정될 객체를 결정한다. doc 매개변수는 문서에서 수정할 내용을 명시한다. options는 문서를 수정할 때 w, wtimeout, upsert와 새로운 선택 사항들을 사용해 쓰기 확인을 명시할 수 있다. 콜백 함수는 error와 results 객체를 사용한다(예: function(error, results){ }).
findAndRemove (query, sort, [options], callback)	query 매개변수와 일치하는 문서를 삭제한다. sort 매개변수는 첫 번째로 수정될 객체를 결정한다. options는 문서를 삭제할 때 w, wtimeout, upsert와 새로운 선택 사항들을 사용해 쓰기 확인을 할 수 있다. 콜백 함수는 error와 results 객체를 사용한다(예: function(error, results){ }).
distinct(key, [query], callback)	컬렉션 안에 특정 문서 키에 대한 고유한 값의 목록을 생성한다. query 매개변수가 명시된다면 질의 내용에 일치하는 문서만 포함한다. 콜백 함수는 error와 values 객체를 사용하며 values는 명시된 키의 고윳값 배열이다(예: function(error, values){ }).
count([query], callback)	컬렉션 안의 문서 개수를 센다. query 매개변수를 사용한다면 질의 내용에 일치하는 문서만 포함된다. 콜백 함수는 error와 count 매개변수를 사용하며 count는 일치하는 문서의 수를 나타낸다(예: function(error, count){ }).
drop(callback)	현재 컬렉션을 삭제한다. 콜백 함수는 error와 results 객체를 사용한다(예: function(error, results){ }).
stats(callback)	항목의 수, 디스크의 크기, 평균 객체 크기 등을 포함한 컬렉션 상태를 가져온다. 콜백 함수는 error와 stats 객체를 사용한다(예: function(error, stats){ }).

Cursor 객체 이해하기

몽고DB Node.js 드라이버를 이용해 몽고DB에 대한 특정 연산을 수행할 때 그 결과로 Cursor 객체가 반환된다. Cursor 객체는 데이터베이스의 객체의 집합을 접근하는 데 반복될 수 있는 포인터로 동작한다. 예를 들면 find( )를 사용할 때 콜백 함수에서 실제 문서는 반환되지 않고 그 대신 Cursor 객체가 반환된다. 그런 다음 결과에서 항목을 읽기 위해 Cursor 객체를 사용할 수 있다.

Cursor 객체는 반복될 수 있기 때문에 내부적으로 현재 위치에 대한 인덱스는 유지된다. 그런 상태에서 항목을 한 번에 하나씩 읽을 수 있다. 일부 연산은 Cursor 객체의 현재 항목에만 영향을 미치고 인덱스를 증가시킨다는 사실을 기억하기 바란다. 다른 연산들은 현재 인덱스로부터 그 뒤에 있는 모든 항목에 영향을 미친다.

표 13.7은 전반적인 Cursor 객체 내용을 보여주기 위해 Cursor 객체에서 호출할 수 있는 기본 메서드를 보여준다. 메서드들은 컬렉션의 문서를 추가 및 수정, 문서 검색 그리고 컬렉션 삭제를 할 수 있다.

표 13.7 Cursor 객체의 기본 메서드

메서드	설명
each(callback)	현재 커서 인덱스에서 Cursor 객체 요소를 반복하며 매번 콜백 함수를 호출한다. 커서로 제공하는 각 요소의 콜백 함수를 수행할 수 있도록 한다. 콜백 함수는 error와 item 객체를 사용한다 (예: function(err, item){ }).
toArray(callaback)	현재 인덱스부터 Cursor의 객체 요소들을 반복하며 콜백 함수에서 객체 배열을 반환한다. 콜백 함수는 error 객체와 items 배열을 사용한다(예: function(err, items){ }).
nextObject(callback)	콜백 함수를 통해 Cursor의 다음(next) 객체를 반환하고 인덱스를 증가시킨다. 콜백 함수는 error와 items 객체를 사용한다(예: function(err, item){ }).
rewind( )	Cursor 객체를 초기 상태로 리셋한다. 이 메서드는 에러가 발생해 커서를 리셋하고 프로세스를 다시 시작해야 할 때 유용하다.
count(callback)	커서로 나타낸 요소의 개수를 결정한다. 콜백 함수는 error와 count 객체를 사용한다(예: function(err, count){ }).
sort(keyOrList, direction, callback)	Cursor 객체로 나타낸 요소들을 정렬한다. keyOrList 매개변수로 정렬할 필드를 명시하는 필드 키의 String이나 Array를 사용한다. direction 매개변수는 숫자이며 1은 오름차순, −1은 내림차순을 의미한다. 콜백 함수는 첫 번째 매개변수로 error를 두 번째 매개변수로 sortedCursor를 사용한다(예: function(err, sortedCursor){ }).
close(callback)	Cursor 객체 사용을 완료한다. 이 메서드는 클라이언트와 몽고DB 서버의 메모리를 해제한다.
isClosed( )	Cursor 객체 사용이 완료됐을 경우 true를 반환하며 그렇지 않은 경우 false를 반환한다.

데이터베이스 접근과 조작하기

몽고DB Node.js 드라이버는 Node.js 애플리케이션으로부터 데이터베이스를 생성하고 관리할 수 있는 강력한 기능을 제공한다. 대부분의 경우 초기에 한 번만 데이터베이스를 설계하고 구현하면 된다. 하지만 때때로 데이터베이스를 동적으로 생성 및 삭제할 수 있다는 것은 매우 유용하다.

데이터베이스 나열하기

시스템의 데이터베이스를 나열하려면 Admin 객체의 listDatabases() 메서드를 사용해야 한다. 즉 Admin 객체의 인스턴스를 먼저 생성해야 한다. 데이터베이스의 목록은 콜백 함수의 두 번째 매개변수로 반환되며 데이터베이스의 간단한 객체 배열이다. 다음 코드 예제는 Admin 객체를 생성하고 몽고DB 서버에서 데이터베이스의 목록을 얻기 위해 이 객체를 사용한다.

```
MongoClient.connect("mongodb://localhost/admin", function(err, db) {
  var adminDB = db.admin();
  adminDB.listDatabases(function(err, databases){
    console.log("Before Add Database List: ");
    console.log(databases);
  });
});
```

데이터베이스 생성하기

몽고DB 셀에서 데이터베이스를 생성했을 때와 마찬가지로 데이터베이스를 생성하는 명시적인 메서드는 존재하지 않는다. 데이터베이스는 컬렉션이나 문서가 추가될 때마다 자동으로 생성된다. 그러므로 새로운 데이터베이스를 생성하려면 새로운 DB 객체 인스턴스를 생성하기 위해 MongoClient 커넥션이 제공한 Db 객체의 db() 메서드를 사용하면 된다. 그런 다음 데이터베이스를 생성하기 위해 Db 객체의 새로운 인스턴스에 대해 createCollection()을 호출하면 된다. 다음 코드는 서버에 접속한 후 newDB라는 새로운 데이터베이스를 생성하는 예제다.

```
var MongoClient = require('mongodb').MongoClient;
MongoClient.connect("mongodb://localhost/", function(err, db) {
  var newDB = db.db("newDB");
  newDB.createCollection("newCollection", function(err, collection){
    if(!err){
      console.log("New Database and Collection Created");
    }
  });
});
```

데이터베이스 삭제하기

몽고DB에서 데이터베이스를 삭제하려면 해당 데이터베이스를 가리키는 Db 객체 인스턴스를 얻어야 한다. 그런 다음 해당 객체의 dropDatabase( ) 메서드를 호출한다. 몽고DB에서 삭제가 완료되기까지 시간이 조금 걸릴 수 있다. 삭제됐는지 확인해야 할 경우, 삭제가 완료되기까지 대기할 타임아웃을 사용할 수 있다. 그 예는 다음과 같다.

```
newDB.dropDatabase(function(err, results){
    <여기서 다루고 있던 데이터베이스가 삭제된다>
});
```

데이터베이스 생성, 삭제 및 나열 예제

목록 13.3은 데이터베이스 작업에 대한 개념을 확고하게 하기 위해 데이터베이스 생성, 나열, 삭제하는 전체 과정을 보여준다. 몽고DB 서버에 대한 커넥션이 생성된 후 4~7번 줄에서 현재 데이터베이스를 나열한다. 그런 다음 8~9번 줄에서는 createCollection( )을 호출해 새로운 데이터베이스를 생성한다. createCollection( ) 콜백 핸들러 내부에서 생성 여부를 확인하기 위해 데이터베이스를 다시 나열한다.

15~32번 줄은 dropDatabase( )를 사용해 데이터베이스를 삭제한다. dropDatabase( ) 콜백 내부에서 데이터베이스 삭제 여부를 검증하기 위해 데이터베이스 목록을 확인하기 전 수초 간 대기하기 위해 setTimeout( ) 타이머를 구현했다는 사실을 알아야 한다.

목록 13.3 db_create_list_delete.js: 몽고DB Node.js 드라이버를 사용해 데이터베이스 생성, 삭제 및 나열하기

```
01 var MongoClient = require('mongodb').MongoClient;
02 MongoClient.connect("mongodb://localhost/", function(err, db) {
03   var adminDB = db.admin();
04   adminDB.listDatabases(function(err, databases){
05     console.log("Before Add Database List: ");
06     console.log(databases);
07   });
08   var newDB = db.db("newDB");
09   newDB.createCollection("newCollection", function(err, collection){
10     if(!err){
11       console.log("New Database and Collection Created");
```

```
12        adminDB.listDatabases(function(err, databases){
13          console.log("After Add Database List: ");
14          console.log(databases);
15          db.db("newDB").dropDatabase(function(err, results){
16            if(!err){
17                console.log("Database dropped.");
18                setTimeout(function() {
19                  adminDB.listDatabases(function(err, results){
20                    var found = false;
21                    for(var i = 0; i < results.databases.length; i++) {
22                      if(results.databases[i].name == "newDB") found = true;
23                    }
24                    if (!found){
25                      console.log("After Delete Database List: ");
26                      console.log(results);
27                    }
28                    db.close();
29                  });
30                }, 15000);
31            }
32          });
33        });
34      }
35    });
36 });
```

목록 13.3의 결과 db_create_list_delete.js: 몽고DB Node.js드라이버를 사용해 데이터베이스 생성, 삭제 및 나열한 결과

```
New Database and Collection Created
After Add Database List:
{ databases:
   [ { name: 'admin', sizeOnDisk: 155648, empty: false },
     { name: 'astro', sizeOnDisk: 73728, empty: false },
     { name: 'local', sizeOnDisk: 73728, empty: false },
     { name: 'newDB', sizeOnDisk: 8192, empty: false },
     { name: 'testDB', sizeOnDisk: 8192, empty: false },
     { name: 'words', sizeOnDisk: 565248, empty: false } ],
  totalSize: 884736,
```

```
  ok: 1 }
After Delete Database List:
{ databases:
  [ { name: 'admin', sizeOnDisk: 155648, empty: false },
    { name: 'astro', sizeOnDisk: 73728, empty: false },
    { name: 'local', sizeOnDisk: 73728, empty: false },
    { name: 'testDB', sizeOnDisk: 8192, empty: false },
    { name: 'words', sizeOnDisk: 565248, empty: false } ],
  totalSize: 876544,
  ok: 1 }
Database dropped.
```

몽고DB 서버 상태 얻기

Admin 객체의 또 다른 강력한 기능은 몽고DB 서버에 대한 현재 정보를 얻을 수 있다는 점이다. 이 정보에는 호스트명, 버전, 가동 시간, 사용하고 있는 커서 이외에 많은 것이 포함된다. 몽고DB 서버의 상태를 알아낸 다음 문제 상황을 처리할 수 있도록 처리하기 위해 이정보를 사용할 수 있다.

몽고DB 서버의 상태를 출력하려면 Adbmin 객체의 serverStatus( ) 메서드를 사용해야 한다. 목록 13.4는 Admin 객체를 생성한 후 serverStatus( )를 호출하는 방법을 보여준다. 목록 13.4의 결과는 목록 13.4의 수행 결과다.

목록 13.4 db_status.js: 몽고DB 서버 상태를 가져와 출력

```
1 var MongoClient = require('mongodb').MongoClient;
2 MongoClient.connect("mongodb://localhost/test", function(err, db) {
3   var adminDB = db.admin();
4   adminDB.serverStatus(function(err, status){
5     console.log(status);
6     db.close();
7   });
8 });
```

목록 13.4의 결과 db_status.js: 몽고DB 서버 상태를 가져와 출력한 결과

```
version: '3.4.2',
process: 'mongod',
pid: 2612,
uptime: 44775,
uptimeMillis: 44774694,
uptimeEstimate: 44774,
localTime: 2017-08-11T19:02:25.086Z,
asserts: { regular: 0, warning: 0, msg: 0, user: 0, rollovers: 0 },
connections: { current: 1, available: 999999, totalCreated: 8 },
extra_info:
```

컬렉션 접근 및 조작

Node.js 서버에서 많이 사용되는 작업은 '컬렉션 동적 사용'이다. 예를 들면 일부의 규모가 큰 서버에서는 각 고객에게 개별적인 컬렉션을 제공하며 고객이 등록하거나 떠나면 컬렉션은 추가되거나 삭제돼야 한다. 몽고DB Node.js 드라이버는 데이터베이스의 컬렉션을 쉽게 조작할 수 있게 하는 데이터베이스와 Collection 객체에 사용하기 쉬운 메서드를 제공한다.

컬렉션 나열하기

데이터베이스의 컬렉션을 나열하려면 사용할 데이터베이스를 가리키는 Db 객체를 이용하기 시작해야 한다. 그런 다음 Db 객체의 collectionNames() 메서드를 호출한다. 그 예는 다음과 같다.

```
var newDB = db.db("newDB");
newDB.collectionNames(function(err, collectionNames)){}
```

collectionNames() 메서드는 컬렉션의 컬렉션명을 포함하는 객체의 배열을 반환한다. 그 예는 다음과 같다.

```
[ { name: 'newDB.system.indexes' },
  { name: 'newDB.newCollection',
    options: { create: 'newCollection' } } ]
```

`collectionList` 매개변수의 결괏값은 `Collection` 객체의 배열이다.

컬렉션 생성하기

이미 컬렉션 생성 과정을 확인했다. 간단하게 `Db` 객체의 `createCollection()` 메서드를 사용하면 된다. 그 예는 다음과 같다.

```
var newDB = db.db("newDB");
newDB.createCollection("newCollection", function(err, collection){ }
```

콜백 함수의 `collection` 매개변숫값은 `Collection` 객체다. 컬렉션 조작, 문서 추가 등을 수행할 때 이 객체를 사용할 수 있다.

컬렉션 삭제하기

컬렉션을 삭제하는 데에는 두 가지 방법이 있다. 첫 번째는 `Db` 객체의 `dropCollection(name)`을 호출하는 것이다. 두 번째는 `Collection` 객체의 `drop()` 메서드를 호출하는 것이다. `Collection` 객체의 목록을 통해 반복할 때와 같은 상황에서는 두 번째 방법이 더 편리하다. 다음은 위에서 설명한 두 가지 방법이다.

```
var myDB = db.db("myDB ");
myDB.dropCollection("collectionA", function(err, results){ })
myDB.collection("collectionB", function(err, collB){
  collB.drop();
})
```

컬렉션 생성, 나열, 삭제하는 예제

목록 13.5는 컬렉션 생성, 나열, 삭제 과정을 보여주기 위해 컬렉션을 나열하고 새 컬렉션을 생성한 후 새로운 컬렉션을 삭제하는 일련의 연쇄적인 콜백을 생성한다. 코드는 매우 기본적인 코드이며 따라 하기 쉽다.

목록 13.5 collection_create_list_delete.js: 몽고DB의 컬렉션 생성, 가져오기, 삭제

```
01 var MongoClient = require('mongodb').MongoClient;
02 MongoClient.connect("mongodb://localhost/", function(err, db) {
03   var newDB = db.db("newDB");
04   newDB.collections(function(err, collectionNames){
05     console.log("Initial collections: ");
06     console.log(collectionNames);
07     newDB.createCollection("newCollection", function(err, collection){
08       newDB.collections(function(err, collectionNames){
09         console.log("Collections after creation: ");
10         console.log(collectionNames);
11         newDB.dropCollection("newCollection", function(err, results){
12           newDB.collections(function(err, collectionNames){
13             console.log("Collections after deletion: ");
14             console.log(collectionNames);
15             db.close();
16           });
17         });
18       });
19     });
20   });
21 });
```

목록 13.5의 결과 collection_create_list_delete.js: 몽고DB의 컬렉션 생성, 가져오기, 삭제

```
Initial collections:
[]
Collections after creation:
[ Collection {
  s:
  { pkFactory: [Object],
    db: [Object],
    topology: [Object],
    dbName: 'newDB',
    options: [Object],
    namespace: 'newDB.newCollection',
```

```
      readPreference: [Object],
      slaveOk: true,
      serializeFunctions: undefined,
      raw: undefined,
      promoteLongs: undefined,
      promoteValues: undefined,
      promoteBuffers: undefined,
      internalHint: null,
      collectionHint: null,
      name: 'newCollection',
      promiseLibrary: [Function: Promise],
      readConcern: undefined } } ]
Collections after deletion:
[]
```

컬렉션 정보 얻기

Collection 객체의 또 다른 유용한 기능은 특정 컬렉션의 통계 정보를 얻는 능력이다. 통계 정보는 문서 수의 측면과 디스크 크기의 측면에서 컬렉션의 크기를 짐작할 수 있게 한다. 삭제 여부를 결정하기 위해 컬렉션의 상태를 주기적으로 확인하는 코드를 추가하고 싶을 수도 있다.

목록 13.6은 Collection 객체의 stats( ) 메서드를 호출해 컬렉션의 상태를 접근하는 방법을 보여준다.

목록 13.6 collection_stat.js: 컬렉션 상태를 가져와 출력하기

```
01 var MongoClient = require('mongodb').MongoClient;
02 MongoClient.connect("mongodb://localhost/", function(err, db) {
03   var newDB = db.db("newDB");
04   newDB.createCollection("newCollection", function(err, collection){
05     collection.stats(function(err, stats){
06       console.log(stats);
07       db.close();
08     });
09   });
10 });
```

목록 13.6의 결과 collection_stat.js: 컬렉션 상태를 가져와 출력한 결과

```
{ ns: 'newDB.newCollection',
  size: 0,
  count: 0,
  storageSize: 4096,
  capped: false,
  wiredTiger:
  { metadata: { formatVersion: 1 },
    creationString:
    type: 'file',
    uri: 'statistics:table:collection-4-8106062778677821448',
```

요약

몽고DB Node.js 드라이버는 공식적으로 지원되는 Node.js 애플리케이션에서 몽고DB에 접근하기 위한 네이티브 메서드다. 설치하기 쉽고 Node.js 애플리케이션에 통합하기도 쉽다. 13장에서는 `MongoClient` 클래스를 이용해 몽고DB에 접속하기 위한 다양한 메서드와 선택 사항을 학습했다. 또한 `Db`, `Admin`, `Collections` 그리고 `Cursor` 클래스들을 확인하고 작업할 수 있는 기회도 있었다.

13장에 나온 예제를 통해 Node.js 애플리케이션으로부터 동적으로 데이터베이스를 생성, 출력, 삭제했다. 또한 컬렉션을 생성, 접근 및 삭제하는 방법들도 확인했다.

14장에서 다룰 내용

14장, 'Node.js에서 몽고DB 문서 다루기'에서는 몽고DB 문서를 갖고 사용하는 다양한 방법에 대해 알아본다. 컬렉션에 몽고DB 문서를 삽입하는 메서드와 접근하는 방법들을 학습한다. 또한 여러 가지 방법으로 문서를 조작하고 삭제하는 방법들을 학습한다.

Node.js에서 몽고DB 문서 다루기

13장, '몽고DB와 Node.js 시작하기'에서 데이터베이스와 컬렉션을 관리, 사용하기 위해 몽고DB Node.js 드라이버를 사용하는 기본적인 방법을 학습했다. 14장에서는 이 개념을 좀 더 확장해 컬렉션 내부에서 문서를 다루는 방법을 설명한다. 13장, '몽고DB와 Node.js 시작하기'에서 언급했듯이 몽고DB Node.js 드라이버는 Collection 클래스에서 많은 기능을 제공하며 컬렉션에 문서를 삽입하고 접근하고 수정하고 삭제할 수 있다.

14장은 삽입, 삭제와 같이 컬렉션에 수행하는 기본 문서 관리 작업을 설명하는 절들로 나눈다. 14장은 데이터베이스에 쓰기 요청 동작을 제어하는 선택 사항을 소개한다. 또한 SQL에서 봤을 법한 길고 복잡한 질의 문자열 대신 갱신 문서를 사용하는 몽고DB의 갱신 구조도 설명한다.

데이터베이스 변경 선택 사항 이해하기

14장에서 설명한 여러 가지 메서드로 몽고DB를 수정할 수 있다. 몽고DB Node.js 드라이버는 데이터베이스를 변경할 때 변경 작업이 진행되는 동안 연동하는 방법을 알아야 한다. 그러므로 데이터베이스를 변경하는 각 메서드는 표 14.1에 나열된 속성들의 일부 또는 모두를 지정하는 options 매개변수를 사용할 수 있다.

표 14.1 데이터베이스를 변경할 때 options 매개변수에 명시할 수 있는 선택 사항

선택 사항	설명
w	데이터베이스 연결을 위한 쓰기 확인 레벨을 지정한다. 사용할 수 있는 값은 표 13.1을 참조한다.
wtimeout	쓰기 확인이 종료될 때까지 기다리는 시간을 밀리초 단위로 지정한다. 이 값은 표준 연결 타임아웃 값에 추가된다.
fsync	불린 값. true일 경우 쓰기 요청은 반환 전에 fsync 종료를 기다려야 한다는 것을 의미한다.
journal	불린 값. true일 경우 쓰기 요청은 반환 전에 journal 싱크 종료를 기다려야 한다는 것을 의미한다.
serializeFunctions	불린 값. true일 경우 객체와 연관된 함수들은 문서에 저장될 때 순서대로 나열돼야 한다는 것을 의미한다.
forceServerObjectId	불린 값. true일 경우 클라이언트에 의해 설정된 모든 객체 ID(id) 값은 추가 중 서버로 오버라이드된다는 것을 의미한다.
checkKeys	불린 값. true일 경우 문서 키를 데이터베이스에 삽입할 때 점검한다. 기본값은 true다. 주의 사항은 false로 설정할 경우 주입 공격(injection attack)을 위해 몽고DB를 접근할 수 있다는 것이다.
upsert	불린 값. true로 설정할 경우 갱신 요청과 일치하는 문서가 없다면 새로운 문서가 생성된다는 것을 의미한다.
multi	불린 값. true일 경우 갱신 요청의 질의와 일치하는 문서가 여러 개라면 모든 문서가 갱신된다는 것을 의미한다. false일 경우 가장 처음 발견되는 문서만 갱신된다.
new	불린 값. true일 경우 findAndModify() 메서드가 이미 수정된 버전 대신 새롭게 수정된 객체를 반환한다는 것을 의미한다. 기본값은 false다.

데이터베이스 갱신 연산자 이해하기

몽고DB의 객체를 갱신할 때 변경돼야 하는 필드가 무엇이고 어떻게 변경돼야 하는지 정확하게 지정해야 한다. 몽고DB는 갱신을 정의하기 위해 긴 질의 문자열을 생성해야 하는 SQL과 달리 문서의 데이터를 변경하는 방법을 정확하게 정의한 연산자가 있는 update 객체를 구현할 수 있다.

update 객체에는 필요한 만큼 연산자를 사용할 수 있다. update 객체의 형태는 다음과 같다.

```
{
  <operator>: {<field_operation>, <field_operation>, . . .},
  <operator>: {<field_operation>, <field_operation>, . . .}
  . . .
}
```

예를 들면 다음 객체를 생각해보자.

```
{
  name: "myName",
  countA: 0,
  countB: 0,
  days: ["Monday", "Wednesday"],
  scores: [ {id:"test1", score:94}, {id:"test2", score:85}, {id:"test3", score:97}]
}
```

countA 필드를 5씩 증가, countB 필드는 1씩 증가, name 필드는 "New Name"으로 설정, 배열 days에 Friday 추가 그리고 배열 scores를 score 필드를 기준으로 정렬하려면 다음 update 객체를 사용해야 한다.

```
{
  $inc:{countA:5, countB:1},
  $set:{name:"New Name"},
  $push{days:"Friday},
  $sort:{score:1}
}
```

표 14.2는 문서를 갱신하기 위해 update 객체에서 사용할 수 있는 연산자들을 보여준다.

표 **14.2** 갱신 작업을 수행할 때 update 객체에서 사용할 수 있는 연산자

연산자	설명
$inc	필드의 값을 명시된 값으로 증가시킨다. 연산 형식은 field:inc_value다.
$rename	필드 이름을 변경한다. 연산 형식은 field:new_name이다.
$setOnInsert	갱신 연산에서 새 문서가 생성됐을 때 필드 값을 설정한다. 연산 형식은 field:value다.

(이어짐)

$set	기존 문서의 필드 값을 설정한다. 연산 형식은 field:new_value다.
$unset	기존 문서의 명시된 필드를 제거한다. 연산 형식은 field:""다.
$	갱신에서 질의 조건과 일치하는 첫 번째 요소로 갱신시키기 위한 일반적인 역할을 한다.
$addToSet	기존 배열 안에 존재하지 않는 경우에만 요소를 추가한다. 연산 형식은 array_field:new_value다.
$pop	배열의 첫 번째 또는 마지막 요소를 제거한다. pop_value가 −1일 경우 첫 번째 요소, pop_value가 1인 경우 마지막 요소가 삭제된다. 연산 형식은 array_field:pop_value다.
$pullAll	배열에서 여러 개의 값을 제거한다. 값들은 배열의 형태로 전달된다. 연산 형식은 array_ field:[value1, value2 ...]다.
$pull	query 문장과 일치하는 배열 항목은 삭제한다. query 문장은 비교할 필드명과 값을 가진 기본 질의 객체다. 연산 형식은 array_field:[〈query〉]다.
$push	배열에 항목을 추가한다. 단순한 배열 형식은 array_field:new_value, 객체 배열 형식은 array_ field:{field:value}다.
$each	배열에 여러 개의 항목을 추가하기 위해 $push와 $addToSet 연산자를 알맞게 수정한다. 연산 형식은 array_field:{$each:[value1, ...]}이다.
$slice	갱신된 배열의 크기를 제한하기 위해 $push 연산자를 알맞게 수정한다.
$sort	배열에 저장된 문서를 재배열하기 위해 $push 연산자를 알맞게 수정한다. 연산 형식은 array_ field:{$slice:〈num〉}이다.
$bit	정숫값에 대해 비트 연산 AND와 OR을 수행한다. 연산 형식은 integer_ield:{and:〈integer〉}와 integer_field:{or:〈integer〉}다.

컬렉션에 문서 추가하기

몽고DB를 갖고 작업할 때 흔히 하게 되는 또 다른 작업은 컬렉션에 문서 삽입하기다. 문서를 삽입하려면 먼저 저장하고자 하는 문서를 나타내는 자바스크립트 객체를 생성해야 한다. 자바스크립트 객체를 생성해야 하는 이유는 몽고DB가 사용하는 BSON 포맷이 자바스크립트 표기법을 기반으로 하고 있기 때문이다.

자바스크립트 버전의 새 문서를 생성하고 나면 데이터베이스와 연동된 Collection 객체의 인스턴스에 insert( ) 메서드를 사용해 이 문서를 몽고DB에 저장할 수 있다. 다음은 insert( ) 메서드 문법이다.

```
insert(docs, [options], callback)
```

docs 매개변수는 하나의 문서 객체가 될 수도 있고 문서 객체의 배열이 될 수도 있다. options 매개변수는 표 14.1에서 설명한 데이터베이스 변경 선택 사항을 지정한다. 콜백 함수는 선택 사항에 쓰기 확인을 구현할 경우에 필요하다. 콜백 함수의 첫 번째 매개변수는 error, 두 번째 매개변수는 컬렉션에 삽입된 문서의 배열이다.

목록 14.1은 문서 삽입의 기본 예제다. 2~9번 줄은 Collection 객체와 삽입할 객체를 받는 함수를 보여준다. insert() 메서드가 호출되고 삽입된 객체들(이 경우에는 한 번에 하나씩 삽입)의 결과 배열이 콘솔에 출력된다. 10~13번 줄은 몽고DB 서버에 연결하고 빈 상태로 만들기 위해 nebulae 컬렉션을 삭제한 후 다시 생성한다. 마지막으로 14~19번 줄에서 nebulae를 가리키는 일련의 자바스크립트 객체들을 위해 addObject()를 호출한다.

목록 14.1 doc_add.js: 컬렉션에 문서 삽입하기

```
01 var MongoClient = require('mongodb').MongoClient;
02 function addObject(collection, object){
03   collection.insert(object, function(err, result){
04     if(!err){
05       console.log("Inserted: ");
06       console.log(result);
07     }
08   });
09 }
10 MongoClient.connect("mongodb://localhost/", function(err, db) {
11   var myDB = db.db("astro");
12   myDB.dropCollection("nebulae");
13   myDB.createCollection("nebulae", function(err, nebulae){
14     addObject(nebulae, {ngc:"NGC 7293", name:"Helix",
15       type:"planetary",location:"Aquila"});
16     addObject(nebulae, {ngc:"NGC 6543", name:"Cat's Eye",
17       type:"planetary",location:"Draco"});
18     addObject(nebulae, {ngc:"NGC 1952", name: "Crab",
19       type:"supernova",location:"Taurus"});
20   });
21 });
```

목록 14.1의 결과 doc_add.js: 컬렉션에 문서 삽입 결과

```
Inserted :
{ result: { ok: 1, n: 1 },
  ops:
  [ { ngc: 'NGC 7293',
    name: 'Helix',
    type: 'planetary',
    location: 'Aquila',
    _id: 598e04b98e397c0f8464bb99 } ],
  insertedCount: 1,
  insertedIds: [ 598e04b98e397c0f8464bb99 ] }
Inserted :
{ result: { ok: 1, n: 1 },
  ops:
  [ { ngc: 'NGC 6543',
    name: 'Cat/'s Eye',
    type: 'planetary',
    location: 'Draco',
    _id: 598e04b98e397c0f8464bb9a } ],
  insertedCount: 1,
  insertedIds: [ 598e04b98e397c0f8464bb9a ] }
Inserted :
{ result: { ok: 1, n: 1 },
  ops:
  [ { ngc: 'NGC 1952',
    name: 'Crab',
    type: 'supernova',
    location: 'Taurus',
    _id: 598e04b98e397c0f8464bb9b } ],
  insertedCount: 1,
  insertedIds: [ 598e04b98e397c0f8464bb9b ] }
```

컬렉션에서 문서 검색하기

몽고DB에 저장된 데이터를 자주 사용하는 태스크는 여러 개의 문서 가져오기다. 예를 들어 쇼핑 웹 사이트의 제품에 대한 정보를 생각해보자. 해당 정보는 한 번 저장되지만 여러 번 검색하게 된다.

데이터 검색이라고 하면 꽤 간단해 보이지만 결과를 걸러내고 정렬하고 제한하고 종합하는 작업도 해야 하기 때문에 상당히 복잡하다. 15장, 'Node.js에서 몽고DB 문서로 접근하기'에서는 복잡한 데이터 검색 과정을 주로 설명한다.

이 절에서는 14장의 예제 코드를 좀 더 쉽게 이해할 수 있도록 Collection 객체의 find( )와 findOne( ) 메서드의 기본적인 내용을 소개한다. find( )와 findOne( ) 메서드의 문법은 다음과 같다.

```
find(query, [options], callback)
findOne(query, [options], callback)
```

---

find( )와 findOne( ) 모두 첫 번째 매개변수로 query 객체를 받는다. query 객체는 문서 안의 필드와 일치하는 속성들을 가진다. query 객체와 일치하는 문서들은 목록에 포함돼 있다. 제한 정렬, 반환할 값과 같이 문서 검색에 대한 모든 내용은 options 매개변수에 명시해야 한다.

find( )와 findOne( )의 차이점은 콜백 함수를 통해 확인할 수 있다. find( ) 메서드는 문서를 가져오기 위해 반복적으로 사용할 Cursor 객체를 반환한다. 반면 findOne( ) 메서드는 객체 하나만 반환한다.

목록 14.2는 find( )와 findOne( )의 기본 결과 사용 방법을 설명한다. 5~10번 줄은 find( )를 구현한다. find( )를 실행하면 Cursor 객체를 얻게 된다. 결과를 출력하기 위해 toArray( ) 메서드는 Cursor 객체를 따라 반복적으로 수행되며 기본 자바스크립트 객체 배열을 빌드한다. 그러면 일반 자바스크립트 객체 배열처럼 해당 문서에 작업할 수 있다.

11~18번 줄은 find( ) 메서드를 사용하며 또한 Cursor 객체를 따라 반복될 수 있도록 each( ) 메서드를 사용한다. each( ) 메서드는 Cursor 객체의 문서들을 한 번에 하나씩 반복한다. 한 번 수행될 때마다 몽고DB로부터 하나의 문서를 가져와 콜백 함수의 두 번째 매개변수로 전달한다.

19~22번 줄은 findOne( ) 메서드를 구현한다. type 필드에 대한 간단한 질의에 주목해보자. 콜백 함수는 객체를 전달받아 목록 14.2의 결과처럼 화면에 출력할 수 있다.

목록 14.2 doc_find.js: 몽고DB 컬렉션에서 문서 검색하기

```
01 var MongoClient = require('mongodb').MongoClient;
02 MongoClient.connect("mongodb://localhost/", function(err, db) {
03   var myDB = db.db("astro");
04   myDB.collection("nebulae", function(err, nebulae){
05     nebulae.find(function(err, items){
06       items.toArray(function(err, itemArr){
07         console.log("Document Array: ");
08         console.log(itemArr);
09       });
10     });
11     nebulae.find(function(err, items){
12       items.each(function(err, item){
13         if(item){
14           console.log("Singular Document: ");
15           console.log(item);
16         }
17       });
18     });
19     nebulae.findOne({type:'planetary'}, function(err, item){
20       console.log("Found One: ");
21       console.log(item);
22     });
23   });
24 });
```

목록 14.2의 결과 doc_find.js: 몽고DB 컬렉션에서 문서 검색한 결과

```
Document Array:
[ { _id: 598e04b98e397c0f8464bb99,
    ngc: 'NGC 7293',
    name: 'Helix',
    type: 'planetary',
    location: 'Aquila' },
```

```
  { _id: 598e04b98e397c0f8464bb9b,
    ngc: 'NGC 1952',
    name: 'Crab',
    type: 'supernova',
    location: 'Taurus' },
  { _id: 598e04b98e397c0f8464bb9a,
    ngc: 'NGC 6543',
    name: 'Cat/'s Eye',
    type: 'planetary',
    location: 'Draco' } ]
Singular Document:
{ _id: 598e04b98e397c0f8464bb99,
  ngc: 'NGC 7293',
  name: 'Helix',
  type: 'planetary',
  location: 'Aquila' }
Singular Document:
{ _id: 598e04b98e397c0f8464bb9b,
  ngc: 'NGC 1952',
  name: 'Crab',
  type: 'supernova',
  location: 'Taurus' }
Singular Document:
{ _id: 598e04b98e397c0f8464bb9a,
  ngc: 'NGC 6543',
  name: 'Cat/'s Eye',
  type: 'planetary',
  location: 'Draco' }
Found One:
{ _id: 598e04b98e397c0f8464bb99,
  ngc: 'NGC 7293',
  name: 'Helix',
  type: 'planetary',
  location: 'Aquila' }
```

컬렉션의 문서 갱신

객체들이 컬렉션에 삽입되고 나면 데이터가 변경될 때마다 한 번씩 객체들을 갱신해야 한다. 몽고DB Node.js 드라이버는 문서를 갱신하기 위한 여러 가지 좋은 메서드를 갖고 있다. 가장 흔히 사용되는 것은 update( ) 메서드인데 다용도로 사용할 수 있으면서도 구현하기가 쉽다. 다음은 update( ) 메서드의 문법이다.

```
update( query, update, [options], [callback] )
```

query 매개변수는 변경하고자 하는 문서를 식별하기 위해 사용되는 문서다. 필드와 객체 값이 있는 질의 매개변수의 속성 그리고 값들과 비교해 질의를 만족하는 것들만 갱신된다. update 매개변수는 질의와 일치하는 문서를 어떻게 변경할지 명시하는 객체다. 표 14.2는 사용할 수 있는 연산자들을 보여준다.

options 매개변수는 이전의 표 14.1에서 설명한 데이터베이스 변경 선택 사항을 명시한다. options에서 쓰기 확인을 구현할 경우 콜백 함수가 필요하다. 콜백 함수의 첫 번째 매개변수는 error, 두 번째 매개변수는 컬렉션에 삽입된 문서 배열이다.

update( )를 호출해 여러 개의 문서를 수정할 때 쓰기 연산을 수행하는 동안 다른 문서가 변경되는 것을 막기 위해 query에 $isolate:1 속성을 사용하면 쓰기 연산을 분리할 수 있다. 원자적 쓰기를 할 수는 없지만 현재 변경하고 있는 객체가 또 다른 쓰기 작업으로 인해 갱신되는 것을 막아준다. 그 예는 다음과 같다.

```
update({type:"Planetary", $isolated:1}, {updated:true}, {multi:true})
```

목록 14.3은 update( ) 메서드를 이용해 여러 개의 객체를 갱신하는 방법을 보여준다. 9~20번 줄은 형식 planertary를 Planertary로 변경하고 updated라는 이름의 새로운 필드를 추가하기 위해 update( ) 메서드와 콜백 함수를 구현한다. 또한 upsert는 false이기 때문에 새로운 문서가 생성되지 않고 multi가 true이므로 여러 개의 문서가 변경되며 w가 1이므로 요청은 반환되기 전 쓰기 연산을 기다린다.

목록 14.3 doc_update.js: 데이터베이스의 여러 문서 갱신하기

```javascript
01 var MongoClient = require('mongodb').MongoClient;
02 MongoClient.connect("mongodb://localhost/", function(err, db) {
03   var myDB = db.db("astro");
04   myDB.collection("nebulae", function(err, nebulae){
05     nebulae.find({type:"planetary"}, function(err, items){
06       items.toArray(function(err, itemArr){
07         console.log("Before Update: ");
08         console.log(itemArr);
09         nebulae.update({type:"planetary", $isolated:1},
10                        {$set:{type:"Planetary", updated:true}},
11                        {upsert:false, multi:true, w:1},
12                        function(err, results){
13           nebulae.find({type:"Planetary"}, function(err, items){
14             items.toArray(function(err, itemArr){
15               console.log("After Update: ");
16               console.log(itemArr);
17               db.close();
18             });
19           });
20         });
21       });
22     });
23   });
24 });
```

목록 14.3의 결과 doc_update.js: 데이터베이스의 여러 문서를 갱신한 결과

```
Before Update:
[ { _id: 598e04b98e397c0f8464bb99,
    ngc: 'NGC 7293',
    name: 'Helix',
    type: 'planetary',
    location: 'Aquila' },
  { _id: 598e04b98e397c0f8464bb9a,
    ngc: 'NGC 6543',
    name: 'Cat/'s Eye',
```

```
    type: 'planetary',
    location: 'Draco' } ]
After Update:
[ { _id: 598e04b98e397c0f8464bb99,
    ngc: 'NGC 7293',
    name: 'Helix',
    type: 'Planetary',
    location: 'Aquila',
    updated: true },
  { _id: 598e04b98e397c0f8464bb9a,
    ngc: 'NGC 6543',
    name: 'Cat/'s Eye',
    type: 'Planetary',
    location: 'Draco',
updated: true } ]
```

컬렉션 문서를 원자적으로 수정하기

컬렉션 객체에서는 findAndModify() 함수를 제공하는데 이 함수는 컬렉션 안의 문서 하나에 대해 원자적 쓰기를 수행한다. 여러 프로세스가 문서 하나에 동시에 쓰지 않도록 해야 할 경우 매우 유용하다. 다음은 findAndModify() 메서드의 문법이다.

```
findAndModify(query, sort, update, [options], callback)
```

query 매개변수는 변경하고자 하는 문서를 식별하기 위해 사용되는 문서다. 필드와 객체 값이 있는 질의 매개변수의 속성 그리고 값들과 비교해 질의를 만족하는 것들만 수정한다.

sort 매개변수는 수정할 항목을 찾을 때 정렬할 필드를 명시하는 [field, sort_order] 배열이다. sort_order 값은 오름차순의 경우 1, 내림차순의 경우 -1을 사용한다. update 매개변수는 질의와 일치하는 문서를 어떻게 변경할지 명시하는 객체다. 표 14.2는 사용할 수 있는 연산자들을 보여준다.

options 매개변수는 표 14.1에서 설명한 데이터베이스 변경 선택 사항을 명시한다. options 에서 쓰기 확인을 구현할 경우 콜백 함수가 필요하다. callback의 첫 번째 매개변수는

error, 두 번째 매개변수는 변경되는 객체다. options에서 new가 true로 설정된 경우에는 새롭게 수정된 객체가 반환된다. new가 false로 설정됐다면 수정하기 전의 객체가 반환된다. 변경 내용을 확인하고 원본을 다른 곳에 저장해야 한다면 수정 전 객체를 얻어야 한다.

목록 14.4에서는 몽고DB의 단일 객체에 원자적 쓰기 연산을 수행한다. 9~15번 줄은 findAndModify() 연산을 구현한다. sort 값은 [['name', 1]]로 name을 오름차순으로 정렬한다는 것을 의미한다. 또한 쓰기 확인을 활성화하기 위해 w는 1로 설정했고 new가 true로 설정돼 수정된 객체는 콜백 함수에서 반환돼 콘솔에 출력된다.

목록 14.4 doc_modify.js: findAndModify()를 이용해 문서를 원자적으로 변경하기

```
01 var MongoClient = require('mongodb').MongoClient;
02 MongoClient.connect("mongodb://localhost/", function(err, db) {
03   var myDB = db.db("astro");
04   myDB.collection("nebulae", function(err, nebulae){
05     nebulae.find({type:"supernova"}, function(err, items){
06     items.toArray(function(err, itemArr){
07       console.log("Before Modify: ");
08       console.log(itemArr);
09       nebulae.findAndModify({type:"supernova"}, [['name', 1]],
10         {$set: {type:"Super Nova", "updated":true}},
11         {w:1, new:true}, function(err, doc){
12           console.log("After Modify: ");
13           console.log(doc);
14           db.close();
15         });
16       });
17     });
18   });
19 });
```

목록 14.4의 결과 doc_modify.js: findAndModify()를 이용해 문서를 원자적으로 변경한 결과

```
Before Modify:
[ { _id: 598e04b98e397c0f8464bb9b,
    ngc: 'NGC 1952',
    name: 'Crab',
    type: 'supernova',
```

```
        location: 'Taurus' } ]
After Modify:
{ lastErrorObject: { updatedExisting: true, n: 1 },
  value:
    { _id: 598e04b98e397c0f8464bb9b,
      ngc: 'NGC 1952',
      name: 'Crab',
      type: 'Super Nova',
      location: 'Taurus',
      updated: true },
ok: 1 }
```

컬렉션에 문서 저장하기

Collection 객체의 save( ) 메서드는 조금 흥미로운 특성을 가진다. 데이터베이스에 문서를 삽입하거나 갱신하기 위해 이 메서드를 사용할 수 있다. insert( )나 update( )만큼 효율적이지 않더라도 상황에 따라 save( ) 메서드를 구현하는 것이 더 쉬울 때도 있다. 예를 들면 몽고DB에서 이미 가져온 객체를 즉석에서 변경해야 할 때 update( ) 메서드의 질의와 갱신 객체를 구현할 필요 없이 save( )를 사용할 수 있다.

다음은 save( ) 메서드의 문법이다.

```
save(doc, [options], [callback])
```

doc 매개변수는 컬렉션에 저장하려는 문서 객체다. options 매개변수는 표 14.1에서 설명한 데이터베이스 변경 선택 사항을 명시한다. options에서 쓰기 확인을 구현할 경우 callback 매개변수가 필요하다. callback의 첫 번째 매개변수는 error, 두 번째 매개변수는 컬렉션에 방금 저장한 객체다.

일반적으로 save( )를 사용할 때 document 객체는 컬렉션에 추가하려는 완전히 새로운 자바스크립트 객체거나 이미 컬렉션으로부터 가져와 변경하고 변경된 내용을 다시 데이터베이스에 저장하고자 하는 객체다.

목록 14.5는 save( ) 메서드를 이용해 데이터베이스로부터 객체를 가져와 수정하고 다시 데이터베이스에 저장한다. 9~15번 줄은 save( ) 메서드와 콜백을 구현한다. save( ) 메서드는 update( )와 findAndModify( ) 메서드를 사용하는 것보다 훨씬 더 간단하게 사용할 수 있다. 또한 savedItem이 콜백 함수로 반환되고 콘솔에 출력된다는 것을 확인할 수 있다.

목록 14.5 doc_save.js: save()를 이용해 기존 문서를 갱신하고 저장하기

```
01 var MongoClient = require('mongodb').MongoClient;
02 MongoClient.connect("mongodb://localhost/", function(err, db) {
03   var myDB = db.db("astro");
04   myDB.collection("nebulae", function(err, nebulae){
05    nebulae.findOne({type:"supernova"}, function(err, item){
06      console.log("Before Save: ");
07      console.log(item);
08      item.info = "Some New Info";
09      nebulae.save(item, {w:1}, function(err, results){
10        nebulae.findOne({_id:item._id}, function(err, savedItem){
11          console.log("After Save: ");
12          console.log(savedItem);
13          db.close();
14        });
15      });
16    });
17  });
18 });
```

목록 14.5의 결과 doc_save.js: save()를 이용해 기존 문서를 갱신하고 저장한 결과

```
Before Save:
{ _id: 598e06c4efe25f1c0cf4932e,
  ngc: 'NGC 1952',
  name: 'Crab',
  type: 'supernova',
  location: 'Taurus' }
After Save:
{ _id: 598e06c4efe25f1c0cf4932e,
  ngc: 'NGC 1952',
  name: 'Crab',
```

```
    type: 'supernova',
    location: 'Taurus',
    info: 'Some New Info' }
```

컬렉션에 문서 삽입을 위해 upsert를 사용하기

문서에서 사용할 수 있는 또 다른 형식의 업데이트는 upsert다. 업데이트는 개체가 있는 경우 업데이트하고 그렇지 않은 경우에는 삽입한다. 일반적인 갱신은 객체의 존재 여부를 결정해야 할 때 비용이 발생하기 때문에 자동으로 객체를 삽입하지 않는다. 객체가 있다는 것을 알고 있다면 update( )가 좀 더 효율적이다. 문서가 존재하지 않는다는 것을 안다면 insert( )를 사용하는 것이 더 좋다. 객체가 존재할 경우 갱신하고 존재하지 않을 경우 삽입하도록 하려면 upsert를 사용해야 한다.

upsert를 구현하기 위해 update( ) 메서드의 options 매개변수 upsert:true 선택 사항을 포함한다. 이렇게 하면 객체가 존재할 경우에는 갱신하고, 존재하지 않는다면 객체를 삽입한다.

목록 14.6은 update( ) 메서드로 upsert를 사용하는 방법을 보여준다. 9~12번 줄의 update( )는 객체가 없기 때문에 새로 생성한다. 그런 다음 18번 줄에서 삽입된 문서의 _id 값을 가져오고 이 문서가 검색되고 갱신되도록 하기 위해 19~22번 줄 안에 있는 update( )의 질의에 이 _id 값을 사용한다. 처음에는 디스크립터와 일치하는 문서가 없었지만 첫 갱신 이후에 문서가 삽입되고 두 번째 갱신 이후에는 변경이 이뤄진다.

목록 14.6 doc_upsert.js: 새 문서를 삽입하거나 기존 문서를 갱신하기 위해 upsert 사용하기

```
01 var MongoClient = require('mongodb').MongoClient;
02 MongoClient.connect("mongodb://localhost/", function(err, db) {
03   var myDB = db.db("astro");
04   myDB.collection("nebulae", function(err, nebulae){
05     nebulae.find({type:"diffuse"}, function(err, items){
06       items.toArray(function(err, itemArr){
07         console.log("Before Upsert: ");
08         console.log(itemArr);
09         nebulae.update({type:"diffuse"},
10         {$set: {ngc:"NGC 3372", name:"Carina",
```

```
11              type:"diffuse",location:"Carina"}},
12            {upsert:true, w:1,forceServerObjectId:false},
13            function(err, results){
14              nebulae.find({type:"diffuse"}, function(err, items){
15                items.toArray(function(err, itemArr){
16                  console.log("After Upsert 1: ");
17                  console.log(itemArr);
18                  var itemID = itemArr[0]._id;
19                  nebulae.update({_id:itemID},
20                    {$set: {ngc:"NGC 3372", name:"Carina",
21                         type:"Diffuse",location:"Carina"}},
22                    {upsert:true, w:1}, function(err, results){
23                      nebulae.findOne({_id:itemID}, function(err, item){
24                        console.log("After Upsert 2: ");
25                        console.log(item);
26                        db.close();
27                      });
28                  });
29                });
30              });
31            });
32          });
33      });
34    });
35 });
```

목록 14.6의 결과 doc_upsert.js: 새 문서를 삽입하거나 기존 문서를 갱신하기 위해 upsert를 사용한 결과

```
Before Upsert:
[]
After Upsert 1:
[ { _id: 598e070aac7bf01c2a209601,
  type: 'diffuse',
  ngc: 'NGC 3372',
  name: 'Carina',
  location: 'Carina' } ]
After Upsert 2:
{ _id: 598e070aac7bf01c2a209601,
```

```
    type: 'Diffuse',
    ngc: 'NGC 3372',
    name: 'Carina',
    location: 'Carina' }
```

컬렉션에서 문서 삭제하기

메모리 사용 제어, 성능 향상 그리고 깔끔한 유지를 위해 가끔 몽고DB 컬렉션에서 문서를 삭제하는 경우가 있다. Collection 객체의 remove( ) 메서드는 컬렉션에서 문서를 간단하게 삭제할 수 있다. remove( ) 메서드의 문법은 다음과 같다.

```
remove( [query], [options], [callback] )
```

query 매개변수는 삭제하고자 하는 문서를 식별하기 위해 사용되는 문서다. 필드와 객체 값이 있는 query의 속성 그리고 값들과 비교해 질의를 만족하는 것들만 갱신된다. query가 없다면 컬렉션의 모든 문서는 삭제된다.

options 매개변수는 표 14.1에서 설명한 데이터베이스 변경 선택 사항을 명시한다. options에서 쓰기 확인을 구현할 경우 callback 매개변수가 필요하다. callback의 첫 번째 매개변수는 error, 두 번째 매개변수는 삭제된 문서의 총 개수다.

목록 14.7은 컬렉션으로부터 객체를 삭제하기 위해 remove( ) 메서드를 사용한다. 9~18번 줄의 질의에서 remove( )와 callback은 type이 planetary인 문서를 요청하고 해당 문서들을 컬렉션에서 삭제한다. 목록 14.7의 결과는 목록 14.7의 수행 결과다.

목록 14.7 doc_delete.js: 컬렉션으로부터 문서 삭제하기

```
01 var MongoClient = require('mongodb').MongoClient;
02 MongoClient.connect("mongodb://localhost/", function(err, db) {
03   var myDB = db.db("astro");
04   myDB.collection("nebulae", function(err, nebulae){
05     nebulae.find(function(err, items){
06       items.toArray(function(err, itemArr){
07         console.log("Before Delete: ");
08         console.log(itemArr);
```

```
09        nebulae.remove({type:"planetary"}, function(err, results){
10          console.log("Deleted " + results + " documents.");
11          nebulae.find(function(err, items){
12            items.toArray(function(err, itemArr){
13              console.log("After Delete: ");
14              console.log(itemArr);
15              db.close();
16            });
17          });
18        });
19      });
20    });
21  });
22 });
```

목록 14.7의 결과 doc_delete.js: 컬렉션으로부터 문서를 삭제한 결과

```
Before Delete:
[ { _id: 598e06c4efe25f1c0cf4932c,
    ngc: 'NGC 7293',
    name: 'Helix',
    type: 'planetary',
    location: 'Aquila' },
  { _id: 598e06c4efe25f1c0cf4932d,
    ngc: 'NGC 6543',
    name: 'Cat/'s Eye',
    type: 'planetary',
    location: 'Draco' },
  { _id: 598e06c4efe25f1c0cf4932e,
    ngc: 'NGC 1952',
    name: 'Crab',
    type: 'supernova',
    location: 'Taurus',
    info: 'Some New Info' },
  { _id: 598e070aac7bf01c2a209601,
    type: 'Diffuse',
    ngc: 'NGC 3372',
    name: 'Carina',
    location: 'Carina' } ]
```

```
Delete:
  {"n":0,"ok":1}
After Delete:
[ { _id: 598e06c4efe25f1c0cf4932c,
    ngc: 'NGC 7293',
    name: 'Helix',
    type: 'planetary',
    location: 'Aquila' },
  { _id: 598e06c4efe25f1c0cf4932d,
    ngc: 'NGC 6543',
    name: 'Cat/'s Eye',
    type: 'planetary',
    location: 'Draco' },
  { _id: 598e06c4efe25f1c0cf4932e,
    ngc: 'NGC 1952',
    name: 'Crab',
    type: 'supernova',
    location: 'Taurus',
info: 'Some New Info' },
  { _id: 598e070aac7bf01c2a209601,
    type: 'Diffuse',
    ngc: 'NGC 3372',
    name: 'Carina',
    location: 'Carina' } ]
```

컬렉션에서 하나의 문서 삭제하기

findAndRemove( ) 메서드를 사용해 데이터베이스에서 하나의 문서를 삭제할 수 있다. 문법이나 사용 방법 측면에서 findAndModify( ) 메서드와 매우 유사하다. 다음은 findAndRemove( ) 메서드의 문법이다.

```
findAndRemove( query, sort, [options], callback )
```

query 매개변수는 삭제하고자 하는 문서를 식별하기 위해 사용되는 문서다. 필드와 객체의 값이 있는 query 매개변수의 속성 그리고 값들과 비교해 질의를 만족하는 것들만 변경된다.

sort 매개변수는 삭제할 항목을 찾을 때 정렬할 필드를 명시하는 [field, sort_order] 배열이다. sort_order 값은 오름차순의 경우 1, 내림차순의 경우 -1을 사용한다. options 매개변수는 표 14.1에서 설명한 데이터베이스 변경 선택 사항을 명시한다. 콜백 함수의 첫 번째 매개변수는 error, 두 번째 매개변수는 문서 삭제 결과다.

목록 14.8은 findAndRemove( ) 메서드를 사용해 문서를 삭제하는 방법을 보여준다. 9~19번 줄은 findAndRemove( ) 메서드와 콜백 함수를 구현한다. type이 planetary인 항목을 검색한다. 정렬 순서 [['name', 1]]는 항목들을 이름으로 오름차순으로 정렬하도록 명시한다. 목록 14.8의 결과를 보면 정렬 순서 때문에 Cat's Eye 항목이 삭제됐지만 Helix 항목은 삭제되지 않았다는 것을 확인할 수 있다.

목록 14.8 doc_delete_one.js: findAndRemove()를 사용해 문서 1개 삭제하기

```
01 var MongoClient = require('mongodb').MongoClient;
02 MongoClient.connect("mongodb://localhost/", function(err, db) {
03   var myDB = db.db("astro");
04   myDB.collection("nebulae", function(err, nebulae){
05     nebulae.find(function(err, items){
06       items.toArray(function(err, itemArr){
07         console.log("Before Delete: ");
08         console.log(itemArr);
09         nebulae.findAndRemove({type:"planetary"}, [['name', 1]],
10                         {w:1}, function(err, results){
11           console.log("Deleted " + results + " documents.");
12           nebulae.find(function(err, items){
13             items.toArray(function(err, itemArr){
14               console.log("After Delete: ");
15               console.log(itemArr);
16               db.close();
17             });
18           });
19         });
20       });
21     });
22   });
23 });
```

목록 14.8의 결과 doc_delete_one.js: findAndRemove()를 사용해 문서 1개를 삭제한 결과

```
Before Delete:
[ { _id: 598e06c4efe25f1c0cf4932c,
    ngc: 'NGC 7293',
    name: 'Helix',
    type: 'planetary',
    location: 'Aquila' },
  { _id: 598e06c4efe25f1c0cf4932d,
    ngc: 'NGC 6543',
    name: 'Cat/'s Eye',
    type: 'planetary',
    location: 'Draco' },
  { _id: 598e06c4efe25f1c0cf4932e,
    ngc: 'NGC 1952',
    name: 'Crab',
    type: 'supernova',
    location: 'Taurus',
    info: 'Some New Info' },
  { _id: 598e070aac7bf01c2a209601,
    type: 'Diffuse',
    ngc: 'NGC 3372',
    name: 'Carina',
    location: 'Carina' } ]
Deleted [object Object] documents.
After Delete:
[ { _id: 598e06c4efe25f1c0cf4932c,
    ngc: 'NGC 7293',
    name: 'Helix',
    type: 'planetary',
    location: 'Aquila' },
  { _id: 598e06c4efe25f1c0cf4932e,
    ngc: 'NGC 1952',
    name: 'Crab',
    type: 'supernova',
    location: 'Taurus',
  info: 'Some New Info' },
  { _id: 598e070aac7bf01c2a209601,
    type: 'Diffuse',
```

```
ngc: 'NGC 3372',
name: 'Carina',
location: 'Carina' } ]
```

요약

몽고DB Node.js 드라이버는 컬렉션에 문서를 삽입, 접근, 변경, 삭제하는 여러 메서드를 제공한다. 데이터베이스에 문서를 삽입하기 위해 insert( ), save( )를 사용할 수 있으며 update( )를 사용할 때는 upsert를 포함할 수 있다. 기존 문서를 갱신하기 위해 update( ), save( ), findAndModify( )를 사용할 수 있다. 문서를 삭제하려면 remove( )와 findAndRemove( ) 메서드를 사용해야 한다.

쓰기 확인 정의, 저널링 사용, 쓰기 요청과 응답 동작을 제어하기 위한 다른 설정들의 사용과 같이 여러 가지 선택 사항을 포함해 데이터베이스의 문서를 갱신할 수 있다. 또한 문서를 갱신하기 위한 몽고DB의 갱신 구조는 SQL의 길고 복잡한 질의 문자열보다 구현하고 유지보수하기가 훨씬 쉽다.

15장에서 다룰 내용

15장, 'Node.js에서 몽고DB에 접근하기'에서는 데이터베이스 객체 검색 개념을 더욱 확장할 것이다. 14장에서는 데이터베이스에서 객체를 찾기 위해 find( )와 findOne( )을 사용하는 방법을 학습했다. 15장, 'Node.js에서 몽고DB에 접근하기'에서는 이러한 메서드들을 발전시켜 컬렉션에서 객체를 검색할 때 필터링하는 방법, 정렬하는 방법 그리고 반환되는 결과를 제한하는 방법과 같이 좀 더 복잡한 예제들을 제공한다.

Node.js에서 몽고DB에 접근하기

14장, 'Node.js에서 몽고DB 문서 다루기'에서는 문서를 생성하고 조작하는 방법과 find( ) 메서드를 이용해 문서를 찾는 방법을 학습했다. 15장에서는 몽고DB Node.js 드라이버 모듈을 이용해 몽고DB 컬렉 션 안의 문서에 접근하는 방법을 좀 더 자세히 다뤄본다.

컬렉션 내 문서에 접근하는 것은 단순히 컬렉션 내 모든 것을 반환하는 것보다 더 많은 의미가 있다. 15장은 query 객체를 이용해 반환할 문서를 제한하는 것뿐 아니라 메서드를 사용해 질의 결과 내 필드와 문서의 수를 제한하는 것을 다룬다. 또한 질의 기준을 만족하는 문서들을 서버에서 실제로 가져오지 않고도 개수를 세는 방법을 확인할 수 있다. 15장에서는 결과들을 하나로 묶어 합쳐진 형태의 새로운 문서를 생성하는 고급 집계 함수도 다룬다.

데이터 세트 소개하기

데이터에 접근하는 다양한 방법을 소개하기 위해 15장의 예제에서 사용된 데이터는 모두 동일한 데이터 세트에 포함돼 있다. 이 데이터 세트는 5,000개의 단어에 대한 정보를 포함하는 컬렉션이다. 중요한 예제를 구현할 수 있을 정도로 충분히 큰 데이터 세트를 제공한다.

이 데이터 세트 안의 객체의 구조는 다음과 같으며 상당히 직관적이다(그렇기 때문에 선택했다). 이 문서 구조는 문자열, 정수, 배열, 하위 문서 및 하위 문서의 배열 필드를 제공한다.

```
{
  word: <word>,
  first: <first_letter>,
  last: <last_letter>,
```

```
size: <character_count>,
letters: [<array_of_characters_in_word_no_repeats>],
stats: {
  vowels:<vowel_count>, consonants:<consonant_count>},
charsets: [
{
  "type": <consonants_vowels_other>,
  "chars": [<array_of_characters_of_type_in_word>]},
  . . .
]
}
```

query 객체 이해하기

15장 전체에 걸쳐 데이터 처리를 위한 다양한 메서드는 query 객체^{object} 데이터를 사용한다. query 객체는 몽고DB 컬렉션으로부터 가져올 문서를 정의한다. query 객체는 몽고DB Node.js 드라이버가 이해할 수 있는 특별한 프로퍼티 명칭을 가진 표준 자바스크립트 객체다. 이러한 프로퍼티 명칭은 몽고DB 클라이언트 내부에서 수행할 수 있는 네이티브 질의와 일치하므로 쉽게 변경할 수 있다.

query 객체의 프로퍼티는 문서가 결과 세트에 포함돼야 하는지의 여부를 결정하기 위해 데이터를 대상으로 연산을 수행하기 때문에 연산자라고 부른다. 이러한 연산자들은 문서 내 필드 값을 특정 기준과 비교한다. 예를 들면 count 값이 10보다 크고 name 값이 test와 일치하는 모든 문서를 검색하려면 다음과 같은 query 객체를 사용해야 한다.

```
{count:{$gt:10}, name:'test'}
```

연산자 $gt는 10보다 큰 count 필드의 문서를 명시한다. name:'test'에서의 콜론은 name 필드가 반드시 test와 일치해야 한다는 것을 명시한다. query 객체가 여러 개의 연산자를 갖고 있다는 사실에 주목하기 바란다. 동일한 질의 내에서 여러 다른 종류의 연산자를 사용할 수 있다. query 객체에서 필드명을 명시할 때 하위 문서 필드를 명시하기 위해 점^{dot} 표기법을 사용할 수 있다. 예를 들어 다음 객체 형식을 살펴보자.

```
{
  name:"test",
  stats: { height:74, eyes:'blue'}
}
```

다음 query 객체를 사용해 어느 사용자가 파란색 눈을 갖고 있는지 질의할 수 있다.

```
{stats.eyes:'blue'}
```

표 15.1은 가장 흔히 사용되는 연산자들을 보여준다.

표 15.1 몽고DB의 요청에 의해 반환되는 결과 세트를 정의하는 query 객체 연산자

연산자	설명
$eq	명시된 값과 일치하는 값을 가진 필드의 문서를 찾는다.
$gt	질의에 명시된 값보다 큰 값을 찾는다(예: {size:{$gt:5}}).
$gte	질의에 명시된 값과 같거나 큰 값을 찾는다(예: {size:{$gte:5}}).
$in	질의에 명시된 배열에 있는 값들을 찾는다(예: {name:[$in:['item1', 'item2']]}).
$lt	질의에 명시된 값보다 작은 값을 찾는다(예: {size:{$lt:5}}).
$lte	질의에 명시된 값보다 작거나 같은 값을 찾는다(예: {size:{$lte:5}}).
$ne	질의에 명시된 값과 같지 않은 모든 값을 찾는다(예: {name:{$ne:"badName"}}).
$nin	질의에 명시된 배열에 존재하지 않는 값을 찾는다(예: {name:{$in:['item1', 'item2']}}).
$or	여러 개의 질의 절을 논리 OR로 결합시키고 둘 중 하나의 조건이라도 만족시키는 모든 문서를 반환한다(예: {$or:[{size:{$lt:5}}, {size:{$gt:10}}]}).
$and	여러 개의 질의 절을 논리 AND로 결합시키고 두 조건 모두 만족시키는 모든 문서를 반환한다(예: {$and:[{size:{$gt:5}}, {size:{$lt:10}}]}).
$not	질의 표현식 결과를 반대로 바꾸고 질의 표현식과 일치하지 않는 문서를 반환한다(예: {$not:{size:{$lt:5}}}).
$nor	여러 개의 질의 절을 논리 NOR로 결합시키고 두 조건 모두 일치하지 않는 모든 문서를 반환한다(예: {$nor:{size:{$lt:5}}, {name:"myName"}}).
$exists	명시된 필드를 갖고 있는 문서를 찾는다(예: {specialField:{$exists:true}}).
$type	필드가 명시된 BSON 형식 숫자인 경우 문서를 선택한다. 표 11.1은 여러 종류의 BSON 형식 숫자를 보여준다(예: {specialField:{$type:⟨BSONtype⟩}}).
$mod	필드의 값에 모듈로(modulo) 연산을 수행하고 명시된 결과가 있는 문서를 선택한다. 연산 값은 배열로 명시되며 여기서 첫 번째 숫자는 제수, 두 번째 숫자는 나머지다(예: {number:{$mod:[2,0]}}).

(이어짐)

$regex	값이 명시된 정규 표현식과 일치하는 문서를 선택한다(예: {myString:{$regex:'some.*exp'}}).
$all	질의에 명시된 모든 요소를 포함한 배열을 찾는다(예: {myArr:{$all:['one','two','three']}}).
$elemMatch	하위 문서 배열의 요소가 명시된 $elemMatch 조건을 모두 만족시키는 필드를 가졌다면 문서를 선택한다(예: {myArr:{$elemMatch:{value:{$gt:5},size:{$lt:3}}}}).
$size	배열 필드의 크기가 명시된 문서를 사용한다(예: {myArr:{$size:5}}).

options 객체 이해하기

query 객체 이외에도 몽고DB Node.js 드라이버를 사용해 문서를 가져오는 대부분의 메서드들 또한 options 객체를 포함하고 있다. options 객체는 문서를 가져올 때의 요청 동작을 정의할 수 있다. 이 선택 사항을 사용해 결과 세트를 제한하고 결과 세트를 생성하는 동안 요소들을 정렬시키는 등 그 외 다수의 동작을 할 수 있다.

표 15.2는 몽고DB 서버로부터 문서를 가져오는 메서드에 설정할 수 있는 선택 사항들을 보여준다. 모든 요청을 대상으로 이 메서드들을 사용할 수 있는 것은 아니다. 예를 들면 질의와 일치하는 요소들을 셀 때 결과에 대해 제한하기가 어렵다.

표 15.2 문서를 질의할 때 options 객체에 명시할 수 있는 선택 사항

선택 사항	설명
limit	반환할 문서의 최대 개수를 명시한다.
sort	문서의 정렬 순서를 [field,〈sort_order〉]의 배열로 명시한다. sort_order가 1인 경우 오름차순, -1인 경우 내림차순이다(예: sort:[['name':1],['value':-1]]).
fields	반환된 문서에 포함되거나 제외돼야 하는 필드와 일치하는 필드를 가진 객체를 명시한다. 값이 1인 경우 포함돼야 한다는 것을 의미하고 값이 0인 경우 제외돼야 한다는 것을 의미한다. 포함 또는 제외 둘 중 하나만 만족해야 한다. 즉 둘을 동시에 만족할 수 없다(예: fields:{name:1,value:1}).
skip	문서를 반환하기 전에 질의 결과에서 건너뛰어야 하는 문서의 수를 명시한다. 일반적으로 결과 세트에 페이지를 매길 때 사용된다.
hint	결과 세트를 빌드할 때 질의가 특정 인덱스를 사용하게 한다(예: hint:{'_id':1}).
explain	실제로 질의를 실행하는 대신 서버에 질의를 수행했을 때 일어날 일에 대한 설명을 반환한다. 복잡한 질의를 디버깅/최적화할 때 필수적이다.
snapshot	스냅샷 질의를 지정하기 위해 사용하며 {Boolean, default:false};로 사용한다.
timeout	불린 값. true인 경우 커서는 타임아웃될 수 있다는 것을 의미한다.

maxScan	반환하기 전에 질의를 수행할 때 살펴볼 문서의 최대 개수를 명시한다. 수백만 개의 객체를 가진 컬렉션이 있어서 질의가 너무 오랫동안 실행되는 것을 원치 않는 경우에 유용하다.
comment	몽고DB 로그에 출력될 문자열을 명시한다. 문제를 처리해야 할 때 질의를 쉽게 식별할 수 있도록 도와준다.
readPreference	질의를 수행하기 위해 메인 서버, 복제 세트 또는 복제 세트 내 가장 가까운 몽고DB 서버 중 어디에서 읽어올지를 명시한다.
numberOfRetries	실패하기 전까지 질의에 수행할 타임아웃 재시도의 횟수를 명시한다. 기본값은 5다.
partial	불린 값. true인 경우 샤딩된 시스템들이 공유하는 데이터에 대해 질의할 때 커서가 결과 일부를 반환한다는 것을 의미한다.

문서의 특정 세트 탐색하기

14장에서 Collection 객체의 find( ) 메서드를 학습했다. 이 메서드는 콜백 함수에 Cursor 객체를 반환해 문서에 접근할 수 있게 한다. 질의가 명시되지 않은 경우 모든 문서가 반환되는데 이는 일반적으로 원하는 동작이 아니다. 그 대신 보통은 특정 세트의 기준을 만족시키는 문서의 부분 집합이 필요하다.

find( ) 메서드를 통해 찾는 문서의 수를 제한하려면 Cursor 객체에서 반환될 문서를 제한하는 query 객체를 사용한다. 목록 15.1은 find문에서의 query 객체 사용을 나타낸다.

목록 15.1의 코드는 15장 앞에서 언급한 단어 컬렉션 데이터 세트에 대해 여러 종류의 질의들을 수행한다. 커서를 반복적으로 사용하고 문서 내의 단어명을 출력하기 위한 접속 코드와 displayWords( )에서 사용하는 코드를 확인할 수 있다.

20번 줄에서 다음 질의는 a, b 또는 c로 시작하는 단어를 찾는다.

```
{first:{$in: ['a', 'b', 'c']}}\
```

23번 줄에서 다음 질의는 12개 이상의 글자를 가진 단어를 찾는다.

```
{size:{$gt: 12}}
```

26번 줄에서 다음 질의는 짝수 개의 글자를 가진 단어를 찾는다.

```
{size:{$mod: [2,0]}}
```

29번 줄에서 다음 질의는 정확히 12개의 글자를 가진 단어를 찾는다.

```
{letters:{$size: 12}}
```

32~33번 줄에서 다음 질의는 모음으로 시작해 모음으로 끝나는 단어를 찾는다.

```
{$and: [{first:{$in: ['a', 'e', 'i', 'o', 'u']}},
        {last:{$in: ['a', 'e', 'i', 'o', 'u']}}]}
```

37번 줄에서 다음 질의는 6개 이상의 모음을 포함하고 있는 단어를 찾는다.

```
{"stats.vowels":{$gt:6}}
```

40번 줄에서 다음 질의는 모든 모음을 포함하고 있는 단어를 찾는다.

```
{letters:{$all: ['a','e','i','o','u']}}
```

44번 줄에서 다음 질의는 알파벳 문자가 아닌 단어를 찾는다.

```
{otherChars: {$exists:true}}
```

47번 줄은 다소 어려운 질의를 사용한다. charsets 하위 문서를 찾기 위해 $elemMatch 연산자를 사용한다. $and 연산자는 type 필드가 other와 일치하고 chars 배열 필드가 정확히 2가 되도록 한다.

```
{charsets:{$elemMatch:{$and:[{type:'other'},{chars:{$size:2}}]}}}
```

목록 15.1 doc_query.js: 몽고DB 컬렉션 내 문서의 특정 세트 찾기

```
01 var MongoClient = require('mongodb').MongoClient;
02 MongoClient.connect("mongodb://localhost/", function(err, db) {
03   var myDB = db.db("words");
04   myDB.collection("word_stats", findItems);
05   setTimeout(function(){
06     db.close();
07   }, 3000);
08 });
09 function displayWords(msg, cursor, pretty){
10   cursor.toArray(function(err, itemArr){
11     console.log("/n"+msg);
12     var wordList = [];
13     for(var i=0; i<itemArr.length; i++){
14       wordList.push(itemArr[i].word);
15     }
16     console.log(JSON.stringify(wordList, null, pretty));
17   });
18 }
19 function findItems(err, words){
20   words.find({first:{$in: ['a', 'b', 'c']}}, function(err, cursor){
21     displayWords("Words starting with a, b or c: ", cursor);
22   });
23   words.find({size:{$gt: 12}}, function(err, cursor){
24     displayWords("Words longer than 12 characters: ", cursor);
25   });
26   words.find({size:{$mod: [2,0]}}, function(err, cursor){
27     displayWords("Words with even Lengths: ", cursor);
28   });
29   words.find({letters:{$size: 12}}, function(err, cursor){
30     displayWords("Words with 12 Distinct characters: ", cursor);
31   });
32   words.find({$and: [{first:{$in: ['a', 'e', 'i', 'o', 'u']}},
33                {last:{$in: ['a', 'e', 'i', 'o', 'u']}}]},
34       function(err, cursor){
35     displayWords("Words that start and end with a vowel: ", cursor);
36   });
37   words.find({"stats.vowels":{$gt:6}}, function(err, cursor){
```

```
38    displayWords("Words containing 7 or more vowels: ", cursor);
39  });
40  words.find({letters:{$all: ['a','e','i','o','u']}},
41    function(err, cursor){
42    displayWords("Words with all 5 vowels: ", cursor);
43  });
44  words.find({otherChars: {$exists:true}}, function(err, cursor){
45    displayWords("Words with non-alphabet characters: ", cursor);
46  });
47  words.find({charsets:{$elemMatch:{$and:[{type:'other'},
48                                          {chars:{$size:2}}]}}},
49    function(err, cursor){
50    displayWords("Words with 2 non-alphabet characters: ", cursor);
51  });
52 }
```

목록 15.1의 결과 doc_query.js: 몽고DB 컬렉션 내 문서의 특정 세트 찾기 결과

```
Words longer than 12 characters:
["international","administration","environmental","responsibility","investigati
on",
"communication","understanding","significantly","representative"...]
Words with 12 Distinct characters:
["uncomfortable","accomplishment","considerably"]
Words with non-alphabet characters:
["don't","won't","can't","shouldn't","e-mail","long-term","so-called","mm-hmm",
"t-shirt","and/or","health-care","full-time","o'clock","self-esteem"...]
Words starting with a, b or c:
["and","a","at","as","all","about","also","any","after","ask","another","americ
an",
"against","again","always","area","around","away","among"...]
Words containing 7 or more vowels:
["identification","questionnaire","organizational","rehabilitation"]
Words that start and end with a vowel:
["a","also","area","ago","able","age","agree","available","anyone","article","arg
ue",
"arrive","above","audience","assume","alone","achieve","attitude"...]
Words with all 5 vowels:
```

```
["education","educational","regulation","evaluation","reputation","communicate",
"dialogue","questionnaire","simultaneously","equation","automobile"…]
Words with 2 non-alphabet characters:
["two-third's","middle-class'"]
Words with even Lengths:
["be","of","in","to","have","it","that","he","with","on","do","this","they","at","
we",
"from","by","or","as","what","go","if","my","make","know","will","up"…]
```

문서 세기

몽고DB의 문서 세트에 접근할 때 문서 세트를 가져올지 여부를 결정하기 전에 먼저 개수를 먼저 확인하고 싶어 한다. 특정 문서 세트를 세야 하는 이유는 여러 가지다. 문서를 가져올 때 find( )와 다른 메서드를 이용하기 때문에 개수를 일일이 세는 것이 몽고DB에서는 훨씬 더 수월하다. find( )와 다른 메서드의 경우 Cursor 객체와 같은 임시 객체가 생성되고 서버에서 이 객체들을 유지해야 하기 때문이다.

find( )의 결과인 문서 세트에 연산을 수행할 때 특히 큰 규모의 환경일수록 얼마나 많은 수의 문서를 다뤄야 하는지를 알아야 한다. 때로는 총 개수만 알면 될 때도 있다. 예를 들어 애플리케이션에 설정된 사용자의 수를 알아야 한다면 users 컬렉션의 문서 수만 세면 된다.

Collection 객체의 count( ) 메서드를 이용해 단순히 query 객체 기준과 일치하는 문서의 숫자를 얻을 수 있다. count( ) 메서드는 다음에서 볼 수 있듯이 find( ) 메서드와 완전히 동일한 형식을 갖고 있으며 query와 options 매개변수를 정확히 동일한 방식으로 수행한다.

```
count([query], [options], callback)
```

query 값이 명시되지 않았다면 count( )는 데이터베이스 안의 모든 문서의 수를 반환한다. 콜백 함수는 첫 번째 인수로 에러 값을 받으며 두 번째로 정숫값인 count를 받는다. 목록 15.2는 목록 15.1에서 find( ) 수행할 때와 완전히 동일한 질의를 갖는 count( ) 메서드 사용을 나타낸다. 목록 15.2의 출력 결과는 Cursor 객체 대신 단순한 정수가 반환돼 출력된다는 것을 보여준다.

목록 15.2 doc_count.js: 몽고DB 컬렉션 내 문서의 특정 세트 세기

```
01 var MongoClient = require('mongodb').MongoClient;
02 MongoClient.connect("mongodb://localhost/", function(err, db) {
03   var myDB = db.db("words");
04   myDB.collection("word_stats", countItems);
05   setTimeout(function(){
06     db.close();
07   }, 3000);
08 });
09 function countItems(err, words){
10   words.count({first:{$in: ['a', 'b', 'c']}}, function(err, count){
11     console.log("Words starting with a, b or c: " + count);
12   });
13   words.count({size:{$gt: 12}}, function(err, count){
14     console.log("Words longer than 12 characters: " + count);
15   });
16   words.count({size:{$mod: [2,0]}}, function(err, count){
17     console.log("Words with even Lengths: " + count);
18   });
19   words.count({letters:{$size: 12}}, function(err, count){
20     console.log("Words with 12 Distinct characters: " + count);
21   });
22   words.count({$and: [{first:{$in: ['a', 'e', 'i', 'o', 'u']}},
23                  {last:{$in: ['a', 'e', 'i', 'o', 'u']}}]},
24     function(err, count){
25     console.log("Words that start and end with a vowel: " + count);
26   });
27   words.count({"stats.vowels":{$gt:6}}, function(err, count){
28     console.log("Words containing 7 or more vowels: " + count);
29   });
30   words.count({letters:{$all: ['a','e','i','o','u']}},
31     function(err, count){
32     console.log("Words with all 5 vowels: " + count);
33   });
34   words.count({otherChars: {$exists:true}}, function(err, count){
35     console.log("Words with non-alphabet characters: " + count);
36   });
37   words.count({charsets:{$elemMatch:{$and:[{type:'other'},
```

```
38                    {chars:{$size:2}}]}}},
39                function(err, count){
40     console.log("Words with 2 non-alphabet characters: " + count);
41    });
42 }
```

목록 15.2의 결과 doc_count.js: 몽고DB 컬렉션 내 문서의 특정 세트 세기 결과

```
Words starting with a, b or c: 964
Words longer than 12 characters: 64
Words that start and end with a vowel: 227
Words with even Lengths: 2233
Words with 12 Distinct characters: 3
Words containing 7 or more vowels: 4
Words with non-alphabet characters: 24
Words with all 5 vowels: 16
Words with 2 non-alphabet characters: 2
```

결과 세트 제한하기

복잡한 문서가 있는 큰 시스템에서 문서를 찾을 때 종종 네트워크, 서버와 클라이언트 양측의 메모리 등에 미치는 영향을 줄이기 위해서는 얻을 내용을 제한해야 한다. 특정 질의와 일치하는 결과 세트를 제한하는 방법에는 세 가지가 있다. 단순하게 제한된 수의 문서만 받거나 반환될 필드를 제한할 수 있으며 결과를 페이징해 청크로 얻을 수도 있다.

크기로 결과를 제한하기

find( )나 또 다른 질의 요청에서 반환된 데이터의 양을 제한하는 가장 단순한 방법은 요청을 수행할 때 options 매개변수에서 limit 선택 사항을 사용하는 것이다. 다음에서 볼 수 있듯이 limit 매개변수는 고정된 개수의 항목만 Cursor 객체와 함께 반환되도록 한다. 이 방법은 실수로 애플리케이션이 처리하는 것보다 많은 객체를 가져오는 경우를 방지한다.

```
limit:<maximum_documents_to_return>
```

목록 15.3은 options 객체 내에 limit:5 선택 사항을 사용해 find( ) 요청의 결과를 제한하는 방법을 보여준다. 목록 15.3의 출력 결과는 limit:5를 사용해 단어 5개를 가져오는 것을 보여준다.

목록 15.3 doc_limit.js: 몽고DB 컬렉션 문서의 특정 세트 제한하기

```
01 var MongoClient = require('mongodb').MongoClient;
02 MongoClient.connect("mongodb://localhost/", function(err, db) {
03   var myDB = db.db("words");
04   myDB.collection("word_stats", limitFind);
05   setTimeout(function(){
06     db.close();
07   }, 3000);
08 });
09 function displayWords(msg, cursor, pretty){
10   cursor.toArray(function(err, itemArr){
11     console.log("/n"+msg);
12     var wordList = [];
13     for(var i=0; i<itemArr.length; i++){
14       wordList.push(itemArr[i].word);
15     }
16     console.log(JSON.stringify(wordList, null, pretty));
17   });
18 }
19 function limitFind(err, words){
20   words.count({first:'p'}, function(err, count){
21     console.log("Count of words starting with p: " + count);
22   });
23   words.find({first:'p'}, function(err, cursor){
24     displayWords("Words starting with p: ", cursor);
25   });
26   words.find({first:'p'}, {limit:5}, function(err, cursor){
27     displayWords("Limiting words starting with p: ", cursor);
28   });
29 }
```

목록 15.3의 결과 doc_limit.js: 몽고DB 컬렉션 문서의 특정 세트를 제한한 결과

```
Count of words starting with p: 353
Limiting words starting with p :
["people","put","problem","part","place"]
Words starting with p :
["people","put","problem","part","place","program","play","point","provide","pow
er",
"political","pay"…]
```

객체의 반환된 필드 제한하기

문서를 가져올 때 결과 데이터를 제한하는 또 다른 방법은 반환될 필드를 제한하는 것이다. 문서는 일부 상황에서는 유용하지만 그 외 상황에서는 매우 다양한 비유용 필드를 가질 수 있다. 몽고DB 서버에서 문서를 가져올 때 어느 필드가 포함돼야 하는지 고려한 후에 필요한 것들만 요청해야 한다.

서버로부터 반환될 필드를 제한하려면 options 객체의 fields 선택 사항을 사용해야 한다. 객체 안의 fields 선택 사항은 document 필드의 값을 0으로 설정할 경우 제외, 1로 설정할 경우 포함하게 함으로써 필드를 포함하거나 제외할 수 있게 한다. 동일한 표현식 안에서 포함과 제외를 혼합할 수는 없다. 예를 들어 문서를 반환할 때 stats, value 그리고 comments 필드를 제외하려면 다음 fields 선택 사항을 사용해야 한다.

```
{fields:{stats:0, value:0, comments:0}}
```

가끔씩은 필드를 어느 정도 포함하는 것이 더 사용하기 쉽다. 예를 들면 문서의 name과 value 필드만 포함하고 싶다면 다음을 사용해야 한다.

```
{fields:{name:1, value:1}}
```

목록 15.4는 필드를 제외하거나 포함할 특정 필드를 명시함으로써 서버로부터 반환된 데이터의 양을 줄이기 위해 fields 선택 사항을 사용하는 방법을 보여준다.

목록 15.4 doc_fields.js: 문서 세트와 반환된 필드 제한하기

```
01 var MongoClient = require('mongodb').MongoClient;
02 MongoClient.connect("mongodb://localhost/", function(err, db) {
03   var myDB = db.db("words");
04   myDB.collection("word_stats", limitFields);
05   setTimeout(function(){
06     db.close();
07   }, 3000);
08 });
09 function limitFields(err, words){
10   words.findOne({word:'the'}, {fields:{charsets:0}},
11                 function(err, item){
12     console.log("Excluding fields object: ");
13     console.log(JSON.stringify(item, null, 2));
14   });
15   words.findOne({word:'the'}, {fields:{word:1,size:1,stats:1}},
16                 function(err, item){
17     console.log("Including fields object: ");
18     console.log(JSON.stringify(item, null, 2));
19   });
20 }
```

목록 15.4의 결과 doc_fields.js: 문서 세트와 반환된 필드를 제한한 결과

```
Excluding fields object:
{
  "_id": "58f04c8c6ec5050becd012c5",
  "word": "the",
  "first": "t",
  "last": "e",
  "size": 3,
  "letters": [
    "t",
    "h",
    "e"
  ],
  "stats": {
```

```
      "vowels": 1,
      "consonants": 2
    }
}
Including fields object:
{
    "_id": "58f04c8c6ec5050becd012c5",
    "word": "the",
    "size": 3,
    "stats": {
      "vowels": 1,
      "consonants": 2
    }
}
```

페이징 결과 나타내기

문서 개수를 줄이는 매우 흔한 방법은 페이징paging이다. 페이징은 일치하는 무리 내에서 건너뛸 문서의 수뿐 아니라 반환될 문서의 제한 개수를 명시한다. 그러면 건너뛸 값은 매번 이전에 반환된 수만큼씩 증가한다.

문서 세트에 대해 페이징을 구현하려면 options 객체의 limit 선택 사항과 skip 선택 사항을 구현해야 한다. skip 선택 사항은 문서를 반환하기 전에 건너뛰어야 하는 문서의 수를 명시한다. 또 다른 문서 무리를 얻을 때마다 매번 skip 값을 이동시킴으로써 데이터 세트를 효율적으로 페이징할 수 있다. 또한 항상 순서가 동일하려면 데이터를 페이징할 때 반드시 sort 선택 사항을 포함해야 한다. 예를 들면 다음 구문의 문서에서는 처음에는 1~10, 그 후에는 11~20, 마지막으로 21~30을 찾는다.

```
collection.find({},{sort:[['_id':1]], skip:0, limit:10},
                function(err, cursor){});
collection.find({},{sort:[['_id':1]], skip:10, limit:10}, function(err, cursor){});
collection.find({},{sort:[['_id':1]], skip:20, limit:10}, function(err, cursor){});
```

목록 15.5는 특정 세트의 문서를 페이징하기 위해 limit와 skip을 사용하는 방법을 보여준다. 새로운 find( ) 요청이 매번 구현되며 웹 페이지의 페이징 요청을 처리할 때 일어날 법한

일을 보여준다. 목록 15.5의 결과는 목록 15.5의 수행 결과다. 한 번에 단어를 10개씩 가져오고 있다는 사실을 확인할 수 있다.

> **경고**
>
> 시스템의 데이터가 질의의 결과에 영향을 미치는 방향으로 변경될 경우 연이어 발생하는 페이징 요청에서 일부 요소들을 빠뜨리거나 다시 포함하게 될 수도 있다.

목록 15.5 doc_paging.js: 몽고DB 컬렉션 내 문서의 특정 세트 페이징 결과

```
01 var util = require('util');
02 var MongoClient = require('mongodb').MongoClient;
03 MongoClient.connect("mongodb://localhost/", function(err, db) {
04   var myDB = db.db("words");
05   myDB.collection("word_stats", function(err, collection){
06     pagedResults(err, collection, 0, 10);
07   });
08 });
09 function displayWords(msg, cursor, pretty){
10   cursor.toArray(function(err, itemArr){
11     console.log("/n"+msg);
12     var wordList = [];
13     for(var i=0; i<itemArr.length; i++){
14       wordList.push(itemArr[i].word);
15     }
16     console.log(JSON.stringify(wordList, null, pretty));
17   });
18 }
19 function pagedResults(err, words, startIndex, pageSize){
20   words.find({first:'v'},
21             {limit:pageSize, skip:startIndex, sort:[['word',1]]},
22              function(err, cursor){
23     cursor.count(true, function(err, cursorCount){
24       displayWords("Page Starting at " + startIndex, cursor);
25       if (cursorCount === pageSize){
26         pagedResults(err, words, startIndex+pageSize, pageSize);
27       } else {
28         cursor.db.close();
29       }
```

```
30    });
31    });
32 }
```

목록 15.5의 결과 doc_paging.js: 몽고DB 컬렉션 내 문서의 특정 세트 페이징 결과

```
Page Starting at 0
["vacation","vaccine","vacuum","valid","validity","valley","valuable","value",
"van","vanish"]
Page Starting at 10
["variable","variation","variety","various","vary","vast","vegetable","vehicle",
"vendor","venture"]
Page Starting at 20
["verbal","verdict","version","versus","vertical","very","vessel","veteran","via",
"victim"]
Page Starting at 30
["victory","video","view","viewer","village","violate","violation","violence",
"violent","virtual"]
Page Starting at 40
["virtually","virtue","virus","visible","vision","visit","visitor","visual",
"vital","vitamin"]
Page Starting at 50
["vocal","voice","volume","voluntary","volunteer","vote","voter","voting","vs",
"vulnerable"]
Page Starting at 60
[]
```

결과 세트 정렬하기

몽고DB로부터 문서를 가져올 때 정렬된 형태로 갖고 올 수 있는 기능은 중요하다. 10위 안에 드는 것과 같은 특정 숫자들만 가져오거나 페이징을 요청하는 경우에 특히 유용하다. options 객체는 sort 선택 사항을 제공하며 이 선택 사항은 정렬 순서와 문서 내에서 하나 이상의 필드 위치를 지정할 수 있게 한다.

[field,<sort_order>] 쌍의 배열을 사용해 sort 선택 사항을 명시하는데 여기서 sort_order가 1인 경우 오름차순, -1인 경우 내림차순이다. 예를 들어 name 필드를 먼저 내림차순으로 정렬한 후 value 필드를 기준으로 오름차순으로 정렬하려면 다음과 같은 방법을 사용해야 한다.

```
sort:[['name':1]['value':-1]]
```

목록 15.6은 단어의 목록을 찾고 다양한 방식으로 정렬하기 위해 sort 선택 사항을 사용하는 방법을 보여준다. 29번 줄에서는 단어를 크기 기준으로 먼저 정렬한 후 마지막 글자로 정렬하는 반면 33번 줄에서는 마지막 글자를 기준으로 먼저 정렬한 후에 크기를 기준으로 정렬한다.

목록 15.6 doc_sort.js: 몽고DB 컬렉션 내 문서 세트에 대한 find() 요청 결과를 정렬

```
01 var MongoClient = require('mongodb').MongoClient;
02 MongoClient.connect("mongodb://localhost/", function(err, db) {
03   var myDB = db.db("words");
04   myDB.collection("word_stats", sortItems);
05   setTimeout(function(){
06     db.close();
07   }, 3000);
08 });
09 function displayWords(msg, cursor, pretty){
10   cursor.toArray(function(err, itemArr){
11     console.log("/n"+msg);
12     var wordList = [];
13     for(var i=0; i<itemArr.length; i++){
14       wordList.push(itemArr[i].word);
15     }
16     console.log(JSON.stringify(wordList, null, pretty));
17   });
18 }
19 function sortItems(err, words){
20   words.find({last:'w'}, function(err, cursor){
21     displayWords("Words ending in w: ", cursor);
22   });
23   words.find({last:'w'}, {sort:{word:1}}, function(err, cursor){
```

```
24        displayWords("Words ending in w sorted ascending: ", cursor);
25    });
26    words.find({last:'w'}, {sort:{word:-1}}, function(err, cursor){
27        displayWords("Words ending in w sorted, descending: ", cursor);
28    });
29    words.find({first:'b'}, {sort:[['size',-1],['last',1]]},
30                function(err, cursor){
31        displayWords("B words sorted by size then by last letter: ", cursor);
32    });
33    words.find({first:'b'}, {sort:[['last',1],['size',-1]]},
34                function(err, cursor){
35        displayWords("B words sorted by last letter then by size: ", cursor);
36    });
37 }
```

목록 15.6의 결과 doc_sort.js: 몽고DB 컬렉션 내 문서 세트에 대한 find() 요청 결과를 정렬한 결과

```
Words ending in w:
["know","now","how","new","show","few","law","follow","allow","grow","low","view",
"draw","window","throw","interview","tomorrow"…
Words ending in w sorted ascending:
["allow","arrow","below","blow","borrow","bow","chew","cow","crew","draw","elbow",
"eyebrow","fellow","few","flow"…
Words ending in w sorted, descending:
["yellow","wow","withdraw","window","widow","view","tomorrow","throw","swallow",
"straw","somehow","snow"…
B words sorted by size then by last letter:
["businessman","background","basketball","biological","behavioral","boyfriend",
"beginning"…
B words sorted by last letter then by size:
["bacteria","banana","bomb","bulb","basic","background","boyfriend","backyard",
"balanced","behind","beyond"…
```

고유 필드 값 검색하기

매우 유용한 몽고DB 컬렉션에 대한 질의는 문서 세트 내 필드 1개에 대한 고유 distinct 값 목록 얻기다. 여기서 고유하다는 것은 수천 개의 문서가 있음에도 불구하고 유일하게 존재하는 값을 의미한다.

Collection 객체의 distinct() 메서드는 특정 필드의 고윳값 목록을 찾을 수 있다. distinct() 메서드의 문법은 다음과 같다.

```
distinct(key,[query],[options],callback)
```

---

key 매개변수는 값을 얻고자 하는 필드명의 문자열 값이다. stats.count와 같이 점 표기법을 사용해 하위 문서를 명시할 수 있다. query 매개변수는 표 15.1에 나열된 표준 query 객체 선택 사항을 가진 객체다. options 매개변수는 표 15.2에서 정의된 readPreference 선택 사항을 정의할 수 있는 options 객체다. 콜백 함수는 첫 번째로는 error, 두 번째로는 results 매개변수를 사용한다. 여기서 results 매개변수는 key 매개변수로 명시된 필드의 고윳값들의 배열이다.

목록 15.7은 단어 컬렉션 안의 고윳값을 검색하는 방법을 보여준다. 14번 줄의 질의는 u로 시작하는 단어들로 제한한다는 사실에 주목하기 바란다. 18번 줄은 stats.vowels 필드에 접근하기 위해 점 표기법을 사용한다는 사실에 주목하기 바란다.

목록 15.7 doc_distinct.js: 몽고DB 컬렉션 내 특정 세트 문서의 고유 필드 값 검색하기

```
01 var MongoClient = require('mongodb').MongoClient;
02 MongoClient.connect("mongodb://localhost/", function(err, db) {
03   var myDB = db.db("words");
04   myDB.collection("word_stats", distinctValues);
05   setTimeout(function(){
06     db.close();
07   }, 3000);
08 });
09 function distinctValues(err, words){
10   words.distinct('size', function(err, values){
11     console.log("/nSizes of words: ");
12     console.log(values);
```

```
13    });
14    words.distinct('first', {last:'u'}, function(err, values){
15      console.log("/nFirst letters of words ending in u: ");
16      console.log(values);
17    });
18    words.distinct('stats.vowels', function(err, values){
19      console.log("/nNumbers of vowels contained in words: ");
20      console.log(values);
21    });
22  }
```

목록 15.7의 결과 doc_distinct.js: 몽고DB 컬렉션 내 특정 세트 문서의 고유 필드 값 검색 결과

```
Sizes of words:
[ 3, 2, 1, 4, 5, 9, 6, 7, 8, 10, 11, 12, 13, 14 ]
First letters of words ending in u:
[ 'y', 'm', 'b' ]
Numbers of vowels contained in words:
[ 1, 2, 0, 3, 4, 5, 6, 7 ]
```

결과 분류하기

큰 데이터 세트에 연산을 수행할 때 보통 문서 내 하나 이상의 고유한 값을 기준으로 결과들을 분류하는 것이 더 유용하다. 문서를 가져온 후 코드를 통해 분류할 수 있지만 이미 문서에 대해 반복하고 있는 몽고DB의 단일 요청 분류가 훨씬 더 효율적이다.

질의 결과를 분류하려면 Collection 객체의 group( ) 메서드를 사용할 수 있다. group( ) 요청은 먼저 query와 일치하는 모든 문서를 모은 후 keys 세트의 고윳값을 기준으로 group 객체를 배열에 추가하고 group 객체를 대상으로 연산을 수행하며 group 객체의 배열을 반환한다. group 메서드의 문법은 다음과 같다.

```
group( keys, query, initial, reduce, finalize, command, [options], callback )
```

group( ) 메서드의 매개변수에 대해서는 다음 목록을 통해 설명할 수 있다.

- **keys**: keys는 분류할 기준인 키를 나타내는 객체, 배열 또는 함수다. 가장 단순하게는 {field1:true, field2:true}와 같은 객체나 ['first', 'last']와 같이 배열에 키를 명시해 사용할 수 있다.

- **query**: query 객체에서는 초기 세트에 포함할 문서를 정의한다. query 객체 선택 사항 목록은 표 15.1을 참조한다.

- **initial**: 분류하는 동안 데이터 수집용 초기 group 객체를 명시한다. 초기 group 객체는 각 분리된 keys 세트마다 생성된다. 가장 흔히 사용되는 것은 키와 일치하는 항목의 수를 계산하는 카운터다. {"count":0}와 같이 사용한다.

- **reduce**: 이 함수는 obj와 prev라는 2개의 매개변수를 가진다. 이 함수는 각각의 query 일치 문서에 대해 따로 실행된다. obj 매개변수는 현재 문서, prev는 initial 매개변수에 의해 생성된 객체다. 그런 다음 총계나 총합과 같은 새로운 값으로 prev 객체를 갱신하기 위해 obj 객체를 사용할 수 있다. 예를 들어 총계를 증가시키기 위해 function(obj, prev) { prev.count++; }와 같은 코드를 사용할 수 있다.

- **finalize**: 이 함수는 하나의 매개변수 obj를 받는데 여기서 obj는 initial 매개변수로부터 도출한 최종 객체이며 reduce 함수에서 prev로 갱신된다. 응답 시 배열을 반환하기 전에 각 키에 대한 결과 객체에서 이 함수를 호출한다.

- **command**: 불린 값으로 true인 경우, 명령은 eval( ) 대신 내부 group 명령을 사용해 실행된다는 것을 의미한다. 기본값은 true다.

- **options**: 이 객체를 통해 readPreference 선택 사항에 대한 정의를 할 수 있다.

- **callback**: 이 선택 사항은 첫 번째 매개변수로 에러를 나타내고 두 번째 매개변수로 results 객체의 배열을 제공한다.

목록 15.8은 다양한 키 세트를 기준으로 단어 분류를 구현하는 방법을 보여준다. 10~18번 줄은 첫 번째 글자와 마지막 글자로 단어를 분류한다. 11번 줄의 질의는 'o'로 시작하고 모음으로 끝나는 단어들로 제한한다. 각 initial 객체는 count 프로퍼티만 갖고 있으며 13번 줄의 함수에서 각 문서가 일치할 때마다 count는 갱신된다.

19~28번 줄은 문서 내 모든 모음 총합을 구하고 23번 줄에서 prev.totalVowels를 obj.stats.vowels 값만큼 증가시켜 분류할 수 있도록 한다. 그리고 29~40번 줄에서는 group

객체에 obj.vowels와 obj.consonants 프로퍼티의 합인 새로운 obj.total 프로퍼티를 추가하는 finalize 함수를 사용한다.

목록 15.8 doc_group.js: 몽고DB 컬렉션 내 특정 필드를 기준으로 삼아 문서 세트를 분류하기

```
01 var MongoClient = require('mongodb').MongoClient;
02 MongoClient.connect("mongodb://localhost/", function(err, db) {
03   var myDB = db.db("words");
04   myDB.collection("word_stats", groupItems);
05   setTimeout(function(){
06     db.close();
07   }, 3000);
08 });
09 function groupItems(err, words){
10   words.group(['first','last'],
11             {first:'o',last:{$in:['a','e','i','o','u']}},
12             {"count":0},
13             function (obj, prev) { prev.count++; }, true,
14             function(err, results){
15               console.log("/n'O' words grouped by first and last" +
16               " letter that end with a vowel: ");
17               console.log(results);
18   });
19   words.group(['first'],
20             {size:{$gt:13}},
21             {"count":0, "totalVowels":0},
22             function (obj, prev) {
23               prev.count++; prev.totalVowels += obj.stats.vowels;
24             }, {}, true,
25             function(err, results){
26               console.log("/nWords grouped by first letter larger than 13: ");
27               console.log(results);
28   });
29   words.group(['first'],{}, {"count":0, "vowels":0, "consonants":0},
30             function (obj, prev) {
31               prev.count++;
32               prev.vowels += obj.stats.vowels;
33               prev.consonants += obj.stats.consonants;
34             },function(obj){
```

```
35              obj.total = obj.vowels + obj.consonants;
36           }, true,
37           function(err, results){
38             console.log("/nWords grouped by first letter with totals: ");
39             console.log(results);
40    });
41 }
```

목록 15.8의 결과 doc_group.js: 몽고DB 컬렉션 내 특정 필드를 기준으로 삼아 문서 세트를 분류한 결과

```
'O' words grouped by first and last letter that end with a vowel:
[ { first: 'o', last: 'e', count: 21 },
  { first: 'o', last: 'o', count: 1 },
  { first: 'o', last: 'a', count: 1 } ]
Words grouped by first letter larger than 13:
[ { first: 'a', count: 4, totalVowels: 22 },
  { first: 'r', count: 5, totalVowels: 30 },
  { first: 'c', count: 2, totalVowels: 11 },
  { first: 't', count: 2, totalVowels: 10 },
  { first: 'i', count: 4, totalVowels: 24 },
  { first: 'd', count: 2, totalVowels: 11 },
  { first: 's', count: 1, totalVowels: 6 },
  { first: 'o', count: 1, totalVowels: 7 } ]
Words grouped by first letter with totals:
[ { first: 't',
    count: 250,
    vowels: 545,
    consonants: 1017,
    total: 1562 },
  { first: 'b',
    count: 218,
    vowels: 417,
    consonants: 769,
    total: 1186 },
  { first: 'a',
    count: 295,
    vowels: 913,
    consonants: 1194,
    total: 2107 },
```

```
{ first: 'o',
  count: 118,
  vowels: 356,
  consonants: 435,
  total: 791 },
{ first: 'i',
  count: 189,
  vowels: 655,
  consonants: 902,
  total: 1557 },
{ first: 'h',
  count: 139,
  vowels: 289,
  consonants: 511,
  total: 800 },
{ first: 'f',
  count: 203,
  vowels: 439,
  consonants: 774,
  total: 1213 },
{ first: 'y', count: 16, vowels: 31, consonants: 50, total: 81 },
{ first: 'w',
  count: 132,
  vowels: 255,
  consonants: 480,
  total: 735 },
{ first: 'd',
  count: 257,
  vowels: 675,
  consonants: 1102,
  total: 1777 },
{ first: 'c',
  count: 451,
  vowels: 1237,
  consonants: 2108,
  total: 3345 },
{ first: 's',
  count: 509,
  vowels: 1109,
```

```
    consonants: 2129,
    total: 3238 },
  { first: 'n', count: 82, vowels: 205, consonants: 314, total: 519 },
  { first: 'g',
    count: 112,
    vowels: 236,
    consonants: 414,
    total: 650 },
  { first: 'm',
    count: 200,
    vowels: 488,
    consonants: 778,
    total: 1266 },
  { first: 'k', count: 21, vowels: 33, consonants: 70, total: 103 },
  { first: 'u', count: 58, vowels: 173, consonants: 233, total: 406 },
  { first: 'p',
    count: 353,
    vowels: 902,
    consonants: 1575,
    total: 2477 },
  { first: 'j', count: 33, vowels: 72, consonants: 114, total: 186 },
  { first: 'l',
    count: 142,
    vowels: 307,
    consonants: 503,
    total: 810 },
  { first: 'v', count: 60, vowels: 163, consonants: 218, total: 381 },
  { first: 'e',
    count: 239,
    vowels: 788,
    consonants: 1009,
    total: 1797 },
  { first: 'r',
    count: 254,
    vowels: 716,
    consonants: 1011,
    total: 1727 },
  { first: 'q', count: 16, vowels: 50, consonants: 59, total: 109 },
  { first: 'z', count: 1, vowels: 2, consonants: 2, total: 4 } ]
```

집계 결과를 사용해 맵리듀스 적용하기

몽고DB의 큰 장점은 맵리듀스^{MapReduce}를 사용해 원본 컬렉션과는 완전히 다른 구조로 데이터베이스 질의 결과를 축소시킬 수 있는 능력이다. 맵리듀스는 데이터베이스 검색 룩업 값들을 완전히 다른 형태로 매핑한 후 그 결과를 좀 더 사용하기 쉬운 형태로 압축한다.

몽고DB는 맵리듀스 프레임워크를 갖고 있으며 하나의 맵리듀스 연산에 다른 연산을 실행하는 프로세스를 단순화할 수 있는 프레임워크가 추가됐다. 집계는 일련의 연산들을 몽고DB 서버의 문서에 적용하는 개념이다. 몽고DB 서버가 데이터 청크의 연산을 로컬에서 수행할 수 있기 때문에 Node.js 애플리케이션에서 문서를 가져오고 처리하는 것보다 훨씬 더 효율적이다.

aggregate( ) 메서드 이해하기

Collection 객체는 데이터에 집계 연산을 수행할 수 있도록 aggregate( ) 메서드를 제공한다. aggregate( ) 메서드의 문법은 다음과 같다.

```
aggregate( operators, [options], callback )
```

operators 매개변수는 표 15.3과 같은 집계 연산자의 배열로 데이터에 수행할 집계 연산을 정의할 수 있다. options 매개변수를 사용해 readPreference 프로퍼티 설정을 할 수 있는 객체이며 이 프로퍼티는 데이터를 어디로부터 읽어 들일지를 결정할 수 있다. callback 매개변수는 첫 번째 매개변수로 에러, 그리고 두 번째 매개변수로 결과 배열을 제공한다. results 매개변수는 집계 함수에 의해 반환된 완전히 집계된 객체 집합이다.

집계 프레임워크 연산자 사용하기

몽고DB 집계 프레임워크는 하나의 집계 연산자의 결과를 다른 집계 연산자에 여러 차례 입력할 수 있기 때문에 매우 강력하다. 이러한 기능을 확인하기 위해 다음 데이터세트를 사용할 수 있다.

```
{o_id:"A", value :50, type:"X"}
{o_id:"A", value:75, type:"X"}
{o_id:"B", value:80, type:"X"}
{o_id:"C", value:45, type:"Y"}
```

다음 집계 연산자 집합은 $match의 결과를 $group 연산자에 입력한 후 콜백 함수의 results 매개변수 안에 분류된 집합을 반환한다. 문서의 필드 값을 참조할 때 필드명 앞에 달러 표시가 있다는 사실(예를 들면 $o_id와 $value)에 주목하기 바란다. 이 문법에서는 집계 프레임워크가 문서의 필드 값을 문자열이 아니라 필드 값으로 다룬다.

```
aggregate([{$match:{type:"X"}},
          {$group:{set_id:"$o_id", total: {$sum: "$value"}}},
          function(err, results){});
```

$match 연산자가 끝난 후에 다음 문서들이 $group에 적용된다.

```
{o_id:"A", value:50, type:"X"}
{o_id:"A", value:75, type:"X"}
{o_id:"B", value:80, type:"X"}
```

$group 연산자가 적용된 후 set_id와 total 필드가 있는 새로운 객체의 배열을 다음과 같이 콜백 함수로 보낼 수 있다.

```
{set_id:"A", total:"125"}
{set_id:"B", total:"80"}
```

표 15.3은 aggregate( ) 메서드의 operators 매개변수에 포함할 수 있는 집계 명령을 보여준다.

표 15.3 aggregate() 메서드에 사용된 집계 연산자

연산자	설명
$project	필드의 이름을 변경, 추가 또는 제거해 문서 구조를 변경할 수 있다. 또한 값을 다시 계산하고 하위 문서를 추가할 수 있다. 예를 들면 다음 예제는 title을 포함시키고 name을 제외시킨다. {$project:{title:1, name:0}} 다음 예제에서는 name을 title로 변경한다. {$project{title:"$name"}} 다음 예제에서는 새로운 필드 total을 추가하고 price와 tax 필드로부터 값을 계산한다. {$project{total:{$add:["$price", "$tax"]}}}

$match	표 15.1에 정의된 query 객체 연산자를 사용해 설정된 문서를 걸러낸다(예: {$match:{value:{$gt:50}}}).
$limit	집계 연산에서 파이프라인의 다음 단계로 전달될 수 있는 문서의 수를 제한한다(예: {$limit:5}).
$skip	집계 연산에서 파이프라인의 다음 단계를 처리하기 전에 건너뛸 문서 수를 명시한다(예: {$skip:10}).
$unwind	각 값을 위해 생성된 독립된 문서가 있는 배열 필드를 명시한다(예: {$unwind:"$myArr"}).
$group	다음 파이프라인 단계를 위해 문서들을 새로운 문서 집합으로 분류해야 한다. 새로운 객체 필드는 반드시 $group 객체에서 정의돼야 한다. 또한 표 15.4에 나열된 group 수식 연산자를 그룹 내 여러 개의 문서에 적용할 수 있다. 예를 들면 value 필드의 합을 구하기 위해 다음 코드를 사용할 수 있다. {$group:{set_id:"$o_id", total: {$sum: "$value"}}}
$sort	집계 연산의 다음 단계에 문서를 전달하기 전에 문서를 정렬한다. sort는 field:⟨sort_order⟩ 프로퍼티의 ⟨sort_order⟩가 1인 경우 오름차순, −1인 경우에는 내림차순인 객체를 명시한다(예: {$sort: {name:1, age:−1}}).
$collStatus	콜렉션 또는 뷰 통계 값을 반환한다.
$redact	문서의 저장된 값을 기반으로 스트림의 각 문서를 제한한다. 필드 레벨 수정을 구현할 수 있다. 모든 입력 문서는 문서 1개를 출력한다.
$sample	입력에서 임의 개수의 임의 문서를 선택한다.
$geoNear	지리 정보 점에 대한 근접성을 기반으로 정렬된 문서 스트림을 반환한다. 추가 거리 필드 및 위치 식별자 필드가 출력 문서에 포함될 수 있다.
$lookup	입력 문서의 필드와 조인된 컬렉션의 필드 문서가 일치하는지 확인하는 데 사용된다.
$out	집계 파이프라인의 결과 문서를 컬렉션에 저장한다. $out 단계는 파이프 라인의 마지막 단계에서 사용해야 한다.
$indexStats	컬렉션에 대한 각 인덱스 사용 통계를 반환한다.
$facet	동일한 입력 문서에서 여러 집계 파이프 라인을 단일 단계로 처리한다. 단일 단계에서 여러 차원 또는 facet에 걸쳐 데이터를 특성화할 수 있는 다차원 집계를 작성할 수 있다.
$bucket	수신 문서를 특정 표현식과 버킷 경계를 기반으로 해 버킷 그룹으로 분류한다.
$bucketAuto	들어오는 문서를 특정 표현식에 따라 버킷이라는 특정 그룹으로 분류한다. 버킷 경계는 지정된 버킷 개수를 사용해 문서를 균등하게 분배하기 위해 자동으로 결정한다.
$sortByCount	들어오는 문서를 지정된 표현식의 값으로 정렬한 후 각 특정 그룹의 문서 개수를 결정한다.
$addFields	문서에 새 필드를 추가한다.
$replaceRoot	문서를 특정 내재 문서로 바꾸고 입력된 문서의 모든 필드를 바꾼다.

(이어짐)

$count( )	집계 파이프 라인의 특정 시점에서 모든 문서의 개수를 반환한다.
$graphLookup	컬렉션을 검색하고 해당 문서를 검색하는 순회 검색 결과를 포함하는 각 출력 문서의 새로운 array 필드를 추가한다.

집계 수식 연산자 구현하기

집계 연산자를 구현할 때 집계 파이프라인 다음 단계에 전달될 새로운 문서를 빌드한다. 몽고DB 집계 프레임워크^{aggregation framework}는 새 필드의 값을 계산하거나 문서 내의 기존 필드를 비교할 때 도움이 되는 수식 연산자들을 제공한다.

$group 집계 파이프라인에서 연산을 수행할 때 여러 개의 문서는 생성된 새 문서 안에 정의된 필드와 일치한다. 몽고DB는 해당 문서에 적용할 수 있고 원본 문서 내 필드 값을 기준으로 해 새 그룹 문서의 필드 값을 연산하는 데 사용할 수 있는 연산자들을 제공한다. 표 15.4는 $group 수식 연산자들을 제공한다.

표 15.4 집계 $group 수식 연산자

연산자	설명
$addToSet	그룹 안의 모든 문서 사이에서 선택된 필드의 모든 유일한 값들의 배열을 반환한다(예: colors: {$addToSet: "$color"}).
$first	문서 그룹 내 필드의 첫 번째 값을 반환한다(예: firstValue:{$first: "$value"}).
$last	문서 그룹 내 필드의 마지막 값을 반환한다(예: lastValue:{$last: "$value"}).
$max	문서 그룹 내 필드의 가장 큰 값을 반환한다(예: maxValue:{$max: "$value"}).
$min	문서 그룹 내 필드의 가장 작은 값을 반환한다(예: minValue :{$min: "$value"}).
$avg	문서 그룹 내 필드의 모든 값의 평균을 반환한다(예: aveValue:{$ave: "$value"}).
$push	문서 그룹 내 모든 문서 중에서 선택된 필드 값들의 배열을 반환한다(예: username:{$push: "$username"}).
$sum	문서 그룹 내 필드의 모든 값의 합을 반환한다(예: total:{$sum: "$value"}).

그뿐 아니라 새로운 필드 값을 계산할 때 문자열과 산술 연산자 중 일부를 사용할 수 있다. 표 15.5는 집계 연산자들 중에서 새로운 필드 값을 계산할 때 가장 흔히 사용할 수 있는 연산자들을 보여준다.

표 **15.5** 집계 수식에서 사용되는 문자열 연산자와 산술 연산자

연산자	설명
$add	숫자 배열의 합을 계산한다(예: valuePlus5:{$add:["$value", 5]}).
$divide	주어진 2개의 숫자를 이용해 첫 번째 숫자를 두 번째 숫자로 나눈다(예: value DividedBy5:{$divide:["$value", 5]}).
$mod	주어진 2개의 숫자를 이용해 첫 번째 숫자를 두 번째 숫자로 나눈 후의 나머지를 구한다(예: valueMod5:{$mod:["$value", 5]}).
$multiply	숫자 배열의 곱을 계산한다(예: valueTimes5:{$multiply:["$value", 5]}).
$subtract	주어진 2개의 숫자를 이용해 첫 번째 숫자로부터 두 번째 숫자를 뺀다(예: valueMinus5:{$minus:["$value", 5]}).
$concat	2개의 문자열을 연결한다(예: title:{$concat:["$title", " ", "$name"]}).
$strcasecmp	2개의 문자열을 비교하고 그 결과를 반영하는 정수를 반환한다(예: isTest:{$strcasecmp:["$value", "test"]}).
$substr	사용 문자열의 일부분을 반환한다(예: hasTest:{$ substr :["$value", "test"]}).
$toLower	문자열을 소문자로 변환한다(예: titleLower:{$ toLower :"$title"}).
$toUpper	문자열을 대문자로 변환한다(예: titleUpper:{$ toUpper :"$title"}).

집계 예제

목록 15.9는 단어 컬렉션에 대해 집계를 구현하는 세 가지 예제를 보여준다. 9~20번 줄의 첫 번째 예제는 모음으로 시작하는 단어를 얻기 위해 $match를 사용한 후 가장 큰 크기와 가장 작은 크기를 계산하기 위해 $group을 사용한다. 그런 다음 목록 15.9의 결과와 같이 $sort를 이용해 결과를 정렬한다.

21~27번 줄의 두 번째 예제는 네 글자의 단어로 제한하기 위해 $match를 사용한다. 그런 다음 $project 연산자에서 5개의 문서만 처리하기 위해 $limit를 사용한다. 28~34번 줄의 세 번째 예제에서는 단어의 평균 크기를 얻고 각 id 값을 해당 단어에 설정하기 위해 $group을 사용한다. 그런 다음 목록 15.9의 결과와 같이 평균값을 기준으로 삼아 단어를 내림차순으로 정렬한다.

목록 15.9 doc_aggregate.js: 몽고DB 컬렉션의 특정 필드를 기준으로 삼아 문서 집합을 분류하기

```
01 var MongoClient = require('mongodb').MongoClient;
02 MongoClient.connect("mongodb://localhost/", function(err, db) {
03   var myDB = db.db("words");
04   myDB.collection("word_stats", aggregateItems);
05   setTimeout(function(){
06     db.close();
07   }, 3000);
08 });
09 function aggregateItems(err, words){
10   words.aggregate([{$match: {first:{$in:['a','e','i','o','u']}}},
11                    {$group: {_id:"$first",
12                              largest:{$max:"$size"},
13                              smallest:{$min:"$size"},
14                              total:{$sum:1}}},
15                    {$sort: {_id:1}}],
16                     function(err, results){
17                       console.log("Largest and smallest word sizes for " +
18                                   "words beginning with a vowel: ");
19                       console.log(results);
20   });
21   words.aggregate([{$match: {size:4}},
22                    {$limit: 5},
23                    {$project: {_id:"$word", stats:1}}],
24                     function(err, results){
25                       console.log("Stats for 5 four letter words: ");
26                       console.log(results);
27   });
28   words.aggregate([{$group: {_id:"$first", average:{$avg:"$size"}}},
29                    {$sort: {average:-1}},
30                    {$limit: 5}],
31                     function(err, results){
32                       console.log("Letters with largest average word size: ");
33                       console.log(results);
34   });
35 }
```

목록 15.9의 결과 doc_aggregate.js: 몽고DB 컬렉션의 특정 필드를 기준으로 삼아 문서 집합을 분류한 결과

```
Stats for 5 four letter words:
[ { stats: { vowels: 2, consonants: 2 }, _id: 'have' },
  { stats: { vowels: 1, consonants: 3 }, _id: 'that' },
  { stats: { vowels: 1, consonants: 3 }, _id: 'with' },
  { stats: { vowels: 1, consonants: 3 }, _id: 'this' },
  { stats: { vowels: 1, consonants: 3 }, _id: 'they' } ]
Largest and smallest word sizes for words beginning with a vowel:
[ { _id: 'a', largest: 14, smallest: 1, total: 295 },
  { _id: 'e', largest: 13, smallest: 3, total: 239 },
  { _id: 'i', largest: 14, smallest: 1, total: 189 },
  { _id: 'o', largest: 14, smallest: 2, total: 118 },
  { _id: 'u', largest: 13, smallest: 2, total: 58 } ]
Letters with largest average word size:
[ { _id: 'i', average: 8.238095238095237 },
  { _id: 'e', average: 7.523012552301255 },
  { _id: 'c', average: 7.419068736141907 },
  { _id: 'a', average: 7.145762711864407 },
  { _id: 'p', average: 7.01699716713881 } ]
```

요약

15장에서는 Collection 메서드가 데이터베이스의 문서에 접근하기 위해 사용하는 query 객체와 options 객체를 살펴봤다. query 객체는 연산 대상의 문서 제한을 허용한다. options 객체는 반환되는 문서의 수, 시작할 문서 그리고 반환할 필드를 제한하는 요청의 동작을 제어할 수 있게 한다.

distinct( ), group( ), aggregate( ) 메서드는 필드 값을 기준으로 문서를 분류하는 것을 가능하게 한다. 몽고DB 집계 프레임워크는 클라이언트에 문서를 반환하기 전에 서버에서 문서를 처리할 수 있도록 해주는 강력한 특성이 있다. 집계 프레임워크는 하나의 집계 연산의 문서를 다음 집계 연산에 전달할 수 있게 하는데, 매번 매핑을 하고 더 한정된 데이터 세트로 축소시킨다.

16장에서 다룰 내용

16장, 'mongoose를 사용한 스키마 구조화 및 검증하기'에서는 문서 객체 모델[DOM]을 구현하기 위한 mongoose 모듈을 사용한다. mongoose 모듈은 Node.js 기반 데이터 모델링에 대한 좀 더 구조화된 접근을 제공한다.

mongoose를 사용한
스키마 구조화 및 검증하기

몽고DB의 Node.js 네이티브 드라이버를 이해했으므로 mongoose를 시작해도 무리가 없을 것이다. mongoose는 객체 문서 모델^{Object Document Model, ODM} 라이브러리로 몽고DB의 Node.js 네이티브 드라이버에 추가 몇 가지 기능이 추가됐다. 대부분의 경우 몽고DB의 컬렉션에 구조화된 스카마를 적용하는 데 사용되며 검증이나 형 변환 등에 유용하게 사용된다.

mongoose는 빌더^{builder} 객체를 사용해 데이터베이스의 API 호출 시 여러 가지 복잡한 문제를 해결한다. 빌더 객체는 find, update, save, remove, aggregate 외에도 다양한 데이터베이스 메서드를 사용할 때 여러 명령을 파이프 형태로 처리할 수 있도록 함으로써 코드를 한결 쉽게 작성할 수 있게 해준다.

16장에서는 mongoose 모듈을 사용해 구조화된 스키마를 구현하는 방법과 컬렉션 검증 시 사용하는 방법을 다룬다. Node.js 애플리케이션에서 몽고DB를 사용하는 새로운 방법과 새로운 객체 사용법을 알게 될 것이다. mongoose는 몽고DB의 Node.js 네이티브 드라이버를 대체하는 수단은 아니며 오히려 기존 기능에 추가 기능을 덧붙여주기 위한 도구다.

mongoose 이해

mongoose는 몽고DB의 Node.js 드라이버를 감싸는 ODM 라이브러리다. 몽고DB에 저장된 데이터를 모델링할 때 스키마에 기반을 둔 방법을 사용할 수 있다. mongoose를 사용할 때 얻을 수 있는 가장 큰 장점은 다음과 같다.

- 문서에 구조화된 스키마를 적용할 수 있다.
- 모델 내 객체/문서를 검증할 수 있다.
- 애플리케이션의 데이터를 객체 모델로 형 변환typecast이 가능하다.
- 미들웨어를 사용해 비지니스 로직의 훅hooks을 적용할 수 있다.
- mongoose는 몽고DB의 Node.js 네이티브 드라이버를 사용하는 것보다 쉬운 방법을 제공한다.

하지만 mongoose 사용하는 것에도 몇 가지 단점은 존재한다.

- 몽고DB에서 스키마를 요구하지 않는 상황에서도 스키마를 정의해야 하는데 꼭 좋은 선택이라고 할 수 없다.
- 데이터를 저장하는 등의 일부 메서드의 경우에는 네이티브 드라이버가 처리하는 것만큼 완벽하게 처리하지 않는다.

추가 객체

mongoose는 몽고DB의 Node.js 네이티브 드라이버의 최상위 계층에 위치하며 여러 다양한 방법으로 기능을 확장한다. 첫째, mongoose는 Schema와 Model, Document와 같은 새로운 객체를 제공하며 ODM을 구현하고 검증하는 데 필요한 기능을 제공한다.

Schema 객체는 컬렉션에서 문서에 대한 구조화된 스키마를 정의할 때 사용한다. 이 객체를 사용하면 include나 uniqueness, indexes, validation 등의 형식과 필드를 정의할 수 있다. Model 객체는 컬렉션 내 모든 문서를 대표하며 Document 객체는 컬렉션 내 개별 문서를 대표한다.

mongoose는 매개변수를 모아 질의를 작성하는 기본적인 메서드에 추가 기능을 제공하는데 이때 사용되는 객체가 Query와 Aggregate다. 이들은 데이터베이스 메서드가 여러 호출을 구성하고 최종 실행되기 직전에 매개변수를 적용할 수 있다. 이 객체들을 사용하면 코드 구현을 매우 간단하게 작성할 수 있으며 다른 데이터베이스 메서드 작성 시 재사용할 수 있다.

mongoose를 사용해 몽고DB에 연결하기

mongoose를 사용해 몽고DB에 연결하는 방법은 13장, '몽고DB와 Node.js 시작하기'와 비슷하다. 다음에서 보여주는 것과 같은 동일한 문자열 포맷과 선택 사항들을 사용한다.

```
connect(uri, options, [callback])
```

connect() 메서드는 mongoose 모듈의 루트 레벨을 사용한다. 예를 들어 다음 코드는 local host의 words 데이터베이스에 연결한다.

```
var mongoose = require('mongoose');
mongoose.connect('mongodb://localhost/words');
```

연결은 mongoose 모듈의 disconnect() 메서드를 사용하면 종료된다. 예를 들면 다음과 같다.

```
mongoose.disconnect();
```

연결이 한 번 생성되면 mongoose 모듈의 connection 속성에 의해 Connection 객체에 접근할 수 있다. Connection 객체는 연결 시에 필요한 Db 객체와 Model 객체에 접근할 수 있는 수단이 된다. 즉 이를 통해 13장, '몽고DB와 Node.js 시작하기'에 기술된 모든 Db 객체의 기능을 사용할 수 있다. 예를 들어 데이터베이스의 모든 컬렉션 목록을 확인하고 싶다면 다음과 같은 코드를 작성할 수 있다.

```
mongoose.connection.db.collectionNames(function(err, names){
  console.log(names);
});
```

데이터베이스에 접근하기 위해 연결을 시작하고 연결되길 기다리는 명령이 open이며 위 Connection 객체는 이를 생략했다. 목록 16.1은 mongoose를 통한 몽고DB 연결 시의 기본적인 수명 주기를 확인하기 위해 mongoose 모듈을 임포트로 추가하고 몽고DB에 연결했다. 그리고 open 명령의 응답을 기다린 후 연결이 성공하면 데이터베이스의 모든 컬렉션 목록을 화면에 보인 후 연결을 종료한다.

목록 16.1 mongoose_connect.js: mongoose를 사용해 몽고DB에 연결하기

```
1 var mongoose = require('mongoose');
2 mongoose.connect('mongodb://localhost/words');
3 mongoose.connection.on('open', function(){
4   console.log(mongoose.connection.collection);
5   mongoose.connection.db.collectionNames(function(err, names){
6     console.log(names);
7     mongoose.disconnect();
8   });
9 });
```

목록 16.1의 결과 mongoose_connect.js: mongoose를 사용해 몽고DB에 연결한 결과

```
[Function]
[ Collection {
  s:
    { pkFactory: [Object],
      db: [Object],
      topology: [Object],
      dbName: 'words',
      options: [Object],
      namespace: 'words.word_stats',
      readPreference: null,
      slaveOk: false,
      serializeFunctions: undefined,
      raw: undefined,
      promoteLongs: undefined,
      promoteValues: undefined,
      promoteBuffers: undefined,
      internalHint: null,
      collectionHint: null,
      name: 'word_stats',
      promiseLibrary: [Function: Promise],
      readConcern: undefined } } ]
```

스키마 정의하기

스키마 정의를 할 때는 기본적으로 Mongoose를 사용한다. 스키마는 컬렉션 내 문서에 포함되는 필드와 필드의 타입을 정의한다. 이와 같이 데이터가 스키마를 지원하도록 구조화돼 있다면 프로그램 검증 시 또는 객체 형 변환 시에 매우 유용하다.

스키마에 정의된 각 필드는 해당 값에 대한 타입을 함께 정의한다. 필드 타입의 종류는 다음과 같다.

- String
- Number
- Boolean 또는 Bool
- Array
- Buffer
- Date
- ObjectId 또는 Oid
- Mixed

스키마는 사용 목적에 따라 서로 다른 문서 타입으로 정의될 수 있다. 또한 각 컬렉션은 단 하나의 문서 타입으로 정의한다.

패스 이해하기

mongoose는 주 문서와 하위 문서에 포함된 필드에 접근할 수 있는 경로를 패스path라고 정의한다. 예를 들어 name이라는 이름의 필드를 가진 주 문서가 있고 title과 first, last 프로퍼티를 가진 하위 문서가 있다면 다음은 모두 패스로 연결된 예를 보여준다.

```
name
name.title
name.first
name.last
```

스키마 정의 및 생성하기

어떤 모델의 스키마를 정의하려면 Schema 객체의 새로운 인스턴스를 생성해야 한다. Schema 객체 정의 시 첫 번째 매개변수는 스키마를 기술한 객체, 두 번째 매개변수는 옵션 객체를 정의한다.

```
new Schema(definition, options)
```

options 객체는 몽고DB 서버에 연결 시 교류하는 값을 정의한다. 표 16.1은 가장 많이 사용되는 옵션을 보여준다.

표 **16.1** Shema 객체 정의 시 사용되는 옵션 값

옵션	설명
autoIndex	불린 타입으로 값이 true이면 컬렉션의 autoIndex 속성이 켜진 것을 의미한다. 기본값은 true다.
bufferCommands	불린 타입으로 값이 true면 연결 문제로 인해 완료하지 못한 명령을 버퍼로 저장한다. 기본값은 true다.
capped	제한 컬렉션(capped collection)에서 최대 문서의 개수를 나타낸다.
collection	이 Schema 모델에서 사용할 컬렉션의 이름을 나타낸다. mongoose는 스키마 모델을 컴파일할 때 자동으로 연결한다.
id	불린 타입을 가지며 true 값을 가지면 이 모델에 대한 문서가 id 게터(getter)를 포함한다. id 게터는 객체 _id 값에 대응하며 기본값은 true다.
_id	불린 타입을 가지며 true 값이면 문서마다 mongoose가 자동으로 _id 필드를 할당한다. 기본값은 true다.
read	복제 노드(replica)의 읽기 속성을 정의한다. 옵션 값으로 primary 및 primaryPreferred, secondary, secondaryPreferred, nearest을 가진다.
safe	불린 타입으로 true 값을 가지면 mongoose는 서버에 변경 여부를 요청하는 쓰기 확인(write concern)을 설정한다. 기본값은 true다.
strict	불린 타입으로 true 값을 가질 때 객체에 포함된 속성이 스키마에 정의되지 않았다면 실제로 데이터베이스에 저장하지 않는다. 기본값은 true다.

예를 들어 students라는 컬렉션의 스키마는 다음과 같이 생성한다. 여기에는 String 타입의 name 필드와 Number 타입의 average 필드, Number 타입의 Array인 scores 필드가 포함된다.

```
var schema = new Schema({
  name: String,
```

```
  average: Number,
  scores: [Number]
}, {collection:'students'});
```

스키마에 인덱스 추가하기

문서를 찾을 때 자주 사용하는 특정 필드가 있다면 해당 필드를 인덱스Index로 지정하는 것이
필요하다. 스키마를 정의할 때 Schema 객체에 인덱스를 지정하거나 index(fields) 명령을
사용한다. 다음은 name 필드를 오름차순 인덱스로 추가한 예를 보여준다.

```
var schema = new Schema({
  name: {type: String, index: 1}
};
// 또는
var schema = new Schema({name: String)};
schema.index({name:1});
```

indexes() 메서드를 사용하면 Schema 객체에 정의된 인덱스 필드 목록을 확인할 수 있다.
예를 들면 다음과 같이 사용한다.

```
schema.indexes()
```

Unique 필드 구현하기

만약 어떤 컬렉션에서 유니크unique한 필드 값을 정의했다면 여러 문서에서 해당 필드에 대
해서는 같은 값을 가질 수 없다는 것을 의미한다. unique 필드로 정의하려면 Schema 객체
를 정의할 때 unique 속성을 부여한다. 다음은 컬렉션의 name 필드를 인덱스 필드로 만들고
unique 속성을 부여한 예다.

```
var schema = new Schema({
  name: {type: String, index: 1, unique: true}
};
```

Required 필드로 강제하기

모델에 대한 Document 객체의 인스턴스 생성 시 특정 필드가 반드시 포함되도록 강제할 수 있다. 기본적으로 Document 인스턴스를 생성할 때 필수 필드를 지정하지 않는다면 이 객체는 해당 필드 없이 생성된다. 반드시 존재해야 하는 필드가 있다면 Schema를 정의할 때 required 속성을 추가한다. 다음은 컬렉션의 name 필드를 인덱스 필드로 만들고 unique 속성을 부여한 후 required로 포함되도록 지정한 예다.

```
var schema = new Schema({
  name: {type: String, index: 1, unique: true, required: true}
};
```

requiredPaths( ) 메서드를 사용하면 Schema 객체에 정의된 required 필드의 목록을 확인할 수 있다. 예를 들면 다음과 같다.

```
schema.requiredPaths( )
```

Schema 모델에 메서드 추가하기

Mongoose의 스키마를 사용하면 Schema 객체에 메서드를 추가할 수 있으며 모델의 Document 객체에 자동 적용할 수 있다. 즉 Document 객체를 사용해 메서드를 호출할 수 있다.

메서드를 추가하려면 Schema 객체에 Schema.methods 속성을 할당해야 한다. 표준 자바스크립트 메서드가 Document 객체에 할당된다.

Document 객체는 this 키워드를 통해 접근한다. 다음은 모델에 first와 last 필드를 합친 문자열을 반환하는 fullName 함수를 할당한 예다.

```
var schema = new Schema({
  first: String,
  last: String
});
schema.methods.fullName = function(){
  return this.first + " " + this.last;
};
```

Words 데이터베이스에서 스키마 구현하기

목록 16.2는 15장, 'Node.js를 사용해 몽고DB 문서 접근하기'에 정의되는 word_stats 컬렉션의 스키마를 구현한 예다. 이 스키마는 16장의 다른 예제에서도 사용될 것이기 때문에 목록 16.2의 마지막 줄에서 스키마를 화면에 출력했다. word와 first 필드는 인덱스를 가지며 그 인덱스는 필드에 할당돼 사용된다. word 필드에서 unique와 required가 사용될 수 있다.

9~11번 줄에서 알 수 있듯이 stats 하위 문서는 평범하게 정의됐지만 특별히 필드 타입들이 함께 정의됐다. 또한 charsets 필드는 하위 문서들의 배열을 가지며 배열을 정의하고 모델의 독립된 하위 문서 타입을 정의한다. 13~15번 줄은 startsWith( ) 메서드를 정의하는데, 모델의 document 객체에서 사용할 수 있다. 목록 16.2의 결과는 필수 필드와 인덱스를 출력한 결과를 보여준다.

목록 16.2 word_schema.js: word_stats 컬렉션에 스키마 정의하기

```
01 var mongoose = require('mongoose');
02 var Schema = mongoose.Schema;
03 var wordSchema = new Schema({
04   word: {type: String, index: 1, required:true, unique: true},
05   first: {type: String, index: 1},
06   last: String,
07   size: Number,
08   letters: [String],
09   stats: {
10     vowels:Number, consonants:Number},
11   charsets: [{ type: String, chars: [String]}]
12 }, {collection: 'word_stats'});
13 wordSchema.methods.startsWith = function(letter){
14   return this.first === letter;
15 };
16 exports.wordSchema = wordSchema;
17 console.log("Required Paths: ");
18 console.log(wordSchema.requiredPaths());
19 console.log("Indexes: ");
20 console.log(wordSchema.indexes());
```

목록 16.2의 결과 word_schema.js: word_stats 컬렉션에 스키마 정의하기

```
Required Paths:
[ 'word' ]
Indexes:
[ [ { word: 1 }, { background: true } ],
[ { first: 1 }, {background: true } ] ]
```

모델 컴파일하기

만약 한 번이라도 모델에 대한 Schema 객체를 정의한 것이 있다면 이것을 Model 객체로 컴파일해야 한다. 모델 컴파일 시 Mongoose는 mongoose.connect()로 검증된 몽고DB 데이터베이스의 연결을 사용한다. 이 메서드는 컬렉션이 생성되고 적절한 인덱스를 갖는지 여부를 확인하고, 변경됐을 때 required 및 unique 속성이 제대로 적용됐는지 검증한다.

컴파일된 Model 객체는 13장, '몽고DB와 Node.js 시작하기'에서 정의한 Collection 객체와 동일한 방식으로 동작한다. 즉 몽고DB 연결 후 객체 접근 및 수정, 삭제 기능을 사용할 수 있다.

모델을 컴파일하려면 mongoose 모듈의 model()을 사용해야 한다. model() 메서드는 다음과 같은 문법을 갖는다.

```
model( name, [schema], [collection], [skipInit] )
```

name 매개변수는 문자열 타입으로 나중에 이 모델을 찾고 싶을 때 model(name)과 같이 사용한다. schema 매개변수는 이미 전에 설명한 적이 있는 Schema 객체를 나타낸다. 만약 Schema 객체에서 컬렉션의 이름을 정의하지 않는다면 collection 매개변수를 통해 컬렉션명을 지정할 수 있다. skipInit 옵션은 Boolean 타입을 가지며 기본값은 false다. 만약 true라면 초기화 프로세스를 건너뛰고 아직 데이터베이스와 연결되지 않은 상태의 간단한 Model 객체가 생성된다.

다음은 목록 16.2에서 정의한 Schema 객체에 대한 모델로 컴파일하는 예다.

```
var Words = mongoose.model('Words', wordSchema);
```

이제 다음과 같은 방법으로 언제든지 컴파일된 모델 객체에 접근할 수 있다.

```
mongoose.model('Words')
```

Query 객체 이해하기

만약 Model 객체로 컴파일된 Schema 객체를 갖고 있다면 이제 모델의 문서에 접근하고 추가 및 수정, 삭제하는 등 몽고DB 데이터베이스에 변경을 가할 준비가 된 것이다. 그러나 좀 더 깊이 들어가기 전에 Mongoose에서 제공하는 Query 객체의 본질에 대해 이해할 필요가 있다.

Model 객체에 포함된 메서드 중 상당수가 13장, '몽고DB와 Node.js 시작하기'에서 정의한 Collection 객체의 메서드들과 같다. 예를 들면 find( )나 remove( ), update( ), distinct( ), aggregate( )가 대표적이다. 이 메서드들의 매개변수는 콜백 매개변수만 빼고는 Collection 객체에서 정의된 메서드와 거의 동일하다.

Mongoose의 Model 객체를 사용하면 콜백 메서드를 매개변수로 함께 전달하거나 생략할 수도 있다. 요청은 몽고DB로부터 생성되며 결괏값은 콜백 메서드로 반환된다.

하지만 만약 콜백 메서드를 매개변수로 전달하지 않는다면 실제로 몽고DB의 요청은 전송되지 않는다. 그 대신 실행 전에 추가 요청을 할 수 있도록 Query 객체가 반환된다. 만약 데이터베이스 호출을 실행할 준비가 됐다면 Query 객체의 exec(callback) 메서드를 사용한다.

간단히 설명하면 Mongoose의 find( ) 메서드 예제를 보면 되며 네이티브 드라이브에서의 메서드와 동일한 문법을 가지므로 mongoose에서 사용할 수 있다.

```
model.find({value:{$gt:5}},{sort:{[['value',-1]]}, fields:{name:1, title:1,
value:1}}},
  function(err, results){});
```

그러나 Mongoose를 사용했을 때 다음 코드를 사용하면 query 옵션을 개별적으로 설정할 수 있다.

```
var query = model.find({});
query.where('value').lt(5);
query.sort('-value');
query.select('name title value');
query.excc(function(err, results){});
```

콜백을 지정하지 않았기 때문에 model.find( )는 find( ) 메서드 실행을 하는 대신 query 객체를 반환한다. 그리고 query 객체에 대한 다음 번 메서드를 호출해 query 프로퍼티와 options 프로퍼티를 생성할 수 있다. 일단 한 번 query 객체가 제대로 생성되면 exec( ) 메서드를 호출해 콜백 함수를 함께 전달한다.

또한 query 객체의 메서드와 문자열을 다음과 같이 결합해 사용할 수도 있다.

```
model.find({}).where('value').lt(5).sort('-value').select('name title value')
.exec(function(err, results){});
```

exec( )가 호출되면 Mongoose 라이브러리는 필요한 질의와 옵션 매개변수를 생성하고 몽고DB에 네이티브 호출을 수행한다. 콜백 메서드를 통해 결과가 전달된다.

Query 데이터베이스 동작 설정하기

각각의 Query 객체는 데이터베이스 동작을 가진다. 데이터베이스 동작은 언제 데이터베이스에 연결해야 할지 문서를 탐색하고 저장하는 등의 동작을 수행한다. Query 객체에 데이터베이스 동작을 할당하는 방법은 두 가지다. 첫째, Model 객체 동작을 호출하고 콜백은 지정하지 않는다. 이때 데이터베이스 동작과 연계된 Query 객체는 반환된다. 예를 들면 다음과 같다.

```
var query = model.find();
```

이미 Query 객체를 갖고 있다면 이제 Query 객체의 메서드를 호출해 동작을 변경할 수 있다.
예를 들어 다음 코드는 먼저 count() 동작을 갖는 Query 객체를 만들고 find()로 변경한다.

```
var query = model.count();
query.where('value').lt(5);
query.exec(function(){});
query.find();
query.exec(function(){});
```

이 방법으로 동일한 Query 객체를 동적으로 재사용해 다중 데이터베이스 동작을 수행할 수
있다. 표 16.2는 Query 객체를 통해 호출할 수 있는 동작 메서드들을 나타낸다. 이 표에서는
컴파일된 Model 객체의 메서드 리스트들을 나타내고 콜백 메서드 정의를 생략해 Query 객
체를 반환받는다. 한 가지 명심해야 할 점은 여러 메서드에서 콜백 메서드를 함께 전달할 경
우 메서드 실행이 종료되면 해당 콜백 메서드가 실행된다는 것이다.

표 16.2 데이터베이스 동작을 설정하기 위한 Query와 Model 객체의 사용 가능 메서드

메서드	설명
create(objects, [callback])	objects 매개변수에 설명된 객체들을 몽고DB 데이터베이스에 삽입한다. objects 매개변수는 하나의 JavaScript 객체거나 JavaScript 객체의 배열이다. 모델의 Document 객체 인스턴스는 각 객체에 맞게 생성된다. 콜백 함수는 첫 번째 매개변수로 error 객체를 반환하고 다음 매개변수로는 저장된 문서를 반환한다. 예를 들면 다음과 같다. function(err, doc1, doc2, doc3, …)
count([query], [callback])	count 동작을 설정한다. 콜백이 실행됐을 때 Query 객체와 매칭되는 항목의 개수를 반환한다.
distinct([query], [field], [callback])	distinct 동작을 설정한다. 콜백이 실행됐을 때 지정되는 field의 값 배열을 제한할 수 있다.
find([query], [options], [callback])	find 동작을 설정한다. Query 객체와 매칭되는 Document 객체의 배열 값을 반환한다.
findOne([query], [options], [callback])	findOne 동작을 설정한다. Query 객체와 매칭되는 첫 번째 Document 객체를 반환한다.
findOneAndRemove([query], [options], [callback])	findAndRemove 동작을 설정한다. Query 객체와 매칭되는 첫 번째 Document 객체를 삭제한다.

(이어짐)

findOneAndUpdate([query], [update], [options], [callback])	findAndRemove 동작을 설정한다. Query 객체와 매칭되는 첫 번째 Document를 update 매개변수에 따라 갱신한다. update 동작은 update 매개변수를 통해 지정될 수 있다. 사용되는 update 연산자는 표 14.2를 통해 확인할 수 있다.
remove([query], [options], [callback])	remove 동작을 설정한다. Query 객체와 매칭되는 컬렉션 내 모든 document를 삭제한다.
update([query], [update], [options], [callback])	update 동작을 설정한다. Query 객체와 매칭되는 컬렉션 내 모든 document를 업데이트한다. update 동작은 update 매개변수에 따라 갱신된다. update 연산자에 대해서는 표 14.2를 참고하라.
aggregate(operators, [callback])	컬렉션에 aggregate 연산자를 적용한다. 콜백 함수는 첫 번째 매개변수에서 에러, 두 번째 매개변수에서 집합된 결과 항목의 JavaScript 객체 배열을 전달받는다.

Query 데이터베이스 옵션 설정하기

Query 객체는 서버에서 요청 사항이 어떻게 처리될지를 정의할 수 있는 limit, skip 및 select 와 같은 옵션을 설정할 수 있는 방법을 제공한다. 표 16.2에 정의된 options 매개변수를 통해 여러 가지 옵션을 정의할 수도 있고 표 16.3에 정의된 것과 같이 Query 객체의 메서드를 호출할 수도 있다.

표 16.3 데이터베이스 동작 옵션을 설정하기 위한 Query와 Model 객체의 메서드

메서드	설명
setOptions(options)	몽고DB에서 데이터베이스 요청을 처리할 때 사용되는 옵션을 설정한다. 설정할 수 있는 옵션은 표 15.2를 참고하라.
limit(number)	결과 항목에 포함될 문서의 최대 개수를 정의한다.

select(fields)	결과 항목의 각 문서에 반드시 포함돼야 하는 필드를 정의한다. fields 매개변수는 공백으로 구분된 문자열이거나 객체여야 한다. 문자열 메서드를 사용했을때 필드 앞에 +를 추가하면 설사 문서에 해당 필드가 존재하지 않더라도 강제로 포함시키는 것이고 -를 추가하면 해당 필드를 제거하는 것이다. 예를 들면 다음과 같다.
	select('name +title -value');
	select({name:1, title:1, value:0});

sort(fields)	fields 매개변수를 문자열 또는 객체 형태로 정렬한다. 예를 들면 다음과 같다. sort('name -value'); sort({name:1, value:-1})

skip(number)	결과 세트의 시작 지점에서부터 건너뛸 문서의 개수를 정의한다.
read(preference)	primary, primaryPreferre, secondary, secondaryPreferred 및 nearest와 같은 읽기 설정을 할 수 있다.
snapshot(Boolean)	true 값을 가질 때 질의 값을 스냅샷 질의(snapshot query)로 설정한다.
safe(Boolean)	true 값을 가질 때, 데이터베이스 요청할 때 갱신 동작에서 데이터베이스의 쓰기 확인(write concern)을 사용한다.
hint(hints)	문서를 탐색할 때 사용/미사용 인덱스를 지정한다. 1이면 사용, −1이면 사용하지 않는다. 예를 들면 다음과 같다. hint(name:1, title:−1);
comment(string)	문자열을 몽고DB 로그에 질의와 함께 추가한다. 로그 파일에서 질의를 식별할 때 유용하다.

Query 연산자 설정하기

Query 객체를 사용하면 데이터베이스 동작에 적용할 문서를 찾기 위한 연산자나 값을 정의할 수 있다. 여기서의 연산자란 '어떤 값보다 큰 필드의 값'이다. 이러한 연산자들은 필드 경로에 순차적으로 적용된다. 경로는 where( ) 메서드를 통해 지정할 수 있고 연산자 메서드 내에 포함될 수 있다. 만약 어떤 조건을 위한 연산자가 별도로 정의되지 않았다면 가장 마지막에 정의된 조건이 where( ) 메서드로 전달된다.

예를 들어 gt( ) 메서드는 value 필드의 값을 비교하기 위한 조건이다.

```
query.where('value').gt(5)
```

그러나 다음과 같은 문장에서 lt( ) 메서드는 score 필드를 비교한다.

```
query.where('value').gt(5).lt('score', 10);
```

표 16.4 Query 연산자를 정의하기 위한 query 객체의 메서드 목록

메서드	설명
where(path,[value])	연산자에서 사용할 현재 필드의 path 값을 설정한다. 만약 value도 함께 설정된다면 필드 값이 value로 전달된 값과 동일한 문서만 가져온다. 예를 들면 다음과 같이 사용할 수 있다. where(' name', "myName")
gt([path],value)	질의에서 지정되고 value로 전달된 값보다 큰 값만 가져온다. 예를 들면 다음과 같이 사용한다. gt('value', 5) gt(5)
gte([path],value)	질의에서 지정되고 value로 전달된 값보다 크거나 같은 값만 가져온다.
lt([path],value)	질의에서 지정되고 value로 전달된 값보다 작은 값만 가져온다.
lte([path],value)	질의에서 지정되고 value로 전달된 값보다 작거나 같은 값만 가져온다.
ne([path],value)	질의에서 지정되고 value로 전달된 값과 같지 않은 값만 가져온다.
in([path],array)	질의에서 지정된 array의 배열에 존재하는 값만 반환한다. 예를 들면 다음과 같이 사용한다. in(' name', ['item1', 'item2']) in(['item1', 'item2'])
nin([path],array)	질의에서 지정된 array의 배열에 존재하지 않는 값만 반환한다.
or(conditions)	질의 절(query clause)에 논리 OR을 적용하고 conditions로 전달된 절 중 한쪽 조건이라도 만족하는 모든 문서를 가져온다. 예를 들면 다음과 같이 사용한다. or([{size:{$lt:5}},{size:{$gt:10}}])
and(conditions)	질의 절에 논리 AND을 적용하는 것으로 conditions로 전달된 절 중 양쪽 조건을 모두 만족하는 모든 문서를 가져온다. 예를 들면 다음과 같이 사용한다. and([{size:{$lt:10}},{size:{$gt:5}}])
nor(conditions)	질의 절에 논리 NOR을 적용하는 것으로 conditions로 전달된 양쪽 조건을 모두 불만족하는 모든 문서를 가져온다. 예를 들면 다음과 같이 사용한다. nor([{size:{$lt:5}},{name:"myName"}])
exists([path],Boolean)	지정된 필드를 갖는 문서가 존재하는지 여부를 확인한다. 예를 들면 다음과 같이 사용한다. exists('name' , true) exists('title', false)
mod([path], value, remainder)	전달된 필드의 값에 모듈로 연산을 적용하고 remainder로 전달된 값과 매칭되는 문서를 반환한다. 예를 들면 다음과 같이 사용한다. mod('size', 2,0)

regex([path], expression)	지정된 정규 표현식을 만족하는 모든 문서를 반환한다. 예를 들면 다음과 같이 사용한다. regex('myField', 'some.*exp')
all([path], array)	전달된 array 매개변수와 매치되는 모든 배열 필드를 반환한다. 예를 들면 다음과 같다. all('myArr', ['one','two','three'])

elemMatch([path], criteria)	$elemMatch에서 criteria 매개변수로 전달된 조건과 매치하는 필드를 포함하는 모든 서브 문서를 반환한다. criteria는 객체일 수도, 함수일 수도 있다. 예를 들면 다음과 같이 사용한다.
	elemMatch('item', {value:5},size:{$lt:3}})
	elemMatch('item', function(elem){
	   elem.where('value', 5);
	   elem.where('size').gt(3);
	})

size([path], value)	지정된 크기의 배열 필드를 갖는 모든 문서를 반환한다. 예를 들면 다음과 같이 사용한다. size('myArr', 5)

문서 객체 이해하기

데이터베이스에서 문서를 탐색하기 위해 Model 객체를 사용할 때 문서는 Mongoose Document 객체의 콜백 함수와 같이 표현한다. 문서 객체는 Model 클래스로부터 상속되며 컬렉션의 실제 문서를 나타낸다. Document 객체는 스키마 모델을 갖는 문서를 사용하고 검증 또는 수정과 같은 작업을 하기 위한 여러 메서드와 추가 속성을 지원한다. 표 16.5는 Document 객체에서 가장 유용하게 사용되는 메서드와 속성들이다.

표 16.5 Document 객체에서 사용할 수 있는 메서드와 속성들

메서드/속성	설명
equals(doc)	Document 객체가 doc 매개변수로 전달된 문서와 매치된다면 true를 반환한다.
id	문서의 _id 값을 나타낸다.
get(path, [type])	지정된 path 값을 반환한다. type 매개변수를 사용하면 반환되는 필드 값을 원하는 타입으로 변환할 수 있다.
set(path, value, [type])	지정된 path에 value로 전달된 값을 저장한다. type 매개변수를 사용하면 저장할 필드의 값을 원하는 타입으로 변환할 수 있다.

(이어짐)

update(update, [options], [call-back])	몽고DB 데이터베이스의 문서를 갱신한다. update 매개변수는 문서에 적용할 update 동작을 정의한다. 사용할 수 있는 update 동작은 표 14.2를 참고하라.
save([callback])	몽고DB 데이터베이스에 Document 객체의 변경 값을 저장한다. 콜백 함수는 유일한 매개변수로서 error 객체를 사용한다.
remove([callback])	몽고DB 데이터베이스에서 Document 객체를 제거한다. 콜백 함수는 유일한 매개변수로서 error 객체를 사용한다.
isNew	불린 값이며 true인 경우에는 새로운 객체가 몽고DB에 저장되지 않은 모델이라는 것을 나타낸다.
isInit(path)	path 필드가 초기화된 상태라면 true를 반환한다.
isSelected(path)	몽고DB로부터 반환된 결과 세트에 지정된 필드가 포함된다면 true를 반환한다.
markModified(path)	지정된 path가 몽고DB에 저장되거나 갱신되는 등 수정되는지 여부를 마크한다.
modifiedPaths()	객체 내의 path 배열이 수정됐는지를 반환한다.
toJSON()	Document 객체를 나타내는 JSON 문자열을 반환한다.
toObject()	Document 객체의 메서드와 프로퍼티를 사용하지 않고 일반적인 JavaScript 객체를 반환한다.
toString()	Document 객체를 나타내는 문자열을 반환한다.
validate(callback)	문서의 검증을 수행한다. 콜백 함수는 단 하나의 error 매개변수를 갖는다.
invalidate(path, msg, value)	path가 유효하지 않은지를 마크한다. msg와 value 매개변수는 에러 메시지와 value 값을 정의한다.
errors	문서에서 발생된 에러 목록을 포함한다.
schema	Document 객체의 모델을 정의하는 Schema 객체에 대한 링크를 포함한다.

Mongoose를 사용해 문서 탐색하기

mongoose 모듈을 사용해 문서를 탐색하는 방법은 몽고DB에서 Node.js 네이티브 드라이버를 사용하는 방법과 거의 유사하지만 몇 가지 다른 점이 있다. limit이나 skip, distinct와 같은 로직 연산자와 같은 개념은 동일하지만 크게 두 가지 다른 점이 존재한다.

Mongoose를 사용할 때의 가장 큰 첫 번째 차이점은 요청을 처리할 질의문을 파이프로 연결할 수 있으며 16장의 앞부분에서 다룬 내용에서와 같이 Query 객체에 의해 재사용할 수 있다는 것이다. 코드를 Mongoose로 작성함으로써 어떤 문서를 결괏값으로 반환할지 또는 어떻게 반환할지 등을 동적으로, 그리고 유연하게 결정할 수 있다.

예를 들어 다음 세 가지 질의는 서로 다른 방식으로 작성됐지만 동일한 동작을 가진다.

```
var query1 = model.find({name:'test'}, {limit:10, skip:5, fields:{name:1,value:1}});
var query2 = model.find().where('name','test').limit(10).skip(5).
select({name:1,value:1});
var query3 = model.find().
query3.where('name','test')
query3.limit(10).skip(5);
query3.select({name:1,value:1});
```

Mongoose를 사용해 Query 객체를 생성할 때 코드 내에서 필요할 때마다 계속 추가하는 것이 좋은 방법이다.

두 번째 차이점은 find()나 findOne()와 같은 몽고DB의 동작이 JavaScript 객체가 아닌 Document 객체를 반환한다는 것이다. 특히 find()는 Cursor 객체가 아닌 Document 객체의 배열을 반환하며 findOne()은 Document 객체를 단독으로 반환한다. Document 객체에는 표 16.5에 정의된 동작들을 사용할 수 있다.

목록 16.3은 Mongoose를 사용해 데이터베이스의 객체들을 탐색하는 여러 가지 예를 보여준다. 예제의 9~14번 줄은 모음으로 시작하면서 모음으로 끝나는 단어의 개수를 센다. 16번 줄이 동작하기 이전에 15번 줄에서는 앞서 사용한 Query 객체에 find() 및 limit(), sort()를 수행하는 명령을 실행한다.

22~32번 줄에서는 6개 이상의 짝수 문자 개수를 갖는 단어들을 찾기 위해 mod()를 사용한다. 또한 결과 문서는 10개로 제한되며 각 문서는 word와 size 필드만을 포함한다.

목록 16.3 mongoose_find.js: Mongoose를 사용해 컬렉션에서 문서 찾기

```
01 var mongoose = require('mongoose');
02 var db = mongoose.connect('mongodb://localhost/words');
03 var wordSchema = require('./word_schema.js').wordSchema;
04 var Words = mongoose.model('Words', wordSchema);
05 setTimeout(function(){
06   mongoose.disconnect();
```

```
07 }, 3000);
08 mongoose.connection.once('open', function(){
09   var query = Words.count().where('first').in(['a', 'e', 'i', 'o', 'u']);
10   query.where('last').in(['a', 'e', 'i', 'o', 'u']);
11   query.exec(function(err, count){
12     console.log("/nThere are " + count +
13     " words that start and end with a vowel");
14   });
15   query.find().limit(5).sort({size:-1});
16   query.exec(function(err, docs){
17     console.log("/nLongest 5 words that start and end with a vowel: ");
18     for (var i in docs){
19       console.log(docs[i].word);
20     }
21   });
22   query = Words.find();
23   query.mod('size',2,0);
24   query.where('size').gt(6);
25   query.limit(10);
26   query.select({word:1, size:1});
27   query.exec(function(err, docs){
28     console.log("/nWords with even lengths and longer than 5 letters: ");
29     for (var i in docs){
30       console.log(JSON.stringify(docs[i]));
31     }
32   });
33 });
```

목록 16.3의 결과 mongoose_find.js: Mongoose를 사용해 컬렉션에서 문서 찾기 결과

```
There are 5 words that start and end with a vowel
Words with even lengths and longer than 5 letters:
{"_id":"598e0ebd0850b51290642f8e","word":"american","size":8}
{"_id":"598e0ebd0850b51290642f9e","word":"question","size":8}
{"_id":"598e0ebd0850b51290642fa1","word":"government","size":10}
{"_id":"598e0ebd0850b51290642fbe","word":"national","size":8}
{"_id":"598e0ebd0850b51290642fcc","word":"business","size":8}
{"_id":"598e0ebd0850b51290642ff9","word":"continue","size":8}
```

```
{"_id":"598e0ebd0850b51290643012","word":"understand","size":10}
{"_id":"598e0ebd0850b51290643015","word":"together","size":8}
{"_id":"598e0ebd0850b5129064301a","word":"anything","size":8}
{"_id":"598e0ebd0850b51290643037","word":"research","size":8}
Longest 5 words that start and end with a vowel:
administrative
infrastructure
intelligence
independence
architecture
```

Mongoose를 사용해 문서 추가하기

몽고DB 라이브러리에 문서를 추가하려면 Model 객체의 create( ) 메서드를 사용하거나 신규 생성한 Document 객체의 save( ) 메서드를 사용해야 한다. create( ) 메서드는 JavaScript 객체의 배열을 전달받고 각 JavaScript 객체에 대한 검증 및 미들웨어 프레임워크를 적용한 Document 인스턴스를 생성한다. 그런 다음 Document 객체가 데이터베이스에 저장된다. create( ) 메서드의 문법은 다음과 같다.

```
create( objects, [callback] )
```

create( ) 메서드의 실행 중 에러가 발생하면 콜백 함수에서 첫 번째 매개변수로 에러가 전달되고 나머지 문서들이 나머지 매개변수로 저장된다. 목록 16.4의 27~32번 줄에서 create( ) 메서드를 사용해 문서를 저장하는 방법을 다루고 있다. create( ) 메서드는 Model 객체인 Words에서 호출됐고 목록 16.4의 결과에서 인수가 반복 처리돼 문서가 생성되는 것을 차례대로 볼 수 있다.

이미 생성된 Document 객체는 save( ) 메서드를 사용한다. 하지만 몽고DB 데이터베이스에 아직 생성되지 않은 문서라도 save( ) 메서드를 호출할 수 있다. save( ) 메서드는 새로운 문서를 삽입할 때 사용된다. save( ) 메서드의 문법은 다음과 같다.

```
save( [callback] )
```

목록 16.4는 Mongoose에서 save( ) 메서드를 사용해 문서를 데이터베이스를 추가하는 예를 보여준다. 새로운 Document 인스턴스가 6~11번 줄에 생성됐고 이후에 save( ) 메서드는 문서 인스턴스에서 호출됐다.

목록 16.4 mongoose_create.js: Mongoose를 사용해 신규 문서 생성하기

```
01 var mongoose = require('mongoose');
02 var db = mongoose.connect('mongodb://localhost/words');
03 var wordSchema = require('./word_schema.js').wordSchema;
04 var Words = mongoose.model('Words', wordSchema);
05 mongoose.connection.once('open', function(){
06   var newWord1 = new Words({
07     word:'gratifaction',
08     first:'g', last:'n', size:12,
09     letters: ['g','r','a','t','i','f','c','o','n'],
10     stats: {vowels:5, consonants:7}
11   });
12   console.log("Is Document New? " + newWord1.isNew);
13   newWord1.save(function(err, doc){
14     console.log("/nSaved document: " + doc);
15   });
16   var newWord2 = { word:'googled',
17     first:'g', last:'d', size:7,
18     letters: ['g','o','l','e','d'],
19     stats: {vowels:3, consonants:4}
20   };
21   var newWord3 = {
22     word:'selfie',
23     first:'s', last:'e', size:6,
24     letters: ['s','e','l','f','i'],
25     stats: {vowels:3, consonants:3}
26   };
27   Words.create([newWord2, newWord3], function(err){
28     for(var i=1; i<arguments.length; i++){
29       console.log("/nCreated document: " + arguments[i]);
30     }
31     mongoose.disconnect();
32   });
33 });
```

목록 16.4의 결과 mongoose_create.js: Mongoose를 사용해 신규 문서를 생성한 결과

```
Is Document New? True
Saved document: { __v: 0,
  word: 'gratifaction',
  first: 'g',
  last: 'n',
  size: 12,
  _id: 598e10192e335a163443ec13,
  charsets: [],
  stats: { vowels: 5, consonants: 7 },
  letters: [ 'g', 'r', 'a', 't', 'i', 'f', 'c', 'o', 'n' ] }
Created document: { __v: 0,
  word: 'googled',
  first: 'g',
  last: 'd',
  size: 7,
  _id: 598e10192e335a163443ec14,
  charsets: [],
  stats: { vowels: 3, consonants: 4 },
  letters: [ 'g', 'o', 'l', 'e', 'd' ] },{ __v: 0,
  word: 'selfie',
  first: 's',
  last: 'e',
  size: 6,
  _id: 598e10192e335a163443ec15,
  charsets: [],
  stats: { vowels: 3, consonants: 3 },
  letters: [ 's', 'e', 'l', 'f', 'i' ] }
```

Mongoose를 사용해 문서 갱신하기

Mongoose를 사용해 문서를 갱신하는 데에는 여러 가지 방법이 있다. 어떤 방법을 사용할지는 애플리케이션의 성격에 따라 다르다. 한 가지 방법은 이전 절에서 설명한 save( ) 메서드를 사용하는 것이다. 이미 데이터베이스에서 생성된 객체에 대해서는 save( ) 메서드를 사용할 수 있다.

다른 방법으로는 update( ) 메서드를 사용하는 것이다. 이 방법은 단일 문서 객체를 갱신할 수도 있지만 Model 객체에 포함된 여러 문서 객체를 갱신할 수도 있다. update( ) 메서드의 장점은 여러 객체에 적용할 수 있다는 점이며 그 성능 또한 경미하게 우수하다. 다음 절부터는 이러한 메서드에 대해 자세히 살펴본다.

변경된 문서 저장하기

앞서 이미 save( ) 메서드를 사용해 데이터베이스에 새로운 문서를 추가하는 방법에 대해 살펴봤다. 이 방법은 기존에 이미 존재하는 객체를 업데이트하고자 할 때 적용할 수 있다. 종종 몽고DB에서는 save( ) 메서드를 사용하는 것이 편리한데 그 이유는 대부분 이미 Document 객체를 갖고 있기 때문이다.

save( ) 메서드는 객체가 새로 생성된 것인지 어떤 필드가 변경됐는지를 추적하고 데이터베이스에서 해당 필드들을 갱신할 수 있는 요청 명령을 만든다. 목록 16.5는 save( ) 요청을 구현하는 방법을 보여준다. 이 예제에서는 데이터베이스에 저장된 book이라는 단어가 포함된 문서를 탐색하고 첫 번째 문자를 대문자로 변환한다.

8번 줄의 doc.isNew는 해당 문서가 신규인지 아닌지를 알려준다. 또한 14번 줄에서는 doc.modifiedFields( )를 사용해 변경된 필드를 출력한다. 여기에서 보이는 필드는 값이 갱신될 필드다.

목록 16.5 mongoose_save.js: Mongoose를 사용해 컬렉션에 문서 저장하기

```
01 var mongoose = require('mongoose');
02 var db = mongoose.connect('mongodb://localhost/words');
03 var wordSchema = require('./word_schema.js').wordSchema;
04 var Words = mongoose.model('Words', wordSchema);
05 mongoose.connection.once('open', function(){
06   var query = Words.findOne().where('word', 'book');
07   query.exec(function(err, doc){
08     console.log("Is Document New? " + doc.isNew);
09     console.log("/nBefore Save: ");
10     console.log(doc.toJSON());
11     doc.set('word','Book');
12     doc.set('first','B');
13     console.log("/nModified Fields: ");
14     console.log(doc.modifiedPaths());
15     doc.save(function(err){
```

```
16        Words.findOne({word:'Book'}, function(err, doc){
17          console.log("/nAfter Save: ");
18          console.log(doc.toJSON());
19          mongoose.disconnect();
20        });
21      });
22    });
23 });
```

목록 16.5의 결과 mongoose_save.js: Mongoose를 사용해 컬렉션에 문서를 저장한 결과

```
Is Document New? false
Before Save:
{ _id: 598e0ebd0850b51290642fc7,
  word: 'book',
  first: 'b',
  last: 'k',
  size: 4,
  charsets:
    [ { chars: [Object], type: 'consonants' },
      { chars: [Object], type: 'vowels' } ],
  stats: { vowels: 2, consonants: 2 },
 letters: [ 'b', 'o', 'k' ] }

Modified Fields:
[ 'word', 'first' ]

After Save:
{ _id: 598e0ebd0850b51290642fc7,
  word: 'Book',
  first: 'B',
  last: 'k',
  size: 4,
  charsets:
    [ { chars: [Object], type: 'consonants' },
      { chars: [Object], type: 'vowels' } ],
  stats: { vowels: 2, consonants: 2 },
  letters: [ 'b', 'o', 'k' ] }
```

단일 문서 갱신하기

단일 문서를 갱신하기 위한 메서드는 Document 객체의 update( )다. update( ) 메서드의 세부 동작에 대해서는 표 14.2에 나타냈다. Document 객체의 update( ) 메서드 문법은 다음과 같다.

update(update, [options], [callback])

update 매개변수는 문서를 갱신하기 위한 동작을 정의하고 options 매개변수는 쓰기 옵션을 나타낸다. 또한 콜백 함수는 첫 번째 인자로 에러를 전달하고 두 번째 인자로 갱신된 문서를 전달한다.

목록 16.6은 단어 gratifaction을 gratifactions로 갱신하기 위해 $set으로 word와 size, last 필드를 수정하고 $push를 통해 문자열에 마지막 문자 s를 추가하는 update( ) 메서드 사용 예제다. 목록 16.6의 결과는 목록 16.6의 수행 결과다.

목록 16.6 mongoose_update_one.js: Mongoose를 사용해 단일 문서 갱신하기

```
01 var mongoose = require('mongoose');
02 var db = mongoose.connect('mongodb://localhost/words');
03 var wordSchema = require('./word_schema.js').wordSchema;
04 var Words = mongoose.model('Words', wordSchema);
05 mongoose.connection.once('open', function(){
06   var query = Words.findOne().where('word', 'gratifaction');
07   query.exec(function(err, doc){
08     console.log("Before Update: ");
09     console.log(doc.toString());
10     var query = doc.update({$set:{word:'gratifactions',
11                                   size:13, last:'s'},
12                             $push:{letters:'s'}});
13     query.exec(function(err, results){
14       console.log("/n%d Documents updated", results);
15       Words.findOne({word:'gratifactions'}, function(err, doc){
16         console.log("/nAfter Update: ");
17         console.log(doc.toString());
18         mongoose.disconnect();
19       });
```

```
20    });
21   });
22 });
```

목록 16.6의 결과 mongoose_update_one.js: Mongoose를 사용해 단일 문서를 갱신한 결과

```
by using Mongoose
Before Update:
{ _id: 598e10192e335a163443ec13,
  word: 'gratifaction',
  first: 'g',
  last: 'n',
  size: 12,
  __v: 0,
  charsets: [],
  stats: { vowels: 5, consonants: 7 },
  letters: [ 'g', 'r', 'a', 't', 'i', 'f', 'c', 'o', 'n' ] }
NaN Documents updated
After Update:
{ _id: 598e10192e335a163443ec13,
  word: 'gratifactions',
  first: 'g',
  last: 's',
  size: 13,
  __v: 0,
  charsets: [],
  stats: { vowels: 5, consonants: 7 },
  letters: [ 'g', 'r', 'a', 't', 'i', 'f', 'c', 'o', 'n', 's' ] }
```

여러 문서 갱신하기

Model 객체는 여러 문서를 갱신하는 update( ) 메서드를 제공한다. update( ) 메서드의 상세한 동작은 표 14.2를 참고하라. Model 객체의 update( ) 메서드 문법은 약간 다르며 다음과 같다.

```
update( query, update, [options], [callback ])
```

query 매개변수는 어떤 객체를 갱신할 것인지 식별하기 위해 사용된다. update 매개변수는 문서에 적용되는 update( ) 동작을 정의한 객체다. options 매개변수는 쓰기 옵션을 나타낸다. 또한 콜백 함수는 첫 번째 인자로 에러를 전달하고 두 번째 인자로 갱신된 여러 문서를 전달한다.

이 방법의 좋은 점은 모델 수준의 갱신 동작이기 때문에 어떤 객체가 갱신될 것인지를 정의하기 위해 Query 객체를 사용할 수 있다는 것이다. 목록 16.7은 정규 표현식 /grati.*/를 만족하는 단어의 size 필드 값을 0으로 갱신하기 위해 update( ) 메서드를 사용한다. 11번 줄에서는 update 객체가 정의되지만 14번 줄이 실행되기 전에 Query 객체에 여러 옵션이 파이프라인처럼 추가된다.

그런 다음 정규 표현식 /grat.*/를 만족하는 단어를 찾는 또다른 find( )를 수행해 실제로 갱신 질의가 어떻게 변경시키는지 확인한다.

목록 16.7 mongoose_update_many.js: Mongoose를 사용해 여러 문서 갱신하기

```
01 var mongoose = require('mongoose');
02 var db = mongoose.connect('mongodb://localhost/words');
03 var wordSchema = require('./word_schema.js').wordSchema;
04 var Words = mongoose.model('Words', wordSchema);
05 mongoose.connection.once('open', function(){
06   Words.find({word:/grati.*/}, function(err, docs){
07     console.log("Before update: ");
08     for (var i in docs){
09       console.log(docs[i].word + ": " + docs[i].size);
10     }
11     var query = Words.update({}, {$set: {size: 0}});
12     query.setOptions({multi: true});
13     query.where('word').regex(/grati.*/);
14     query.exec(function(err, results){
15       Words.find({word:/grat.*/}, function(err, docs){
16         console.log("/nAfter update: ");
17         for (var i in docs){
18           console.log(docs[i].word + ": " + docs[i].size);
19         }
20         mongoose.disconnect();
21       });
22     });
```

```
23   });
24 });
```

목록 16.7의 결과 mongoose_update_many.js: Mongoose를 사용해 여러 문서를 갱신한 결과

```
Before update:
gratifactions: 13
immigration: 11
integration: 11
migration: 9
After update:
grateful: 8
gratifactions: 0
immigration: 0
integrate: 9
integrated: 10
integration: 0
migration: 0
```

Mongoose를 사용해 문서 삭제하기

Mongoose를 사용해 컬렉션에서 문서 객체를 삭제하는 데에는 두 가지 방법이 있다. 첫째, 단일 문서 삭제를 위해 Document 객체에 remove() 메서드를 사용하거나 여러 문서 삭제를 위해 Model 객체에 remove() 메서드를 사용한다. 만약 Document 인스턴스를 이미 갖고 있다면 단일 문서를 삭제하는 것은 편리한 편이다. 둘째, 모델 수준에서 여러 문서를 동시에 삭제하는 것 역시 매우 편리하다. 다음 절에서는 이러한 방법들을 설명한다.

단일 문서 삭제하기

Document 객체는 단일 문서를 삭제하기 위한 remove() 메서드를 제공한다. Document 객체의 remove() 메서드의 문법은 다음과 같다. 콜백 함수는 에러가 발생한 경우에는 인수로 에러를 전달하고 삭제가 성공적이면 문서를 삭제한다.

```
remove( [callback] )
```

목록 16.8은 remove( ) 메서드를 사용해 단어 unhappy를 삭제하는 예제다. 목록 16.8의 결과는 목록 16.8의 수행 결과다.

목록 16.8 mongoose_remove_one.js: Mongoose를 사용해 문서 삭제하기

```
01 var mongoose = require('mongoose');
02 var db = mongoose.connect('mongodb://localhost/words');
03 var wordSchema = require('./word_schema.js').wordSchema;
04 var Words = mongoose.model('Words', wordSchema);
05 mongoose.connection.once('open', function(){
06   var query = Words.findOne().where('word', 'unhappy');
07   query.exec(function(err, doc){
08     console.log("Before Delete: ");
09     console.log(doc);
10     doc.remove(function(err, deletedDoc){
11       Words.findOne({word:'unhappy'}, function(err, doc){
12         console.log("/nAfter Delete: ");
13         console.log(doc);
14         mongoose.disconnect();
15       });
16     });
17   });
18 });
```

목록 16.8의 결과 mongoose_remove_one.js: Mongoose를 사용해 문서를 삭제한 결과

```
Before Delete:
{ _id: 598e0ebd0850b51290643f21,
  word: 'unhappy',
  first: 'u',
  last: 'y',
  size: 7,
  charsets:
   [ { chars: [Object], type: 'consonants' },
     { chars: [Object], type: 'vowels' } ],
  stats: { vowels: 2, consonants: 5 },
  letters: [ 'u', 'n', 'h', 'a', 'p', 'y' ] }
After Delete:
null
```

여러 문서 삭제하기

Model 객체는 remove( ) 메서드를 사용해 하나의 컬렉션 내 여러 문서를 단 한 번의 데이터 베이스 호출로 삭제할 수 있다. Model 객체의 remove( ) 메서드의 문법은 약간 다르지만 다음과 같은 모습을 지닌다.

```
update( query, [options], [callback] )
```

---

query 매개변수는 어떤 객체를 삭제할 것인지 식별하기 위해 사용된다. options 매개변수는 쓰기 옵션을 나타낸다. 또한 콜백 함수는 첫 번째 인자로 에러를 전달하고 두 번째 인자로 삭제된 여러 문서를 전달한다.

이 방법의 좋은 점은 여러 문서를 단 한번의 호출로 삭제할 수 있어 여러 번 호출함으로써 발생하는 오버헤드를 줄일 수 있다는 것이다. 또한 어떤 객체를 삭제할지 정의하기 위해 Query 객체를 사용할 수 있다.

목록 16.9는 정규 표현식 /grati.*/를 만족하는 단어를 삭제하기 위해 remove( ) 메서드를 사용한다. 13번 줄에서 실제로 질의를 수행하기 전에 Query 객체에 여러 가지 질의 옵션을 적용한다. 이후에는 삭제된 문서의 목록을 출력하고 정규 표현식 /grat.*/를 만족하는 단어를 찾기 위한 find( ) 요청을 보내 remove 질의가 정확히 적용됐는지 확인한다.

목록 16.9 mongoose_remove_many.js: Mongoose를 사용해 여러 문서 삭제하기

```
01 var mongoose = require('mongoose');
02 var db = mongoose.connect('mongodb://localhost/words');
03 var wordSchema = require('./word_schema.js').wordSchema;
04 var Words = mongoose.model('Words', wordSchema);
05 mongoose.connection.once('open', function(){
06   Words.find({word:/grat.*/}, function(err, docs){
07     console.log("Before delete: ");
08     for (var i in docs){
09       console.log(docs[i].word);
10     }
11     var query = Words.remove();
12     query.where('word').regex(/grati.*/);
13     query.exec(function(err, results){
14       console.log("/n%d Documents Deleted.", results);
```

```
15        Words.find({word:/grat.*/}, function(err, docs){
16          console.log("/nAfter delete: ");
17          for (var i in docs){
18            console.log(docs[i].word);
19          }
20          mongoose.disconnect();
21        });
22      });
23    });
24 });
```

목록 16.9의 결과 mongoose_remove_many.js: Mongoose를 사용해 여러 문서를 삭제한 결과

```
Before delete:
grateful
gratifactions
immigration
integrate
integrated
integration
migration

NaN Documents Deleted.

After delete:
grateful
integrate
integrated
```

Mongoose를 사용해 문서 집계하기

15장, 'Node.js에서 몽고DB에 접근하기'에서 설명한 몽고DB의 집계 파이프라인^{aggregation} pipeline 동작을 적용하기 위해 Model 객체에서 제공하는 aggregate() 메서드를 사용할 수 있다. 아직 15장, 'Node.js에서 몽고DB에 접근하기'의 집계 함수를 읽지 않았다면 이 절을 읽기 전에 반드시 확인해야 한다. Mongoose에서 집계 동작은 몽고DB의 Node.js 네이티브

드라이버에서의 동작과 거의 유사하다. 원한다면 완전히 똑같은 문법을 사용할 수도 있다. Mongoose의 Aggregate 객체를 사용해 빌드하면 집계 파이프라인을 실행할 수 있다.

Aggregate 객체는 Query 객체와 유사하므로 콜백 함수를 전달하면 aggregate( )가 즉시 실행된다. 그렇지 않은 경우에는 Aggregate 객체가 반환되고 이를 파이프라인 메서드에 적용할 수 있다.

예를 들어 다음은 aggregate 메서드를 즉각 호출하는 예다.

```
model.aggregate([{$match:{value:15}}, {$group:{_id:"$name"}}],
    function(err, results) {});
```

집계 파이프라인 동작은 Aggregate 객체의 인스턴스를 통해 사용할 수 있다. 다음 예를 살펴보자.

```
var aggregate = model.aggregate();
aggregate.match({value:15});
aggregate.group({_id:"$name"});
aggregate.exec();
```

표 16.6에서 Aggregate 객체를 통해 호출할 수 있는 메서드를 나열했다.

표 16.6 Mongoose의 Aggregate 객체에서 사용할 수 있는 파이프라인 메서드

메서드/속성	설명
exec(callback)	Aggregate 객체의 파이프라인 아이템을 추가된(added) 순서대로 실행한다. 콜백 함수는 첫 번째 인자로 에러, 두 번째 인자로 집계 결과인 JavaScript 객체의 배열을 전달받는다.
append(operations)	Aggregation 객체의 파이프라인에 동작을 추가한다. 다음과 같이 여러 동작을 추가할 수 있다. append({match:{size:1}}, {$group{_id:"$title"}}, {$limit:2})
group(operators)	group 연산자로 정의한 그룹(group) 동작을 추가한다. 예를 들면 다음과 같다. group({_id:"$title", largest:{$max:"$size"}})
limit(number)	집계 결과를 특정 개수로 제한하는 limit 동작을 추가한다.
match(operators)	operators 매개변수를 통해 match 메서드 동작을 정의한다. 예를 들면 다음과 같다. match({value:{$gt:7, $lt:14}}, title:"new"})

(이어짐)

project(operators)	operators 매개변수를 통해 project 메서드의 동작을 정의한다. 예를 들면 다음과 같다. project({_id:"$name", value:"$score", largest:{$max:"$size"}})
read(preference)	집계 동작을 위한 복제 노드의 읽기 속성(read preference)을 정의한다. primary, primaryPreferred, secondary, secondaryPreferred 및 nearest 값이 사용될 수 있다.
skip(number)	집계 파이프라인에서 다음 동작을 적용할 때 첫 번째 문서는 건너뛸 수 있는 skip 동작을 추가한다.
sort(fields)	집계 파이프라인에 sort 동작을 추가한다. fields는 객체로 정의되며 1은 포함, −1은 미포함을 의미한다. sort({name:1, value:−1})
unwind(arrFields)	집계 파이프라인에서 unwind 동작을 정의한다. 배열 내의 각 값에 대한 집계 세트의 새 문서를 만들어 arrFields를 생성한다. 예를 들면 다음과 같다. unwind("arrField1", "arrField2", . ."arrField3")

목록 16.10은 Mongoose에서의 세 가지 집계 연산에 대한 예제다. 첫 번째 예로 9~19번 줄에서는 네이티브 드라이버에서 **Model** 객체를 사용하는 방법으로 집계 연산을 구현한다. 집계 결과 세트는 모음으로 시작하는 단어 중 가장 긴 단어와 짧은 단어의 크기를 갖고 있다.

다음 예제의 20~27번 줄에서는 **Aggregate** 객체를 생성하고 match( )와 append( ), limit( ) 메서드를 덧붙이는 방식으로 집계 연산을 구현한다. 결과 세트는 4~5자 길이 단어에 대해 모음/자음의 개수를 통계로 보여준다.

마지막 예제로 28~35번 줄에서는 group( ), sort( ) 및 limit( ) 메서드를 사용해 집계 파이프라인을 구현한다. 결과 세트는 전체 단어에 포함된 특정 문자를 기준으로 평균 길이 값을 순서대로 보여준다.

목록 16.10 mongoose_aggregate.js: Mongoose를 사용해 데이터 집계하기

```
01 var mongoose = require('mongoose');
02 var db = mongoose.connect('mongodb://localhost/words');
03 var wordSchema = require('./word_schema.js').wordSchema;
04 var Words = mongoose.model('Words', wordSchema);
05 setTimeout(function(){
06     mongoose.disconnect();
07 }, 3000);
08 mongoose.connection.once('open', function(){
09     Words.aggregate([{$match: {first:{$in:['a','e','i','o','u']}}},
10                 {$group: {_id:"$first",
```

```
11          largest:{$max:"$size"},
12          smallest:{$min:"$size"},
13          total:{$sum:1}}},
14        {$sort: {_id:1}}],
15      function(err, results){
16      console.log("/nLargest and smallest word sizes for " +
17        "words beginning with a vowel: ");
18      console.log(results);
19  });
20  var aggregate = Words.aggregate();
21  aggregate.match({size:4});
22  aggregate.limit(5);
23  aggregate.append({$project: {_id:"$word", stats:1}});
24  aggregate.exec(function(err, results){
25    console.log("/nStats for 5 four letter words: ");
26    console.log(results);
27  });
28  var aggregate = Words.aggregate();
29  aggregate.group({_id:"$first", average:{$avg:"$size"}});
30  aggregate.sort('-average');
31  aggregate.limit(5);
32  aggregate.exec( function(err, results){
33    console.log("/nLetters with largest average word size: ");
34    console.log(results);
35  });
36 });
```

목록 16.10의 결과 mongoose_aggregate.js: Mongoose를 사용해 데이터를 집계한 결과

```
Stats for 5 four letter words:
[ { stats: { vowels: 2, consonants: 2 }, _id: 'have' },
 { stats: { vowels: 1, consonants: 3 }, _id: 'that' },
 { stats: { vowels: 1, consonants: 3 }, _id: 'with' },
 { stats: { vowels: 1, consonants: 3 }, _id: 'this' },
 { stats: { vowels: 1, consonants: 3 }, _id: 'they' } ]
Largest and smallest word sizes for words beginning with a vowel:
[ { _id: 'a', largest: 14, smallest: 1, total: 295 },
 { _id: 'e', largest: 13, smallest: 3, total: 239 },
```

```
{ _id: 'i', largest: 14, smallest: 1, total: 187 },
{ _id: 'o', largest: 14, smallest: 2, total: 118 },
{ _id: 'u', largest: 13, smallest: 2, total: 57 } ]
Letters with largest average word size:
[ { _id: 'i', average: 8.20855614973262 },
{ _id: 'e', average: 7.523012552301255 },
{ _id: 'c', average: 7.419068736141907 },
{ _id: 'a', average: 7.145762711864407 },
{ _id: 'p', average: 7.01699716713881 } ]
```

검증 프레임워크 사용하기

Mongoose 모듈이 기존 모델에 비해 갖는 가장 중요한 장점 중 하나는 검증^{validation}이다. Mongoose는 특정 필드를 검증하기 위한 함수를 정의할 수 있도록 빌트인^{built-in}된 검증 프레임워크를 제공한다. 만약 어떤 문서의 인스턴스를 생성할 때 데이터베이스를 읽고 문서를 저장하는 과정에서 검증 프레임워크는 기존에 작성된 검증 함수를 호출하고 만약 검증이 실패한다면 에러를 반환한다.

검증 프레임워크는 사실을 간단하게 구현할 수 있다. Model 객체에서 검증 함수에 전달하고 싶은 특정 경로에 대해 validate( ) 메서드를 호출한다. 검증 함수는 필드의 값을 전달받고 그 값을 확인해 true 또는 false을 반환한다. validate( ) 메서드의 두 번째 매개변수는 검증이 실패했을 때 사용되는 에러 객체의 에러 문자열이다. 예를 들면 다음과 같이 사용한다.

```
Words.schema.path('word').validate(function(value){
    return value.length < 20;
}, "Word is Too Big");
```

검증 시 전달되는 에러 객체는 다음과 같은 필드를 갖는다.

- **error.errors.<field>.message**: validate( ) 함수를 덧붙일 때 정의되는 문자열
- **error.errors.<field>.type**: 검증 에러 타입
- **error.errors.<field>.path**: 검증 실패 경로

- **error.errors.<field>.value**: 검증 실패 값

- **error.name**: 에러 타입 이름

- **err.message**: 에러 메시지

목록 16.11은 특정 단어의 길이가 0이거나 20보다 클 때 에러를 반환하는 검증 함수를 추가하는 간단한 예제다. 18번 줄에서 newWord가 저장됐고 save( ) 함수로는 에러 값이 전달된다. 12~26번 줄의 수행 결과를 통해서는 목록 16.11의 결과 부분에서 볼 수 있는 것처럼 에러가 발생한 다양한 부분의 값을 알 수 있다. 코드의 검증 실패 상황을 알기 위해 이러한 값들을 사용할 수 있다.

목록 16.11 mongoose_validation.js: Mongoose를 사용해 모델 내 문서 검증하기

```
01 var mongoose = require('mongoose');
02 var db = mongoose.connect('mongodb://localhost/words');
03 var wordSchema = require('./word_schema.js').wordSchema;
04 var Words = mongoose.model('Words', wordSchema);
05 Words.schema.path('word').validate(function(value){
06    return value.length < 0;
07 }, "Word is Too Small");
08 Words.schema.path('word').validate(function(value){
09    return value.length > 20;
10 }, "Word is Too Big");
11 mongoose.connection.once('open', function(){
12    var newWord = new Words({
13       word:'supercalifragilisticexpialidocious',
14       first:'s',
15       last:'s',
16       size:'supercalifragilisticexpialidocious'.length,
17    });
18    newWord.save(function (err) {
19       console.log(err.errors.word.message);
20       console.log(String(err.errors.word));
21       console.log(err.errors.word.type);
22       console.log(err.errors.word.path);
23       console.log(err.errors.word.value);
24       console.log(err.name);
25       console.log(err.message);
```

```
26      mongoose.disconnect();
27    });
28 });
```

목록 16.11의 결과 mongoose_validation.js: Mongoose를 사용해 모델 내 문서를 검증한 결과

```
Word is Too Small
Word is Too Small
undefined
word
supercalifragilisticexpialidocious
ValidationError
Words validation failed
```

미들웨어 함수 구현하기

Mongoose는 Document 객체의 init( ) 및 validate( ), save( ), remove( ) 메서드의 수행 전후에 호출되는 pre 함수와 post 함수를 포함하는 미들웨어 프레임워크를 제공한다. 미들웨어 프레임워크를 사용하면 프로세스 내 특정 단계 전후에 적용돼야 하는 함수를 구현할 수 있다. 예를 들어 16장에서 설명한 것과 같이 모델을 사용해 단어와 관련된 문서를 생성한다면 미리 단어 필드의 길이 값을 자동으로 지정한다. 다음은 pre( )와 save( ) 미들웨어 함수를 사용한 예다.

```
Words.schema.pre('save', function (next) {
    console.log('%s is about to be saved', this.word);
    console.log('Setting size to %d', this.word.length);
    this.size = this.word.length;
    next();
});
```

미들웨어 함수에는 pre 함수와 post 함수 두 가지 타입이 존재하며 각각은 조금 다르게 처리된다. pre 함수는 다음으로 수행될 미들웨어 함수를 다음 매개변수로 전달받는다. pre 함수는 동기적 또는 비동기적으로 호출될 수 있다. 비동기 메서드인 경우 done 매개변수를 pre

함수에 전달해 작업이 끝난 상황을 비동기적 프레임워크에 알릴 수 있다. 만약 미들웨어에서 어떤 순서를 갖고 실행돼야 하는 동작이 있다면 동기 메서드로 사용해야 한다.

미들웨어에 동기 메서드를 적용하려면 next( ) 미들웨어 함수를 호출해야 한다.

```
shchema.pre('save', function(next)){
  next();
});
```

미들웨어에 비동기 메서드를 적용하려면 비동기 처리라는 것을 표시하기 위해 pre( ) 메서드에 true 매개변수를 전달한다. 이후에는 미들웨어 함수의 doAsync(done)을 호출한다. 예를 들면 다음과 같다.

```
shchema.pre('save', true, function(next, done)){
    next();
doAsync(done);
});
```

init, validate, save 및 remove 함수의 뒤에 post 미들웨어 함수를 호출할 수도 있다. 이를 사용하면 어떤 동작을 마쳤을 때 작업 공간을 청소하는 처리 등이 가능하다. 예를 들면 다음은 객체가 저장될 때마다 로그와 함께 메서드를 저장하는 예제다.

```
schema.post('save', function(doc){
    console.log("Document Saved: " + doc.toString());
});
```

목록 16.12는 문서의 생명 주기에 따라 각 단계에서 미들웨어를 구현하기 위한 절차를 보여준다. validate와 save는 문서를 저장할 때 실행되는 미들웨어 함수다. findOne( )을 사용해 몽고DB의 문서를 탐색할 때는 반드시 init( )를 호출하고 remove( )를 사용해 몽고DB에서 문서를 삭제할 때는 remove( ) 미들웨어 함수를 호출한다.

한 가지 유의할 점은 Document 객체에 접근할 때 pre나 init를 제외한 모든 키워드가 미들웨어 함수에 포함할 수 있다는 것이다. 사용하고자 하는 데이터베이스에 문서가 존재하지 않기 때문에 pre 함수로 init( )를 사용하기는 어렵다.

412

목록 16.12 mongoose_middleware.js: Mongoose를 사용해 미들웨어 프레임워크를 모델에 적용하기

```
01 var mongoose = require('mongoose');
02 var db = mongoose.connect('mongodb://localhost/words');
03 var wordSchema = require('./word_schema.js').wordSchema;
04 var Words = mongoose.model('Words', wordSchema);
05 Words.schema.pre('init', function (next) {
06     console.log('a new word is about to be initialized from the db');
07     next();
08 });
09 Words.schema.pre('validate', function (next) {
10     console.log('%s is about to be validated', this.word);
11     next();
12 });
13 Words.schema.pre('save', function (next) {
14     console.log('%s is about to be saved', this.word);
15     console.log('Setting size to %d', this.word.length);
16     this.size = this.word.length;
17     next();
18 });
19 Words.schema.pre('remove', function (next) {
20     console.log('%s is about to be removed', this.word);
21     next();
22 });
23 Words.schema.post('init', function (doc) {
24     console.log('%s has been initialized from the db', doc.word);
25 });
26 Words.schema.post('validate', function (doc) {
27     console.log('%s has been validated', doc.word);
28 });
29 Words.schema.post('save', function (doc) {
30     console.log('%s has been saved', doc.word);
31 });
32 Words.schema.post('remove', function (doc) {
33     console.log('%s has been removed', doc.word);
34 });
35 mongoose.connection.once('open', function(){
36     var newWord = new Words({
37         word:'newword',
```

```
38        first:'t',
39        last:'d',
40        size:'newword'.length,
41    });
42    console.log("/nSaving: ");
43    newWord.save(function (err){
44        console.log("/nFinding: ");
45        Words.findOne({word:'newword'}, function(err, doc){
46            console.log("/nRemoving: ");
47            newWord.remove(function(err){
48                mongoose.disconnect();
49            });
50        });
51    });
52 });
```

목록 16.12의 결과 mongoose_middleware.js: Mongoose를 사용해 미들웨어 프레임워크를 모델에 적용한 결과

```
Saving:
newword is about to be validated
newword has been validated
newword is about to be saved
Setting size to 7
newword has been saved

Finding:
a new word is about to be initialized from the db
newword has been initialized from the db

Removing:
newword is about to be removed
newword has been removed
```

요약

16장은 검증과 형 변환을 제공할 수 있는 몽고DB 컬렉션의 구조화된 스키마를 제공한다. 지금까지 새로운 Schema 및 Model, Query, Aggregation 객체를 배우고 ODM을 구현하기 위해 어떻게 사용하는지를 학습했다. 때로는 데이터베이스 명령을 수행하기 전, 좀 더 친숙한 Mongoose 메서드를 사용해 Query 객체를 생성했다.

그런 다음 검증과 미들웨어 프레임워크에 대해 학습했다. 검증 프레임워크는 데이터베이스에 값들을 저장하기 전에 특정 필드를 검증할 수 있다. 또한 미들웨어 프레임워크를 사용하면 init, validate, save, remove 동작 전후에 특정 기능을 구현할 수도 있다.

17장에서 다룰 내용

17장, '고급 몽고DB 개념'에서는 인덱스나 복제, 샤딩과 같은 몽고DB의 고급 주제에 대해 알아본다.

17

고급 몽고DB 개념

이 책에서는 몽고DB에 대한 추가 내용까지 충분히 다룬다. 17장에서는 일반적인 데이터베이스 생성, 접근, 삭제 동작을 넘어서는 추가 기본 사항들을 설명한다. 데이터베이스에서 인덱스를 설계하고 구현하면 큰 성능상의 이점을 얻을 수 있다. 또한 복제 세트와 샤딩을 이용하면 성능 개선과 높은 가용성을 얻을 수 있다.

인덱스 추가

몽고DB는 컬렉션에 인덱스 필드를 추가해 문서를 더 빠르게 탐색할 수 있다. 몽고DB에 인덱스를 추가할 때 컬렉션의 데이터를 작은 크기로 저장하는 데이터 구조체가 백그라운드에 생성되고 데이터 구조를 최적화하면 특정 문서를 더 빠르게 탐색할 수 있다.

예를 들어 _id 인덱스는 정렬된 _id 배열을 생성한다. 인덱스를 한 번 생성하면 다음과 같은 장점들을 얻을 수 있다.

- _id 필드로 객체를 찾는다면 이미 정렬된 인덱스 값을 기반으로 최적화된 검색이 가능하다.

- _id 필드로 객체를 검색한 후 정렬하고 싶다면 이미 인덱스에 의해 객체가 정렬돼 있기 때문에 다시 정렬할 필요가 없다. 몽고DB는 인덱스 배열에서 각 _id 필드와 매치되는 문서를 각각 읽기만 하면 된다.

- _id 필드로 10~20개의 정렬된 문서를 가져오고 싶다면 인덱스 동작을 이용해 이미 정렬된 _id 값으로 객체를 찾아 인덱스에서 잘라내 가져올 수 있다.

- 단지 정렬된 _id 값 목록을 가져오고 싶다면 몽고DB는 이미 생성된 인덱스를 그대로 가져오면 되기 때문에 문서를 읽을 필요조차 없다.

다만 인덱스를 사용할 때 기억할 점은 위와 같은 장점들이 비용을 수반한다는 것이다. 다음은 인덱스를 사용할 때 발생할 수 있는 비용들이다.

- 인덱스는 디스크와 메모리에 공간을 차지한다.
- 문서를 삽입하거나 갱신할 때 인덱스를 처리하는 시간이 추가로 소요된다. 그러므로 데이터베이스에 많은 수의 인덱스 값을 갱신하는 컬렉션 쓰기 작업은 성능 저하를 가져올 수 있다.
- 문서의 크기가 커질수록 자원 공간과 성능에 따르는 비용은 커진다. 따라서 매우 큰 컬렉션에 대한 인덱스를 사용할 수 없다.

설계 요구 사항에 의해 다양한 형식으로 된 인덱스를 각 컬렉션의 필드에 적용할 수 있다. 표 17.1은 각각 다른 인덱스 형식을 보여준다.

표 17.1 몽고DB가 지원하는 인덱스 형식

인덱스	설명
_id(default)	모든 몽고DB 컬렉션은 기본적으로 _id 인덱스를 갖고 있다. 애플리케이션에서 _id에 값을 지정하지 않았다면 mongod 또는 드라이버가 ObjectID 값을 갖고 _id 필드를 생성한다. _id 인덱스는 유일하기 때문에 동일한 _id 값을 갖는 문서를 생성할 수 없다.
단일 필드	인덱스의 기본 형식은 단일(single) 필드다. _id 인덱스와 유사한 필드를 원하는 대로 모두 단일 필드로 만들 수 있다. 인덱스는 오름차순이나 내림차순으로 정렬할 수 있는데 필드 값이 유일할 필요는 없다. 예를 들면 다음과 같이 사용한다. {name: 1}
결합	여러 필드를 하나의 인덱스로 정의한 것이다. 인덱스는 정렬 시 첫 번째 필드, 그 다음에는 두 번째 필드와 같은 순서대로 정렬한다. 물론 정렬 순서는 복합적으로 적용할 수 있다. 예를 들어 하나의 필드는 오름차순, 다른 필드는 내림차순으로 정렬할 수 있다. {name: 1, value: −1}
멀티 키	아이템 배열을 저장하는 필드를 추가할 경우 배열의 각 엘리먼트에 대해 인덱스가 개별적으로 생성된다. 이렇게 인덱스로 저장된 값을 통해 문서를 찾기 때문에 문서를 더 빠르게 검색할 수 있다. 예를 들어 객체 배열 myObjs을 생각해보자. 각 객체는 score 필드를 가진다. {myObjs.score: 1}

공간	몽고DB에서는 2d와 2sphere 좌표를 기반으로 하는 공간 인덱스(geospatial index)를 만들 수 있다. 공간 인덱스를 사용하면 지리적 위치 정보를 참조하는 데이터를 효율적으로 저장하고 탐색할 수 있다. 예를 들면 다음과 같이 사용한다. {"locs":"2d"}
텍스트	몽고DB는 단어로 구성된 문자열 엘리먼트를 빠르게 룩업 수행하기 위한 텍스트 인덱스(text index)를 추가할 수 있다. 텍스트 인덱스는 the 및 a, and, etc와 같은 단어는 저장하지 않는다. 예를 들면 다음과 같이 인덱스를 설정할 수 있다. {comment: "text"}
해시	해시 기반의 샤딩(hashed based sharding)을 사용할 때 몽고DB는 해시 인덱스 (hashed index)를 사용할 수 있다. 해시 인덱스는 특정 서버에 저장된 해시 값들과 매칭된다. 해시 인덱스를 사용해 다른 서버에서 아이템 해시 값을 유지하는 오버헤드를 줄일 수 있다. 예를 들면 다음과 같이 인덱스를 설정할 수 있다. {key: "hashed"}

몽고DB의 인덱스 처리 방법을 다음과 같이 특별한 프로퍼티를 부여해 정의할 수 있다. 프로퍼티들은 다음과 같다.

- 유일(unique) 프로퍼티: 각 필드 값을 단일 인스턴스로 취급하기 때문에 몽고DB는 이미 해당 인덱스에서 값이 중복되는 문서에 대해 중복 삽입을 허락하지 않는다.
- 희소(sparse) 프로퍼티: 인덱스 필드를 가진 문서는 그대로 유지하고 인덱스 필드를 갖지 않은 문서는 포함하지 않는다.
- TTL 프로퍼티: TTL은 특정 시간 동안 문서가 유지되게 하는 조건으로 인덱스를 활용한다. 예를 들어 로그 값이나 이벤트 데이터가 특정 시간 이후에 삭제돼야 할 때 사용한다. 인덱스는 삽입된 시간을 계산하고 지정된 시간이 지나면 해당 아이템을 삭제한다.

유일과 희소 프로퍼티는 함께 사용될 수 있다. 중복된 인덱스 값을 갖는 문서의 삽입을 방지하는 동시에 인덱스 필드를 갖지 않는 문서도 삽입을 허용하지 않는다.

몽고DB 셸이나 Node.js 네이티브 클라이언트, mongoose를 사용하면 인덱스를 생성할 수 있다. 몽고DB 셸에서 인덱스를 추가하려면 ensureIndex(index, properties)를 사용해야 한다. 예를 들면 다음과 같다.

```
db.myCollection.ensureIndex({name:1}, {background:true, unique:true, sparse: true})
```

background 선택 사항은 인덱스 생성 작업이 백그라운드에서 수행돼야 하는지를 결정한다. 포어그라운드^{foreground}에서 수행된다면 더 많은 시스템 자원이 요구되기 때문에 피크 타임^{peak time}에는 생성을 피하는 것이 좋다.

몽고DB Node.js 네이티브 드라이버에서 인덱스를 생성하려면 Db 객체의 인스턴스에 ensureIndex(collection, index, options, callback) 메서드를 호출해야 한다. 예를 들면 다음과 같다.

```
var MongoClient = require('mongodb').MongoClient;
MongoClient.connect("mongodb://localhost/", function(err, db) {
  db.ensureIndex('myCollection', {name: 1},
                {background: true, unique: true, sparse: true},
                function(err){
    if(!err) console.log("Index Created");
  });
});
```

mongoose에서 Schema 객체를 사용해 인덱스를 만들기 위해서는 스키마 필드에 인덱스 선택 사항을 설정해야 한다. 예를 들면 다음과 같다.

```
var s = new Schema({ name: { type: String, index: true, unique: true, sparse:
true});
```

또는 Schema 객체에 index( ) 메서드를 사용해 인덱스를 추가할 수도 있다. 예를 들면 다음과 같다.

```
s.schema.path.('some.path').index({unique: true, sparse: true});
```

제한 컬렉션 사용

제한 컬렉션은 고정된 크기의 컬렉션이며 삽입되는 순서에 기반을 두고 문서 삽입 및 탐색, 삭제를 수행한다. 제한 컬렉션은 높은 처리량을 필요로 하는 동작에 유용하게 사용된다. 제한 컬렉션은 원형 버퍼circular buffers와 유사하므로 할당된 공간이 모두 차면 오래된 문서부터 덮어쓰기 시작한다.

제한 컬렉션에서는 문서의 최대 개수를 지정할 수도 있다. 최대 개수를 지정하는 방법은 컬렉션에 매우 많은 문서를 저장할 때 인덱스 오버헤드를 감소시키는 데 유용하다.

제한 컬렉션은 이벤트 로그나 캐시 데이터를 순환시킬 때 유용하다. 제한 컬렉션은 공간 확장 오버헤드에 대한 걱정이 없고 컬렉션을 비우는 코드를 구현하지 않아도 되기 때문에 이벤트 로그나 캐시 데이터를 쌓는 데 유용하다.

몽고DB 셸에서 제한 컬렉션을 생성하려면 **Db** 객체에 대해 `createCollection()` 메서드를 사용한다. 메서드에 **capped** 프로퍼티를 명시해야 하며 바이트 크기를 정의하고 최대 문서의 수를 바이트 단위 크기로 지정한다. 이는 선택적으로 할 수 있다. 예를 들면 다음과 같다.

```
db.createCollection("log", { capped: true, size: 5242880, max: 5000 } )
```

몽고DB의 Node.js 네이티브 드라이버에서는 13장, '몽고DB와 Node.js 시작하기'에서 다룬 것처럼 `db.create Collection()` 메서드를 통해 제한 컬렉션을 사용할 수 있다. 예를 들면 다음과 같다.

```
db.createCollection("newCollection", { capped: true, size: 5242880, max: 5000 }
                    function(err, collection){ });
```

mongoose에서는 **Schema** 객체의 선택 사항으로 컬렉션을 제한 속성으로 정의할 수 있다. 예를 들면 다음과 같다.

```
var s = new Schema({ name:String, value:Number},
                    { capped: true, size: 5242880, max: 5000});
```

복제 적용하기

복제replication 기능은 고성능 데이터베이스의 핵심이고 복제는 같은 데이터를 갖는 여러 개의 몽고DB 서버를 설계하는 과정이다. 복제 세트replica set로 묶인 몽고DB 서버들은 그림 17.1 에서 보여주는 세 가지 형식 중 하나를 가진다.

- **프라이머리**: 프라이머리 서버primary server, 즉 주 서버는 복제 세트 중 쓰기 동작이 가능한 서버다. 이로 인해 프라이머리 서버는 쓰기 동작 중의 데이터 무결성을 보장할 수 있다. 복제 세트는 단 하나의 프라이머리 서버를 갖는다.

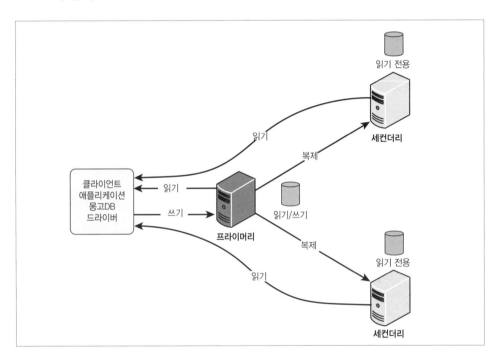

그림 17.1 몽고DB에서 복제 세트를 구현

- **세컨더리**: 세컨더리 서버secondary server, 즉 보조 서버는 프라이머리 서버 데이터의 복제본이다. 복제 세트는 데이터의 정확성을 보장하기 위해 프라이머리 서버로부터 log 또는 oplog 동작을 적용한다. 따라서 프라이머리 서버의 모든 쓰기 동작이 세컨더리 서버에 똑같은 방식으로 동일하게 발생된다는 점을 보장할 수 있다. 클라이언트는 세컨더리 서버에서 읽기 동작을 하지만 쓰기 동작은 불가능하다.

- **아비터**: 아비터 서버^{arbiter server}, 즉 중재 서버는 재미있는 형식이다. 실제로 아무 복제 데이터도 포함하고 있지 않지만 프라이머리 서버에 문제가 생긴 경우 새로운 프라이머리 서버가 될 수 있는 후보가 된다. 프라이머리 서버에서 문제가 생긴 것이 감지되면 복제 세트의 다른 서버들은 프라이머리와 세컨더리, 아비터 서버들 간의 하트비트^{heartbeat} 프로토콜을 통해 새로운 프라이머리를 선발한다. 그림 17.2는 아비터 서버를 사용해 환경을 설정하는 예를 보여준다.

복제는 성능과 높은 가용성의 두 가지 장점을 제공한다. 사용자가 비록 세컨더리 서버에 데이터를 쓸 수 없더라도 복제 세트를 통해 데이터를 읽을 수 있다. 따라서 애플리케이션의 데이터를 읽는 여러 경로를 제공할 수 있다.

또한 프라이머리 서버에 문제가 발생한 경우에는 데이터의 복제본을 갖고 있는 다른 서버로 인수/인계되기 때문에 높은 가용성을 제공한다. 서버 간 통신 프로토콜로 복제 세트는 하트비트를 사용하고 프라이머리 서버에 문제가 생겼는지 확인할 수 있으며 문제가 발생한 해당 시점에 새로운 마스터를 뽑는다.

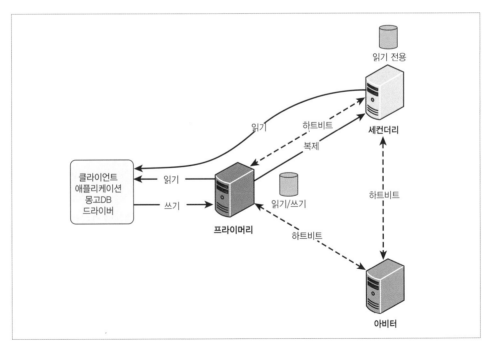

그림 17.2 홀수 개의 서버로 몽고DB 복제 세트의 아비터 서버 구현

복제 세트는 최소한 3개의 서버로 구성돼야 한다. 또한 홀수 개의 서버라면 프라이머리 서버를 선택해야 한다. 이 경우 아비터 서버가 유용하게 사용된다. 그림 17.2는 아비터를 포함해 복제 세트 환경을 구성한 예다. 아비터는 복제를 갖고 있지 않으며 다른 후보들과 하트비트 프로토콜로 구성된다.

복제 전략

몽고DB 복제 세트를 어떻게 배포할지 결정해야 할 때는 여러 가지를 생각해야 한다. 다음은 몽고DB 복제 세트를 구현하기 전에 반드시 고려해야 하는 여러 가지 사항을 나타낸 것이다.

서버 개수

먼저 복제 세트를 구성하는 서버의 개수를 결정해야 한다. 서버 개수는 클라이언트와 데이터를 얼마나 많이 사용하는지에 따라 달라진다. 사용자가 대부분 쓰기 작업을 한다면 서버의 개수가 많더라도 큰 이점을 얻지 못한다. 그러나 대부분의 데이터가 거의 변하지 않고 조회 요청이 매우 많다면 세컨더리 서버를 많이 둘수록 큰 이점을 얻을 수 있다.

복제 세트 수

데이터를 고려해야 한다. 어떤 경우에는 데이터를 쪼개 여러 개의 복제 세트에 각 데이터 조각을 저장하는 것이 도움이 된다. 이와 같이 서버를 세밀하게 튜닝하면 많은 데이터를 관리하면서도 성능 향상까지 달성할 수 있다. 단, 이 경우 사용자가 동시에 여러 복제 세트를 접근하는 일이 발생하지 않도록 쪼개진 데이터 간에 연관 관계가 없어야 한다.

결함내성

애플리케이션에 대한 결함내성fault tolerance이 얼마나 중요할까? 프라이머리 서버가 다운되는 경우는 거의 일어나지 않는다. 설사 프라이머리 서버가 다운되더라도 애플리케이션에 큰 영향을 미치지 않고 데이터가 쉽게 복구된다면 복제가 필요하지 않다. 그러나 고객에게 거의 100%에 가까운 가용성 보장을 약속했다면 정전은 최악의 상황이고 정전이 길어진다면 돌이킬 수 없다. 이 경우에 대비해 복제 세트를 위한 서버를 추가로 사용해 가용성을 보장해야 한다.

전체 데이터 센터에 장애가 발생하는 경우에 대비해 일부 세컨더리 서버를 별도의 데이터 센터에 설치하는 것을 고려해볼 수도 있다. 그러나 성능적인 이유로 대부분의 세컨더리 서버는 프라이머리 데이터 센터에 설치해야 한다.

결함내성을 고려한다면 12장, '몽고DB 시작하기'에서 설명한 저널링journaling을 활성화해야 한다. 저널링이 활성화되면 데이터 센터의 전원이 꺼진 이후라도 트랜잭션을 그대로 재실행할 수 있다.

복제 세트 배포

몽고DB에서 복제 세트를 구현하기는 매우 쉽다. 다음은 복제 세트를 준비하고 배포하기 위한 절차에 대해 알아보자.

1. 먼저 복제 세트의 모든 멤버는 다른 DNS 및 호스트명을 사용해 서로 접근할 수 있어야 한다. 복제 세트들끼리 서로 통신할 수 있도록 가상의 전용 네트워크 연결을 추가해 복제 프로세스가 다른 네트워크 트래픽에 영향을 미치지 않도록 설계함으로써 성능을 향상시킬 수 있다. 서버들이 방화벽 뒤에 위치하고 있지 않으므로 데이터 커뮤니케이션이 안전하지 않다면 서버에서 auth와 kwFile을 설정해 보안 통신을 할 수 있다.

2. 복세 세트 내 각 서버의 명령행 또는 mongodb.conf 파일에서 복제 세트의 고유 명칭으로 사용되는 replSet 값을 설정한다. 예를 들면 다음과 같다.

   ```
   mongod --port 27017 --dbpath /srv/mongodb/db0 --replSet rs0
   ```

3. mongo 명령을 사용해 몽고DB 클라이언트를 시작하고 복제 세트 내 각 서버의 다음 명령을 실행해 복제 세트 동작을 실행한다.

   ```
   rs.initiate()
   ```

4. 프라이머리로 지정할 몽고DB 서버에 접속한다. 그리고 몽고DB 셸을 사용해 각 세컨더리 호스트에 대한 다음 명령을 실행한다.

   ```
   rs.add(<secondary_host_name_or_dns>)
   ```

5. 다음 명령을 입력해 각 서버의 설정 값을 확인한다.

```
rs.conf()
```

6. 복제 세트에서 데이터를 읽기 위해 애플리케이션 내에 읽기 선호^{read preference} 값을 지정한다. 16장, 'mongoose를 사용한 스키마 구조화 및 검증하기'에서 기술한 것처럼 `primary` 및 `primaryPreferred`, `secondary`, `secondaryPreferred`, `nearest` 값을 설정할 수 있다.

샤딩 구현

많은 수의 대규모 애플리케이션에서 발생할 수 있는 문제 중 하나는 몽고DB에 저장해야 할 데이터의 수가 매우 방대하다는 것이다. 이로 인해 심각한 성능 문제를 야기할 수도 있다. 단일 컬렉션의 크기가 매우 커지면 인덱싱 작업 시 큰 성능 저하를 가져오고 디스크에 저장된 대규모의 데이터에 의해 시스템 성능 저하를 야기해 사용자 요청들이 서버에서 동작하지 못하게 된다. 데이터베이스에 읽고 쓰고자 할 때 애플리케이션은 급속히 느려진다.

몽고DB는 이러한 문제를 샤딩 방법을 통해 해결한다. 샤딩은 각기 다른 머신상에서 동작하는 각 몽고DB 서버를 사용해 문서를 저장하는 과정을 말한다. 샤딩을 통해 몽고DB의 데이터베이스 크기를 수평 방향(서버 추가)으로 증가시킬 수 있다. 몽고DB 서버를 추가할수록 애플리케이션이 사용할 수 있는 문서의 크기가 커진다. 그림 17.3은 애플리케이션 관점에서의 샤딩 개념을 보여준다. 단일 컬렉션이 존재할 때 4대의 몽고DB 샤드 서버가 있고 각 서버는 일정한 문서들을 컬렉션에 저장한다.

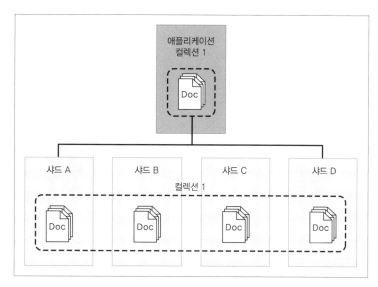

그림 17.3 애플리케이션 관점에서는 단일 컬렉션에 접근할 수 있지만 컬렉션의 문서들은
여러 몽고DB 샤드 서버에 저장된다.

샤딩 서버 형식

세 가지 형식의 몽고DB 서버가 샤딩과 관련이 있다. 각 서버는 애플리케이션에게 단일화된
뷰를 제공하기 위해 특정 역할을 수행한다. 다음은 각 서버 형식을 나타내며 그림 17.4는 각
기 다른 형식의 서버 간에 발생하는 상호 작용을 보여준다.

- **샤드**: 샤드Shard는 컬렉션을 구성하는 문서를 저장한다. 하나의 샤드가 개별 서버가
  될 수도 있지만 실제로는 높은 가용성과 데이터 일관성을 위해 샤드의 프라이머리
  및 세컨더리 복제 세트를 고려해야 한다.

- **질의 라우터**: 질의 라우터Query router는 mongos의 인스턴스를 실행한다. 질의 라우터는
  클라이언트 애플리케이션이 컬렉션과 인터랙션할 수 있는 인터페이스를 제공해 샤
  드가 적용된 사실을 알아채지 못하게 한다. 질의 라우터는 요청 사항을 처리하고 샤
  드에 목표 동작을 전송한 후 샤드로부터 받은 응답을 사용자에게 단일 형태로 전달
  한다. 샤드 클러스터sharded cluster는 하나 이상의 질의 라우터를 가진다. 이와 같은 구
  성은 많은 사용자 요청을 적절히 로드 밸런싱할 수 있는 좋은 방법이 된다.

- **구성 서버**: 구성 서버Config server는 샤드 클러스터의 메타데이터를 저장한다. 메타데이터에는 클러스터의 데이터 세트와 샤드의 매핑 정보가 들어 있다. 질의 라우터는 특정 샤드 작업을 대상으로 메타데이터를 사용한다. 샤드 클러스터를 만들기 위해서는 3개의 구성 서버가 필요하다.

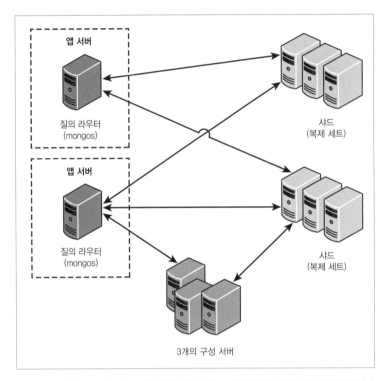

그림 17.4 라우터 서버는 몽고DB 클라이언트로부터 요청을 받고 개별 샤드 서버와 통신해 데이터 조회 및 쓰기 작업을 수행한다.

샤드 키 선택

대규모 컬렉션을 샤딩하기 위한 첫 번째 단계는 샤드 키를 결정하는 것이다. 샤드 키는 어느 샤드에 어떤 문서를 저장할 것인지를 결정하기 위해 사용된다. 샤드 키는 인덱스 필드 또는 인덱스 복합 필드 형태며 컬렉션의 모든 문서에 포함돼야 한다. 몽고DB는 샤드 키 값을 샤드와 클러스터 사이에서 컬렉션을 나누는 데 사용한다.

몽고DB에서 성능을 달성하려면 좋은 샤드 키를 선택하는 것이 중요하다. 나쁜 키는 시스템 성능에 부정적인 영향을 미치는 반면 좋은 키는 성능을 개선시키고 미래 확장성을 보장한다. 좋은 키가 문서에 존재하지 않는다면 샤딩 키로 만들기 위한 특정 필드를 추가하는 방법을 고민해볼 수도 있다.

샤드 키를 선택할 때는 다음 사항을 고려해야 한다.

- **쉬운 분배**easy divisible : 샤드 키는 여러 청크로 나누기 쉬워야 한다.

- **랜덤** : 랜덤randomness 기반 샤딩을 사용할 때 랜덤 키는 모든 문서가 균등하게 나뉘어 과부하가 생기는 서버가 없다는 것을 보장해야 한다.

- **복합 키**compound key : 가능하면 단일 필드를 사용해 샤딩하는 것이 최선이다. 그러나 좋은 단일 필드 키가 없다면 나쁜 단일 필드 키보다는 좋은 복합 필드 키가 성능에는 더 낫다.

- **농도** : 농도cardinality는 필드 값의 유일성uniqueness을 정의한다. 필드가 유일하다면 농도는 높은 값을 가진다. 예를 들어 100만 명의 주민등록번호는 각각 유일한 값을 가진다. 필드가 유일하지 않다면 낮은 농도를 가진다. 예를 들어 100만 명의 눈 색상은 유일하지 않다. 일반적으로 높은 농도를 갖는 필드가 샤딩으로 사용된다.

- **질의 타깃팅**query targeting : 애플리케이션에 필요한 질의가 무엇인지 알아야 한다. 데이터가 클러스터 내 단일 샤드로부터 수집된다면 질의 수행 성능은 더 좋아진다. 그리고 가장 공통적인 질의 매개변수와 매칭되는 샤드 키를 사용할 수 있다면 모든 질의가 동일한 필드 값을 갖지 않는 한 보다 나은 성능을 보장할 수 있다. 예를 들어 모든 질의에서 우편번호를 기준으로 사용자를 탐색한 후 사용자의 우편번호별로 문서를 가져올 때 주어진 우편번호에 대한 모든 사용자는 동일 샤드 서버 내에 존재한다. 질의가 우편번호에 따라 공정하게 배분된다면 우편번호 키가 샤드 키로 사용될 수 있다. 그러나 사용자의 대분의 질의가 얼마 안 되는 우편번호를 대상으로 이뤄진다면 우편번호 키는 실제로 좋지 않은 방법이다.

샤드 키로는 다음에 나열된 키를 고려하면 된다.

- **{"zipcode": 1}**: 이 샤드 키는 문서를 zipcode 필드 값을 기반으로 나눈다. 즉 특정 zipcode 값을 기반으로 룩업 수행한 모든 문서는 단일 샤드 서버에 할당된다.

- **{ "zipcode": 1, "city": 1 }**: 이 샤드 키는 먼저 문서를 zipcode 필드 값을 기반으로 나눈다. 여러 문서가 동일한 zipcode를 갖고 있다면 city 필드 값을 기반으로 서로 다른 샤드 서버에 할당한다. 이제 더 이상 zipcode 값만 갖고 질의를 수행했을 때 하나의 샤드에서 찾는다는 것을 보장할 수 없다. 그러나 zipcode와 city 값에 대한 질의는 동일한 샤드를 사용한다.
- **{ "_id": "hashed" }**: 이 샤드 키는 문서를 _id 필드 값의 해시를 기반으로 나눈다. 이 방법은 클러스터의 모든 샤드에 균등하게 나눠지는 것을 가능하게 한다. 그러나 특정 질의를 타깃으로 해 단일 샤드 서버만 사용할 수는 없다.

분할 메서드 선택

대규모 컬렉션 샤딩의 다음 단계는 샤드 키를 기반으로 문서를 어떻게 분할할지에 대한 방법을 결정하는 것이다. 문서들을 서로 다른 샤드로 나누기 위해서는 두 가지 메서드를 사용할 수 있다. 어떤 메서드를 사용할지는 어떤 형식의 샤드 키를 사용하는지에 따라 결정된다.

- **범위 기반 샤딩**range-based sharding: 데이터 세트를 특정 범위로 분할하는 방법이며 샤드 키 값을 기준으로 분할한다. 이 방법은 샤드 키가 숫자 값인 경우에 가능하다. 예를 들어 상품에 대한 컬렉션이 있고 각 상품이 1부터 1,000,000까지의 상품 ID를 가질 때 이 컬렉션을 1부터 250,000까지 250,001부터 500,000까지 등으로 분할할 수 있다.
- **해시 기반 샤딩**hash-based sharding: 또 다른 방법은 해시 함수를 사용해 필드의 값을 일정한 청크로 나누는 것이다. 해시 함수는 샤드 키들이 각기 다른 샤드에 매우 근접한 값을 갖더라도 잘 분배되도록 해준다.

가능한 한 전체 샤드에 걸쳐 균등하게 나눠지도록 샤드 키와 분배 메서드를 선택하는 것이 중요하다. 그렇지 않다면 하나의 서버가 과부하로 끝나는 동안 다른 서버는 거의 사용되지 않을 수 있다.

범위 기반 샤딩의 이점은 쉽게 정의하고 구현할 수 있다는 점이다. 또한 질의 역시 범위 기반이라면 해시 기반 샤딩보다 더 좋은 성능을 제공한다. 하지만 범위 기반 샤딩의 경우 이미 모든 데이터를 갖고 있고 샤딩 키가 향후에도 변하지 않는다는 점이 보장되지 않으면 균등하게 분배하기 어렵다.

해시 기반 샤딩 메서드는 데이터를 더 해석해야 하지만 더 균등한 공간으로 분배할 수 있기 때문에 일반적으로 가장 많이 사용한다.

컬렉션의 샤딩을 활성화하는 데 사용된 인덱스는 어떤 내부 메서드가 사용될 것인지를 결정 짓는다. 인덱스가 어떤 값을 기반으로 한 경우라면 몽고DB는 범위 기반 샤딩을 사용한다. 예를 들어 다음은 문서의 zip과 name 필드에 대해 범위 기반 샤딩을 구현한 것이다.

```
db.myDB.myCollection.ensureIndex({"zip": 1, "name":1})
```

해시 메서드를 사용해 샤딩하려면 다음과 같이 해시 메서드를 사용한 인덱스를 정의해야 한다.

```
db.myDB.myCollection.ensureIndex({"name":"hash"})
```

샤드 몽고DB 클러스터 배포

샤드 몽고DB 클러스터를 배포하는 절차는 서로 다른 형식의 서버를 준비하고 데이터베이스와 컬렉션을 설정하는 여러 단계로 구성된다. 샤드 처리한 몽고DB 클러스터를 배포하는 기본적인 단계는 다음과 같다.

1. 구성 서버^{config server} 데이터베이스 인스턴스 생성
2. 질의 라우터 서버 시작
3. 클러스터에 샤드 추가
4. 데이터베이스에 샤딩 활성화
5. 컬렉션에 샤딩 활성화

다음 절에서는 각 단계를 더 자세히 설명한다.

> **경고**
>
> 샤드 클러스터의 모든 멤버는 전체 샤드와 구성 서버를 포함한 샤드 클러스터의 모든 다른 멤버들과 연결될 수 있어야 한다. 따라서 모든 인터페이스와 방화벽을 포함하는 네트워크와 보안 시스템은 멤버 간 연결을 허용한다.

구성 서버 데이터베이스 인스턴스(mongod) 생성

구성 서버^{config server}의 프로세스는 간단하게는 컬렉션 대신 클러스터의 메타데이터를 저장하는 mongod 인스턴스다. 개별 구성 서버는 클러스터 메타데이터의 완전한 복사본을 저장한다. 제품을 배포할 때는 반드시 3개의 구성 서버 인스턴스를 배포해야 한다. 각각은 서로 다른 서버에서 동작해 높은 가용성과 데이터 무결성을 보장한다.

구성 서버를 구현하려면 각각 다음 단계를 수행해야 한다.

1. 구성 데이터베이스를 저장하기 위한 데이터 디렉터리를 생성한다.

2. 1단계에서 생성한 데이터 디렉터리를 전달받아 구성 서버 인스턴스를 시작한다. 그리고 --configsvr 선택 사항을 포함해 이것이 구성 서버라는 것을 표시한다. 예를 들면 다음과 같다.

```
mongod --configsvr --dbpath <path> --port <port>
```

3. mongod 인스턴스를 시작하고 나면 구성 서버는 준비가 된 것이다.

> **노트**
>
> 구성 서버의 기본 포트는 27019다.

질의 라우터 서버 시동

질의 라우터 서버(mongos)는 구성 서버에 구성 값을 저장하고 샤드 서버에 데이터를 저장하기 때문에 별도의 데이터 디렉터리를 요구하지 않는다. mongos 서버는 가볍기 때문에 애플리케이션 서버를 실행하는 서버와 동일한 시스템에서 mongos 인스턴스를 실행해도 된다.

roure 요청을 샤드 클러스터에 전송하기 위해 mongos 서버의 여러 인스턴스를 생성할 수도 있다. 그러나 높은 가용성을 보장하기 위해 이렇게 생성된 인스턴스들은 동일한 서버에서 모두 실행되면 안 된다.

Mongos 서버의 인스턴스를 시작하기 위해 --configdb 매개변수를 통해 클러스터로 사용하고자 하는 구성 서버에 대한 DNS명/호스트명의 목록을 전달해야 한다. 예를 들면 다음과 같다.

```
mongos --configdb c1.test.net:27019,c2.test.net:27019,c3.test.net:27019
```

기본적으로 mongos 인스턴스는 27017 포트에서 실행한다. 그러나 명령행에서 --port <port> 선택 사항을 사용하면 다른 포트 주소를 지정할 수도 있다.

> **팁**
>
> 시스템이 다운되는 것을 피하려면 각 구성 서버에 논리적인 DNS명(서버의 물리적 또는 가상의 호스트명과 무관)을 부여해야 한다. 논리적인 DNS명이 없다면 구성 서버를 옮기거나 재명명하고자 할 때 모든 샤드 클러스터의 mongosd와 mongos 인스턴스를 중단시켜야 한다.

클러스터에 샤드 추가

클러스터의 샤드 서버는 표준 몽고DB 서버다. 샤드 서버는 독립적으로 수행되는 서버거나 복제 세트^{replica set}다. 몽고DB 서버를 클러스터의 샤드로 추가하려면 몽고DB 셸을 통해 mongos 서버에 접근하고 sh.addShard() 명령을 사용해야 한다.

sh.addShard() 명령 문법은 다음과 같다.

```
sh.addShard(<복제_세트나_서버_주소>)
```

예를 들어 복제 세트 rsl을 mgo1.test.net라는 이름의 서버에 클러스터 서버의 샤드로 추가하려면 mongos 서버의 몽고DB 셸에서 다음과 같은 명령을 실행해야 한다.

```
sh.addShard("rs1/mgo1.test.net:27017")
```

예를 들어 mgo1.test.net라는 이름의 서버를 클러스터 서버의 샤드로 추가하려면 mongos 서버의 몽고DB 셸에서 다음과 같은 명령을 실행해야 한다.

```
sh.addShard("mgo1.test.net:27017")
```

한 번 모든 샤드를 복제 세트에 추가하고 나면 클러스터는 통신을 하고 데이터를 샤딩한다. 그러나 미리 정의된 데이터에 대해서는 청크들이 모두 분배되기까지 약간의 시간이 소요된다.

데이터베이스에서 샤딩을 활성화

컬렉션을 샤딩하기에 앞서 샤딩을 다루기 위해 데이터베이스를 활성화시켜야 한다. 샤딩을 활성화한다고 해서 자동으로 데이터를 재분배하지는 않고 다만 데이터베이스에 프라이머리 샤드를 할당하고 구성을 수정해 컬렉션 샤딩이 가능하게 한다.

데이터베이스에 샤딩을 활성화하려면 몽고DB 셸에서 enableSharding(database) 명령을 실행해 mongos 인스턴스에 접속해야 한다. 예를 들어 bigWords 데이터베이스를 활성화하는 방법은 다음과 같다.

```
sh.enableSharding("bigWords");
```

컬렉션에서 샤딩을 활성화

데이터베이스가 샤딩되기 위해 활성화되면 이제 컬렉션 수준의 샤딩도 활성화할 수 있다. 데이터베이스의 모든 컬렉션에 대해 샤딩을 활성화할 필요는 없고 필요한 곳에서만 설정하면 된다.

컬렉션에 샤딩을 활성화하는 단계는 다음과 같다.

1. 어떤 필드를 샤드 키로 사용할 것인지를 결정한다.
2. 이전에 나타낸 ensureIndex( )를 사용해 선택한 키 필드에 고유 인덱스를 생성한다.

   ```
   db.myDB.myCollection.ensureIndex( { _id: "hashed" } )
   ```

3. sh.shardCollection(<database>.<collection>, shard_key)를 사용해 컬렉션에서 샤딩을 활성화한다. shard_key는 인덱스를 생성하기 위한 패턴이다. 예를 들면 다음과 같다.

   ```
   sh.shardCollection("myDB.myCollection", { "_id": "hashed" } )
   ```

샤드 태그 범위 설정

컬렉션에 샤드를 활성화하고 나면 샤드 키 값들 중 타깃하는 특정 범위에 태그를 추가해야
한다. 이때 참고할 수 있는 좋은 예는 우편번호에 의해 샤딩된 컬렉션이다. 성능을 개선하
기 위해 NCY나 SFO 등과 같은 특정 도시들에 대해 태그가 추가되고 해당 도시의 우편번호 범
위가 지정된다. 이 방법은 특정 도시에 대한 문서가 클러스터 내 단일 샤드에 저장될 수 있
게 한다. 따라서 동일한 도시에 대해 여러 우편번호를 검색하는 질의의 경우 성능을 증가시
킬 수 있다.

샤드 태그를 셋업하기 위해 mongos 인스턴스에서 sh.addShardTag(shard_server, tag_
name) 명령을 사용해 태그를 샤드에 추가한다. 예를 들면 다음과 같다.

```
sh.addShardTag("shard0001", "NYC")
sh.addShardTag("shard0002", "SFO")
```

그리고 태그의 영역을 지정하기 위해 이 경우에는 mongos 인스턴스에서 sh.addTagRange
(collection_path, startValue, endValue, tag_name) 명령을 사용해 각 도시 태그의 우편
번호 범위를 지정한다. 예를 들면 다음과 같다.

```
sh.addTagRange("records.users", { zipcode: "10001" }, { zipcode: "10281" }, "NYC")
sh.addTagRange("records.users", { zipcode: "11201" }, { zipcode: "11240" }, "NYC")
sh.addTagRange("records.users", { zipcode: "94102" }, { zipcode: "94135" }, "SFO")
```

NYC에 대해 여러 개의 범위가 추가된 것을 볼 수 있다. 이렇게 하나의 샤드로 동일 태그 내
여러 범위가 지정될 수 있다.

나중에 샤드 태그를 제거하고 싶다면 sh.removeShardTag(shard_server, tag_name)를 사
용한다. 예를 들면 다음과 같다.

```
sh.removeShardTag("shard0002", "SFO")
```

몽고DB 수리

몽고DB를 수리^{repair}해야 하는 이유에는 몇 가지가 있다. 예를 들면 시스템이 다운되거나, 애플리케이션에 데이터 무결성 문제가 발생하거나, 단순히 사용하지 않는 디스크 공간을 회수할 때 등이다.

몽고DB 셸이나 mongod 명령행에서 몽고DB 데이터베이스 수리를 시작할 수 있다. 명령행에서 수리를 실행하려면 --repair 또는 --repairpath <repair_path>.<repair_path> 문법을 사용하고 임시 수리된 파일을 저장할 수 있는 경로를 지정해야 한다. 예를 들면 다음과 같다.

```
mongod --repair --repairpath /tmp/mongdb/data
```

몽고DB 클라이언트에서 수리를 실행하려면 다음과 같이 db.repairDatabase(options) 명령을 사용해야 한다.

```
db.repairDatabase({ repairDatabase: 1,
    preserveClonedFilesOnFailure: <boolean>,
    backupOriginalFiles: <boolean> })
```

수리가 초기화되면 디스크에서 차지하는 크기를 줄이기 위해 데이터베이스의 모든 컬렉션이 압축된다. 또한 데이터베이스에서 모든 유효하지 않은 데이터는 삭제된다. 따라서 수리하는 것보다 백업으로부터 복구^{restore}하는 것이 더 나을 수 있다.

수리를 실행하는 데 소요되는 시간은 디스크에서 차지하는 크기에 따라 다르다. 수리는 시스템의 성능에 영향을 미치기 때문에 피크타임을 피해 실행해야 한다.

> **경고**
>
> 복제 세트의 멤버를 수리하려고 할 때 다른 복제 세트에 완전한 데이터 복사본이 저장돼 있고 이를 사용할 수 있다면 저장된 복사본을 사용해 복구를 수행해야 한다. repairDatabase가 손상된 데이터를 삭제하기 때문에 데이터가 소멸될 수 있다.

몽고DB 백업

몽고DB에서 최선의 백업 전략은 복제 세트를 사용해 높은 가용성을 구현하는 것이다. 이 방법은 데이터를 가능한 한 최신으로 유지하게 하고 항상 가용성을 보장한다. 그러나 데이터가 매우 중요하고 대체될 수 없는 것이라면 다음 사항을 반드시 고려해야 한다.

- **데이터 센터에 장애가 발생한다면?** 이 경우 데이터를 주기적으로 백업해 외부의 별도 장소에 저장하거나 복제 세트를 외부의 별도 장소에 추가해야 한다.

- **복제된 실제 애플리케이션 데이터에 에러를 발생시키는 어떤 사건이 발생한다면?** 이 문제는 항상 따라다니는 문제다. 이 경우에 대비할 수 있는 단 하나의 선택은 이전 시점의 백업을 사용하는 것이다.

데이터를 주기적으로 백업하는 것에 대한 필요성을 느꼈다면 백업이 시스템에 가져올 영향을 예상하고 전략을 수립해야 한다. 예를 들면 다음과 같다.

- **산출물 영향**production impact: 백업은 매우 짧은 시간에 집중적으로 수행되기 때문에 시스템 환경에 영향을 최소한으로 미치는 시간대에 수행돼야 한다.

- **요구 사항**requirements: 데이터베이스 백업을 위해 블록block 수준의 스냅샷과 같은 것을 구현하려면 시스템 기반 사항이 이를 지원하는지 먼저 검토해야 한다.

- **샤딩**: 데이터를 샤딩하려면 모든 샤드는 일관성이 보장돼야 한다. 따라서 전체 백업이 끝나기 전까지 다시 백업을 수행할 수 없다. 또한 어떤 시점에 백업을 수행하려면 클러스터에 쓰는 동작을 멈춰야 한다.

- **연관 데이터**relevant data: 백업이 시스템에 미칠 영향을 최소화하기 위한 유일한 방법은 시스템의 중요 데이터를 백업해두는 것이다. 예를 들어 데이터베이스는 앞으로 전혀 변하지 않아 단 한 번만 백업해야 하거나 데이터베이스의 데이터가 쉽게 재생성될 수 있지만 매우 용량이 크다면 빈번한 백업보다 재생성하는 것이 더 나을 수 있다.

몽고DB를 백업하는 방법은 크게 두 가지다. 첫 번째는 mongodump 명령을 사용해 데이터를 바이너리 덤프binary dump하는 것이다. 바이너리 데이터는 추후 사용을 위해 외부의 별도 장소에 저장된다. 예를 들어 다음 명령을 사용해 호스트 mg1.test.net과 독립형 시스템인 mg2.test.net상의 복제 세트 데이터베이스 rset 1을 폴더 /opt/backup/current에 덤프할 수 있다.

```
mongodump --host rset1/mg1.test.net:27018,mg2.test.net --out /opt/backup/current
```

두 번째는 파일 시스템 스냅샷을 이용하는 것이다. 스냅샷은 매우 빨리 수행될 수 있지만 여전히 용량이 크다. 사용자는 저널링을 활성화해야 하고 시스템에서 블록 수준 백업을 지원하는 것이 필요하다. 백업을 하기 위한 스냅샷 방법에 관심이 있다면 다음에 제공하는 가이드를 참고하라.

http://docs.mongodb.org/manual/tutorial/back-up-databases-with-filesystem-snapshots/

요약

17장에서는 몽고DB의 더 향상된 콘셉트를 다루면서 전체적인 소개를 마쳤다. 질의 속도를 향상시키기 위해 서로 다른 형식의 인덱스를 정의할 수 있는 방법과 높은 가용성과 읽기 성능을 높이기 위해 몽고DB의 복제 세트(읽기/쓰기 마스터와 읽기전용 복제)를 배포할 수 있는 방법을 소개했다.

또한 대규모 컬렉션 데이터를 수평적 규모 조절이 가능하게 구현하기 위해 별도 파티션의 샤드로 분리하는 방법도 살펴봤다. 또한 몽고DB에 저장된 중요한 데이터를 보호하기 위한 여러 가지 백업 전략과 선택 사항을 다뤘다.

18장에서 다룰 내용

18장, 'Node.js에서 익스프레스 구현하기'에서는 익스프레스 모듈과 함께 Node.js를 다시 소개한다. 익스프레스 모듈은 Node.js를 사용하는 웹 서버를 좀 더 쉽게 구현할 수 있는 다양한 기능을 제공한다.

익스프레스 학습하기

Node.js에서 익스프레스 구현하기

익스프레스는 Node.js에서 손쉽게 사용할 수 있는 http 모듈 기능을 한 번 감싼 경량화된 모듈이다. 또한 사용자들이 서버의 route 및 응답, 쿠키, HTTP 요청 상태 등을 좀 더 쉽게 다룰 수 있도록 기존 http 모듈의 기능을 확장한다.

18장에서는 Node.js 애플리케이션을 만들기 위해 익스프레스 모듈을 웹 서버로 사용한다. 익스프레스 서버를 구성하고 route를 디자인하고 Request와 Response 객체를 활용해 HTTP 요청을 주고받는 방법을 알아본다. 또한 익스프레스를 사용해 템플릿 엔진을 구현하는 방법도 살펴본다.

익스프레스 시작하기

Node.js 프로젝트에서 익스프레스를 시작하는 방법은 매우 간단하다. 프로젝트의 루트 디렉터리에서 다음 명령을 실행해 express 모듈을 추가한다.

```
npm install express
```

또는 package.json 모듈에 express를 추가해 애플리케이션이 배포될 때 익스프레스가 항상 설치되도록 할 수도 있다.

express 모듈을 설치한 후에는 express 클래스의 인스턴스를 생성해 Node.js 애플리케이션의 HTTP 서버로 동작한다. 다음 코드는 express 모듈을 정의하고 앞으로 사용할 인스턴스를 생성한 예다.

```
var express = require('express');
var app = express();
```

익스프레스 설정 구성

익스프레스는 익스프레스 서버의 동작 제어 설정을 위한 여러 애플리케이션을 제공한다. 이를 통해 익스프레스 핸들러는 JSON 파싱parsing이나 루팅routing, 뷰view를 처리하고 환경을 설정할 수 있다. 표 18.1은 express 객체에 정의된 각기 다른 설정 목록들을 나타낸다.

express 객체는 애플리케이션 설정 값 지정을 위한 set(setting, value)과 enable(setting), disable(setting) 메서드를 제공한다. 예를 들어 다음 코드는 trust proxy 설정을 활성화하고 pug에 view engine을 지정한다.

```
app.enable('trust proxy');
app.disable('strict routing');
app.set('view engine', 'pug');
```

설정 값을 가져오려면 get(setting)과 enabled(setting), disabled(setting) 메서드를 사용한다. 예를 들면 다음과 같다.

```
app.enabled('trust proxy'); //true
app.disabled('strict routing'); //true
app.get('view engine'); //pug
```

표 18.1 익스프레스 애플리케이션 설정

세팅	설명
env	development나 testing, production과 같은 문자열 형태의 환경 모드를 정의한다. 기본값은 process.env.NODE_ENV다.
trust proxy	리버스 프록시(reverse proxy) 지원을 활성화(enabled)/비활성화(disabled)한다. 기본값은 비활성화다.
jsonp callback name	JSONP 요청의 기본 콜백명을 지정한다. 기본값은 ?callback=다.
json replacer	JSON replacer 콜백 함수를 정의한다. 기본값은 null이다.

json spaces	JSON 응답을 포매팅할 때 사용할 공간의 개수를 숫자로 정의한다. 기본값은 개발할 때는 2, 배포(production)할 때는 0이다.
case sensitive routing	대소 문자 구분(case-sensitivity)을 활성화(enabled)/비활성화(disabled)한다. 예를 들어 /home은 /Home과 다른 값이다. 기본값은 비활성화다.
strict routing	엄격한 루팅(strict routing)을 활성화(enabled)/비활성화(disabled)한다. 예를 들어 /home은 /home/과 다른 값이다. 기본값은 비활성화다.
view cache	뷰 템플릿을 컴파일할 때 캐시 사용을 활성화/비활성화하는 것으로 컴파일된 템플릿의 캐시 버전을 유지할 것인지를 정의한다. 기본값은 활성화다.
view engine	뷰에서 파일 확장자가 생략된 경우 템플릿을 렌더링할 때 사용해야 할 기본 템플릿 엔진 확장자를 정의한다.
views	뷰 템플릿을 탐색할 때 사용되는 템플릿 엔진의 경로를 지정한다. 기본값은 ./views다.

익스프레스 서버 시작하기

Node.js 애플리케이션에서 사용하기 위한 HTTP 서버로서 익스프레스를 구현하려면 인스턴스를 생성하고 특정 포트에서 대기하고 있어야 한다. 다음 코드는 8080 포트에서 대기하고 있는 가장 기본적인 익스프레스 서버의 시작 예다.

```
var express = require ('express');
var app = express();
app.listen(8080);
```

app.listen(port)를 호출하면 해당 포트에 대한 HTTP 연결이 바인딩되고 해당 포트에 대해 수신 대기한다. HTTP 연결은 서버 객체의 listen() 메서드를 사용해 생성된 것과 동일하다. 서버 객체는 7장, 'HTTP 서비스를 Node.js로 구현'에서 다룬 http 라이브러리를 사용해 생성했다.

express()로부터 반환된 값은 실제로는 콜백 함수이며 이 콜백 함수는 http.createServer()와 https.createServer()에 전달된다.

이러한 동작을 나타내기 위해 목록 18.1에서는 Node.js를 사용해 기본적인 HTTP와 HTTPS 서버를 구현한다. express()로부터 반환되는 app 변수가 createServer() 메서드로 전달되는 과정을 살펴보자. 또한 HTTPS 서버를 만들기 위해 host, key 및 cert 값을 설정하는 options 객체가 정의됐다. 13~15번 줄은 / 경로를 처리하는 간단한 get route를 구현한다.

목록 18.1 express_http_https.js: 익스프레스를 사용해 HTTP와 HTTPS를 구현

```
01 var express = require('express');
02 var https = require('https');
03 var http = require('http');
04 var fs = require('fs');
05 var app = express();
06 var options = {
07     host: '127.0.0.1',
08     key: fs.readFileSync('ssl/server.key'),
09     cert: fs.readFileSync('ssl/server.crt')
10   };
11 http.createServer(app).listen(80);
12 https.createServer(options, app).listen(443);
13 app.get('/', function(req, res){
14   res.send('Hello from Express');
15 });
```

route 환경 구성

앞 절에서는 익스프레스 HTTP 서버를 시작하는 방법을 살펴봤다. 그러나 서버가 요청을 수용하기 전에 route를 먼저 정의해야 한다. route는 익스프레스 서버에서 HTTP 요청의 URI에 대한 경로의 일부분을 다루기 위해 단순화해 정의한 것이다.

route 구현

route는 두 부분으로 정의할 수 있다. 첫째 HTTP 요청 메서드(일반적으로 GET이나 POST)다. 이러한 메서드들은 완전히 서로 다르게 처리돼야 한다. 둘째 URL에 정의된 경로다. 예를 들어 /는 웹 사이트의 route, /login은 로그인 페이지, /cart는 쇼핑 카트를 의미한다.

express 모듈은 익스프레스 서버에서 route를 구현하기 위해 필요한 다양한 함수를 제공한다. 이러한 함수들은 다음과 같은 문법을 사용한다.

```
app.<method>(path, [callback . . .], callback)
```

위 문법의 <method>는 GET이나 POST와 같은 HTTP 요청 메서드와 관련돼 있다. 예를 들면 다음과 같다.

```
app.get(path, [middleware, ...], callback)
app.post(path, [middleware, ...], allback)
```

path는 콜백 함수에 의해 처리될 URL의 경로 부분이다. middleware 매개변수는 콜백 함수가 실행되기 전에 적용될 미들웨어 함수이며 0 또는 여러 개가 사용될 수 있다. 콜백 함수는 요청을 처리하고 클라이언트에 응답을 반환하는 요청 핸들러^{request handler} 동작을 수행한다. 콜백 함수는 첫 번째 매개변수로 Request 객체, 두 번째 매개변수로 Response 객체를 사용한다. 다음은 몇 가지 기본적인 GET과 POST route를 구현한 예다.

```
app.get('/', function(req, res){
  res.send("Server Root");
});
app.get('/login', function(req, res){
  res.send("Login Page");
});
app.post('/save', function(req, res){
  res.send("Save Page");
});
```

익스프레스 서버가 HTTP 요청을 전달받으면 적절한 HTTP 메서드와 경로로 정의된 route를 찾는다. 하나를 찾으면 Request와 Response 객체가 생성돼 요청을 관리하고 route를 위한 콜백 함수로 전달된다.

또한 익스프레스는 app.post( )와 app.get( ) 메서드와 완전히 동일하게 동작하는 app.all( ) 메서드를 제공한다. 단 하나의 차이점은 HTTP 메서드가 뭐든 상관없이 app.all( ) 메서드의 콜백 함수가 정의된 경로를 통한 모든 요청에 대해 호출된다는 점이다. 또 다른 app.all( ) 메서드의 큰 특징은 경로에 와일드카드로 * 문자를 입력할 수 있다는 점이다. 요청을 로깅하거나 요청을 처리하기 위한 특별 기능을 구현할 수 있다. 예를 들면 다음과 같이 사용한다.

```
app.all('*', function(req, res){
// 전체 경로를 위한 전역 핸들러
});
app.all('/user/*', function(req, res){
// /user 경로에 대한 전역 핸들러
});
```

매개변수를 route에 적용

route를 구현하기 시작하면서 복잡한 시스템을 보면 많은 route가 과도하게 정의된 것을 확인할 수 있다. route의 수를 줄이기 위한 URL 내 매개변수를 구현할 수 있다. 매개변수를 사용해 동일한 route에 고윳값을 포함시켜 유사하지만 서로 다른 요청을 처리함으로써 애플리케이션에서 요청을 처리하고 응답을 생성할 수 있다.

예를 들어 시스템의 모든 사용자와 제품별로 별개의 route를 가질 필요가 없다. 그 대신 하나의 route에 사용자 ID와 제품 ID를 매개변수로 넘기고 서버단에서 해당 ID를 어떤 사용자 또는 제품인지를 판단한다. 다음은 route에 매개변수를 적용하기 위해 사용되는 네 가지 방법이다.

- **질의 문자열**: 일반적으로 많이 사용하는 HTTP 질의 문자열인 표준 ?key=value&key=value...를 URL 경로 뒤에 붙이면 된다. 이 방법이 매개변수를 구현하는 데 가장 많이 사용되는 것이지만 URL의 길이가 매우 길어지고 복잡해질 수 있다.

- **POST 매개변수**: 웹 폼web form을 구현하거나 또 다른 POST 요청을 처리할 때 요청 시 몸체body에 매개변수를 담아 전송할 수 있다.

- **정규 표현식Regexes**: route의 경로 부분에 정규 표현식을 사용할 수 있다. 익스프레스는 이 정규 표현식을 URL의 경로를 파싱하는 데 사용하며 매치되는 표현을 매개변수 배열로 저장한다.

- **선언된 매개변수Defined Parameters**: route의 경로 부분에 <param_name>을 사용해 매개변수명으로 정의할 수 있다. 익스프레스는 경로를 파싱할 때 매개변수를 자동으로 명칭에 할당한다.

다음 절에서는 19장, '익스프레스 미들웨어 구현'에서 다룰 POST 매개변수를 제외한 나머지 메서드를 다룬다.

질의 문자열을 route 매개변수로 적용

route에 매개변수를 적용하는 가장 간단한 방법은 일반적인 HTTP 질의 문자열 포맷인 ?key=value&key=value...를 사용하는 것이다. 매개변수를 얻으려면 url.parse()를 사용해 Request 객체의 url 속성을 파싱해야 한다.

다음 코드는 author와 title 매개변수를 사용하는 /find?author=<author>&title=<title>의 기본적인 GET route를 구현한 예다. author와 title의 실제 값을 가져오기 위해 url.parse() 메서드를 사용해 질의 객체를 생성한다.

```
app.get('/find', function(req, res){
  var url_parts = url.parse(req.url, true);
  var query = url_parts.query;
  res.send('Finding Book: Author: ' + query.author +
          ' Title: ' + query.title);
});
```

예를 들어 다음과 같은 URL을 살펴보자.

```
/find?author=Brad&title=Node
```

res.send() 메서드를 사용하면 다음과 같은 반환 값을 가진다.

```
Finding Book: Author: Brad Title: Node
```

정규 표현식을 route 매개변수로 적용

route에서 매개변수를 구현하기 위한 한 가지 방법은 패턴 매치되는 정규 표현식을 사용하는 것이다. 정규 표현식을 사용하면 패턴을 구현할 수 있으므로 경로를 나타내기 위해 사용하는 표준 방법인 '/'을 따르지 않아도 된다.

다음 코드에서는 /book/<chapter>:<page> 경로상에서의 GET 요청을 위한 route 매개변수를 만들기 위한 정규 표현식 파서를 구현했다.

```
app.get(/^//book//(/w+)/:(/w+)?$/, function(req, res){
  res.send('Get Book: Chapter: ' + req.params[0] +
          ' Page: ' + req.params[1]);
});
```

매개변숫값에 아무것도 정의되지 않은 것을 볼 수 있다. 그 대신 req.param은 URL 경로상에서 정규 표현식과 매치되는 아이템들을 배열로 저장한다.

예를 들어 다음 URL로 가정해보자.

```
/book/12:15
```

이 경우 res.send() 메서드는 다음과 같은 결과를 반환한다.

```
Get Book: Chapter: 12 Page: 15
```

정의된 매개변수로 route 매개변수 적용

데이터가 구조화돼 있다면 정규 표현식을 사용하는 대신 정의된 매개변수를 사용할 수 있다. 정의된 매개변수를 사용하면 route 경로 내에 매개변수를 이름으로 정의할 수 있다. 즉 <param_name>을 사용해 route의 경로 내에 매개변수를 정의할 수 있다. 정의된 매개변수를 사용할 때는 req.param(배열이 아닌 함수)을 이용한다. req.param(param_name)과 같은 형태로 호출해 매개변숫값을 반환받는다.

다음 코드에서는 /user/<user_id> 포맷을 사용해 URL을 사용하는 기본 :userid 매개변수를 구현한다.

```
app.get('/user/:userid', function (req, res) {
  res.send("Get User: " + req.param("userid"));
});
```

예를 들어 다음과 같은 URL을 가정해보자.

```
/user/4983
```

이 경우 res.send( ) 메서드는 다음과 같은 값을 반환한다.

```
Get User: 4983
```

정의된 매개변수에 콜백 함수 적용

정의된 매개변수를 사용할 때 가장 큰 장점은 정의된 매개변수를 URL 내에서 발견했을 때 실행될 콜백 함수를 지정할 수 있다는 점이다. URL을 파싱할 때 익스프레스가 콜백이 등록된 매개변수를 찾으면 route 핸들러를 호출하기 전에 매개변수의 콜백 함수를 먼저 호출한다. 하나의 route에는 하나 이상의 콜백 함수를 등록할 수 있다.

콜백 함수를 등록하기 위해 app.param( ) 메서드를 사용한다. app.param( ) 메서드는 첫 번째 인수로 정의된 매개변수, 두 번째 인수로 Request, Response, next 및 value 매개변수를 사용하는 콜백 함수를 전달받는다.

```
app.param(param, function(req, res, next, value){} );
```

Request와 Response 객체는 route의 콜백에 전달되는 객체와 동일하다. next 매개변수는 다음 번 app.param( ) 콜백 함수를 등록하기 위해 사용되는 콜백 함수다. 이때 반드시 콜백 함수 내의 next( )를 호출해야 한다. 호출하지 않는 경우에는 콜백 체인이 깨진다. value 매개변수는 URL 경로에서 파싱된 매개변숫값이다.

예를 들어 다음 코드는 route에 지정된 userid 매개변수를 갖는 각 수신 요청을 기록한다. 콜백 함수를 벗어나기 전에 next( )를 호출한다.

```
app.param('userid', function(req, res, next, value){
  console.log("Request with userid: " + value);
  next();
});
```

코드가 어떻게 동작하는지 확인하기 위해 다음과 같은 URL을 가정해보자.

/user/4983

URL을 파싱하면 userid 값으로 4983을 얻을 수 있고 console.log( )문을 사용하면 다음과 같이 출력된다.

Request with userid: 4983

---

route 매개변수 적용 예

목록 18.2는 질의 문자열과 정규 표현식, 선언된 매개변수를 사용해 익스프레스 route를 구현한 예다. POST 메서드는 19장, '익스프레스 미들웨어 구현'에서 다룰 예정이다. 8~16번 줄은 질의 문자열 메서드를 구현하고 17~23번 줄은 정규 표현식 메서드를 구현한다. 24~33번 줄에서는 콜백 함수에서의 매개변수를 정의했다. 콜백 함수는 userid 매개변수가 요청 매개변수에서 지정될 때마다 실행된다. 그림 18.1은 목록 18.2를 수행한 결과를 보여준다.

목록 18.2 express_routes.js: 익스프레스에서 route 매개변수를 구현

```
01 var express = require('express');
02 var url = require('url');
03 var app = express();
04 app.listen(80);
05 app.get('/', function (req, res) {
06    res.send("Get Index");
07 });
08 app.get('/find', function(req, res){
09    var url_parts = url.parse(req.url, true);
10    var query = url_parts.query;
11    var response = 'Finding Book: Author: ' + query.author +
12                   ' Title: ' + query.title;
13    console.log('/nQuery URL: ' + req.originalUrl);
14    console.log(response);
15    res.send(response);
16 });
```

```
17 app.get(/^//book//(/w+)/:(/w+)?$/, function(req, res){
18   var response = 'Get Book: Chapter: ' + req.params[0] +
19                  ' Page: ' + req.params[1];
20   console.log('/nRegex URL: ' + req.originalUrl);
21   console.log(response);
22   res.send(response);
23 });
24 app.get('/user/:userid', function (req, res) {
25   var response = 'Get User: ' + req.param('userid');
26   console.log('/nParam URL: ' + req.originalUrl);
27   console.log(response);
28   res.send(response);
29 });
30 app.param('userid', function(req, res, next, value){
31   console.log("/nRequest received with userid: " + value);
32   next();
33 });
```

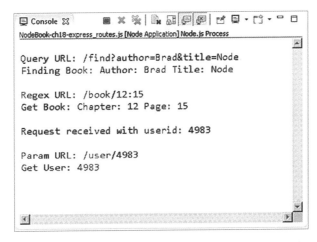

그림 18.1 질의 문자열과 정규 표현식, 선언된 매개변수를 사용한 route 매개변수를 구현

Request 객체 사용

route 핸들러는 첫 번째 매개변수로 Request 객체를 전달받는다. Request 객체는 URL과 헤더, 질의 문자열 등을 포함하는 요청 관련된 데이터와 메타데이터를 제공한다. 객체는 코드 내에서 요청을 적절하게 가공해 사용한다.

표 18.2는 Request 객체에서 사용할 수 있으며 가장 자주 사용되는 프로퍼티 중 일부를 나타냈다.

표 18.2 HTTP Request 객체의 프로퍼티과 메서드

설정 프로퍼티	설명
originalUrl	요청에 대한 원본 URL 문자열이다.
protocol	http나 https와 같은 프로토콜을 나타내는 문자열이다.
ip	요청에 대한 IP 주소다.
path	요청 URL에 대한 경로다.
hostname	요청에 대한 호스트명이다.
method	GET이나 POST 등과 같은 HTTP 메서드다.
query	요청 URL에 대한 질의 문자열이다.
fresh	불린 형식. 현재 값과 가장 마지막에 수정된 값이 일치하면 true를 반환한다.
stale	불린 형식. 가장 마지막에 수정된 값이 일치하면 false를 반환한다.
secure	TLS 연결이 이뤄지면 불린 형식으로 true를 반환한다.
acceptsCharset(charset)	charset으로 정의된 문자 세트가 지원되면 true를 반환한다.
get(header)	header 값을 반환한다.

목록 18.3은 Request 객체의 다양한 부분에 접근하는 예를 보여준다. 그림 18.2는 GET 요청에 포함된 실제 값들을 출력한다.

목록 18.3 express_request.js: 익스프레스에서 Request 객체 프로퍼티에 접근

```
01 var express = require('express');
02 var app = express();
03 app.listen(80);
04 app.get('/user/:userid', function (req, res) {
05   console.log("URL:/t " + req.originalUrl);
06   console.log("Protocol: " + req.protocol);
```

```
07  console.log("IP:/t " + req.ip);
08  console.log("Path:/t " + req.path);
09  console.log("Host:/t " + req.host);
10  console.log("Method:/t " + req.method);
11  console.log("Query:/t " + JSON.stringify(req.query));
12  console.log("Fresh:/t " + req.fresh);
13  console.log("Stale:/t " + req.stale);
14  console.log("Secure:/t " + req.secure);
15  console.log("UTF8:/t " + req.acceptsCharset('utf8'));
16  console.log("Connection: " + req.get('connection'));
17  console.log("Headers: " + JSON.stringify(req.headers,null,2));
18  res.send("User Request");
19 });
```

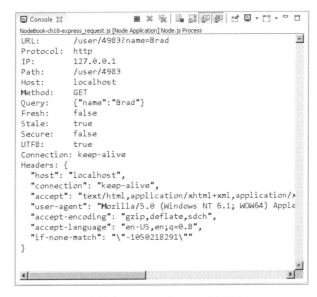

그림 18.2 Request 객체 프로퍼티에 접근

Response 객체 사용

route 핸들러^{route handler}에 전달되는 Response 객체는 적절한 HTTP 응답을 생성하고 전달하는 데 필요한 기능을 제공한다. 다음 절에서는 Response 객체를 사용해 헤더와 상태를 설정하고 클라이언트에 데이터를 반환하는 방법을 설명한다.

헤더 설정

적절한 HTTP 응답을 생성할 때 중요한 부분은 헤더 설정이다. 예를 들어 Content-Type 헤더를 설정해 브라우저 응답을 어떻게 처리해야 할지 설정할 수 있다. Response 객체는 HTTP 응답을 사용해 전달될 헤더 값을 가져오거나 설정하기 위한 다양한 헬퍼^{helper} 메서드를 제공한다.

가장 많이 사용되는 메서드는 get(header)와 set(header, value)이며 헤더 값을 가져오거나 설정하기 위한 메서드다. 예를 들어 다음 코드는 먼저 Content-Type 헤더를 가져온 후 헤더에 값을 설정한다.

```
var oldType = res.get('Content-Type');
res.set('Content-Type', 'text/plain');
```

표 18.3은 값을 가져오고 설정하는 것을 도와주는 메서드다.

표 **18.3** Response 객체에서 헤더 값을 가져오고 설정하는 메서드

설정	설명
get(header)	지정된 헤더 값을 반환한다.
set(header, value)	헤더 값을 설정한다.
set(headerObj)	'header' : 'value'로 만들어진 여러 프로퍼티를 포함하는 객체를 사용한다. headerObj 내의 각 헤더는 Response 객체를 통해 설정된다.
location(path)	지정된 path 값으로 위치 헤더를 설정한다. 경로는 /login과 같은 URL 경로이거나 http://server.net/과 같은 전체 URL 경로 ../users와 같은 상대 경로 back과 같은 브라우저 액션으로 정의된다.
type(type_string)	Content-Type 헤더를 type_string 매개변수 기반으로 설정한다. type_string 매개변수에서는 일반적인 컨텐트 형식(application/json), 특정 형식(png) 또는 파일 확장자(.html)를 사용한다.
attachment([filepath])	attachment에 Content-Disposition 헤더를 설정한다. filepath가 지정됐다면 Content-Type 헤더는 해당 파일 확장자에 기반을 두고 설정된다.

상태 설정

응답에 대한 HTTP 상태 값을 200보다 큰 값으로 설정해야 한다. 올바른 상태 응답을 전달해 브라우저 또는 다른 애플리케이션이 해당 HTTP 응답을 제대로 처리하게 하는 것이 무엇보다 중요하다. 상태 응답을 설정하려면 status(number) 메서드를 사용하고 number 매개변수는 HTTP 스펙에 정의된 HTTP 응답 상태 값으로 지정한다.

다음은 서로 다른 상태를 지정한 예다.

```
res.status(200); // 성공(OK)
res.status(300); // 리다이렉션(Redirection)
res.tatus(400); // 잘못된 요청(Bad Request)
res.status(401); // 인증 실패(nauthorized)
res.status(403); // 접근 권한 없음(Forbidden)
res.status(500); // 서버 에러(server Error)
```

응답 전송

이 책의 앞부분에서 다룬 예제를 통해 간단한 응답을 전송하는 send( ) 메서드를 이미 살펴봤다. send( ) 메서드는 다음 포맷을 따른다. status는 HTTP 상태 코드 값, body는 문자열 또는 버퍼 객체를 가진다.

```
res.send(status, [body])
res.send([body])
```

버퍼 객체를 지정한다면 Content-Type은 명시적으로 다른 값으로 지정하지 않는 한 자동으로 application/octet-stream이 된다. 예를 들면 다음과 같다.

```
res.set('Content-Type', 'text/html');
res.send(new Buffer('<html><body>HTML String</body></html>'));
```

send( )는 응답에 대한 적절한 헤더와 상태를 가진다면 모두 처리할 수 있다. send( ) 메서드가 완료되면 res.finished나 res.headerSent 프로퍼티 값을 지정한다. 이 프로퍼티는 응답

454

이 전달됐는지와 얼마나 많은 양의 데이터가 전송됐는지를 검증할 때 사용할 수 있다. 다음은 res.headerSent 프로퍼티 값의 예다.

```
HTTP/1.1 200 OK
X-Powered-By: Express
Content-Type: text/html
Content-Length: 92
Date: Tue, 17 Dec 2013 18:52:23 GMT
Connection: keep-alive
```

목록 18.4는 기본적인 몇 가지 상태와 헤더를 설정하고 응답을 전달하는 에를 보여순다. 18~21번 줄에서 /error route가 응답을 전달하기 직전에 상태 400으로 설정되는 것을 확인할 수 있다. 그림 18.3은 익스프레스 서버의 콘솔 창에 수행 결과인 res.headerSent 데이터 값을 보여준다.

목록 18.4 express_send.js: Response 객체를 사용해 상태 및 헤더, 응답 데이터 전송

```
01 var express = require('express');
02 var url = require('url');
03 var app = express();
04 app.listen(80);
05 app.get('/', function (req, res) {
06   var response = '<html><head><title>Simple Send</title></head>' +
07                  '<body><h1>Hello from Express</h1></body></html>';
08   res.status(200);
09   res.set({
10     'Content-Type': 'text/html',
11     'Content-Length': response.length
12   });
13   res.send(response);
14   console.log('Response Finished? ' + res.finished);
15   console.log('/nHeaders Sent: ');
16   console.log(res.headerSent);
17 });
18 app.get('/error', function (req, res) {
19   res.status(400);
20   res.send("This is a bad request.");
21 });
```

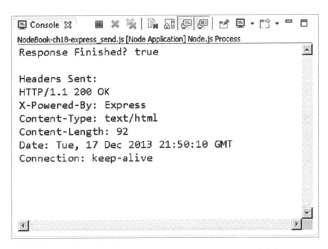

그림 18.3 응답이 전송된 후의 res.headerSent 결괏값

JSON 응답 값 전송

최근에는 서버에서 클라이언트로 정보를 전달하는 방법으로 JSON 데이터를 사용한다. JSON을 사용하면 클라이언트가 동적으로 페이지에 HTML 엘리먼트를 덧붙일 수 있으므로 서버가 HTML 문서 전체 또는 일부를 클라이언트에 전송하지 않아도 된다. 익스프레스는 JSON을 멋지게 전송하는 것을 돕기 위해 Response 객체에 json( )과 jsonp( ) 메서드를 제공한다. 이 메서드들은 body가 JSON 문자열 형태의 자바스크립트 객체인 것을 제외하고는 send( ) 메서드와 거의 유사한 문법을 가진다.

```
res.json(status, [object])
res.json([body])
res.jsonp(status, [object])
res.jsonp([object])
```

자바스크립트 객체는 JSON 문자열로 변환돼 클라이언트에 반환된다. jsonp( )의 경우 요청 객체의 URL이 ?callback=<method> 매개변수를 가지면 함수 내에서 JSON 문자열은 메서드 이름을 갖게 된다. 메서드명은 JSONP 설계를 지원하기 위해 클라이언트 브라우저에 의해 호출된다.

목록 18.5는 JSON 데이터를 서버로 전송하기 위해 json( )과 jsonp( )를 구현한 예다. 6번 줄에서 json spaces 애플리케이션 설정은 4로 지정됐고 7번 줄에서는 기본 자바스크립트 객체가 json( )으로 전달됐다. 12번 줄은 응답에 대한 에러 코드를 지정하고 응답 객체는 JSON 객체로 설정됐다.

14~19번 줄은 jsonp( ) 메서드를 구현했다. 15번 줄에서 jsonp callback name는 cb로 설정됐다. 이로 인해 클라이언트 내에서 URL을 ?callback=<function>로 전달할 필요 없이 이 ?cb=<function>로 사용할 수 있다. 그림 18.4는 각 호출 결과를 브라우저를 통해 보여준다.

목록 18.5 express_json.js: 익스프레스에서 JSON과 JSONP 데이터를 응답으로 전송

```
01 var express = require('express');
02 var url = require('url');
03 var app = express();
04 app.listen(80);
05 app.get('/json', function (req, res) {
06   app.set('json spaces', 4);
07   res.json({name:"Smithsonian", built:'1846', items:'137M',
08             centers: ['art', 'astrophysics', 'natural history',
09                       'planetary', 'biology', 'space', 'zoo']});
10 });
11 app.get('/error', function (req, res) {
12   res.json(500, {status:false, message:"Internal Server Error"});
13 });
14 app.get('/jsonp', function (req, res) {
15   app.set('jsonp callback name', 'cb');
16   res.jsonp({name:"Smithsonian", built:'1846', items:'137M',
17             centers: ['art', 'astrophysics', 'natural history',
18                       'planetary', 'biology', 'space', 'zoo']});
19 });
```

파일 전송

익스프레스에서 파일 전송을 돕는 대표적인 메서드는 Response 객체의 sendfile(filepath) 다. sendfile( ) 메서드는 파일을 클라이언트에 전송하기 위한 모든 동작을 수행하며 단일 함수 호출을 통해 가능하다. 특히 sendfile( ) 메서드는 다음과 같은 동작을 수행한다.

- 파일 확장자에 기반을 둔 형식으로 Content-Type 헤더를 설정한다.
- Content-Length와 같은 다른 필요 헤더를 설정한다.
- 응답 상태를 설정한다.
- Response 객체 내부 연결 방법을 사용해 클라이언트에 파일의 내용을 전송한다.

sendfile( ) 메서드는 다음과 같은 문법을 사용한다.

```
res.sendfile(path, [options], [callback])
```

path는 클라이언트에 전송하고 싶은 파일을 지정해야 한다. options 매개변수는 maxAge 프로퍼티와 root 프로퍼티를 갖는 객체이며 maxAge 프로퍼티는 콘텐츠의 최대 수명을 지정하고 root 프로퍼티는 path 매개변수 내에서 상대 경로를 지원한다. 콜백 함수는 파일 전송이 완성되면 호출되며 단 하나의 매개변수를 통해 에러를 전달받는다.

458

그림 18.4 JSON과 JSONP 데이터 사용 결과를 브라우저에서 제공

목록 18.6은 sendfile( ) 명령을 사용해 파일의 내용을 쉽게 전달하는 방법을 보여준다. 8번 줄에서 root 경로를 지정했으므로 6번 줄에서는 파일명만 지정했다. 또한 콜백 함수에서는 에러를 처리한다. 그림 18.5는 브라우저에서의 수행 결과 이미지를 보여준다.

목록 18.6 express_send_file.js: 익스프레스에서 HTTP 요청으로 파일 전송

```
01 var express = require('express');
02 var url = require('url');
03 var app = express();
04 app.listen(80);
05 app.get('/image', function (req, res) {
06   res.sendfile('arch.jpg',
07                { maxAge: 1,//24*60*60*1000,
08                  root: './views/'},
09   function(err){
10     if (err){
11       console.log("Error");
12     } else {
13       console.log("Success");
14     }
15   });
16 });
```

그림 18.5 클라이언트에 HTTP 응답을 통해 전달된 이미지 파일

다운로드 응답 전송

익스프레스는 몇 가지 사소한 차이점을 빼고 res.sendfile()과 매우 유사하게 동작하는 res.download() 메서드를 지원한다. res.download() 메서드는 HTTP 응답에서 첨부 파일을 전송하고 Content-Disposition 헤더를 설정한다. res.download() 메서드는 다음과 같은 문법을 사용한다.

```
res.download(path, [filename], [callback])
```

path 매개변수는 클라이언트에게 전송될 파일을 나타낸다. filename 매개변수는 Content-Disposition 헤더에서 전달돼야 할 다른 파일명을 정의한다. 콜백 함수는 파일 다운로드가 끝나면 실행된다.

응답 리다이렉팅

웹 서버를 구현하고자 할 때 클라이언트로부터 받은 요청을 동일한 서버의 다른 위치 또는 완전히 다른 서버로 리다이렉트redirect(재지정)하는 기능이 공통으로 필요하다. res.redirect(path) 메서드는 새로운 위치로 요청을 리다이렉션redirection한다.

목록 18.7은 여러 주소로 리다이렉션하는 사용 예를 보여준다. 6번 줄은 완전히 새로운 도메인 주소, 9번 줄은 동일한 서버의 완전히 다른 경로, 15번 줄은 동일한 서버 내 상대 경로로 리다이렉트한다.

목록 18.7 express_redirect.js: 익스프레스 서버에서의 요청 리다이렉팅

```
01 var express = require('express');
02 var url = require('url');
03 var app = express();
04 app.listen(80);
05 app.get('/google', function (req, res) {
06   res.redirect('http://google.com');
07 });
08 app.get('/first', function (req, res) {
09   res.redirect('/second');
10 });
11 app.get('/second', function (req, res) {
```

```
12    res.send("Response from Second");
13 });
14 app.get('/level/A', function (req, res) {
15    res.redirect("../B");
16 });
17 app.get('/level/B', function (req, res) {
18    res.send("Response from Level B");
19 });
```

템플릿 엔진 구현

최근 산업계의 트렌드는 처음부터 또는 정적 파일을 사용해 HTML을 생성하는 것이 아니라 템플릿 엔진을 사용해 HTML을 만드는 것이다. 템플릿 엔진은 HTML을 생성하기 위해 애플리케이션으로부터 전달된 값들을 기반으로 한 template 객체를 사용한다. 템플릿 엔진을 사용하면 다음과 같은 두 가지 이점을 얻을 수 있다.

- **단순함**: 템플릿은 단순화된 구문을 사용해 HTML을 쉽게 생성할 수 있다. 자바스크립트를 사용하는 경우에는 HTML 문서에 직접 들어가게 함으로써 HTML을 쉽게 생성한다.

- **속도**: 템플릿 엔진은 HTML 문서를 만드는 과정을 최적화한다. 템플릿을 많이 컴파일하고 캐시에 컴파일된 버전을 저장해 HTML 응답 생성 속도를 더 빠르게 한다.

다음 절에서는 익스프레스에서 템플릿 엔진을 구현하는 방법을 알아본다. 익스프레스에서 다양한 템플릿 엔진을 사용할 수 있지만 18장에서는 퍼그^{Pug}(이전에는 제이드^{Jade}라 불렸음)와 임베디드 자바스크립트^{EJS}를 다룬다. 이 두 가지 템플릿 엔진은 서로 다른 방식으로 동작하며 어떤 것을 사용할지 결정해야 한다. 퍼그는 템플릿 내에서 HTML을 단순화된 구문으로 표기하기 때문에 템플릿 파일이 HTML처럼 보이지 않는다. 장점은 템플릿 파일 크기가 매우 작고 따라하기 쉽다는 것이고, 단점은 새로운 언어를 학습해야 한다는 것이다.

한편 EJS는 보통의 HTML 문서에 포함된 내장된 자바스크립트로 특별한 표기법을 사용한다. 따라서 보통의 HTML에서 EJS로 변환하는 것은 매우 쉽다. 불리한 점은 HTML 문서가 원본보다 더 복잡해지기 때문에 퍼그 템플릿보다 깔끔해 보이지 않는다는 것이다.

18장에 포함된 예제를 실행하려면 다음 명령어를 사용해 애플리케이션에 퍼그와 EJS 모듈을 설치해야 한다.

```
npm install pug
npm install ejs
```

엔진 정의

템플릿 엔진을 구현하는 첫 번째 단계는 익스프레스 애플리케이션에 대한 기본 템플릿 엔진을 정의하는 것이다. 먼저 express() 애플리케이션 객체를 'view engine'으로 설정하고 템플릿 파일이 저장될 위치를 'views'로 설정한다. 다음은 ./views 디렉터리를 템플릿 문서의 루트로 설정하고 퍼그를 뷰 엔진으로 설정한 예다.

```
var app = express();
app.set('views', './views');
app.set('view engine', 'pug');
```

다음으로 app.engine(ext, callback) 메서드를 사용해 템플릿 엔진의 템플릿 확장자를 등록한다. ext 매개변수는 템플릿 파일용 파일 확장자, callback 매개변수는 익스프레스의 렌더링 기능을 지원하는 함수다.

많은 엔진들은 __express 함수를 이용해 콜백 기능을 제공한다. 예를 들면 다음과 같다.

```
app.engine('pug', require('pug').__express)
```

__express 기능은 위와 같이 기본 파일 확장자 이름을 갖는 경우에 대해서만 동작한다. 이 경우 __express 함수 대신 다른 함수를 사용할 수 있다. 예를 들어 EJS는 동일한 용도의 renderFile 함수를 제공한다. 다음은 EJS를 위해 ejs 확장자를 등록한 예다.

```
app.engine('ejs', require('ejs').__express)
```

HTML 확장자로 EJS를 등록하고 싶다면 다음과 같이 사용해야 한다.

```
app.engine('html', require('ejs').renderFile)
```

일단 확장자가 등록된 후 해당 확장자를 갖는 템플릿으로 렌더링하기 위해 엔진의 콜백 함수가 호출된다. 퍼그나 EJS가 아닌 다른 엔진을 사용하려면 해당 엔진이 익스프레스에 어떻게 등록되는지 살펴봐야 한다.

지역 변수 추가

템플릿을 렌더링할 때 동적인 데이터(예를 들어 데이터베이스에서 방금 읽어온 사용자 데이터를 포함하는 페이지를 렌더링하는 경우)를 포함해야 할 경우가 있다. 이 경우 템플릿에 정의된 변수명을 가르키는 프로퍼티를 포함하는 locals 객체를 생성한다. express() 앱 객체는 지역 변수를 저장하기 위한 app.locals 프로퍼티를 제공한다.

도트 문법dot syntax을 사용해 지역 템플릿 변수를 직접 사용할 수 있다. 다음 코드는 title과 version 지역 변수를 정의한 예다.

```
app.locals.title = 'My App';
app.locals.version = 10;
```

템플릿 생성

템플릿을 렌더링하려면 템플릿 파일을 생성해야 한다. 템플릿 파일을 생성할 때는 다음 사항을 고려해야 한다.

- **재사용성**: 애플리케이션의 다른 부분이나 다른 애플리케이션에서 해당 템플릿을 재사용할 수 있도록 만들어야 한다. 대부분의 템플릿 엔진은 성능을 위해 템플릿을 캐시에 저장한다. 많은 템플릿을 사용할수록 더 많은 캐시 저장 시간이 필요하다. 템플릿을 체계적으로 잘 준비해 다목적으로 사용할 수 있도록 해야 한다. 예를 들어 여러 테이블의 데이터를 애플리케이션에서 보여준다면 이 모든 것에 대해 단 하나의 템플릿을 생성하고 동적으로 데이터를 추가할 수 있을 뿐 아니라 칼럼의 헤더와 제목 등도 설정할 수 있게 해야 한다.

- **크기**: 템플릿의 크기가 커질수록 템플릿은 더 다루기 어렵다. 템플릿은 보여줘야 할 데이터의 형식에 따라 잘 구분돼 있도록 유지해야 한다. 예를 들어 메뉴 바와 폼, 표를 포함한 템플릿이 있다면 3개의 템플릿으로 분리할 수 있다.

- **계층 구조**: 대부분의 웹 사이트와 애플리케이션은 일정한 계층 구조를 갖고 만들어 진다. 예를 들어 <head> 절뿐 아니라 배너와 메뉴는 웹 사이트 내에서 동일한 구조를 가진다. 따라서 컴포넌트별 각각의 템플릿을 사용해 여러 장소에서 보이도록 하고 각 서브 템플릿을 최종 페이지에 포함시켜야 한다.

목록 18.8은 사용자 정보를 보이기 위해 목록에 지역 변수를 설정하는 기본적인 EJS 템플릿 구현 예다. EJS 코드는 매우 간단하며 단지 익스프레스의 지역 변수에서 값을 가져오기 위해 <%= variable %>를 사용했다.

목록 18.8 user_ejs.html: 사용자 정보를 표시하는 간단한 EJS 템플릿

```
01 <!DOCTYPE html>
02 <html lang="en">
03 <head>
04 <title>EJS Template</title>
05 </head>
06 <body>
07     <h1>User using EJS Template</h1>
08     <ul>
09       <li>Name: <%= uname %></li>
10       <li>Vehicle: <%= vehicle %></li>
11       <li>Terrain: <%= terrain %></li>
12       <li>Climate: <%= climate %></li>
13       <li>Location: <%= location %></li>
14     </ul>
15 </body>
16 </html>
```

목록 18.9와 목록 18.10은 퍼그를 사용해 메인 템플릿을 구현하고 해당 템플릿을 서브 템 플릿으로 사용한다. 목록 18.9의 메인 템플릿은 매우 기본적인 형태로 단순히 doctype과 html, head, title 엘리먼트만 구현한다. 그리고 목록 18.10에서 정의된 block content를 포함한다.

목록 18.10의 1번 줄에서는 먼저 엘리먼트를 포함하도록 main_pug를 확장한다. 그리고 h1, u1 및 li 엘리먼트를 추가해 local 변수로부터 값을 가져온다.

목록 18.9 main_pug.pug: 메인 웹 페이지를 정의하는 간단한 퍼그 템플릿

```
01 doctype 5
02 html(lang="en")
03   head
04     title="Pug Template"
05   body
06     block content
```

목록 18.10 user_pug.pug: main_pug.pug 템플릿을 포함하고 사용자를 출력하기 위한 엘리먼트를 추가한 간단한 Jade 템플릿

```
01 extends main_pug
02 block content
03   h1 User using Pug Template
04   ul
05     li Name: #{uname}
06     li Vehicle: #{vehicle}
07     li Terrain: #{terrain}
08     li Climate: #{climate}
09     li Location: #{location}
```

응답에서의 템플릿 렌더링

템플릿 엔진을 한 번 정의하고 설정해봤으며 템플릿도 생성해봤다. 이제 익스프레스의 app 객체 또는 Response 객체를 사용해 렌더링된 템플릿을 전달할 수 있다. 익스프레스의 app 객체를 사용해 템플릿을 렌더링하려면 다음과 같이 app.render() 메서드를 사용해야 한다.

```
app.render(view, [locals], callback)
```

view 매개변수를 사용해 views 디렉터리내의 뷰 파일명을 정의한다. 파일에 어떤 확장자도 포함되지 않았다면 .pug나 .ejs와 같은 기본 확장자가 적용된다. 아직 app.locals에 정의되지 않았다면 locals 매개변수를 사용해 값을 locals 객체에 전달한다.

콜백 함수는 템플릿이 렌더링된 후 호출되며 첫 번째 매개변수로 error 객체, 두 번째 매개변수로 렌더링된 템플릿을 문자열 형태로 사용한다.

템플릿을 응답 객체로 직접 렌더링하려면 res.render( ) 함수를 사용해야 한다. 이 함수는 app.render( )와 거의 유사하게 동작하지만 차이점은 콜백 함수가 필요하지 않다는 점이다. 렌더링된 결과는 응답 객체에서 자동으로 보내진다.

app.render( )와 res.render( ) 메서드는 둘 다 잘 동작한다. 데이터를 보내기 전에 뭔가 수행해야 할 필요가 없다면 res.render( ) 메서드는 데이터 전송을 위한 res.send( )를 호출하는 추가 코드 작성을 하지 않아도 된다.

목록 18.11은 템플릿 렌더링 콘셉트의 기본적인 몇 가지 예제를 보여준다. 5~8번 줄은 views 디렉터리와 view 엔진을 설정하고 퍼그와 ejs를 등록한다. 10~13번 줄은 app.locals에 사용자 정보를 정의한다.

14~16번 줄에서는 /pug route를 처리하며 목록 18.10의 user_pug.pug 템플릿을 바로 렌더링한다. 이 템플릿에서는 클라이언트 응답 내에 정의된 지역 변숫값을 가진다.

17~21번 줄은 먼저 목록 18.8에 정의된 users_ejs.html 템플릿을 렌더링하는 app.render( )를 호출해 결과를 renderedData에 저장하는 /ejs route를 처리한다. 그리고 res.send( ) 명령은 데이터를 전송한다. 그림 18.6은 두 가지 함수를 사용해 웹 페이지가 렌더링되는 것을 보여준다.

목록 18.11 express_templates.js: 익스프레스에서 퍼그 템플릿과 EJS 템플릿 구현

```
01 var express = require('express'),
02    pug = require('pug'),
03    ejs = require('ejs');
04 var app = express();
05 app.set('views', './views');
06 app.set('view engine', 'pug');
07 app.engine('pug', pug.__express);
08 app.engine('html', ejs.renderFile);
09 app.listen(80);
10 app.locals.uname = 'Caleb';
11 app.locals.vehicle = 'TARDIS';
12 app.locals.terrain = 'time and space';
13 app.locals.location = 'anywhere anytime';
```

```
14 app.get('/pug', function (req, res) {
15   res.render('user_pug');
16 });
17 app.get('/ejs', function (req, res) {
18   app.render('user_ejs.html', function(err, renderedData){
19     res.send(renderedData);
20   });
21 });
```

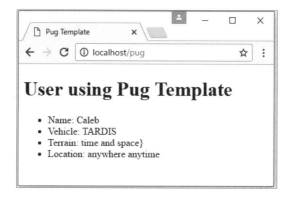

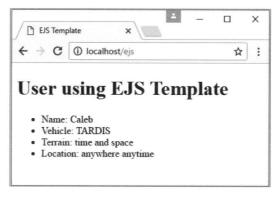

그림 18.6 퍼그 템플릿과 EJS 템플릿을 렌더링해 생성된 웹 페이지

요약

18장에서는 익스프레스의 기본적인 사용법인 설치 및 환경 구성, Node.js 애플리케이션에 적용하는 방법에 초점을 맞췄다. HTTP 요청에 대해 route를 설정하는 방법과 요청 정보를 얻기 위해 Request 객체를 사용하는 방법도 학습했다. 또한 헤더와 응답 상태를 설정하는 방법을 확인했으며 HTML 문자열이나 파일, 렌더링된 템플릿을 전송하는 방법을 학습했다.

19장에서 다룰 내용

19장, '익스프레스 미들웨어 구현'에서는 기능 확장을 위해 익스프레스가 제공하는 미들웨어를 사용하는 방법을 살펴본다. 미들웨어로 쿠키, 세션, 인증authentication뿐 아니라 캐시를 조작할 수 있다.

19

익스프레스 미들웨어 구현

익스프레스가 테이블에 가져오는 기능의 대부분은 요청이 Node.js에 수신된 시점과 응답이 전송된 시점 사이에서 실행되는 미들웨어 함수로 지원할 수 있다. 익스프레스는 connect 모듈을 사용해 전역, 경로 수준, 단일 route에 미들웨어 기능을 쉽게 삽입할수 있는 미들웨어 프레임워크를 제공한다.

익스프레스와 함께 제공되는 미들웨어로 정적 파일 제공, 쿠키 구현, 세션 지원, POST 데이터 처리 등을 신속하게 지원할 수 있다. 요청을 사전 처리하고 고유한 기능을 제공하기 위한 사용자 정의 미들웨어 함수를 작성할 수 있다.

19장에서는 익스프레스 미들웨어 구현 기초 내용에 중점을 둔다. 또한 미들웨어를 사용해 POST 요청을 처리하고 정적 파일을 제공하며 세션, 쿠키 및 인증을 구현하는 몇 가지 예를 보여준다.

미들웨어의 이해

익스프레스는 간단하면서 효과적인 미들웨어 프레임워크를 제공해 요청을 받았을 때와 요청을 실제로 처리하고 응답을 보낼 때의 사이에 추가 기능을 제공한다. 미들웨어를 사용해 인증, 쿠키, 세션을 적용하고 핸들러로 전달되기 전에 요청을 조작할 수 있다.

익스프레스는 기본 미들웨어 지원을 제공하는 connect NPM 모듈 위에 구축된다. 다음은 익스프레스와 함께 제공되는 내장 미들웨어 컴포넌트의 일부에 대한 목록이다. 추가 익스프레스 미들웨어 컴포넌트는 NPM 저장소를 조회해 NPM으로 사용할 수 있고 사용자 정의 미들웨어를 직접 작성할 수도 있다.

- **logger**: 서버의 요청을 추적하기 위한, 형식화된 요청 로거를 구현
- **static**: 익스프레스 서버에서 GET 요청에 대한 정적 파일을 스트리밍
- **favicon**: 브라우저에 파비콘을 전송하는 기능을 제공
- **basicAuth**: 기본 HTTP 인증 지원 기능을 제공
- **cookieParser**: 요청에서 쿠키를 읽어 들이고 응답의 쿠키를 설정
- **cookieSession**: 쿠키 기반 세션 지원 기능을 제공
- **session**: 상당히 견고한 세션 구현을 제공
- **bodyParser**: POST 요청의 보디 데이터를 파싱해 req.body 프로퍼티에 저장
- **query**: 쿼리 문자열을 자바스크립트 객체로 변환해 req.query로 저장
- **compress**: 클라이언트로의 대형 응답을 지원하기 위한 Gzip 압축을 제공
- **csrf**: 사이트 간 요청 위조 보호 기능을 제공

미들웨어는 특정 경로나 특정 경로에 대한 모든 route에 전역으로 적용할 수 있다. 다음 절에서는 각각의 적용 방법에 대해 설명한다.

전역적으로 경로에 미들웨어 할당하기

모든 route에 미들웨어를 할당하려면 익스프레스 애플리케이션 객체에 use( ) 메서드를 구현해야 한다. use( ) 메서드는 다음과 같은 구문을 사용한다.

```
use([path], middleware)
```

path 변수는 선택 사항이며 기본값은 모든 경로를 의미하는 '/'로 설정된다. middleware는 다음 구문을 갖는 함수다. 여기서 req는 Request 객체, res는 Response 객체, next는 실행될 다음 미들웨어 함수다.

```
function(req, res, next)
```

각 내장 미들웨어 컴포넌트는 적합한 미들웨어 함수를 반환하는 생성자를 갖는다. 예를 들어 다음 구문을 사용하면 기본 매개변수로 모든 경로에 logger 미들웨어를 적용할 수 있다.

```
var express = require('express');
var app = express();
app.use('/', express.logger());
```

단일 route에 미들웨어 할당하기

logger를 path 매개변수 다음에 전달해 단일 route에 적용할 수 있다. 예를 들어 다음 코드
는 /loggedRoute에 대한 요청을 로깅한다. 하지만 /otherRoute에 대한 요청은 로깅하지 않
는다.

```
app.get('/loggedRoute', express.logger(), function(req, res) {
  res.send('This request was logged.');
});
app.get('/otherRoute', function(req, res) {
  res.send('This request was not logged.');
});
```

다수의 미들웨어 기능 추가하기

원하는 미들웨어 기능들을 전역 및 특정 route에 지정할 수 있다. 예를 들어 다음 코드는
query, logger, bodyParser 미들웨어 모듈을 할당한다.

```
app.use('/', express.logger()).
use('/', express.query()).
use('/', express.bodyParser());
```

함수의 할당 순서가 요청 중 적용되는 순서라는 것에 주목하자. 따라서 미들웨어 함수 중 일
부는 다른 함수보다 먼저 추가돼야 한다.

query 미들웨어 사용하기

간단하지만 가장 유용한 컴포넌트 중 하나는 query 미들웨어다. query 미들웨어는 URL의 쿼리 문자열을 자바스크립트 객체로 변환해 Request 객체의 query 프로퍼티에 저장한다.

다음 코드는 기본적인 query 미들웨어 구현을 보여준다. 요청에 대한 쿼리 문자열은 id=10, score=95를 사용한다. req.query는 자바스크립트 객체이기 때문에 JSON.stringify 호출에 사용된다.

```
var express = require('express');
var app = express();
app.use('/', express.query());
app.get('/', function(req, res) {
  var id = req.query.id;
  var score = req.query.score;
  console.log(JSON.stringify(req.query));
  res.send("done");
});
```

정적 파일 제공하기

디스크에서 클라이언트로 직접 정적 파일을 제공하기 위해 일반적으로 static 미들웨어를 사용한다.[1] static 미들웨어로 자바스크립트 파일, CSS 파일, 이미지 파일, 변경되지 않는 HTML 문서를 지원할 수 있다. 다음 구문으로 static 모듈을 사용하며 구현하기가 매우 쉽다.

```
express.static(path, [options])
```

path는 정적 파일이 요청에서 참조할 루트 경로다. options 매개변수를 사용해 다음의 프로퍼티를 설정한다.

---

1 static은 정적이라는 단어로 번역할 수 있지만 이 책에서는 코드와 함께 쉽게 이해하도록 원문대로 영문을 그대로 사용했다. – 옮긴이

- **maxAge**: 브라우저 캐시 maxAge를 밀리초 단위로 설정한다. 기본값은 0이다.

- **hidden**: true로 설정되면 숨김 파일의 전송을 사용한다는 것을 의미하는 불린 값이다. 기본값은 false이다.

- **redirect**: true인 경우와 요청 경로가 디렉터리인 경우 요청이 / 뒤에 오는 경로로 리디렉션되도록 하는 불린 값이다. 기본값은 true다.

- **index**: 루트 경로의 기본 파일명을 지정한다. 기본값은 index.html이다.

목록 19.1~목록 19.3은 정적 HTML, CSS, 이미지 파일 서비스를 지원하기 위한 static 미들웨어 구현을 위해 사용하는 익스프레스 코드, HTML, CSS를 나타냈다. 2개의 static 경로가 구현된다. 하나는 서브디렉터리 static에 매핑된 route /이고 또 다른 하나는 다른 레벨의 디렉터리 images에 매핑된 경로 /images의 static 경로다.

그림 19.1은 브라우저에서 정적으로 제공되는 HTML 문서를 보여준다.

목록 19.1 express_static.js: 두 정적 route를 구현한 익스프레스 코드

```
01 var express = require('express');
02 var app = express();
03 app.use('/', express.static('./static', {maxAge:60*60*1000}));
04 app.use('/images', express.static( '../images'));
05app.listen(80);
```

목록 19.2 ./static/index.html: 서버에서 CSS와 이미지 파일을 요청하는 정적 HTML

```
01 <html>
02 <head>
03   <title>Static File</title>
04   <link rel="stylesheet" type="text/css" href="css/static.css">
05 </head>
06 <body>
07   <img src="/images/arch.jpg" height="200px"/>
08   <img src="/images/flower.jpg" height="200px" />
09   <img src="/images/bison.jpg" height="200px" />
10 </body>
11 </html>
```

목록 19.3 ./static/css/static.css: 이미지 형식에 대한 CSS 파일

```
1 img
2 {
3   display:inline;
4   margin:3px;
5   border:5px solid #000000;
6 }
```

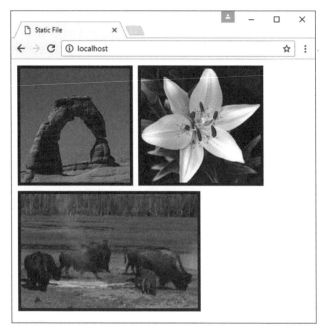

그림 19.1 브라우저에 정적으로 제공되는 HTML, CSS, 이미지 파일

POST 보디 데이터 처리

익스프레스 미들웨어의 다른 일반적인 용도는 POST 요청 내부의 보디 데이터 처리다. 요청 보디 내의 데이터는 POST 매개변수 문자열, JSON 문자열, 원시 데이터와 같이 다양한 형식을 포함한다. 익스프레스는 요청 보디의 데이터를 파싱해 Request 객체의 req.body 프로퍼티로 적절하게 형식화하는 bodyParser 미들웨어를 제공한다.

예를 들어 POST 매개변수나 JSON 데이터가 수신되면 자바스크립트 객체로 변환돼 Request 객체의 req.body 프로퍼티로 저장된다. 목록 19.4는 서버에 게시된 폼 데이터 읽어오기를 지원하기 위해 bodyParser 미들웨어를 사용하는 방법을 보여준다.

4~9번 줄은 GET 요청을 처리하고 기본 폼으로 응답한다. 물론 여기의 HTML 형식이 올바르지 않지만 bodyParser 미들웨어의 사용법을 설명하는 정도로만 사용됐다.

11~20번 줄은 POST 요청 핸들러를 구현한다. 16번 줄의 폼 필드에 입력한 이름은 req. body.first로 접근되며 이는 응답의 인사 메시지를 생성하는 데 사용된다. 이러한 방식으로 보디에 있는 모든 종류의 폼 데이터를 처리할 수 있다. 그림 19.2는 브라우저에서의 웹 폼 사용법을 보여준다.

목록 19.4 express_post.js: bodyParser 미들웨어를 사용한 요청 보디의 POST 매개변수 처리

```
01 var express = require('express');
02 var app = express();
03 app.use(express.bodyParser());
04 app.get('/', function (req, res) {
05   var response = '<form method="POST">' +
06     'First: <input type="text" name="first"><br>' +
07     'Last: <input type="text" name="last"><br>' +
08     '<input type="submit" value="Submit"></form>';
09   res.send(response);
10 });
11 app.post('/',function(req, res){
12   var response = '<form method="POST">' +
13     'First: <input type="text" name="first"><br>' +
14     'Last: <input type="text" name="last"><br>' +
15     '<input type="submit" value="Submit"></form>' +
16     '<h1>Hello ' + req.body.first + '</h1>';
17   res.type('html');
18   res.end(response);
19   console.log(req.body);
20 });
21 app.listen(80);
```

476

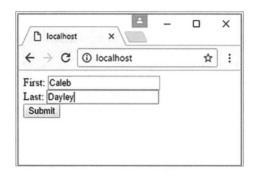

그림 19.2 bodyParser 미들웨어를 사용한 요청 보디의 POST 매개변수 처리

쿠키 보내기 및 받기

익스프레스에서 제공되는 cookieParser 미들웨어는 쿠키를 간단하게 처리한다. cookie Parser 미들웨어는 요청의 쿠키를 파싱해 req.cookies 프로퍼티에 자바스크립트 객체로 저장한다. cookieParser 미들웨어는 다음과 같은 구문을 사용한다.

```
express.cookieParser([secret])
```

secret 문자열 매개변수는 선택적이며 비밀 문자열을 사용해 내부적으로 쿠키에 서명해 쿠키 변조를 방지한다.

다음과 같이 `res.cookie( )` 메서드를 사용해 응답에 쿠키를 설정할 수 있다.

```
res.cookie(name, value, [options])
```

`name`과 `value`가 지정된 쿠키가 응답에 추가된다. `options` 프로퍼티를 사용하면 쿠키에 대해 다음과 같은 프로퍼티 설정이 가능하다.

- **maxAge**: 쿠키가 만료되기까지 걸리는 시간을 밀리초로 지정한다.
- **httpOnly**: `true`로 설정하면 이 쿠키가 클라이언트 측 자바스크립트가 아닌 서버 측에서만 접근돼야 한다는 것을 나타내는 불린 값이다.
- **signed**: `true`로 설정하면 쿠키가 서명되고 `req.cookie` 객체 대신 `req.signedCookie` 객체를 사용해 쿠키에 접근해야 한다는 것을 나타내는 불린 값이다.
- **path**: 쿠키가 적용되는 경로를 지정한다.

예를 들어 다음은 `hasVisited` 쿠키를 설정한다.

```
res.cookie('hasVisited', '1',
  { maxAge: 60*60*1000,
    httpOnly: true,
    path:'/'});
```

다음처럼 `res.clearCookie( )` 메서드를 사용해 쿠키를 클라이언트에서 제거할 수 있다.

```
res.clearCookie('hasVisited');
```

목록 19.5는 쿠키 `req.cookies`를 얻는 간단한 구현이다. 요청에서 `hasVisited`가 설정돼 있지 않으면 설정한다.

목록 19.5 express_cookies.js: 익스프레스를 사용한 쿠키 보내기 및 받기

```
01 var express = require('express');
02 var cookieParser = require('cookie-parser');
03 var app = express();
```

```
04 app.use(cookieParser());
05 app.get('/', function(req, res) {
06   if (!req.cookies.hasVisited){
07     res.cookie('hasVisited', '1',
08       { maxAge: 60*60*1000,
09         httpOnly: true,
10         path:'/'});
11   }
12   console.log(req.cookies);
13   res.send("Sending Cookie");
14 });
15 app.listen(80);
```

세션 구현

익스프레스 미들웨어를 사용해 애플리케이션에 세션 지원을 제공할 수 있다. 세션 관리가 복잡한 경우에는 직접 구현해야 하겠지만 기본적인 세션 지원이라면 cookieSession 미들웨어로도 충분히 잘 동작한다.

cookieSession 미들웨어는 cookieParser 미들웨어를 활용하기 때문에 cookieSession을 추가하기 전에 cookieParser를 추가해야 한다. 다음은 cookieSession 미들웨어 추가 구문이다.

```
res.cookie([options])
```

options 프로퍼티로 다음 프로퍼티들을 쿠키에 설정할 수 있다.

- **key**: 세션을 식별하는 쿠키명
- **secret**: 쿠키 변조를 방지하기 위해 세션 쿠키에 서명하는 데 사용되는 문자열
- **cookie**: maxAge, path, httpOnly, signed를 포함한 쿠키 설정을 정의하는 객체로 기본값은 {path:'/', httpOnly:true, maxAge:null}이다.
- **proxy**: true로 설정하면 x-forwarded-proto를 통한 보안 쿠키가 설정된 경우에 익스프레스가 역방향 프록시를 신뢰할 수 있는 불린 값이다.

cookieSession이 구현되면 세션은 `req.session`에 객체로 저장된다. `req.session`에 대한 모든 변경 사항은 동일한 브라우저의 여러 요청에서 전달된다.

목록 19.6은 기본 cookieSession 세션의 구현 예제다. 3번 줄에서 cookieParser가 먼저 추가되고 4번 줄에 cookieSession이 비밀 문자열과 함께 추가되는 것에 주목하자. 여기에는 2개의 route가 있다. /restricted route에 접근하면 세션에서 restrictedCount 값을 증가시키고 응답이 /library로 리디렉션된다. library에서는 restrictedCount 값이 undefined라면 환영 메시지를 표시하고, 아니라면 그 값을 표시한다. 그림 19.3은 브라우저에서의 다른 출력 결과를 보여준다.

목록 19.6 express_session.js: 익스프레스를 사용한 기본 쿠키 세션 구현

```
01 var express = require('express');
02 var app = express();
03 app.use(express.cookieParser());
04 app.use(express.cookieSession({secret: 'MAGICALEXPRESSKEY'}));
05 app.get('/library', function(req, res) {
06   console.log(req.cookies);
07   if(req.session.restricted) {
08     res.send('You have been in the restricted section ' +
09     req.session.restrictedCount + ' times.');
10   } else {
11     res.send('Welcome to the library.');
12   }
13 });
14 app.get('/restricted', function(req, res) {
15   req.session.restricted = true;
16   if(!req.session.restrictedCount) {
17     req.session.restrictedCount = 1;
18   } else {
19     req.session.restrictedCount += 1;
20   }
21   res.redirect('/library');
22 });
23 app.listen(80);
```

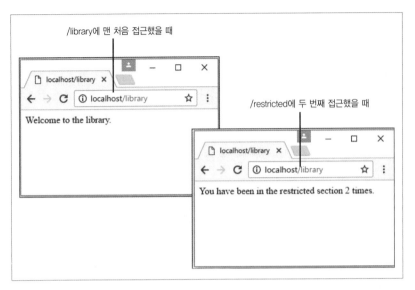

그림 19.3 route에 대한 부적절한 접근을 추적하는 기본 세션 처리

기본 HTTP 인증 적용

기본 HTTP 인증을 적용하기 위해 일반적으로 Express 미들웨어가 사용된다. HTTP 인증은 Authorization 헤더를 사용해 인코딩된 사용자명과 암호를 브라우저에서 서버로 보낸다. 해당 URL에 인증 정보가 브라우저에 없다면 브라우저는 사용자가 사용자명과 암호를 입력할 수 있는 기본 로그인 대화 상자로 시작한다. 기본 HTTP 인증은 최소한의 인증 방법을 필요로 하는 기본 사이트에 적합하며 구현하기 쉽다.

익스프레스의 basicAuth 미들웨어 함수는 기본 HTTP 인증 처리를 지원한다. basicAuth 미들웨어는 다음과 같은 구문을 사용한다.

```
express.basicAuth(function(user, pass){})
```

basicAuth에 전달되는 함수는 사용자와 암호를 받고 올바른 경우 true, 그렇지 않은 경우 false를 반환한다. 다음은 사용 예제다.

```
app.use(express.basicAuth(function(user, password) {
  return (user === 'testuser' && pass === 'test');
}));
```

일반적으로 사용자와 암호를 데이터 베이스에 저장하고 인증 함수의 내부에서 유효성을 검사할 사용자 객체를 검색한다.

목록 19.7과 19.8은 basicAuth 미들웨어 구현이 얼마나 쉬운지를 보여준다. 목록 19.7은 전역 인증을 구현하고 목록 19.8은 단일 route에 대한 인증을 구현한다. 그림 19.4는 인증을 요청한 브라우저와 인증된 웹 페이지를 보여준다.

목록 19.7 express_auth.js: 사이트 전역에 대한 기본 HTTP 인증 구현

```
01 var express = require('express');
02 var app = express();
03 app.listen(80);
04 app.use(express.basicAuth(function(user, pass) {
05   return (user === 'testuser' && pass === 'test');
06 }));
07 app.get('/', function(req, res) {
08   res.send('Successful Authentication!');
09 });
```

목록 19.8 express_auth_one.js: 단일 route에 대한 기본 HTTP 인증 구현

```
01 var express = require('express');
02 var app = express();
03 var auth = express.basicAuth(function(user, pass) {
04   return (user === 'testuser' && pass === 'test');
05 });
06 app.get('/library', function(req, res) {
07   res.send('Welcome to the library.');
08 });
09 app.get('/restricted', auth, function(req, res) {
10   res.send('Welcome to the restricted section.');
11 });
12 app.listen(80);
```

그림 19.4 기본 HTTP 인증 사용

세션 인증 구현

기본 HTTP 인증의 단점은 인증 정보가 저장돼 있는 한 로그인이 유지되며 보안은 안전하지 않다는 것이다. 이보다 더 좋은 방법은 인증을 별도로 구현해 언제든지 만료시킬 수 있는 세션에 인증 정보를 저장하는 것이다.

익스프레스의 session 미들웨어는 세션 인증을 구현하기에 적합하다. session 미들웨어는 Session 객체 req.session을 세션 기능을 제공하는 Request 객체에 첨부한다. 표 19.1은 res.session 객체에서 호출할 수 있는 메서드 목록이다.

표 19.1 세션을 관리하기 위한 res.session 객체의 메서드

옵션	설명
regenerate([callback])	req.session 객체를 제거하고 세션을 리셋할 수 있는 객체를 새로 생성
destroy([callback])	req.session 객체를 제거
save([callback])	세션 데이터 저장
touch([callback])	세션 쿠키에 대한 maxAge를 리셋
cookie	브라우저에 세션을 연결하는 쿠키 객체를 지정

목록 19.9는 crypto 모듈을 사용해 보안 암호를 생성하는 세션 인증에 대한 구현이다. 이 책은 보안 및 암호에 관한 것이 아니기 때문에 예제는 매우 간단하지만 세션 인증을 구현하는 방법을 설명하기 위한 기본적인 기능은 포함하고 있다.

암호는 6~9번 줄까지의 hasPW() 함수를 사용해 암호화된다. bodyParser, cookieParser, session 미들웨어가 사용되고 있다는 것에 주목하자. 45번과 46번 줄은 데이터베이스에서 사용자 객체를 얻고 저장된 암호 해시를 요청 보디의 암호 해시와 비교한다. 47~51번 줄은 session을 생성한다. 새로운 session을 다시 생성하기 위해 regenerate() 함수를 사용하고 전달되는 콜백 함수는 session의 session.user와 session.success 프로퍼티를 설정한다. 인증에 실패하면 session.error 프로퍼티만 session에 설정된다.

30~42번 줄까지의 route를 갖는 /login은 경로는 자격 증명을 얻는 기본 로그인을 표시한다. session.error가 설정되면 로그인 페이지에도 표시된다. 11~20번 줄까지의 /resricted route는 세션을 검사해 유효한 사용자인지의 여부를 확인하고 성공한 경우 성공 메시지를 표시한다. 그렇지 않으면 session.error가 설정되고 응답이 /login으로 리디렉션된다.

25~29번 줄까지의 /logout route는 session에서 destroy()를 호출해 인증을 제거한다. 또한 타임 아웃이나 요청의 양에 따라 다른 코드에서 session을 제거하는 것을 가능하게 할 수도 있다. 그림 19.5는 로그인하고 성공을 표시하는 브라우저 화면을 보여준다.

목록 19.9 express_auth_session.js: 익스프레스에서의 세션 인증 구현

```
01 var express = require('express');
02 var bodyParser = require('body-parser');
03 var cookieParser = require('cookie-parser');
04 var session = require('express-session');
```

```
05 var crypto = require('crypto');
06 function hashPW(pwd){
07   return crypto.createHash('sha256').update(pwd).
08   digest('base64').toString();
09 }
10 var app = express();
11 app.use(bodyParser.urlencoded({ extended: true }));
12 app.use(bodyParser.json());
13 app.use(cookieParser('MAGICString'));
14 app.use(session());
15 app.get('/restricted', function(req, res){
16   if (req.session.user) {
17     res.send('<h2>'+ req.session.success + '</h2>' +
18     '<p>You have entered the restricted section<p><br>' +
19     ' <a href="/logout">logout</a>');
20   } else {
21     req.session.error = 'Access denied!';
22     res.redirect('/login');
23   }
24 });
25 app.get('/logout', function(req, res){
26   req.session.destroy(function(){
27     res.redirect('/login');
28   });
29 });
30 app.get('/login', function(req, res){
31   var response = '<form method="POST">' +
32   'Username: <input type="text" name="username"><br>' +
33   'Password: <input type="password" name="password"><br>' +
34   '<input type="submit" value="Submit"></form>';
35   if(req.session.user){
36     res.redirect('/restricted');
37   }else if(req.session.error){
38     response +='<h2>' + req.session.error + '<h2>';
39   }
40   res.type('html');
41   res.send(response);
42 });
43 app.post('/login', function(req, res){
```

```
44  //user는 데이터베이스내 req.body.username 룩업용
45  var user = {name:req.body.username, password:hashPW("myPass")};
46  if (user.password === hashPW(req.body.password)) {
47    req.session.regenerate(function(){
48      req.session.user = user;
49      req.session.success = 'Authenticated as ' + user.name;
50      res.redirect('/restricted');
51    });
52  } else {
53    req.session.regenerate(function(){
54    req.session.error = 'Authentication failed.';
55    res.redirect('/restricted');
56    });
57  }
58 });
59 app.listen(80);
```

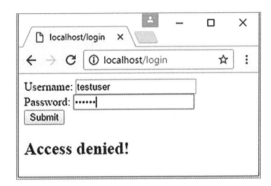

그림 19.5 익스프레스 session 미들웨어를 사용한 Node.js에서의 세션 인증 구현

사용자 정의 미들웨어 생성

익스프레스 미들웨어의 가장 큰 특징은 사용자 정의 기능을 만들 수 있다는 것이다. 이를 위해 할 일은 Request 객체, Response 객체, next를 각각 첫 번째, 두 번째, 세 번째 매개변수로 하는 함수를 만드는 것이다. 여기서 next 매개변수는 미들웨어 프레임워크에서 전달하는 함수로 다음 미들웨어 프레임워크에서 실행할 지점을 가리킨다. 따라서 사용자 정의 함수가 종료되기 전에 반드시 next( )를 호출해야 하며 그렇지 않은 경우 핸들러가 호출되지 않는다.

목록 19.10은 queryRemover( ) 미들웨어 함수를 구현함으로써 익스프레스에서의 사용자 정의 미들웨어 기능 구현이 간단하다는 것을 보여준다. 이 함수는 쿼리 문자열을 핸들러로 보내기 전에 URL에서 제거한다.

queryRemover( )가 Request와 Response 객체 그리고 next를 각각의 매개변수로 받는다. next( ) 콜백 함수는 필요에 따라 미들웨어 함수가 종료되기 전에 실행된다. 그림 19.6은 URL에서 쿼리 문자열 부분이 제거된 것을 보여주는 콘솔 출력 화면이다.

목록 19.10 express_middleware.js: Request 객체에서 쿼리 문자열을 제거하는 사용자 정의 미들웨어 구현

```
01 var express = require('express');
02 var app = express();
03 function queryRemover(req, res, next){
04   console.log("/nBefore URL: ");
05   console.log(req.url);
06   req.url = req.url.split('?')[0];
07   console.log("/nAfter URL: ");
08   console.log(req.url);
09   next();
10 };
11 app.use(queryRemover);
12 app.get('/no/query', function(req, res) {
13   res.send("test");
14 });
```

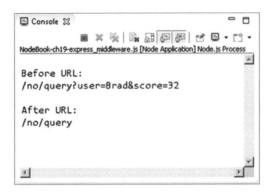

그림 19.6 Request 객체에서 쿼리 문자열을 제거하는 사용자 정의 미들웨어 구현

요약

19장에서는 익스프레스 미들웨어의 세계를 소개하면서 미들웨어를 구현하는 방법을 설명했다. parseBody 미들웨어를 사용해 요청 보디의 POST 매개변수나 JSON 데이터를 파싱할 수 있다. static 미들웨어를 사용하면 자바스크립트, CSS 및 이미지와 같은 정적 파일을 제공하는 route를 설정할 수 있다. cookieParser, cookieSession, session 미들웨어를 사용하면 쿠키 및 세션을 구현할 수 있다.

또한 미들웨어 프레임워크를 사용해 기본 HTTP 인증 및 고급 세션 인증을 구현하는 방법을 배웠다. 익스프레스 미들웨어의 가장 큰 장점은 사용자 정의 미들웨어 기능 구현이 간단하다는 것이다.

20장에서 다룰 내용

20장, '타입스크립트로 뛰어들기'에서는 앵귤러의 세계로 뛰어들어 앵귤러 컴포넌트 작성을 준비하기 위한 타입스크립트 언어에 대한 개요를 제공한다. 또한 Node.js 스택에서 앵귤러의 위치와 프로젝트에서 이를 구현하는 방법에 대해 설명한다.

앵귤러 학습하기

타입스크립트로 뛰어들기

앵귤러는 타입스크립트로 작성됐기 때문에 앵귤러를 사용하기 위해 타입스크립트를 이해하는 일은 매우 중요하다. 20장은 타입스크립트의 기본을 이해하는 데 도움을 준다.

20장에서는 자바스크립트에서 타입스크립트로 추가된 내용을 다룬다. C#이나 객체지향 프로그래밍에 익숙하다면 자바스크립트보다 타입스크립트가 더 익숙할 것이다. 또한 20장에서는 타입스크립 프로그래밍의 기본 사항에 대해 알아본다. 여기에는 타입, 인터페이스, 클래스, 모듈, 함수 및 제네릭에 대해 설명한다. 물론 여기서 설명하는 내용이 타입스크립트의 완벽한 레퍼런스 문서까지는 아니지만 앵귤러를 사용할 준비를 하기에는 충분히 도움이 될 수 있다.

다양한 데이터 형식 익히기

자바스크립트와 마찬가지로 타입스크립트는 데이터 형식을 사용해 데이터를 처리하지만 구문에는 약간의 차이가 있다. 또한 타입스크립트에는 열거형이 추가됐다. 다음은 타입 스크립트의 데이터 형식과 변수 그리고 해당 구문에 대한 목록이다.

- **문자열**: 이 데이터 형식은 문자 데이터를 문자열로 저장한다. 문자 데이터는 작은따옴표 또는 큰따옴표로 지정된다. 따옴표 안에 포함된 모든 데이터는 문자열 변수에 할당된다. 다음 예제를 살펴보자.

```
var myString: string = 'Some Text';
var anotherString: string = "Some More Text";
```

- **숫자**: 이 데이터 형식은 데이터를 숫자 값으로 저장한다. 숫자는 집계, 계산, 비교에 유용하다. 다음의 예제를 살펴보자.

```
var myInteger: number = 1;
var cost: number = 1.33;
```

- **불린**: 이 데이터 형식은 true 또는 false인 단일 비트를 저장하며 플래그로 많이 사용된다. 예를 들어 일부 코드의 시작 부분에서 변수를 false로 설정한 후 코드 실행이 특정 지점에 도달했는지 확인하기 위해 완료 전에 이 변수를 검사하기도 한다. 다음 예제는 true 및 false 변수를 정의한다.

```
var yes: boolean = true;
var no: boolean = false;
```

- **배열**: 인덱싱된 배열은 일련의 개별 데이터 항목으로 모두 단일 변수명으로 저장된다. 배열의 항목은 0으로 시작하는 인덱스를 통해 array[index]를 사용해 접근할 수 있다. 다음은 간단한 배열을 만들어 인덱스 0에 있는 첫 번째 요소에 접근하는 예제 2개를 나타낸다.

```
var arr: string[] = ["one", "two", "three"];
var firstInArr = arr[0];
var arr2: Array<number> = ["a", "second", "array"];
var firstInArr2 = arr[0];
```

- **널**null: 변수가 생성되지 않았거나 더 이상 사용되지 않는 이유로 변수에 저장할 값이 없는 경우가 있다. 이 경우에는 변수에 null을 설정할 수 있다. null을 사용하는 것은 값을 변수에 따라 유효한 값이 될 수 있는 0이나 빈 문자열("")로 할당하는 것보다 좋다. 이런 식으로 변수에 null을 할당하면 코드에 특정 값을 지정하지 않고 null을 검사하면 된다.

```
var newVar = null;
```

- any: 타입스크립트에서는 가져오거나 사용되는 변수의 데이터 형식을 알지 못하는 경우가 발생한다. 이 경우 변수의 데이터 형식을 any로 지정해 여러 다른 데이터 형식을 변수에 할당할 수 있다. 다음은 동일한 변수에 여러 데이터 형식을 할당하는 예제다.

```
var anyType: any = "String Assigned";
var anyType = 404;
var anyType = True;
```

- void: 변수에 데이터 형식을 아예 지정하지 않기 위해서는 void를 사용해야 한다. 타입스크립트에서는 값을 반환하거나 할당하는 것을 방지하는 데 void를 사용한다. 대부분의 경우 값을 반환하지 않는 함수를 선언할 때 void를 사용한다. 다음 예제는 void 형식의 함수다.

```
function empty(): void { document.write("code goes here"); }
```

- enum: 타입스크립트에서는 enum을 사용해 열거형 값에 이름을 지정할 수 있다. 다음은 enum을 선언하는 구문이다.

```
enum People {Bob, John, Alex}
```

또한 enum 내부의 값을 참조하려면 다음과 같은 구문을 사용해야 한다.

```
var x = People.Bob
```

다음과 같은 구문도 사용할 수 있다.

```
var y = People[0]
```

위의 구문을 사용하면 var x에는 숫자 0이 설정되고 var y에는 문자열 Bob이 설정된다.

인터페이스의 이해

인터페이스는 타입스크립트의 기본 요소며 이를 통해 애플리케이션을 구조적으로 만들 수 있다. 인터페이스는 객체, 함수, 배열, 클래스에 대한 구조를 설정할 수 있는 강력한 도구다. 또한 인터페이스를 하위 집합에서 준수해야 할 표준에 대한 정의로 생각할 수 있다.

타입스크립트에서 인터페이스를 정의하려면 객체가 준수해야 할 구조와 interface 키워드를 다음과 같이 사용해야 한다.

```
interface Person {
  hairColor: string;
  age: number;
}
```

인터페이스에 선택 항목을 추가해 프로그램에 유연성을 더할 수 있다. 다음 예제와 같이 'attribute?: Boolean;' 구문을 사용해 이를 수행한다.

```
interface Person {
  hairColor: string;
  age: number;
  alive?: Boolean;
}
```

타입스크립트에서는 함수에 대한 인터페이스도 정의가 가능하며 함수의 매개변수가 특정 데이터 형식을 가져오도록 만든다. 다음 예제에서는 addNums 인터페이스의 인스턴스를 사용해 var z의 값을 변수 x + y로 설정한다.

```
interface AddNums {
  (num1: number, num2: number)
}
var x: number = 5;
var y: number = 10;

var newNum: AddNums;
newNum = function(num1: number, num2: number){
```

```
    var result: number = num1 + num2;
    document.write(result)
    return result;
}

var z = newNum(x, y);
```

또한 인터페이스를 통해 배열의 형태를 정의할 수 있다. 객체의 인덱스로 사용할 수 있는 데이터 형식을 정의하기 위해 배열에 인덱스 형식을 지정할 수 있다. 그런 다음 인덱스에 대한 반환 형식을 지정한다. 다음은 그 예제다.

```
interface Stringy {
    [index: number]: string;
}
var coolArray: Stringy;
coolArray = ["Apples", "Bananas"];
```

마지막으로 인터페이스를 사용해 클래스 구조를 정의할 수 있다. 함수 인터페이스와 마찬가지로 각 클래스 내부에서 필요한 변수와 메서드를 설정할 수 있다. 클래스의 private이 아닌 public에 대한 부분은 다음 절에서 다룬다. 다음 예제는 name 프로퍼티와 feed 메서드를 포함하고 있다.

```
interface PersonInterface {
    name: string;
    feed();
}
```

클래스 구현

자바스크립트는 프로토타입 상속을 기반으로 하는 언어다. ECMAScript 6(ES6) 및 Type Script 덕분에 클래스 기반 프로그래밍을 사용할 수 있다. 클래스를 설명하는 기본 속성을 사용해 프로그램에 넣을 객체를 설명할 수 있다.

타입스크립트에서는 class ClassName { 코드는 여기에 작성 } 구문을 사용해 클래스를 정의한다. 다음 예제에서는 feed 함수로 Person 객체를 정의하는 간단한 클래스를 정의한다.

```
class Person {
  name: string;
  age: number;
  hungry: boolean = true;
  constructor(name: string, age?: number) {
    this.name = name;
    this.age = age;
  }
  feed() {
    this.hungry = false;
    return "Yummy!";
  }
}
var Brendan = new Person("Brendan", 21);
```

마지막 줄은 new 키워드를 사용해 생성자를 호출하고 Brendan이라는 이름으로 클래스의 새 인스턴스를 초기화하고 있다는 것에 주목하자. 여기서는 "Brendan"과 21을 매개변수로 하고 클래스의 생성자 메서드를 사용해 Brendan이라는 사람을 만든다.

클래스의 일부인 feed 메서드도 사용할 수 있지만 다음과 같이 사용한다.

```
Brendan.feed()
```

Class 상속

클래스는 상속받을 수 있으며 메서드와 속성을 사용해 다른 클래스에 기능을 전달할 수 있다. 이 예제는 Person의 확장인 SecretAgent를 생성하고 Person에 없는 프로퍼티를 추가하는 방법을 보여준다.

```
class SecretAgent extends Person {
  licenseToKill: boolean = true;
  weaponLoaded: boolean = true;
```

```
  unloadWeapon() {
    this.weaponLoaded = false;
    return "clip empty";
  }
  loadWeapon() {
    this.weaponLoaded = true;
    return "locked 'n' loaded";
  }
}

var doubleOSeven = new SecretAgent("James Bond");
let loadResult = doubleOSeven.loadWeapon();
let unloadResult = doubleOSeven.unloadWeapon();
let feedResult = doubleOSeven.feed();
```

Person 클래스를 확장해 SecretAgent 클래스를 생성한다. 여전히 Person 클래스의 원본
feed 메서드를 호출할 수 있다는 것을 의미하지만 SecretAgent 클래스에 대한 추가 속성과
메서드도 추가됐다.

모듈 구현

타입스크립트의 모듈을 사용해 코드를 다수의 파일로 구성할 수 있다. 이를 통해 파일의 크
기를 줄일 수 있고 유지보수가 쉬워진다. 모듈은 작업 중인 모든 모듈에서 필요한 기능을 가
져올 수 있기 때문에 이러한 동작이 가능하다. 필요한 기능의 클래스를 내보내주기만 된다.

다음 예제에서는 Person 클래스를 2개의 개별 모듈로 나눈다.

```
module Person {
  export interface PersonInterface {
    name: string;
    hungry: boolean;
    feed();
  }
}

/// <reference path="Person.ts" />
```

```
module Person {
  export class Person implements PersonInterface {
    name: string;
    age: number;
    hungry: boolean = true;
    constructor(name: string, age?: number) {
      this.name = name;
      this.age = age;
    }
    feed() {
      this.hungry = false;
      return 'Yummy!';
    }
  }
}

var Brendan = newPerson("Brendan", 21);
```

이 예제의 루트 모듈에는 Person에 대한 인터페이스가 있다. 하위 모듈은 /// <reference path = "Person.ts"/>를 사용해 시작해 루트 모듈을 가리키고 PersonInterface 인터페이스에 액세스할 수 있다. 그런 다음 하위 모듈에서 Person 클래스 생성을 진행한다.

함수의 이해

타입스크립트의 함수는 자바스크립트의 함수와 비슷하지만 기능이 추가됐다. 타입스크립트 함수는 매개변수와 함수 반환 데이터에도 형식을 지정할 수 있다. 함수 자체에 형식을 부여하는 것은 선택 사항이지만 함수가 반환하는 값에 제약을 줘야 할 때 매우 유용하다.

타입스크립트는 변수에 형식을 제공하는 것과 같은 방식으로 함수에 대한 반환 형식을 지정할 수 있다. 먼저 함수명과 매개변수를 선언하고 함수의 형식을 정의한다. 매개변수 또한 형식을 지정할 수 있다는 것을 기억하자. 다음 예제를 살펴보자.

```
function hello(x: string, y: string): string {
  return x + ' ' + y;
}
```

타입스크립트 함수를 사용하면 인터페이스와 마찬가지로 매개변수를 선택적으로 만들 수 있으며 이는 매개변수가 정황적일 때 도움이 된다. 선택적 매개변수가 필수 매개변수를 필요로 하는지를 파악하는 것은 매우 중요하며 그렇지 않으면 에러가 발생한다. 다음 예제는 필수 변수 name과 선택적 변수 preWeapon을 취하는 soldierOfGondor 함수를 보여준다.

```
function soldierOfGondor(name: string, prefWeapon?: string) {
  return "Welcome " + name + " to the Gondor infantry.";
}
```

타입스크립트 함수를 사용하면 매개변수의 기본값을 정의할 수 있다. 매개변수의 기본값은 선택 사항이지만 지정하지 않으면 기본값이 없게 된다. 매개변수 중 하나를 원하는 기본값으로 설정해 매개변수의 기본값을 생성한다.

```
function soldierOfGondor(name: string, prefWeapon = "Sword") {
  return "hello " + name + " you can pick up your " + prefWeapon + " at the
armory.";
}
```

요약

타입스크립트를 이해하면 앵귤러를 최대한 활용할 수 있다. 20장에서는 이 책의 나머지에서 사용될 타입스크립트의 프로퍼티와 메서드들에 대한 기본을 충분히 설명했다. 여기서는 타입스크립트에서 다양한 데이터 형식을 사용하는 방법과 인터페이스, 클래스, 모듈, 함수를 작성하고 사용하는 방법을 다뤘다.

21장에서 다룰 내용

21장, '앵귤러 시작하기'에서는 앵귤러의 설계 및 구현 의도에 대한 개요를 살펴본다. 또한 이 책의 나머지 부분에 대한 준비 과정으로 앵귤러 애플리케이션을 작성하는 방법을 단계별로 알아본다.

앵귤러 시작하기

앵귤러는 정돈되고 구조화된 접근 방식을 제공하는 대부분의 웹 애플리케이션을 위한 완벽한 클라이언트 측 프레임워크다. 깨끗하고 구조화된 프런트엔드를 사용하면 명확하고 잘 구성된 서버 측 로직을 더 쉽게 구현할 수 있다.

21장에서는 앵귤러 애플리케이션과 관련된 주요 컴포넌트와 함께 앵귤러를 소개한다. 앵귤러 프레임워크는 전통적인 자바스크립트 웹 애플리케이션 프로그래밍과 다르기 때문에 앵귤러 애플리케이션을 구현하기 전에 이들 컴포넌트를 이해는 것은 매우 중요하다.

앵귤러 애플리케이션의 컴포넌트를 이해하고 나면 앵귤러 애플리케이션을 구성하는 방법을 단계별로 배우게 된다.

왜 앵귤러인가?

자바스크립트는 개발자가 브라우저를 완전한 애플리케이션 플랫폼으로 사용할 수 있게 해주는 강력한 프로그래밍 언어다. 앵귤러는 클라이언트 측 자바스크립트 애플리케이션을 빠르고 쉽게 만들 수 있는 훌륭한 프레임워크를 제공한다. 앵귤러에서는 데이터 바인딩, 의존성 주입, HTTP 통신과 같이 자체 개발이 필요한 많은 웹 애플리케이션의 구조를 제공하기 때문에 많은 개발자들이 사용한다.

앵귤러의 이해

앵귤러는 자바스크립트 프레임워크로 복잡한 클라이언트 측 코드를 쉽고 빠르게 작성하는데 도움이 되는 다양한 API와 구조를 제공한다. 앵귤러는 기능뿐 아니라 클라이언트 애플리케이션을 만드는 기본 프레임워크 및 프로그래밍 모델도 제공한다. 다음 절에서는 앵귤러 프레임워크에서 가장 중요한 점들과 이를 통해 앵귤러가 훌륭한 자바스크립트 프레임워크로 만들어지는 과정을 설명한다.

모듈

일반적으로 앵귤러 앱은 모듈 디자인을 사용한다. 물론 필수는 아니지만 각 모듈을 별도의 파일로 분리할 수 있으므로 모듈을 사용하는 것이 좋다. 이것으로 코드 파일을 작은 크기로 관리하기 쉽게 유지하면서 각 파일이 기능에 접근하도록 할 수 있다.

타입스크립트에서 모듈을 사용하는 방법과 달리 앵귤러를 사용하면 외부 모듈을 파일의 맨위에 가져오고 필요한 기능을 아래쪽으로 내보낸다. 다음 구문과 같이 임포트와 익스포트를 사용한다.

```
import {Component} from 'angular2/core';
Export class App{}
```

지시자

지시자는 구조와 동작을 정의하는 메타데이터가 있는 자바스크립트 클래스로 앵귤러 애플리케이션에 대한 대부분의 UI 기능을 제공한다. 이에는 세 가지 형식이 있다.

- **컴포넌트**: 컴포넌트 지시자는 사용자 정의 HTML 요소로 앵귤러 애플리케이션에 추가되는 자체 포함 UI 엘리먼트를 생성해 자바스크립트 기능을 포함한 HTML 템플릿을 통합하기 위한 지시자이자 앵귤러에서 가장 많이 사용되는 지시자다.
- **구조**: DOM을 조작하는 경우에는 구조 지시자를 사용한다. 구조 지시자를 사용해 뷰에서 엘리먼트와 컴포넌트를 생성하고 제거할 수 있다.
- **속성**: 속성 지시자는 HTML 속성을 사용해 HTML 요소의 모양과 동작을 변경한다.

데이터 바인딩

앵귤러의 가장 큰 특징 중 하나는 컴포넌트의 데이터를 웹 페이지에 표시되는 것과 연결하는 내장 데이터 바인딩이다. 앵귤러는 모델 데이터를 웹 페이지의 엘리먼트에 연결하는 간결한 인터페이스를 제공한다.

웹 페이지에서 데이터가 변경되면 모델이 업데이트되고 모델에서 데이터가 변경되면 웹 페이지가 자동으로 업데이트된다. 이것으로 모델은 항상 사용자에게 표시되는 데이터의 유일한 소스이고 뷰는 모델의 투영에 불과하다.

의존성 주입

의존성 주입은 다른 컴포넌트에 대한 컴포넌트 종속성을 정의하는 과정이다. 코드가 초기화되면 종속 컴포넌트가 컴포넌트 내에서 접근할 수 있게 된다. 앵귤러 애플리케이션은 의존성 주입을 많이 사용한다.

의존성 주입의 일반적인 용도는 서비스 사용이다. 예를 들어 HTTP 요청을 통해 웹 서버에 접근하는 컴포넌트를 정의하는 경우, 컴포넌트에 HTTP 서비스를 주입해 컴포넌트 코드에서 기능을 사용할 수 있다. 더욱이 한 앵귤러 컴포넌트는 의존성을 통해 다른 컴포넌트의 기능을 사용한다.

서비스

서비스는 앵귤러 환경의 주요 작업자다. 서비스는 웹 애플리케이션에 기능을 제공하는 싱글톤 클래스다. 예를 들어 웹 애플리케이션의 일반적인 작업은 웹 서버에 AJAX 요청을 수행하는 것이다. 이때 앵귤러는 웹 서버에 접근하는 데 필요한 모든 기능을 지원하는 HTTP 서비스를 제공한다.

서비스 기능은 컨텍스트나 상태와 완전히 독립적이기 때문에 애플리케이션 컴포넌트에서 쉽게 사용할 수 있다. 앵귤러는 HTTP 요청, 로깅, 파싱, 애니메이션과 같이 기본적인 용도로 사용되는 다양한 기본 서비스 컴포넌트를 제공한다. 또한 고유한 서비스를 작성해 코드 전체에서 이를 재사용할 수 있다.

책임 분리

앵귤러 애플리케이션 설계에서는 책임 분리 부분이 중요하다. 구조화된 프레임워크를 선택하는 이유는 코드가 잘 구현되고 흐름이 유연하고 유지보수가 쉽고 테스트가 가능하기 때문이다. 앵귤러 역시 잘 구조화된 프레임워크를 제공하고 있지만 올바른 방법으로 앵귤러를 구현해야 한다.

다음은 앵귤러를 구현할 때 지켜야 할 몇 가지 규칙이다.

- 뷰는 애플리케이션의 공식 표현 구조로 사용된다. 뷰의 HTML 템플릿 내부의 지시자로 모든 표현 로직을 나타낸다.
- DOM 조작을 수행해야 하는 경우 내장 또는 사용자 정의 지시자 자바스크립트 코드나 다른 곳에서 수행한다.
- 재사용할 수 있는 모든 작업을 서비스로 구현하고 의존성 주입으로 모듈에 추가한다.
- 메타데이터가 모델의 현재 상태를 반영하고 뷰에서 사용하는 데이터의 단일 소스인지 확인한다.
- 애플리케이션을 쉽게 패키지로 만들 수 있도록 전역적이지 않게 모듈 네임스페이스 내에 컨트롤러를 정의해야 하며 전역 네임스페이스를 넘어서지 않도록 한다.

환경에 앵귤러 추가

앵귤러를 시작하기 앞서 설정해야 할 사항은 다음과 같다.

- 앵귤러 애플리케이션을 만들기 위한 앵귤러 라이브러리
- 파일을 브라우저에 제공하는 웹 서버
- 타입스크립트 코드를 다시 자바스크립트로 변환하는 변환기
- 파일 변경이 있었을 때 트랜스파일러가 알 수 있도록 하는 감시자
- 코드를 작성하는 편집기

> **노트**
>
> 여기서는 Visual Studio Code(https://code.visualstudio.com/)를 사용할 것을 추천한다. 타입스크립트와 앵귤러에 대한 **훌륭한** 지원 기능이 내장돼 있으며 다양한 확장 기능이 있는 가벼운 편집기다.

다행히 앵귤러 팀이 여기에서 대부분의 작업을 수행했다. 이 작업을 수행하는 앵귤러 퀵 스타트 웹 사이트로 이동하자. 앵귤러 퀵 스타트 웹 사이트(https://angular.io/docs/ts/latest/quickstart.html)는 앵귤러의 기본 사항을 소개한다. 다음 웹 사이트에서는 앵귤러의 명령행 인터페이스cli에 대한 기본 사항을 설명한다.

https://angular.io/docs/ts/latest/cli-quickstart.html

> **노트**
>
> 앵귤러를 학습하는 동안 CLI를 사용할 것을 권장한다. CLI는 모든 부트스트랩 및 구성 파일을 생성하며 코드를 테스트하기 위한 경량 서버를 포함하고 있다.

앵귤러 CLI 사용

앵귤러는 애플리케이션을 만드는 과정을 간소화시키는 강력한 CLI를 제공한다. CLI를 사용하면 새로운 앵귤러 애플리케이션, 컴포넌트, 지시자, 파이프, 서비스를 신속하게 생성할 수 있다. 다음 절에서는 CLI에서 제공하는 가장 중요한 도구 몇 가지를 소개한다.

CLI로 콘텐츠 생성

CLI의 가장 일반적인 목적 중 하나는 애플리케이션의 콘텐츠를 생성하는 것이다. 새로운 앵귤러 애플리케이션을 만들고 부트스트랩하는 과정을 자동화해 애플리케이션의 기능을 바로 사용할 수 있다.

명령행에서 ng new [애플리케이션명] 명령을 실행하면 새로운 앵귤러 애플리케이션이 생성된다. 새로 생성된 애플리케이션으로 이동하면 다양하고 유용한 명령어를 더 사용할 수 있다. 표 21.1은 CLI에서 제공하는 가장 중요한 명령어 일부의 목록이다.

표 21.1 앵귤러 CLI 명령어 옵션

명령어	별칭	목적
ng new		새로운 앵귤러 애플리케이션을 생성한다.
ng serve		테스트를 위해 앵귤러 애플리케이션을 빌드하고 실행한다.
ng eject		webpack 설정 파일을 편집할 수 있게 해준다.
ng generate component [이름]	ng g c [이름]	새로운 컴포넌트를 생성한다.
ng generate directive [이름]	ng g d [이름]	새로운 지시자를 생성한다.
ng generate module [이름]	ng g m [이름]	새로운 모듈을 생성한다.
ng generate pipe [이름]	ng g p [이름]	새로운 파이프를 생성한다.
ng generate service [이름]	ng g s [이름]	새로운 서비스를 생성한다.
ng generate enum [이름]	ng g e [이름]	열거형을 생성한다.
ng generate guard [이름]	ng g g [이름]	가드를 생성한다.
ng generate interface [이름]	ng g i [이름]	인터페이스를 생성한다.

CLI가 제공하는 모든 명령에 대한 세부적인 내용은 이 책의 범위를 벗어나지만 알아두면 많은 도움이 될 것이다.

기본 앵귤러 애플리케이션 생성

앵귤러 CLI의 기본적인 내용에 대한 이해를 마쳤으므로 이제 앵귤러 코드를 시작해보자. 이번 절에서는 인라인 템플릿, 인라인 스타일 시트, Component 클래스를 포함한 앵귤러 컴포넌트를 구현하는 기본적인 앵귤러 애플리케이션을 단계별로 설명한다.

이번 예제를 진행하려면 앵귤러 퀵스타트 가이드를 먼저 살펴보고 CLI의 기본 사항에 대한 이해가 필요하다. 먼저 해야 할 일은 프로젝트를 저장할 디렉터리를 생성하는 것이다.

디렉터리를 설정한 후 첫 번째 앵귤러 애플리케이션을 생성한다. 이번 예제의 애플리케이션을 만들기 위해 다음과 같은 명령어를 실행한다.

```
ng new first
```

다음 명령어로 애플리케이션을 렌더링하기 위한 서버를 실행시킨다.

```
ng serve
```

다음 절에서는 앵귤러 애플리케이션 구현의 중요 단계와 각 단계와 관련된 코드에 대해 설명한다. 각 단계는 이후에 상세하게 설명하므로 여기서 너무 깊이 이해할 필요는 없다. 여기서 중요한 것은 HTML, 컴포넌트, 클래스, 부트스트랩을 구현하는 과정과 일반적으로 상호작용하는 방식을 이해하는 것이다.

그림 21.1은 생성할 웹 애플리케이션으로 앵귤러 컴포넌트로 출력하는 간단한 메시지를 보여준다.

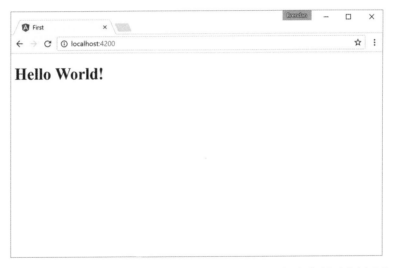

그림 21.1 컴포넌트를 사용해 HTML 템플릿을 뷰에 로드하는 기본 앵귤러 웹 애플리케이션 구현

첫 앵귤러 앱 생성

지금까지 앵귤러가 동작하는 방식을 살펴봤으므로 이제 실전 예제를 살펴보자. 이번 예제는 CLI로 생성한 내용을 크게 변경하지 않으면서 앵귤러 애플리케이션의 다양한 부분에 익숙해지는 데 도움을 준다.

먼저 애플리케이션 디렉터리에서 src/app/app.component.ts 파일을 탐색하면 다음과 같은 내용을 확인할 수 있다.

```
01 import {Component} from '@angular/core';
02 @Component({
03   selector: 'message',
04   template: `
05     <h1>Hello World!</h1>
06   `,
07 })
08 export class Chap3Component {
09   title = 'My First Angular App';
10 }
```

1번 줄에서는 Component 모듈을 가져온다. 이어서 컴포넌트 장식자가 정의되고 선택자와 템플릿이 제공된다. 선택자는 컴포넌트에 주어진 이름이고 템플릿은 컴포넌트가 생성할 HTML이다. 이번 예제에서는 템플릿과 선택자를 3~6번 줄까지의 내용으로 변경하고 9번 줄에 표시된 대로 title 변수를 변경한다.

장식자가 정의되면 8~10번 줄은 export 클래스를 생성해 컴포넌트 템플릿에서 사용할 수 있도록 변수와 함수를 정의할 뿐 아니라 애플리케이션의 다른 곳에서 해당 컴포넌트를 사용할 수 있도록 만들어준다.

NgModule의 이해와 사용

컴포넌트 생성이 끝나면 이제 애플리케이션의 나머지 부분에 이를 전달할 방법이 필요하다. 이 작업은 앵귤러의 NgModule을 가져와 수행할 수 있다. NgModule은 특정 모듈에 대한 가져오기, 선언, 부트스트랩 파일 모드를 단일 위치에 배치할 수 있는 앵귤러 장식자다. 이를 통해 대형 애플리케이션의 모든 파일을 쉽게 부트스트랩할 수 있다. NgModule에는 여러 가지를 가져오고 내보내고 부트스트랩하기 위한 다양한 메타데이터 옵션이 있다.

- providers: 현재 모듈의 주입자에서 사용할 수 있는 주입 가능한 객체의 배열이다.
- declarations: 현재 모듈에 속하는 지시자, 파이프, 컴포넌트의 배열이다.
- imports: 현재 모듈 내의 다른 템플릿에서 사용할 수 있는 지시자, 파이프, 컴포넌

트의 배열이다.

- **exports**: 현재 모듈을 가져오는 컴포넌트 내에서 사용할 수 있는 지시자, 파이프, 컴포넌트의 배열이다.

- **entryComponents**: 현재 모듈이 정의될 때 컴파일되고 컴포넌트 팩토리를 갖고 있는 컴포넌트의 배열이다.

- **bootstrap**: 현재 모듈이 부트스트랩될 때 부트스트랩되는 컴포넌트의 배열이다.

- **schemas**: 지시자나 컴포넌트가 아닌 엘리먼트와 프로퍼티의 배열이다.

- **id**: 이 모듈을 식별하는 고유한 ID 역할을 하는 단순 문자열이다.

직접 행동으로 옮겨 이러한 내용을 익히는 것이 가장 쉬운 방법이다. 이제 NgModule을 직접 사용해보자. 먼저 app 폴더의 app.modules.ts을 탐색하면 다음과 같은 내용을 볼 수 있다.

```
01 import { BrowserModule } from '@angular/platform-browser';
02 import { NgModule } from '@angular/core';
03 import { FormsModule } from '@angular/forms';
04 import { HttpModule } from '@angular/http';
05
06 import { Chap3Component } from './app.component';
07
08 @NgModule({
09   declarations: [
10     Chap3Component
11   ],
12   imports: [
13     BrowserModule,
14     FormsModule,
15     HttpModule
16   ],
17   providers: [],
18   bootstrap: [Chap3Component]
19 })
20 export class AppModule { }
```

510

첫 번째로 앱에 포함되는 NgModule, BrowserModule, 사용자 정의 컴포넌트, 지시자, 서비스 등을 가져온다. 두 번째로 모든 것을 함께 부트스트랩하도록 @NgModule 객체를 설정한다. 컴포넌트를 가져올 때 bootstrap 속성에는 컴포넌트의 내보내기 클래스명이 있다는 점에 주목하자. 마지막으로 AppModule이라는 클래스를 내보낸다.

앵귤러 부트스트래퍼 생성하기

컴포넌트와 모듈을 살펴봤으므로 이제 애플리케이션의 나머지 부분에 해당 이 모듈을 알려줄 방법이 필요하다. 앵귤러에서 platformBrowserDynami을 통해 부트스트래퍼를 가져오면 해당 작업을 수행할 수 있다.

app 폴더의 main.ts 파일을 탐색하면 다음과 같은 내용을 볼 수 있다.

```
01 import { enableProdMode } from '@angular/core';
02 import { platformBrowserDynamic } from '@angular/platform-browser-dynamic';
03
04 import { AppModule } from './app/app.module';
05 import { environment } from './environments/environment';
06
07 if (environment.production) {
08   enableProdMode();
09 }
10
11 platformBrowserDynamic().bootstrapModule(AppModule);
```

여기서는 enableProdMode, platformBrowserDynamic, AppModule, environment를 가져온다. enableProdMode는 앵귤러의 최적화를 활용해 애플리케이션을 상품화한다. platformBrowserDynamic은 다음 코드와 같이 애플리케이션 모듈 AppModule을 사용해 애플리케이션을 함께 부트스트랩하는 데 사용한다.

```
platformBrowserDynamic().bootstrapModule(AppModule);
```

environment 변수는 애플리케이션의 상태를 결정하며 이는 배포 시 개발 모드와 상품화 모드 중에서 선택해야 한다는 것을 의미한다.

platform에는 platformBrowserDynamic 함수의 결과가 할당된다. platform에는 모듈을 사용하는 bootstrapModule() 메서드가 있다. 컴포넌트를 가져오고 부트스트랩할 때 사용된 이름이 컴포넌트의 내보내기 클래스와 같다는 점에 주목하자.

이제 명령 프롬프트를 열고 애플리케이션의 루트 디렉터리로 이동해 ng serve 명령을 실행하자. 이 명령은 코드를 컴파일하고 브라우저 창을 열어준다. 브라우저에서 로컬 호스트와 포트를 지정해야 할 수도 있다. 이 명령을 사용하면 다음과 같이 브라우저에서 탐색할 URL을 알려준다.

```
** NG Live Development Server is running on http://localhost:4200 **
```

목록 21.1은 애플리케이션을 불러오는 html 인덱스 파일이다. 12번 줄에는 message 컴포넌트가 적용됐다.

목록 21.2는 컴포넌트를 부트스트랩하는 앵귤러 모듈이다. 1~4번 줄은 각각 Browser Module, NgModule, FormsModule, HttpModule 앵귤러 모듈을 가져온다. 6번 줄은 앵귤러 컴포넌트 Chap3Component를 가져온다. 9~11번 줄은 선언되는 컴포넌트를 보여준다. 12~16번 줄 내에서 가져오기한 모듈은 애플리케이션에서 사용할 수 있도록 하는 imports 배열이다. 18번 줄은 애플리케이션의 메인 컴포넌트를 부트스트랩한다.

> **노트**
>
> 이 애플리케이션은 FormsModule 또는 HttpModule을 실행할 필요가 없지만 애플리케이션에 추가 모듈을 가져오는 구문을 보여주는 데 도움이 되므로 포함했다.

목록 21.3은 message 선택자를 포함하는 앵귤러 컴포넌트다. 이 컴포넌트는 브라우저에 "Hello World!" 메시지를 표시한다.

목록 21.1 first.html: 첫 번째 컴포넌트를 불러오기 위한 간단한 앵귤러 템플릿

```
01 <!doctype html>
02 <html>
03   <head>
04     <meta charset="utf-8">
05     <title>First</title>
06     <base href="/">
```

```
07
08     <meta name="viewport" content="width=device-width, initial-scale=1">
09     <link rel="icon" type="image/x-icon" href="favicon.ico">
10   </head>
11   <body>
12     <message>Loading...</message>
13   </body>
14 </html>
```

목록 21.2 app.module.ts: 애플리케이션을 부트스트랩하는 앵귤러 모듈

```
01 import { BrowserModule } from '@angular/platform-browser';
02 import { NgModule } from '@angular/core';
03 import { FormsModule } from '@angular/forms';
04 import { HttpModule } from '@angular/http';
05
06 import { Chap3Component } from './app.component';
07
08 @NgModule({
09   declarations: [
10     Chap3Component
11   ],
12   imports: [
13     BrowserModule,
14     FormsModule,
15     HttpModule
16   ],
17   providers: [],
18   bootstrap: [Chap3Component]
19 })
20 export class AppModule { }
```

목록 21.3 first.component.ts: 앵귤러 컴포넌트

```
01 import {Component} from 'angular2/core';
02 @Component({
03   selector: 'message',
04   template: `
```

```
05      <h1>Hello World!<h1>
06      `,
07    styles:[`
08      h1 {
09        font-weight: bold;
10      }
11    `]
12 })
13 export class Chap3component {
14    title = 'Chapter 21 Example';
15 }
```

목록 21.4와 21.5는 목록 21.2와 21.3의 타입스크립트 파일을 컴파일한 결과 자바스크립트 코드를 보여준다.

> **노트**
>
> 이 책의 가독성을 좋게 유지하기 위해 이번에만 컴파일된 자바스크립트 파일을 보여준다. 자바스크립트 파일은 애플리케이션을 컴파일하고 실행할 때 자동으로 생성된다.

목록 21.4 app.module.js: 애플리케이션을 부트스트랩하는 앵귤러 모듈의 자바스크립트 버전

```
01 "use strict";
02 var __decorate = (this && this.__decorate) ||
03    function (decorators, target, key, desc) {
04      var c = arguments.length, r = c < 3 ? target:
05        desc === null ? desc = Object.getOwnPropertyDescriptor(target, key): desc,
d;
06      if (typeof Reflect === "object" && typeof Reflect.decorate === "function")
07        r = Reflect.decorate(decorators, target, key, desc);
08      else for (var i = decorators.length - 1; i >= 0; i--)
09        if (d = decorators[i]) r = (c < 3 ? d(r): c > 3 ? d(target, key, r)
10          : d(target, key)) || r;
11      return c > 3 && r && Object.defineProperty(target, key, r), r;
12 };
13 exports.__esModule = true;
14 var platform_browser_1 = require("@angular/platform-browser");
15 var core_1 = require("@angular/core");
```

```
16 var forms_1 = require("@angular/forms");
17 var http_1 = require("@angular/http");
18 var app_component_1 = require("./app.component");
19 var AppModule = (function () {
20   function AppModule() {
21   }
22   AppModule = __decorate([
23     core_1.NgModule({
24       declarations: [
25         app_component_1.Chap3Component
26       ],
27       imports: [
28         platform_browser_1.BrowserModule,
29         forms_1.FormsModule,
30         http_1.HttpModule
31       ],
32       providers: [],
33       bootstrap: [app_component_1.Chap3Component]
34     })
35   ], AppModule);
36   return AppModule;
37 }());
38 exports.AppModule = AppModule;
```

목록 21.5 first.component.js: 앵귤러 컴포넌트 파일의 자바스크립트 버전

```
01 "use strict";
02 var __decorate = (this && this.__decorate)
03   || function (decorators, target, key, desc) {
04     var c = arguments.length, r = c < 3
05       ? target: desc === null
06       ? desc = Object.getOwnPropertyDescriptor(target, key): desc, d;
07     if (typeof Reflect === "object" && typeof Reflect.decorate === "function")
08       r = Reflect.decorate(decorators, target, key, desc);
09     else for (var i = decorators.length - 1; i >= 0; i--)
10       if (d = decorators[i]) r = (c < 3 ? d(r): c > 3
11         ? d(target, key, r): d(target, key)) || r;
12     return c > 3 && r && Object.defineProperty(target, key, r), r;
```

```
13 };
14 exports.__esModule = true;
15 var core_1 = require("@angular/core");
16 var Chap3Component = (function () {
17   function Chap3Component() {
18     this.title = 'Chapter 21 Example';
19   }
20   Chap3Component = __decorate([
21     core_1.Component({
22       selector: 'message',
23       template: "/n    <h1>Hello World!<h1>/n  "
24     })
25   ], Chap3Component);
26   return Chap3Component;
27 }());
28 exports.Chap3Component = Chap3Component;
```

요약

앵귤러 프레임워크는 웹 사이트나 웹 애플리케이션을 만드는 체계적인 방법을 제공한다. 앵귤러는 간결한 컴포넌트화 방식으로 웹 애플리케이션을 구조화한다. 앵귤러는 데이터 소스를 하나만 확보하기 위해 데이터 바인딩을 사용한다. 또한 HTML 기능을 확장하는 지시자를 포함한 템플릿의 장점을 활용해 완전한 사용자 정의 HTML 컴포넌트를 구현할 수 있다.

21장에서는 앵귤러 애플리케이션의 여러 가지 컴포넌트와 이들 컴포넌트들이 상호 작용하는 방법에 대해 알아봤다. 또한 21장의 마지막 부분에는 컴포넌트, 모듈, 부트스트래퍼를 포함한 기본 앵귤러 애플리케이션의 구현의 자세한 예제가 나와 있다.

22장에서 다룰 내용

22장, '앵귤러 컴포넌트'에서는 앵귤러 컴포넌트에 대해 알아보고 HTML과 CSS를 사용해 템플릿을 만드는 방법을 알아본다. 그리고 직접 컴포넌트를 작성하는 방법에 대해 살펴본다.

앵귤러 컴포넌트

앵귤러 컴포넌트는 앵귤러 애플리케이션을 만드는 데 사용하는 빌딩 블록이다. 앵귤러 컴포넌트로 애플리케이션의 독립적인 UI 엘리먼트를 작성할 수 있다. 또한 컴포넌트로 타입스크립트 코드 및 HTML 템플릿을 통해 애플리케이션의 모양과 기능을 제어할 수 있다. 22장에서는 UI 엘리먼트의 모양과 동작을 정의하는 타입스크립트 클래스를 사용해 앵귤러 컴포넌트를 작성하는 방법에 대해 설명한다.

컴포넌트 설정

앵귤러 컴포넌트는 장식자decorator 섹션의 정의와 로직을 정의하는 클래스 섹션의 두 가지 주요 부분으로 구성된다. 장식자 섹션은 선택자명 및 HTML 템플릿을 포함한 컴포넌트를 설정한다. 클래스 섹션에서는 컴포넌트에 로직, 데이터 및 이벤트 처리기를 제공하고 있을 뿐 아니라 다른 타입스크립트 파일에서 사용할 수 있도록 내보내기도 할 수 있다.

이 두 섹션을 사용하면 기본 컴포넌트를 만들 수 있다. 컴포넌트의 형태는 다음 예제와 같다.

```
Import {Component} from '@angular/core';
@Component({
    selector: 'my-app',
    template: '<p>My Component</p>'
})
Export class AppComponent{
    Title = 'Chapter 1 Example';
}
```

컴포넌트를 생성하려면 앵귤러에서 컴포넌트를 가져온 후 컴포넌트의 모양과 기능을 제어하기 위해 타입스크립트 클래스에 적용해야 한다. @Component 장식자에는 중요한 몇 가지 컴포넌트 구성 옵션이 있다. 다음 목록에서 사용할 수 있는 가장 중요한 옵션을 확인하자.

- selector: 이 옵션을 사용하면 HTML을 통해 애플리케이션에 컴포넌트를 추가하는 데 사용할 HTML 태그명을 정의할 수 있다.

- template: 이 옵션을 사용하면 인라인 HTML을 추가해 컴포넌트의 모양을 정의할 수 있다. 추가할 코드가 적을 때 사용하며 추가 파일을 원하지 않을 때 유용하다.

- templateUrl: 이 옵션을 사용하면 인라인 HTML이 아닌 외부 템플릿 파일을 가져올 수 있다. 이는 컴포넌트에서 많은 양의 HTML 코드를 분리해 유지보수에 도움이 된다.

- styles: 이 옵션을 사용하면 컴포넌트에 인라인 CSS를 추가할 수 있다. 스타일 변경이 작을 때만 사용한다.

- stylesUrls: 이 옵션을 사용하면 외부 CSS 스타일시트의 배열을 가져올 수 있다. 외부 CSS 파일을 가져올 때는 styles 옵션 대신 이 방식을 사용한다.

- viewProviders: 이 옵션은 의존성 주입 제공자의 배열이다. HTTP 통신과 같은 애플리케이션 기능을 제공하는 앵귤러 서비스를 가져와 사용할 수 있다.

선택자 정의

컴포넌트에서 선택자selector는 앵귤러에게 HTML에 컴포넌트를 적용할 위치를 알려준다. 컴포넌트에 선택자를 지정해 HTML에 앵귤러 컴포넌트에 적용하며 이로써 HTML 파일에 태그명으로 선택자명을 사용할 수 있고 앵귤러 컴포넌트를 HTML에서 사용할 수도 있다. 다음은 선택자의 예제다.

```
@Component({
    selector: 'angular-rules'
})
```

다음 구문을 사용해 선택자를 HTML 파일에 추가한다.

```
<angular-rules></angular-rules>
```

> **노트**
>
> 선택자명을 정의할 때 공백이 없어야 한다는 점에 유의해야 한다. 예를 들면 angular rules은 선택자명으로
> 사용할 수 없고 그 대신 angular-rules나 angular_rules를 사용해야 한다.

템플릿 작성

템플릿을 사용해 앵귤러 컴포넌트의 모양을 정의한다. 템플릿은 HTML로 작성되지만 앵귤
러 마법을 포함시켜 멋진 일들을 할 수 있다. 앵귤러는 인라인 템플릿과 외부 템플릿 파일
을 모두 허용한다.

템플릿을 앵귤러 @component 장식자에 추가할 수 있다. 단일 행 템플릿의 경우 작은따옴표
또는 큰따옴표를 사용해 감쌀 수 있다. 다중 행 템플릿의 경우 역따옴표(`)를 사용한다. 일
반적으로 키보드에서 틸더 기호(~)와 같은 역따옴표 키가 있다. 역따옴표를 정확하게 사용
하지 않으면 코드가 깨질 수 있으므로 유의해야 한다. 다음은 단일 행 템플릿과 다중 행 템
플릿의 비교 예다.

```
@Component({
    selector: 'my-app',
    template: '<h1>Hello World!</h1>'
})
@Component({
    selector: 'my-app',
    template: `
  <h1>Hello World!</h1>
    `
})
```

노트

템플릿 및 스타일 구성 옵션의 경우 일반적으로 틸더 기호와 동일한 키에 있는 역따옴표를 사용한다.

템플릿과 동일한 동일한 원칙이 CSS에도 적용된다. style 키워드를 사용해 컴포넌트에 인라인 스타일 지정을 알린다. 유일한 차이점은 스타일이 단 하나의 문자열 대신 문자열의 객체를 사용한다는 것이다. 다음 예제는 몇 가지 인라인 스타일을 보여준다.

```
@Component ({
    selector: 'my-app',
    template: '<p>hello world</p>',
styles: [`
        P {
            color: yellow;
            font-size: 25px;
        }
     `]
})
```

노트

다중 행 스타일시트에는 역따옴표를 사용해야 한다.

앵귤러 애플리케이션에서의 인라인 CSS와 HTML 사용

앵귤러 컴포넌트에서 HTML과 CSS를 구현하는 방법을 배웠다. 이 절에서는 그 지식에 기반을 두고 예제를 만든다.

이 연습은 앵귤러 컴포넌트가 외부 템플릿 및 스타일시트를 사용하고 포함하는 방법을 보여준다. 이 연습의 목적은 템플릿을 사용해 더 읽기 쉽고 관리하기 쉬운 코드로 만드는 방법에 대해 설명하는 것이다.

목록 22.1의 코드는 앵귤러 컴포넌트다. 1번 줄은 여기의 컴포넌트를 정의하는 데 필요한 컴포넌트를 가져온다. 3~18번 줄은 컴포넌트를 정의한다. 이 컴포넌트의 5~7번 줄 사이에는 매우 간단한 템플릿, 8~13번 줄 사이에는 CSS 스타일이 있다.

그림 22.1은 완성된 앵귤러 컴포넌트가 렌더링된 모습을 보여준다.

목록 22.1 intro.ts: 간단한 앵귤러 템플릿과 〈span〉 엘리먼트를 표시하는 스타일

```
01 import { Component } from '@angular/core';
02
03 @Component({
04   selector: 'app-root',
05   template: `
06     <span>Hello my name is Brendan</span>
07   `,
08   styles:[`
09     span {
10       font-weight: bold;
11       border: 1px ridge blue;
12       padding: 5px;
13     }
14   `]
15 })
16 export class AppComponent {
17   title = 'Chapter 22 Intro';
18 }
```

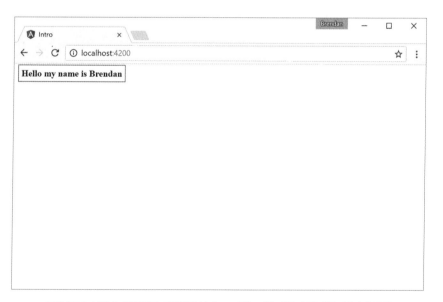

그림 22.1 HTML 템플릿과 스타일을 뷰에 로드하는 기본 앵귤러 웹 애플리케이션 구현

생성자 사용

앵귤러를 사용할 때 컴포넌트 변수들의 초기 설정에 기본값이 필요한 경우가 있다. 이 경우 앵귤러는 컴포넌트에 기본값을 제공하는 생성자^{Constructor}를 사용한다. 이 절에서는 이를 생성하고 구현하는 방법에 대해 설명한다.

생성자는 Component 클래스에 들어간다. 생성자의 목적은 해당 클래스에 대한 변수의 기본값과 초기 구성을 설정해 해당 변수가 컴포넌트 내에서 초기화되지 않은 채로 사용되는 것을 방지한다. 다음은 생성자 구문의 예제다.

```
export class constructor {
    name: string;
    constructor(){
        this.name = "Brendan";
    }
}
```

생성자의 정의와 형태에 대해 이해했다면 이제 사용하는 예제를 살펴보자. 여기서는 생성자를 사용해 컴포넌트가 생성되는 시점에 현재 날짜를 정의한다.

목록 22.2는 이름이 simple-constructor인 선택자와 간단한 템플릿이 포함된 앵귤러 컴포넌트다. 6번 줄의 {{today}}는 24장 '데이터 바인딩'에서 보다 자세히 설명하는 데이터 바인딩의 한 형태라는 것에 주목하자. 우선 생성자의 동작 방식에만 집중한다.

그림 22.2는 렌더링된 앵귤러 컴포넌트를 보여준다.

목록 22.2 constructor.component.ts: 날짜를 표시하는 간단한 컴포넌트

```
01 import {Component} from '@angular/core';
02
03 @Component({
04   selector: 'app-root',
05   template: `
06     <p>Hello today is {{today}}!</p>
07   `,
08 })
09 export class AppComponent {
```

```
10    today: Date;
11    constructor( ) {
12      this.today = new Date( );
13    }
14 }
```

그림 22.2 기본 변수를 정의하기 위해 생성자를 사용하는 기본 앵귤러 웹 애플리케이션 구현

외부 템플릿 사용

템플릿과 스타일시트를 앵귤러 컴포넌트에 통합하는 다른 방법으로 별도의 파일을 사용할 수 있다. 이 방법은 파일의 내용을 구분할 수 있으므로 편리하며 컴포넌트의 가독성이 좋아진다. @Component 장식자 내부에 templateUrl 키워드 다음으로 애플리케이션 루트에서 템플릿 HTML 파일까지의 경로를 넣는다. 다음 예제를 살펴보자.

```
@Component ({
    selector: 'my-app',
    templateUrl: './view.example.html'
})
```

styleUrls 키워드를 사용해 외부 스타일시트에 대해 컴포넌트에 알려준다. 외부 스타일시트와의 차이점은 하나 이상의 스타일시트 배열을 전달한다는 것이다. 다음 예제는 외부 스타일시트를 가져오는 방법을 보여준다.

```
@Component ({
    selector: 'my-app',
    templateUrl: './view.example.html',
    styleUrls: ['./styles1.css', './styles2.css']
})
```

노트

styleUrls 구성 옵션은 쉼표로 구분된 문자열의 배열을 사용한다.

22장 앞부분의 '템플릿 작성' 절에서는 외부 HTML 및 CSS 파일을 앵귤러 컴포넌트에 구현하는 방법을 배웠다. 이번 절의 예제는 해당 지식을 기반으로 외부 HTML 및 CSS 파일을 통합하는 앵귤러 애플리케이션을 소개한다.

목록 22.3은 선택자명이 app-root인 앵귤러 컴포넌트를 보여주며 여기서 templateUrl과 styleUrls은 애플리케이션에서 필요한 외부 파일을 연결한다.

목록 22.4는 외부 템플릿 externalTemplate.html이다. 컴포넌트는 이 파일을 사용해 브라우저에서 뷰를 렌더링한다.

목록 22.5는 외부 스타일시트 external.css다. 컴포넌트는 이 파일을 컴포넌트 템플릿 파일에 적용한다.

그림 22.3은 완성된 앵귤러 컴포넌트가 렌더링된 모습을 보여준다.

목록 22.3 external.component.ts: 외부 파일 종속성을 갖는 앵귤러 컴포넌트

```
01 import { Component } from '@angular/core';
02
03 @Component({
04   selector: 'app-root',
05   templateUrl: './app.component.html',
06   styleUrls: ['./app.component.css']
07 })
```

```
08 export class AppComponent {
09   title = 'Chapter 22 Using External templates and styles';
10 }
```

목록 22.4 externalTemplate.html: 컴포넌트가 가져와 사용할 HTML 템플릿 파일

```
01 <h1>Congratulations</h1>
02 <p>
03   You've successfully loaded an external html file.
04   <span>
05     If I'm red then You managed to get the styles in there as well
06   </span>
07 </p>
```

목록 22.5 external.css: 컴포넌트에서 템플릿에 적용할 CSS 스타일시트

```
01 span{
02   color: red;
03   border: 2px solid red;
04 }
```

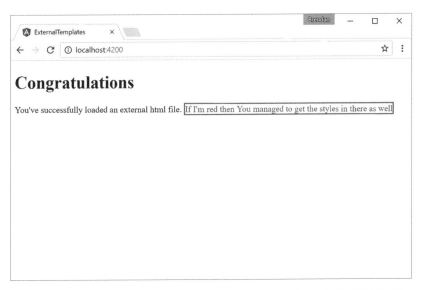

그림 22.3 외부 HTML 템플릿과 스타일시트를 뷰에 로드하는 기본 앵귤러 웹 애플리케이션 구현

의존성 주입

의존성 주입은 완전하게 파악하기 어려운 개념이다. 하지만 이는 앵귤러에서 매우 중요하며 기본적인 내용만 이해하면 앵귤러 구현이 매우 명확해진다. 의존성 주입은 다수의 서버 측 언어에서 잘 알려진 디자인 패턴이지만 앵귤러가 등장하기 전까지는 자바스크립트 프레임 워크에서 광범위하게 사용되지 않았다.

앵귤러의 의존성 주입 개념은 의존성 객체를 정의하고 동적으로 다른 객체에 주입해 종속성 객체가 제공하는 모든 기능을 사용할 수 있도록 하는 것이다. 앵귤러는 제공자provider 및 주입자injector 서비스를 통해 의존성 주입을 제공한다.

앵귤러에서 다른 지시자나 컴포넌트에 의존성 주입을 사용하려면 지시자나 컴포넌트의 클래스명을 애플리케이션의 모듈의 @NgModule 장식자 내부의 선언 메타데이터에 추가해야 한다. 다음은 선언 배열의 구문이다.

```
...
declarations: [ OuterComponent, InnerComponent ],
...
```

의존성 주입을 사용한 중첩 컴포넌트 작성

지금까지 의존성 주입과 이를 컴포넌트와 지시자에 사용하는 방법에 대해 알아봤다. 이번 절에서는 학습한 내용을 활용해 중첩 컴포넌트를 만드는 방법을 설명한다. 이를 위해 다른 컴포넌트를 내부에 갖고 있는 컴포넌트가 포함된 앵귤러 애플레케이션을 단계별로 살펴본다.

목록 22.6은 외부 템플릿과 스타일시트를 불러오는 outer.component.ts 파일이다. 5번 줄에서는 컴포넌트에 대한 HTML의 경로를 나타내고 6번 줄에서는 컴포넌트에 대한 스타일시트의 경로를 나타낸다.

목록 22.7은 outer.component.ts 파일이 로드하는 outer.html 템플릿 파일이다. 내부 컴포넌트를 로드하기 위해 사용되는 중첩된 HTML 태그가 사용자 정의 HTML 태그라는 것에 주목하자. 기본 HTML 파일에서 외부 컴포넌트를 로드하는 것과 완전히 동일하게 수행된다.

목록 22.8은 외부 컴포넌트와 자식 컴포넌트에 기본 스타일을 제공하는 outer.css 파일이다. 이러한 스타일은 컴포넌트에 의해 상속된다.

목록 22.9는 inner.component.ts 파일이다. 이 파일은 외부 컴포넌트가 주입한 내부 컴포넌트다. 외부 컴포넌트 내부의 지시자를 로드하기 위해 사용되는 이 컴포넌트의 선택자가 nested라는 것에 주목하자.

그림 22.4는 브라우저 창에서 완성된 애플리케이션이 표시되는 모습이다.

목록 22.6 outer.component.ts: 애플리케이션의 외부 컴포넌트

```
01 import { Component } from '@angular/core';
02
03 @Component({
04   selector: 'app-root',
05   templateUrl: './app.component.html',
06   styleUrls: ['./app.component.css']
07 })
08 export class AppComponent {
09   title = 'Nested Example';
10 }
```

목록 22.7 outer.html: 뷰에 적용되는 컴포넌트의 HTML 템플릿

```
01 <div>
02   <h1>the below text is a nested component</h1>
03   <nested></nested>
04 </div>
```

목록 22.8 outer.css: 외부 컴포넌트의 템플릿에 적용할 CSS 스타일시트

```
01 div {
02   color: red;
03   border: 3px ridge red;
04   padding: 20px;
05 }
06 nested {
07   font-size: 2em;
08   font-weight: bolder;
09   border: 3px solid blue;
10 }
```

목록 22.9 inner.component.ts: 중첩 컴포넌트

```
01 import {Component} from '@angular/core';
02 @Component({
03   selector: 'nested',
04   template: `
05     <span>Congratulations I'm a nested component</span>
06   `,
07   styles: [`
08     span{
09       color: #228b22;
10     }
11   `]
12 })
13 export class InnerComponent {}
```

그림 22.4 중첩 컴포넌트 표시

의존성 주입을 통한 데이터 전달

의존성 주입은 해당 지시자를 가져오는 어떠한 애플리케이션에서도 재사용할 수 있는 지시자를 작성할 수 있는 강력한 도구다. 데이터가 애플리케이션을 통해 주입되는 지시자로 전달해야 하는 경우도 있다. 이 경우에는 앵귤러 입력을 통해 해결한다.

앵귤러에서는 다른 지시자 또는 컴포넌트에 데이터를 입력하기 위해 @angular/core에서 Input 장식자를 가져온다. 다음 코드의 구문을 살펴보자.

```
import {Component, Input} from '@angular/core';
```

Input 장식자를 가져오면 지시자에 입력할 데이터를 정의할 수 있다. 먼저 문자열을 매개변수로 갖는 @input( )을 정의하는 것으로 시작하자. HTML은 해당 문자열을 가져온 지시자에 데이터로 전달하기 위해 사용한다. 다음 구문을 사용해 이를 수행해보자.

```
@Input('name') personName: string;
```

입력을 사용하는 앵귤러 애플리케이션 작성

지금까지 의존성 주입으로 입력을 사용하는 방법을 배웠으므로 이제 예제를 통해 알아볼 시간이다. 이번 절에서는 지시자 간 데이터를 전달하는 앵귤러 애플리케이션을 다룬다.

목록 22.10은 input.component.ts 파일에 데이터를 전달할 애플리케이션의 진입점인 person.component.ts 파일이다.

목록 22.11은 input.component.ts 파일이다. 외부 지시자에서 입력을 받아들여 처리하는 컴포넌트다.

그림 22.5는 브라우저 창에서 완성된 애플리케이션이 표시되는 모습이다.

목록 22.10 person.component.ts: Input.component를 가져와 선택자를 통해 데이터를 전달하는 컴포넌트

```
01 import { Component } from '@angular/core';
02
03 @Component({
04   selector: 'app-root',
05   template: `
```

```
06     <myInput name="Brendan" occupation="Student/Author"></myInput>
07     <myInput name="Brad" occupation="Analyst/Author"></myInput>
08     <myInput name="Caleb" occupation="Student/Author"></myInput>
09     <myInput></myInput>
10     `
11 })
12 export class AppComponent {
13   title = 'Using Inputs in Angular';
14 }
```

목록 22.11 input.component.ts: HTML을 통해 표시되는 내용을 변경하기 위해 선택자를 통해 데이터를 가져오는 컴포넌트

```
01 import {Component, Input} from '@angular/core';
02 @Component ({
03   selector: "myInput",
04   template: `
05     <div>
06       Name: {{personName}}
07       <br />
08       Job: {{occupation}}
09     </div>
10   `,
11   styles: [`
12     div {
13       margin: 10px;
14       padding: 15px;
15       border: 3px solid grey;
16     }
17   `]
18 })
19 export class myInputs {
20   @Input('name') personName: string;
21   @Input('occupation') occupation: string;
22   constructor() {
23     this.personName = "John Doe";
24     this.occupation = "Anonymity"
25   }
26 }
```

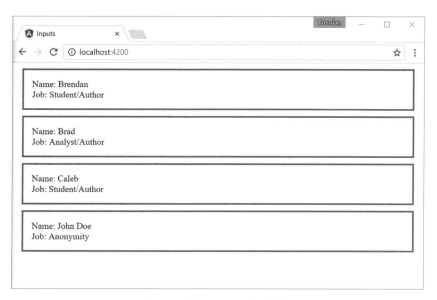

그림 22.5 입력을 통해 전달된 데이터 표시

요약

앵귤러 컴포넌트는 앵귤러 애플리케이션의 주요 빌딩 블록이다. 22장에서는 장식자에서 클래스로 컴포넌트를 빌드하는 방법을 보여줬다. 그리고 템플릿 및 스타일시트를 포함하는 다양한 방법을 알아봤다. 마지막으로 의존성 주입을 사용해 외부 지시문 또는 컴포넌트를 서로 통합하는 방법에 대해 살펴봤다.

23장에서 다룰 내용

23장, '표현식'에서는 표현식에 대해 배우고 앵귤러가 표현식을 평가해 웹 페이지에 동적으로 추가하는 방식에 대해 다룬다. 이어서 파이프의 사용 방법을 배우며 마지막으로 고유한 사용자 정의 파이프를 작성하는 방법에 대해 살펴본다.

표현식

앵귤러의 가장 큰 특징은 HTML 템플릿 내에 자바스크립트와 유사한 표현식을 추가할 수 있다는 점이다. 앵귤러는 표현식을 평가해 그 결과를 웹 페이지에 동적으로 추가할 수 있다. 표현식은 컴포넌트에 연결돼 있고 이 컴포넌트의 값을 활용하는 표현식을 가질 수도 있으며 모델 변경으로 해당 값이 변경될 수도 있다.

표현식 사용

앵귤러 뷰에서 컴포넌트의 데이터를 나타내는 가장 간단한 방식은 표현식을 사용하는 것이다. 표현식은 다음과 같이 대괄호 안에 캡슐화된 코드 블록이다.

```
{{expression}}
```

앵귤러 컴파일러는 표현식의 결과가 표시되도록 표현식을 HTML 엘리먼트로 컴파일한다. 예를 들어 다음 표현식을 살펴보자.

```
{{1+5}}
{{'One' + 'Two'}}
```

이 표현식에 따라 웹 페이지는 다음 값을 표시한다.

```
6
OneTwo
```

표현식은 데이터 모델에 바인딩되며 이에는 두 가지 큰 이점이 있다. 첫째, 표현식 내부에 컴포넌트에 정의된 프로퍼티명과 함수를 사용할 수 있다. 둘째, 표현식이 컴포넌트에 바인딩돼 있기 때문에 컴포넌트의 데이터가 변경되면 표현식도 변경된다. 예를 들어 컴포넌트에 다음 값이 포함돼 있다고 가정해보자.

```
name: string='Brad';
score: number=95;
```

다음과 같이 템플릿 표현식에서 name과 socre 값을 직접 참조할 수 있다.

```
Name: {{name}}
Score: {{score}}
Adjusted: {{score+5}}
```

앵귤러 표현식은 여러 가지 방법으로 타입스크립트/자바스크립트 표현식과 유사하지만 다음과 같은 차이점이 있다.

- 속성 평가: 프로퍼티명은 전역 자바스크립트 네임스페이스 대신 컴포넌트 모델에 대해 평가된다.

- 관대함: 표현식은 undefined나 null 변수 형식에도 예외를 발생시키지 않으며 그 대신 값이 없는 것으로 처리한다.

- 흐름 제어 없음: 표현식은 다음을 허용하지 않는다. 또한 표현식 내부에서는 에러를 전달할 수 없다.

    □ 할당문(예를 들면 =, +=, -=)
    □ new 연산자
    □ 조건문
    □ 루프
    □ 증가 및 감소 연산자(++ and --)

앵귤러는 지시자의 값을 정의하는 데 사용되는 문자열을 표현식으로 평가한다. 즉 정의 내부에 표현식-형식 구문을 포함할 수 있다. 예를 들어 템플릿의 ng-click 지시자의 값을 설정하면 표현식을 명시한다. 해당 표현식 내부에서는 컴포넌트 변수를 참조하고 다른 표현식 구문을 사용할 수 있다. 다음을 살펴보자.

```
<span ng-click="myFunction( )"></span>
<span ng-click="myFunction(var, 'stringParameter')"></span>
<span ng-click="myFunction(5*var)"></span>
```

앵귤러 템플릿 표현식은 컴포넌트에 접근할 수 있기 때문에 앵귤러 표현식 내부의 컴포넌트를 변경할 수 있다. 예를 들어 (click) 지시자는 컴포넌트 모델 내의 msg 값을 변경한다.

```
<span (click)="msg='clicked'"></span>
```

다음 절에서는 앵귤러의 표현식 기능을 사용하는 몇 가지 예를 살펴보자.

기본 표현식 사용

이번 절에서는 앵귤러 표현식이 숫자 렌더링을 처리하는 방법을 살펴본다. 이 예제는 앵귤러가 기본 수학 연산자와 함께 문자열과 숫자를 포함하는 표현식을 평가하는 방법을 보여준다.

목록 23.1은 앵귤러 컴포넌트다. 이 컴포넌트에는 이중 중괄호({{}})로 묶인 여러 형식의 표현식을 포함하는 템플릿이 있다. 표현식 중 일부는 숫자 또는 문자열이며 일부는 문자열과 숫자를 결합하는 + 연산을 포함하고 있고 하나는 === 연산자를 사용해 두 숫자를 비교한다.

그림 23.1은 렌더링된 웹 페이지를 보여준다. 숫자와 문자열이 최종 뷰로 직접 렌더링되는 것에 주목하자. 문자열과 숫자를 함께 추가하면 뷰에 렌더링되는 텍스트 문자열을 작성할 수 있다. 또한 비교 연산자를 사용하면 뷰에 true 또는 false가 렌더링된다.

목록 23.1 basicExpressions.component.ts: 앵귤러 템플릿에서 간단한 수학 연산을 사용하는 기본 문자열 및 숫자

```
01 import { Component } from '@angular/core';
02
03 @Component({
04   selector: 'app-root',
05   template: `
06     <h1>Expressions</h1>
07     Number:<br>
```

```
08     {{5}}<hr>
09     String:<br>
10     {{'My String'}}<hr>
11     Adding two strings together:<br>
12     {{'String1' + ' ' + 'String2'}}<hr>
13     Adding two numbers together:<br>
14     {{5+5}}<hr>
15     Adding strings and numbers together:<br>
16     {{5 + '+' + 5 + '='}}{{5+5}}<hr>
17     Comparing two numbers with each other:<br>
18     {{5===5}}<hr>
19     `,
20  })
21  export class AppComponent {}
```

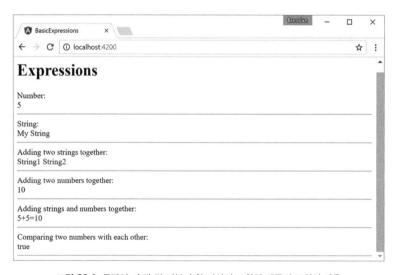

그림 23.1 문자열, 숫자 및 기본 수학 연산이 포함된 앵귤러 표현식 사용

표현식에서 Component 클래스와 상호 작용

지금까지 기본적인 앵귤러 표현식을 살펴봤다. 이제 앵귤러 표현식의 내부에서 Component 클래스와 상호 작용하는 방법을 살펴보자. 앞의 예제에서 표현식에 대한 모든 입력은 명시적 문자열 또는 숫자에서 나왔다. 이번 절에서는 모델과의 상호 작용에서 나오는 앵귤러 표현식의 진정한 강점을 보여준다.

목록 23.2는 Component 클래스의 값을 사용해 화면에 텍스트를 렌더링하는 동시에 함수에 대한 매개변수 역할을 하는 앵귤러 표현식을 적용한 앵귤러 컴포넌트 파일이다. Component 클래스의 변수명을 표현식에서 직접 사용할 수 있다는 점에 주목하자. 예를 들어 9번 줄의 표현식은 speed와 vehicle 변숫값을 기반으로 문자열을 작성한다.

그림 23.2는 표현식을 기반으로 렌더링된 웹 페이지를 보여준다. 페이지의 링크를 클릭하면 결과 함수 호출이 앞서 언급한 표현식이 렌더링되는 방식을 변경하기 위한 Component 클래스 변수를 조정한다는 것에 주목하자.

목록 23.2 classExpressions.component.ts: 표현식을 사용해 Component 클래스의 데이터와 상호 작용하는 앵귤러 애플리케이션

```
01 import { Component } from '@angular/core';
02
03 @Component({
04   selector: 'app-root',
05   template: `
06     Directly accessing variables in the component:<br>
07       {{speed}} {{vehicle}}<hr>
08     Adding variables in the component:<br>
09       {{speed + ' ' + vehicle}}<hr>
10     Calling function in the component:<br>
11       {{lower(speed)}} {{upper('Jeep')}}<hr>
12     <a (click)="setValues('Fast', newVehicle)">
13       Click to change to Fast {{newVehicle}}</a><hr>
14     <a (click)="setValues(newSpeed, 'Rocket')">
15       Click to change to {{newSpeed}} Rocket</a><hr>
16     <a (click)="vehicle='Car'">
17       Click to change the vehicle to a Car</a><hr>
18     <a (click)="vehicle='Enhanced ' + vehicle">
19       Click to Enhance Vehicle</a><hr>
```

```
20    `,
21    styles:[`
22      a{color: blue; text-decoration: underline; cursor: pointer}
23    `]
24  })
25  export class AppComponent {
26    speed = 'Slow';
27    vehicle = 'Train';
28    newSpeed = 'Hypersonic';
29    newVehicle = 'Plane';
30    upper = function(str: any){
31      str = str.toUpperCase();
32      return str;
33    }
34    lower = function(str: any){
35      return str.toLowerCase();
36    }
37    setValues = function(speed: any, vehicle: any){
38      this.speed = speed;
39      this.vehicle = vehicle;
40    }
41  }
```

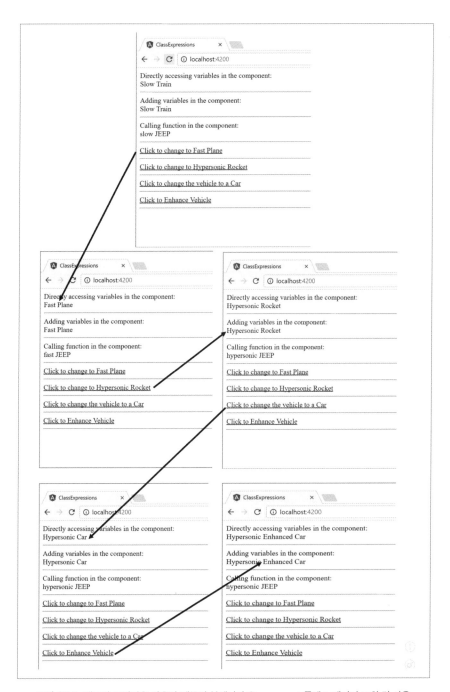

그림 23.2 앵귤러 표현식을 사용한 앵귤러 뷰에서의 Component 클래스 데이터 표현 및 사용

앵귤러 표현식에서 타입스크립트 사용

이번 절에서는 Component 클래스 내의 몇 가지 추가 타입스크립트 상호 작용을 살펴본다. 앞서 설명한 것처럼 타입스크립트 기능의 대부분은 앵귤러 표현식에서 지원된다. 이번 예제에서는 이해를 돕기 위해 표현식에서 타입스크립트 Math 객체를 사용한 배열 조작을 보여준다.

목록 23.3은 push( ) 및 shift( )의 장점을 활용해 배열을 표시하고 배열 길이를 표시하고 배열의 요소를 조작하는 앵귤러 표현식을 포함한 앵귤러 컴포넌트를 구현한다. Component 클래스에 Math를 추가해 12번 줄 및 22번 줄의 표현식에서 직접 타입스크립트의 Math 연산을 사용하고 있다는 점에 주목하자.

그림 23.3은 렌더링된 앵귤러 웹 페이지를 보여준다. 링크를 클릭하면 배열이 조정되고 표현식이 재평가된다.

목록 23.3 typescriptExpressions.component.ts: 배열과 Math을 포함한 표현식을 사용하는 앵귤러 컴포넌트

```
01 import { Component } from '@angular/core';
02
03 @Component({
04   selector: 'app-root',
05   template: `
06     <h1>Expressions</h1>
07     Array:<br>
08       {{myArr.join(', ')}}<br/>
09     <hr>
10     Elements removed from array:<br>
11       {{removedArr.join(', ')}}<hr>
12     <a (click)="myArr.push(myMath.floor(myMath.random( )*100+1))">
13       Click to append a value to the array
14     </a><hr>
15     <a (click)="removedArr.push(myArr.shift())">
16       Click to remove the first value from the array
17     </a><hr>
18     Size of Array:<br>
19       {{myArr.length}}<hr>
20     Max number removed from the array:<br>
21       {{myMath.max.apply(myMath, removedArr)}}<hr>
22   `,
23   styles: [`
```

```
24    a {
25       color: blue;
26       cursor: pointer;
27    }
28   `],
29 })
30 export class AppComponent {
31   myMath = Math;
32   myArr: number[] = [1];
33   removedArr: number[] = [0];
34 }
```

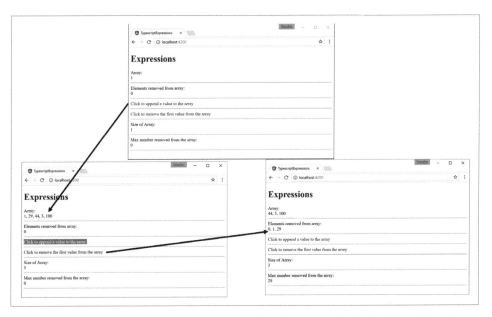

그림 23.3 범위 데이터와 상호 작용을위해 타입스크립트의 배열 및 Math 연산을 적용한 앵귤러 표현식의 사용

파이프 사용

앵귤러의 가장 큰 특징은 파이프를 구현하는 기능이다. 파이프는 표현식 파서에 연결해 통화나 형식 시간과 같은 뷰에서 표시되는 표현식의 결과를 수정하는 형식의 연산자다. 뷰에 시간 또는 통화 값의 형식을 지정하는 것과 같은 형식의 연산이다.

다음 구문을 사용해 표현식 안에 파이프를 구현한다.

{{ expression | pipe}}

여러 파이프를 함께 연결하면 지정한 순서대로 실행된다.

{{ expression | pipe | pipe }}

일부 필터를 사용해 함수의 매개변수 형태로 입력을 제공할 수 있다. 다음 구문을 사용해 이러한 매개변수를 추가한다.

{{ expression | pipe:parameter1:parameter2 }}

앵귤러는 컴포넌트 템플릿에서 문자열, 객체 및 배열의 서식을 쉽게 지정하는 몇 가지 형식의 파이프를 제공한다. 표 23.1은 앵귤러에서 제공하는 내장 파이프를 보여준다.

표 23.1 앵귤러 컴포넌트 템플릿에서 표현식을 수정하는 파이프

필터	설명
currency[:currencyCode?[:symbolDisplay?[:digits?]]]	제공된 currencyCode 값에 맞춰 통화의 숫자 서식을 지정한다. currencyCode 값이 지정되지 않은 경우 로케일의 기본 설정 값이 사용된다. 다음은 사용 예제다. {{123.46	currency:"USD" }}
json	타입스크립트 객체를 JSON 문자열 서식으로 지정한다. 다음은 사용 예제다. {{ {'name':'Brad'}	json }}
slice:start:end	표현식에서 표시되는 데이터에 인덱싱된 양만큼의 제한을 준다. 표현식이 문자열이라면 문자 수가 제한된다. 그리고 표현식의 결과가 배열이라면 요소 수가 제한된다. 다음은 사용 예제다. {{ "Fuzzy Wuzzy"	slice:1:9 }} {{ ['a','b','c','d']	slice:0:2 }}
lowercase	표현식의 결과를 소문자로 출력한다.

uppercase	표현식의 결과를 대문자로 출력한다.
number[:pre.post-postEnd]	숫자를 텍스트로 전환한 서식을 지정한다. pre 매개변수가 지정되면 전체 숫자의 개수가 해당 크기로 제한된다. post-postEnd 값이 지정되면 표시되는 소수점 위치의 개수가 지정된 범위나 크기로 제한된다. 다음은 사용 예제다. {{ 123.4567 | number:1.2-3 }} {{ 123.4567 | number:1.3 }}
date[:format]	타입스크립트 날짜 객체, 타임스탬프 또는 ISO 8601 날짜 문자열의 서식을 format 매개변수를 사용해 지정한다. 다음은 사용 예제다. {{1389323623006 | date:'yyyy-MM-dd HH:mm:ss Z'}} format 매개변수는 다음의 날짜 서식 문자열을 사용한다. ■ yyyy: 네 자리 숫자 연도 ■ yy: 두 자리 숫자 연도 ■ MMMM: 1년 중 월, January부터 December까지의 문자열 표기 ■ MMM: 1년 중 월, Jan부터 Dec까지의 약어 문자열 표기 ■ MM: 1년 중 월, 01부터 12까지의 0으로 패딩된 숫자 표기 ■ M: 1년 중 월, 1부터 12까지의 패딩 없는 숫자 표기 ■ dd: 1개월 중 날짜, 01부터 31까지의 0으로 패딩된 숫자 표기 ■ d: 1개월 중 날짜, 1부터 21까지의 패딩 없는 숫자 표기 ■ EEEE: 1주일 중 요일, Sunday부터 Saturday까지의 문자열 표기 ■ EEE: 1주일 중 요일, Sun부터 Sat까지의 약어 문자열 표기 ■ HH: 1일 중 시간, 00부터 23까지의 0으로 패딩된 숫자 표기 ■ H: 1일 중 시간, 0부터 23까지의 패딩 없는 숫자 표기 ■ hh 또는 jj: a.m./p.m.의 시간, 01부터 12까지의 0으로 패딩된 숫자 표기 ■ h 또는 j: a.m./p.m.의 시간, 1부터 12까지의 패딩 없는 숫자 표기 ■ mm: 1시간 중 분, 00부터 59까지의 0으로 패딩된 숫자 표기 ■ m: 1시간 중 분, 0부터 59까지의 패딩 없는 숫자 표기 ■ ss: 1분 중 초, 00부터 59까지의 0으로 패딩된 숫자 표기 ■ s: 1분 중 초, 0부터 59까지의 패딩 없는 숫자 표기 ■ .sss or ,sss: 1초 중 밀리초, 000부터 999까지의 0으로 패딩된 숫자 표기 ■ a: a.m./p.m. 마커 ■ Z: -1200에서 +1200까지의 네 자리 숫자 표준 시간대 차이 표기 date의 format 문자열은 다음과 같이 사전에 정의된 이름을 사용할 수 있다. ■ medium: 'yMMMdHms'와 동일 ■ short: 'yMdhm'와 동일 ■ fullDate: 'yMMMMEEEEd'와 동일 ■ longDate: 'yMMMMd'와 동일 ■ mediumDate: 'yMMMd'와 동일 ■ shortDate: 'yMd'와 동일 ■ mediumTime: 'hms'와 동일 ■ shortTime: 'hm'와 동일 이곳의 서식은 en_US에 해당하며 서식은 항상 앵귤러 애플리케이션의 로케일에 맞게 변경된다.
async	프로미스(promise)를 기다리고 최신 값을 반환한다. 그런 다음 뷰를 업데이트한다.

내장 파이프 사용

이번 절에서는 내장 앵귤러 파이프가 앵귤러 표현식 데이터의 변환을 처리하는 방법을 보여준다. 이번 예제의 목적은 파이프가 제공된 데이터를 어떻게 변환하는지를 보여주는 것이다.

목록 23.4는 {{}} 괄호로 둘러싸인 내장 파이프의 몇 가지 예제가 들어 있는 템플릿을 포함한 앵귤러 컴포넌트를 보여준다. Component 클래스에는 파이프에서 사용할 데이터가 포함돼 있다.

그림 23.4는 변환된 데이터를 포함하고 있는 애플리케이션의 렌더링을 보여준다.

목록 23.4 builtInPipes.component.ts: 내장 파이프의 예제를 포함하는 앵귤러 컴포넌트

```
01 import { Component } from '@angular/core';
02
03 @Component({
04   selector: 'app-root',
05   template: `
06     Uppercase: {{"Brendan" | uppercase }}<br>
07     Lowercase: {{"HELLO WORLD" | lowercase}}<br>
08     Date: {{ today | date:'yMMMMEEEEhmsz'}}<br>
09     Date: {{today | date:'mediumDate'}}<br>
10     Date: {{today | date: 'shortTime'}}<br>
11     Number: {{3.1415927 | number:'2.1-5'}}<br>
12     Number: {{28 | number:'2.3'}}<br>
13     Currency: {{125.257 | currency:'USD':true: '1.2-2'}}<br>
14     Currency: {{2158.925 | currency}}<br>
15     Json: {{jsonObject | json}}<br>
16     PercentPipe: {{.8888 | percent: '2.2'}}<br>
17     SlicePipe: {{"hello world" | slice:0:8}}<br>
18     SlicePipe: {{days | slice:1:6}}<br>
19     legen...  {{wait | async}} {{dairy | async}}
20   `
21 })
22 export class AppComponent {
23   today = Date.now();
24   jsonObject = [{title: "mytitle"}, {title: "Programmer"}];
25   days=['Sunday', 'Monday', 'Tuesday', 'Wednesday',
26         'Thursday', 'Friday', 'Saturday'];
27   wait = new Promise<string>((res, err) => {
```

```
28    setTimeout(function () {
29      res('wait for it...');
30    },1000);
31  });
32  dairy = new Promise<string>((res, err) => {
33    setTimeout(function() {
34      res('dairy');
35    },2000)
36  })
37 }
```

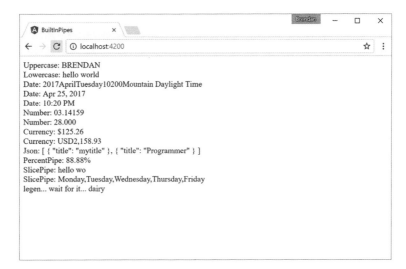

그림 23.4 표현식 내부에서 데이터를 변환하는 앵귤러 파이프 사용

사용자 정의 파이프 작성

앵귤러에서는 고유한 사용자 정의 파이프를 만들어 내장 파이프인 것처럼 표현식과 서비스 내부에서 사용할 수 있다. 앵귤러에서는 @pipe 장식자를 사용해 파이프를 생성하고 의존성 주입자 서버에 등록할 수 있다.

@pipe 장식자는 앵귤러 컴포넌트와 마찬가지로 메타데이터를 받는다. 메타데이터 옵션에는 name과 pure가 있다. name 메타데이터는 컴포넌트의 선택자와 동일하게 동작한다. 이 메타

데이터는 앵귤러에 파이프를 사용할 위치를 알려준다. pure 메타데이터는 파이프에 변경 감지 처리 방법을 알려준다. 입력 값이나 객체 참조가 변경되면 pure 파이프가 업데이트된다. impure 파이프는 키 입력, 마우스 클릭 또는 마우스 이동과 같은 이벤트가 있을 때마다 업데이트된다. 다음 예제는 샘플 파이프에 대한 구문을 보여준다.

```
@Pipe({
    name: 'example',
    Pure: true
})
```

pipe 클래스는 파이프의 로직이 있는 곳에서 Component 클래스와 거의 동일하게 동작한다. 하지만 로직은 파이프 기호(|)의 왼쪽에 있는 무엇이든 변환시키는 방법을 파이프에 알려주기 위해 Transform 메서드 내부에 있어야 한다. 다음 예제를 확인해보자.

```
Export class customPipe{
    Transform(parameter1:string, parameter2:number): string {
        myStr = "logic goes in here";
        return myStr;
    }
}
```

사용자 정의 파이프 생성

이번 절에서는 문자열에서 선택 단어를 걸러내는 사용자 지정 파이프를 작성하는 방법을 보여준다. 이번 예제의 목적은 데이터를 변환할 수 있는 사용자 지정 파이프를 만들고 적용하는 방법을 보여주는 것이다.

목록 23.5는 name 메타데이터가 censor인 앵귤러 파이프다. export 클래스에는 특정 단어를 다른 문자열로 바꾸고 변환된 문자열을 반환하는 Transform 메서드가 포함돼 있다.

목록 23.6은 사용자 정의 파이프를 사용하는 템플릿과 해당 파이프를 가져오기 위한 파이프 메타데이터를 포함하는 앵귤러 컴포넌트다. 파이프를 구현하기 위한 표현식이 있는 6번 줄에 주목하자. 이 파이프는 인수로 문자열을 받고 특정 단어를 이 인자로 대체한다.

그림 23.5는 사용자 정의 파이프를 사용한 애플리케이션이 렌더링 화면을 보여준다.

목록 23.5 custom.pipe.ts: 문자열의 특정 단어를 대체하는 앵귤러 파이프

```
01 import {Pipe} from '@angular/core';
02
03 @Pipe({name: 'censor'})
04 export class censorPipe{
05   transform(input:string, replacement:string): string {
06     var cWords = ["bad", "rotten", "terrible"];
07     var out = input;
08     for(var i=0; i<cWords.length; i++){
09       out = out.replace(cWords[i], replacement);
10     }
11     return out;
12   }
13 }
```

목록 23.6 customPipes.component.ts: 사용자 정의 파이프를 가져와 사용하는 앵귤러 컴포넌트

```
01 import { Component } from '@angular/core';
02
03 @Component({
04   selector: 'app-root',
05   template: `
06     {{phrase | censor:"*****"}}
07   `
08 })
09 export class AppComponent {
10   phrase:string="This bad phrase is rotten ";
11 }
```

548

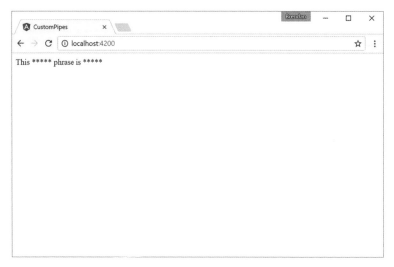

그림 23.5 표현식에서 데이터를 변환하는 사용자 정의 앵귤러 파이프의 사용

요약

앵귤러에는 강력한 내장 표현식과 파이프가 있으며 사용자 정의 파이프를 생성할 수도 있다. 23장에서는 사용할 수 있는 내장 표현식과 파이프 그리고 구현에 대해 설명했다. 또한 사용자 정의 파이프를 구축하고 이를 작성하는 방법에 대해 알아봤다. 표현식은 {{}} 사이에 작성되는 타입스크립트 코드 조각이며 파이프는 이 표현식을 조작한다. 표현식은 Component 클래스 내부의 정보에 액세스할 수 있으며 뷰를 통해 클래스 변수를 렌더링할 수 있다.

24장에서 다룰 내용

24장, '데이터 바인딩'에서는 데이터 바인딩에 대해 알아본다. 여기서는 여러 데이터를 연결하는 방법에 대해 배우고 다양한 형식의 데이터 바인딩으로 확장해본다.

데이터 바인딩

앵귤러의 가장 큰 특징 중 하나는 내장 데이터 바인딩이다. 데이터 바인딩은 컴포넌트의 데이터를 웹 페이지에 표시되는 내용과 연결하는 과정이다. 컴포넌트의 데이터가 변경되면 사용자에게 렌더링돼 보이는 UI가 자동으로 업데이트된다. 앵귤러는 웹 페이지의 엘리먼트에 모델 데이터를 연결하는 매우 명료한 인터페이스를 제공한다.

데이터 바인딩 이해

데이터 바인딩이란, 애플리케이션의 데이터를 사용자에게 렌더링되는 UI 엘리먼트와 연결하는 것을 의미한다. 모델에서 데이터가 변경되면 웹 페이지가 자동으로 업데이트된다. 모델은 이런 식으로 항상 사용자에게 표시되는 데이터의 유일한 소스가 되며 뷰는 모델을 투영하기만 할 뿐이다. 데이터 바인딩은 이러한 뷰와 모델을 함께 묶는 접착제 역할을 한다.

앵귤러에는 데이터 바인딩을 사용해 애플리케이션을 다양한 방식으로 보이고 작동시키는 여러 가지 방법이 있다. 다음은 24장에서 설명하고자 하는 앵귤러의 데이터 바인딩 형식 목록이다.

- **보간법**Interpolation: 이중 중괄호({{}})를 사용해 Component 클래스에서 직접 값을 가져올 수 있다.
- **프로퍼티 바인딩**: HTML 엘리먼트의 프로퍼티를 설정하는 데 사용하는 바인딩 형식
- **이벤트 바인딩**: 사용자 입력을 처리하는 데 사용하는 바인딩 형식
- **속성 바인딩**: HTML 엘리먼트의 속성을 설정하는 데 사용하는 바인딩 형식

- **클래스 바인딩**: CSS 클래스 이름을 엘리먼트에 설정할 수 있는 바인딩 형식
- **스타일 바인딩**: 엘리먼트에 대한 인라인 CSS 스타일을 만들 수 있는 바인딩 형식
- **ngModel을 통한 양방향^{Two-way} 바인딩**: 데이터를 받고 표시하기 위한 데이터 입력 양식에 사용하는 바인딩 형식

보간법

보간법은 이중 중괄호를 사용해 템플릿 표현식을 평가하는 것을 말한다. 이는 하드 코딩된 양식에 포함돼 있거나 Component 클래스의 프로퍼티를 참조할 수 있다.

보간법 구문은 23장 '표현식'을 통해 살펴봤다. 하지만 보간법을 사용해 HTML 태그 속성에 값(예: img 태그)을 지정할 수도 있다. 다음은 이를 수행하는 구문의 예제다.

```
<img src="{{imgUrl}}"/>
```

이제 보간법 바인딩을 사용해 실행되는 꽤 괜찮은 작업을 보여주는 예제를 살펴보자.

목록 24.1은 앵귤러 컴포넌트다. 여기의 컴포넌트에는 이중 중괄호로 묶인 보간법 형식 및 표현식이 포함된 템플릿이 있다. Component 클래스는 이중 중괄호 안에 사용할 값을 제공한다(imageSrc 변수를 적절한 이미지명으로 변경하자).

그림 24.1은 렌더링된 웹 페이지를 보여준다. 보간법에서는 Component 클래스의 문자열을 사용해 템플릿을 채운다.

목록 24.1 interpolation.component.ts: 문자열을 사용한 보간법과 함수

```
01 import { Component } from '@angular/core';
02
03 @Component({
04   selector: 'app-root',
05   template: `
06     {{str1 + ' ' + name}}
07     <br>
08     <img src="{{imageSrc}}" />
09     <br>
10     <p>{{str2 + getLikes(likes)}}</p>
11   `,
```

```
12    styles: [`
13      img{
14        width: 300px;
15        height: auto;
16      }
17      p{
18        font-size: 35px;
19        color: darkBlue;
20      }
21    `]
22 })
23 export class AppComponent {
24    str1: string = "Hello my name is";
25    name: string = "Brendan";
26    str2: string = "I like to";
27    likes: string[] = ['hike', "rappel", "Jeep"];
28    getLikes = function(arr: any){
29      var arrString = arr.join(", ");
30      return " " + arrString;
31    }
32    imageSrc: string = "../assets/images/angelsLanding.jpg";
33 }
```

그림 24.1 보간법을 사용한 문자열 결합, imageSrc URL 정의 및 함수 실행

프로퍼티 바인딩

HTML 엘리먼트의 프로퍼티를 설정해야 할 때 프로퍼티 바인딩을 사용한다. 이를 위해 Component 클래스 내에서 원하는 값을 정의한다. 그 후 다음 구문을 사용해 해당 값을 컴포넌트 템플릿에 바인딩한다.

```
<img [src]="myValue">
```

> **노트**
> 대부분의 경우 보간법을 사용하면 프로퍼티 바인딩과 동일한 결과를 얻을 수 있다.

이제 프로퍼티 바인딩 예제를 살펴보자. 목록 24.2는 앵귤러 컴포넌트다. 이 컴포넌트에는 프로퍼티 바인딩 형식이 포함된 템플릿이 있다. 또한 프로퍼티 바인딩과 보간법을 비교할 수 있다.

그림 24.2는 렌더링된 웹 페이지를 보여준다. 프로퍼티 바인딩을 사용하면 엘리먼트의 프로퍼티의 값이나 클래스명이 Component 클래스의 값으로 설정된다.

목록 24.2 property.component.ts: 로직과 애플리케이션의 클래스명에 대한 프로퍼티 바인딩

```
01 import { Component } from '@angular/core';
02
03 @Component({
04   selector: 'app-root',
05   template: `
06     <img [src]="myPic"/>
07     <br>
08     <button [disabled]="isEnabled">Click me</button><hr>
09     <button disabled="{!isEnabled}">Click me</button><br>
10     <p [ngClass]="className">This is cool stuff</p>
11   `,
12   styles: [`
13     img {
14       height: 100px;
15       width auto;
16     }
17     .myClass {
```

```
18      color: red;
19      font-size: 24px;
20    }
21  `]
22 })
23 export class AppComponent {
24   myPic: string = "../assets/images/sunset.JPG";
25   isEnabled: boolean = false;
26   className: string = "myClass";
27 }
```

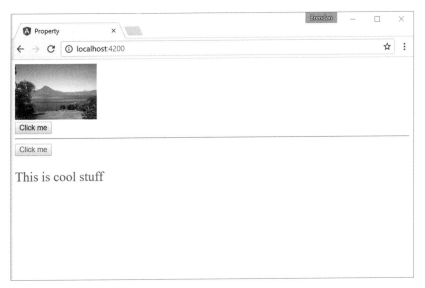

그림 24.2 imageSrc URL을 정의한 후 버튼을 비활성화 모드로 설정하고 클래스명을 지정하는
프로퍼티 바인딩의 사용

속성 바인딩

속성 바인딩은 프로퍼티 바인딩과 비슷하지만 DOM 프로퍼티가 아닌 HTML 속성과 연결
돼 있다. 속성 바인딩이 자주 사용되지는 않지만 기본 정의와 사용법을 이해하는 것은 중요
하다. 일반적으로 연관된 DOM 프로퍼티가 없는 속성(예를 들면 aria, svg, table span 속성)에서
만 속성 바인딩을 사용한다. 다음 구문을 사용해 특성 바인딩을 정의한다.

```
<div [attr.aria-label] = "labelName"></div>
```

> **노트**
>
> 속성 바인딩과 프로퍼티 바인딩의 사용 방식이 거의 동일하기 때문에 이 책에서는 속성 바인딩에 대한 예를 제시하지 않는다.

클래스 바인딩

클래스 바인딩을 사용해 CSS 스타일 태그를 HTML 엘리먼트에 바인딩한다. 표현식의 결과에 따라 클래스를 true 또는 false로 지정한다. 결과가 true이면 클래스가 할당된다. 다음의 구문 예를 보자.

```
<div [class.nameHere] = "true"></div>
<div [class.anotherName] = "false"></div>
```

이제 클래스 바인딩 예제를 살펴보자. 목록 24.3은 템플릿을 포함하는 앵귤러 컴포넌트다. 여기의 템플릿에는 두 가지 다른 방식으로 클래스명을 적용하는 방법을 보여주는 클래스 바인딩 형식이 포함돼 있다.

그림 24.3은 렌더링된 웹 페이지를 보여준다. 클래스 이름이 적용돼 CSS 스타일이 HTML을 변경한다.

목록 24.3 class.component.ts: 사용자 정의 클래스를 적용하는 클래스 바인딩

```
01 import { Component } from '@angular/core';
02
03 @Component({
04   selector: 'app-root',
05   template: `
06     <div [class]="myCustomClass"></div>
07     <span [class.redText]="isTrue">Hello my blue friend</span>
08   `,
09   styles: [`
10     .blueBox {
11       height: 150px;
```

```
12        width: 150px;
13        background-color: blue;
14    }
15    .redText{
16       color: red;
17       font-size: 24px;
18    }
19  `]
20 })
21 export class AppComponent {
22   myCustomClass: string = 'blueBox';
23   isTrue = true;
24 }
```

그림 24.3 HTML 엘리먼트에 사용자 정의 클래스를 추가하기 위해 클래스 바인딩을 사용하는 앵귤러 애플리케이션

스타일 바인딩

스타일 바인딩을 사용해 HTML 엘리먼트에 인라인 스타일을 지정한다. 스타일 바인딩은 대괄호 안에 CSS 스타일 속성을 정의하고 할당 표현식을 따옴표로 묶어 동작한다. 구문은 클래스 바인딩과 유사하지만 접두사로 class 대신 style을 사용한다.

```
<p [style.styleProperty] = "assignment"></p>
<div [style.backgroundColor] = "'green'"></div>
```

이제 스타일 바인딩 예제를 살펴보자. 목록 24.4는 템플릿을 포함하는 앵귤러 컴포넌트다. 이 템플릿에는 애플리케이션에 사용자 정의 인라인 스타일을 적용하는 방법을 보여주는 스타일 바인딩 형식이 포함돼 있다.

그림 24.4는 적용된 CSS 스타일에 따라 ML이 변경돼 렌더링된 웹 페이지를 보여준다.

목록 24.4 style.component.ts: HTML의 모양을 바꾸는 스타일 바인딩

```
01 import { Component } from '@angular/core';
02
03 @Component({
04   selector: 'app-root',
05   template: `
06     <span [style.border]="myBorder">Hey there</span>
07     <div [style.color]="twoColors ? 'blue': 'forestgreen'">
08       what color am I
09     </div>
10     <button (click)="changeColor()">click me</button>
11   `
12 })
13 export class AppComponent {
14   twoColors: boolean = true;
15   changeColor = function(){
16     this.twoColors = !this.twoColors;
17   }
18   myBorder = "1px solid black";
19 }
```

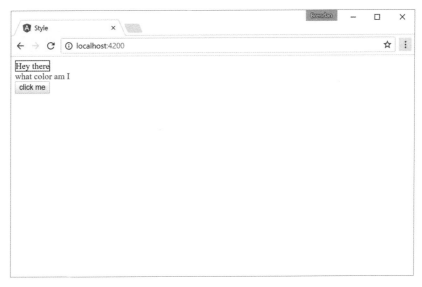

그림 24.4 twoColors 변숫값을 조정하는 함수를 실행하는 버튼을 통해 적용된
사용자 정의 스타일이 포함된 웹 페이지의 렌더링

이벤트 바인딩

이벤트 바인딩을 사용해 클릭, 키 입력, 마우스 이동과 같은 사용자 입력을 처리한다. 앵귤러 이벤트 바인딩은 HTML 이벤트 속성과 유사하다. 가장 큰 차이점은 바인딩에서는 접두사 'on'이 제거되고 그 대신 괄호(( ))로 묶여 있다. 예를 들어 HTML의 onkeyup은 앵귤러의 (keyup)과 같다.

이벤트 바인딩의 기본 목적은 컴포넌트의 함수를 실행하는 것이다. 다음은 클릭 이벤트 바인딩 구문이다.

```
<button (click)="myFunction( )">button</button>
```

이벤트 바인딩의 예를 살펴보자. 목록 24.5는 앵귤러 컴포넌트다. 여기의 컴포넌트에는 클릭 한 번에 이미지 URL을 변경하는 함수를 호출하는 이벤트 바인딩이 포함된다.

그림 24.5는 렌더링된 웹 페이지를 보여준다. 초기 웹 페이지와 버튼을 클릭해 이벤트를 발생시킨 결과 페이지를 볼 수 있다.

558

목록 24.5 event.component.ts: 웹 페이지에 표시되는 이미지 URL을 변경하는 이벤트 바인딩

```
01 import { Component } from '@angular/core';
02
03 @Component({
04   selector: 'app-root',
05   template: `
06     <div (mousemove)="move($event)">
07       <img [src]="imageUrl"
08         (mouseenter)="mouseGoesIn()"
09         (mouseleave)="mouseLeft()"
10         (dblclick)="changeImg()" /><br>
11         double click the picture to change it<br>
12         The Mouse has {{mouse}}<hr>
13       <button (click)="changeImg()">Change Picture</button><hr>
14       <input (keyup)="onKeyup($event)"
15         (keydown)="onKeydown($event)"
16         (keypress)="keypress($event)"
17         (blur)="underTheScope($event)"
18         (focus)="underTheScope($event)">
19         {{view}}
20       <p>on key up: {{upValues}}</p>
21       <p>on key down: {{downValues}}</p>
22       <p>on key press: {{keypressValue}}</p>
23       <p (mousemove)="move($event)">
24         x coordinates: {{x}}
25         <br> y coordinates: {{y}}
26       </p>
27     </div>
28   `,
29   styles: [`
30     img {
31       width: auto;
32       height: 300px;
33     }
34   `]
35 })
36 export class AppComponent {
37   counter = 0;
```

```
38   mouse: string;
39   upValues: string = '';
40   downValues: string = '';
41   keypressValue: string = '';
42   x: string = '';
43   y: string = '';
44   view: string = '';
45
46   mouseGoesIn = function(){
47     this.mouse = "entered";
48   }
49   mouseLeft = function(){
50     this.mouse = "left";
51   }
52   imageArray: string[] = [
53     "../assets/images/flower.jpg",
54     "../assets/images/lake.jpg", // 확장자는 대소 문자를 구분함
55     "../assets/images/bison.jpg",
56   ]
57   imageUrl: string = this.imageArray[this.counter];
58   changeImg = function(){
59     if(this.counter < this.imageArray.length - 1){
60     this.counter++;
61     }else{
62       this.counter = 0;
63     }
64     this.imageUrl=this.imageArray[this.counter];
65   }
66   onKeyup(event:any){
67     this.upValues = event.key;
68     //this.upValues += event.target.value + ' | ';
69   }
70   onKeydown(event:any){
71     this.downValues = event.key;
72     //this.downValues += event.target.value + " | ";
73   }
74   keypress(event:any){
75     this.keypressValue = event.key;
76     //this.keypressValue += event.target.value + " | ";
```

```
77   }
78   move(event:any){
79     this.x = event.clientX;
80     this.y = event.clientY;
81   }
82   underTheScope(event:any){
83     if(event.type == "focus"){
84       this.view = "the text box is focused";
85     }
86     else if(event.type == "blur"){
87       this.view = "the input box is blurred";
88     }
89     console.log(event);
90   }
91 }
```

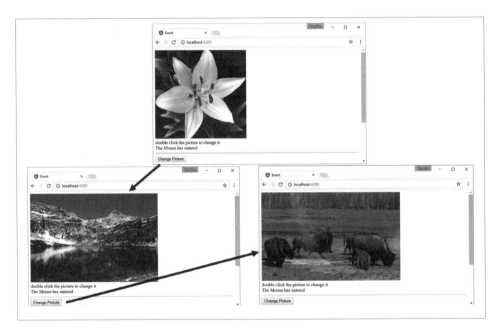

그림 24.5 웹 페이지가 로드됐을 때의 초기 화면과 이벤트가 발생된 결과 이벤트가 트리거된 결과 화면

양방향 바인딩

양방향 바인딩을 사용하면 데이터의 표시와 업데이트가 동시에 가능해진다. 이를 통해 사용자가 DOM에 변경한 내용이 쉽게 반영된다. 앵귤러는 확인된 변경 사항에 대한 값의 업데이트에 ngModel을 사용하는 것으로, 앞서 설명한 동작을 수행한다. 다음의 구문을 살펴보자.

```
<input [(ngModel)] = "myValue">
```

이제 양방향 바인딩의 예를 살펴보자. 목록 24.6은 템플릿이 포함된 앵귤러 컴포넌트다. 이 템플릿은 양방향 데이터 바인딩을 수행하는 다양한 방법을 보여준다.

그림 24.6은 렌더링된 웹 페이지를 보여준다. 스타일이 적용되고 CSS 스타일에 따라 HTML이 변경되는 것을 보여준다.

목록 24.6 twoWay.component.ts: 양방향 데이터 바인딩을 구현하는 다른 방식

```
01 import { Component } from '@angular/core';
02 @Component({
03   selector: 'app-root',
04   template: `
05     <input [(ngModel)]="text"><br>
06     <input bindon-ngModel="text"><br>
07     <input [value]="text" (input)="text=$event.target.value">
08     <h1>{{text}}</h1>
09   `
10 })
11 export class AppComponent {
12   text: string = "some text here";
13 }
```

목록 24.6은 app.module.ts에 다음 코드가 추가돼야 한다.

```
import { FormsModule } from '@angular/forms';
@NgModule({
  declarations: [
    AppComponent,
  ],
```

```
  imports: [
    BrowserModule,
    FormsModule
  ],

  providers: [],
  bootstrap: [ AppComponent ]
})
```

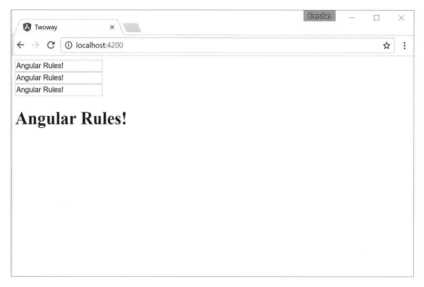

그림 24.6 양방향 데이터 바인딩을 수행하는 다양한 방법을 보여주는 앵귤러 애플리케이션으로,
변수와 뷰가 입력 필드의 변경에 따라 업데이트됨

요약

앵귤러는 강력하고 유용한 형식의 데이터 바인딩을 제공한다. 24장에서 살펴본 것처럼 애플리케이션 모델의 데이터를 사용자에게 렌더링되는 UI 엘리먼트에 바인딩할 수 있다. 24장에서는 다양한 데이터 바인딩 형식에 대해 설명하고 이를 구현해봤다. 데이터 바인딩을 사용하면 사용자에 의해 업데이트된 데이터를 사용자에게 효율적으로 표시할 수 있다.

25장에서 다룰 내용

25장, '내장 지시자'에서는 내장 지시자에 대해 설명한다. 내장 지시자의 정의와 앵귤러 템플릿에 실제 구현하는 방법에 대해 다룰 것이다.

25

내장 지시자

지시자는 앵귤러에서 제공하는 가장 강력한 기능 중 하나다. 지시자는 애플리케이션에 특화된 기능을 갖는 사용자 정의 HTML 엘리먼트, 속성, 클래스를 생성하는 것으로 HTML의 동작을 확장한다. 앵귤러는 폼 엘리먼트와 상호 작용, 컴포넌트 데이터 바인딩, 브라우저의 이벤트와 상호 작용 기능을 포함하는 다양한 내장 지시자를 제공한다.

25장에서는 내장 지시자를 앵귤러 템플릿에서 구현하는 방법에 대해 설명한다. 그리고 앵귤러 템플릿에 지시자를 적용하고 백앤드 컨트롤러에서 신속하게 렌더링된 뷰를 상호 작용하는 애플리케이션으로 빠르게 전환하는 방법에 대해서도 알아본다.

지시자의 이해

지시자는 앵귤러 템플릿 마크업과 타입스크립트 코드의 조합이다. 앵귤러 지시자 마크업은 HTML 속성, 엘리먼트명, CSS 클래스다. 타입스크립트 지시자 코드는 템플릿 데이터와 HTML 엘리먼트의 동작을 정의한다.

앵귤러 컴파일러는 템플릿 DOM을 탐색하고 모든 지시자를 컴파일한다. 그런 다음 새로운 라이브 뷰를 생성하기 위해 지시자와 범위를 결합해 지시자를 연결한다. 생성된 라이브 뷰에는 DOM 엘리먼트와 지시자로 정의된 기능이 포함된다.

내장 지시자 사용

HTML 요소로 구현되는 앵귤러 기능의 대부분은 내장 지시자를 통해 제공된다. 이 지시자는 앵귤러 애플리케이션에 대한 다양한 지원을 제공한다. 다음 절에서는 앵귤러 지시자를 다음 세 가지로 분류해 설명한다.

- **컴포넌트**: 템플릿이 있는 지시자
- **구조**: DOM의 엘리먼트를 조작하는 지시자
- **속성**: DOM 엘리먼트의 동작과 형태를 조작하는 지시자

다음 절에서는 세 가지 형식의 지시자에 대해 설명한다. 당장 모든 지시자를 이해할 필요는 없다. 또한 다음 절에서는 참조할 수 있는 표를 제공하고 이후 장에서 지시자를 사용한 다양한 예제 코드를 보여준다.

컴포넌트 지시자

앵귤러 컴포넌트는 템플릿을 활용하는 구조 지시자의 한 형태다. 컴포넌트는 DOM에 HTML, CSS, 앵귤러 로직을 동적으로 추가하기 위해 HTML 태그로 사용되는 선택자를 생성한다. 이러한 컴포넌트는 앵귤러의 핵심 요소다.

구조 지시자

몇몇 지시자는 동적으로 DOM에서 엘리먼트를 업데이트, 생성, 제거한다. 이러한 지시자를 활용해 애플리케이션의 레이아웃 및 룩앤필을 만든다. 표 25.1은 구조 지시자를 나열하고 각각의 동작과 사용법을 설명한다.

표 25.1 구조 지시자

지시자	설명
ngFor	이 지시자는 반복 객체의 각 아이템에 대한 템플릿의 복제본을 생성하기 위해 사용된다. 다음 예제를 살펴보자. ⟨div *ngFor="let person of people"⟩⟨/div⟩
ngIf	엘리먼트에 이 지시자가 있으면 값이 true를 반환할 때 DOM에 엘리먼트가 추가된다. 값이 false라면 해당 엘리먼트는 DOM에서 제거되고 리소스를 사용할 수 없게 된다. 다음 예제를 살펴보자. ⟨div *ngIf="person"⟩⟨/div⟩

ngSwitch	이 지시자는 전달되는 값을 기반으로 템플릿을 표시한다. ngIf와 마찬가지로 값이 일치하지 않으면 엘리먼트가 생성되지 않는다. 다음 예제를 살펴보자. 〈div [ngSwitch]="timeOfDay"〉 　〈span [ngSwitchCase]="'morning'"〉Morning〈/span〉 　〈span [ngSwitchCase]="'afternoon'"〉Afternoon〈/span〉 　〈span [ngSwitchDefault]="'daytime'"〉Evening〈/span〉
ngSwitch	지시자는 다음에 설명하는 ngSwitchCase, ngSwitchDefault 지시자와 함께 사용된다.
ngSwitchCase	이 지시자는 ngSwitch에 전달된 값에 대해 저장돼 있는 값을 평가해 첨부된 HTML 템플릿의 생성 여부를 결정한다.
ngSwitchDefault	이 지시자는 위의 모든 ngSwitchCase 표현식이 false로 평가되면 HTML 템플릿을 생성한다. 이를 통해 어떤 경우라도 HTML이 생성되도록 할 수 있다.

표 25.1의 지시자는 다양한 코드에서 여러 가지 방식으로 사용된다. 전달된 데이터에 따라 동적으로 DOM을 조작할 수 있다. 구조 지시자는 표현식이나 값을 통해 동적으로 DOM을 조작한다. ngIf와 ngSwitch는 가장 일반적인 구조 지시자다.

ngIf는 값 또는 표현식이 true를 반환하는 경우 HTML을 표시한다. 앵귤러는 * 기호로 ngIf의 위치를 파악한다. 다음은 ngIf 구문의 예제다.

```
<div *ngIf="myFunction(val)" >...</div>
<div *ngIf="myValue" >{{myValue}}</div>
```

> **노트**
>
> ngFor 또한 * 기호를 접두어로 사용해 앵귤러에 위치를 알려주는 지시자다.

ngSwitch는 ngSwitchCase를 사용하며 값 또는 표현식이 true를 반환하면 HTML을 표시한다. ngSwitch는 []로 둘러싸인 단방향 데이터 바인딩 형태로 값을 평가하기 위해 각 ngSwitchCase에 데이터를 전달한다. 다음은 ngSwitch 구문의 예제다.

```
<div [ngSwitch]="time">
  <span *ngSwitchCase="'night'">It's night time </span>
  <span *ngSwitchDefault>It's day time </span>
```

목록 25.1은 내장 구조 지시자가 있는 템플릿을 포함한 앵귤러 컴포넌트다. 여기서 ngIf 지시자는 DOM에서 HTML을 동적으로 추가하고 제거한다. ngSwitch는 ngIf와 동일한 작업을 수행하지만 모두 false를 반환하는 경우에 대한 기본 설정 옵션을 사용한다.

목록 25.1의 6, 7번 줄에서는 HTML의 표시 여부를 결정하기 위해 ngIf를 사용한다.

10번 줄은 전달되는 데이터 길이를 기반으로 HTML을 동적으로 추가하는 ngFor의 확장형 표현이다.

15번 줄은 데이터를 표시하는 ngFor 지시자의 축약형 표현을 사용하며 이 책의 나머지 부분에서는 이 방식을 사용한다.

20~26번 줄은 ngSwitchCase를 사용해 HTML의 표시 여부를 결정한다.

그림 25.1은 렌더링된 웹 페이지를 보여준다. 여기서는 Component 클래스의 문자열을 사용해 템플릿의 내용을 채워 넣고 있다.

목록 25.1 structural.component.ts: 구조적 내장 기능

```
01 import { Component } from '@angular/core';
02
03 @Component({
04   selector: 'app-root',
05   template: `
06     <div *ngIf="condition">condition met></div>
07     <div *ngIf="!condition">condition not met></div>
08     <button (click)="changeCondition()">Change Condition</button>
09     <hr>
10       <ng-template ngFor let-person [ngForOf]="people">
11         <div>name: {{person}}</div>
12       </ng-template>
13     <hr>
14     <h3>Monsters and where they live</h3>
15     <ul *ngFor="let monster of monsters">
16       {{monster.name}}:
17       {{monster.location}}
18     </ul>
19     <hr>
20     <div [ngSwitch]="time">
21       <span *ngSwitchCase="'night'">It's night time
```

```
22        <button (click)="changeDay()">change to day</button>
23      </span>
24      <span *ngSwitchDefault>It's day time
25        <button (click)="changeNight()">change to night</button></span>
26    </div>
27    `
28 })
29 export class AppComponent {
30   condition: boolean = true;
31   changeCondition = function() {
32     this.condition = !this.condition;
33   }
34   changeDay = function() {
35     this.time = 'day';
36   }
37   changeNight = function() {
38     this.time = 'night'
39   }
40   people: string[] = [
41     "Andrew", "Dillon", "Philipe", "Susan"
42   ];
43   monsters = [
44     { name: "Nessie",
45       location: "Loch Ness, Scotland" },
46     { name: "Bigfoot",
47       location: "Pacific Northwest, USA" },
48     { name: "Godzilla",
49       location: "Tokyo, sometimes New York" }
50   ]
51   time: string = 'night';
52 }
```

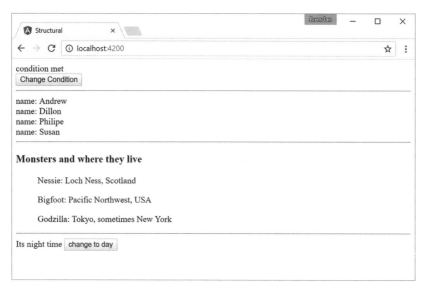

그림 25.1 내장 구조 지시자의 사용

속성 지시자

앵귤러 속성 지시자는 HTML 엘리먼트의 모양과 동작을 변경한다. 이 지시자는 HTML에 직접 삽입돼 HTML 세그먼트와 사용자의 상호 작용 방식을 동적으로 변경한다. 속성 지시자는 보통의 HTML 속성처럼 보이기 때문에 이름을 지정한다. 이 책 전체를 통해 ngModel 속성 지시자가 사용되고 있으며 이 지시자는 표시되는 값을 바꿔 엘리먼트를 변경한다.

표 25.2는 속성 지시자를 나열하고 동작과 사용법을 설명한다.

표 25.2 속성 지시자

지시자	설명
ngModel	이 지시자는 변수의 변경 사항을 감시해 해당 변경에 따라 값을 표시한다. 다음 예제를 살펴보자. ⟨input [(ngModel)]="text"⟩⟨br⟩ ⟨h1⟩{{text}}⟨/h1⟩
ngForm	이 지시자는 폼 그룹을 만들고 해당 폼 그룹 내의 값과 유효성을 추적할 수 있도록 만든다. ngSubmit을 사용해 폼 데이터를 객체로 해 제출 이벤트에 전달한다. 다음 예제를 살펴보자. ⟨form #formName="ngForm" (ngSubmit)="onSubmit(formName)"⟩ ⟨/form⟩
ngStyle	이 지시자는 HTML 엘리먼트의 스타일을 업데이트한다.

표 25.2의 지시자는 다양한 코드에서 여러 가지 방식으로 사용되며 애플리케이션의 동작을 조작할 수 있다. 다음은 시뮬레이션된 데이터베이스에 데이터를 제출하는 폼을 작성하기 위해 내장 속성 지시자를 사용하는 예제다.

목록 25.2는 앵귤러 컴포넌트다. 9~14번 줄은 애플리케이션 전체에서 사용될 변수의 기본 값을 설정한다. 또한 15~17번 줄은 isDisabled의 불린 값을 토글하는 enabler 메서드를 정의한다. 18~30번 줄은 이벤트 타깃에서 selectedClass 배열로 값을 넣어주는 addClass 메서드를 정의한다.

목록 25.3은 ngModel, ngClass, ngStyle, ngForm을 사용해 HTML 템플릿의 모양과 동작을 수정하는 앵귤러 템플릿 파일이다. 7~12번 줄은 속성 컴포넌트의 color 변수에 색상을 지정하는 HTML 선택 엘리먼트를 생성한다. 14~18번 줄은 change 이벤트로 addClass 메서드를 호출하고 이벤트 객체를 전달하는 HTML 선택 엘리먼트를 생성한다. 27~30번 줄은 ngClass, ngStyle 지시자를 사용해 동적으로 엘리먼트 모양을 변경하는 컴포넌트 변수의 출력을 표시한다.

목록 25.4의 코드는 애플리케이션의 스타일을 설정하는 컴포넌트의 CSS 파일이다.

그림 25.2는 렌더링된 웹 페이지를 보여준다. 여기서는 Component 클래스의 문자열을 사용해 템플릿의 내용을 채워넣고 있다.

목록 25.2 attribute.component.ts: 앵귤러 폼을 생성하고 관리하는 컴포넌트

```
01 import { Component } from '@angular/core';
02
03 @Component({
04   selector: 'app-root',
05   templateUrl: './attribute.component.html',
06   styleUrls: ['./attribute.component.css']
07 })
08 export class AppComponent {
09   colors: string[] = ["red", "blue", "green", "yellow"];
10   name: string;
11   color: string = 'color';
12   isDisabled: boolean = true;
13   classes:string[] = ['bold', 'italic', 'highlight'];
14   selectedClass:string[] = [];
15   enabler() {
```

```
16     this.isDisabled = !this.isDisabled;
17   }
18   addClass(event: any) {
19     this.selectedClass = [];
20     var values = event.target.options;
21     var opt: any;
22
23     for (var i=0, iLen = values.length; i<iLen; i++) {
24       opt = values[i];
25
26       if (opt.selected) {
27         this.selectedClass.push(opt.text);
28       }
29     }
30   }
31 }
```

목록 25.3 attribute.component.html: 속성 컴포넌트에 대한 앵귤러 템플릿

```
01 <form>
02   <span>name: </span>
03   <input name="name" [(ngModel)]="name">
04   <br>
05   <span>color:</span>
06   <input type="checkbox" (click)="enabler()">
07   <select #optionColor [(ngModel)]="color" name="color"
08     [disabled]="isDisabled">
09     <option *ngFor="let color of colors" [value]="color">
10       {{color}}
11     </option>
12   </select><hr>
13   <span>Change Class</span><br>
14   <select #classOption multiple name="styles" (change)="addClass($event)">
15     <option *ngFor="let class of classes" [value]="class" >
16       {{class}}
17     </option>
18   </select><br>
19   <span>
```

```
20      press and hold control/command
21      <br>
22      to select multiple options
23    </span>
24  </form>
25  <hr>
26  <span>Name: {{name}}</span><br>
27  <span [ngClass]="selectedClass"
28    [ngStyle]="{'color': optionColor.value}">
29    color: {{optionColor.value}}
30  </span><br>
```

목록 25.4 attribute.component.css: 애플리케이션에 스타일을 적용하는 CSS 파일

```
01 .bold {
02   font-weight: bold;
03 }
04 .italic {
05   font-style: italic;
06 }
07 .highlight {
08   background-color: lightblue;
09 }
```

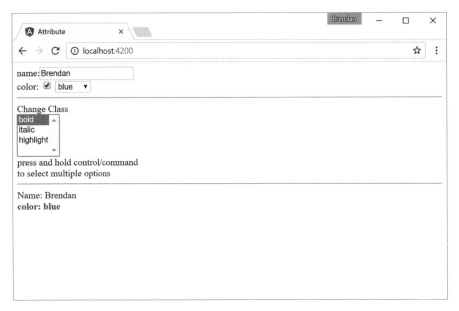

그림 25.2 속성 지시자를 적용해 DOM의 동작을 변경하는 다양한 방법을 보여주는 앵귤러 애플리케이션

요약

앵귤러는 적은 코드로 애플리케이션의 룩앤필, 동작을 조작하는 기능을 제공하는 많은 내장 지시자를 갖고 있다. 25장에서는 이러한 내장 지시자 중 일부에 대해 알아보고 사용법을 설명하는 예제를 살펴봤다.

26장에서 다룰 내용

25장에서 내장 지시자에 대해 배웠다면 26장, '사용자 정의 지시자'에서는 사용자 정의 지시자와 앵귤러에서 이러한 지시자를 구현하는 방법에 대해 알아본다.

고급 앵귤러 학습하기

사용자 정의 지시자

앵귤러의 다른 많은 기능과 마찬가지로 사용자 정의 지시자를 만들어 기능을 확장할 수 있다. 사용자 정의 지시자를 사용하면 엘리먼트의 동작을 직접 구현해 HTML의 기능을 확장할 수 있다. 코드에서 DOM을 조작해야 한다면 사용자 정의 지시자 내부에서 수행해야 한다.

컴포넌트의 정의와 비슷하게 @directive 클래스를 호출해 사용자 정의 지시자를 구현한다. @directive 클래스 메타데이터에는 HTML에서 사용될 지시자의 선택자가 포함돼야 한다. Directive 내보내기 클래스에는 지시자의 로직이 위치한다. 예를 들어 다음은 지시자에 대한 기본 정의다.

```
import { Directive } from '@angular/core';
@Directive({
    selector: '[myDirective]'
})
export class myDirective { }
```

사용자 정의 속성 지시자 생성

사용자 정의 지시자의 형식은 수에 제한 없이 정의할 수 있기 때문에 앵귤러는 뛰어난 확장성을 갖는다. 사용자 정의 지시자는 앵귤러에서 설명하기 가장 복잡한 부분이다. 구현 방법을 이해할 수 있도록 상호 작용하는 몇 가지 사용자 정의 지시자의 예를 보여주는 것으로 시작해본다.

이번 절에서는 사용자 정의 속성 지시자를 구현하는 방법을 보여준다. 이 예제에서 만든 zoom 지시자는 적용되는 이미지에 사용자 정의 기능을 추가하도록 설계됐다. 이 지시자를 적용하면 마우스 휠로 이미지를 스크롤해 엘리먼트의 크기를 늘리거나 줄일 수 있다.

목록 26.1은 줌 컴포넌트로 이미지 목록을 표시한다. 여기의 이미지에는 확대/축소 지시자가 적용돼 마우스 스크롤 이벤트로 각 이미지의 크기를 늘리거나 줄일 수 있다.

목록 26.2는 줌 지시자로 zoom 선택자를 포함한다. 이 지시어는 @angular/core에서 Directive, ElementRef, HostListener, Input, Renderer를 가져와 지시자에게 필요한 기능을 제공한다.

목록 26.2의 10~12번 줄은 마우스 커서가 엘리먼트에 진입하는 것을 감지하며 진입한 경우 경계에 엘리먼트를 적용해 border() 함수로 지시자가 활성화됐음을 사용자에게 알린다.

14~16번 줄은 커서가 엘리먼트를 벗어날 때 사용자에게 지시자가 비활성화됐음을 알리기 위해 경계를 제거한다.

17~26번 줄은 마우스 휠의 동작을 기다린다. 휠이 스크롤되는 방향에 따라 changeSize() 함수를 사용해 요소의 크기를 조절한다.

27~31번 줄은 border() 함수를 정의한다. 이 함수는 3개의 매개변수를 받아 이를 호스트 엘리먼트의 스타일에 적용한다.

32~36번 줄은 호스트 엘리먼트의 크기를 조절하는 changeSize() 함수를 정의한다.

목록 26.3은 zoom.component.ts의 HTML 파일이다. 이미지로 된 라인을 생성하고 각 이미지에 줌 지시자를 적용한다.

목록 26.4는 zoom.component.ts의 스타일이다. 초기에는 이미지의 높이가 200px로 설정돼, 이미지의 해상도가 높아도 렌더링되지 않는다.

목록 26.1~목록 26.4의 결과 웹 페이지 화면은 그림 26.1과 같이 나타난다.

목록 26.1 zoom.component.ts: 구조 지시자

```
01 import { Component } from '@angular/core';
02
03 @Component({
04     selector: 'app-root',
05     templateUrl: './app.component.html',
06     styleUrls: ['./app.component.css']
```

```
07 })
08 export class AppComponent {
09   images: string[] = [
10     '../assets/images/jump.jpg',
11     '../assets/images/flower2.jpg',
12     '../assets/images/cliff.jpg'
13   ]
14 }
```

목록 26.2 zoom.directive.ts: 사용자 정의 속성 지시자

```
01 import { Directive, ElementRef, HostListener, Input, Renderer }
02   from '@angular/core';
03 @Directive({
04   selector: '[zoom]'
05 })
06
07 export class ZoomDirective {
08   constructor(private el: ElementRef, private renderer: Renderer) { }
09
10   @HostListener('mouseenter') onMouseEnter() {
11     this.border('lime', 'solid', '5px');
12   }
13
14   @HostListener('mouseleave') onMouseLeave() {
15     this.border();
16   }
17   @HostListener('wheel', ['$event']) onWheel(event: any) {
18     event.preventDefault();
19     if(event.deltaY > 0){
20       this.changeSize(-25);
21     }
22     if(event.deltaY < 0){
23       this.changeSize(25);
24     }
25   }
26   private border(
27     color: string = null,
```

```
28      type: string = null,
29      width: string = null
30      ){
31        this.renderer.setElementStyle(
32          this.el.nativeElement, 'border-color', color);
33        this.renderer.setElementStyle(
34          this.el.nativeElement, 'border-style', type);
35        this.renderer.setElementStyle(
36          this.el.nativeElement, 'border-width', width);
37    }
38    private changeSize(sizechange: any){
39      let height: any = this.el.nativeElement.offsetHeight;
40      let newHeight: any = height + sizechange;
41      this.renderer.setElementStyle(
42      this.el.nativeElement, 'height', newHeight + 'px');
43    }
44 }
```

목록 26.3 app.component.html: 줌 지시자를 사용하는 HTML 파일

```
01 <h1>
02    Attribute Directive
03 </h1>
04 <span *ngFor="let image of images">
05    <img zoom src="{{image}}" />
06 </span>
```

목록 26.4 app.component.css: 이미지 높이를 설정하는 CSS 파일

```
01 img {
02    height: 200px;
03 }
```

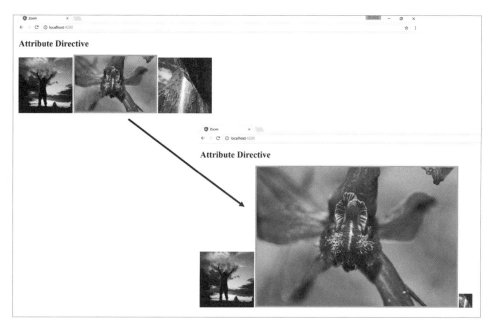

그림 26.1 사용자 정의 속성 지시자 적용

컴포넌트로 사용자 정의 지시자 생성

앵귤러 컴포넌트 역시 지시자의 한 형식이다. 컴포넌트는 HTML 템플릿을 사용해 뷰를 생성한다는 점에서 지시자와 다르다. 하지만 아래의 컴포넌트는 지시자일 뿐이므로 HTML 엘리먼트에 적용돼 사용자 정의 기능을 추가할 수 있다.

앵귤러에는 내장 지시자로 ng-content를 제공한다. 이 지시자를 사용하면 앵귤러가 지시문을 사용하는 두 엘리먼트 태그 사이의 기존 HTML을 받아 컴포넌트 템플릿 내에서 해당 HTML을 사용할 수 있다. ng-content의 구문은 다음과 같다.

```
<ng-content></ng-content>
```

이번 절의 예제는 컴포넌트를 사용자 정의 지시자로 사용해 템플릿을 포함하는 엘리먼트의 모양을 변경하는 방법을 보여준다.

이번 예제는 적용 대상 엘리먼트에 "container"으로 둘러쌓인 HTML 템플릿을 추가하도록 디자인된 사용자 정의 지시자 컨테이너를 구현한다. 이 지시자에는 호스트 엘리먼트에 설명과 제목을 제공할 수 있는 2개의 입력이 있다.

목록 26.5는 다양한 HTML 앨리먼트를 표시하는 루트 컴포넌트다. 여기의 엘리먼트에는 컨테이너 지시자가 적용됐고 제목이 있는 머리글과 설명이 포함돼 있는 바닥글 그리고 각 엘리먼트의 테두리가 추가된다.

목록 26.5 app.component.ts: 루트 컴포넌트

```
01 import { Component } from '@angular/core';
02
03 @Component({
04   selector: 'app-root',
05   templateUrl: './app.component.html',
06   styleUrls: ['./app.component.css'],
07 })
08 export class AppComponent {
09
10   images: any = [
11     {
12       src: "../assets/images/angelsLanding.jpg",
13       title: "Angels Landing",
14       description: "A natural wonder in Zion National Park Utah, USA"
15     },
16     {
17       src: "../assets/images/pyramid.JPG",
18       title: "Tikal",
19       description: "Mayan Ruins, Tikal Guatemala"
20     },
21     {
22       src: "../assets/images/sunset.JPG"
23     },
24   ]
25 }
```

목록 26.6은 루트 컴포넌트의 HTML이다. 이 코드는 image, div 및 p와 같은 다양한 형식의 엘리먼트를 생성하고 컨테이너 지시자를 적용한다.

목록 26.6 app.component.html: 루트 컴포넌트의 HTML

```
01 <span *ngFor="let image of images" container title="{{image.title}}"
02   description="{{image.description}}">
03   <img src="{{image.src}}"  />
04 </span>
05 <span container>
06   <p>Lorem ipsum dolor sit amet, consectetur adipiscing elit,
07     sed do eiusmod tempor incididunt ut labore </p>
08 </span>
09 <span container>
10   <div class="diver">
11   </div>
12 </span>
```

목록 26.7은 루트 컴포넌트의 CSS다. 이미지의 크기를 작게 유지하기 위해 최대 이미지 높이를 설정한다. 또한 diver 클래스의 기본 스타일을 설정해 사용자에게 보이게 한다.

목록 26.7 app.component.css: 루트 컴포넌트의 CSS

```
01 img{ height: 300px; }
02 p{ color: red }
03 .diver{
04   background-color: forestgreen;
05   height: 300px;
06   width: 300px;
07 }
```

목록 26.8은 컨테이너 지시자container directive다. 이 지시자에는 선택자 container와 입력 title 및 description를 포함한다. 이 지시자는 @angular/core에서 Directive, Input, Ouput을 가져와 지시자가 필요한 기능을 제공한다. 9번과 10번 줄에서는 입력 title과 description을 생성한다.

목록 26.8 container.component.ts: 컨테이너를 정의하는 컴포넌트

```
01 import { Component, Input, Output } from '@angular/core';
02
03 @Component({
04   selector: '[container]',
05   templateUrl: './container.component.html',
06   styleUrls: ['./container.component.css']
07 })
08 export class ContainerComponent {
09   @Input() title: string;
10   @Input() description: string;
11 }
```

목록 26.9는 컨테이너 지시어의 HTML이다. 2~4번 줄은 컨테이너의 제목 표시줄을 생성하고, 5~7번 줄은 콘텐트 속성 지시자를 적용한다. ng-content는 플레이스 홀더의 역할을 해목록 26.8의 컨테이너 컴포넌트의 템플릿으로 대체된다. 8~10번 줄은 컨테이너 컴포넌트에 대한 설명 표시줄을 생성한다.

목록 26.9 container.component.html: 컨테이너 컴포넌트의 HTML

```
01 <div class="sticky">
02   <div class="title" >
03     {{ title }}
04   </div>
05   <div class="content">
06     <ng-content></ng-content>
07   </div>
08   <div class="description">
09     {{ description }}
10   </div>
11 </div>
```

목록 26.10은 컨테이너 컴포넌트의 CSS다. 이 파일은 컨테이너 컴포넌트의 테두리, 제목 표시줄 및 설명 표시줄에 제공되는 CSS를 설정한다.

목록 26.10 container.component.css: 컨테이너 컴포넌트의 CSS

```
01 .title {
02   color: white;
03   background-color: dimgrey;
04   padding: 10px;
05 }
06 .content {
07   text-align: center;
08   margin: 0px;
09 }
10 .description {
11   color: red;
12   background-color: lightgray;
13   margin-top: -4px;
14   padding: 10px;
15 }
16 .sticky {
17   display: inline-block;
18   padding: 0px;
19   margin: 15px;
20   border-left: dimgrey 3px solid;
21   border-right: dimgrey 3px solid;
22 }
```

그림 26.2는 목록 26.5~목록 26.10까지의 결과를 보여주는 웹 페이지다.

그림 26.2 사용자 정의 컴포넌트 지시자

요약

앵귤러 지시자는 HTML의 동작을 확장한다. 지시자는 HTML 엘리먼트, 속성, 클래스로 앵귤러 템플릿에 적용된다. 지시자의 기능은 @directive 클래스에 정의돼 있다. 앵귤러는 폼 엘리먼트와 상호 작용해 데이터를 바인딩하며 브라우저 이벤트와 상호 작용하는 몇 가지 내장 지시자를 제공한다. 예를 들어 ngModel은 폼 엘리먼트의 값을 직접 컴포넌트에 바인딩한다. 컴포넌트의 값이 변경되면 엘리먼트로 표시되는 값이 변경되며 그 반대의 경우도 이와 마찬가지로 동작한다.

앵귤러의 가장 강력한 기능 중 하나는 사용자 정의 지시자를 생성하는 것이다. @directive 클래스를 사용하면 코드 내에서 사용자 정의 지시자를 간단하게 구현할 수 있다. 하지만 지시자는 구현할 수 있는 방법이 무수히 많으므로 복잡한 느낌이 들 수도 있다.

27장에서 다룰 내용

27장, '이벤트와 변경 감지'에서는 이벤트와 옵서버블^{observables}을 사용해 앵귤러 컴포넌트에서 감지된 변경 내용을 처리하는 방법을 다룬다. 또한 사용자 정의 이벤트를 생성, 방출 및 처리하는 방법에 대해서도 알아본다.

이벤트와 변경 감지

앵귤러에는 응답을 처리하기 위해 앵귤러 데이터 바인딩을 사용해 HTML 이벤트를 확장한 강력한 브라우저 이벤트가 있다. 24장 '데이터 바인딩'의 '이벤트 바인딩' 절에서 내장 앵귤러 이벤트 중 일부를 다뤘다. 27장에서는 내장 이벤트, 사용자 정의 이벤트, 앵귤러 애플리케이션에서의 이벤트 처리에 대해 설명한다.

브라우저 이벤트 사용하기

앵귤러에서 내장 이벤트를 사용하면 데이터 바인딩과 같이 동작한다. 이벤트 명을 ( )에 래핑하면 앵귤러가 바인딩될 이벤트를 알 수 있다. 이 이벤트에 이어서 데이터 조작에 사용될 명령문이 온다. 다음은 내장 이벤트 구문 예제다.

```
<input type="text" (change)="myEventHandler($event)" />
```

표 27.1은 일부 HTML 이벤트에 대한 설명 및 앵귤러에 대응 목록이 나열돼 있다.

표 27.1 HTML 이벤트에 대한 앵귤러 구문 및 설명

HTML 이벤트	앵귤러 구문	설명
onclick	(click)	HTML 엘리먼트가 클릭되면 발생하는 이벤트
onchange	(change)	HTML 엘리먼트의 값이 변경되면 발생하는 이벤트
onfocus	(focus)	HTML 엘리먼트가 선택되면 발생하는 이벤트
onsubmit	(submit)	폼이 제출되면 발생하는 이벤트

(이어짐)

onkeyup, onkeydown, onkeypress	(keyup), (keydown), (keypress)	키보드의 키가 눌리면 발생하는 이벤트
onmouseover	(mouseover)	HTML 엘리먼트 위로 커서가 이동하면 발생하는 이벤트

여기의 이벤트 중 일부는 26장, '사용자 정의 지시자'에서 사용한 기억이 있을 것이다. 앵귤러 구문은 단방향 데이터 바인딩을 사용하며 각 이벤트 주변에서 ( )를 사용해 이벤트에 대한 정보를 컴포넌트로 전달한다는 것에 주목하자.

사용자 정의 이벤트 방출

컴포넌트의 가장 큰 특징은 컴포넌트 계층 내에서 이벤트를 방출할 수 있다는 점이다. 이벤트로 이벤트가 발생했다는 것을 알리기 위해 애플리케이션 내부에 다양한 수준의 알림을 전달할 수 있다. 이벤트는 값의 변경이나 임곗값의 도달과 같이 사용자에 의해 선택할 수 있다. 이는 부모 컴포넌트의 값이 변경됐을 때 자식 컴포넌트에 이를 알려주는 경우나 그 반대의 경우에 매우 유용하다.

상위 컴포넌트 계층 구조에 사용자 정의 이벤트 방출하기

컴포넌트에서 이벤트를 방출하기 위해 EventEmitter 클래스를 사용한다. 이 클래스에는 상위 컴포넌트 계층 구조를 통해 위쪽으로 이벤트를 보내는 emit( ) 메서드가 있다. 이벤트가 등록된 모든 조상 컴포넌트에 이벤트가 전달된다. emit( ) 메서드는 다음 구문을 사용하며 여기서 name은 이벤트명, args는 비워두거나 이벤트 핸들러 함수에 전달할 인수다.

```
@Output( ) name: EventEmitter<any> = new EventEmitter( );
myFunction( ){
  this.name.emit(args);
}
```

리스너를 사용한 사용자 정의 이벤트 처리

방출되는 이벤트를 처리하려면 앵귤러에서 제공하는 내장 이벤트와 유사한 구문을 사용해야 한다. 이벤트 핸들러 메서드는 다음 구문을 사용하며 여기서 name은 수신 대기할 이벤트명이고 event는 EventEmitter에서 전달된 값이다.

```
<div (name)="handlerMethod(event)">
```

중첩 컴포넌트에서의 사용자 정의 이벤트 구현

목록 27.1~목록 27.3은 EventEmitter, Output, emit, 이벤트 핸들러를 사용해 컴포넌트 계층에서 이벤트를 보내고 처리하는 방법을 보여준다.

목록 27.1은 자식 컴포넌트의 사용자 정의 이벤트를 사용해 부모 컴포넌트의 변수에 데이터를 전달하는 사용자 정의 이벤트 컴포넌트다. 9~11번 줄은 이벤트를 받아 변수 텍스트에 적용하는 사용자 정의 이벤트 핸들러를 구현한다.

목록 27.2의 1번 줄은 사용자 정의 이벤트 myCustomEvent를 구현하며 컴포넌트 메서드 eventHandler에 해당 이벤트를 전달한다. eventHandler 메서드는 방출된 값을 받아 변수 text에 값을 할당한다. 변수 text는 3번 줄에서 출력된다.

목록 27.3의 1번 줄은 컴포넌트 내에서 사용되는 Output과 EventEmitter를 @angular/core에서 가져온다. 15번 줄에서는 Output, EventEmitter를 사용해 사용자 정의 이벤트 myCustomEvent를 작성한다. 19과 24번 줄은 모두 이벤트를 방출하고 변수 메시지를 부모 컴포넌트로 전달한다.

그림 27.1은 렌더링된 웹 페이지를 보여준다.

목록 27.1 customevent.component.ts: 이벤트 핸들러가 있는 메인 컴포넌트

```
01 import { Component } from '@angular/core';
02
03 @Component({
04   selector: 'app-root',
05   templateUrl: 'customevent.component.html'
06 })
07 export class AppComponent {
08   text: string = '';
09   eventHandler(event: any){
10     this.text = event;
11   }
```

```
12
13 }
```

목록 27.2 customevent.component.html: 사용자 정의 이벤트를 구현하는 HTML

```
01 <child (myCustomEvent)="eventHandler($event)"></child>
02 <hr *ngIf="text">
03 {{text}}
```

목록 27.3 child.component.ts: 이벤트를 방출하는 자식 컴포넌트

```
01 import { Component, Output, EventEmitter } from '@angular/core';
02
03 @Component({
04   selector: 'child',
05   template: `
06     <button (click)="clicked()" (mouseleave)="mouseleave()">
07       Click Me
08     </button>
09   `,
10   styleUrls: ['child.component.css']
11 })
12 export class ChildComponent {
13   private message = "";
14
15   @Output() myCustomEvent: EventEmitter<any> = new EventEmitter();
16
17   clicked() {
18     this.message = "You've made a custom event";
19     this.myCustomEvent.emit(this.message);
20   }
21
22   mouseleave(){
23     this.message = "";
24     this.myCustomEvent.emit(this.message);
25   }
26 }
```

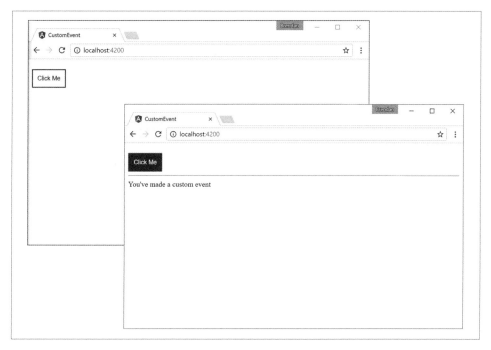

그림 27.1 사용자 정의 이벤트 생성

자식 컴포넌트에서 부모 컴포넌트의 데이터 삭제하기

목록 27.4~목록 27.9는 EventEmitter, input, Output, emit, 이벤트 핸들러를 사용해 컴포넌트 계층으로 이벤트를 보내고 처리하는 방법을 보여준다.

목록 27.4는 사용자 정의 이벤트를 통해 조작되는 문자 목록을 생성하는 컴포넌트다. 21번 줄의 selectCharacter( ) 함수는 문자의 값을 변경하는 이벤트 핸들러이며 details 컴포넌트로 전달된다.

목록 27.5의 9번 줄은 CharacterDeleted 사용자 정의 이벤트를 구현하며 이 이벤트는 이벤트를 취하는 deleteChar( ) 메서드를 호출한다. Character 속성에서 캐릭터명을 제거하는 CharacterDeleted 이벤트에 대한 핸들러를 구현한다. 목록 27.7의 14번 줄에서 자식 컴포넌트는 emit( ) 메서드를 통해 이 이벤트를 내보낸다.

목록 27.7의 10번 줄은 부모로부터 데이터를 가져오는 문자 입력을 생성한다. 11번 줄은 CharacterDeleted EventEmitter를 생성하며 이 EventEmitter는 14번 줄에서 처리될 문자 데이터를 부모로 돌려보내는 데 사용된다.

목록 27.8의 8번 줄은 deleteChar( ) 메서드를 호출하고 41번 줄의 EventEmitter를 활성화 해 문자 데이터를 부모 컴포넌트로 다시 보낸다.

그림 27.2는 렌더링된 웹 페이지를 보여준다.

목록 27.4 character.component.ts: 중첩 컴포넌트로 데이터를 내려보내는 메인 컴포넌트

```
01 import { Component } from '@angular/core';
02
03 @Component({
04   selector: 'app-root',
05   templateUrl: './character.component.html',
06   styleUrls: ['./character.component.css']
07 })
08 export class AppComponent {
09   character = null;
10
11   characters = [{name: 'Frodo', weapon: 'Sting',
12                         race: 'Hobbit'},
13                 {name: 'Aragorn', weapon: 'Sword',
14                         race: 'Man'},
15                 {name:'Legolas', weapon: 'Bow',
16                         race: 'Elf'},
17                 {name: 'Gimli', weapon: 'Axe',
18                         race: 'Dwarf'}
19   ]
20
21   selectCharacter(character){
22     this.character = character;
23   }
24   deleteChar(event){
25     var index = this.characters.indexOf(event);
26     if(index > -1) {
27       this.characters.splice(index, 1);
28     }
```

```
29    this.character = null;
30  }
31
32 }
```

목록 27.5 character.component.html: 사용자 정의 이벤트를 구현한 HTML

```
01 <h2>Custom Events in Nested Components</h2>
02 <div *ngFor="let character of characters">
03   <div class="char" (click)="selectCharacter(character)">
04     {{character.name}}
05   </div>
06 </div>
07 <app-character
08   [character]="character"
09   (CharacterDeleted)="deleteChar($event)">
10 </app-character>
```

목록 27.6 character.component.css: Character 컴포넌트를 위한 스타일

```
01 .char{
02   padding: 5px;
03   border: 2px solid forestgreen;
04   margin: 5px;
05   border-radius: 10px;
06   cursor: pointer;
07 }
08 .char:hover{
09   background-color: lightgrey;
10 }
11 body{
12   text-align: center;
13 }
```

596

details.component.ts: A Details Component That Emits a Delete Event

```
01 import { Component, Output, Input, EventEmitter } from '@angular/core';
02
03 @Component({
04   selector: 'app-character',
05   templateUrl: './details.component.html',
06   styleUrls: ['./details.component.css']
07 })
08 export class DetailsComponent {
09
10   @Input('character') character: any;
11   @Output() CharacterDeleted  = new EventEmitter<any>();
12
13   deleteChar(){
14     this.CharacterDeleted.emit(this.character);
15   }
16
17 }
```

목록 27.8 details.component.html: 삭제 이벤트를 발생시키는 HTML

```
01 <div>
02   <div *ngIf="character">
03     <h2>Character Details</h2>
04     <div class="cInfo">
05       <b>Name: </b>{{character.name}}<br>
06       <b>Race: </b>{{character.race}}<br>
07       <b>Weapon: </b>{{character.weapon}}<br>
08       <button (click)="deleteChar()">Delete</button>
09     </div>
10   </div>
11 </div>
```

목록 27.9 details.component.css: Details 컴포넌트를 위한 스타일

```
01 div{
02   display: block;
03 }
04 .cInfo{
05   border: 1px solid blue;
06   text-align: center;
07   padding: 10px;
08   border-radius: 10px;
09 }
10 h2{
11   text-align: center;
12 }
13 button{
14   cursor: pointer;
15 }
```

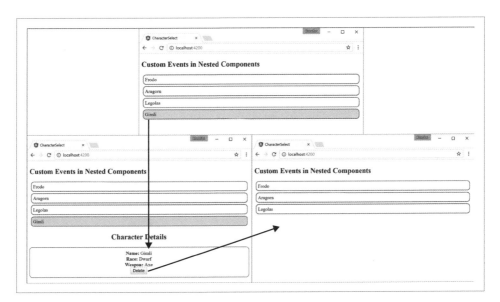

그림 27.2 렌더링된 웹 페이지

옵서버블의 사용

옵서버블은 컴포넌트가 사용자의 입력이나 서버로부터 전송되는 데이터와 같이 비동기적으로 변경되는 데이터를 관찰할 수 있는 방법을 제공한다. 기본적으로 옵서버블로 시간 경과에 따라 변경된 값을 볼 수 있다. 단일 값을 반환하는 자바스크립트의 프로미스와 달리 옵서버블은 값 배열을 반환할 수 있다. 이 값 배열이 한 번에 모두 수신될 필요가 없다는 점은 옵서버블을 더욱 강력하게 만든다.

옵서버블 객체 생성

rxjs/observable에서 Observable을 가져와 컴포넌트 내에서 사용한다. 이후에는 다음 구문을 사용해 옵서버블 객체를 만들 수 있다. 여기서 name은 옵서버블명이다.

```
private name: Observable<Array<number>>;
```

옵서버블 객체를 생성해 이를 구독하는 것이 가능하고 컴포넌트의 나머지 부분에서 옵서버블 데이터를 사용할 수 있다. 이러한 과정은 옵서버블 구현과 구독 메서드의 사용으로 나눌 수 있다. 다음은 옵서버블의 기본 예제다.

```
01 private name: Observable<Array<number>>;
02 ngOnInit(){
03   this.name = new Observable(observer => {
04     observer.next("my observable")
05     observer.complete();
06   }
07   Let subscribe = this.name.subscribe(
08     data => { console.log(data) },
09     Error => { errorHandler(Error) },
10     () => { final() }
11   );
12   subscribe.unsubscribe();
13 }
```

3~6번 줄은 옵서버블의 name을 observer로 인스턴스화해 이를 구독 가능하도록 해준다. 4번 줄은 데이터를 옵서버블로 전달하기 위해 observer에서 next 메서드를 사용한다. 5번 줄

은 옵서버블의 연결을 닫기 위해 observer에서 complete 메서드를 사용한다.

옵서버블에 대한 구독은 7~11번 줄까지 발생하며 이 구독에는 세 가지 콜백 함수가 있다. 첫 번째는 구독을 통해 데이터가 성공적으로 수신될 때 호출된다. 두 번째는 구독이 실패할 때 호출되는 에러 핸들러다. 마지막으로 세 번째는 구독이 성공하거나 실패하거나 구독이 완료될 때 실행되는 코드다.

8번 줄에서 구독으로 데이터가 성공적으로 수신되면 데이터가 console.log 함수로 전달된다. 9번 줄은 errorHandler 함수를 호출하고 10번 줄은 final( )을 호출한다.

옵서버블로 데이터 변경 관찰하기

목록 27.10과 목록 27.11은 옵서버블을 사용해 데이터 변경을 관찰하는 방법을 보여준다. 이번 절의 예제는 옵서버블을 사용해 데이터 변경 사항을 관찰해 해당 데이터를 DOM에 표시한다.

목록 27.10은 애플리케이션의 컴포넌트다. 이 컴포넌트는 pass와 run 옵서버블 객체를 생성한다. 이 옵서버블은 0에서 30 사이의 난수를 얻어 2개의 팀 합계 거리가 1,000 이상이 될 때까지 무작위로 각 숫자를 제공하는 함수를 갖는다.

목록 27.10에서 11, 12번 줄은 pass와 run 옵서버블을 선언한다. 이 옵서버블 객체는 컴포넌트가 초기화되면서 실행되는 ngOnInit 함수 내부에서 초기화돼 구독된다.

옵서버블 pass는 18~20번 줄에서 초기화되고 run은 27, 28번 줄에서 초기화된다. 일단 초기화되면 pass와 run 모두 43~52번 줄까지의 함수 playLoop을 사용한다. playLoop은 팀을 결정하기 위한 0과 1 사이의 임의의 값과 0에서 29 사이의 임의의 거리값을 포함한 객체를 생성해 전달한다. 각 옵서버블은 팀을 인식해 해당 팀의 패스 거리나 러닝 거리에 해당 거리 값을 적용한다.

57~59번 줄은 애플리케이션의 나머지 부분에서 거리, 팀, 타임아웃 함수에 대한 임의의 수를 생성하는 데 사용할 난수 생성기를 만든다.

목록 27.11은 이번 예제의 HTML 파일이다. 여기에는 세 가지 주요 부분이 있다. 3~5번 줄은 한 팀에 대한 거리 데이터를 보여준다. 8~10번 줄은 상대 팀에 대한 동일한 내용을 수행한다. 11번 줄은 두 팀 거리의 조합을 보여준다.

그림 27.3은 렌더링된 웹 페이지를 보여준다.

목록 27.10 observable.component.ts: 데이터 변경을 감지하기 위한 옵서버블

```
01 import { Component, OnInit } from '@angular/core';
02 import { Observable } from 'rxjs';
03 import { Subscription } from 'rxjs';
04 @Component({
05   selector: 'app-root',
06   templateUrl: "./observable.component.html",
07   styleUrls: ['./app.component.css']
08 })
09 export class AppComponent implements OnInit {
10   combinedTotal:number = 0;
11   private pass: Observable<any>;
12   private run: Observable<any>;
13   teams = [];
14   ngOnInit(){
15     this.teams.push({passing:0, running:0, total:0});
16     this.teams.push({passing:0, running:0, total:0});
17     // 전달부분
18     this.pass = new Observable(observer => {
19       this.playLoop(observer);
20     });
21     this.pass.subscribe(
22       data => {
23         this.teams[data.team].passing += data.yards;
24         this.addTotal(data.team, data.yards);
25     });
26     // 실행 부분
27     this.run = new Observable(observer => {
28       this.playLoop(observer);
29     });
30     this.run.subscribe(
31       data => {
32         this.teams[data.team].running += data.yards;
33         this.addTotal(data.team, data.yards);
34     });
35     // 결합 부분
36     this.pass.subscribe(
37       data => { this.combinedTotal += data.yards;
```

```
38      });
39    this.run.subscribe(
40      data => { this.combinedTotal += data.yards;
41    });
42  }
43  playLoop(observer){
44    var time = this.getRandom(500, 2000);
45    setTimeout(() => {
46      observer.next(
47        { team: this.getRandom(0,2),
48          yards: this.getRandom(0,30)});
49      if(this.combinedTotal < 1000){
50        this.playLoop(observer);
51      }
52    }, time);
53  }
54  addTotal(team, yards){
55    this.teams[team].total += yards;
56  }
57  getRandom(min, max) {
58    return Math.floor(Math.random() * (max - min)) + min;
59  }
60 }
```

목록 27.11 observable.component.html: 컴포넌트의 템플릿 파일

```
01 <div>
02   Team 1 Yards:<br>
03   Passing: {{teams[0].passing}}<br>
04   Running: {{teams[0].running}}<br>
05   Total: {{teams[0].total}}<br>
06   <hr>
07   Team 2 Yards:<br>
08   Passing: {{teams[1].passing}}<br>
09   Running: {{teams[1].running}}<br>
10   Total: {{teams[1].total}}<hr>
11   Combined Total: {{combinedTotal}}
12 </div>
```

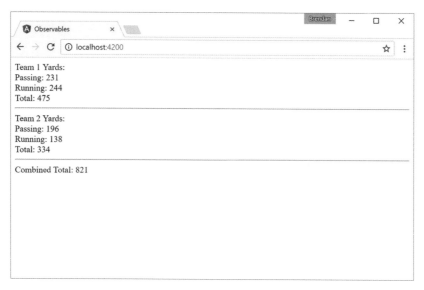

그림 27.3 옵서버블을 사용한 시간 경과에 따른 데이터 변경 관찰

요약

이벤트 관리 기능은 대부분의 앵귤러 애플리케이션에서 가장 중요한 컴포넌트 중 하나다. 앵귤러 애플리케이션의 이벤트를 사용해 엘리먼트나 서로 통신하는 애플리케이션의 컴포넌트와의 사용자 상호 작용을 제공하고 이를 통해 특정 작업이 수행돼야 할 때를 알 수 있다.

컴포넌트는 계층으로 구성되며 루트 컴포넌트는 애플리케이션 수준으로 정의된다. 27장에서는 컴포넌트 내에서 이벤트를 내보내는 방법을 배우고 해당 이벤트가 발생하면 이를 수신하고 실행되도록 핸들러를 구현하는 방법에 대해 알아봤다. 또한 옵서버블에 대해 배우고 값을 비동기적으로 관찰하기 위해 옵서버블을 직접 구현하는 방법에 대해 배웠다.

28장에서 다룰 내용

28장, '웹 애플리케이션에서의 앵귤러 서비스 구현'에서는 내장 앵귤러 서비스에 대해 소개한다. 백엔드 서비스와 통신하기 위한 http와 다중 뷰 애플리케이션에서 라우팅을 처리하기 위한 라우터와 같은 내장 서비스를 살펴보고 구현해볼 것이다.

28

웹 애플리케이션에서의
앵귤러 서비스 구현

서비스는 앵귤러 기능에서 가장 기본적인 구성 요소 중 하나다. 서비스는 애플리케이션에 작업 기반 기능을 제공하며 하나 이상의 서로 관련이 있는 작업을 수행하는 재사용 코드로 생각할 수 있다. 앵귤러에는 여러 가지 내장 서비스가 제공되며 사용자 정의 서비스를 만들 수도 있다.

28장에서는 내장 앵귤러 서비스를 소개하며 웹 서버 통신을 위한 http, 애플리케이션의 상태를 관리 및 변경하는 router, 애니메이션 기능을 제공하는 animate와 같은 내장 서비스를 보고 구현해본다.

앵귤러 서비스의 이해

서비스의 목적은 특정 작업을 수행하는 간결한 코드 비트를 제공하는 것이다. 서비스는 정의된 값을 제공하는 간단한 기능부터 웹 서버에 HTTP 통신의 모든 복잡한 기능까지 다양하다.

서비스에는 앵귤러 애플리케이션에서 바로 사용할 수 있도록 하는 재사용 기능을 제공하는 컨테이너가 있다. 앵귤러에서 서비스는 의존성 주입으로 정의 및 등록된다. 이를 통해 모듈, 컴포넌트, 다른 서비스에 서비스를 주입할 수 있다.

내장 서비스 사용

앵귤러는 의존성 주입으로 앵귤러 모듈에 포함된 몇 가지 내장 서비스를 제공한다. 일단 모듈에 서비스가 포함되면 애플리케이션 전체에서 사용할 수 있다.

표 28.1은 가장 일반적으로 사용되는 내장 서비스의 목록이다. 다음 절에서는 http와 router 서비스에 대해 자세히 설명한다.

표 28.1 앵귤러에 내장된 일반적인 서비스

서비스	설명
animate	CSS와 자바스크립트 기반 애니메이션으로 연결되는 애니메이션 가로채기를 제공한다.
http	웹 서버나 다른 서비스에 HTTP 요청을 보내는 간결한 기능을 제공한다.
route	뷰나 뷰 내부의 섹션 간 탐색을 제공한다.
forms	간단한 폼 유효성 검사를 통해 동적 및 반응형 폼 서비스를 제공한다.

http 서비스로 HTTP GET 및 PUT 요청 전송

http 서비스를 사용하면 앵귤러 코드에서 웹 서버와 직접 상호 작용을 할 수 있다. http 서비스는 내부에서 앵귤러 프레임워크의 컨텍스트부터 브라우저의 XMLHttpRequest 객체를 사용한다.

http 서비스를 사용하는 데에는 두 가지 방법이 있다. 가장 간단한 방법은 다음과 같은 표준 HTTP 요청에 해당하는 축약형 내장 메서드 중 하나를 사용하는 것이다.

- delete(url, [config])
- get(url, [config])
- head(url, [config])
- post(url, data, [config])
- put(url, data, [config])
- patch(url, data, [config])

이 메서드에서 url 매개변수는 웹 요청의 URL이다. 선택적인 config 매개변수는 요청을 구현할 때 사용되는 옵션을 지정하는 자바스크립트 객체다. 표 28.2는 config 매개변수에서 설정할 수 있는 프로퍼티 목록이다.

표 28.2 http 서비스 요청에 대한 config 매개변수에 정의할 수 있는 프로퍼티

프로퍼티	설명
method	GET이나 POST와 같은 HTTP 메서드다.
url	요청되는 리소스의 URL이다.
params	전송되는 매개변수로 다음과 같은 형식의 문자열이다. ?key1=value1&key2=value2&... 객체가 사용될 수 있으며 이때는 JSON 문자열로 변환된다.
body	요청 메시지 보디로 전송되는 데이터이다.
headers	요청과 함께 전송할 헤더로 헤더명을 포함하는 객체를 프로퍼티로 지정한다. 객체의 프로퍼티에 null 값이 있으면 헤더는 전송되지 않는다.
withCredentials	true로 설정하면 XHR 객체의 withCredentials 플래그가 설정되는 불린 값이다.
responseType	JSON이나 text와 같이 응답으로 예상되는 형식이다.

HTTP 요청 설정

http(options) 메서드에 직접 options 매개변수를 전달해 요청, URL, 데이터를 지정할 수 있다. 예를 들어 다음 코드는 완전히 동일하다.

```
http.get('/myUrl');
http({method: 'GET', url:'/myUrl'});
```

HTML 응답 콜백 함수의 구현

http 객체를 사용해 요청에 대한 메서드를 호출하면 Observable 개체가 반환돼 서버와 주고받는 데이터를 지속적으로 관찰할 수 있다. Observable에는 RxJS 라이브러리를 사용해 데이터를 변환하고 사용하는 많은 연산자가 있다. 다음과 같은 방식으로 유용하게 사용할 수 있다.

- map: Observable 시퀀스의 각 값에 함수를 적용한다. 이를 통해 Observable 스트림의 출력을 사용자 정의 데이터 형식으로 동적 변환할 수 있다.
- toPromise: Observable을 Promise 객체로 변환한다. Promise 객체는 promise의 메서드에 접근할 수 있으므로 비동기 작업을 처리하는 구문을 제공한다.

- catch: Observable 시퀀스의 에러를 원활하게 처리하는 함수를 지정한다.
- debounce: Observable 스트림에서 값을 내보내는 간격을 지정해 해당 간격에서만 값이 방출되도록 하며 중간 값들은 방출되지 않는다.

다음은 반환된 observable에 연산자를 추가하는 간단한 GET 요청 구문의 예다.

```
get(): Observable<any> {
  http.get(url)
    .map(response => response.JSON())
    .catch(err => Rx.Observable.of('the error was: ${err}'));
}
```

간단한 JSON 파일 구현과 http 서비스를 사용한 접근

목록 28.1~목록 28.5는 간단한 모의 웹 서버를 JSON 파일 형태로 구현하고 이에 접근하는 앵귤러 애플리케이션의 구현이며 그림 28.1은 그 수행 결과를 보여준다. 웹 서버에는 사용자 목록을 포함한 간단한 JSON 객체가 들어 있다. 웹 애플레이션을 사용하면 해당 사용자 목록을 볼 수 있다. 이 예제는 코드를 쉽게 이해할 수 있도록 GET 요청과 에러 처리에 대한 예제를 통합해 보여준다.

목록 28.1은 JSON 객체를 포함하는 JSON 파일이다. 이 파일은 HTTP GET 요청으로 접근할 수 있으며 http 서비스에서 JSON 객체를 잡은 후 observable을 이용해 앵귤러 애플리케이션으로 반환한다.

목록 28.1 dummyDB.JSON: 사용자를 위한 데이터를 포함하는 JSON 객체

```
01 [
02   {
03     "userId": 1,
04     "userName": "brendan",
05     "userEmail": "fake@email.com"
06   },
07   {
08     "userId": 2,
09     "userName": "brad",
```

```
10       "userEmail": "email@notreal.com"
11     },
12     {
13       "userId": 3,
14       "userName": "caleb",
15       "userEmail": "dummy@email.com"
16     },
17     {
18       "userId": 4,
19       "userName": "john",
20       "userEmail": "ridiculous@email.com"
21     },
22     {
23       "userId": 5,
24       "userName": "doe",
25       "userEmail": "some@email.com"
26     }
27 ]
```

목록 28.2는 앵귤러 컴포넌트의 구현이다. 2번 줄에서 http를 가져오고 12번 줄에서는 constructor( ) 메서드를 사용해 http를 인스턴스화한다. 13번 줄에는 dummyDB.JSON 파일의 경로에 대한 URL을 포함한 HTTP GET 요청이 있다. toPromise( ) 메서드를 호출해 http.get( ) 메서드의 observable 응답을 promise 객체로 변환한다. promise가 완료되면 .then( )을 호출한 후 promise 객체 데이터를 받아 애플리케이션의 화면에 표시되는 사용자 배열에 적용한다. 이때 에러가 발생하면 catch를 호출해 error 응답 객체를 콜백 함수에 전달한다.

목록 28.2 http.component.ts: GET 요청에 대한 HTTP 서비스를 구현하는 컴포넌트

```
01 import { Component } from '@angular/core';
02 import { HttpClient } from '@angular/common/http';
03
04 @Component({
05   selector: 'app-root',
06   templateUrl: './http.component.html',
07   styleUrls: ['./http.component.css']
08 })
```

```
09 export class AppComponent {
10   users: any;
11
12   constructor(private http: HttpClient) {
13     http.get('../assets/dummyDB.JSON')
14       .toPromise()
15       .then((data) => {
16         this.users = data;
17       })
18       .catch((err) => {
19         console.log(err);
20       })
21   }
22 }
```

목록 28.3은 HttpClientModule을 가져와 http 서비스를 애플리케이션 전체에서 사용할 수 있도록 하는 앵귤러 모듈이다. HttpClientModule은 4번 줄에서 가져오는 @angular common/ http로부터 12번 줄의 imports 배열에 추가된다.

목록 28.3 app.module.ts: 애플리케이션에서 사용될 HttpClientModule을 가져오는 앵귤러 모듈

```
01 import { BrowserModule } from '@angular/platform-browser';
02 import { NgModule } from '@angular/core';
03 import { FormsModule } from '@angular/forms';
04 import { HttpClientModule } from '@angular/common/http';
05
06 import { AppComponent } from './http.component';
07
08 @NgModule({
09   declarations: [
10     AppComponent
11   ],
12   imports: [
13     BrowserModule,
14     FormsModule,
15     HttpClientModule
16   ],
17   providers: [],
```

```
18    bootstrap: [AppComponent]
19 })
20 export class AppModule { }
```

목록 28.4는 애플리케이션에서 사용자 목록을 ngFor를 사용해 표시하는 앵귤러 템플릿이다.

목록 28.4 http.component.html: 데이터베이스에서 받은 사용자 목록을 표시하는 앵귤러 템플릿

```
01 <h1>
02    Users
03 </h1>
04 <div class="user" *ngFor="let user of users">
05    <div><span>Id:</span> {{user.userId}}</div>
06    <div><span>Username:</span> {{user.userName}}</div>
07    <div><span>Email:</span> {{user.userEmail}}</div>
08 </div>
```

목록 28.5는 애플리케이션에 각 사용자를 쉽게 구분할 수 있도록 스타일을 적용하는 CSS 파일이다.

목록 28.5 http.component.css: 애플리케이션에 스타일을 적용하는 CSS 파일

```
01 span{
02    width: 75px;
03    text-align: right;
04    font-weight: bold;
05    display: inline-block;
06 }
07 .user{
08    border: 2px ridge blue;
09    margin: 10px 0px;
10    padding: 5px;
11 }
```

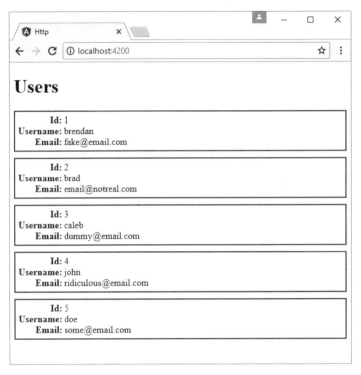

그림 28.1 앵귤러 컴포넌트와 웹 서버가 상호 작용하는 http 서비스 구현

http 서비스를 사용한 간단한 모의 서버 구현

목록 28.6~목록 28.11은 간단한 모의 웹 서버와 여기에 접근하는 앵귤러 애플리케이션의 구현으로, 그림 28.2는 그 수행 결과를 보여준다. 웹 서버는 사용자 목록을 포함하는 간단한 JSON 객체를 반환한다. 웹 애플리케이션은 요청에 대한 HTTP GET, create, delete를 사용해 사용자가 목록을 확인하고 추가하고 제거할 수 있도록 한다.

> **노트**
>
> 모의 서비스를 만들기 위해 콘솔에서 다음 명령을 실행한다.
>
> npm install angular-in-memory-web-api
>
> 이 서비스는 개발 용도로만 사용되며 애플리케이션의 상품화에는 사용하지 않는다.

목록 28.6은 JSON 객체를 반환하는 모의 데이터 서비스다. HTTP 요청을 사용해 이 파일에 접근할 수 있으며 http 서비스를 사용해 데이터베이스를 수정할 수도 있다. 1번 줄에서는 InMemoryDbService를 가져오며 앵귤러에서 세션이 활성화되는 동안 데이터를 저장할 수 있는 데이터베이스로 사용할 수 있다. 3번 줄에서 사용자를 JSON 객체로 반환하는 createDb( ) 메서드로 데이터베이스를 생성해 사용한다.

목록 28.6 data.service.ts: 사용자 JSON 객체를 반환하는 앵귤러 모의 서비스

```
01 import { InMemoryDbService } from 'angular-in-memory-web-api';
02 export class InMemoryDataService implements InMemoryDbService {
03   createDb() {
04     const users = [
05       {
06         "id": 1,
07         "userName": "brendan",
08         "email": "fake@email.com"
09       },
10       {
11         "id": 2,
12         "userName": "brad",
13         "email": "email@notreal.com"
14       },
15       {
16         "id": 3,
17         "userName": "caleb",
18         "email": "dummy@email.com"
19       }
20     ]
21     return { users };
22   }
23 }
```

목록 28.7은 앵귤러 컴포넌트의 구현이다. 8번 줄에서 가져오는 UserService는 애플리케이션에서 사용되는 모든 HTTP 기능을 포함한다. UserService는 16번 줄의 컴포넌트 제공자에 추가해 사용할 수 있다. 23번 줄에서 UserService는 생성자에서 변수로 구현된다.

28~34번 줄은 사용자 객체를 받는 deleteUser( ) 메서드를 정의한다. 30~31번 줄은 UserService의 deleteUser( ) 함수를 호출하고 이때 사용자 ID를 전달해 데이터베이스에서 삭제할 사용자를 식별할 수 있다. 이 함수는 .then( ) 메서드 내부에 콜백 함수가 있으며 콜백 함수의 내부에서 this.getUsers( )를 호출해 현재 사용자 목록을 새로 고침한다.

36~49번 줄은 createUser( ) 함수를 정의한다. 이 함수는 username과 email을 매개변수로 받아 39~40번 줄까지에서 user 객체에 할당한다. 45~48번 줄은 user 객체를 전달해 UserService의 createUser( ) 메서드를 호출한다. 응답이 수신되면 createUser( ) 메서드는 users 배열에 응답을 push해 DOM에 즉시 반영한다.

목록 28.7 createDelete.component.ts: http 서비스로 사용자 목록을 가져오고 수정하는 앵귤러 컴포넌트

```
01 import { Component, OnInit } from '@angular/core';
02 import { UserService } from './user.service';
03
04 @Component({
05   selector: 'app-root',
06   templateUrl: './createDelete.component.html',
07   styleUrls: ['./createDelete.component.css'],
08   providers: [UserService]
09 })
10
11 export class AppComponent implements OnInit {
12
13   users = [];
14   selectedUser;
15
16   constructor(private UserService: UserService) { }
17
18   ngOnInit(){
19     this.getUsers()
20   }
21
22   getUsers(): void {
23     this.UserService
24       .getUsers()
25       .then(users => this.users = users)
26   }
```

```
27
28   deleteUser(user) {
29     this.UserService
30       .deleteUser(user.id)
31       .then(() => {
32         this.getUsers();
33       });
34   }
35
36   createUser(userName, email) {
37     this.selectedUser = null;
38     let user = {
39       'userName': userName.trim(),
40       'email': email.trim()
41     };
42     if (!user.userName || !user.email) {
43       return;
44     }
45     this.UserService.createUser(user)
46       .then(res => {
47         this.users.push(res);
48       });
49   }
50 }
```

목록 28.8은 애플리케이션의 모든 HTTP 요청을 처리하는 앵귤러 서비스 UserService의 구현이다. 15~20번 줄은 deleteUser() 메서드를 정의하며 이 메서드는 매개변수 id를 받는다. id를 사용해 서버로 전달될 HTTP 삭제 요청이 생성되고 일치되는 ID의 사용자를 삭제한다. 21~27번 줄은 사용자 객체를 가져오는 createUser() 메서드를 정의한다. post 요청은 서버에 JSON 문자열로 사용자를 전달하고 전달된 문자열은 서버에 추가된다.

목록 28.8 user.service.ts: http를 사용해 서버에서 데이터를 보내고 가져오는 앵귤러 서비스

```
01 import { Injectable } from '@angular/core';
02 import { HttpClient } from '@angular/common/http';
03
04 @Injectable()
05 export class UserService {
```

```
06   url = 'api/users'
07   constructor(private http: Http) { }
08
09   getUsers(): Promise<any[]> {
10     return this.http.get(this.url)
11       .toPromise()
12       .then(response => response)
13       .catch(this.handleError);
14   }
15   deleteUser(id: number): Promise<void> {
16     return this.http.delete(`${this.url}/${id}`)
17       .toPromise()
18       .then(() => null)
19       .catch(this.handleError);
20   }
21   createUser(user): Promise<any> {
22     return this.http
23       .post(this. User)
24       .toPromise()
25       .then(res => res)
26       .catch(this.handleError)
27   }
28
29   private handleError(error: any): Promise<any> {
30     console.error('An error occurred', error);
31     return Promise.reject(error.message || error);
32   }
33
34 }
```

목록 28.9는 애플리케이션에서 사용자 목록을 ngFor를 사용해 표시하는 앵귤러 템플릿
이다.

목록 28.9 createDelete.component.html: 사용자 생성 및 삭제 옵션과 함께 데이터베이스에서 사용자 목록을 받아 표시하는 앵귤러 템플릿

```
01 <div>
02   <label>user name:</label> <input #userName />
03   <label>user email:</label> <input #userEmail />
```

```
04  <button (click)="createUser(userName.value, userEmail.value);
05    userName.value=''; userEmail.value=''">
06    Add
07  </button>
08 </div>
09
10 <h1>
11   Users
12 </h1>
13 <div class="userCard" *ngFor="let user of users">
14   <div><span>Id:</span> {{user.id}}</div>
15   <div><span>Username:</span> {{user.userName}}</div>
16   <div><span>Email:</span> {{user.email}}</div>
17   <button class="delete"
18    (click)="deleteUser(user); $event.stopPropagation()">x</button>
19 </div>
```

목록 28.10은 애플리케이션에 각 사용자를 쉽게 구분할 수 있도록 스타일을 적용하는 CSS 파일이다.

목록 28.10 createDelete.component.css: 애플리케이션에 스타일을 적용하는 CSS 파일

```
01 span{
02   width: 75px;
03   text-align: right;
04   font-weight: bold;
05   display: inline-block;
06 }
07 .userCard{
08   border: 2px ridge blue;
09   margin: 10px 0px;
10   padding: 5px;
11 }
12 .selected{
13   background-color: steelblue;
14   color: white;
15 }
```

목록 28.11은 모의 데이터 서비스를 가져오는 앵귤러 모듈이다. 5번 줄에서는 In-Memory-Web-API에서 모의 데이터베이스를 애플리케이션에 연결하기 위한 InMemoryWebApiModule을 가져온다. 8번 줄은 목록 28.6에서 InMemoryDataService를 가져온다. 18번 줄은 InMemory DataService의 forRoot 메서드를 사용하는 InMemoryWebApiModule이며 완전한 데이터베이스 서비스를 HTTP 요청에서 사용할 수 있게 된다.

목록 28.11 app.module.ts: 애플리케이션에서 사용되는 InMemoryWebApiModule을 가져오는 앵귤러 모듈

```
01 import { BrowserModule } from '@angular/platform-browser';
02 import { NgModule } from '@angular/core';
03 import { FormsModule } from '@angular/forms';
04 import { HttpClientModule } from '@angular/common/http';
05 import { InMemoryWebApiModule } from 'angular-in-memory-web-api';
06
07 import { AppComponent } from './createDelete.component';
08 import { InMemoryDataService } from './data.service'
09
10 @NgModule({
11   declarations: [
12     AppComponent
13   ],
14   imports: [
15     BrowserModule,
16     FormsModule,
17     HttpClientModule,
18     InMemoryWebApiModule.forRoot(InMemoryDataService)
19   ],
20   providers: [],
21   bootstrap: [AppComponent]
22 })
23 export class AppModule { }
```

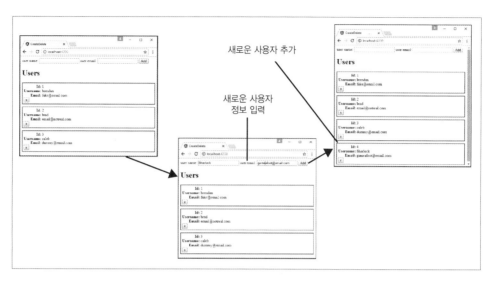

그림 28.2 데이터베이스에서 항목을 생성하고 삭제하는 간단한 모의 서버 구현

간단한 모의 서버 구현 및 http 서비스를 사용한 서버 항목 업데이트

목록 28.12~목록 28.16은 이전 예제의 모의 웹 서버에 접근하는 앵귤러 애플리케이션의 구현이고 그림 28.3은 수행 결과를 보여준다. 웹 애플리케이션을 사용해 HTTP get, put 요청으로 사용자 목록을 확인하고 편집할 수 있다.

목록 28.12는 JSON 객체를 반환하는 모의 데이터 서비스다. HTTP 요청을 사용해 이 파일에 접근할 수 있으며 http 서비스를 사용해 데이터베이스를 수정할 수 있다. 1번 줄에서는 InMemoryDbService를 가져오며 앵귤러에서 세션이 활성화되는 동안 데이터를 저장할 수 있는 데이터베이스로 사용할 수 있다. 3번 줄에서 사용자를 JSON 객체로 반환하는 createDb() 메서드로 데이터베이스를 생성해 사용한다.

목록 28.12 data.service.ts: 사용자 JSON 객체를 반환하는 앵귤러 모의 서비스

```
01 import { InMemoryDbService } from 'angular-in-memory-web-api';
02 export class InMemoryDataService implements InMemoryDbService {
03   createDb() {
04     const users = [
05       {
06         "id": 1,
```

```
07          "userName": "brendan",
08          "email": "fake@email.com"
09        },
10        {
11          "id": 2,
12          "userName": "brad",
13          "email": "email@notreal.com"
14        },
15        {
16          "id": 3,
17          "userName": "caleb",
18          "email": "dummy@email.com"
19        }
20      ]
21    return { users };
22  }
23 }
```

목록 28.13은 템플릿에 표시할 사용자 목록을 가져오는 앵귤러 컴포넌트의 구현이다. 이 컴포넌트는 사용자 데이터의 업데이트가 가능하다. 4~9번 줄은 UserService를 가져와 컴포넌트에 제공한다. 15번 줄에서 USerService를 사용할 수 있는 변수 UserService로 변환한다. 17~19번 줄은 ngOnInit 메서드로 컴포넌트의 로딩이 완료되면 getUsers 메서드를 호출한다. 21~25번 줄은 getUsers 메서드로 UserService의 getUsers 메서드를 호출해 반환되는 결과를 변수 users에 할당한다. 27~29번 줄은 매개변수 user를 받는 selectUser 메서드로 user를 변수 selectedUser에 할당한다. 31~36번 줄은 매개변수 user를 받는 updateUser 메서드로 변수 selectedUser에 null을 할당하고 매개변수 user를 전달해 userService의 updateUser 메서드를 호출한다. updateUser 메서드가 완료되면 getUsers 메서드를 호출해 표시되는 사용자 목록을 새로 고침한다.

목록 28.13 update.component.ts: http를 사용해 서버의 데이터를 업데이트하는 앵귤러 컴포넌트

```
01 import { Component, OnInit } from '@angular/core';
02 import { UserService } from './user.service';
03
04 @Component({
05   selector: 'app-root',
```

```
06    templateUrl: './update.component.html',
07    styleUrls: ['./update.component.css'],
08    providers: [UserService]
09 })
10
11 export class AppComponent implements OnInit {
12    users = [];
13    selectedUser;
14
15    constructor(private UserService: UserService) { }
16
17    ngOnInit(){
18      this.getUsers()
19    }
20
21    getUsers(): void {
22      this.UserService
23        .getUsers()
24        .then(users => this.users = users);
25    }
26
27    selectUser(user) {
28      this.selectedUser = user;
29    }
30
31    updateUser(user){
32      this.selectedUser = null;
33      this.UserService.updateUser(user)
34        .then(() => this.getUsers());
35    }
36 }
```

목록 28.14는 애플리케이션의 모든 HTTP 요청을 처리하는 앵귤러 서비스인 UserService
의 구현이다. 15~23번 줄은 매개변수 user를 받는 updateUser 메서드를 정의한다. 다
음으로 업데이트될 사용자를 지정할 URL을 생성한다. 19번 줄에는 생성된 URL과 JSON.
stringify 메서드에 전달되는 user 객체를 사용해 HTTP put 요청을 생성한다. updateUser
메서드는 성공하면 response 객체를 반환하고 실패하면 에러 처리기로 이동한다.

목록 28.14 user.service.ts: 사용자를 가져오고 업데이트하는 앵귤러 서비스

```
01 import { Injectable } from '@angular/core';
02 import { HttpClient } from '@angular/common/http';
03
04 @Injectable()
05 export class UserService {
06   url = 'api/users'
07   constructor(private http: Http) { }
08
09   getUsers(): Promise<any[]> {
10     return this.http.get(this.url)
11       .toPromise()
12       .then(response => response)
13       .catch(this.handleError)
14   }
15   updateUser(user): Promise<void> {
16     console.log(user);
17     const url = `${this.url}/${user.id}`;
18     return this.http
19       .put(url, user)
20       .toPromise()
21       .then(() => user)
22       .catch(this.handleError)
23   }
24
25   private handleError(error: any): Promise<any> {
26     console.error('An error occurred', error);
27     return Promise.reject(error.message || error);
28   }
29
30 }
```

목록 28.15는 애플리케이션에서 사용자 목록을 ngFor를 사용해 표시하는 앵귤러 템플릿이다. 여기서 사용자는 개별적으로 선택되며 한 사용자를 선택해 편집하고 저장할 수 있는 양식 필드를 표시한다. 20~24번 줄은 업데이트되는 사용자 정보를 객체로 전달해 updateUser 메서드를 호출하는 버튼을 표시한다.

목록 28.15 update.component.html: 업데이트되는 사용자 목록을 표시하는 앵귤러 템플릿

```
01 <h1>
02   Users
03 </h1>
04 <div class="userCard" *ngFor="let user of users"
05   (click)="selectUser(user)"
06   [class.selected]="user === selectedUser">
07   <div><span>Id:</span> {{user.id}}</div>
08   <div><span>Username:</span> {{user.userName}}</div>
09   <div><span>Email:</span> {{user.email}}</div>
10 </div>
11
12 <div *ngIf="selectedUser">
13   <label>user name:</label>
14   <input #updateName [ngModel]="selectedUser.userName"/>
15
16   <label>user email:</label>
17   <input #updateEmail [ngModel]="selectedUser.email" />
18
19
20   <button (click)="updateUser(
21     {'id': selectedUser.id,
22      'userName': updateName.value,
23      'email': updateEmail.value});
24   ">
25     Save
26   </button>
27 </div>
```

목록 28.16은 애플리케이션에 각 사용자를 쉽게 구분할 수 있도록 스타일을 적용하는 CSS 파일이다. 클릭이 가능한 사용자를 식별할 수 있는 로직을 제공한다.

622

목록 28.16 update.component.CSS: 애플리케이션에 스타일을 적용하는 CSS 파일

```
01 span{
02   width: 75px;
03   text-align: right;
04   font-weight: bold;
05   display: inline-block;
06 }
07 .userCard{
08   border: 2px ridge blue;
09   margin: 10px 0px;
10   padding: 5px;
11   cursor: pointer;
12 }
13 .userCard:hover{
14   background-color: lightblue;
15 }
16 .selected{
17   background-color: steelblue;
18   color: white;
19 }
```

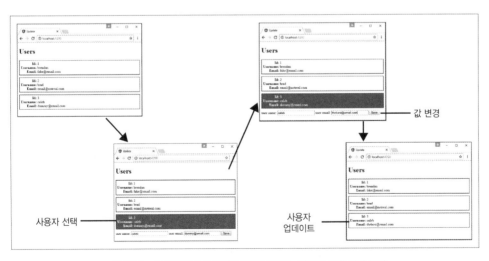

그림 28.3 데이터베이스의 항목을 업데이트하는 간단한 모의 서버 구현

router 서비스로 뷰 변경하기

router 서비스를 사용하면 웹 애플리케이션의 뷰를 바꿔 컴포넌트 간의 이동이 가능하다. 페이지 전체 보기로 변경하거나 단일 페이지 애플리케이션의 더 작은 세그먼트로 변경할 수 있다. Router 서비스는 외부 앵귤러 모듈인 RouterModule에 포함돼 있으며 애플리케이션 모듈에 포함시키면 전체 애플리케이션에서 사용할 수 있다.

애플리케이션에 라우팅을 설정하려면 @angular/router에서 Routes와 Router 모듈을 가져와야 한다. 애플리케이션의 유지보수를 쉽게 하려면 router가 자체 모듈을 갖도록 함으로써 메인 애플리케이션 모듈에서 가져갈 수 있도록 만들어야 한다.

애플리케이션의 route를 정의하려면 간단하게 특정 route를 정의하는 객체의 배열을 만들어주면 된다. 이에 필요한 옵션은 path와 component다. path 옵션은 컴퍼넌트에 도달하기 위해 따라야 할 트리를 지정한다. component 옵션은 뷰 내부에 로딩될 컴포넌트를 정의한다. 다음은 routes 배열을 정의하는 구문의 예제다.

```
const routes: Routes = [
  {
    path: '',
    component: myComponent
  },
  {
    path: 'route',
    component: myComponent
  },
  {
    path: 'routeWithParams/:param1/:param2',
    component: myComponent
  }
]
```

route 객체에는 더 많은 매개변수를 추가할 수 있다. 표 28.3은 해당 매개변수 목록의 일부다.

표 28.3 Route 서비스 객체에서 config 매개변수로 정의되는 프로퍼티

프로퍼티	설명
path	route가 속한 라우터 트리의 위치를 표시
component	라우팅으로 로딩되는 컴포넌트를 정의
redirectTo	현재 라우팅 경로 대신 리디렉션할 경로를 정의
outlet	라우팅 경로를 렌더링하는 RouterOutlet의 이름을 지정
canActivate	false일 때 활성화를 방지해 해당 라우팅 경로를 보호
canActivateChild	false일 때 활성화를 방지해 자식 라우팅 경로를 보호
canDeactivate	route의 비활성화 여부를 저정
canLoad	라우팅 경로 내의 특정 모듈에서 로딩되지 않도록 보호
Data	데이터를 컴포넌트로 전달 가능
Resolve	활성화하기 전에 라우팅 경로의 데이터를 미리 가져오는 리졸버를 지정
Children	route 객체를 포함하는 Routes에 중첩을 허용(각 객체들은 이 표에서 설명되는 옵션들을 포함하고 있다)
loadChildren	자식 라우팅 경로의 지연 로딩을 허용
runGuardsAndResolvers	가드와 리졸버가 실행될 시기를 정의

routes 배열이 정의되면 라우터의 내부에 이를 구현해 router 서비스에서 이를 인식하고 사용할 수 있게 만든다. 이는 RouterModule의 forRoot 메서드로 수행되며 결과는 routing 모듈의 imports 배열에 포함된다. 다음 구문을 살펴보자.

```
imports: [RouterModule.forRoot(routes)]
```

앵귤러에서 routes 사용하기

앵귤러에서 route를 사용하려면 routing 모듈이 메인 애플리케이션 모듈과 imports에 포함돼야 하며 이는 내장 앵귤러 모듈과 동일하다. 정의된 routes가 애플리케이션 모듈에 포함되면 애플리케이션 전체에서 사용할 수 있게 된다.

컴포넌트에서 router를 사용하려면 @angular/router에서 Router와 ActivatedRoute를 가져와야 한다. 가져오기가 완료되면 생성자를 통해 구현해야 하며 구문은 다음과 같다.

```
constructor(
  private route: ActivatedRoute,
  private router: Router
) {}
```

라우팅 경로 탐색에는 두 가지 방법이 있다. 첫 번째 방법은 다음의 구문과 같이 앵귤러 지시자 routerLink을 사용해 HTML에서 직접 탐색하는 것이다.

```
<a routerLink="/myRoute">
```

두 번째 방법은 다음의 구문과 같이 컴포넌트 클래스에서 탐색하는 것이다.

```
myFunction(){
  this.router.navigate(['myRoute'])
}
```

router가 모두 연결돼 사용할 준비가 되면 마지막 단계는 애플리케이션에서 라우팅 경로가 잘 표시되는지 확인하는 것이다. 이때 앵귤러 HTML 태그 router-outlet가 사용된다. router-outlet을 사용하는 컴포넌트가 라우터의 외부에 있고 router-outlet 이외의 컴포넌트는 현재 라우팅 경로에 관계없이 표시된다는 것에 주목하자. router-outlet은 다음 구문을 사용해 구현한다.

```
<router-outlet></router-outlet>
```

간단한 라우터 구현

목록 28.17~목록 28.23은 사용자가 두 컴포넌트 사이를 탐색할 수 있는 간단한 라우터의 구현이며 그림 28.4는 수행 결과를 보여준다. 이 라우터는 HTML에서 앵귤러 routerLink 지시자를 사용해 탐색을 수행하며 뷰가 변경된다.

목록 28.17은 애플리케이션의 주 모듈인 애플리케이션 모듈이다. App.module은 목록 28.17에서 Router 모듈을 가져온다. AppRoutingModule은 6번 줄에서 로드되며 21번 줄의 imports 배열에 추가된다.

목록 28.17 app.module.ts: Router 모듈 파일을 가져오는 앵귤러 모듈

```
01 import { BrowserModule } from '@angular/platform-browser';
02 import { NgModule } from '@angular/core';
03 import { FormsModule } from '@angular/forms';
04 import { HttpClientModule} from '@angular/common/http';
05
06 import { AppRoutingModule } from './app-routing.module';
07 import { AppComponent } from './app.component';
08 import { Route2Component } from './route2/route2.component';
09 import { HomeComponent } from './home/home.component';
10
11 @NgModule({
12   declarations: [
13     AppComponent,
14     Route2Component,
15     HomeComponent
16   ],
17   imports: [
18     BrowserModule,
19     FormsModule,
20     HttpClientModule,
21     AppRoutingModule
22   ],
23   providers: [],
24   bootstrap: [AppComponent]
25 })
26 export class AppModule { }
```

목록 28.18은 애플리케이션의 라우팅 경로를 정의하는 Router 모듈이다. Route 모듈은 Routes 및 RouterModule을 가져와 애플리케이션에서 라우팅을 활성화한다. Router 모듈은 또한 라우팅 경로로 사용될 컴포넌트도 가져온다. 5~14번 줄은 애플리케이션의 라우팅 경로를 포함하는 routes 배열을 정의한다. 6~9번 줄은 path가 빈 문자열로 설정돼 있으며 애

플리케이션의 기본 라우팅 경로를 정의한다. 기본 라우팅 경로는 HomeComponent를 뷰를 제어하는 컴포넌트로 사용한다. 10~13번 줄은 라우팅 경로가 route2일때 표시되는 두 번째 라우팅 객체를 정의한다. 이 라우팅 경로는 Route2Component를 사용한다.

목록 28.18 app-routing.module.ts: 애플리케이션의 routes를 정의하는 앵귤러 모듈

```
01 import { NgModule } from '@angular/core';
02 import { Routes, RouterModule } from '@angular/router';
03 import { Route2Component } from './route2/route2.component';
04 import { HomeComponent } from './home/home.component';
05 const routes: Routes = [
06   {
07     path: '',
08     component: HomeComponent
09   },
10   {
11     path: 'route2',
12     component: Route2Component
13   }
14 ];
15
16 @NgModule({
17   imports: [RouterModule.forRoot(routes)],
18   exports: [RouterModule]
19 })
20 export class AppRoutingModule { }
```

목록 28.19는 애플리케이션의 루트 컴포넌트다. 이 컴포넌트에는 router의 경로를 표기하기 위해 router-outlet을 출력하는 간단한 템플릿이 포함된다.

목록 28.19 app.component.ts: router-outlet을 정의하는 앵귤러 컴포넌트

```
01 import { Component } from '@angular/core';
02
03 @Component({
04   selector: 'app-root',
05   template: '<router-outlet></router-outlet>'
06 })
07 export class AppComponent {}
```

목록 28.20은 home 컴포넌트의 템플릿 파일이다. 이 파일은 라우팅 경로가 작동 중임을 알리는 메시지를 표시하고 routerLink를 사용해 사용자가 다른 뷰를 탐색할 수 있는 링크를 표시한다.

목록 28.20 home.component.html: 기본 라우팅 경로로 표시되는 HTML 파일

```
01 <p>
02   Home Route works!
03 </p>
04 <a routerLink="/route2">Route 2</a>
```

목록 28.21은 home 컴포넌트 파일이다. 이 파일의 목적은 기본적으로 구성된 컴포넌트로 템플릿 파일을 로딩해 라우터에서 사용할 수 있도록 만드는 것이다.

목록 28.21 home.component.ts: 라우팅 경로가 있는 템플릿을 포함하는 앵귤러 컴포넌트

```
01 import { Component } from '@angular/core';
02
03 @Component({
04   selector: 'app-home',
05   templateUrl: './home.component.html',
06 })
07 export class HomeComponent  {}
```

목록 28.22는 route2 컴포넌트 템플릿 파일이다. 이 파일은 라우팅 경로가 작동 중임을 알리는 메시지를 표시하고 routerLink를 사용해 사용자가 다른 뷰를 탐색할 수 있는 링크를 표시한다.

목록 28.22 route2.component.html: route2 라우팅 경로로 표시되는 HTML 파일

```
01 <p>
02   route 2 works!
03 </p>
04 <a routerLink="/">Route 1</a>
```

목록 28.23은 route2 컴포넌트 파일이다. 이 파일의 목적은 기본적으로 구성된 컴포넌트로 템플릿 파일을 로딩해 라우터에서 사용할 수 있도록 만드는 것이다.

목록 28.23 route2.component.ts: 라우팅 경로가 있는 템플릿을 포함하는 앵귤러 컴포넌트

```
01 import { Component } from '@angular/core';
02
03 @Component({
04   selector: 'app-route2',
05   templateUrl: './route2.component.html'
06 })
07 export class Route2Component {}
```

그림 28.4 분리된 뷰를 탐색할수 있는 router 서비스 구현

탐색 바를 사용한 라우터 구현

목록 28.24~목록 28.35은 중첩된 뷰 사이를 탐색할 수 있는 탐색 바를 포함한 라우터의 구현이며 그림 28.5는 수행 결과를 보여준다. 이 라우터는 앵귤러 routerLink 지시자를 HTML 내부에 사용해 탐색하고 뷰를 변경한다.

목록 28.24는 애플리케이션의 라우트 경로를 정의하는 Router 모듈이다. Router 모듈은 라우팅 경로로 사용될 컴포넌트를 가져온다. 이번 예제에는 홈 라우팅 경로가 없다. 22~25번 줄은 라우팅 경로가 비어 있는 경우 page1으로 리디렉션하도록 만든다. 27~30번 줄은 URL에 잘못된 경로가 입력된 경우에도 router에서 page1으로 리디렉션하도록 만든다.

목록 28.24 app-routing.module.ts: 애플리케이션의 라우팅 경로를 정의하는 앵귤러 모듈

```
01 import { NgModule } from '@angular/core';
02 import { Routes, RouterModule } from '@angular/router';
03 import { Page1Component } from './page1/page1.component';
04 import { Page2Component } from './page2/page2.component';
05 import { Page3Component } from './page3/page3.component';
06 import { NavComponent } from './nav/nav.component';
07
08 const routes: Routes = [
09   {
10     path: 'page1',
11     component: Page1Component
12   },
13   {
14     path: 'page2',
15     component: Page2Component
16   },
17   {
18     path: 'page3',
19     component: Page3Component
20   },
21   {
22     path: '',
23     redirectTo: '/page1',
24     pathMatch: 'full'
25   },
```

```
26   {
27     path: '**',
28       redirectTo: '/page1',
29       pathMatch: 'full'
30   }
31 ];
33 @NgModule({
34   imports: [RouterModule.forRoot(routes)],
35   exports: [RouterModule]
36 })
37 export class AppRoutingModule { }
```

목록 28.25는 탐색 바를 제어하고 페이지 내부의 뷰와 연결하는 nav 컴포넌트다. 9~19번
줄은 탐색 바에서 탐색 가능한 링크 버튼을 생성하는 데 사용될 가용 페이지의 배열이다.

목록 28.25 nav.component.ts: 뷰 간 탐색을 위한 탐색 바를 생성하는 앵귤러 컴포넌트

```
01 import { Component, OnInit } from '@angular/core';
02
03 @Component({
04   selector: 'app-nav',
05   templateUrl: './nav.component.html',
06   styleUrls: ['./nav.component.CSS']
07 })
08 export class NavComponent{
09   pages = [
10     { 'url': 'page1',
11       'text': 'page 1'
12     },
13     { 'url': 'page2',
14       'text': 'page 2'
15     },
16     { 'url': 'page3',
17       'text': 'page 3'
18     }
19   ]
20 }
```

목록 28.26은 nav 컴포넌트의 템플릿 파일이다. 이름이 지정된 라우팅 경로를 탐색할 수 있
는 버튼 목록을 만든다.

목록 28.26 nav.component.html: 탐색 바의 뷰를 생성하는 앵귤러 템플릿

```
01 <span class="container" *ngFor="let page of pages">
02   <a routerLink="/{{page.url}}">{{page.text}}</a>
03 </span>
```

목록 28.27은 nav 컴포넌트의 CSS 파일이며 탐색 바의 버튼의 스타일을 지정한다. 9~12번
줄은 사용자가 버튼 위에 마우스 커서를 올려놓으면 색이 변경되도록 만든다.

목록 28.27 nav.component.css: 애플리케이션의 탐색 버튼에 스타일을 적용하는 CSS 파일

```
01 a {
02   padding: 5px 10px;
03   border: 1px solid darkblue;
04   background-color: steelblue;
05   color: white;
06   text-decoration: none;
07   border-radius: 3px;
08 }
09 a:hover {
10   color: black;
11   background-color: lightgrey;
12 }
```

목록 28.28은 루트 컴포넌트 파일인 **app.component.ts**이다. 이 파일은 애플리케이션의 진
입점으로 사용되며 nav 컴포넌트와 라우팅된 뷰를 로딩한다.

목록 28.28 app.component.ts: 애플리케이션의 루트 컴포넌트 역할을 하는 앵귤러 컴포넌트

```
01 import { Component } from '@angular/core';
02
03 @Component({
04   selector: 'app-root',
05   templateUrl: './app.component.html',
06   styleUrls: ['./app.component.css']
```

```
07 })
08 export class AppComponent { }
```

목록 28.29는 루트 컴포넌트의 템플릿 파일로 nav 컴포넌트와 router-outlet을 사용해 애플리케이션에서 로딩되는 뷰를 로딩한다.

목록 28.29 app.component.html: nav 컴포넌트와 router-outlet으로 뷰를 로딩하는 앵귤러 템플릿

```
01 <div><app-nav></app-nav></div>
02 <div><router-outlet></router-outlet></div>
```

목록 28.30은 탐색 바에 간격을 적용하는 루트 컴포넌트의 CSS 파일이다.

목록 28.30 app.component.css: 탐색 바에 간격을 적용하는 CSS 파일

```
01 div{
02    margin: 15px 0px;
03 }
```

목록 28.31은 page1 컴포넌트이며 애플리케이션의 뷰로 사용되는 템플릿을 로드한다. 5번 줄은 뷰에 표시할 이미지를 로드한다.

목록 28.31 page1.component.ts: 이미지를 표시하는 템플릿을 포함하는 앵귤러 컴포넌트

```
01 import { Component } from '@angular/core';
02
03 @Component({
04    selector: 'app-page1',
05    template: '<img src="../assets/images/lake.jpg" />'
06 })
07 export class Page1Component {}
```

목록 28.32는 page2 컴포넌트이며 애플리케이션의 뷰로 사용되는 템플릿을 로드한다.

목록 28.32 page2.component.ts: 앵귤러 템플릿을 로드하는 앵귤러 컴포넌트

```
01 import { Component } from '@angular/core';
02
```

```
03 @Component({
04    selector: 'app-page2',
05    templateUrl: './page2.component.html'
06 })
07 export class Page2Component { }
```

목록 28.33은 page2 템플릿 파일이며 더미 텍스트를 로드해 뷰에 표시한다.

목록 28.33 page2.component.html: page2의 뷰를 생성하는 앵귤러 템플릿

```
01 <p>
02    Lorem Ipsum dolor sit amet, consectetur adipiscing elit. Nam efficitur
03    tristique ornare. Interdum et malesuada fames ac ante ipsum primis in
04    faucibus. Proin id nulla vitae arcu laoreet consequat. Donec quis
05    convallis felis. Mauris ultricies consectetur lectus, a hendrerit leo
06    feugiat sit amet. Aliquam nec velit nibh. Nam interdum turpis ac dui
07    congue maximus. Integer fringilla ante vitae arcu molestie finibus. Morbi
08    eget ex pellentesque, convallis orci venenatis, vehicula nunc.
09 </p>
```

목록 28.34는 page3 컴포넌트이며 애플리케이션의 뷰로 사용되는 템플릿을 로드한다.

목록 28.34 page3.component.ts: 앵귤러 템플릿을 로드하는 앵귤러 컴포넌트

```
01 import { Component } from '@angular/core';
02
03 @Component({
04    selector: 'app-page3',
05    templateUrl: './page3.component.html'
06 })
07 export class Page3Component {}
```

목록 28.35는 뷰에 텍스트 영역 상자를 표시하는 page3 템플릿 파일이다.

목록 28.35 page3.component.html: page3의 뷰를 생성하는 앵귤러 템플릿

```
01 <textarea rows="4" cols="50" placeHolder="Some Text Here">
02 </textarea>
```

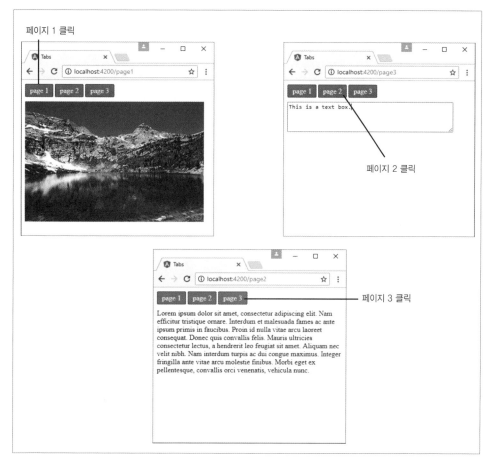

그림 28.5 탐색 바를 사용해 뷰 사이를 탐색하는 앵귤러 애플리케이션

매개변수를 사용한 라우터 구현

목록 28.36~목록 28.40은 url 매개변수를 통해 뷰에 데이터를 전달하기 위해 매개변수를 받는 라우팅 경로가 있는 라우터의 구현이다. 그림 28.6은 수행 결과를 보여준다.

목록 28.36은 애플리케이션의 라우팅 경로를 정의하는 Router 모듈이다. Router 모듈을 라우팅 경로에서 사용되는 컴포넌트로 가져온다. 11번 줄은 params 매개변수를 받는 page2 경로의 정의다.

목록 28.36 app-routing.module.ts: 애플리케이션의 라우팅 경로를 정의하는 앵귤러 모듈

```
01 import { NgModule } from '@angular/core';
02 import { Routes, RouterModule } from '@angular/router';
03 import { Page1Component } from './page1/page1.component';
04 import { Page2Component } from './page2/page2.component';
05 const routes: Routes = [
06   {
07     path: 'page1',
08     component: Page1Component
09   },
10   {
11     path: 'page2/:params',
12     component: Page2Component
13   },
14   {
15     path: '',
16     redirectTo: '/page1',
17     pathMatch: 'full'
18   }
19 ];
20 @NgModule({
21   imports: [RouterModule.forRoot(routes)],
22   exports: [RouterModule]
23 })
24 export class AppRoutingModule { }
```

목록 28.37은 루트 컴포넌트 app.component.ts이다. 이 파일은 router-outlet으로 뷰를 표시하는 템플릿을 포함한다.

목록 28.37 app.component.ts: 애플리케이션의 진입점 역할을 하는 앵귤러 컴포넌트

```
01 import { Component } from '@angular/core';
02
03 @Component({
04   selector: 'app-root',
05   template: '<router-outlet></router-outlet>'
06 })
07 export class AppComponent { }
```

목록 28.38은 page1 컴포넌트이며 @Angular/Router에서 Router와 ActivatedRoute를 가져온 후 라우터에 접근해 RouterState의 구성 요소가 라우터에 액세스하고 매개변수를 읽거나 RouterState에 할당할 수 있도록 만든다. 10~13번 줄은 생성자를 정의한다. 생성자는 11~12번 줄에서 ActivatedRoute와 Router를 private 변수인 route와 router로 할당한다. 14~22번 줄은 page2로 이동하면서 매개변수를 전달하는 gotoPage2( ) 함수를 정의한다. 16번 줄에서 this.txt를 매개변수로 전달해 page2로 이동한다. 18번 줄과 19번 줄은 브라우저의 URL 변경 없이 애플리케이션의 뷰의 변경을 허용한다.

목록 28.38 page1.component.ts: 매개변수와 page2를 탐색하는 앵귤러 컴포넌트

```
01 import { Component } from '@angular/core';
02 import { Router, ActivatedRoute } from '@angular/router';
03
04 @Component({
05   selector: 'app-page1',
06   templateUrl: './page1.component.html'
07 })
08 export class Page1Component {
09   text='';
10   constructor(
11     private route: ActivatedRoute,
12     private router: Router,
13   ){ }
14   gotoPage2() {
15     this.router.navigate(
16       ['/page2', this.text],
17       {
18         relativeTo: this.route,
19         skipLocationChange: true
20       }
21     );
22   }
23 }
```

목록 28.39는 page1의 템플릿 파일이다. 4번 줄은 page2로 라우팅될 때 매개변수로 전달되는 변수 text에 바인딩되는 텍스트 영역이다. 5번 줄은 뷰를 변경하기 위해 gotoPage2 함수를 호출하는 버튼을 생성한다. 이 버튼은 변수 text에 대용이 있을 때만 사용할 수 있다.

목록 28.39 page1.component.html: 라우터 매개변수에 값을 넣기 위한 입력 필드를 제공하는 HTML 템플릿

```html
01 <span>
02   Enter Text to Pass As Params:
03 </span>
04 <input type=text [(ngModel)]="text" />
05 <button [disabled]="!text" (click)="gotoPage2()">Page 2</button>
```

목록 28.40은 page2 컴포넌트이며 @Angular/Router에서 Router와 ActivatedRoute를 가져와 라우터와 로딩되는 라우팅 경로에 설정되는 매개변수에 접근할 수 있도록 만든다. 15~16번 줄은 params 옵서버블에 대한 구독을 생성하고 뷰에 표시할 변수 text에 값을 할당한다.

목록 28.40 page2.component.ts: 뷰에 라우터 매개변수를 표시하는 앵귤러 컴포넌트

```typescript
01 import { Component, OnInit } from '@angular/core';
02 import { Router, ActivatedRoute } from '@angular/router';
03
04 @Component({
05   selector: 'app-page2',
06   templateUrl: './page2.component.html'
07 })
08 export class Page2Component implements OnInit {
09   text;
10   constructor(
11     private route: ActivatedRoute,
12     private router: Router
13   ) { }
14   ngOnInit() {
15     this.route.params
16       .subscribe(text => this.text = text.params);
17   }
18
19   goBack() {
20     this.router.navigate(['/page1']);
21   }
22 }
```

목록 28.41은 page2의 템플릿 파일이다. 2번 줄은 라우팅 경로의 params에서 값을 가져오는 변수 text를 표시한다. 3번 줄은 다시 page1로 이동할 수 있는 버튼을 생성한다.

목록 28.41 page2.component.html: 라우터로부터 전달받은 매개변수

```
01 <h3>Params From Page 1</h3>
02 <p>{{text}}</p>
03 <button (click)="goBack( )" >back</button>
```

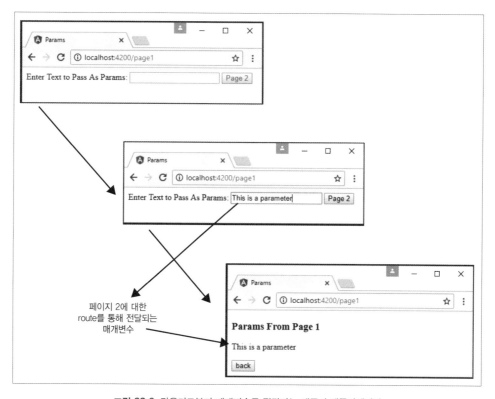

그림 28.6 라우터로부터 매개변수를 전달받는 앵귤러 애플리케이션

요약

앵귤러 서비스 객체는 다른 앵귤러 컴포넌트에 주입되는 기능을 포함한다. 앵귤러의 내장 서비스는 클라이언트 코드에서 필요로 하는 많은 기능을 제공한다. 예를 들어 http 서비스를 사용하면 웹 서버 통신을 앵귤러 애플리케이션에 쉽게 통합할 수 있으며 router 서비스를 사용하면 뷰 사이의 탐색을 관리할 수 있다.

29장에서 다룰 내용

29장, '사용자 정의 앵귤러 서비스 생성하기'에서는 앵귤러 사용자 정의 서비스에 대해 소개한다. 앵귤러는 내장 기능을 많이 제공하지만 29장에서는 애플리케이션을 효율적으로 제어할 수 있도록 자체 서비스를 생성하는 방법을 다룬다.

29

사용자 정의 앵귤러 서비스 생성하기

앵귤러는 내장 서비스로 많은 기능을 제공하며 사용자 정의 서비스를 구현해 특정 기능을 제공할 수도 있다. 애플리케이션에 작업 기반 기능을 제공해야 하는 경우마다 사용자 정의 서비스를 구현할 수 있다.

사용자 정의 서비스를 구현할 때는 각 서비스를 하나 이상의 연관된 작업을 수행하는, 재사용할 수 있는 코드 조각이라고 생각할 필요가 있다. 그런 다음 여러 앵귤러 애플리케이션에서 쉽게 사용되는 라이브러리로 디자인하거나 그룹화할 수 있다.

29장에서는 앵귤러 사용자 정의 서비스를 소개한다. 사용자 정의 앵귤러 서비스의 몇 가지 예를 제공함으로써 사용자 정의 앵귤러 서비스를 설계하고 구현하는 방법에 대해 알아본다.

앵귤러 애플리케이션에 사용자 정의 서비스 통합하기

애플리케이션에 앵귤러 서비스를 구현하기 시작하면 어떤 경우는 매우 간단하지만 다른 경우 서비스가 매우 복잡하다는 것을 알게 된다. 일반적으로 서비스의 복잡성은 기본 데이터의 복잡성과 그것이 제공하는 기능성을 반영한다. 이번 절의 목적은 다양한 형식의 사용자 정의 서비스를 구현하고 사용하는 방법을 보여주기 위해 다양한 형식의 사용자 정의 서비스에 대한 몇 가지 기본 예제를 제공하는 것이다. 표 29.1은 서비스의 몇 가지 용도를 보여준다.

표 29.1 사용자 정의 서비스의 사용 예

서비스	설명
모의 서비스	백엔드를 사용할 수 없는 동안 HTTP 기반 서비스를 테스트할 수 있는 더미 데이터를 제공
상수 데이터	수학적 값인 파이와 같이 일정하게 유지돼야 하는 데이터 변수를 반환
변수 데이터	다른 서비스가 사용하는 서비스에 저장될 변경된 값과 함께 변경될 수 있는 데이터 변수를 반환
백엔드에 대한 HTTP 연결	백엔드 데이터에 대한 인터페이스를 만들기 위해 사용자 정의 서비스 내에서 사용
데이터 변환	변환할 데이터 폼을 가져와 변환을 실행하고 변환된 값을 반환(예를 들면 숫자를 입력받아 사각형을 반환하는 사각형 서비스)
공유 서비스	동시에 여러 컴포넌트에서 사용되는 모든 형식의 서비스는 변경될 때마다 모든 컴포넌트에 대해 자동으로 데이터를 업데이트

애플리케이션에 앵귤러 서비스 추가하기

이번 절에서는 애플리케이션에서 사용자 정의 서비스를 생성하고 구현하는 방법에 대해 설명한다. 서비스는 애플리케이션 전체에서 사용될 수 있도록 만들어져야 한다. 다음은 주입 가능한 서비스를 생성하는 구문을 보여준다.

```
import { Injectable } from '@angular/core';
@Injectable()
export class CustomService { }
```

일단 주입 가능한 서비스를 생성하고 나면 이 서비스를 필요로 하는 모든 앵귤러 컴포넌트에 가져와 기능을 제공한다. 다음은 컴포넌트의 장식자 메타데이터에 제공자 배열을 통해 주입되는 사용자 정의 서비스를 가져오는 구문이다.

```
import { CustomService } from './path_to_service';
@Component({
  selector: 'app-root',
  template: '',
  providers: [ CustomService ]
})
```

사용자 정의 서비스를 사용하기 위한 마지막 단계는 컴포넌트 전체에서 사용하기 위해 해당 서비스의 인스턴스를 만드는 것이다. 다음 예제와 같이 컴포넌트의 생성자에서 이 작업을 수행한다.

```
constructor(
  private myService: CustomService
){}
```

이 단계가 완료되면 myService 인스턴스를 통해 컴포넌트에서 사용자 정의 서비스와 해당 메서드를 사용할 수 있다.

다음 절에서는 사용자 정의 서비스를 구현하는 다양한 방법에 대한 예제를 보여준다.

상수 데이터 서비스를 사용하는 간단한 애플리케이션 구현

이 예제는 상수 데이터 서비스를 작성하는 방법을 보여준다. 이 예제의 목적은 상수 데이터 변수를 반환하는 간단한 서비스를 만드는 것이다.

목록 29.1은 pi 값을 반환하는 pi 서비스다. 1~3번 줄은 외부에서 사용할 수 있도록 Injectable을 구현하고 가져왔다. 4번 줄은 서비스를 정의하는 PiService 클래스를 작성한다. 5~7번 줄은 pi의 값을 리턴하는 getPi 메서드를 정의한다.

목록 29.1 pi.service.ts: Pi의 값을 반환하는 서비스 생성

```
01 import { Injectable } from '@angular/core';
02
03 @Injectable()
04 export class PiService {
05   getPi(){
06     return Math.PI;
07   }
08 }
```

목록 29.2는 PiService를 가져오고 구현하는 앵귤러 컴포넌트의 구현이다. 2번 줄과 7번 줄은 PiService를 가져와 컴포넌트 전체에서 사용할 수 있도록 한다. 12번 줄은 변수 PiService로 인스턴스화되는 PiService를 보여준다. 14~16번 줄은 ngOnInit 메서드를 보여준다. ngOnInit 메서드는 PiService에서 getPi 메서드를 호출하고 반환 값을 pi 변수에 할당한다.

목록 29.2 app.component.ts: PiService에서 Pi 값을 받아오는 앵귤러 컴포넌트

```
01 import { Component, OnInit } from '@angular/core';
02 import { PiService } from './pi.service';
03
04 @Component({
05   selector: 'app-root',
06   templateUrl: './app.component.html',
07   providers: [ PiService ]
08 })
09 export class AppComponent implements OnInit {
10   pi: number;
11   constructor(
12     private PiService: PiService
13   ){}
14   ngOnInit(){
15     this.pi = this.PiService.getPi();
16   }
17 }
```

목록 29.3은 pi의 값을 소수점 다섯 자리까지 표시하는 앵귤러 템플릿이다.

목록 29.3 app.component.html: Pi 값을 소수점 다섯 자리까지 표시하는 앵귤러 템플릿

```
01 <h1>
02   Welcome. this app returns the value of pi
03 </h1>
04 <p> the value of pi is: {{pi | number:'1.1-5'}}</p>
```

그림 29.1는 브라우저에서 보이는 해당 예제의 결과다.

그림 29.1 상수 서비스에서 얻은 pi 값을 표시하는 앵귤러 컴포넌트를 보여주는 HTML 페이지

데이터 변환 서비스 구현

이 예제는 데이터 변수를 가져와 도형의 면적을 계산해 반환하는 간단한 데이터 변환 서비스를 작성하는 방법을 보여준다.

목록 29.4는 사용자 정의 서비스 AreaCalcService를 보여주며 다양한 도형의 명칭을 따서 만든 메서드를 갖는다. 각각의 메서드들은 도형에 면적을 계산하는 데 필요한 변수를 입력받는다. 1번 줄과 3번 줄은 외부에서 서비스를 사용할 수 있도록 Injectable을 가져오고 구현한다.

목록 29.4 area-calc.service.ts: 도형의 면적을 계산하는 메서드를 갖는 앵귤러 서비스

```
01 import { Injectable } from '@angular/core';
02
03 @Injectable()
04 export class AreaCalcService {
05   circle(radius:number): number {
06     return Math.PI * radius * radius;
07   }
08   square(base:number): number {
09     return base * base;
10   }
11   rectangle(base:number, height): number {
12     return base * height;
13   }
14   triangle(base:number, height): number {
```

```
15     return (base*height)/2;
16   }
17   trapezoid(base1:number,
18            base2:number,
19            height:number): number {
20     return ((base1+base2)/2)*height;
21   }
22 }
```

목록 29.4의 경우 app.module.ts에 다음 코드를 추가해야 한다.

```
import { FormsModule } from '@angular/forms';

@NgModule({
  declarations: [
    AppComponent,
  ],

  imports: [
    BrowserModule,
    FormsModule
  ],

  providers: [],
  bootstrap: [ AppComponent ]
})
```

목록 29.5는 사용자의 입력 값을 기반으로 AreaCalcService으로 도형 면적을 얻는 컴포넌트다. 2, 8번 줄은 AreaCalcService를 가져와 컴포넌트에서 사용할 수 있도록 제공자에 추가한다. 21번 줄은 AreaCalcService의 인스턴스를 areaCalc로 생성해 컴포넌트 메서드와 함께 사용한다.

23~25번 줄은 doCircle 메서드를 정의하며 이 메서드는 areaCalc에 circle 메서드를 구현해 원의 면적을 얻는다.

26~28번 줄은 doSquare 메서드를 정의하며 이 메서드는 areaCalc에 square 메서드를 구현해 정사각형의 면적을 얻는다.

29~31번 줄은 doRectangle 메서드를 정의하며 이 메서드는 areaCalc에 rectangle 메서드를 구현해 직사각형의 면적을 얻는다.

32~34번 줄은 doTriangle 메서드를 정의하며 이 메서드는 areaCalc에 triangle 메서드를 구현해 삼각형의 면적을 얻는다.

35~39번 줄은 doTrapezoid 메서드를 정의하며 이 메서드는 areaCalc에 trapezoid 메서드를 구현해 사다리꼴의 면적을 얻는다.

목록 29.5 app.component.ts: 사용자의 입력 값을 기반으로 AreaCalcService를 통해 도형 면적을 얻어오는 앵귤러 컴포넌트

```
01 import { Component } from '@angular/core';
02 import { AreaCalcService } from './area-calc.service';
03
04 @Component({
05   selector: 'app-root',
06   templateUrl: './app.component.html',
07   styleUrls: ['./app.component.css'],
08   providers: [ AreaCalcService ]
09 })
10 export class AppComponent {
11   circleRadius: number = 0;
12   squareBase: number = 0;
13   rectangleBase: number = 0;
14   rectangleHeight: number = 0;
15   triangleBase: number = 0;
16   triangleHeight: number = 0;
17   trapezoidBase1: number = 0;
18   trapezoidBase2: number = 0;
19   trapezoidHeight: number = 0;
20
21   constructor(private areaCalc: AreaCalcService){ }
22
23   doCircle(){
24     return this.areaCalc.circle(this.circleRadius);
25   }
26   doSquare(){
27     return this.areaCalc.square(this.squareBase);
```

```
28   }
29   doRectangle(){
30     return this.areaCalc.rectangle(this.rectangleBase, this.rectangleHeight);
31   }
32   doTriangle(){
33     return this.areaCalc.triangle(this.triangleBase, this.triangleHeight);
34   }
35   doTrapezoid(){
36     return this.areaCalc.trapezoid(this.trapezoidBase1,
37                                    this.trapezoidBase2,
38                                    this.trapezoidHeight);
39   }
40 }
```

목록 29.6은 다양한 도형 면적 계산에 필요한 데이터를 입력받기 위한 폼 필드를 만드는 앵글러 템플릿이다. 데이터가 입력되는 즉시 면적을 계산해 사용자에게 표시한다.

목록 29.6 app.component.html: 도형의 면적을 얻기 위한 폼 필드 사용자 인터페이스를 제공하는 앵글러 템플릿

```
01 <label>Circle Radius:</label>
02 <input type="text" [(ngModel)]="circleRadius"/>
03 <span>Area: {{this.doCircle()}}</span>
04 <hr>
05
06 <label>Square Side:</label>
07 <input type="text" [(ngModel)]="squareBase" />
08 <span>Area: {{this.doSquare()}}</span>
09 <hr>
10
11 <label>Rectangle Base:</label>
12 <input type="text" [(ngModel)]="rectangleBase" /> <br>
13 <label>Rectangle Height:</label>
14 <input type="text" [(ngModel)]="rectangleHeight" />
15 <span>Area: {{this.doRectangle()}}</span>
16 <hr>
17
18 <label>Triangle Base:</label>
19 <input type="text"
```

```
20   [(ngModel)]="triangleBase" /> <br>
21 <label>Triangle Height:</label>
22 <input type="text" [(ngModel)]="triangleHeight" />
23 <span>Area: {{this.doTriangle()}}</span>
24 <hr>
25
26 <label>Trapezoid Base1:</label>
27 <input type="text"  [(ngModel)]="trapezoidBase1" /><br>
28 <label>Trapezoid Base2:</label>
29 <input type="text"  [(ngModel)]="trapezoidBase2" /><br>
30 <label>Trapezoid Height:</label>
31 <input type="text"  [(ngModel)]="trapezoidHeight" />
32 <span>Area: {{this.doTrapezoid()}}</span>
```

목록 29.7은 애플리케이션에 스타일을 지정하고 각 도형에 대한 폼을 개별적으로 분리하는 CSS 파일이다.

목록 29.7 app.component.html: 애플리케이션에 스타일을 지정하는 CSS 파일

```
01 label{
02   color: blue;
03   font: bold 20px times new roman;
04   width: 200px;
05   display: inline-block;
06   text-align: right;
07 }
08 input{
09   width: 40px;
10   text-align: right;
11 }
12 span{
13   font: bold 20px courier new;
14   padding-left: 10px;
15 }
```

그림 29.2는 앵귤러 애플리케이션 웹 페이지의 결과를 보여준다. 컴포넌트에 값이 추가되면 사용자 정의 서비스에서 자동으로 면적을 계산한다.

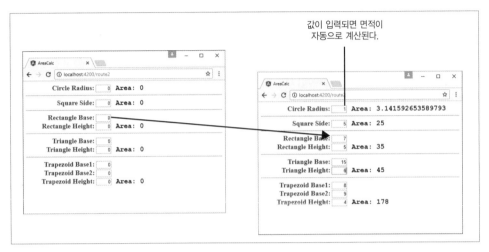

그림 29.2 사용자 정의 서비스를 사용해 다양한 도형의 면적을 자동으로 계산하는 앵귤러 애플리케이션

변수 데이터 서비스 구현

이 예제는 임의의 시간에 목록에서 이미지를 임의로 선택해 표시할 컴포넌트로 보내는 이미지 교환기를 만드는 가변 데이터 서비스를 작성하는 방법을 보여준다.

목록 29.8은 목록에서 이미지 URL을 선택해 임의의 시간 간격으로 해당 URL을 내보내는 RandomImageService 사용자 정의 서비스다. 2번 줄은 rxjs에서 Observable을 가져온다. 33~37번 줄은 옵서버블 imageChange를 초기화하고 ob 서버 객체를 전달하는 changeLoop 메서드를 호출하는 생성자를 보여준다. 38~51번 줄은 옵서버블 응답 객체 observer를 취하는 changeLoop 메서드를 정의한다. setTimeout 함수는 완료 전에 임의의 시간으로 호출된다. 다음으로 이미지 배열에서 임의의 이미지가 선택된다. 그런 다음 이미지 URL, 제목, 너비가 내보내지며 changeLoop은 재귀적으로 자신을 호출한다. 52~54번 줄은 getRandom 함수를 정의하며 이 함수는 min과 max의 두 매개변수를 받아 그 사이의 임의의 수를 얻는다.

목록 29.8 random-image.service.ts: 임의의 이미지를 포함하는 옵서버블을 반환하는 앵귤러 서비스

```
01 import { Injectable, OnInit } from '@angular/core';
02 import { Observable } from 'rxjs';
03
04 @Injectable()
05 export class RandomImageService {
06   imageChange: Observable<any>;
07   private images = [
08     {
09       url: '../../assets/images/arch.jpg',
10       title: "Delicate Arch"
11     },
12     {
13       url: '../../assets/images/lake.jpg',
14       title: "Silver Lake"
15     },
16     {
17       url: '../../assets/images/cliff.jpg',
18       title: "Desert Cliff"
19     },
20     {
21       url: '../../assets/images/bison.jpg',
22       title: "Bison"
23     },
24     {
25       url: '../../assets/images/flower.jpg',
26       title: "Flower"
27     },
28     {
29       url: '../../assets/images/volcano.jpg',
30       title: "Volcano"
31     },
32   ];
33   constructor() {
34     this.imageChange = new Observable(observer => {
35       this.changeLoop(observer);
36     });
37   }
```

```
38    changeLoop(observer){
39      setTimeout(() => {
40        let imgIndex = this.getRandom(0,6);
41        let image = this.images[imgIndex];
42        observer.next(
43          {
44            url: image.url,
45            title: image.title,
46            width: this.getRandom(200,400)
47          }
48        );
49        this.changeLoop(observer);
50      }, this.getRandom(100,1000));
51    }
52    getRandom(min, max) {
53      return Math.floor(Math.random() * (max - min)) + min;
54    }
55    getRandomImage(): Observable<any> {
56      return this.imageChange;
57    }
58 }
```

목록 29.9는 RandomImageService에서 임의의 이미지를 가져와 메인 뷰에 표시하고 imageHistory 배열에 추가하는 앵귤러 컴포넌트다. 4와 10번 줄은 RandomImageService 를 가져와 컴포넌트에 제공하는 것을 보여준다. 18번 줄은 RandomImageService를 변수 randomImages로 인스턴스화한다. 20~24번 줄은 RandomImageService에서 데이터 수신이 가능할 때까지 표시하기 위한 초기 imageInfo 객체를 생성한다. 27~34번 줄은 randomImages 서비스 인스턴스에서 getRandomImage 메서드를 호출해 옵서버블 randomImage에 지정하는 ngOnInit 메서드다. 다음으로 imageInfo에 옵서버블로부터 내보낸 모든 값이 지정된다. imageHistory 또한 옵서버블에서 내보내는 모든 값을 추가한다.

목록 29.9 app.component.ts: RandomImageService로부터 임의의 이미지를 가져와 표시하는 앵귤러 컴포넌트

```
01 import { Component, OnInit } from '@angular/core';
02 import { Observable } from 'rxjs';
03 import { Subscription } from 'rxjs';
04 import { RandomImageService } from './random-image.service';
```

```
05
06 @Component({
07   selector: 'app-root',
08   templateUrl: './app.component.html',
09   styleUrls: ['./app.component.css'],
10   providers: [ RandomImageService ]
11 })
12 export class AppComponent {
13   title = 'app';
14   randomImage: Observable<any>;
15   imageInfo: any;
16   imageHistory: any[];
17   constructor(
18     private randomImages: RandomImageService
19   ){
20     this.imageInfo = {
21       url: '',
22       title: 'Loading . . .',
23       width: 400
24     };
25     this.imageHistory = [];
26   }
27   ngOnInit(){
28     this.randomImage = this.randomImages.getRandomImage();
29     this.randomImage.subscribe(
30     imageData => {
31       this.imageInfo = imageData;
32       this.imageHistory.push(imageData);
33     });
34   }
35 }
```

목록 29.10은 메인 뷰에 임의의 이미지를 표시하는 앵귤러 템플릿이다. ngFor는 이미지 히스토리 배열의 각 이미지를 표시하는 데 사용한다.

목록 29.10 app.component.html: RandomImageService에서 내보낸 이미지를 표시하는 앵귤러 템플릿

```
01 <div>
02    <img src="{{imageInfo.url}}"
03        width="{{imageInfo.width}}">
04    <p>{{imageInfo.title}}</p>
05 </div>
06 <hr>
07 <h3>Random Image History</h3>
08 <span *ngFor = "let image of imageHistory">
09    <img src="{{image.url}}" height="50px">
10 </span>
```

목록 29.11은 애플리케이션에서 메인 이미지와 텍스트의 경계 대한 스타일을 지정하는 CSS 파일이다.

목록 29.11 app.component.css: 작은 그림들과 메인 뷰를 분리하는 애플리케이션의 스타일을 지정하는 CSS 파일

```
01 div {
02    position: inline-block;
03    width: fit-content;
04    border: 3px solid black;
05 }
06 p {
07    font: bold 25px 'Times New Roman';
08    padding: 5px;
09    text-align: center;
10 }
```

그림 29.3은 실행 중인 예제의 화면이다. 메인 이미지 URL과 크기는 서비스에 의해 임의로 변경된다. 무작위로 표시된 이미지의 히스토리 내역이 하단에 표시된다.

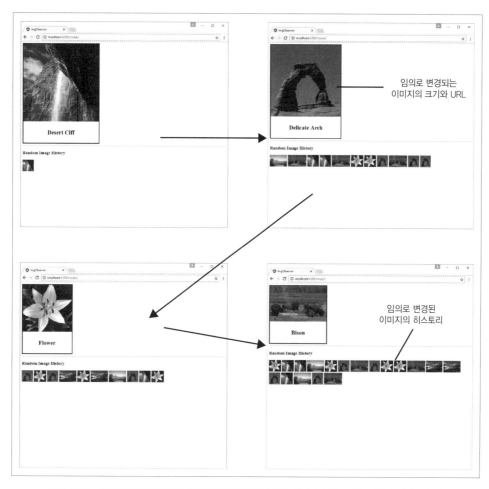

그림 29.3 이미지 크기와 URL을 임의로 변경해 컴포넌트를 업데이트하는 변수 데이터 서비스 구현

프로미스를 반환하는 서비스 구현

이번 예제는 프로미스를 생성해 반환하는 서비스를 작성하는 방법을 보여준다.

목록 29.12는 사용자 정의 서비스인 PromiseService이며 이 서비스는 수초 후에 사용자에게 알려주는 비동기 타이머를 생성한다. 5~11번 줄은 createTimedAlert 메서드를 정의하며 이 메서드는 매개변수 seconds를 입력받아 프로미스를 반환한다.

7~9번 줄은 resolve 함수를 생성하며 프로미스가 종료되고 나면 실행된다. 이 함수는 사용자에게 알림이 실행되는 데 걸린 시간을 알려준다.

목록 29.12 promise.service.ts: 타이머 기반 알림를 제공하는 앵귤러 서비스

```
01 import { Injectable } from '@angular/core';
02
03 @Injectable()
04 export class PromiseService {
05   createTimedAlert(seconds: number): Promise<any> {
06     return new Promise((resolve, reject) => {
07       resolve(setTimeout(function() {
08         alert('this alert took ' + seconds + ' seconds to load');
09       }, (seconds * 1000)));
10     });
11   }
12 }
```

목록 29.13은 PromiseService를 사용해 나중 처리하는 비동기 요청을 생성하는 앵귤러 컴포넌트다. 2번 줄과 7번 줄은 PromiseService를 가져와 제공자 배열에 추가해 컴포넌트에서 사용할 수 있게 한다. 12번 줄에서는 PromiseService의 인스턴스 alert을 생성한다. 15~17번 줄은 createAlert 메서드를 정의하며 이 메서드는 seconds 변수를 전달해 alert의 createTimedAlert 메서드를 호출한다.

목록 29.13 app.component.ts: PromiseService 서비스를 사용하는 앵귤러 컴포넌트

```
01 import { Component } from '@angular/core';
02 import { PromiseService } from './promise.service';
03
04 @Component({
05   selector: 'app-root',
06   templateUrl: './app.component.html',
07   providers: [PromiseService]
08 })
09 export class AppComponent {
10   seconds: number = 0;
11   constructor(
12     private alert: PromiseService
```

```
13   ){}
14
15   createAlert(){
16     this.alert.createTimedAlert(this.seconds);
17   }
18 }
```

목록 29.14는 사용자로부터 초 단위로 시간을 입력받는 앵귤러 템플릿이다. 템플릿에는 createAlert 함수를 호출하는 버튼이 있다.

목록 29.14 app.component.html: 비동기 알림 요청을 시작하는 버튼을 표시하는 템플릿

```
01 <h3>set the time in seconds to create an alert</h3>
02 <input [(ngModel)]="seconds">
03 <button (click)="createAlert()">go</button>
```

그림 29.4는 시간이 경과한 후 서비스에서 표시하는 비동기 알림을 보여준다.

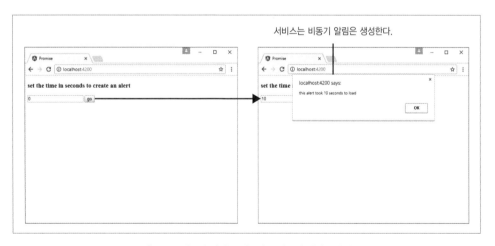

그림 29.4 비동기 알림을 제공하는 앵귤러 서비스의 사용

공유 서비스 구현

이번 예제는 두 컴포넌트 사이에 공유되는 서비스를 작성하는 방법을 보여준다. 이 서비스의 인스턴스는 오직 하나만 존재하기 때문에 어느 한 컴포넌트가 데이터를 변경하면 다른 컴포넌트에서도 해당 데이터가 변경된다는 것을 볼 수 있다.

목록 29.15는 사용자 정의 서비스이며 이 서비스는 인물들의 배열에 대한 옵서버블을 생성한다. 이 옵서버블은 편집이 가능하기 때문에 인물의 health 항목을 감소시키는 데 유용하다. 값이 변경되면 옵서버블은 구독하고 있는 모든 컴포넌트에 변경 내용을 내보낸다.

13~50번 줄은 name, race, alignment, health 값을 포함하는 문자 배열을 정의한다. 53~58번 줄은 옵서버블 charObservable을 생성하는 생성자 메서드를 정의한다. 관찰자 객체는 서비스 변수 observer에 저장된다. 이어서 관찰자는 인문 배열을 내보낸다. 60~62번 줄은 charObservable을 반환하는 getCharacters 메서드를 정의한다.

64~74번 줄은 두 매개변수 character와 damage를 입력받는 hitCharacter 메서드를 정의한다. 이 메서드는 characters 배열 내의 character 인덱스를 검색한다. 인물이 배열 내에 있다면 이 메서드는 해당 character의 health에서 damage를 뺀다. 그 결과가 0보다 작거나 같다면 배열에서 해당 character를 제거한다. 마지막으로 메서드는 업데이트된 characters 배열을 내보낸다.

목록 29.15 shared.service.ts: 컴포넌트 사이에서 공유되는 앵귤러 서비스

```
01 import { Injectable } from '@angular/core';
02 import { Observable } from 'rxjs';
03
04 export class character {
05   name: string;
06   race: string;
07   alignment: string;
08   health: number;
09 }
10
11 @Injectable()
12 export class SharedService{
13   characters: character[] = [
14     {
```

```
15        name: 'Aragon',
16        race: 'human',
17        alignment: 'good',
18        health: 100
19     },
20     {
21        name: 'Legolas',
22        race: 'elf',
23        alignment: 'good',
24        health: 100
25     },
26     {
27        name: 'Gimli',
28        race: 'Dwarf',
29        alignment: 'good',
30        health: 100
31     },
32     {
33        name: 'Witch King',
34        race: 'Wraith',
35        alignment: 'bad',
36        health: 100
37     },
38     {
39        name: 'Lurtz',
40        race: 'Uruk-hai',
41        alignment: 'bad',
42        health: 100
43     },
44     {
45        name: 'Sarumon',
46        race: 'Wizard',
47        alignment: 'bad',
48        health: 100
49     },
50  ];
51  charObservable: Observable<character[]>;
52  observer;
53  constructor(){
```

```
54    this.charObservable = new Observable(observer => {
55      this.observer = observer;
56      this.observer.next(this.characters);
57    })
58  }
59
60  getCharacters(): Observable<character[]>{
61    return this.charObservable;
62  }
63
64  hitCharacter(character, damage){
65
66    var index = this.characters.indexOf(character, 0);
67    if(index > -1){
68      this.characters[index].health -= damage;
69      if(this.characters[index].health <= 0){
70        this.characters.splice(index, 1);
71      }
72    }
73    this.observer.next(this.characters);
74  }
75 }
```

목록 29.16은 자식 컴포넌트로 전달되는 SharedService의 단일 인스턴스를 생성하는 앵귤러 컴포넌트다. 각 자식이 동일한 서비스 인스턴스를 받기 때문에 SharedService를 주입하고 옵서버블을 구독하는 모든 하위 컴포넌트는 데이터가 변경될 때마다 업데이트된다. 2번 줄과 7번 줄은 SharedService를 가져와 컴포넌트에서 사용할 수 있도록 제공한다. 11번 줄은 SharedService를 HTML 내에서 사용하기 위해 shared 변수에 할당한다.

목록 29.16 app.component.ts: SharedService를 배포하는 앵귤러 컴포넌트

```
01 import { Component } from '@angular/core';
02 import { SharedService } from './shared.service';
03
04 @Component({
05   selector: 'app-root',
06   templateUrl: './app.component.html',
```

```
07   providers: [ SharedService ]
08 })
09 export class AppComponent {
10   constructor(
11     public shared: SharedService
12   ){}
13 }
```

목록 29.17은 alignment가 good인 사람들과 bad인 사람들을 구분해 표시하는 앵귤러 템플릿이다. 2번 줄은 Good Guys 컴포넌트로 입력 shared를 받고 shared 옵서버블을 app.component에서 goo-guys.component로 전달한다. 5번 줄은 Bad Guys 컴포넌트로 shared 입력을 받아 app.component에서 badguys.component로 shared 옵서버블을 전달한다.

목록 29.17 app.component.html: 두 컴포넌트에 SharedService를 배포하는 앵귤러 템플릿 파일

```
01 <h2>Good Guys</h2>
02 <app-good-guys [shared]="shared"></app-good-guys>
03   <hr>
04 <h2>Bad Guys</h2>
05 <app-badguys [shared]="shared"></app-badguys>
```

목록 29.18은 good-guys.component 앵귤러 컴포넌트다. 9번 줄은 app.component에서 SharedService 옵서버블을 가져오는 입력 shared이다. 14~16번 줄은 shared 서비스를 구독하는 getCharacters를 보여주며 이는 변수 characters를 메서드에서 반환된 옵서버블이 내보낸 값으로 설정한다. 18~20번 줄은 character와 dameage 두 매개변수를 받는 hitCharacter 메서드를 정의한다. 이 메서드는 character와 damage를 매개변수로해 shared 서비스의 hitCharacter 메서드를 호출한다.

목록 29.18 good-guys.component.ts: 공유 옵서버블을 관찰하고 표시하는 앵귤러 컴포넌트

```
01 import { Component, OnInit, Input } from '@angular/core';
02
03 @Component({
04   selector: 'app-good-guys',
05   templateUrl: './good-guys.component.html',
06   styleUrls: ['./good-guys.component.css']
```

```
07 })
08 export class GoodGuysComponent implements OnInit {
09   @Input('shared') shared;
10   characters: Array<any>;
11   constructor(){}
12
13   ngOnInit(){
14     this.shared.getCharacters().subscribe(
15       characters => this.characters = characters
16     );
17   }
18   hitCharacter(character, damage){
19     this.shared.hitCharacter(character, damage)
20   }
21 }
```

목록 29.19는 인물 목록을 표시하는 앵귤러 템플릿이다. 3~5번 줄은 인물의 이름, 종족 및 건강 상태를 표시한다. 6~8번 줄은 alignment가 'bad'인 인물의 character 객체와 숫자 25 를 매개변수로 해 hitCharacter 메서드를 호출하는 버튼을 표시한다.

목록 29.19 good-guys.component.html: 인물들의 목록을 표시하는 앵귤러 템플릿

```
01 <div *ngFor="let character of characters">
02   <div class="character">
03     <b>Name:</b> {{character.name}}<br>
04     <b>Race:</b> {{character.race}}<br>
05     <b>Health:</b> {{character.health}}
06     <span *ngIf="character.alignment == 'bad'">
07       <button (click)="hitCharacter(character, 25)">hit</button>
08     </span>
09   </div>
10 </div>
```

목록 29.20은 각 인물에 테두리를 추가해 인물을 별도의 엔티티로 구별하는 데 도움이 되 는 CSS 파일이다.

목록 29.20 good-guys.component.css: 인물을 카드 형태로 분리하는 CSS 파일

```
01 b{
02   font-weight: bold;
03 }
04 div {
05   display: inline-block;
06   margin: 10px;
07   padding: 5px;
08 }
09 .character {
10   border: 2px solid steelblue;
11 }
```

목록 29.21은 앵귤러 컴포넌트 badguys.component이다. 10번 줄은 app.component에서 SharedService 옵서버블을 가져오는 입력 shared이다. 15~17번 줄은 shared 서비스에서 구독된 getCharacters를 보여준다. 이 메서드는 변수 characters를 메서드로부터 반환된 옵서버블이 내보내는 값으로 설정한다. 19~21번 줄은 character와 damage 두 매개변수를 받는 hitCharacter 메서드를 정의한다. 이 메서드는 character와 damage를 매개변수로 해 shared 서비스의 hitCharacter 메서드를 호출한다.

목록 29.21 badguys.component.ts: 공유 옵서버블을 관찰하고 표시하는 앵귤러 컴포넌트

```
01 import { Component, OnInit, Input } from '@angular/core';
02
03 @Component({
04   selector: 'app-badguys',
05   templateUrl: './badguys.component.html',
06   styleUrls: ['./badguys.component.css']
07 })
08
09 export class BadguysComponent implements OnInit {
10   @Input('shared') shared;
11   characters: Array<any>;
12   constructor(){ }
13
14   ngOnInit(){
```

```
15     this.shared.getCharacters().subscribe(
16       characters => this.characters = characters
17     );
18   }
19   hitCharacter(character, damage){
20     this.shared.hitCharacter(character, damage);
21   }
22 }
```

목록 29.22는 인물 목록을 표시하는 앵귤러 템플릿이다. 3~5번 줄은 인물의 이름, 종족 및 건강 상태를 표시한다. 6~8번 줄은 alignment가 'good'인 인물의 character 객체와 숫자 25를 매개변수로 해 hitCharacter 메서드를 호출하는 버튼을 표시한다.

목록 29.22 badguys.component.html: 인물들의 목록을 표시하는 앵귤러 템플릿

```
01 <div *ngFor="let character of characters">
02   <div class="character">
03     <b>Name:</b> {{character.name}}<br>
04     <b>Race:</b> {{character.race}}<br>
05     <b>Health:</b> {{character.health}}
06     <span *ngIf="character.alignment == 'good'">
07       <button (click)="hitCharacter(character, 25)">hit</button>
08     </span>
09   </div>
10 </div>
```

목록 29.23은 각 인물에 테두리를 추가해 인물을 별도의 엔티티로 구별하는 데 도움이 되는 CSS 파일이다.

목록 29.23 badguys.component.css: 인물을 카드 형태로 시각적으로 분리하는 CSS 파일

```
01 b{
02   font-weight: bold;
03 }
04 div {
05   display: inline-block;
06   margin: 10px;
07   padding: 5px;
```

```
08 }
09 .character {
10    border: 2px solid steelblue;
11 }
```

그림 29.5는 Good Guys 컴포넌트와 Bad Guys 컴포넌트를 연결하는 애플리케이션을 보여준다. hit 버튼을 클릭하면 두 컴포넌트에서 관찰되는 공유 서비스가 업데이트된다.

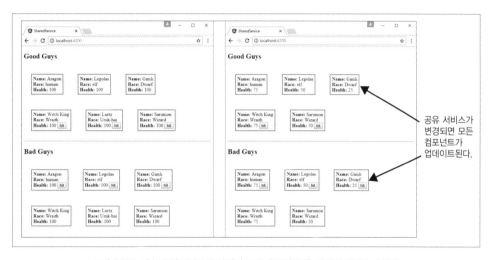

그림 29.5 다수의 컴포넌트를 업데이트 하기 위한 공유 앵귤러 서비스의 사용

요약

앵귤러 사용자 정의 서비스는 다른 앵귤러 서비스 및 컴포넌트에 주입할 수 있는 기능을 제공한다. 서비스를 사용하면 코드를 기능 모듈로 정리해 앵귤러 애플리케이션에서 사용할 수 있는 기능을 라이브러리화하는 데 사용할 수 있다.

29장에서는 애플리케이션에 작업 기반 기능을 제공하기 위한 사용자 정의 앵귤러 서비스를 구현할 수 있는 도구에 중점을 뒀다. 따라서 29장에서는 다양한 형식의 사용자 정의 앵귤러 서비스를 구현하는 예제를 제공했다.

30장에서 다룰 내용

30장, '앵귤러 즐기기'에서는 추가 예제를 통해 지금까지 배운 내용을 확장하는 데 중점을 둔다. 이를 위해 지금까지 배웠던 모든 것을 활용해 재미있고 유용한 앵귤러 컴포넌트를 작성하는 방법을 보여준다.

앵귤러 즐기기

앵귤러는 많은 기능을 제공하는 잘 구성된 프레임워크다. 지금까지는 앵귤러에서 제공하는 기능을 이해하는 데 필요한 모든 것을 제공했다. 30장은 앞의 내용과 달리, 지금까지 다뤘던 내용을 확장하는 추가 예제를 제공한다. 예제는 앞의 모든 내용을 포함하고 있으며 앵귤러를 활용해 유용하고 재미있는 애플리케이션을 작성하는 방법을 보여준다.

애니메이션 서비스를 사용하는 앵귤러 애플리케이션 구현

목록 30.1~목록 30.6은 애니메이션 서비스로 이미지에 애니메이션을 적용하는 앵귤러 애플리케이션을 작성하는 방법을 보여준다. 이미지 제목 위에 마우스 커서를 올려놓으면 이미지가 페이드 인과 함께 적절한 크기로 커진다. 이와 반대로 마우스 커서를 내리면 이미지는 축소되면서 페이드 아웃된다.

이번 예제의 폴더 구조는 다음과 같다.

- **./app.module.ts**: 애니메이션을 가져오는 앱 모듈(목록 30.1)

- **./app.component.ts**: 애플리케이션의 앵귤러 루트 컴포넌트(목록 30.2)

- **./app.component.html**: app.component의 앵귤러 템플릿(목록 30.3)

- **./animated**: animated 컴포넌트 폴더

- **./animated/animated.component.ts**: 애니메이션을 처리하는 앵귤러 컴포넌트(목록 30.4)

- ■ **./animated/animated.component.html**: animated 컴포넌트의 앵귤러 템플릿(목록 30.5)
- ■ **./animated/animated.component.css**: animated 컴포넌트의 CSS 파일(목록 30.6)

목록 30.1은 애플리케이션 모듈이다. 애플리케이션이 애니메이션 서비스를 사용하기 위해 `BrowserAnimationsModule`을 로드한다. 3번 줄에서는 `BrowserAnimationModule`을 @angular/platform-browser/animations에서 가져오고 16번 줄에서 `imports` 배열에 추가해 애플리케이션에서 애니메이션을 사용할 수 있도록 만든다.

목록 30.1 app.module.ts: BrowserAnimationsModule를 포함시키는 앵귤러 모듈

```
01 import { BrowserModule } from '@angular/platform-browser';
02 import { NgModule } from '@angular/core';
03 import { BrowserAnimationsModule } from
04   '@angular/platform-browser/animations';
05
06 import { AppComponent } from './app.component';
07 import { AnimatedComponent } from './animated/animated.component';
08
09 @NgModule({
10   declarations: [
11     AppComponent,
12     AnimatedComponent
13   ],
14   imports: [
15     BrowserModule,
16     BrowserAnimationsModule
17   ],
18   providers: [],
19   bootstrap: [AppComponent]
20 })
21 export class AppModule { }
```

목록 30.2는 애플리케이션의 루트 역할을 하는 앵귤러 컴포넌트다. 이 컴포넌트는 animated 컴포넌트를 사용하는 템플릿 파일을 로드한다.

목록 30.2 app.component.ts: 애플리케이션의 루트 역할을 하는 앵귤러 컴포넌트

```
01 import { Component } from '@angular/core';
02 import { AnimatedComponent } from './animated/animated.component';
03
04 @Component({
05   selector: 'app-root',
06   templateUrl: './app.component.html'
07 })
08 export class AppComponent {}
```

목록 30.3은 이미지 URL을 입력 src로 전달해 animated 컴포넌트를 4번 로딩하는 앵귤러 템플릿이다. 또한 입력 title에 제목을 추가한다.

목록 30.3 app.component.html: animated 컴포넌트를 사용하는 앵귤러 템플릿

```
01 <animated title="Arch"
02   src="../../assets/images/arch.jpg">
03 </animated>
04 <animated title="Volcano"
05   src="../../assets/images/volcano.jpg">
06 </animated>
07 <animated title="Flower"
08   src="../../assets/images/flower.jpg">
09 </animated>
10 <animated title="Sunset"
11   src="../../assets/images/jump.jpg">
12 </animated>
```

목록 30.4는 입력을 통해 전달되는 이미지의 애니메이션을 처리하는 앵귤러 애니메이션 컴포넌트다. 1~2번 줄은 animate, keyframe, state, style, transition, trigger를 @angular/core로부터 가져와 애플리케이션에서 애니메이션 처리가 가능하게 만든다.

8~35번 줄은 컴포넌트의 애니메이션 메타데이터를 정의한다. 9~22번 줄은 fadeState 애니메이션에 대한 트리거다. 이 애니메이션이 활성화되면 inactive와 active의 두 가지 상태를 호출하며 이에는 두 가지 전환이 있다. 이때 active => inactive는 500ms 동안 ease-in 애니메이션이 동작하고 inactive => active는 500ms 동안 ease-out 애니메이션이 동작한다.

23~34번 줄은 bounceState에 대한 trigger이며 여기에는 void => * 전환이 포함된다. 이 전환은 애플리케이션이 처음 로드될 때 메뉴 항목이 위아래로 튀어 오르는 애니메이션을 생성한다. 45~47번 줄은 변수 state를 active로 설정하는 enter 메서드를 정의한다. 48번 줄과 49번 줄은 변수 state를 inactive로 설정하는 leave 메서드를 정의한다.

목록 30.4 animated.component.ts: 애니메이션 서비스를 사용하는 앵귤러 컴포넌트

```
01 import { Component, OnInit, Input } from '@angular/core';
02 import { animate, keyframes, state, style, transition, trigger }  from '@
angular/animations';
03
04 @Component({
05   selector: 'animated',
06   templateUrl: './animated.component.html',
07   styleUrls: ['./animated.component.css'],
08   animations: [
09    trigger('fadeState', [
10     state('inactive', style({
11       transform: 'scale(.5) translateY(-50%)',
12       opacity: 0
13     })),
14     state('active', style({
15       transform: 'scale(1) translateY(0)',
16       opacity: 1
17     })),
18     transition('inactive => active',
19       animate('500ms ease-in')),
20       transition('active => inactive',
21       animate('500ms ease-out'))
22    ]),
23    trigger('bounceState', [
24     transition('void => *', [
25      animate(600, keyframes([
26        style({ opacity: 0,
27          transform: 'translateY(-50px)' }),
28        style({ opacity: .5,
29          transform: 'translateY(50px)' }),
30        style({ opacity: 1,
```

```
31              transform: 'translateY(0)' }),
32          ]))
33       ])
34     ])
35   ]
36 })
37
38 export class AnimatedComponent implements OnInit {
39   @Input ("src") src: string;
40   @Input ("title") title: string;
41   state: string = 'inactive';
42   constructor() { }
43   ngOnInit() {
44   }
45   enter() {
46     this.state = 'active';
47   }
48   leave() {
49     this.state = 'inactive';
50   }
51 }
```

목록 30.5는 제목과 이미지를 표시하는 앵귤러 템플릿이다. 1번 줄에서는 앵귤러 애니메이
션 @bounceState가 사용되며 이때 애니메이션은 컴포넌트로부터 변수 state를 전달받아 사
용할 애니메이션 시퀀스를 결정한다. 7번 줄과 8번 줄은 구현된 @fadeState를 보여준다. 이
와 마찬가지로 애니메이션 시퀀스를 결정하기 위한 변수 state가 전달된다.

목록 30.5 animated.component.html: 이미지 제목과 이미지 효과가 있는 이미지를 보여주는 앵귤러 템플릿

```
01 <div [@bounceState]='state'>
02   <p
03     (mouseenter)="enter()"
04     (mouseleave)="leave()">
05     {{title}}
06   </p>
07   <img src="{{src}}"
08     [@fadeState]='state' />
09 </div>
```

목록 30.6은 이미지의 제목에 스타일을 적용하고 이미지의 크기를 설정하는 CSS 파일이다.

목록 30.6 animated.component.css: animated 컴포넌트에 스타일을 적용하는 CSS 파일

```
01 div {
02    display: inline-block;
03    padding: 0px;
04    margin: 0px;
05 }
06 p {
07    font: bold 16px/30px Times New Roman;
08    color: #226bd8;
09    border: 1px solid lightblue;
10    background: linear-gradient(white, lightblue, skyblue);
11    text-align: center;
12    padding: 0px;
13    margin: 0px;
14    vertical-align: top;
15 }
16 img {
17    width: 150px;
18    vertical-align: top;
19 }
```

그림 30.1은 이미지명에 마우스 커서를 올려놓았을 때 이미지의 크기와 불투명도가 어떻게
바뀌는지를 보여준다.

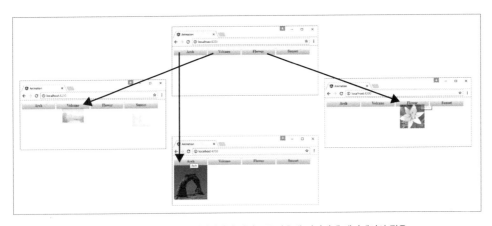

그림 30.1 앵귤러의 내장 애니메이션 서비스를 사용해 이미지에 애니메이션 적용

이미지를 확대하는 앵귤러 애플리케이션 구현

목록 30.7~목록 30.11은 이미지를 클릭할때 브라우저 이벤트를 통해 이미지를 확대 표시하는 앵귤러 애플리케이션을 작성하는 방법을 보여준다.

이번 예제의 폴더 구조는 다음과 같다.

- **./app/app.component.ts**: 애플리케이션의 앵귤러 루트 컴포넌트(목록 30.7)
- **./app/app.component.html**: 루트 컴포넌트의 앵귤러 템플릿(목록 30.8)
- **./app/zoomit**: zoomit 컴포넌트를 포함하는 폴더
- **./app/zoomit/zoomit.component.ts**: zoomit 앵귤러 컴포넌트(목록 30.9)
- **./app/zoomit/zoomit.component.html**: zoomit 컴포넌트의 앵귤러 템플릿(목록 30.10)
- **./app/zoomit/zoomit.component.html**: zoomit 컴포넌트의 CSS 파일(목록 30.11)
- **./assets/images**: 예제 이미지를 보관할 폴더

목록 30.7은 애플리케이션의 루트 역할을 하는 앵귤러 컴포넌트다. 이 컴포넌트는 zoomit 컴포넌트를 사용하는 템플릿 파일을 로딩한다.

목록 30.7 app.component.ts: 애플리케이션의 루트 역할을 하는 앵귤러 컴포넌트

```
01 import { Component } from '@angular/core';
02 import { ZoomitComponent } from './zoomit/zoomit.component';
03
04 @Component({
05   selector: 'app-root',
06   templateUrl: './app.component.html'
07 })
08 export class AppComponent {}
```

목록 30.8은 이미지 URL을 속성 `zsrc`로 전달해 3개의 zoomit 컴포넌트를 생성하는 앵귤러 템플릿이다.

목록 30.8 app.component.html: zoomit 컴포넌트를 사용하는 앵귤러 템플릿

```
01 <hr>
02 <zoomit zsrc="../../assets/images/volcano.jpg"></zoomit>
```

```
03 <hr>
04 <zoomit zsrc="../../assets/images/flower2.jpg"></zoomit>
05 <hr>
06 <zoomit zsrc="../../assets/images/arch.jpg"></zoomit>
07 <hr>
```

목록 30.9는 브라우저 이벤트를 사용해 이미지 부분을 확대하는 앵귤러 zoomit 컴포넌트다. 13~16번 줄은 ngOnInit 메서드를 정의한다. 이 메서드는 zsrc 입력을 통해 컴퍼넌트로 전달되는 이미지의 이름을 기반으로 이미지를 얻어오기 위한 URL을 생성하고 이미지의 기본 위치를 설정한다. 18~23번 줄은 매개변수 event를 받는 imageClick 이벤트를 정의한다. 이 이벤트는 event 객체로부터 엘리먼트를 얻어오고 이미지 확대의 기준으로 사용될 x, y 좌표를 설정하는 데 사용한다.

목록 30.9 zoomit.component.ts: 브라우저 이벤트를 사용해 이미지의 일부를 확대하는 앵귤러 컴포넌트

```
01 import { Component, OnInit, Input } from '@angular/core';
02
03 @Component({
04   selector: 'zoomit',
05   templateUrl: './zoomit.component.html',
06   styleUrls: ['./zoomit.component.css']
07 })
08 export class ZoomitComponent implements OnInit {
09   @Input ("zsrc") zsrc: string;
10   public pos: string;
11   public zUrl: string;
12
13   ngOnInit() {
14     this.zUrl = 'url("' + this.zsrc + '")';
15     this.pos = "50% 50%";
16   }
17
18   imageClick(event: any) {
19     let element = event.target;
20     let posX = Math.ceil(event.offsetX/element.width * 100);
21     let posY = Math.ceil(event.offsetY/element.height * 100);
22     this.pos = posX +"% " + posY + "%";
```

```
23   }
24 }
```

목록 30.10은 imageClick 함수에서 생성 된 좌표를 사용해 이미지와 그 옆에 확대된 이미지 부분을 표시하는 앵귤러 템플릿이다.

목록 30.10 zoomit.component.html: 이미지와 해당 이미지의 확대된 부분을 표시하는 앵귤러 템플릿

```
01 <img src="{{zsrc}}" (click)="imageClick($event)"/>
02 <div class="zoombox"
03   [style.background-image]="zUrl"
04   [style.background-position]="pos">
05 </div>
```

목록 30.11은 애플리케이션에 확대된 이미지에 테두리를 더하는 효과를 적용하고 너비와 높이를 100픽셀로 설정하는 CSS 파일이다.

목록 30.11 zoomit.component.css: 애플리케이션에 스타일을 적용하는 CSS 파일

```
01 img {
02   width: 200px;
03 }
04 .zoombox {
05   display: inline-block;
06   border: 3px ridge black;
07   width: 100px;
08   height: 100px;
09   background-repeat: no-repeat;
10 }
```

그림 30.2는 사용자 정의 컴포넌트에서 확대 이미지 부분을 표시하는 방법을 보여준다. 이미지를 클릭하면 줌의 위치가 변경된다.

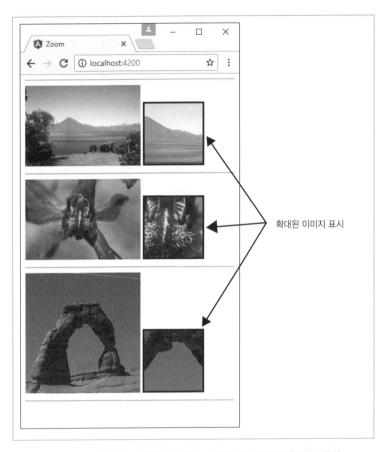

그림 30.2 이미지의 일부분을 확대하는 사용자 정의 앵귤러 컴포넌트 구현

드래그 앤 드롭을 사용하는 앵귤러 애플리케이션 구현

목록 30.12~목록 30.20은 이미지를 설명하는 태그를 이미지에 드래그 앤 드롭할 수 있는 앵귤러 애플리케이션을 구현하는 방법을 보여준다.

이번 예제의 폴더 구조는 다음과 같다.

- **./app/app.component.ts**: 애플리케이션의 루트 컴포넌트(목록 30.12)
- **./app/app.component.html**: 루트 컴포넌트의 앵귤러 템플릿(목록 30.13)

- **./app/app.component.css**: app.component의 CSS 파일(목록 30.14)

- **./app/drop-item**: drop-item 컴포넌트를 포함하는 폴더

- **./app/drop-item/drop-item.component.ts**: drop-item 앵귤러 컴포넌트(목록 30.15)

- **./app/drop-item/drop-item.component.html**: drop-item 컴포넌트의 앵귤러 템플 릿(목록 30.16)

- **./app/drop-item/drop-item.component.css**: drop-item 컴포넌트의 CSS 파일(목 록 30.17)

- **./app/drag-item**: drag-item 컴포넌트를 포함하는 폴더

- **./app/drag-item/drag-item.component.ts**: 엘리먼트의 드래그가 가능하게 하는 앵귤러 컴포넌트(목록 30.18)

- **./app/drag-item/drag-item.component.html**: drag-item 컴포넌트의 앵귤러 템플 릿(목록 30.19)

- **./app/drag-item/drag-item.component.css**: drag-item 컴포넌트의 CSS 파일(목 록 30.20)

- **./assets/images**: 예제 이미지를 보관할 폴더

목록 30.12는 이미지에 태그를 적용하는 drag-item 컴포넌트와 drop-item 컴포넌트를 가 져오는 앵귤러 컴포넌트다. 12~24번 줄은 생성자를 정의한다. 생성자는 이미지로 드래그 하는 태그의 목록을 초기화한다.

목록 30.12 app.component.ts: 애플리케이션의 루트 역할을 하는 앵귤러 컴포넌트

```
01 import { Component } from '@angular/core';
02 import { DragItemComponent } from './drag-item/drag-item.component';
03 import { DropItemComponent } from './drop-item/drop-item.component';
04
05 @Component({
06   selector: 'app-root',
07   templateUrl: './app.component.html',
08   styleUrls: ['./app.component.css']
09 })
10 export class AppComponent {
11   tagList: string[];
```

```
12   constructor() {
13     this.tagList = [
14       'Nature',
15       'Landscape',
16       'Flora',
17       'Sunset',
18       'Desert',
19       'Beauty',
20       'Inspiring',
21       'Summer',
22       'Fun'
23     ]
24   }
25   ngOnInit() {
26   }
27 }
```

목록 30.13은 이미지에 태그를 드래그 앤 드롭할 수 있는 drag-item과 drop-item 컴포넌트를 실행하는 앵귤러 템플릿이다.

목록 30.13 app.component.html: drag-item과 drop-item 컴포넌트를 실행하는 앵귤러 템플릿

```
01 <h1>Tagging Images</h1>
02 <hr>
03 <div class="tagBox">
04   <span *ngFor="let tagText of tagList">
05     <drag-item [tag]="tagText"></drag-item>
06   </span>
07 </div>
08 <hr>
09
10 <drop-item
11   [imgsrc]="'../../assets/images/arch.jpg'">
12 </drop-item>
13 <drop-item
14   [imgsrc]="'../../assets/images/lake.jpg'">
15 </drop-item>
16 <drop-item
```

```
17    [imgsrc]="'../../assets/images/jump.jpg'">
18 </drop-item>
19 <drop-item
20    [imgsrc]="'../../assets/images/flower.jpg'">
21 </drop-item>
22 <drop-item
23    [imgsrc]="'../../assets/images/volcano.jpg'">
24 </drop-item>
```

목록 30.14는 애플리케이션의 drop-item 사용자 정의 HTML 태그에 직접 스타일을 적용하는 CSS 파일이다.

목록 30.14 app.component.css: 애플리케이션에 스타일을 적용하는 CSS 파일

```
01 .tagBox {
02    width: 320px;
03    padding: 5px;
04 }
05 drop-item{
06    display: inline-block;
07    vertical-align: top;
08    margin-bottom: 5px;
09 }
```

목록 30.15는 엘리먼트를 컴포넌트 엘리먼트 위로 드롭하는 브라우저 이벤트를 사용하는 drop-item 앵귤러 컴포넌트다. 11~13번 줄은 tags 변수를 빈 배열로 초기화하는 생성자를 정의한다.

16~18번 줄은 매개변수로 event 객체를 받는 allowDrop 메서드를 정의한다. prevent Default 메서드는 event 객체에서 호출된다. 19~25번 줄은 event 객체를 매개변수로 받는 onDrop 메서드를 정의한다. preventDefault는 event 객체에서 호출된다. 변수 data에는 event로부터 tagData가 할당돼 앵귤러에서 해당 데이터를 tags 배열과 이미지의 리스트에 추가한다.

목록 30.15 drop-item.component.ts: 태그 항목이 엘리먼트에 드롭할 수 있게 만드는 앵귤러 컴포넌트

```
01 import { Component, OnInit, Input } from '@angular/core';
02
03 @Component({
04   selector: 'drop-item',
05   templateUrl: './drop-item.component.html',
06   styleUrls: ['./drop-item.component.css']
07 })
08 export class DropItemComponent implements OnInit {
09   @Input() imgsrc: string;
10   tags: string[];
11   constructor() {
12     this.tags = [];
13   }
14   ngOnInit() {
15   }
16   allowDrop(event) {
17     event.preventDefault();
18   }
19   onDrop(event) {
20     event.preventDefault();
21     let data = JSON.parse(event.dataTransfer.getData('tagData'));
22     if (!this.tags.includes(data.tag)){
23       this.tags.push(data.tag);
24     }
25   }
26 }
```

목록 30.16은 이미지와 이미지에 지정된 태그를 표시하는 앵귤러 템플릿이다.

목록 30.16 drop-item.component.html: 이미지와 이미지에 드롭되는 태그를 표시하는 앵귤러 템플릿

```
01 <div class="taggedImage"
02   (dragover)="allowDrop($event)"
03   (drop)="onDrop($event)">
04   <img src="{{imgsrc}}" />
05   <span class="imageTag"
06     *ngFor="let tag of tags">
```

```
07    {{tag}}
08    </span>
09 </div>
```

목록 30.17은 애플리케이션의 이미지에 붙은 태그에 사용자 정의 스타일을 적용하는 CSS 파일이다.

목록 30.17 drop-item.component.css: 애플리케이션에 스타일을 적용하는 CSS 파일

```
01 img{
02    width: 100px;
03 }
04 .taggedImage{
05    display: inline-block;
06    width: 100px;
07    background: #000000;
08 }
09 .imageTag {
10    display: inline-block;
11    width: 100px;
12    font: 16px/18px Georgia, serif;
13    text-align: center;
14    color: white;
15    background: linear-gradient(#888888, #000000);
16 }
```

목록 30.18은 엘리먼트를 드래그하는 브라우저 이벤트를 사용하는 drag-item 앵귤러 컴포넌트다. 14~17번 줄은 event 객체를 매개변수로 받는 onDrag 메서드를 정의한다. 이 메서드는 event 객체의 dataTransfer 항목에 데이터를 추가해 엘리먼트가 드롭될 때 태그 데이터가 전송된다.

목록 30.18 drag-item.component.ts: 엘리먼트가 드래그 가능하게 만드는 앵귤러 컴포넌트

```
01 import { Component, OnInit, Input } from '@angular/core';
02
03 @Component({
04    selector: 'drag-item',
```

```
05    templateUrl: './drag-item.component.html',
06    styleUrls: ['./drag-item.component.css']
07 })
08 export class DragItemComponent implements OnInit {
09    @Input() tag: string;
10    constructor() {
11    }
12    ngOnInit() {
13    }
14    onDrag(event) {
15      event.dataTransfer.setData('tagData',
16        JSON.stringify({tag: this.tag}));
17    }
18 }
```

목록 30.19는 드래그 가능한 태그를 표시하는 앵귤러 템플릿이다.

목록 30.19 drag-item.component.html: 이미지 태그를 표시하는 앵귤러 템플릿

```
01 <div class="tagItem"
02    (dragstart)="onDrag($event)"
03    draggable="true">
04    {{tag}}
05 </div>
```

목록 30.20은 애플리케이션의 태그에 사용자 정의 스타일을 적용하는 CSS 파일이다.

목록 30.20 drag-item.component.css: 애플리케이션에 스타일을 적용하는 CSS 파일

```
01 .tagItem {
02    display: inline-block;
03    width: 100px;
04    font: 16px/18px Georgia, serif;
05    text-align: center;
06    background: linear-gradient(#FFFFFF, #888888);
07 }
```

그림 30.3은 브라우저에서 `drag-item`과 `drop-item` 컴포넌트의 동작하는 방식을 보여준다. 태그를 이미지로 드래그하면 아래 목록에 추가된다.

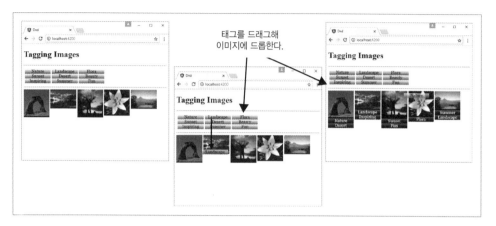

그림 30.3 앵귤러 컴포넌트을 사용한 드래그 앤 드롭 구현

별점 평가 컴포넌트 구현

목록 30.21~목록 30.29는 사용자가 컴포넌트(이미지)에 평가 점수를 부여할 수 있는 별점 주기 시스템을 만드는 앵귤러 애플리케이션이다.

이번 예제의 폴더 구조는 다음과 같다.

- `./app/app.module.ts`: 애플리케이션에서 사용할 컴포넌트를 가져오는 앱 모듈(목록 30.21)

- `./app/mockbackend.service.ts`: 모의 앵귤러 백엔드 서비스(목록 30.22)

- `./app/rating.service.ts`: 항목과 평가 점수를 가져오는 앵귤러 서비스(목록 30.23)

- `./app/app.component.ts`: 애플리케이션의 루트 컴포넌트(목록 30.24)

- `./app/app.component.html`: 루트 컴포넌트의 앵귤러 템플릿(목록 30.25)

- `./app/app.component.css`: app.component의 CSS 파일(목록 30.26)

- `./app/rated-item`: rated-item 컴포넌트를 포함하는 폴더

- **./app/rated-item/rated-item.component.ts**: 사용자가 항목을 평가하는 앵귤러 컴포넌트(목록 30.27)

- **./app/rated-item/rated-item.component.html**: rate-item 컴포넌트의 앵귤러 템플릿(목록 30.28)

- **./app/rated-item/rated-item.component.css**: rated-item 컴포넌트의 CSS 파일 (목록 30.29)

목록 30.21은 애플리케이션 모듈이며 모의 데이터베이스를 생성하기 위해 InMemoryWeb ApiModule을 사용한다. 18번 줄은 InMemoryWebApiModule에 대한 실행이다.

목록 30.21 app.module.ts: InMemoryWebApiModule을 실행하는 앵귤러 모듈

```
01 import { BrowserModule } from '@angular/platform-browser';
02 import { NgModule } from '@angular/core';
03 import { HttpClientModule } from '@angular/common/http';
04 import { InMemoryWebApiModule } from 'angular-in-memory-web-api';
05
06 import { AppComponent } from './app.component';
07 import { RatedItemComponent } from './rated-item/rated-item.component';
08 import { MockbackendService } from './mockbackend.service';
09
10 @NgModule({
11   declarations: [
12     AppComponent,
13     RatedItemComponent
14   ],
15   imports: [
16     BrowserModule,
17     HttpClientModule ,
18     InMemoryWebApiModule.forRoot(MockbackendService)
19   ],
20   providers: [],
21   bootstrap: [AppComponent]
22 })
23 export class AppModule { }
```

목록 30.22는 애플리케이션의 모의 데이터베이스 역할을 하는 앵귤러 서비스다. 4~29번 줄은 HTTP 요청을 통해 검색하고 업데이트되는 항목의 배열을 생성한다.

목록 30.22 mockbackend.service.ts: 모의 앵귤러 백엔드 서비스

```
01 import { InMemoryDbService } from 'angular-in-memory-web-api';
02 export class MockbackendService implements InMemoryDbService {
03   createDb() {
04     const items = [
05       {
06         id: 1,
07         title: "Waterfall",
08         url: "../../assets/images/cliff.jpg",
09         rating: 4
10       },
11       {
12         id: 2,
13         title: "Flower",
14         url: "../../assets/images/flower.jpg",
15         rating: 5
16       },
17       {
18         id: 3,
19         title: "Pyramid",
20         url: "../../assets/images/pyramid.jpg",
21         rating: 3
22       },
23       {
24         id: 4,
25         title: "Lake",
26         url: "../../assets/images/lake.jpg",
27         rating: 5
28       }
29     ]
30     return {items};
31   }
32 }
```

목록 30.23은 HTTP를 사용해 모의 데이터베이스의 항목을 검색하고 업데이트하는 앵귤러 서비스다. 6~9번 줄은 엄격하게 형식화된 변수명을 포함한 `RatedItem` 인터페이스를 정의한다. 19~24번 줄은 http의 인스턴스와 새로운 옵서버블인 `itemObservable`을 만드는 생성자를 정의한다.

옵서버블에서 응답을 받으면 `getItems` 메서드가 호출된다. 27번 줄과 28번 줄은 `itemObservable`을 반환하는 `getObservable` 메서드를 정의한다. 30~38번 줄은 HTTP get을 사용해 모의 데이터베이스에서 아이템 목록을 가져오는 `getItems` 메서드를 정의한다. 이 메서드에서는 응답에 item 변수를 할당해 관찰자에게 내보낸다.

39~47번 줄은 item, newRating 매개변수를 받는 `updateRating` 메서드를 정의한다. 항목의 점수를 `newRating`에 할당하고 HTTP put 요청을 사용해 데이터베이스의 항목을 업데이트한다.

목록 30.23 ratings.service.ts: HTTP를 사용해 평가 점수와 항목 리스트를 가져오는 앵귤러 서비스

```
01 import { Injectable, OnInit } from '@angular/core';
02 import { HttpClient } from '@angular/common/http';
03 import { Observable } from 'rxjs';
04
05 export class RatedItem {
06   id: number;
07   url: string;
08   title: string;
09   rating: number;
10 }
11
12 @Injectable()
13 export class RatingsService {
14   url = 'api/items';
15   items: any;
16   public itemObservable: Observable<any>;
17   observer;
18
19   constructor(private http: HttpClient ) {
20     this.itemObservable = new Observable(observer => {
21       this.observer = observer;
22       this.getItems();
```

```
23       })
24     }
25     ngOnInit( ) {
26     }
27     getObservable( ) {
28       return this.itemObservable;
29     }
30     getItems( ) {
31       this.http.get(this.url)
32         .toPromise( )
33         .then( response => {
34           this.items = response;
35           this.observer.next(this.items);
36         })
37         .catch(this.handleError);
38     }
39     updateRating(item, newRating) {
40       item.rating = newRating;
41       const url = `${this.url}/${item.id}`;
42       this.http
43         .put(url, item)
44         .toPromise( )
45         .then(( ) => this.getItems( ))
46       .catch(this.handleError);
47     }
48     private handleError(error: any): Promise<any> {
49       console.error('An error occurred', error);
50       return Promise.reject(error.message || error);
51     }
52 }
```

목록 30.24는 RatingsService에서 항목을 가져오는 것을 처리하는 앵귤러 컴포넌트다. 21~27번 줄까지는 ngOnInit을 정의하며 이 메서드는 RatingsService의 getObservable 메서드를 호출해 itemsObservable에 items 옵서버블을 할당한다. 그리고 items 변수는 itemsObservable에서 받은 응답에 할당된다.

목록 30.24 app.component.ts: 애플리케이션의 루트 역할을 하는 앵귤러 컴포넌트

```
01 import { Component } from '@angular/core';
02 import { RatedItemComponent } from './rated-item/rated-item.component';
03 import { Observable } from 'rxjs';
04 import { RatingsService } from './ratings.service';
05
06 @Component({
07   selector: 'app-root',
08   templateUrl: './app.component.html',
09   styleUrls: ['./app.component.css'],
10   providers: [ RatingsService ]
11 })
12 export class AppComponent {
13   title = 'app';
14   itemsObservable: Observable<any>;
15   items: any[];
16   constructor(
17     public ratingsService: RatingsService
18   ) {
19     this.items = [];
20   }
21   ngOnInit() {
22     this.itemsObservable = this.ratingsService.getObservable();
23     this.itemsObservable.subscribe(
24     itemList => {
25       this.items = itemList;
26     });
27   }
28 }
```

목록 30.25는 평가 항목의 목록을 표시하는 **rated-item** 컴포넌트를 실행하는 앵귤러 템플릿이다. **rated-item**은 입력으로 **item**과 **RatingsService**을 받는다.

목록 30.25 app.component.html: rate-item 컴포넌트를 사용해 평가 항목의 목록을 생성하는 앵귤러 템플릿

```
01 <h1> Rated Images </h1>
02 <hr>
03 <div class="item"
```

```
04    *ngFor="let item of items">
05    <rated-item
06      [item]="item"
07      [ratingsService]="ratingsService">
08    </rated-item>
09 </div>
```

목록 30.26은 app.component.html의 item 클래스에 스타일을 적용하는 CSS 파일이다.

목록 30.26 app.component.css: 애플리케이션에 스타일을 적용하는 CSS 파일

```
01 .item{
02    border: .5px solid black;
03    display: inline-block;
04    width: 175px;
05    text-align: center;
06 }
```

목록 30.27은 평가된 항목을 표시하는 앵귤러 컴포넌트다. 13~15번 줄은 starArray의 값을 초기화하는 생성자 메서드를 정의한다.

18~20번 줄은 매개변수 rating를 받는 setRating 메서드를 정의한다. 이 메서드는 item과 rating을 매개변수로 ratings 서비스의 updateRating 메서드를 호출하며 ratings 서비스는 전달된 매개변수로 아이템의 평가 점수를 업데이트한다.

21~27번 줄은 rating을 매개변수로 받는 getStarClass 메서드를 정의한다. 이 메서드는 각 별에 클래스를 할당해 아이템의 평가 점수를 정확하게 나타낸다.

목록 30.27 rated-item.component.ts: 이미지에 대한 평가 점수를 표시하는 앵귤러 컴포넌트

```
01 import { Component, OnInit, Input } from '@angular/core';
02 import { RatingsService } from '../ratings.service';
03
04 @Component({
05    selector: 'rated-item',
06    templateUrl: './rated-item.component.html',
07    styleUrls: ['./rated-item.component.css']
08 })
```

```
09 export class RatedItemComponent implements OnInit {
10   @Input ("item") item: any;
11   @Input ("ratingsService") ratingsService: RatingsService;
12   starArray: number[];
13   constructor() {
14     this.starArray = [1,2,3,4,5];
15   }
16   ngOnInit() {
17   }
18   setRating(rating) {
19     this.ratingsService.updateRating(this.item, rating);
20   }
21   getStarClass(rating) {
22     if(rating <= this.item.rating) {
23       return "star";
24     } else {
25       return "empty";
26     }
27   }
28 }
```

목록 30.28은 제목, 이미지 평가 점수를 표시하는 앵귤러 템플릿이다. 8~12번 줄은 점수를 시각화하는 별을 생성한다. 사용자가 새롭게 평가 점수를 클릭하면 setRating 메서드를 통해 전체 평가 점수가 조정된다. getStarClass 메서드는 별을 채우는지 비우는지를 결정한다.

목록 30.28 rated-item.component.html: 제목, 이미지 평가 점수를 표시하는 앵귤러 템플릿

```
01 <p class="title">
02   {{item.title}}
03 </p>
04 <img src="{{item.url}}" />
05 <p>
06   Rating: {{item.rating}}
07 </p>
08 <span *ngFor="let rating of starArray"
09   (click)="setRating(rating)"
10   [ngClass]="getStarClass(rating)">
```

```
11     
12 </span>
```

목록 30.29는 평가 항목의 크기를 설정하고 항목에 시각적 평가 점수인 별을 추가해 애플리
케이션에 스타일을 적용하는 CSS 파일이다.

목록 30.29 rated-item.component.css: 애플리케이션에 스타일을 적용하는 CSS 파일

```
01 * {
02    margin: 5px;
03 }
04 img {
05    height: 100px;
06 }
07 .title{
08    font: bold 20px/24px Verdana;
09 }
10 span {
11    float: left;
12    width: 20px;
13    background-repeat: no-repeat;
14    cursor: pointer;
15 }
16 .star {
17    background-image: url("../../assets/images/star.png");
18 }
19 .empty {
20    background-image: url("../../assets/images/empty.png");
21 }
```

그림 30.4는 브라우저에 표시되는 별점 평가 컴포넌트의 실행 화면이다. 별을 클릭하면 UI
구성 요소를 업데이트하는 모의 백엔드 서비스에서의 평가 점수가 변경된다.

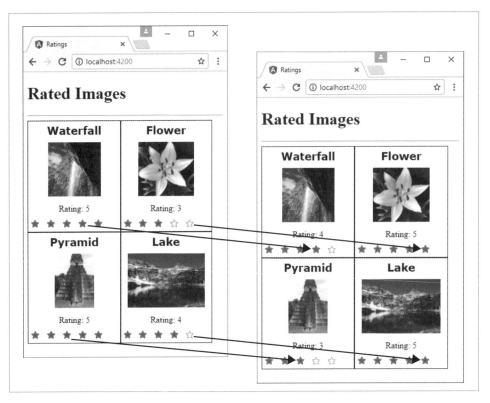

그림 30.4 앵귤러 컴포넌트와 서비스를 사용해 모의 백엔드로 이미지에 대한 별점 평가의 구현

요약

30장에서는 책의 나머지 부분에서 배운 것을 확장해 멋진 앵귤러 컴포넌트를 작성해봤다. 애니메이션을 구현하고 별표 등급 구성 요소를 만들었고 드래그 앤 드롭 기능을 구현하는 방법을 소개했다. 이 예제는 실제 웹 애플리케이션에서 앵귤러를 활용하는 방법의 일부다. 앵귤러에 대해 좀 더 알고 싶다면 https://angular.io를 방문해보자.

찾아보기

에이콘출판의 기틀을 마련하신 故 정완재 선생님 (1935-2004)

Node.js, MongoDB와 Angular를 이용한 웹 개발 2/e

웹 개발자들이 반드시 알아야 할 웹 개발 필수 학습서

발 행 | 2019년 4월 10일

지은이 | 브래드 데일리 · 브렌든 데일리 · 칼렙 데일리
옮긴이 | 테크 트랜스 그룹 T4

펴낸이 | 권 성 준
편집장 | 황 영 주
편 집 | 이 지 은
디자인 | 박 주 란

에이콘출판주식회사
서울특별시 양천구 국회대로 287 (목동)
전화 02-2653-7600, 팩스 02-2653-0433
www.acornpub.co.kr / editor@acornpub.co.kr

한국어판 ⓒ 에이콘출판주식회사, 2019, Printed in Korea.
ISBN 979-11-6175-279-2
ISBN 978-89-6077-093-5(세트)
http://www.acornpub.co.kr/book/node-mongodb-angularjs_2e

이 도서의 국립중앙도서관 출판시도서목록(CIP)은 서지정보유통지원시스템 홈페이지(http://seoji.nl.go.kr)와
국가자료공동목록시스템(http://www.nl.go.kr/kolisnet)에서 이용하실 수 있습니다.(CIP제어번호: CIP2019012439)

책값은 뒤표지에 있습니다.